La memoria

1359

DELLO STESSO AUTORE

Breve storia della Sicilia
Il Mare di Mezzo
I normanni nel Sud. 1016-1130
Il regno nel sole. 1130-1194
Storia di Venezia. Dalle origini al 1400

John Julius Norwich

Storia di Venezia

Dal 1400 alla caduta della Repubblica

Sellerio editore
Palermo

Questo volume è stato stampato su carta Arena Ivory Smooth prodotta dalle Cartiere di Fedrigoni con materie prime provenienti da gestione forestale sostenibile.

Norwich, John Julius <1929-2018>

Storia di Venezia : dal 1400 alla caduta della Repubblica / John Julius Norwich ; traduzione di Aldo Sparagni. - Palermo : Sellerio, 2025.
(La memoria ; 1359)
Tit. orig.: Venice : The Greatness and the Fall.
EAN 978-88-389-4900-5
1. Venezia – Storia – 1400-1797.
I. Sparagni, Aldo.
945.31106 CDD-23 SBN Pal0387979

CIP - *Biblioteca centrale della Regione siciliana «Alberto Bombace»*

Titolo originale: *Venice: The Greatness and the Fall*

La traduzione di Aldo Sparagni è pubblicata su licenza di Ugo Mursia Editore.

Storia di Venezia

Dal 1400 alla caduta della Repubblica

Introduzione

Quando preparai l'introduzione al primo volume della storia della città che amo sopra tutte, descrissi la mia prima visita a Venezia all'età di sedici anni, quando i genitori mi ci condussero per un giorno da San Virgilio, sul lago di Garda, dove ci trovavamo. Raccontai che durante quelle poche ore di permanenza mio padre mi fece fare un lungo giro per la città, parte in gondola e parte a piedi, e intanto mi spiegava che tutte le bellezze e lo splendore che ci circondavano erano soltanto il riflesso di un fenomeno ancor più straordinario: quello di una città che, nata come poco più di un baraccamento per gente che fuggiva davanti alle invasioni barbariche, era divenuta nello spazio di qualche secolo la signora indiscussa del Mediterraneo, la più ricca e la più sontuosa metropoli del mondo allora conosciuto. Mi spiegò in che modo il mare l'avesse protetta, non soltanto nei tempestosi inizi ma durante tutta la sua storia, facendo di essa l'unica città d'Italia mai invasa, saccheggiata o distrutta, fino a quando Napoleone, assunta la veste di «Attila del popolo veneziano», in un unico prolungato accesso di vendicativo livore, inferse alla millenaria Repubblica il colpo mortale. Mi parlava del suo sistema di governo, di come fosse unico, di come fosse efficiente e sorprendentemente in anticipo sul suo tempo, confidandomi che un giorno avrebbe scritto «quel tipo di storia», mi sembra di udire ancora le sue parole, «che Venezia merita».

Tutto questo ho ricordato, con qualche particolare in più, quattro anni fa, quando l'opera che ho scritto in memoria di mio padre (perché egli morì prima di poterla scrivere lui stesso) era finita soltanto nella sua prima parte. Ora che l'ho completata e ho scritto la storia fino a quegli ultimi tragici giorni in cui il Senato decise il proprio scioglimento e fu eretto in Piazza San Marco quel palo col ridicolo nome di «Albero della Libertà», dubito che il risultato si avvicini a quello che avrebbe conseguito mio padre. La sua storia, temo, avrebbe dato più spazio della mia alla costituzione di Venezia e forse anche ai suoi letterati, ai poeti (non che fossero tutti eccellenti), ai commediografi, agli stampatori, agli editori. Ma tant'è: ogni uomo deve scrivere il proprio tipo di storia e io ho fatto il meglio che potevo con il mio.

Questo compito non è stato sempre facile. Nella storia di Venezia, e specialmente durante il periodo trattato in questo secondo volume, sembra sempre che siano accadute troppe cose o troppo poche. Il Quattrocento e il Cinquecento, che videro dapprima la grande fioritura dei condottieri e delle signorie e poi la lunga e miserevole storia dell'intervento francese in Italia che portò al terribile momento in cui Venezia vide schierata contro di sé praticamente tutta l'Europa, questi secoli sono così densi di avvenimenti, così stipati di complicazioni, che in certi momenti ho dubitato di riuscire a portare a termine il lavoro intrapreso o che qualcuno l'avrebbe mai letto nel caso l'avessi finito. Poi, improvvisamente, il ritmo rallenta. Ai lettori che potranno inarcare le sopracciglia constatando che nell'ultima parte di questo volume vengono dedicate a un intero secolo proporzionalmente meno pagine di quante ne erano state dedicate, nella prima, a un solo decennio e che da ciò dedurranno, con sollievo, che l'autore sta perdendo colpi, posso soltanto far rilevare che su tutti gli storici della Repubblica, di qualsiasi nazionalità e di ogni tempo, è pesato lo stesso sospetto. Il fatto è che nel XVII secolo accadde, in confronto con i precedenti, relativamente poco nella vita politica della Repubblica, e nel XVIII, almeno sino alla fine, ancor meno. Senza questa fortunata circostanza, la storia avrebbe dovuto continuare in un terzo volume e io avrei avuto davanti a me ancora numerosi anni di lavoro.

Un altro problema ha costituito, per me, la costante tentazione di fare delle digressioni; di scrivere più a lungo sulla pittura, la scultura, la musica e l'architettura, gli abiti, i costumi e la vita sociale – specialmente la vita sociale – del XVIII secolo, durante il quale si toccò un grado di elaborata artificialità eguagliato soltanto, forse, da quello della sfera militare di trecent'anni prima (Casanova e il Carmagnola, chi dei due aveva perso in maggior misura il contatto con la realtà? Chi dei due fu il personaggio più tragico o, in definitiva, il più assurdo?). Ho cercato, nei limiti del possibile, di resistere a questa tentazione, benché sia consapevole di non esservi completamente riuscito, soprattutto per quanto concerne l'architettura. Oggi i libri su tali argomenti sono molto numerosi, scritti con perizia e riccamente illustrati; il mio è risultato abbastanza lungo così com'è. Questa *Storia di Venezia* ha soltanto la pretesa di essere una chiara esposizione dei principali eventi della storia politica della Serenissima, destinata a un'ampia cerchia di lettori, non al mondo accademico; una esposizione non approfondita, inevitabilmente (ma in quale modo si potrebbero condensare circa dodici secoli in un migliaio di pagine), ma scritta con il massimo impegno di accuratezza. Il tipo di storia che Venezia merita? Certamente no; ma un atto di amore e, in un certo qual modo, un tributo.

Wherefore if *Venice* be defended from external causes of commotion, it is first, through her situation, in which respect her Subjects have no hope (and this indeed may be attributed unto her fortune) and secondly, through her exquisite Justice, whence they have no will, to invade her: but this can be attributed to no other cause than her prudence: which will appear to be greater, as we look nearer; for the effects that proceed from fortune (if there be any such thing) are like their cause, unconstant; but there never happened unto any other Common-wealth, so undisturbed and constant a tranquillity and peace in her self, as is that of *Venice*; wherefore this must proceed from some other cause than Chance. And we see that as she is of all others the most quiet, so the most equal, Common-wealth. Her body consists of one Order, and her Senate is like a rolling stone (as was said) which never did, nor, while it continues upon that rotation, ever shall gather the mosse of a divided or ambitious interest; much less such an one as that which grasped the people of *Rome* in the talons of their own Eagles. And if *Machiavelli*, averse from doing his Common-wealth right, had consider'd her Orders, (as his reader shall easily perceive he never did) he must have been so far from attributing the prudence of them unto Chance, that he would have touched up his admirable work unto that perfection, which, as to the civil part, hath no pattern in the universal World, but this of *Venice*.*

JAMES HARRINGTON, *The Commonwealth of Oceana*, 1656

* «Perciò se *Venezia* è difesa da cause esterne di sommovimento, lo è in primo luogo per la sua ubicazione (e questo può essere attribuito alla fortuna), che scoraggia le popolazioni soggette dal tentare una invasione, e secondariamente per la sua magnifica giustizia in virtù della quale non ne hanno alcun desiderio: ma questo non può essere attribuito ad altra causa che non sia la sua saggezza che apparirà ancor più grande se indaghiamo più a fondo; poiché gli effetti prodotti dalla fortuna (se troviamo qui qualcosa del genere) sono incostanti come la loro causa; invece non si è mai riscontrata in un'altra Repubblica una tranquillità così indisturbata e costante e tanta pace interna come a *Venezia*; ne consegue che ciò deve dipendere da qualche altra causa che non sia il caso. E noi constatiamo che, come è fra tutte le Repubbliche la più calma, è anche la più giusta. La sua struttura è costituita da una sola classe e il suo Senato è come un sasso che rotola (come è stato definito) che mai raccolse, e mai raccoglierà fin che continua a rotolare, il muschio di un interesse di parte o di ambizione; meno ancora quello che imprigionò il popolo di *Roma* negli artigli delle sue stesse aquile. E se *Machiavelli*, restio a rendere giustizia a questa Repubblica, avesse studiato i suoi ordinamenti (il lettore capirà facilmente che non lo fece), non avrebbe attribuito al caso la loro saggezza e avrebbe portato la propria ammirevole opera a quella perfezione che, per quanto concerne il vivere civile, in tutto il mondo non ha altro modello che quello di *Venezia*».

Capitolo I
L'impero cresce
(1405-1413)

> Or tu [...] dirai alla città che sta sugli accessi del mare, mercante dei popoli per numerose isole [...].
> Il tuo territorio è in mezzo al mare: i tuoi costruttori han reso perfetta la tua bellezza [...].
> Tutte le navi del mare, coi loro marinai, eran in te, per barattar la tua merce [...].
>
> EZECHIELE 27,3-9

Tra i molti e vari pericoli che minacciano l'aspirante scrittore di storia, uno dei più insidiosi è la tentazione di adattare, sebbene innocentemente o anche inconsciamente, gli eventi in modo che corrispondano con maggior precisione a uno schema preordinato. Così facendo, una delle cause di disagio che ne risulta è appunto la ricorrente riluttanza di quegli eventi a essere adattati a quello schema. Come sarebbe comodo, per esempio, datare l'inizio dell'Età d'Oro della Repubblica di Venezia, che coincide approssimativamente con il XV secolo, dalla elezione del doge Michele Steno, il 1° dicembre 1400! Un paleontologo, abituato ad arrotondare le date con l'approssimazione di un millennio o due, non troverebbe in ciò nessuna difficoltà. Ma, nei limiti del possibile, bisogna attenersi alla verità; e la verità è che nell'anno 1400 i veneziani, malgrado una recente, travagliata pace, osservavano con crescente apprensione Gian Galeazzo Visconti, signore di Milano, estendere costantemente il proprio potere in Lombardia e in Romagna, in Umbria e in Toscana. Sicuramente assai pochi fra essi avrebbero osato in quel momento parlare di Età d'Oro; a molti semmai era la rovina della Repubblica ad apparire come l'eventualità più probabile.

Due anni dopo, tuttavia, il Visconti era morto. Ucciso ancora in giovane età da un improvviso attacco di febbri, lasciava una vedova e tre figli appena usciti dall'infanzia. Nel gennaio del 1405, quelle altre eterne spine nella carne dei veneziani, i da Carrara signori di Padova, venivano tolti dalla scena, sebbene meno casualmente. Ora Venezia poteva respirare e prendere atto della nuova situazione constatando che da Rialto si scorgeva un orizzonte molto più promettente di quanto non lo fosse solo poco tempo prima. Finalmente, e proprio in quel momento, il secolo poteva cominciare.

Una cosa era evidente: la Repubblica era divenuta una nazione. Ormai non poteva più essere considerata semplicemente come un'altra città-Stato dell'Italia settentrionale, alla stessa stregua di Milano o Firenze o Verona. I veneziani, è vero, si erano da tempo liberati di ogni illusione del genere, ammesso che ne avessero mai avute. Già durante gran parte del primo millennio della loro esistenza quei tre o quattro chilometri di acque poco profonde che li separavano dalla terraferma li avevano non soltanto protetti dalle invasioni ma anche sostanzialmente isolati dalla vita politica italiana; li avevano tenuti fuori dalle lotte intestine – sostenitori del papa contro quelli dell'imperatore, guelfi contro ghibellini, città contro città – che avevano incessantemente insanguinato la penisola. Avevano impedito che venissero contagiati dal feudalesimo e dalle infinite controversie per questioni territoriali che esso portava con sé e li avevano resi liberi di concentrare la loro attenzione con risolutezza, tranne che in occasionali momenti di crisi, sull'Oriente, su Bisanzio e su quei ricchi mercati del Levante dai quali dipendevano la loro forza e la loro prosperità. La costruzione, dopo il passaggio di Costantinopoli ai Latini durante la Quarta crociata, di un immenso impero commerciale che si estendeva dal Mediterraneo orientale al Mar Nero e oltre li aveva posti in una posizione ancora più distante dai loro meno fortunati vicini. Soltanto due città italiane, Genova e Pisa, li avevano seriamente minacciati nella lotta per l'espansione commerciale. Ma Pisa era stata presto messa fuori gioco ed eclissata mentre Genova, dopo mezzo secolo di lotte, era stata definitivamente piegata nel 1380. E ora, con la caduta dei da Carrara, Venezia era padrona di una considerevole area dell'Italia nord-orientale, che comprendeva le città di Padova, Vicenza e Verona e che si spingeva a occidente fino alle rive del lago di Garda. Ora poteva trattare da eguale con nazioni come l'Inghilterra, la Francia o l'Austria. A buon diritto poteva considerarsi una potenza europea.

Lo splendore della città cresceva parallelamente al prestigio della Repubblica. Intorno all'anno 1400, benché l'Impero bizantino avesse ancora mezzo secolo di vita, Costantinopoli era una povera ombra della grande metropoli che era stata un tempo, e Venezia era ormai generalmente esaltata come meravigliosa, la più bella città del mondo. La Piazza e la Piazzetta erano entrambe selciate con mattoni – poche altre piazze in Europa potevano allora vantarsi di tanto – ed erano divenute un punto di incontro per i viaggiatori di tre continenti. La basilica di San Marco, che nei tre secoli posteriori alla consacrazione era stata quasi senza sosta arricchita, era sul punto di ricevere il tocco finale, quella «corona gotica» di pinnacoli e ornamenti floreali che mandarono in estasi Ruskin quattrocentocinquant'anni dopo.[1] Anche il campanile era finito (ma la cuspide fu sistemata definitivamente solo nel XVI secolo), mentre alla facciata verso il Molo, il grande lato sud, del Palazzo Ducale mancava soltanto il balcone centrale, che reca la data del 1404. Il nuovo palazzo si estendeva a nord lungo la Piazzetta fino alla tredicesima colonna, oltre la quale rimaneva ancora in piedi l'ultima ala della vecchia fabbrica

[1] «[...] e alla fine, come in estasi, le creste degli archi si rompono in una spuma di marmo e si scagliano alte nel cielo turchino in spruzzi scolpiti che scintillano e turbinano come se le onde sulla spiaggia del Lido fossero state congelate prima di ricadere e le sirene le avessero incrostate di corallo e di ametista». John Ruskin, *The Stones of Venice*, vol. II, London 1851-1858, cap. IV.

bizantina del doge Sebastiano Ziani (fu demolita solo nel 1423 e il nuovo palazzo completato lungo l'intero lato della Piazzetta).

Il Palazzo Ducale come lo conosciamo oggi è senza dubbio il più superbo esempio di edificio civile gotico del mondo ed è pertanto presumibile che possa aver ispirato la costruzione di altri palazzi della città. Molti, che erano stati edificati già nel secolo precedente, esistono ancor oggi: il palazzo Sagredo sul Canal Grande, per esempio, o, il più straordinario di tutti, il palazzo Arian (Ariani-Minotto) all'Angelo Raffaele con la sorprendente decorazione a filigrana di un virtuosismo quasi orientale; e nei successivi settant'anni il fervore edilizio sarebbe ancora aumentato, coronando quella gloriosa tradizione di opulenza gotica che trova la sua sintesi nella «fiammeggiante» Ca' d'Oro del 1424-1430, grazie alla quale l'architettura civile di Venezia è tanto amata e celebrata.

Identico fervore anche per le chiese. Quelle dei due grandi «ordini mendicanti», la francescana dei Frari e la domenicana dei Santi Giovanni e Paolo, dopo un secolo e mezzo non erano ancora finite, benché i lavori fossero stati ripresi e condotti con un ritmo assai intenso. Erano sorte intanto altre chiese gotiche, certo più piccole ma spesso molto più ricche di ornamenti. Quella della Madonna dell'Orto era stata costruita, con il titolo di San Cristoforo, intorno alla metà del XIV secolo come quella dei Carmini (Santa Maria del Carmelo) e Santo Stefano; le loro attuali facciate sono però tutte posteriori. Il successivo mezzo secolo avrebbe visto, tra l'altro, l'edificazione della chiesa e dell'abbazia di San Gregorio e di quella di Santa Maria della Carità, ora parte dell'Accademia. Poi, sia per le chiese sia per i palazzi, vennero Antonio Gambello e i Lombardi e, con essi, si affermò il Rinascimento.

Tuttavia Venezia, con tutto il suo splendore, non aveva ancora raggiunto, considerata nel suo insieme, quel livello di raffinatezza che soltanto il nuovo secolo le avrebbe portato. Tra quei gioielli architettonici, davanti ai quali i visitatori sostavano a occhi aperti, restavano ampi spazi vuoti o, in qualche caso, sfruttati come orti, come squeri o come casottini per riporre gli attrezzi dei pescatori. Anche nelle zone più ricche, quasi tutti i campi e le calli erano ancora in terra battuta e si trasformavano in pantani durante l'inverno, mentre d'estate dovevano essere continuamente bagnati per ridurre la polvere. I porci del monastero di Sant'Antonio Abate dall'estremità del sestiere di Castello continuavano a grufolare liberamente per tutta la città – soltanto nel 1409 la loro libertà venne limitata – e per il veneziano medio il cavallo era ancora il principale mezzo di trasporto; il numero dei cavalli era senz'altro superiore a quello delle gondole e le stalle del doge Michele Steno erano stimate tra le più belle d'Europa.

Ma i visitatori, cittadini di nazioni meno fortunate, non ammiravano Venezia soltanto per le sue ricchezze e per il suo splendore architettonico; l'ammiravano anche per il suo sistema di governo. Questa ammirazione provocava a sua volta un salutare senso di rispetto, spesso non immune da invidia. Oltre i suoi confini tutta l'Italia era oppressa dal dispotismo. Soltanto Venezia restava una forte Repubblica, superbamente ordinata, con una costituzione che aveva resistito quasi senza sforzo a tutte le tempeste politiche, interne ed esterne, alle quali era stata esposta. Senza dubbio alla maggioranza del popolo era stato tolto ogni effettivo potere nel secolo appena terminato e l'ultimo brandello di quel potere, l'assemblea popolare o «arengo», sarebbe scomparso col finire del primo quarto del nuovo secolo. Ma le magistrature civili erano aperte a tutti e il commercio e l'industria, che avevano reso famosa la città, erano motivi di orgoglio e di soddisfazione oltre che fonte di abbondante remunerazione materiale. E infine, ben pochi cittadini avevano mai seriamente sospettato che l'amministrazione, a parte la sua eccezionale efficienza, non avesse a cuore il loro interesse.

Di questo fatto il governo dava prova ampia e costante. Ogni tentativo da parte di un singolo individuo, o di un gruppo, di procurarsi potere o popolarità al di fuori del tessuto costituzionale veniva immediatamente soppresso. La Chiesa veniva rigidamente tenuta al proprio posto. I suoi compiti, esclusivamente pastorali, non potevano minimamente interferire con gli affari di Stato; i vescovi erano eletti dal Senato e l'elezione semplicemente ratificata da Roma. E quegli istituti nei quali risiedeva il vertice del potere politico erano soggetti a raffinati sistemi di controllo e di equilibrio che rendevano difficile e praticamente impossibile il cattivo uso del potere stesso. Base della piramide oligarchica e fonte di ogni autorità era il Maggior Consiglio. Ma poiché in quell'epoca era composto di circa millecinquecento membri (un numero che in seguito aumentò fino a superare i duemila) le sue sessioni plenarie erano in gran parte occupate dai molteplici compiti elettorali. La legislazione corrente era lasciata perciò al Consiglio dei Pregadi, più comunemente noto col nome di Senato, composto nominalmente di centoventi membri, che però tendevano ad aumentare poiché molti alti dignitari ne facevano parte *ex officio*. Teoricamente allo stesso livello del Senato c'era il Consiglio dei Dieci, in realtà composto di diciassette membri, poiché il doge e la Signoria erano sempre presenti alle sue riunioni. Era stato costituito nel 1310 «per tutelare la libertà e la pace dei sudditi della Repubblica e per proteggerli dagli abusi del potere personale». Anche il Consiglio dei Dieci, malgrado la sinistra reputazione attribuitagli nei secoli successivi, non completamente meritata, era soggetto a un rigido controllo costituzionale come tutti gli altri organismi dello Stato. Veniva infatti eletto dal Maggior Consiglio, ogni volta per la durata di soli sei mesi; i suoi tre capi – i Capi dei Dieci – si alternavano alla presidenza ogni mese e durante il proprio turno non avevano il permesso di condurre vita sociale per il timore che venissero esposti a tentativi di corruzione o al sorgere di voci prive di fondamento.

Nella gerarchia politica seguiva poi il Collegio, comparabile grosso modo a un moderno gabinetto. Questo organismo era composto in effetti dai vari Collegi dei Savii particolarmente competenti nelle varie materie.

Si avevano così i sei Savii Grandi (la cui presidenza ruotava a intervalli settimanali), i cinque Savii da Terra Firma e i cinque Savii agli Ordini o da Mar, rispettivamente ministri delle Finanze, della Guerra e della Marina. Costoro costituivano il potere esecutivo attraverso il quale passavano tutti gli affari di Stato e che proponeva la massima parte della legislazione. Il suo presidente era in teoria, durante la settimana di turno, il primo ministro della Repubblica.

Infine, al di sopra di tutti questi organismi veniva il doge, incarnazione dello Stato veneziano in tutta la sua maestà, ma sempre circondato dai suoi sei consiglieri, cioè dal Minor Consiglio o Signoria. Senza la loro supervisione e approvazione, in altre parole senza il supporto della loro autorità, lo stesso doge non poteva agire. Durante la sua assenza le funzioni proprie alla persona del doge venivano esercitate dalla Signoria, che deliberava a maggioranza. Tuttavia, a differenza dei propri consiglieri e, per essere più esatti, a differenza di ogni alta carica dello Stato, la magistratura dogale era a vita. Questo perché egli veniva eletto al termine di una lunga e meritevole carriera durante la quale aveva sicuramente ricoperto molti incarichi di governo e acquisito profonda conoscenza ed esperienza di ogni aspetto della vita pubblica. Una figura di pura rappresentanza quanto si vuole, quella del doge, ma, a parte il fatto che possedeva non meno potere di ogni altro singolo individuo dell'organismo di governo, una figura che, anche senza il fasto e la pompa quasi bizantini che circondavano ogni sua apparizione pubblica, poteva attendersi di essere rispettata e ascoltata sia in patria sia all'esterno.

Il doge Michele Steno era sotto ogni aspetto degno di avere un posto accanto ai suoi predecessori. Anche se fosse stata vera la vecchia e improbabile storia (cioè se fossero stati effettivamente suoi i versi scurrili che più di cinquant'anni prima avevano spinto Marin Falier in una infelice cospirazione) con un'intera vita dedicata al servizio dello Stato aveva sicuramente espiato qualsiasi leggerezza giovanile. Aveva combattuto valorosamente sotto Vettor Pisani nel 1378 a Pola e due anni dopo si era distinto a Chioggia, dove successivamente era stato podestà. Tornato a Venezia, era stato nominato procuratore di San Marco; a lui siamo debitori della magnifica serie di statue, opera dei fratelli Jacobello e Pierpaolo dalle Masegne, che divide la navata centrale della basilica dal presbiterio. Dopo, era stato incaricato di condurre i negoziati che portarono alla alleanza contro Gian Galeazzo Visconti.

Questi era il doge che il 4 gennaio 1406 prese posto con la Signoria in Piazza, sotto uno splendido baldacchino, per accogliere formalmente nella Repubblica la città di Padova. Avendo già ricevuto con identico stile le città di Verona e Vicenza, stava facendo l'abitudine a questo tipo di cerimonie. In questa occasione Padova era rappresentata da sedici dei suoi più illustri cittadini in abiti scarlatti accompagnati dalla lunga processione dei familiari, vestiti in verde, e scortati da una banda. A Steno furono offerti prima il gonfalone della città, poi la mazza, dopo ancora le chiavi e infine i sigilli. Seguì un banchetto e i festeggiamenti furono conclusi con un torneo, al quale presenziarono tutti i nobili della città «con uno straordinario concorso di dame». Al calar della sera gli inviati tornarono a Padova portando con sé la bandiera veneziana di seta cremisi con il leone alato di San Marco in oro.

Si trattò di una vera celebrazione, non di un atto di sottomissione. Tutte e tre le città, in modi diversi, si erano offerte a Venezia, per loro libera scelta. E sebbene il doge si fosse concesso nei discorsi ufficiali di accettazione un occasionale accenno al patronato di Venezia (è stato riferito che dette il benvenuto ai delegati di Verona con le parole del profeta Isaia: «Il popolo che camminava nell'oscurità ha visto una grande luce»), dagli accordi presi circa il futuro governo delle città risulta con evidenza che Venezia restava come sempre ansiosa di mantenere in vita, ove possibile, le istituzioni locali. È comprensibile che alcune leve del potere, come il regime fiscale, l'osservanza della legge e il mantenimento dell'ordine nonché le leve militari, fossero in mani veneziane e le funzioni connesse venissero in larga misura esercitate direttamente da Venezia attraverso i propri governatori, il militare e il civile, responsabili rispettivamente verso il Senato e il Consiglio dei Dieci. Ma è significativo che in ciascuna città il governatore civile, o rettore, fosse tenuto sotto giuramento a osservare l'antica costituzione civica; in Vicenza era anche soggetto a un comitato elettivo di diciassette cittadini locali che aveva il diritto di censurarlo se infrangeva una norma qualsiasi prevista dagli statuti tradizionali. A Verona, dove i meccanismi del governo civile erano stati ampiamente sgretolati durante i lunghi anni del potere scaligero, fu istituito sul modello veneziano un Gran Consiglio di cinquanta membri eletti annualmente, con un comitato esecutivo di dodici membri. Sempre in questa città, veneziani e veronesi, insieme, crearono un notevole sistema di pubblica istruzione con libera scuola primaria e, per gli studenti più progrediti, professori di diritto canonico e civile, discipline umanistiche e medicina. Tutti gli insegnanti, pagati con i fondi cittadini, erano esenti da imposte personali e impegnati, per contratto, a tenere pubblici dibattiti durante i mesi invernali. I medici inoltre erano obbligati a restare in città durante le epidemie di peste. Anche in tempi normali erano tenuti a invitare ogni paziente, al più tardi in occasione della seconda visita, ad aver cura della propria anima e a prendere disposizioni per i propri beni terreni. Questa misura era intesa a diminuire il numero di coloro che morivano senza aver fatto testamento, evitando nello stesso tempo di spaventare inutilmente i malati. Infatti, quell'invito, che sarebbe stato l'equivalente di una sentenza di morte, assumeva l'aspetto di una semplice ma utile precauzione da prendere in ogni caso.

Questo interesse tipicamente veneziano per l'istruzione e la medicina si riflette anche nell'atteggiamento della Repubblica verso Padova, alla cui università, la più vecchia d'Italia dopo quella di Bologna, fu assegnato un sussidio annuo di 4.000 ducati più una considerevole quota del gettito dei dazi di consumo. Padova però, diversamente da Verona e Vicenza, delle quali era notevolmente più ricca, fu obbligata a pagare metà dello stipendio del governatore civile (il rettore). Dal canto suo la Repubblica si impegnò a non istituire nuove tasse, attuò provvedimenti in favore della locale industria tessile e della produzione vinicola, e nel 1408 impartì disposizioni per la costruzione nella piazza principale di Padova di un edificio da adibirsi a ciò che ora chiameremmo un circolo di ritrovo, «dove veneziani e padovani di buona volontà potevano incontrarsi e conversare assieme per accrescere reciprocamente affetto e fiducia». Quando, dodici anni dopo, questo Palazzo Comunale di Padova fu distrutto dal fuoco insieme, e fu una tragedia, con gran parte degli archivi cittadini, esso fu ricostruito, ancor più grande e più splendido, completamente a spese della Repubblica.[2]

Durante tutte queste dimostrazioni di amicizia i veneziani non mancavano di stare in guardia. Essi sapevano perfettamente che i due figli minori di Francesco Novello da Carrara erano fuggiti a Camerino, nelle Marche, e conoscevano quella famiglia troppo bene per non sospettare che stessero complottando per un ritorno al potere. Essendo fallito un tentativo di ottenere la loro espulsione da Camerino, posero una taglia sulle loro teste, come avevano già fatto per i due Scaligeri sopravvissuti, e poi si misero al lavoro per eliminare dalla città ogni segno visibile della dominazione dei da Carrara. Amici noti e lontani parenti furono esiliati e un capo

[2] Questo edificio, che ora non esiste più, non deve essere confuso con il superbo Palazzo della Ragione, che era già stato costruito da quasi un secolo.

dei Dieci si recò appositamente a Padova per esaminare registri e carte da cui fosse possibile rilevare prove importanti per eventuali incriminazioni. Non fu trovato niente, ma tutti quei documenti furono portati a Venezia e archiviati con cura affinché potessero essere utilizzati in ogni futura evenienza: la Repubblica non intendeva correre rischi.

L'anno 1406, che era iniziato con le celebrazioni per l'ingresso di Padova nell'ovile veneziano, finì con un altro festeggiamento. Infatti, il 19 dicembre un veneziano, Angelo Correr, fu eletto papa a Roma con il nome di Gregorio XII. Era già quasi ottantenne e così esile ed emaciato che un contemporaneo lo descrisse come «uno spirito reso visibile da pelle e ossa». Ma quello spirito ardeva ancora di una profonda e genuina pietà e di un'alta ambizione alla quale aveva deciso di dedicare il resto della vita: la risoluzione dello scisma d'Occidente.

Lo scisma durava ormai da quasi trent'anni. Papa Gregorio XI aveva riportato a Roma da Avignone la sede del papato nel 1377 ma era morto l'anno successivo e la nuova elezione era stata estremamente tumultuosa. Il popolino romano sapeva benissimo che se avessero vinto i cardinali francesi e i loro sostenitori il papa eletto sarebbe tornato ad Avignone, e questa volta probabilmente per sempre. Deciso a impedire un simile disastro, al quale forse non sarebbe stato più possibile rimediare, scese in piazza e invase lo stesso conclave. Temendo per la propria vita, i cardinali elessero un italiano che assunse il nome di Urbano VI e che proclamò l'intenzione di restare a Roma. Disgraziatamente, nello spazio di poche settimane dall'elezione ebbe tanti e tali contrasti con i cardinali, sia del partito francese che di quello italiano, che questi finirono col dichiarare che l'elezione era avvenuta con la violenza e che di conseguenza era inefficace e nulla. E così elessero al posto di Urbano un altro cardinale che assunse il nome di Clemente VII. Urbano, saldamente trincerato in Roma, rifiutò di cedere e la disputa continuò. Ogni partito, alla morte del proprio papa, ne eleggeva un altro. Il contrasto perdurava quando il veneziano Angelo Correr fu chiamato al trono di San Pietro, terzo successore di Urbano.

Non l'occupava ancora da una settimana e già scriveva a Marsiglia all'antipapa Benedetto XIII, successore di Clemente: «Sorgiamo insieme e ritroviamoci in un unico desiderio di unità». Se non si trovava una galea per portarlo al luogo dell'appuntamento, sarebbe andato con una barca da pesca; se non c'erano cavalli, sarebbe andato a piedi. Se Benedetto si dimetteva, sarebbe stato lieto di fare altrettanto. I cardinali dei due partiti avrebbero potuto poi eleggere insieme un unico papa. Era una proposta ragionevole, fatta con sincerità. Benedetto accettò (difficilmente avrebbe potuto fare altrimenti) e propose un incontro a Savona. Ma a questo punto cominciarono a sorgere le difficoltà. Savona era allora in territorio francese e in zona sotto la giurisdizione di Benedetto. Il viaggio da Roma sarebbe stato lungo, costoso e, per un ottuagenario, particolarmente penoso. Ladislao di Durazzo, re di Napoli, che aveva le proprie ragioni per desiderare che lo scisma continuasse, tentò di occupare Roma e di impedire con la forza che il papa partisse. Il tentativo fallì, però persuase Gregorio che la Città Santa non sarebbe stata al sicuro durante la sua assenza. Infine, le fatiche dell'alto ufficio stavano rapidamente minando le forze del vecchio papa che, con i malanni della senilità, diveniva sempre meno capace di resistere alle pressioni dei parenti, in particolare di due nipoti. Costoro stavano scavando a fondo nei forzieri pontifici per soddisfare i propri capricci ed erano risoluti a impedire al papa con tutti i mezzi in loro potere ogni passo che potesse accelerare le dimissioni.

Per tutte queste ragioni, l'incontro di Savona veniva sempre rimandato. Nell'agosto del 1407 Gregorio prese finalmente la via verso il Nord, ma il 10 novembre, il giorno fissato per l'incontro, non aveva ancora oltrepassato Siena. Nell'aprile successivo, allorché s'era portato fino a Lucca, avvenne ciò che aveva temuto: Ladislao marciava su Roma. La città, senza un capo, impoverita e priva ormai di qualsiasi sostegno morale, si arrese quasi senza combattere. La situazione non era stata mai peggiore. Entrambi i contendenti erano ora in esilio, ciascuno accusava l'altro di malafede, non si vedeva una via di uscita e le possibilità di conciliazione sembravano diminuire rapidamente.[3] Era chiaro che

[3] Il contemporaneo Leonardo Bruni scrisse nel suo latino chiaro ed elegante che «se l'uno avanza, l'altro si ritira; l'uno sembra un timoroso animale della terra, l'altro una apprensiva creatura dell'acqua. E così, per un breve resto di vita e di potere, questi due anziani preti mettono in pericolo la pace e la salvezza del mondo cristiano». L'opera di Bruni ebbe larga diffusione nel Rinascimento grazie alla traduzione in volgare di Donato Acciaiuoli.

sarebbe stato illusorio continuare a sperare nei due protagonisti. Il 25 marzo 1409 quasi tutti i cardinali fautori di Benedetto e nove di quelli già parteggianti per Gregorio convocarono di loro iniziativa un Concilio a Pisa che il 5 giugno successivo ripudiò sia Gregorio sia Benedetto come contumaci, eretici e scismatici. I cristiani di tutto il mondo furono liberati dall'obbligo dell'obbedienza a entrambi e fu ordinato di festeggiare l'evento; poi il Concilio procedette all'elezione di un successore. La scelta cadde sul cardinale arcivescovo di Milano, Pietro Filargo (Petros Philarges), noto anche come Pietro di Candia, che, affacciatosi alla vita nell'isola di Candia, allora soggetta ai veneziani, come un povero bambino orfano e costretto a mendicare, l'avrebbe invece finita come papa Alessandro V.

A questo punto una persona ragionevole ha la tentazione di pensare che gli altri due rivali si fossero graziosamente ritirati dalla scena. Invece non lo fecero e se si giunse a questa situazione molta responsabilità deve essere attribuita allo stesso Concilio. A parte il fatto che non era stato convocato né dall'uno né dall'altro papa, l'ordine di presentarsi e la successiva dichiarazione di contumacia dopo che ebbero rifiutato implicavano la sua superiorità sullo stesso Papato, un principio che nessuno dei due avrebbe mai potuto accettare. Un poco più di diplomazia, un poco più di tatto e di comprensione per quei due vecchi che, ciascuno a suo modo, erano onesti e fermi e nemmeno avevano desiderato assidersi su quel trono e lo scisma avrebbe potuto essere risolto. In quelle condizioni invece essi non poterono far altro che dichiarare illegali le procedure del Concilio e continuare a combattere.

Fu allora che Gregorio fece il passo per il quale fu più aspramente criticato dai contemporanei: vendette a Ladislao per 25.000 fiorini tutto il territorio dello Stato della Chiesa. All'apparenza, non sarebbe potuto esistere peggior tradimento di un sacro dovere; tuttavia, nella prospettiva storica il fatto diviene più comprensibile e meno urtante. Gran parte di quel territorio era già stato praticamente occupato da Ladislao. Nella sua penosa situazione, Gregorio non aveva né i mezzi né il denaro per pensare a una riconquista. Con la sua decisione, che implicava poco più dell'accettazione di un fatto compiuto, si procurava i fondi che gli erano indispensabili per continuare a lottare e, fatto non meno importante, un potente alleato in Italia. Inoltre, Gregorio probabilmente aveva intuito che difficilmente Ladislao sarebbe stato in grado di mantenere a lungo il possesso di quei territori; prima ancora della fine dell'anno e grazie soprattutto alle attività di Firenze e Siena, Napoli li aveva già perduti.

A Rialto, la gioia che aveva salutato l'elezione di Gregorio al soglio pontificio si era convertita troppo rapidamente in imbarazzo. Fino al Concilio di Pisa, la Repubblica gli aveva dato naturalmente l'appoggio più completo; dopo, le cause di perplessità furono molte. Nell'agosto del 1409 arrivarono ambasciatori dall'Inghilterra, dalla Francia e dalla Borgogna a chiedere il riconoscimento di Venezia per papa Alessandro; contemporaneamente il doge riceveva da Gregorio una richiesta di salvacondotto per passare da Venezia nel suo viaggio verso Cividale del Friuli, dove intendeva stabilire la propria sede. La questione fu dibattuta per molti giorni al Senato e la discussione raggiunse toni molto accesi. Appoggiava la richiesta di Gregorio, in quanto figlio di Venezia, il partito dei suoi parenti e amici; il partito avverso obiettava con eguale veemenza che papa Alessandro, essendo un candiota, era pure cittadino veneziano. Alla fine si alzò a parlare il doge Steno. Dichiarò che nell'interesse della pace e dell'unità dei cristiani tutti avevano l'obbligo di riconoscere il Concilio di Pisa e il papa da esso eletto. Vinse con sessantanove voti contro quarantotto. Nel suo viaggio verso Cividale, Gregorio fu calorosamente acclamato a Chioggia e poi a Torcello, ma le porte della sua città natale gli restarono chiuse. E non si riaprirono più.

Si trattava di una decisione importante per Venezia, perché stabiliva un precedente che privilegiava l'assemblea nei confronti del singolo intonato con la sua filosofia che avrebbe poi costituito una norma costante in tutti i successivi negoziati con il Papato: i singoli papi erano sempre soggetti ai Concili della Chiesa. Gregorio dal canto suo, benché fosse profondamente ferito da quel rifiuto di sostegno proveniente proprio da coloro in cui più aveva confidato, non si arrese. Anche lui aveva i suoi principi e il peso degli anni sembrava avere l'effetto di renderlo più ostinato che mai. Inoltre egli poteva vantare ancora l'adesione di vari potenti, tra i quali Roberto del Palatinato (Ruperto III di Wittelsbach, conte palatino del Reno), che nel 1401 fu incoronato Re dei Romani,[4] e Carlo Malatesta, signore di Rimini. Nell'altro campo, anche Benedetto aveva l'aria di trar forza dalle avversità. Fu quindi chiaro a tutti che l'unico, reale effetto del Concilio di Pisa era stato quello di imporre alla cristianità tre papi invece di due. Ma i cardinali si dimostrarono incorreggibili e quando papa Alessandro, l'unico contendente apparentemente non in grado di sopportare la tensione di quella lotta, morì all'improvviso nel maggio del 1410, non persero tempo ed elessero subito un altro papa al suo posto.

Baldassarre Cossa, che salì sul trono pontificio col nome di Giovanni XXIII,[5] fu sospettato dai contemporanei di avere avvelenato il suo predecessore. Non esistono prove. Però è certo che aveva iniziato la carriera da masnadiere e che tale, essenzialmente, era rimasto. Abile, energico e sommamente privo di scrupoli, doveva la sua fulminea ascesa nella gerarchia al suo genio per l'intrigo e il ricatto; sul piano morale e spiri-

[4] Il Sacro Romano Impero era tristemente decaduto dopo la morte di Federico II nel 1250. Era ormai ridotto a una semplice federazione di principati e di città, sotto la presidenza onoraria di uno di questi principi, che portava il titolo di Re dei Romani. Costui aveva, per tradizione, diritto a ricevere la corona imperiale dalle mani del papa; ma dei diciotto eletti fra il 1250 e la morte di Massimiliano nel 1519, soltanto cinque ricevettero effettivamente a Roma la corona imperiale, l'ultimo imperatore essendo stato Federico III nel 1452. Massimiliano non fu mai incoronato e assunse abusivamente il titolo imperiale nel 1508; Carlo V fu incoronato ma a Bologna, ultima incoronazione del Sacro Romano Impero (cfr. pp. 326-327).

[5] Le circostanze della sua elezione e della successiva deposizione gli hanno negato un posto nella lista canonica dei papi. Fu di conseguenza perfettamente legittima - anche se sorprendente - l'adozione dello stesso nome da parte di Angelo Roncalli quando fu eletto papa nel 1958.

tuale, ridusse il Papato a un livello di depravazione sconosciuto dai giorni della «pornocrazia» del X secolo. Un cronista contemporaneo, Teodorico di Niem, riporta con imbarazzato stupore la voce che circolava a Bologna, dove Cossa era stato governatore pontificio, secondo la quale, durante il primo anno di pontificato, aveva sedotto non meno di duecento donne tra vedove e vergini, per non parlare delle numerose monache. Il suo tristo bilancio nei tre anni successivi non è stato registrato ma deve essere stato assai consistente perché il 29 maggio 1415 un altro Concilio, questa volta a Costanza, lo depose e, ammaestrato dalla lezione di Pisa, lo costrinse a ratificare la deposizione stessa. Gibbon riassunse così questo ultimo atto: «Le imputazioni più scandalose furono soppresse; il vicario di Cristo fu accusato soltanto di pirateria, assassinio, violenza carnale, sodomia e incesto, e dopo avere egli stesso sottoscritto la propria condanna, espiò in carcere l'imprudenza di essersi rifugiato in una città libera di là dalle Alpi».

Ai primi di luglio Gregorio XII fu persuaso a rinunciare alla cattedra di Pietro con tutti gli onori e con la promessa che sarebbe stato secondo nella gerarchia della Chiesa, e cioè immediatamente dopo il futuro papa. Questo privilegio fu accordato tanto più facilmente in vista del fatto che Gregorio si stava ormai avvicinando ai novanta e dall'aspetto sembrava ancora più vecchio, ragione per cui era presumibile che non ne avrebbe goduto a lungo. Infatti, morì due anni dopo. Intanto, l'antipapa Benedetto era stato deposto a sua volta e nel 1417, con l'elezione del nuovo, legittimo papa Martino V, lo scisma fu definitivamente risolto.

Il primo papa veneziano aveva avuto un pontificato infelice, irto di difficoltà e a volte umiliante. Se fosse stato più giovane e più forte, se non fosse stato circondato da parenti avidi e senza scrupoli che lo condizionavano per i loro fini, le sue iniziali speranze di sanare lo scisma si sarebbero forse realizzate. Al contrario, la sua vita terminò con un fallimento. Ma si era comportato con dignità fino al giorno della morte. Abbiamo già visto che la sua azione apparentemente più condannabile deve essere considerata una semplice manovra tattica e, infine, come indicano chiaramente i termini della sua rinuncia, anche se fu deposto non fu mai screditato.

Fra tutti gli sconvolgimenti e gli intrighi nati dallo scisma d'Occidente, Venezia, come era sua abitudine, aveva fatto il possibile per mantenersi in una posizione di attesa, schierandosi con l'uno o l'altro partito soltanto nei casi in cui non poteva evitarlo e infine accordando il proprio appoggio a quel partito che mostrava di avere le maggiori possibilità di far cessare lo scisma. Solo per questo motivo aveva dato la sua completa adesione al Concilio di Costanza e aveva inviato quattro ambasciatori a esprimere le sue congratulazioni al nuovo eletto Martino V. Per una Repubblica mercantile dopo tutto il luogo di nascita di un papa, e cioè che fosse veneziano o no, non poteva costituire un fatto di interesse diretto. Inoltre, durante i peggiori anni della crisi, aveva dovuto dirigere la propria attenzione su un problema più scottante: la riacquisizione della costa dalmata, che aveva avuto come immediata conseguenza una guerra con l'Impero d'Occidente.

Era trascorso ormai quasi mezzo secolo da quando era stata costretta a cedere le città dalmate all'Ungheria, ma il tempo non aveva affatto rimarginato la ferita. Così, quando Ladislao di Napoli nel 1403 era riuscito a farsi incoronare re d'Ungheria e poco dopo aveva offerto la cessione di tutti i suoi territori in Dalmazia per 100.000 fiorini, Venezia aveva accettato senza esitazioni. La transazione era stata perfezionata il 9 giugno 1409, esattamente quattro giorni dopo la deposizione di papa Gregorio da parte del Concilio di Pisa. Ma erano sorti subito due problemi: per prima cosa, sebbene alcune città e isole della costa dalmata dovessero ospitare guarnigioni permanenti di truppe ungheresi, molte tuttavia preferivano la lontana signoria dell'Ungheria a quella di Venezia con le sue continue interferenze. Il secondo problema era costituito dal fatto che sul trono ungherese era quasi subito salito, per diritto ereditario, anche se ostacolato dai seguaci di Jan Hus in Boemia, re Sigismondo, che considerava la Dalmazia parte integrante del regno, essendo inoltre il suo unico sbocco sul mare. L'anno successivo Sigismondo, dopo un fallito tentativo di fomentare ribellioni a Padova e a Verona per mezzo degli ultimi incorreggibili rampolli dei da Carrara e dei della Scala, aveva inviato un esercito di ventimila uomini nel Friuli al comando del più brillante fra i giovani condottieri del momento, il fiorentino Filippo degli Scolari, più noto col nome di Pippo Spano.

Venezia, che cercava di evitare la guerra, inviava a Sigismondo due dei suoi diplomatici di maggiore esperienza, Giovanni Barbarigo e Tommaso Mocenigo, i quali avevano argomentato, non senza ragione, che la Dalmazia era meglio che rimanesse sotto il controllo veneziano perché soltanto Venezia era in grado di proteggere le coste adriatiche dai pirati. Fallito l'approccio con questa logica, avevano avanzato la proposta che Venezia si tenesse la Dalmazia come feudo ungherese versando un tributo simbolico annuo di un cavallo bianco e di una veste d'oro. E siccome Sigismondo era stato appena eletto imperatore d'Occidente, in nome della Repubblica avevano offerto anche di mettere a sua disposizione una squadra di galee per scortarlo con la dovuta pompa a Roma per l'incoronazione. Ma poiché Sigismondo si ostinava a non voler ascoltare, gli ambasciatori erano tornati tristemente sulla laguna e Pippo Spano aveva iniziato la marcia. Feltre e Belluno si erano arrese subito e il giovane Brunoro della Scala aveva ottenuto il loro governo con il titolo di vicario imperiale.

Venezia allora raccolse in fretta un esercito – costituito in gran parte da leve di terraferma e al cui comando si succedettero i due fratelli Carlo e Pandolfo Malatesta – e nel corso del 1411 cercò di arginare l'avanzata ungherese. Pippo Spano ritornò nel 1412 con consistenti rinforzi e nel giugno di quello stesso anno tentò di sbarcare con una piccola forza al Lido, dove causò delle devastazioni intorno a San Nicolò prima di essere costretto a ritirarsi. Ma due mesi dopo a Motta di Livenza, scontratosi con le forze combinate di Pandolfo Malatesta e di Nicolò Barbarigo, che avevano risalito il fiume Livenza con tre galee e non meno di settanta imbarcazioni minori, subì una grave e umiliante sconfitta.

Furono probabilmente questi eventi a convincere le due parti che si trovavano in una posizione di stallo. Pippo Spano poteva conquistare gran parte della terraferma veneziana, ma sapeva di non poter sperare in un attacco alla capitale. Venezia, da parte sua, aveva avuto semplicemente la conferma di ciò che sapeva già fin troppo bene: che la Pianura Padana era troppo vasta per essere mantenuta sotto il suo stretto controllo. In questo territorio pianeggiante i suoi nemici potevano avanzare o ritirarsi quasi all'infinito, ma non potevano esserne cacciati. Mentre passava il tempo, aumentavano intanto le spese di guerra per ambo le parti. Infine la Repubblica – che aveva già imposto una tassa del dieci per cento sulle proprietà per compensare la perdita dei redditi della terraferma – inviò un'altra missione a Sigismondo per cercare un accordo. Questa volta l'imperatore fu molto sensibile al dialogo ma, poiché insisteva sulla validità dei propri diritti sulla Dalmazia, la conclusione di una pace definitiva non poteva rientrare tra gli obiettivi possibili. Fu invece conclusa nel 1413 una tregua di cinque anni, in gran parte grazie all'impegno del capo della delegazione veneziana, Tommaso Mocenigo. Egli si trovava ancora presso la corte imperiale, a Lodi, nel gennaio dell'anno successivo quando gli fu recapitato un messaggio che provocò il suo immediato ritorno: era appena divenuto il sessantaduesimo doge di Venezia.

Capitolo II
Un doge profetico
(1413-1423)

Truth sits upon the lips of dying men.*

MATTHEW ARNOLD, *Sohrab and Rustum*

Michele Steno, alla sua morte il 26 dicembre 1413,[1] lasciava la nazione considerevolmente più forte, più grande territorialmente - nonostante le temporanee perdite dovute alla guerra con l'Ungheria - e sostanzialmente più prospera di quanto l'avesse trovata. Tre anni prima tuttavia egli aveva deliberatamente provocato una crisi costituzionale che avrebbe avuto un durevole effetto sulla posizione del doge all'interno dello Stato. Non è il caso di entrare nei dettagli di questa crisi, che in sostanza era nata dall'appoggio di Steno a una mozione intesa a invalidare una decisione del Maggior Consiglio; ma nel suo sviluppo, il doge si trovò a essere minacciato di sospensione e di incriminazione. Steno,

* «La verità sta sulle labbra dei morenti».

[1] Fu sepolto nella chiesa di Santa Marina - non in quella dei Servi come afferma Ruskin - con le chiavi di Padova appese davanti all'urna. Quando la chiesa fu demolita nel 1820, la statua che lo rappresentava disteso, opera di Paolo di Biagio, fu portata nel pantheon dei Santi Giovanni e Paolo e collocata sopra un altro sarcofago nella navata sinistra.

un uomo coraggioso e tenace, aveva rifiutato di cedere, sfidando in questo modo i suoi avversari a imboccare una strada pericolosa. Se costoro avessero perso il controllo dei nervi, avrebbe potuto finire in esilio o, come Marin Falier, sul patibolo. Fortunatamente per lui, e per Venezia, prevalse il buon senso. Si elaborarono formule appropriate per salvare la faccia di coloro che intendevano metterlo in stato di accusa e la vicenda fu archiviata. Ma non dimenticata. Prima della fine del dogado di Steno furono votate nuove leggi che ponevano limiti ancora più ristretti al potere del doge, compresa una misura che consentiva a due insieme dei tre Avogadori de Comun – gli avvocati dello Stato – di citarlo in giudizio se ritenevano che stesse mettendo in pericolo le istituzioni con parole o con fatti. Inoltre la *promissione* del suo successore, cioè quella minuziosa lista di specifici impegni e divieti che ogni doge era obbligato a firmare una volta eletto, eliminava uno dei pochi sopravvissuti diritti dogali di qualche significato politico: quello di convocare di propria iniziativa l'arengo. In futuro la convocazione a parlamento di tutti i cittadini veneziani sarebbe stata consentita soltanto con l'approvazione del Maggior Consiglio e del Senato, per scopi concordati in precedenza.

Essendo un veneziano settantenne, devoto alla patria e con un'intera vita spesa al servizio dello Stato, il nuovo doge probabilmente non si sentì offeso da questa nuova riduzione dell'autorità dogale. Abbiamo la prima notizia su Tommaso Mocenigo nel 1379, quando gli fu affidato l'ingrato incarico di portare a Venezia la notizia della distruzione della flotta per opera dei genovesi a Pola. In seguito, come capitano generale da mar, era stato in servizio nel Mar Nero dove, nel 1396, aveva avuto successo nell'operazione di salvataggio di quanto restava dell'esercito cristiano, composto in prevalenza di francesi e ungheresi e comandato da Sigismondo, allora re d'Ungheria, dopo la disastrosa sconfitta subita a Nicopoli a opera degli osmanli, i turchi del sultano Bajazet I. Dopo di allora, come abbiamo già visto, aveva svolto soprattutto attività diplomatica. Il Mocenigo si era da poco assiso sul seggio dogale che già doveva confrontarsi ancora una volta con la crescente potenza dei turchi e non più come spettatore. Ora, per la prima volta nella sua storia, la Repubblica di Venezia era chiamata in causa.

Sotto molti aspetti è sorprendente il fatto che lo scontro non fosse avvenuto prima. Nei precedenti cinquant'anni le armate ottomane avevano invaso più della metà della penisola balcanica, tanto che nel 1410 lo storico bizantino Michele Ducas sospettava, e probabilmente con buone ragioni, che vi fossero più turchi insediati stabilmente in Europa che in Anatolia. Molti Stati cristiani, almeno fra quelli della parte centrale e orientale del continente, avevano già sperimentato la tempra dell'acciaio turco. Venezia, invece, sempre preferendo il commercio alla guerra, era riuscita sino ad allora a restare in termini amichevoli, e questa amicizia aveva avuto conferma in un accordo negoziato nel 1413 con il nuovo sultano Maometto I da Francesco Foscari.

Se confrontato con la grande maggioranza dei sovrani ottomani dei secoli XIV e XV, Maometto era un uomo di pace. Manteneva buoni rapporti con l'imperatore Manuele Paleologo a Costantinopoli e non aveva controversie con Venezia. Ma nella primavera del 1416 accadde che una flotta ottomana inviata contro il duca cristiano di Nasso, un principe indipendente da tempo abituato ad attaccare le navi turche nell'Egeo, si volgesse improvvisamente a inseguire alcuni mercantili veneziani di ritorno da Trebisonda, li raggiungesse a Negroponte, la moderna Eubea, e attaccasse la città. Fortunatamente, si trovava nelle vicinanze una squadra da guerra veneziana. Il comandante Pietro Loredan tentò inizialmente di parlamentare con l'ammiraglio turco nella base di questi a Gallipoli, ma ormai era già in moto un meccanismo che sarebbe stato difficile fermare. Le discussioni erano appena iniziate che già tra le due flotte scoppiavano spontaneamente le ostilità. La battaglia che ne seguì è descritta egregiamente dallo stesso Loredan nel suo rapporto al doge e alla Signoria, inviato da Tenedo il 2 giugno 1416 e riportato da Marin Sanudo il Giovane nei suoi *Diarii*:

E virilmente io capitano investii nella prima galera combattendola animosamente ed essa fece grandissima difesa per essere molto bene in ordine d'assai vigorosi turchi i quali combattevano come draghi.

Ma con la grazia d'Iddio la sottomisi e la vinsi e grandissima parte de' detti turchi feci tagliare a pezzi. Ma fu grandissima pena e fatica di averla, perché le altre galere mi vennero da poppa della mia dal lato sinistro e con molte saette di frecce si sforzavano di tirare contro di me. E ben le sentii, che fui ferito nella mascella sinistra sotto l'occhio d'una freccia che mi passò la detta mascella ed il naso e nella man sinistra fui ferito d'altra freccia che mi passò la mano da un lato all'altro. Le quali piaghe assai mi furono di gran danno. Ancora fui ferito da molte frecce nella persona e nella man destra, ma non mi fecero gran danno se non le prime due.

Non mi restai per questo, ne sarei restato per alcun modo fino alla morte, ma anzi virilmente combattendo, feci ritirare indietro le dette fuste e sconfissi e presi la prima galera e misi la mia bandiera in quella [...]. Poi tornando subito verso le altre galere dei turchi investii in una galeotta, la quale io sfondai cogli speroni e feci tagliare a pezzi molti turchi combattendo. Sconfitta quella e messivi dentro alcuni de' miei uomini e la mia bandiera, la lasciai e mi ridussi verso le altre galere. Le altre nostre galere veggendo me aver ferito animosamente ferirono esse ancora e quelle virilmente combattendo, fu fatta grandissima difesa pei turchi; perché in tutte le galere e galeotte eravi il fiore dei turchi e bene in ordine. Ma per l'Iddio grazia e per l'intercessione del Vangelista messer san Marco, quell'armata del tutto mettemmo in rotta e quelli facemmo scappare con loro fuste e gettarsi gran parte di loro in mare con grandissima sua vergogna e danno [...]. La battaglia fu dalla mattina e durò passate le due ore, prendemmo sei delle loro galere con tutte le sue genti e nove galeotte. Ma i turchi che vi erano sopra andarono per fil di spada, tra' quali fu il capitano, per nome Cialibeg, con tutt'i suoi nipoti e con molti altri capitani grandissimi e pregiati dal signor turco e de' migliori uomini di Gallipoli.

Dopo ciò ci raunammo insieme finita la battaglia con tutte le galere e galeotte prese e andammo sotto Gallipoli ove tirammo contro quei di terra di molte bombarde e verettoni, chiamandoli che da capo venissero fuori alla battaglia con noi [...]. Ma niun di coloro ebbe mai ardire né possanza d'uscire contro di noi. Per la qualcosa vedendo che non volevano uscire mi allontanai per lo spazio di un miglio da Gallipoli, acciocché i feriti avessero agio di medicarsi e per dare refrigerio a tutt'i nostri [...]. Nelle quali tutte le sopradette galere e galeotte erano padroni, maestri, marangoni, filacanapi, e alcuni genovesi, catalani, siciliani, provenzali e candioti de' quali la maggior parte fu tagliata a pezzi nella battaglia e il residuo che rimase io feci tagliare a pezzi e impiccarli. E similmente i comiti delle fuste prese, feci tagliare a pezzi, acciocché più guidatori di fuste non avessero i turchi; fu preso tra questi Giorgio Calergi ferito di più piaghe, ribelle di Vostra Signoria, il quale a grandissimo onore feci tagliare a pezzi sulla poppa della mia galera. Su qual punizione sarà cagione ai predetti che alcuni cattivi cristiani non oseranno d'andar al soldo di questi infedeli e d'ora innanzi potremo dire che la possanza de' turchi da quella parte di mare per grandissimo tempo sia del tutto distrutta e consumata [...].

E oltre a questi [...] ne restano solo in numero di 1.100, i quali ho tenuti sopra le dette fuste prese [...].

Era una grande vittoria; e non esiste alcun indizio che i successivi atti di crudeltà, riferiti con tanta indifferenza, suscitassero commenti di censura sia nella Repubblica sia altrove. Seguì un trattato di pace e di amicizia, che ebbe una conferma l'anno seguente quando un ambasciatore di Maometto, ricevuto a Venezia con molto sfarzo, fu ospitato con tutto il seguito a spese dell'amministrazione pubblica e infine ripartì carico di onori e di ricchi doni.

Malgrado le ardite parole del Loredan, probabilmente i veneziani erano perfettamente consapevoli di avere conseguito soltanto una dilazione; sapevano bene che l'Impero Ottomano tendeva a una politica di espansione che aveva tra i suoi obiettivi non soltanto Costantinopoli ma l'intero Mediterraneo centrale e orientale e forse qualcosa di più. Intanto però erano soddisfatti di avere sventato l'immediato pericolo e di aver reso il Mediterraneo nuovamente sicuro e libero per il commercio. Anche l'Europa si adagiò nella piacevole convinzione che non c'era niente da temere dai turchi: era chiaro che Venezia sarebbe stata sempre in grado di tenerli al loro posto.

D'altra parte, anche Venezia doveva essere tenuta al suo posto. E nell'opinione di Sigismondo d'Ungheria, Re dei Romani,[2] il suo posto non comprendeva la Dalmazia. Nel 1418 scadeva la tregua di cinque anni a suo tempo negoziata da Tommaso Mocenigo ma le due parti non erano più vicine di allora a un accordo. Con Sigismondo che s'intestardiva a rifiutar di prendere in esame la proposta veneziana di avere da lui in feudo i territori contesi e Venezia che continuava a insistere su quelli che considerava i suoi «diritti storici sulla costa», senza il controllo della quale non poteva garantire la sicurezza dell'Adriatico, la ripresa delle ostilità divenne inevitabile. E sebbene la Repubblica non avesse tralasciato di prepararsi, concludendo trattati di re-

[2] Cfr. p. 34, nota 4.

ciproca assistenza con Filippo Maria Visconti, signore di Milano, e con Giovanna II, succeduta al fratello Ladislao sul trono di Napoli, a Rialto si incontravano uomini scuri in volto quando nell'estate del 1418 giunse la notizia che Sigismondo aveva mandato un esercito di invasione nel Friuli.

Questa regione, che si estendeva lungo i confini nord-orientali della Repubblica di Venezia, era da secoli un problema per la Serenissima. Difficoltà con i patriarchi di Aquileia esistevano praticamente da sempre; ed erano divenute potenzialmente ancora più acute dopo il 1077, quando l'imperatore Enrico IV aveva concesso l'intera regione al patriarcato come feudo temporale. Da allora essa costituiva, in pratica, un principato indipendente, più tedesco che italiano, e numerosi patriarchi, istigati e aiutati da quei perenni mestatori che erano i conti di Gorizia, avevano tentato con vario successo di usare la loro potenza a danno della Repubblica. Con il Regno d'Ungheria, confinante a est, i patriarchi mantenevano normalmente eccellenti rapporti; in particolare, erano soliti appoggiare le pretese ungheresi sulla Dalmazia. Nessuno si sorprese pertanto quando lo stesso patriarca, un tedesco, non soltanto accolse calorosamente le truppe di invasione ma si pose personalmente alla loro testa.

Ma anche Venezia disponeva di un comandante locale, Tristano Savorgnan, rampollo di una delle più antiche e nobili famiglie friulane. Dopo l'assassinio del padre, avvenuto nel 1389, per mano di aderenti al partito ungherese-patriarcale, ispirato dal re Giovanni d'Ungheria, aveva dovuto abbandonare la sua città di Udine. Anch'egli combatteva nella propria terra e fu molto abile nell'ingrossare le file delle modeste forze che Venezia era riuscita a mettergli a disposizione. In breve tempo passò all'offensiva e il patriarca si vide costretto a combattere per la propria sopravvivenza. Sacile, Feltre e Belluno, tre città che Venezia aveva perso nel 1411, furono riconquistate in rapida successione. Nel 1420 anche Udine era assediata e da dentro le mura il patriarca fu costretto a lanciare un disperato appello a Sigismondo per avere rinforzi.

In quel momento Sigismondo aveva ben altre preoccupazioni. L'anno prima aveva ereditato dal fratello la corona di Boemia ed era stato immediatamente coinvolto nella guerra di religione scoppiata in seguito alla morte sul rogo, durante il Concilio di Costanza, del riformatore Jan Hus. Contemporaneamente, i turchi stavano premendo sulla frontiera orientale dei suoi domini. Non poteva quindi far niente per il patriarca, che fuggì a Gorizia; Udine aprì le porte al Savorgnan e tutte le altre città, avendo capito che un'ulteriore resistenza sarebbe stata inutile, capitolarono senza combattere. Con il trattato di pace che seguì, tutto il Friuli tranne Aquileia, San Vito e San Daniele, veniva ceduto a Venezia. Anche i conti di Gorizia accettarono la signoria della Repubblica. D'un colpo il territorio soggetto a Venezia nell'Italia settentrionale veniva quasi raddoppiato e, per la prima volta, quel territorio aveva a nord-est una frontiera naturale chiaramente definita: le Alpi.

Frattanto Pietro Loredan, ora Capitano del Golfo e responsabile in questa veste della sicurezza dell'Adriatico, aveva lasciato la laguna nel maggio 1420 con lo scopo di consolidare il possesso delle città e delle isole della costa dalmata. Ancora una volta le guerre ussite impedirono a Sigismondo di inviare rinforzi in quella zona. L'unica città protetta da una guarnigione di una certa consistenza era Traù, che si difese fieramente per circa due settimane; tutte le altre fecero spontaneamente atto di sottomissione e Loredan proseguì in trionfo fino a Corinto prima di tornare a riferire che tutto l'Adriatico era ancora una volta sotto l'incontestato controllo veneziano.

Senza dubbio durante questi primi decenni del XV secolo la fortuna stava sorridendo a Venezia. Però, non a Venezia soltanto; anche il suo vicino a occidente, Filippo Maria Visconti, signore di Milano, prosperava.

Questo secondo figlio di Gian Galeazzo – il fratello maggiore, Giovanni Maria, un sadico mostro il cui passatempo favorito era la caccia di innocenti sudditi con la sua muta di cani selvaggi, era stato assassinato nel 1412 – è una figura curiosa e interessante, benché sia difficile che possa riuscire simpatica. Basso, di carnagione scura e, nella maturità, straordinariamente grosso, nutriva un complesso di inferiorità che lo faceva rifuggire dalle apparizioni in pubblico; a questi sentimenti mescolava una tale forma di nevrastenia che lo indusse a farsi costruire una camera speciale nella quale si rifugiava durante i temporali con tuoni. Sorprende meno che dopo l'ascesa al potere si sviluppasse in lui una morbosa paura di venire assassinato, ragione per cui trascorreva ogni notte in una diversa camera da letto – talvolta ne cambiava due o tre nella stessa notte – sempre sorvegliata da guardie che a loro volta erano sotto continuo controllo. Poteva anche essere crudele; non fece obiezioni quando la sua prima moglie, Beatrice di Tenda, fu torturata e poi giustiziata per un presunto adulterio con un paggio. Normalmente però sembra che fosse mite, devoto e profondamente innamorato della sua amante Agnese del Maino, alla quale rimase fedele fino alla morte.

È appena il caso di aggiungere che non mise mai piede su un campo di battaglia. Combattere era un'attività che lasciava, in genere con successo, ai professionisti. Lui preferiva restare confinato nel suo palazzo a operare nei due settori nei quali eccelleva: la diplomazia e l'intrigo. Pazientemente, passo dopo passo, riprese quei territori di cui si erano appropriati rapaci capitani dopo la morte di Gian Galeazzo; e quando il suo esercito riconquistò Genova nel 1421 il processo di ricostruzione era finalmente terminato. Ma Filippo Maria non era uomo da riposare sugli allori. Egli sapeva che in Italia, e particolarmente nell'Italia settentrionale, dove quasi ogni città aveva un'antica tradizione di indipendenza e dove non esistevano confini naturali utilizzabili stabilmente come frontiere, gli imperi non potevano restare immobili; dovevano necessariamente espandersi o restringersi. E ora che i suoi domini erano nuovamente ricostruiti,

Filippo Maria cominciò a guardarsi intorno per vedere cosa c'era da prendere.

Firenze era in prima fila tra le città che si sentivano minacciate da questa improvvisa recrudescenza della potenza viscontea. È chiaro, ragionavano i fiorentini, che se Filippo Maria doveva essere tenuto a freno, bisognava formare rapidamente una lega contro di lui; è altrettanto chiaro che qualsiasi lega di questo tipo doveva includere Venezia. Ma, quando nel maggio 1422 inviarono emissari al doge con concrete proposte in questo senso, Mocenigo non mostrò alcuna fretta di accettarle. La Repubblica, fece notare il doge, aveva concluso un patto di mutua assistenza con Milano soltanto tre mesi prima per assicurarsi un aiuto militare nel caso di ulteriori difficoltà con l'Ungheria. Venezia preferiva accordi difensivi di questo tipo alle alleanze offensive. La sua prosperità si basava sul commercio, non sulla guerra, e inoltre non aveva controversie con i milanesi. Il doge avrebbe comunque portato la questione all'esame del Senato: la nobile città di Firenze avrebbe ricevuto una risposta a tempo debito.

Come prima reazione non era molto promettente e i fiorentini non si stupirono eccessivamente quando appresero che la loro proposta era stata respinta. Tuttavia non potevano permettersi di rinunciare al tentativo. Nel marzo del 1423 eccoli ancora a Venezia con una nuova proposta: Firenze avrebbe interposto i suoi buoni uffici presso il re d'Ungheria in modo che Venezia potesse concludere un accordo. Dopo, avrebbe potuto senza rischi annullare il patto con il Visconti e rendersi libera di entrare in un'alleanza che sarebbe stata di grande vantaggio per entrambe le repubbliche. Una volta ancora, la risposta del doge fu dilatoria: Venezia era grata per questa offerta estremamente amichevole, ma la mediazione era già stata tentata in passato e senza successo. Re Sigismondo si era mostrato sordo a ogni ragionevole argomentazione. Di conseguenza, Venezia non vedeva alternativa e doveva continuare nella politica di amicizia con Milano.

Per la seconda volta gli ambasciatori tornarono a Firenze delusi. Tuttavia, da questa missione riportarono un'importante informazione che consentiva di sperare per il futuro. Le opinioni in Senato erano state profondamente divise. Il doge Mocenigo era riuscito a far prevalere il suo punto di vista; ma per riuscirvi aveva dovuto combattere contro la strenua opposizione di una energica e rumorosa fazione, guidata dal relativamente giovane procuratore di San Marco, Francesco Foscari, che si era schierata con entusiasmo per l'alleanza con Firenze. C'era poi un'altra considerazione, che era ancora più incoraggiante: il doge, ormai ottantenne, era chiaramente in punto di morte.

Il lungo discorso in Senato attribuito a Tommaso Mocenigo in chiusura del dibattito e che è riportato in quasi tutte le antiche storie di Venezia contiene troppi anacronismi per non essere apocrifo. Però, un giorno o due dopo, il vecchio doge ne fece un altro più breve a quei membri della Signoria che aveva convocato al suo capezzale. Questo, per quanto possiamo giudicare, è autentico ed è degno di essere citato con una certa ampiezza, non soltanto per quello che il doge morente disse su questioni importanti di politica estera e sulla sua successione, ma anche per il suo sommario quadro della situazione economica e commerciale della Repubblica alla cui testa era stato per gli ultimi nove anni.

> Nel tempo mio, s'è diffalcato quattro milioni de imprestiti et ne manca altri sei milioni, il quale debito è stato lievato per la guerra di Padova, Vicenza, Verona; havemo pagato ogni sei mesi da paghe d'imprestiti et pagato tutti li miei officiali et rezimenti. Questa nostra città al presente manda fuori per negozii in diverse parti del mondo dieci milioni de ducati ogni anno con navi e galee e l'utile non è meno di due milioni de ducati all'anno.
>
> In questa città trovasi tremila navi d'anfore cento sino doicento et ha marinari diciasettemila; trovasi trecento navilii che hanno marinari ottomila. Ogni anno naviga tra sottili e grosse quarantacinque galere che fanno undicimila marinari, marangoni da navi tremile, calafati tremile. Trovasi tessari da panni di seta tremile, da fustagni sedicimile, le case sono state stimate sette milioni e cinquecentomile ducati. I fitti sono di ducati cinquecentomile. Trovasi mile gentiluomini che hanno la rendita da ducati settantamile in sin quattromile.
>
> Se seguirete in questo metodo, moltiplicherete de ben in meglio, e sarete padroni dell'oro e della cristianità, ognuno vi temerà. Ma guardatevi come dal foco de pigliar quel d'altri e de far guerra ingiusta, perché Iddio non può sopportar nelli principi questi errori.
>
> A ognuno è noto che la guerra del Turco vi ha fatto valorosi et esperti per mare, havete sei capitani da guerra da guer-

reggiar ogni grande armata, per ciascuno di loro havete patroni di nave, balestrieri, patroni, comiti, compagni et galeoti da poter armare cento galere e quest'armi vi avete in modo dimostrato che il mondo vi ha giudicato principali di cristianità. Havete molti huomini esperimentati nelle ambasserie e nel governo delle città che sono oratori perfetti. Havete molti dottori in diverse scienze e spezialmente molti legisti per la qual cosa molti forestieri vengono per giudizi nelle sue differenze e si rimettono a' vostri giudizii.

La Zecca vostra batte ogni anno un milion di ducati d'oro et doicento mila d'argento, tra grosseti e mezzanini et de soldoni batte ducati ottocentomile all'anno [...].

Molto dovete avvertire a quello che succederà in logo mio perché per quello la Repubblica può ricever molto bene et molto male. Molti di voi sono inclinati a messer Marino Caravello il quale è uomo degno e merita quello grado per le degne sue qualità. M. Francesco Bembo è huomo da bene et simile M. Giacomo Trevisan; M. Antonio Contarini, M. Faustin Michiel, M. Alban Badoer, tutti questi son savi e meritano.

Molti sono inclinati a M. Francesco Foscari et non lo conoscono per orgoglioso e bugiardo, non ha fondamento nelle cose sue, ha l'intelletto esatto [esaltato?], abbrazia molto e poco stringe. S'egli sarà doge viverete sempre in guerra, chi possiederà dieci mila ducati non sarà padrone di mille, chi possederà due case, non sarà padrone d'una, spenderete l'oro e l'argento, la riputazione e l'onore, dove siete capi sarete vassalli delle fanterie e degli uomini d'arme e dei capitani.

Io non mi ho potuto contenere di non vi manifestare questo mio avviso, Iddio vi lasci eleggere il meglio e vi regga e conservi in pace.

Sotto ogni aspetto fu un discorso notevole per un uomo che stava morendo: un discorso, forse, che avrebbe potuto fare soltanto un veneziano. E dopo un decennio sarebbe apparso ancora più notevole; Tommaso Mocenigo non verrà allora considerato per quel discorso un uomo che parlava soltanto con la voce della saggezza e dell'esperienza, ma con quella del profeta.

Capitolo III

Il Carmagnola
(1423-1432)

> Le milizie [...] mercenarie e ausiliarie sono inutili e pericolose: e se uno tiene lo stato suo fondato in sulle arme mercenarie, non starà mai fermo né sicuro [...]. La qual cosa dovrei durare poca fatica a persuadere, perché ora la ruina di Italia non è causata da altro che per essere in spazio di molti anni riposatasi in sulle arme mercenarie [...] tanto che gli hanno condotta Italia schiava e vituperata.
>
> NICCOLÒ MACHIAVELLI,
> *Il Principe*, cap. XII

L'indubbio rispetto e l'ammirazione di cui godeva Tommaso Mocenigo presso i suoi concittadini non impedirono l'elezione, meno di due settimane dopo la sua sepoltura nella chiesa dei Santi Giovanni e Paolo,[1] pro-

[1] Il suo sarcofago è un curioso ibrido: stile veneziano e fiorentino, gotico e Rinascimento. Il critico del secolo scorso Pietro Selvatico nella sua opera *Sull'architettura e sulla scultura in Venezia dal Medioevo ai nostri giorni* (1847) lo definisce «ricco, ma non bel». Ruskin invece lo descrive come «nobile immagine della mortalità di un re», definizione più graziosa, sebbene poco precisa.

prio di quell'unico uomo contro il quale aveva pronunciato un tanto drastico avvertimento. Forse doveva essere così. Prima che la votazione cominciasse, il candidato con maggiori probabilità era Pietro Loredan, l'eroe della grande battaglia navale di Gallipoli di sette anni prima. Si disse poi che i sostenitori di Francesco Foscari presenti tra i quarantuno elettori nelle prime votazioni avessero astutamente concentrato i propri suffragi su di un candidato che nessuno voleva, obbligando così il resto a votare per Foscari, per poi cambiare improvvisamente obiettivo prendendo così gli avversari in contropiede. Se l'accusa è vera – ed è difficile trovare un'altra soddisfacente spiegazione per il salto operato da Foscari dai diciassette voti della nona votazione ai ventisei della decima – il caso dimostra che nessun sistema elettorale, nemmeno quello diabolicamente complicato con il quale il popolo di Venezia eleggeva il suo doge, può essere completamente immune contro i raggiri di vario genere.[2] Ma per quanto discutibile il metodo impiegato dai sostenitori di Francesco Foscari, l'elezione fu giudicata perfettamente legale. E il mattino del 16 aprile 1423 il nuovo doge e la moglie furono scortati dalla loro abitazione privata fino al Palazzo Ducale con un corteo trionfale ricco di stravaganze che risultarono eccessive perfino a una città come Venezia.

Ma la cerimonia dell'insediamento del Foscari è degna di nota per un altro motivo molto più importan-

[2] Il sistema è descritto in John Julius Norwich, *Storia di Venezia. Dalle origini al 1400*, Sellerio, Palermo 2024, pp. 310-312.

te di ogni esibizione di sfarzo: per il fatto cioè che, per la prima volta nella storia di Venezia, non ebbe luogo la formale approvazione dell'elezione da parte del popolo. Perfino la formula del tutto anodina che si usava nella presentazione dell'eletto «Questi è il vostro doge, se vi piace» non trovava più posto in quel sistema oligarchico. E alla cosa si era arrivati ormai senza falsi pudori. Può essere che lo splendore del corteo facesse parte di un deliberato tentativo (nel solco di quella tradizione che risaliva all'antica espressione di *panem et circenses*) per distrarre l'attenzione del popolino da questa ulteriore prevaricazione che eliminava l'ultimo segno della sua autorità di un tempo. Se quel tentativo ci fu, ebbe successo. Mentre Francesco Foscari faceva il giro della Piazza portato nel «pozzetto», elargendo oboli, nei modi prescritti e nella prescritta quantità, ai concittadini plaudenti, nessuna voce si levò in segno di protesta. Nemmeno dieci anni erano trascorsi da quando la promissione di Tommaso Mocenigo aveva inferto un colpo mortale al moribondo istituto dell'arengo, l'assemblea generale di tutti i cittadini adulti, nato con la stessa Repubblica. Con l'elezione di Francesco Foscari veniva emesso il suo certificato di morte.

Ma se i diritti politici della massa erano stati assottigliati fino al punto della non-esistenza, il potere personale del doge, come abbiamo già visto, era di poco più grande. Sorge allora il problema del perché, in queste condizioni, l'ultimo appello del doge Mocenigo ammoniva che il futuro e la prosperità di Venezia potevano dipendere dalla scelta del suo successore. Francesco Foscari era unanimemente ritenuto un uomo energico e ostinato, con una forza di carattere che, unita alla dignità del dogado, avrebbe potuto conferirgli una influenza considerevolmente superiore al dettato della costituzione. Ma questa non può essere la sola risposta. Una spiegazione più verosimile è data dall'ipotesi che il doge morente giudicasse l'esito della prossima elezione come l'indizio dell'umore più diffuso e che l'eventuale scelta del Foscari sarebbe stata il riflesso di un nuovo spirito imperialistico molto distante dal pacifico mercantilismo che aveva fatto la grandezza della Repubblica.

Che fosse o no nel giusto, è un'altra questione. Alcuni potevano allora ritenere che la progettata lega con Firenze, cui egli si era così strenuamente opposto, fosse una misura difensiva necessaria; potevano pensare cioè che Venezia dovesse distruggere o essere distrutta. Ma, al contrario, altri potevano paventare il pericolo che quella lega portasse Filippo Maria Visconti all'alleanza con Sigismondo, esponendo in questo caso la Repubblica a un contemporaneo attacco su due fronti, il che avrebbe alzato la temperatura del clima internazionale senza rafforzare proporzionalmente la posizione di Venezia. Così, a dispetto delle note simpatie del nuovo doge, che incoraggiarono i fiorentini a ulteriori approcci, la maggioranza del Senato rimase fermamente contraria all'alleanza. Intanto, le armate milanesi avevano incominciato ad avanzare in Romagna. Nel febbraio del 1424 presero Imola e cinque mesi dopo a Zagonara inflissero una dura sconfitta a un esercito fiorentino forte di diecimila uomini, facendo prigioniero il suo comandante, Carlo Malatesta, signore di Rimini. I veneziani si rifiutarono ancora di muoversi. Seguirono altre sconfitte, altre missioni da Firenze, altri dinieghi. Ma a ogni nuova vittoria milanese diveniva sempre più difficile difendere la politica isolazionista, specialmente dopo che il legato fiorentino, in un improvviso sfogo dovuto forse più alla sua personale delusione che a possibili istruzioni del suo governo, aveva lanciato questa minaccia riportata da Scipione Ammirato nelle sue *Istorie fiorentine*:

> Signori di Venezia! I genovesi non aiutati da noi fecero Filippo signore, e noi, i quali non troviamo nei nostri grandi bisogni aiuto alcuno da voi, il faremo re.

Soltanto allora, finalmente, il Senato mutò atteggiamento. Tuttavia, ebbe cura di evitare una immediata rottura con Milano. Da parte sua il Visconti si affrettò a inviare ogni possibile assicurazione ed è difficile immaginare per quanto tempo sarebbe riuscito a dilazionare una decisione di Venezia se non fosse improvvisamente apparsa a chiedere urgente udienza al doge la magnifica figura del più celebrato condottiero del momento: Francesco Bussone, detto il Carmagnola dal nome del suo luogo di nascita in Piemonte.

Figlio di un povero contadino – alcune fonti asseriscono che nella prima gioventù avesse fatto il guardiano di porci –, il Carmagnola aveva svolto praticamente tutta la sua attività al servizio del Visconti, conquistando con il suo coraggio, l'iniziativa personale e le sue capacità militari una reputazione ineguagliata in Italia e, forse, in Europa. Suoi erano i piani per tutta la serie di quelle brillanti campagne con le quali Filippo Maria aveva inizialmente riconquistato e poi esteso il ducato del padre, sua era la guida da una vittoria all'altra degli eserciti milanesi. Contemporaneamente, era riuscito nell'impresa, sotto molti aspetti ancora più sensazionale, di guadagnare in una certa misura la fiducia del duca. Il Visconti l'aveva ricompensato generosamente con uno splendido palazzo, subito ampliato dal Carmagnola, con una rendita annua di 40.000 fiorini d'oro, esente da ogni tassa, con un titolo e, nel 1417, con la mano di una sua cugina, Antonia Visconti.

Ma Filippo Maria a nessuno avrebbe mai potuto accordare tutta la propria fiducia: non era nella sua natura. E nemmeno avrebbe mai potuto dimenticare che il suo capitano era un condottiero dalla testa ai piedi, e che nella lingua dei condottieri la parola lealtà non esisteva. Non lo pretendevano del resto neppure loro stessi. Le loro spade si vendevano senza alcun mistero al miglior offerente, al quale essi appartenevano esattamente per il tempo in cui era in grado di pagare il loro prezzo. Questo era alto e veniva aumentato con la pratica generalmente diffusa di prolungare le guerre e con esse la riscossione degli stipendi. Le vittorie erano necessarie per la reputazione del condottiero; ma era suo preciso interesse fare in modo che non fossero troppo schiaccianti e che restasse ampio spazio per future campagne. Così i vantaggi conseguiti erano raramente decisivi. E se, come accadeva di frequente, i comandanti di entrambe le parti erano condottieri, la guerra tendeva a divenire poco più di un gioco di abilità, in cui le perdite effettive erano ridotte al minimo ed evitati, nei limiti del possibile, perfino i disagi. Di tutto ciò ci dà conferma nientemeno che lo stesso Machiavelli, che nel corso di una amara diatriba alla quale è dedicato un intero capitolo del *Principe*, rileva che i condottieri non attaccavano mai una città di notte né operavano d'inverno. Omette di aggiungere che per molti di loro l'inverno cominciava in agosto.

Filippo Maria sapeva perfettamente tutto questo. Sapeva anche come lo stipendio di un condottiero, una volta venute meno le necessità di un suo specifico e ben remunerato impiego, potesse facilmente trasformarsi in denaro speso per ottenere protezione, qualcosa di simile al pagamento di un ricatto affinché i suoi servigi non si trasferissero altrove. Furono senza dubbio considerazioni di questo genere, accanto a qualche sentimento di gratitudine, che lo spinsero a elevare il Carmagnola a una posizione seconda soltanto a lui stesso; se riusciva a legare fortemente a Milano il capitano, il suo passaggio a un altro Stato sarebbe divenuto impensabile.

Ma a questa politica mancò il successo finale. Le cause sono tuttora dibattute dagli storici. Pare che le difficoltà sorgessero inizialmente come risultato indiretto della nomina del Carmagnola a governatore di Genova nell'ottobre del 1422. Era un incarico di responsabilità, di importanza strategica e ben remunerato, ma ebbe due pericolose conseguenze. La prima, di impedire al Carmagnola di assumere il comando delle forze milanesi nella loro lenta ma costante avanzata verso Firenze, obbligando Filippo Maria a trovare altri e meno costosi capitani – tra i quali un giovane chiamato Francesco Sforza – e facendogli nascere il sospetto che il suo magnifico condottiero non fosse, dopo tutto, tanto indispensabile. La seconda, di tenere il Carmagnola lontano da Milano, lasciando via libera nella corte ducale agli intrighi dei suoi nemici e rivali. Così nell'estate del 1424 cominciò ad avere l'impressione di venire silenziosamente e gradualmente messo da parte; e quando nell'autunno successivo fu improvvisamente e senza spiegazioni rimosso dal governatorato, capì che quella impressione era giusta. Si affrettò a Milano e chiese immediata udienza a Filippo Maria, ma gli fu rifiutata. Preoccupato, probabilmente a ragione, per la sua sicurezza personale, lasciò la città e trascorse l'inverno in Piemonte meditando sulla propria situazione. Agli inizi del 1425 la decisione era presa e il 23 febbraio arrivò a Venezia.

Difficilmente avrebbe potuto trovare un momento più adatto. L'apparizione del più famoso capitano del momento, che confermava i timori sulle ambizioni di Filippo Maria e, nello stesso tempo, rassicurava con informazioni attendibili sui punti deboli o maggiormente vulnerabili del Visconti e che infine offriva di porsi alla guida delle forze terrestri veneziane contro il suo ex benefattore, fece una profonda impressione sul Senato. Una settimana dopo l'offerta venne, in linea di principio, accettata e il Carmagnola si ritirò dignitosamente a Treviso in attesa della conclusione dei negoziati per la lega e, incidentalmente, per sopravvivere a un tentativo di avvelenamento accuratamente organizzato da Filippo Maria e sul quale esiste abbondante documentazione. Doveva comunque passare un altro anno prima che fossero chiariti tutti i dettagli diplomatici e completati i preparativi militari. Ma nel febbraio 1426, conclusa finalmente la famosa lega e ottenuta la nomina di capitano di *terra firma* dell'esercito veneziano con lo stipendio di 1.000 ducati d'oro al mese, il Carmagnola ricevette il gonfalone di San Marco dalle mani del doge in una solenne cerimonia nella basilica di San Marco e partì per il campo.

Era la più ambiziosa guerra terrestre mai intrapresa da Venezia, dalla quale sarebbe uscita alla fine con i confini dei suoi domini di terraferma nel punto più avanzato di tutta la sua storia. Non per merito del Carmagnola, però. Come costui ebbe assunto il comando, fu chiaro che la sua antica energia era scomparsa. Suo primo obiettivo era Brescia; i bresciani erano noti per lo scarso amore verso i padroni milanesi e perciò nessuno si sorprese quando la città si arrese ancor prima che il Carmagnola arrivasse. La guarnigione si ritirò nella cittadella, alla quale egli, com'era prevedibile, pose l'assedio. Ma le operazioni erano appena iniziate quando lamentò un attacco febbrile e, con il riluttante permesso della Repubblica, andò a curarsi con i fanghi di Abano. In maggio era ancora a Venezia, fortificato dal trattamento e dalla notizia della sua ammissione nella nobiltà veneziana, concessa *ut ferventius animetur*, affinché si sentisse stimolato da maggior fervore. Questo fervore tuttavia non era ancora in vista, anzi. Con lodevole franchezza informò il Senato che, mentre era ad Abano, era stato avvicinato da agenti del Visconti che gli avevano proposto di assumere il ruolo di mediatore tra le due parti; aggiunse che con quegli agenti era ancora in contatto quasi quotidiano. Sorprendentemente il Senato non gli ordinò di troncare subito quei rapporti, ma si limitò semplicemente a consigliare prudenza. Il Carmagnola tornò a Brescia soltanto per ripartirne di nuovo, in ottobre, per ragioni di salute. Era ancora assente quando, il 20 novembre, la cittadella si arrese.

A quel punto erano già in corso trattative di pace, promosse non dal Carmagnola ma dal papa, che condussero il 30 dicembre alla firma di un trattato a San Giorgio Maggiore. Filippo Maria doveva consegnare non soltanto Brescia e il Bresciano ma anche – e con riluttanza notevolmente maggiore – la moglie e i figli del Carmagnola, che il condottiero aveva abbandonato in mano milanese al tempo della sua precipitosa partenza. In cambio otteneva una pausa di respiro; perché, anche se il trattato formulava pattuizioni di carattere permanente, entrambe le parti erano perfettamente consapevoli che nulla tra loro era stato definitivamente risolto. Il duca era ancora desideroso di estendere il proprio potere, Venezia e Firenze continuavano a sentirsi minacciate. Appena due mesi dopo la guerra scoppiò di nuovo.

Se, come sembra probabile, i veneziani avevano almeno parzialmente attribuito la mancanza di vivacità del loro capitano alla permanenza a Milano della famiglia e ne avevano dedotto che una volta liberato da quella ansietà di natura domestica il Carmagnola sarebbe tornato a condurre la guerra con l'antico ardore, furono presto disillusi. Il 2 marzo 1427 lasciava l'esercito per tornare ancora a curarsi; e un giorno o due dopo Filippo Maria Visconti lanciava un attacco combinato di forze terrestri e flotta fluviale su Casalmaggiore, una base strategica del commercio veneziano, non lontana da Cremona, sulle rive del Po. Arrivarono subito ad Abano messaggeri con la richiesta di un'immediata spedizione di alleggerimento, ma senza alcun risultato. Il Carmagnola, che si trovava a un centinaio di chilometri soltanto dal centro assediato, dapprima rifiutò di muoversi e poi, in aprile, quando finalmente si decise a lasciare Abano, avanzò innumerevoli scuse per non impegnare seriamente il nemico. Non sembrava neppure che si preoccupasse molto di rendere credibili queste scuse. Dapprima lamentò che non c'era sufficiente foraggio per i cavalli; poi che aveva bisogno di altro denaro; poi ancora che l'esercito era inadeguato, benché potesse disporre in quell'epoca di circa sedicimila cavalli e seimila soldati di fanteria. Casalmaggiore cadde e il Senato continuò a tacere consentendo al Carmagnola di procedere con il suo passo, che si manteneva davvero molto lento. Quando finalmente cominciò ad avanzare, cadde quasi subito in una imboscata che con un po' di previdenza avrebbe potuto facilmente evitare; e se nel corso dell'estate riuscì a riprendere Casalmaggiore, l'impresa doveva essere accreditata meno alla sua iniziativa che a una improvvisa crisi sorta fra il duca di Savoia e Filippo Maria, che fu così costretto a ritirare gran parte delle sue truppe dalla regione. Ai primi di settembre il Carmagnola si era già ritirato nell'accogliente Bresciano e discuteva di quartieri invernali.

In queste condizioni non sorprende che la gente a Venezia, vedendo che il Carmagnola aveva fino ad allora tentato poco e concluso ancora meno, cominciasse a mormorare contro il condottiero e a chiedersi non soltanto perché gli pagavano senza scopo uno stipendio tanto munifico ma anche dove stessero realmente le sue simpatie. Circa in quell'epoca giunse notizia al Carmagnola di questo crescente malcontento e sembra che la cosa gli procurasse una certa preoccupazione, sufficiente in ogni caso per spingerlo a inviare al doge Foscari una lettera di indignate rimostranze. Il doge rispose assicurandolo che godeva ancora della più completa fiducia della Repubblica e incaricò privatamente il proprio inviato Andrea Morosini di convincere i *provveditori* (i commissari del governo che seguivano l'esercito) della necessità di non divulgare critiche sulla condotta del capitano «anche se fossero state giustificate»; poiché, così concludeva il doge, il Carmagnola «tiene la salvezza del nostro Stato nelle sue mani». Non potrebbe esserci un'indicazione più chiara del dilemma in cui Venezia era venuta a trovarsi, costretta a pagare ingenti somme a un capitano quasi inutile e molto probabilmente infido, sapendo che con un atteggiamento severo egli non avrebbe esitato a passare al nemico portando con sé il grosso dell'esercito.

Ma se il Senato era in ansia, non lo era meno il Carmagnola. Egli disponeva senza dubbio di propri agenti che lo informavano sull'umore dell'opinione pubblica a Venezia e probabilmente venne a sapere che, malgrado tutte le assicurazioni ricevute, c'era un limite a ciò che i suoi «datori di lavoro» erano disposti a tollerare. In altre parole, aveva bisogno di una vittoria esattamente quanto loro. Improvvisamente si riscosse e i discorsi sui quartieri invernali cessarono. Avanzando in territorio nemico, incontrò l'esercito di Filippo Maria, al comando di Carlo Malatesta, nelle vicinanze della cittadina di Macalò, altrimenti denominata Maclodio, vicino al fiume Oglio, e l'11 ottobre 1427 praticamente lo distrusse. Furono catturati ottomila prigionieri, compreso lo stesso Malatesta, insieme con enormi quantità di rifornimenti ed equipaggiamento.

Fu l'unica grande vittoria della guerra e pure grande fu il giubilo quando la notizia arrivò a Venezia. La popolarità del Carmagnola divenne enorme. Il doge gli inviò una lettera con esagerati apprezzamenti e la Repubblica deliberò la concessione, per dimostrare la propria gratitudine, di un palazzo a San Stae,[3] prece-

[3] Il palazzo fu distrutto dal fuoco nel XIX secolo. Occupava quello spazio aperto che si trova ora immediatamente oltre il palazzo Priuli-Bon, subito a ovest di campo San Stae (Sant'Eustachio).

dentemente proprietà del Malatesta, insieme con un feudo nel Bresciano, che valeva altri 500 ducati l'anno. Molto, troppo. E infatti Venezia ebbe motivo di rammaricarsi della propria impulsività. Dapprima giunse la notizia che il Carmagnola aveva rilasciato tutti i prigionieri – il fiore dell'esercito di Filippo Maria – e poi che aveva rifiutato di sfruttare la vittoria con una rapida avanzata sulla quasi inerme Cremona, la cui caduta avrebbe aperto la strada della stessa Milano. Si era invece limitato ad alcune scaramucce occasionali nei dintorni, dopo di che, ignorando le proteste di Venezia, si era acquartierato per l'inverno.

Intanto gli inviati del papa erano tornati a Venezia nel tentativo di negoziare un'altra pace che potesse dimostrarsi più durevole della precedente. Si erano assunti un difficile compito, poiché la Repubblica pretendeva nientemeno che la cessione permanente di Bergamo con i suoi territori circostanti e insisteva anche – nella sua determinazione a liberare il Carmagnola da ogni vincolo materiale o morale con il duca di Milano – che Filippo Maria rinunciasse a tutti i suoi diritti sui feudi del condottiero nel Milanese. Le discussioni si protrassero a Ferrara durante l'inverno, con la missione milanese disposta a malincuore ad accogliere la prima richiesta ma non la seconda. Alla fine però, soprattutto perché il signore di Milano aveva bisogno di una pausa per ricostituire l'esercito e riparare i danni materiali, fu concluso dapprima un travagliato compromesso e il 19 aprile 1428 la pace. Con essa Venezia estendeva il proprio dominio a occidente fino alla parte superiore dell'Adda, confine permanente estremo mai più superato[4] ma che avrebbe mantenuto, con piccole modifiche, per tutto il resto della sua storia di Stato indipendente.

La pace durò quasi due anni – probabilmente più a lungo di quanto i due principali firmatari avessero supposto – durante i quali nel campo diplomatico proseguirono le vecchie trame, con Filippo Maria che tentava di riportare all'ovile il Carmagnola, Venezia che lottava per conservare su di lui una presa che diveniva ogni giorno più tenue e il condottiero, che, senza scomporsi, metteva l'uno contro l'altra. Dei tre, egli era di gran lunga quello il cui gioco riusciva meglio. Le dimissioni presentate nel gennaio 1429 gli avevano consentito di negoziare con il Senato un nuovo contratto con condizioni ancora più favorevoli, tra le quali uno stipendio mensile, indipendentemente dal fatto che combattesse o no, di 1.000 ducati per i successivi due anni, oltre a un altro bel feudo con un reddito di 6.000 ducati l'anno. Inoltre fu investito della suprema giurisdizione sull'esercito al suo comando, che cessava soltanto in quelle città dove risiedeva un governatore veneziano. Nel frattempo però continuava a essere in contatto quasi quotidiano con Filippo Maria e benché riferisse puntigliosamente a Venezia il contenuto di questi messaggi, ignorava le continue richieste del Senato di interromperli.

A questo punto, ormai, a tutti gli «addetti ai lavori» era perfettamente chiaro in quale direzione si muo-

[4] Successive acquisizioni temporanee l'avrebbero ulteriormente avanzato, ma soltanto per brevi periodi.

vevano le ambizioni del Carmagnola; le sue aspirazioni puntavano semplicemente a un trono e alla fondazione di una dinastia. E il fatto che nell'agosto 1430 il Senato gli promettesse il ducato di Milano in premio per la conquista della città è un altro indizio della determinazione di Venezia ad assecondarlo a tutti i costi. Resta da chiedersi se una promessa del genere sarebbe stata poi mantenuta, dal momento che Venezia si sarebbe trovata con un vicino ancora più pericoloso di Filippo Maria. Ma il Senato poté benissimo pensare che valeva la pena di correre il rischio; c'era almeno il vantaggio di dover sorvegliare un solo nemico.

Quando agli inizi del 1431 furono riprese le ostilità, nessuno a Venezia avrebbe potuto pensare seriamente che, con o senza promesse, il Carmagnola avesse a cuore qualcosa che non fosse il proprio tornaconto. Occasionalmente si atteneva alle istruzioni che riceveva dal Senato, se non contrastavano troppo con i suoi programmi; altrimenti le ignorava tranquillamente. Tutto ciò era abbastanza chiaro; anzi, si trattava di un comportamento che i veneziani, famosi in tutta Europa per la tenacia con cui curavano i propri interessi, avrebbero potuto anche guardare con una certa simpatia. Ma il motivo dell'interesse personale non era sufficiente a spiegare il comportamento del Carmagnola. Soprattutto i suoi evidenti insuccessi lasciavano stupiti e delusi i veneziani. Erano dovuti a inettitudine? Ma in questo caso come avrebbero potuto conciliarsi con il suo passato e con l'eccezionale azione di comando esplicata a Maclodio?

Erano dovuti ad apatia? O effettivamente a disturbi fisici, come potevano far pensare le sue continue soste alle fonti termali? Oppure, e questa era l'ipotesi più sinistra, a una segreta cospirazione con il Visconti? Ma in questo caso che senso avevano le sue minuziose relazioni al Senato sui suoi contatti con Milano, redatte con una diligenza scrupolosa e superiore a quella che avrebbe potuto ostentare un agente veneziano del Consiglio dei Dieci?

Ma di insuccessi si trattava, e per i quali il Carmagnola non poteva sottrarsi a una forte dose di responsabilità. Aveva perso l'occasione di prendere Lodi senza sparare un colpo, per non essere arrivato in tempo. A Soncino si era fatto circondare. Il 26 giugno aveva ordinato alla flotta fluviale veneziana nel Po di attaccare i milanesi risalendo il fiume contro corrente e i risultati erano stati catastrofici. Il comandante della flotta, Nicolò Trevisan, aveva chiesto il suo intervento ma il Carmagnola, malgrado le forti pressioni del provveditore Paolo Correr e il fatto che l'esercito fosse accampato a pochi chilometri dal luogo del combattimento, non aveva voluto muoversi.

Questa volta, grazie alle lagnanze del Correr, il Carmagnola fu obbligato a tornare a Venezia per difendersi. Ma ancora una volta il Senato accettò remissivamente la sua versione dell'incidente, giungendo al punto di condannare Nicolò Trevisan alla prigione e poi, non avendo egli obbedito all'ordine di presentarsi, al bando. Ma la pazienza stava diminuendo. E quando, appena qualche settimana dopo, il condottiero fece la proposta di cessare la campagna quell'anno alla fine di agosto, il Senato inviò al campo due emissari speciali con l'ordine di notificargli il grave disappunto per tutto il tempo che aveva sciupato, di invitarlo a fornire spiegazioni per la sua continua inerzia e di forzarlo contemporaneamente a rinnovare la pressione su Soncino e Cremona e, possibilmente, a costituire una testa di ponte al di là dell'Adda. A ciò fece seguito nei primi giorni di settembre un ordine diretto ed esplicito, un passo cioè che non aveva precedenti: il divieto di sospendere le operazioni durante l'inverno. La campagna doveva continuare.

Il Carmagnola proseguì le operazioni per un altro mese, senza tuttavia concludere niente. Ma nella prima settimana di ottobre, con una decisione che equivaleva a un'aperta sfida all'ordine del Senato, mise a riposo un primo contingente di truppa. Personalmente restò nelle vicinanze di Cremona, e si trovava soltanto a quattro o cinque chilometri dalla città quando uno dei suoi ufficiali, un membro della vecchia e aristocratica famiglia cremonese dei Cavalcabò, che era stato bandito qualche anno prima in seguito a uno sconvolgimento politico, con un improvviso attacco notturno aveva conquistato la fortezza suburbana di San Luca. Con un modesto ma tempestivo appoggio del suo comandante, al sorgere dell'alba avrebbe potuto occupare l'intera città; ma il Carmagnola anche questa volta arrivò tardi. Fu opinione ampiamente accettata in quel tempo che il ritardo fosse deliberato.

Le prime notizie giunte a Venezia su questo scontro avevano lasciato intendere che Cremona fosse caduta, un equivoco che aumentò la delusione e la rabbia quando fu appresa la verità. Ma a quel punto il Senato aveva già deciso di disporre un'accurata indagine sul comportamento del Carmagnola, perché era necessario «capire meglio come dobbiamo condurre i nostri affari e liberarci di queste eterne ansietà e spese».[5] Non fu deliberata nessuna azione immediata contro il Carmagnola, perché per essere efficace l'accusa doveva vertere sul tradimento, che era molto più difficile a provarsi che non la semplice negligenza. Ormai però si stava preparando il cappio e quando nei primi mesi del 1432 la guerra riprese con la perdita in rapida successione di quattro città, l'ultima, Bordelano, apparentemente consegnata al nemico per espresso ordine dello stesso Carmagnola, la corda cominciò a stringersi.

Il 27 marzo le prove contro il Carmagnola furono prese in esame dal Consiglio dei Dieci, che adottò immediate e decisive misure. Per prima cosa richiese una *Zonta*, e cioè la partecipazione all'inchiesta di un certo numero di membri aggiuntivi, una pratica tradizionale nei casi di estrema urgenza o importanza. Poi decretò la pena di morte per chiunque avesse divulgato una sola parola sul caso. Infine, il 29 marzo delegò il proprio segretario capo a recarsi dal Carmagnola a Brescia con un messaggio che lo convocava a Venezia con cortese sollecitudine.

Da quel momento in avanti l'azione dei Dieci fu ovviamente dominata da un'unica, prioritaria preoccupazione: impedire in ogni modo che il Carmagnola fuggisse,

[5] «*Intelligere nos qualiter vivere habeamus et non stare in his perpetuis laboribus et expensis*». Cfr. Archivio di Stato di Venezia (A.S.V.).

a Milano o altrove. A questo scopo, era indispensabile evitare, fino a quando non fosse stato al sicuro a Venezia, che sorgessero in lui dei sospetti. Apparentemente la convocazione avveniva per decidere la strategia generale dell'imminente campagna e la lettera recapitata dal segretario illustrava dettagliatamente alcune possibili scelte. Il segretario doveva aggiungere che anche il marchese di Mantova era stato invitato a Venezia per prendere parte a queste discussioni. Contemporaneamente furono diramate istruzioni a tutti i governatori e funzionari veneziani delle città e dei centri sulla strada tra Brescia e Venezia di provvedere scorte armate al Carmagnola lungo tutto il viaggio, dimostrandogli ogni possibile deferenza e cortesia, come conveniva al suo rango e alla sua fama. Se, però, egli avesse tradito qualche segno di riluttanza a procedere nel viaggio, doveva essere subito arrestato e imprigionato in attesa di ulteriori disposizioni.

In realtà tutte queste precauzioni si dimostrarono inutili. Il Carmagnola accettò senza difficoltà di recarsi a Venezia e durante il viaggio non mostrò di nutrire il benché minimo sospetto. Arrivato il 7 aprile, fu subito ricevuto nel Palazzo Ducale e gentilmente invitato ad attendere che il doge Foscari fosse pronto per dargli udienza. Dopo qualche tempo, uno dei Savii, Leonardo Mocenigo, venne a scusarsi del ritardo. Il doge, così sembrava, era indisposto; l'incontro doveva essere spostato al giorno successivo. Il Carmagnola si alzò per andarsene; ma quando fu in fondo alla scala e stava per uscire sulla Riva degli Schiavoni, uno dei nobili gli si pose davanti e gli indicò una porta aperta sulla sinistra, quella che conduceva alle prigioni.

«Non è questa la strada», obiettò il Carmagnola.

«Chiedo scusa, signor conte, ma è proprio questa», fu la risposta.

Allora, e soltanto allora, il condottiero capì in quale trappola era caduto. «Sono perduto», si racconta che mormorasse quando la porta si fu richiusa alle sue spalle.

Due giorni dopo cominciò il processo. Il Carmagnola fu interrogato da un «padovano esperto nell'arte della tortura», ragione per cui non sorprende che confessasse immediatamente. La moglie, il segretario e i servitori, per tacere di una misteriosa donna conosciuta soltanto come *la Bella*, che si dice frequentasse la sua casa, furono pure interrogati, con una certa umanità. Tutti i suoi documenti e le lettere, prelevati a Brescia, furono sottoposti a un minuzioso controllo. Sfortunatamente molti atti ufficiali, compresa la stessa confessione, sono scomparsi, ma sembra che contenessero prove sufficienti a convincere il tribunale che le accuse erano fondate. Il 5 maggio, dopo una sospensione di dieci giorni per la Settimana Santa e la Pasqua, il Carmagnola fu giudicato colpevole di tradimento con ventisei voti favorevoli e uno solo contrario. Sulla sentenza invece si verificò tra i giudici una certa divisione. La proposta del carcere a vita avanzata dal doge e da tre dei suoi consiglieri ebbe otto voti contro i diciannove per la pena di morte. Quella stessa sera in mezzo alle due colonne di San Marco con uno sbadacchio in bocca e in presenza di tutto il popolo gli fu tagliata la testa dal busto. Al terzo colpo della scure la testa si separò dal tronco.[6] Sotto la scorta di ventiquattro uomini muniti di torcia, il corpo fu poi portato a San Francesco della Vigna per la sepoltura; ma il lavoro era appena incominciato quando giunse il confessore del condottiero a riferire che l'ultimo desiderio del Carmagnola era stato quello di riposare ai Frari.[7] E là fu subito portato. I beni che il Carmagnola aveva nei domini della Serenissima furono confiscati, fatta eccezione per 10.000 ducati assegnati alla vedova e 5.000 a ciascuna delle figlie. Date le circostanze e considerando la provenienza della massima parte del patrimonio, fu un trattamento senz'altro generoso, molto più generoso di quello che avrebbero potuto attendersi in qualsiasi altra città d'Italia.

Abbiamo ritenuto utile raccontare la storia del Carmagnola assai diffusamente non soltanto per porre in evidenza il modo innegabilmente strano in cui Venezia giunse a estendere il suo impero di terraferma all'estremo limite occidentale, ma anche perché essa è una vivida rappresentazione del potere dei condottieri,

[6] Cfr. Marin Sanudo, *De origine urbis Venetiae et vita omnium ducum*, in L.A. Muratori, *Rerum Italicarum Scriptores*, 25 voll., Milano 1723-1751, tomo 22 (1733).

[7] In seguito fu portato a Milano dove il Carmagnola aveva a suo tempo ordinato una tomba di marmo per sé e la sua famiglia nella chiesa di San Francesco Grande. Quando questa chiesa fu demolita, verso la fine del XVIII secolo, si disse che i suoi resti fossero stati riportati ai Frari e collocati nel sarcofago in legno sopra la porta, nella navata sud che porta al chiostro. Ma, nel 1874, quando il sarcofago fu aperto, l'esame dei resti contenuti non rivelò alcuna traccia del taglio della colonna vertebrale. Quelle ossa non potevano pertanto essere del Carmagnola, il cui luogo dell'ultimo riposo rimane così un mistero.

dal quale derivava il loro comportamento, nella prima metà del XV secolo. Il Carmagnola infatti ci interessa più per il carattere dell'uomo che per la sua fine, che, in base alle leggi morali e penali dell'epoca, sicuramente meritò. Circa quattrocento anni dopo la sua morte venne di moda presentarlo come la vittima innocente di un intrigo veneziano; ma anche ritenendo non provata l'accusa di tradimento, il Carmagnola non entra bene nei panni del martire. È vero che mentre era al servizio del Visconti aveva subito due gravi ferite dai cui postumi non era mai del tutto guarito, e neppure esistono motivi per supporre che i malanni, di cui si lagnava tanto spesso e che provocavano le sue frequenti soste nelle località termali, non fossero reali. Si può infine riconoscere che Filippo Maria, con il suo esercito potente, bene organizzato e diretto da abili condottieri, costituisse un avversario assai più poderoso di quella eterogenea schiera di principotti con i quali il Carmagnola si era misurato prima di offrire i suoi servigi a Venezia. Ma le spiegazioni, e per giunta parziali, non sono giustificazioni. Se era troppo malandato per combattere non avrebbe dovuto accettare il denaro che Venezia gli dava proprio per quel compito, alzando tra l'altro continuamente il prezzo con l'implicita minaccia di tornare al vecchio padrone se le sue pretese non venivano accolte. E se poi la sua capacità di comandante militare era inferiore alla fama che lo circondava, la sua apatia e la generica riluttanza a impegnarsi in combattimento restano egualmente imperdonabili.

Da parte sua Venezia, avendo accettato nel corso del tempo tutte le richieste e avendo attuato infiniti tentativi, con ogni mezzo, per galvanizzare il proprio capitano e indurlo all'azione, non poteva alla fine comportarsi diversamente. Tanto più che la guerra non era ancora finita e l'esercito milanese era più forte di quanto fosse mai stato. Per difendere le nuove conquiste, sarebbe stata costretta a ingaggiare altri condottieri. Ma sapeva che ogni segno di esitazione o di debolezza li avrebbe facilmente indotti sulla stessa strada battuta dal loro predecessore. Un rigido atteggiamento era pertanto indispensabile. E può senz'altro dipendere dalla lezione data al Carmagnola se due altri grandi soldati di ventura che poco dopo furono da essa ingaggiati le resero eccellenti e devoti servigi – uno, anzi, veramente molto di più.

Capitolo IV
Scompiglio nella terraferma (1432-1454)

> Dalla cognitione de' quali casi, tanto vari e tanto gravi, potrà ciascuno, e per sé proprio, e per bene pubblico, prendere molti salutiferi ammaestramenti, onde per innumerabili esempi evidentemente apparirà a quanta instabilità, né altrimenti che un mare concitato da' venti, siano sottoposte le cose umane, quanto siano perniciosi quasi sempre a se stessi, ma sempre a' popoli, i consigli male misurati di coloro che dominano, quando avendo solamente innanzi a gli occhi, o errori vani, o le cupidità presenti, non si ricordano delle spesse variationi della fortuna; e convertendo in danno altrui la potestà conceduta loro per la salute commune, si fanno, o per poca prudentia o per troppa ambitione, autori di nuove perturbationi.
>
> FRANCESCO GUICCIARDINI, *La Historia d'Italia*

Malgrado le difficoltà con il Carmagnola, Venezia usciva dai primi sei anni di guerra con i suoi domini nell'Italia settentrionale notevolmente accresciuti. Ma le ostilità, che pur dovevano continuare, a intermittenza anche se spesso con molta ferocia, per gran parte di un altro quarto di secolo, le avrebbero procurato ben poco più di quanto già possedeva. Nell'agosto 1435 concluse un trattato con l'imperatore Sigismondo, in base al quale il suo confine occidentale veniva formalmente fissato sull'Adda (Sigismondo, passando da Milano quattro anni prima durante il viaggio a Roma per l'incoronazione, si era molto irritato perché Filippo Maria, per una di quelle sue misteriose reazioni, si era rifiutato perfino di riceverlo). Dopo d'allora non cercò più altre conquiste territoriali, ma si concentrò nella difesa di quanto già aveva e nel contenimento della potenza di Milano. In quest'ultimo compito non fu affatto la vera protagonista. Il suo iniziale coinvolgimento nel conflitto era avvenuto con il ruolo di tiepida sostenitrice di Firenze, che era di gran lunga più esposta agli attacchi e perfino a una possibile conquista da parte di eserciti milanesi; e durante la guerra si mostrò sempre molto più disposta alla pace, o anche a tregue temporanee, che non la sua meno fortunata alleata.

Un'altra pace fu concordata a Ferrara già nella primavera del 1433, ma apparì subito incerta per una tipica dimostrazione di malafede del Visconti. I patti prevedevano tra l'altro lo scambio dei prigionieri, tra i quali figurava il veneziano Giorgio Corner, l'ex provveditore che aveva assunto il comando dopo il richiamo del Carmagnola e che in seguito era stato catturato in una scaramuccia. Quando però furono rilasciati dai milanesi i prigionieri, Corner non era tra essi e alla specifica richiesta di Venezia, la risposta fu che era morto in prigionia. Era una menzogna, e gli ostaggi rilasciati lo confermarono. La verità era che il Corner era stato sottoposto a terribili torture per fargli rivelare cosa sapevano i suoi superiori sui contatti del Carmagnola con Milano e chi erano i suoi accusatori. Sarebbe poi tornato a Venezia soltanto sei anni dopo, nel 1439, uomo prematuramente invecchiato e minato, che fu appena in grado di dare un resoconto delle sue sofferenze prima di morire.

Durante questo breve periodo di pace aleatoria, la Repubblica dovette affrontare un caso di natura molto diversa. Nel 1431 era stato convocato a Basilea un nuovo Concilio Ecumenico per decidere ulteriori misure di riforma, specialmente per l'alta gerarchia ecclesiastica. Come i precedenti di Pisa e di Costanza, era stato convocato da un gruppo di cardinali indipendentemente dal Papato. In queste condizioni non deve sorprendere che il papa Eugenio IV, un altro veneziano e precisamente un nipote di Gregorio XII, lo guardasse con sospetto e facesse ogni sforzo per ottenerne lo scioglimento; ma non vi riuscì e nel 1434 il Concilio, malgrado la sua continuata assenza, aveva acquistato una notevole autorità e prestigio. Nell'estate di quell'anno comparve improvvisamente a Basilea il patriarca di Aquileia, ancora lacrimante per la dolorosa perdita del Friuli di quattordici anni prima, che accusò Venezia di essersi impossessata illegalmente del suo patrimonio e ne richiese la restituzione.

In sé, l'incidente ebbe effetti molto poco durevoli. Fu emessa una sentenza di interdetto per la Repubblica, ma siccome non fu mai ratificata dal papa (che anzi l'annullò meno di due anni dopo) le sue disposizioni non furono mai rispettate. Inoltre, gli atteggiamenti del patriarca e la sua intransigenza gli avevano procurato l'ostilità di tutti i presenti. Però da quell'incidente Venezia ricavò una nuova e interessante lezione: comprese che non era sufficiente organizzare un territorio conquistato. Se voleva evitare reclami e controversie di ogni genere, che nel migliore dei casi facevano sprecare tempo e denaro e nel peggiore potevano condurre a inutili impieghi della forza, era necessario cercare di ottenere un titolo che sanzionasse formalmente il possesso delle conquiste. Fortunatamente in quell'epoca Sigismondo era imperatore incoronato, investito quindi della piena dignità e dei pieni poteri imperiali, e dal trattato del 1435 Impero e Repubblica erano in eccellenti rapporti. In base a queste considerazioni furono inviate istruzioni a Marco Dandolo, ambasciatore veneziano presso la corte imperiale, di chiedere una formale investitura non solo per il Friuli ma anche per i territori ultimamente strappati a Milano.

Sigismondo, ancora astioso per il trattamento ricevuto da Filippo Maria, fu felice di accettare la richiesta e il 16 agosto 1437 ebbe luogo a Praga la relativa cerimonia. L'imperatore, circondato dalla corte, sedeva su un trono con baldacchino, eretto per l'occasione su un lato della piazza della Città Vecchia. A un segnale convenuto apparve dal lato opposto Marco Dandolo, in rappresentanza della Repubblica, sfarzosamente abbigliato in una veste d'oro. Fu accolto da duecento nobili dell'Impero, che lo scortarono a piedi, con grande pompa, fino al trono dove egli si inginocchiò ai piedi dell'imperatore. Sigismondo distese un braccio e lo fece alzare, mentre gli domandava per quale scopo era venuto. Dandolo rispose che la Repubblica chiedeva l'investitura delle terre che possedeva in terraferma e porse all'imperatore il suo mandato. Poi l'imperatore e tutti coloro che erano convenuti alla cerimonia si recarono in corteo alla cattedrale di San Vito per la messa solenne, dopo la quale fu data lettura del diploma imperiale e Dandolo pronunciò il giuramento di fedeltà in nome del doge e della Signoria di Venezia per i territori oggetto dell'investitura. Sigismondo rispose con un discorso in lode della Repubblica e dei suoi governanti, che fu seguito da una secca intimazione a Filippo Maria Visconti a presentarsi entro due mesi per rispondere dei suoi misfatti.

In base a questo diploma, che reca la data del 20 luglio 1437, il doge fu nominato duca di Treviso, Feltre, Belluno, Ceneda, Padova, Brescia, Bergamo, Casalmaggiore, Soncino, Platina e San Giovanni in Croce, nonché di tutti i castelli e le fortezze nel territorio di Cremona e della restante Lombardia a oriente dell'Adda. L'imperatore riceveva in cambio l'impegno formale che tutti i successori del doge avrebbero rinnovato immediatamente dopo l'elezione il giuramento di fedeltà e che gli sarebbe stata inviata ogni anno, a Natale, una pezza di panno d'oro del valore non inferiore a 1.000

ducati. Può sorprendere, ma il giuramento non fu rinnovato dai successori del Foscari e anche il tributo annuo finì presto nel dimenticatoio. Le ragioni di questa mossa politica non sono completamente chiare. È certo però che Venezia, diversamente dalle altre città d'Italia, non aveva mai fatto parte del sistema feudale, che in ogni caso stava rapidamente morendo, ed è anche comprensibile che abbia voluto eludere, una volta ottenuto il suo scopo, gli obblighi che il sistema implicava. Questi configuravano un rapporto di sottomissione che essa, per la lunga tradizione di indipendenza e per la recente storia di conquiste territoriali, non poteva gradire. Per il futuro immediato, tuttavia, l'investitura rafforzava la sua posizione legale e le procurava una base più salda dalla quale continuare la resistenza al duca di Milano.

Possiamo risparmiare al lettore un dettagliato resoconto delle alterne vicende della guerra con Milano. Genova si ribellò a Filippo Maria nel 1436 e si unì all'alleanza contro il Visconti. Detto ciò, la storia è quella delle solite marce e contromarce, delle città e dei castelli conquistati e poi perduti, il tutto mentre i capitani delle due parti ballano una inconcludente pavana, che tuttavia è per loro altamente remunerativa. La scena si ravviva improvvisamente soltanto in rare occasioni e, in particolare, con l'attacco a Brescia dell'esercito milanese al comando di Niccolò Piccinino nell'autunno del 1438. In quel tempo Venezia aveva assunto un altro condottiero, l'ingegno, l'energia e soprattutto la lealtà del quale dovettero servire in misura considerevole a far rinascere la fiducia della Repubblica nella categoria. Costui era figlio di un fornaio e si chiamava Erasmo da Narni, ma era meglio conosciuto con il suo nome di battaglia: Gattamelata.

L'improvvisa avanzata del Piccinino su Brescia costituì una seria minaccia non soltanto per la città, che era decisamente filoveneziana e decisa a opporre una energica difesa, ma anche per l'esercito del Gattamelata dislocato nella zona. L'unica via di comunicazione e di rifornimento nei mesi invernali tra Brescia e Venezia passava lungo la riva meridionale del lago di Garda ed era bloccata da un potente esercito milanese. Con Brescia assediata, il Gattamelata non poteva correre il rischio di una battaglia campale, tanto più che, se l'avesse persa, la stessa città di Venezia sarebbe stata in pericolo. In qualche modo doveva interporsi tra il nemico e il Veneto retrocedendo fino a Verona. Per attuare questa ritirata esisteva un unico itinerario possibile.

Il lago di Garda è un perfetto esempio di cosa succede quando un corso d'acqua alpino completa la sua discesa e si trova a correre per un terreno piatto. La sua parte settentrionale è un lungo e stretto manico di padella fiancheggiato da alte montagne a picco sulla riva. Poi, improvvisamente, i monti degradano, il lago si allarga e la sua sponda meridionale lambisce l'ampia Pianura Padana. Questa sponda meridionale era ora bloccata dall'esercito milanese. Portare a Verona un esercito di circa tremila cavalli e duemila fanti passando dalla sponda settentrionale, con le difficoltà naturali che presentava, sarebbe stata una prospettiva assai scoraggiante già a metà estate; verso la fine di settembre, con le montagne già coperte di neve e i fiumi in piena dopo le prime piogge autunnali, significava correre il rischio di un disastro. E tuttavia furono costruiti i ponti che occorrevano, fu ridattato il fondo dei sentieri il cui tracciato era quasi scomparso e, infine, vennero battute e respinte le bande armate inviate dal vescovo di Trento, alleato del Visconti. Dopo una settimana di marce forzate, il Gattamelata e il suo esausto esercito sbucarono dalla Val Caprino, a est del lago, sulla sospirata pianura solo pochi chilometri a nord di Verona.

Fu un'impresa straordinaria, ma pur sempre una ritirata. Brescia intanto era stretta d'assedio: si difendeva eroicamente (un cronista locale ci informa che preti, frati, donne, perfino i bambini erano stati mobilitati per la protezione delle mura) ma i danni che provocavano gli ottanta cannoni del Piccinino erano terribili. Senza soccorsi non avrebbe potuto resistere a lungo. Ma in che modo portarle aiuto? Ancora una volta il problema era costituito dall'esercito milanese che occupava la sponda meridionale del lago di Garda. L'inverno era cominciato e non era più il caso di pensare a marce forzate lungo la via settentrionale già percorsa, tanto più che questa volta si dovevano trasportare i pesanti e ingombranti rifornimenti necessari per la città assediata. La riva orientale del lago però era ancora in mani veneziane. Se fosse stato possibile traghettare segretamente i rinforzi attraverso il lago, le probabilità di farli giungere a destinazione sarebbero molto aumentate, perché un serio tentativo dei milanesi di bloccarli avrebbe significato il loro quasi totale abbandono della strada meridionale. Ma c'era un'altra difficoltà, apparentemente insuperabile: le barche disponibili sul lago erano assolutamente inadeguate all'entità dell'operazione.

La soluzione che adottò Venezia per risolvere il problema fu tale che davanti a essa perfino un uomo come il Gattamelata dovette probabilmente sentirsi sgomento. Si trattava nientemeno che di trascinare una flottiglia, in pieno inverno, attraverso le montagne per poi calarla nel lago. Venticinque barche (*copani*) e sei galee risalirono inizialmente l'Adige fino a Rovereto e di là, poggiando su rulli, furono trainate da oltre duemila buoi fino al piccolo lago alpino di Sant'Andrea (oggi lago di Loppio). Una volta attraversato questo laghetto, furono trascinate ancora più in alto sul Monte Baldo e di lì calate lentamente – una manovra questa ancora più pericolosa – lungo il fianco della montagna fino a Torbole, un piccolo paese sull'estremità nord-orientale del lago di Garda. Il percorso dei pochi chilometri che separano Rovereto dal lago richiese due settimane e costò alla Repubblica circa 15.000 ducati. Però, non fu persa nemmeno una barca. E per la fine di febbraio del 1439 tutti i trentuno scafi erano nel porto di Torbole con equipaggiamento e carico al completo.

Ma lì rimasero. Prima che potessero salpare e attraversare il lago, i milanesi disponevano già sul Garda di una propria flottiglia e il comandante veneziano Pietro Zen restò imbottigliato a Torbole. Solo una protezione frettolosamente costruita con pali conficcati nel fondo melmoso salvò i suoi legni dalla distruzione. Venezia aveva dimostrato, e in modo magnifico, cosa era capace di fare. Però avrebbe potuto anche non farlo.

Nel compiere queste quasi surreali acrobazie, difficilmente gli ingegneri veneziani si sarebbero sentiti più stimolati sapendo che mentre loro stavano trascinando navi lungo le pendici nevose dei monti i loro compatrioti a Venezia stavano gustando un periodo di feste e banchetti di una grandiosità probabilmente mai eguagliata dopo i festeggiamenti per la conciliazione tra papa Alessandro III e Federico Barbarossa, oltre due secoli e mezzo prima. Anche in questa occasione si trattava di ricevere un ospite imperiale: Giovanni VIII Paleologo, imperatore di Bisanzio.

Giovanni fu un personaggio tragico. Sapeva che il proprio Impero, circondato dai turchi e ridotto a poco più della sola città di Costantinopoli, era condannato; ma anche volendo continuare a sperare, occorreva un miracolo per salvarlo, e questo miracolo poteva avvenire soltanto se tutta l'Europa cristiana, animata da un sincero e disinteressato sentimento, avesse unito gli sforzi per una operazione di soccorso. Un simile intervento, a sua volta, poteva essere promosso soltanto dal papa in persona e fu per quest'ultimo, disperato tentativo di procurarsi l'appoggio di Eugenio IV che l'imperatore aveva intrapreso il viaggio in Occidente, preparato a compiere il più grande sacrificio di ordine spirituale che egli e i suoi sudditi potessero pensare: quello di sottomettersi alla supremazia papale. Con la Chiesa d'Occidente ancora animata da una vocazione conciliare era impensabile che decisioni su di una materia di tale rilevanza potessero essere prese da un organismo che fosse qualcosa meno di un Concilio appositamente convocato. Papa Eugenio aveva pertanto colto l'occasione per sciogliere il Concilio di Basilea (che egli accusava di aver grossolanamente esorbitato dai compiti assegnatigli e che certamente gli aveva mostrato scarso rispetto) e per convocarne un altro a Ferrara, al quale aveva invitato l'imperatore. Fu nel corso del suo viaggio a Ferrara che Giovanni VIII approdò al Lido di Venezia l'8 febbraio 1438, insieme con il fratello Demetrio, despota della Morea, il patriarca di Costantinopoli e un imponente seguito che comprendeva oltre seicentocinquanta preti ortodossi.

La descrizione più particolareggiata del loro arrivo ci è data dallo storico bizantino Giorgio Franza che, pur non essendo un testimone oculare, afferma di avere avuto le notizie dallo stesso Demetrio. Il 9 febbraio, di prima mattina, il doge Foscari si recò a porgere il saluto della città all'imperatore e, specifica il Franza con evidente soddisfazione, gli tributò ogni segno di rispetto, facendo un profondo inchino e restando in piedi a testa nuda davanti a Giovanni che restava seduto. Soltanto dopo un conveniente lasso di tempo anche il doge prese posto su un seggio che era stato appositamente disposto per lui alla sinistra dell'imperatore, su un piano leggermente più basso. I due discussero così i dettagli della cerimonia per l'ingresso del corteo imperiale in città. Il Foscari poi prese commiato per andare a impartire le relative istruzioni.

Era la prima visita mai fatta a Venezia da un imperatore bizantino e non furono risparmiate fatiche né spese per rendere piena giustizia alla circostanza. Il doge, accompagnato come sempre dalla Signoria, partì a mezzogiorno dal Molo con la barca di Stato, il *Bucintoro*, i fianchi sontuosamente coperti di damasco purpureo, il leone d'oro di San Marco scintillante sull'asta a poppa e le giubbe dei rematori che sfavillavano per l'intreccio dei fili d'oro. Mentre avanzava gli si disposero intorno altre barche, più piccole, con le bandiere fluttuanti sugli alberi e bande che suonavano sulle coperte. Il *Bucintoro* si affiancò alla nave imperiale e il doge salì a bordo e ancora una volta si inchinò all'imperatore; poi i due tornarono insieme al Molo, dove tanta gente, da sembrare l'intera popolazione di Venezia, era in attesa per salutare l'illustre ospite, che accolse con fragorosi applausi. Dal Molo il corteo si dipanò lentamente lungo il Canal Grande, oltrepassò il Ponte di Rialto dove altra folla attendeva con trombe e bandiere e giunse alla grande casa del duca di Ferrara,[1] che era stata messa a disposizione dell'imperatore e del suo seguito per tutta la durata della visita. L'imperatore vi dimorò per tre settimane, che trascorse scrivendo lettere a tutti i principi d'Europa per convincerli a essere

[1] Questo palazzo del XIII secolo, maldestramente restaurato con incredibile insensibilità negli anni Sessanta del secolo scorso e, in conseguenza della sua storia, meglio conosciuto come il Fondaco dei Turchi, esiste tuttora. È situato sul Canal Grande, davanti al pontile di San Marcuola. È ora adibito, non del tutto convenientemente, a museo di Storia Naturale.

presenti al Concilio o, almeno, a inviare propri rappresentanti. Era la fine del mese quando partì alla volta di Ferrara.

Frattanto, nell'assediata città di Brescia l'inverno aveva portato gli abitanti al limite dell'umana sopportazione. La primavera concesse un certo sollievo dal freddo ma da ben poco d'altro e, con l'avvicinarsi dell'estate, la situazione divenne disperata.

Scrisse Cristoforo da Soldo, il cui vivido resoconto di testimone oculare dell'assedio costituisce ancora oggi una lettura di grande interesse:

> Mi pareva che li citadini havesseno invidia alli morti, tanto stavano a mal porto. Alchuni giorni stava la piaza senza pane che li homini andasevano alle fiate languenti de fame. Et pur si portava in pace per non venir sotto quello Duca de Milano, aspettando sempre lo secorso del Conte Francesco.

Poi venne il caldo e con esso inevitabilmente la peste. In agosto i morti si contavano da quaranta a cinquanta al giorno.

Venezia si rese conto che, se la città doveva essere salvata, era necessario disporre di un esercito molto più forte e così si rivolse a un altro capitano di ventura, ancora più grande del Gattamelata. Francesco Sforza aveva avuto una carriera varia e movimentata da quando per la prima volta era entrato al servizio di Filippo Maria Visconti circa quindici anni prima. Aveva combattuto per l'imperatore, aveva combattuto per Lucca, aveva combattuto per Firenze ma, soprattutto, aveva combattuto per se stesso. In un tentativo di ricondurlo a sé, Filippo Maria gli aveva offerto la mano della propria figlia Bianca Maria ma poi aveva prevaricato a tal punto che lo Sforza, senza rinunciare al suo diritto alla mano della più importante ereditiera d'Italia, non aveva ritenuto opportuno fare alcunché per ingraziarsi il futuro suocero. Aveva capito che con Filippo Maria l'argomento più efficace era l'intimidazione. Nel giugno 1439 accettò di militare sotto le bandiere di Venezia, Firenze e Genova con l'intesa che, se avesse conquistato Milano, sarebbe stato immediatamente riconosciuto da Venezia come il legale successore al trono ducale. Diversamente, l'intesa valeva per Cremona o Mantova. Fatto l'accordo, si avviò al campo senza altri indugi.

Ancora una volta la necessità di raggiungere Brescia con il minimo possibile di perdite si traduceva in una marcia forzata attraverso le montagne. Però in questa occasione lo Sforza e il Gattamelata trovarono il passaggio bloccato sotto il castello di Tenno, a pochi chilometri da Riva sulla costa settentrionale del lago di Garda, che era stato attaccato dal Piccinino. Ne seguì una battaglia campale nella quale i milanesi ebbero decisamente la peggio, per merito principalmente di un gruppo di bresciani che avevano operato una sortita dalla città assediata per andare incontro ai propri salvatori, i quali erano improvvisamente apparsi su di una rupe che dominava il castello, dalla quale avevano preso a rotolare enormi macigni su coloro che stavano sotto. I veneziani presero in quell'occasione molti prigionieri, parecchi dei quali risultarono di alto rango. Lo stesso Piccinino, che si era rinserrato nel castello, riuscì a fuggire quella sera stessa facendosi portar via – se dobbiamo credere al racconto di un contemporaneo – nascosto dentro un sacco. Cavalcando nella notte raggiunse il grosso dell'esercito e soltanto una settimana dopo lanciava un attacco a sorpresa su Verona. Prima che la guarnigione lasciata a presidio si rendesse conto di quanto stava accadendo, la maggior parte della città era caduta nelle sue mani.

Fu una brutta notizia per i bresciani che dalle mura battute dall'artiglieria milanese dovettero osservare l'esercito dei soccorritori, ormai giunto alle soglie delle loro case, voltare improvvisamente le spalle per dirigersi contro gli assedianti di Verona. Ma lo Sforza e il Gattamelata non avevano comunque scelta: tra le due città, Verona aveva un'importanza strategica infinitamente maggiore. Nella notte del 19 novembre i due condottieri portarono i loro uomini dentro l'unico angolo della città rimasto in possesso dei veneziani e all'alba del giorno successivo attaccarono. Dopo aspri combattimenti, le truppe milanesi furono messe in fuga. Una fuga, anzi, tanto precipitosa che il ponte sull'Adige crollò e molti uomini annegarono. Il Piccinino si trovò costretto a tornare nel Bresciano dove continuarono scontri occasionali nel corso dei quali fu finalmente possibile far entrare nella città i rifornimenti da tanto tempo attesi. Ma il martirio della città non era ancora finito; soltanto nel luglio del 1440 i milanesi, dopo essere stati ancora una volta pesantemente sconfitti dallo Sforza, furono finalmente costretti a togliere l'assedio.

In quello stesso anno il Gattamelata fu colpito da due attacchi di apoplessia che misero fine alla sua carriera. Si ritirò allora a Padova, dove la Repubblica di Venezia, grata per i suoi servigi, gli regalò metà del feudo di Valmareno e lo iscrisse nel libro d'oro della sua nobiltà. Morì nel 1443. Il figlio, anch'egli uomo d'armi, gli fece erigere la straordinaria statua equestre, opera di Donatello, che ancora si erge nella piazza del Santo. Lo Sforza rimarrà solo al comando delle forze veneziane; ma, a quel punto, il teatro principale della guerra si è già spostato in Toscana e non interessa la nostra narrazione. Nella tarda estate del 1441 entrambe le parti erano mature per la pace sebbene lo Sforza, che operava da principale mediatore, molto saggiamente insistesse che prima della firma del trattato fossero celebrate le sue nozze, da tanto tempo promesse, con Bianca Maria Visconti e che gli fosse dato il possesso di Cremona e Pontremoli, che la moglie doveva portargli in dote. Il matrimonio tra Francesco Sforza e Bianca Maria Visconti fu celebrato nell'ottobre del 1441 nella chiesa di San Sigismondo a Cremona. La pace fu finalmente annunciata a Cavriana il 20 novembre. In sostanza venivano confermate le frontiere concordate otto anni prima a Ferrara, ma Milano riconosceva anche la riacquistata indipendenza di Genova.

Con l'importante eccezione di Ravenna, che dopo essere stata per molto tempo poco meno di un satellite di Venezia, sebbene non ufficialmente, era passata a tutti gli effetti alla Repubblica per un atto di successione nel febbraio 1441, i quattordici anni di guerra quasi continua avevano dato pochi vantaggi materiali. E la pace, quando giunse, fu tanto più benvenuta. Il Gattamelata era troppo malato per partecipare ai festeggiamenti che seguirono e la sua casa in San Polo[2] fu messa a disposizione di Francesco Sforza e della moglie nell'attesa di poter entrare nel loro palazzo – dove ora c'è Ca' Foscari – alla prima curva del Canal Grande e che era stato donato al condottiero nel 1439. La coppia ebbe una sontuosa accoglienza ufficiale, fu accompagnata in un giro di visite nella città e colmata di doni, tra i quali un gioiello del valore di un migliaio di ducati per Bianca Maria.

Nessuno, si può affermare con sicurezza, aveva il benché minimo dubbio sul fatto che in realtà Venezia stava festeggiando niente più di una semplice e breve interruzione della guerra. Con Filippo Maria Visconti che dalla sua capitale tesseva le trame di sempre nuovi progetti, complotti e intrighi, con Francesco Sforza appena quarantenne e all'apice dell'energia e dell'ambizione, con Cosimo de' Medici a Firenze che ancora si sentiva minacciato da Milano ma che, contemporaneamente, guardava con sospetto la crescita del potere veneziano in Lombardia e con praticamente tutti gli Stati italiani, grandi e piccoli – Genova, Mantova, Bologna,

[2] Questa casa in campo San Polo accanto alla chiesa era stata proprietà di Giacomo da Carrara e Jacopo Dal Verme prima di essere data al Gattamelata.

Rimini, l'Impero, il Papato, il Regno di Napoli, la casa d'Aragona e quella d'Angiò e infiniti altri –, implicati in quella reazione a catena che era l'inevitabile risultato di una così lunga e turbolenta contesa, tutti perseguendo una propria ed egoistica politica incompatibile e in conflitto con quella degli altri, come sarebbe stato possibile sperare in una pace durevole? Probabilmente tra le stesse parti in causa soltanto poche la desideravano, nessuno certamente tra i condottieri che, anche se pochi hanno trovato un cenno in queste pagine, erano tanti, sparsi un po' dovunque nella penisola e che avevano il potere, talvolta in misura maggiore di chi li pagava, di far esplodere nuove ostilità ogni qualvolta lo desideravano.

Così, tra le potenze maggiori, l'unica che sinceramente desiderava la pace era probabilmente Venezia. Soltanto essa, con i suoi domini di terraferma che si estendevano a occidente per quasi trecento chilometri, non aveva problemi di sicurezza territoriale e non nutriva nessun particolare desiderio di nuove conquiste. Non le serviva molto apprendere dai propri agenti a Milano che il duca stava ormai invecchiando, che era malato e sempre più instabile; e che, fra tutti coloro che avevano messo gli occhi sul suo trono, Francesco Sforza non soltanto aveva le maggiori probabilità ma era anche il migliore amico di Venezia. Così, quando meno di un anno dopo la pace di Cavriana, Filippo Maria per l'ennesima volta si rivolse contro il genero e tentò, con l'aiuto del papa, di sottrargli le terre che gli aveva dato in passato, Venezia promise aiuto allo Sforza, e si ritrovò di nuovo in guerra. Nel settembre 1446 il suo esercito sbaragliò i milanesi a Casalmaggiore, attraversò l'Adda e avanzò fin quasi sotto le mura di Milano prima dell'arrivo dell'inverno.

Nel suo disperato bisogno di aiuto, Filippo Maria inviò invocazioni al papa, ad Alfonso V d'Aragona, ora anche re di Napoli e di Sicilia, e al re di Francia. Si rivolse perfino al suo vecchio nemico Cosimo de' Medici, giocando sulla nota, sebbene ingiustificata, paura che Cosimo nutriva nei riguardi di Venezia, ma ricevette soltanto l'offerta di fungere da mediatore con lo Sforza. Alla fine non poté far altro che mettersi alla mercé del genero, offrendogli di designarlo formalmente suo erede e di nominarlo capitano generale delle forze milanesi. Questo, ovviamente, era proprio ciò che lo Sforza desiderava. Ma in quel momento era fortemente impegnato in Romagna per suo conto (il papa l'aveva nominato gonfaloniere della Chiesa e gli aveva concesso la Marca di Ancona) e, malgrado le pressioni di Cosimo, non aveva nessuna fretta di muoversi. Egli sapeva che i veneziani non potevano conquistare rapidamente Milano, ammesso che lo desiderassero, e sapeva inoltre che quanto più si faceva attendere tanto più il suo sconvolto suocero gli avrebbe dato. Soltanto in piena estate del 1447 si decise a partire alla volta di Milano.

Ma aveva atteso troppo. Era ancora per strada quando, il 13 agosto, Filippo Maria morì dopo una settimana di malattia. La sua infermità era stata tenuta segreta, tanto che la notizia della morte colse di sorpresa gli stessi cittadini di Milano. Se lo Sforza fosse stato in quel momento a Milano avrebbe potuto far valere subito i propri diritti mettendo i rivali di fronte al fatto compiuto; in sua assenza, si creò la confusione. L'imperatore d'Occidente Federico d'Austria pretendeva Milano quale feudo vacante dell'Impero; Alfonso d'Aragona asseriva che Filippo Maria lo aveva nominato suo erede sul letto di morte; intanto, non lontano da Asti, un esercito francese era pronto a muoversi per prendere possesso del ducato in nome di Carlo d'Orleans che, essendo nipote di Filippo Maria attraverso la sorellastra di questi, Valentina Visconti, era incontestabilmente illegittimo erede.

In questo grave stato di confusione, il popolo di Milano assunse direttamente nelle proprie mani le redini del governo. Nell'euforia della libertà acquistata si smantellarono le difese stesse del castello, inteso come un simbolo del vecchio dispotismo; furono eletti ventiquattro reggitori (capitani e difensori della libertà) e fu proclamato lo Stato repubblicano, denominato, in onore dell'amato patrono sant'Ambrogio e non senza magniloquenza, Aurea Repubblica Ambrosiana. Si trattava di un coraggioso tentativo del popolo di ottenere l'indipendenza; e se i milanesi fossero stati capaci di trascinare con loro le altre città dell'ex ducato, avrebbero potuto, con l'appoggio che Venezia avrebbe prontamente fornito, ottenere ciò che volevano. Ma quelle minori comunità erano tutt'altro che unanimi. Alcune, come Alessandria, Novara e Como, si unirono sotto la bandiera della Repubblica Ambrosiana; altre, però, videro negli ultimi eventi la lungamente attesa possibilità di sottrarsi al dominio di Milano; tra queste, Lodi e Piacenza, che si offrirono spontaneamente a Venezia.

È chiaro che non poteva accadere niente di meglio per far nascere la discordia tra le due Repubbliche. Milano chiedeva l'immediata restituzione delle due città. Venezia replicava che avevano il diritto di offrirsi a chi volevano e che rifiutare la loro offerta avrebbe significato gettarle nelle braccia dello Sforza, certamente l'ultima cosa che potessero desiderare i milanesi. Questo argomento ricevette nuova forza dalla notizia che proprio mentre queste discussioni erano in corso Piacenza e Pavia erano cadute in mano allo Sforza. Pavia gli si diede spontaneamente mentre Piacenza fu conquistata dopo «sanguinosissimo assalto» il 16 novembre 1447.

Durante questi anni lo Sforza mostra un esempio emblematico di ciò che era la politica italiana dell'epoca: lo vediamo infatti prendere servizio alle dipendenze di Milano e combattere con notevole successo contro Venezia, poi cambiare bandiera e infine, senza legami con nessuna delle due, fare i fatti propri.

In questa situazione piuttosto fluida, l'alleanza con Milano avrebbe costituito per Venezia più un peso che un vantaggio. La Repubblica Ambrosiana era vicina al collasso e lo Sforza lo sapeva. Nell'autunno del 1449 pose l'assedio a Milano che, ridotta alla fame durante l'inverno, dovette piegarsi; il 26 febbraio 1450, con Bianca Maria, da Porta Nuova entrò trionfalmente nella città mentre i suoi soldati distribuivano pane al popolo. Il 22 marzo successivo, nel Duomo, fu proclamato duca di Milano, vero e legale successore dei Visconti.

Erano ormai trascorsi nove anni da quando Francesco Sforza e sua moglie erano stati accolti a Venezia con tutta la pompa e lo sfarzo che la città era solita riservare agli eroi vittoriosi. In quel tempo egli rappresentava ancora, dal punto di vista veneziano, la miglior soluzione del «problema Milano» e la promessa del doge di riconoscerlo signore della città, qualora fosse riuscito a conquistarla, era ancora valida. Tuttavia lo Sforza aveva mal ripagato l'amicizia di Venezia e i rapporti si erano guastati. Negli ultimi tre anni anzi era stato il suo più pericoloso nemico. Venezia aveva confiscato il suo splendido palazzo nel 1447 (cinque anni dopo fu comprato e demolito dal doge Foscari che fece costruire al suo posto un altro palazzo ancora più splendido) e si era adoperata, sia con una coperta diplomazia sia sul campo di battaglia, per contrastare le sue ambizioni. Ma senza successo. Lo Sforza aveva giocato brillantemente le proprie carte, beneficiando anche dell'aiuto finanziario di Cosimo de' Medici, la cui paura della potenza veneziana di terraferma stava rapidamente divenendo un'ossessione, e che vedeva in una forte Milano l'unica speranza di mantenere l'equilibrio tra gli Stati italiani. Venezia non poté far altro che accettare l'inevitabile, inviando ambasciatori a congratularsi con il nuovo duca e a porgergli i suoi auguri. La guerra scoppiò di nuovo per breve tempo nel 1452 e la spinse insieme col nuovo alleato, il re di Napoli, a espellere tutti i mercanti fiorentini dai suoi domini. Dopo certe segrete trattative condotte abilmente dal confessore di Francesco Sforza, fra' Simone da Camerino, che come priore degli agostiniani di Padova era un suddito veneziano, le poche controversie territoriali ancora in sospeso furono risolte. Milano riconobbe i diritti di Venezia su Brescia e Bergamo e spinse la sua generosità a cedere anche Crema. Nell'aprile del 1454 fu firmata la pace a Lodi, seguita in agosto dalla conclusione di un'alleanza difensiva tra Venezia, Milano e Firenze della durata di venticinque anni. I delegati delle tre potenze si misero poi in viaggio verso il Sud dove prima ottennero a Napoli l'adesione, a denti alquanto stretti, di re Alfonso e poi a Roma quella del papa Nicolò V, che impartì la benedizione all'alleanza. Ogni firmatario indicò i propri satelliti e il risultato fu la conclusione nel 1455 di una Santissima Lega, che nella sua forma finale includeva praticamente tutti gli Stati della penisola, con le sole eccezioni importanti di Genova (per la quale il re di Napoli aveva posto il veto causa una contestazione in corso per la Corsica) e di Rimini.[3]

[3] Francesco Sforza, tuttavia, continuò a infastidire la Serenissima. Nel 1461 permutò la sua casa di San Polo con il terreno nei pressi di San Samuele sul quale Andrea Corner (padre della regina di Cipro) andava edificando proprio allora un immenso palazzo; lo Sforza intendeva continuare e portare a termine tale costruzione per proprio uso. Poco dopo però, le relazioni tra Venezia e Milano si deteriorarono a tal punto che quella proprietà venne addirittura confiscata. I lavori furono arrestati quando un solo angolo era stato portato a termine, angolo che si può tuttora vedere inglobato nella costruzione sul Canal Grande (peraltro di nessun interesse artistico) oggi nota come Ca' del Duca.

Se si considera la natura caotica della scena politica e diplomatica italiana, i conflitti tra innumerevoli interessi, la cupidigia dei principi, le ambizioni dei condottieri, la mancanza di confini esattamente definiti tra gli Stati e la crescente tendenza di nazioni straniere, specialmente della Francia, a intervenire nella penisola come in una terra di conquista, era poco verosimile che i principi enunciati dalla lega fossero rigorosamente osservati negli anni successivi. E infatti non lo furono. I principi italiani non erano ancora entrati in quella fase in cui dovevano essere capaci di sacrificare al bene comune le proprie egoistiche mete. Tuttavia la lega non fu dimenticata. Almeno sino alla fine del secolo rimase un ideale sempre presente, anche se praticamente irrealizzabile, e se non poté impedire completamente il sorgere di ostilità riuscì, in qualche modo, a renderle meno acute. Nei quarant'anni che intercorrono tra la pace di Lodi e l'invasione francese, furono combattute sul suolo italiano sei piccole guerre circoscritte; però, per quasi trenta di quei quarant'anni la penisola restò in pace a tutti gli effetti. Per tutto l'intero periodo nessuna importante città fu saccheggiata da un esercito italiano.

Finalmente Venezia poteva distogliere la propria attenzione dalla terraferma. La necessità di concentrare altrove attenzione ed energie era divenuta urgente, perché non più tardi di un anno prima della pace di Lodi si era verificato un evento, rimasto poi nella storia come una pietra miliare, che aveva gettato lo sgomento nella cristianità: il martedì 29 maggio 1453 l'esercito del sultano turco Maometto II aveva conquistato Costantinopoli.

Capitolo V

La caduta di Costantinopoli (1453)

Il ragno tesse la tela nel palazzo dei Cesari;
Il gufo chiama le sentinelle nelle torri di Afrasiab.

MAOMETTO II, citando Sa'di

Malgrado tutta la storica importanza di Costantinopoli, la sua caduta non sorprese nessuno. Dal punto di vista bizantino, il viaggio in Italia di Giovanni VIII Paleologo si era risolto in un totale insuccesso. Il Concilio di Firenze, dove i padri conciliari si erano spostati in massa da Ferrara nel 1439, era in qualche maniera riuscito a colmare i crepacci, stretti ma senza fondo, che in materia dottrinale separavano la Chiesa orientale o di Costantinopoli da quella cattolica romana,[1] ma quando l'imperatore, tornato a Costantinopoli, ebbe proclamato quell'unione per la qua-

[1] «Il patriarca Giuseppe, dopo essersi dichiarato d'accordo con i cattolici romani che la loro formula dello Spirito Santo proveniente dal Figlio aveva lo stesso significato della formula greca dello Spirito Santo proveniente *attraverso* il Figlio, cadde ammalato e morì. Uno studioso, con poco tatto, fece notare che "dopo aver confuso le due preposizioni, che altro poteva fare di decente?"». Steven Runciman, *The Fall of Constantinople 1453*, Cambridge University Press, Cambridge 1965, pp. 17 e ss.; trad. it. di M.L. De Luigi Rotondi, *La caduta di Costantinopoli 1453*, Feltrinelli, Milano 1968.

le aveva tanto e così duramente lavorato, clero e popolo di comune accordo si rifiutarono semplicemente di accettarla. Egualmente senza successo era rimasto il tentativo di indurre i principi dell'Occidente a lanciare una grande spedizione per salvare il suo Impero. Papa Eugenio non mancò di predicare una crociata, ma l'unico risultato fu un esercito relativamente modesto e comunque non tale da far molta impressione, composto principalmente di ungheresi, che non andò oltre Varna sulla costa del Mar Nero prima di essere fatto a pezzi.

Giovanni morì nel 1448 e gli succedette Costantino, il maggiore dei suoi fratelli viventi. Tre anni dopo, il sultano Maometto II, all'età di diciannove anni, saliva sul trono ottomano e già nell'agosto del 1452 aveva completato la costruzione dell'enorme fortezza di Rumeli Hisar, che ancora torreggia sul Bosforo qualche chilometro a nord-est di Costantinopoli, nel punto cioè dove le due sponde dello stretto sono più vicine. Quella fortezza non lasciava dubbi sulle sue intenzioni né sulla sua risoluta volontà di essere obbedito. La costruzione era appena terminata quando Maometto emanò un editto in forza del quale tutte le navi di qualsiasi nazionalità che passavano, nell'una o nell'altra direzione, attraverso il Bosforo, dovevano fermarsi al castello per essere ispezionate. In novembre, due legni veneziani si sottrassero all'ispezione riuscendo a sgusciare sotto un intenso fuoco di artiglieria; ma un terzo, che sperava di seguire con successo il loro esempio, fu invece colpito in pieno da una palla di cannone e affondò. Il capitano e l'equipaggio furono portati davanti al sultano. Per suo ordine i componenti dell'equipaggio furono tutti immediatamente decapitati. Il capitano, Antonio Rizzo, fu invece meno fortunato; fu condannato a essere impalato e il suo corpo esposto su un lato della strada perché servisse da ammonimento.

La notizia di un simile oltraggio fu accolta a Venezia con costernazione. La Repubblica aveva sempre preferito commerciare con i turchi piuttosto che combatterli; poiché essi ora controllavano gran parte del Mediterraneo orientale e il Mar Nero, quel commercio era di vitale importanza per la sua prosperità. In ogni caso, la loro conquista di Costantinopoli era inevitabile, presto o tardi, e dal punto di vista commerciale poteva perfino essere vantaggiosa. Così Venezia non aveva esitato a rinnovare con Maometto il trattato di commercio e amicizia concluso in precedenza con il padre. D'altra parte, non poteva ignorare gli interessi della sua comunità mercantile di Costantinopoli, i cui privilegi erano stati confermati da Costantino l'anno prima, e neppure farsi alcuna illusione sulla strategia a lungo termine di Maometto. Una volta distrutta Bisanzio, niente gli avrebbe impedito di rivolgere la sua attenzione su Candia e le altre colonie veneziane in Grecia e nell'Egeo. Tre mesi prima dell'incidente sul Bosforo, una mozione che raccomandava di abbandonare i bizantini al loro destino era stata battuta in Senato con settantaquattro voti contro sette. Ora, quell'ultimo atto di selvaggia ferocia da parte del sultano verso cittadini veneziani in viaggio per i propri pacifici affari non poteva sfuggire a una rappresaglia.

Ma quale? Tutte le risorse militari della Repubblica erano impegnate in Lombardia, dove Francesco Sforza rappresentava per la sicurezza di Venezia un pericolo molto più immediato. Dopo trent'anni di guerre quasi continue sulla terraferma, il tesoro della Repubblica si era seriamente assottigliato; scarseggiava anche l'elemento umano. Venezia non era assolutamente in grado di imbarcarsi in una nuova guerra, contro un nemico oltretutto pressoché invincibile e lontano molte centinaia di chilometri. In conclusione, se la politica che decise di adottare non era eroica era almeno comprensibile: avrebbe continuato a inviare a Costantino limitate quantità di salnitro e di corazze, ricevendone in pagamento delle lettere di credito, e gli avrebbe anche consentito di reclutare dei volontari a Candia. Infine, avrebbe dato istruzioni ai comandanti marittimi di fornire aiuto e protezione a tutti i sudditi cristiani dell'Impero ove possibile. Per nessuna ragione però dovevano provocare i turchi con ingiustificati atti di ostilità.

Già nel dicembre 1452, uno di questi comandanti, Gabriele Trevisan, vicecapitano del Golfo, giunse a Costantinopoli con cinque galee – è possibile che su una di esse fosse imbarcato il giovane medico di bordo Nicolò Barbaro, il quale poi avrebbe scritto un diario dell'imminente assedio che costituisce il più accurato e dettagliato resoconto che possediamo di quegli eventi. Trevisan fu seguito quasi immediatamente, per pura coincidenza, da Isidoro, ex metropolita di Kiev ma ormai cardinale della Chiesa Romana, che era stato inviato dal papa per celebrare solennemente l'unione delle due Chiese. Il 14 dicembre, il giorno dopo la funzione religiosa, che era stata boicottata dalla quasi totalità del clero e della popolazione della città, fu tenuta su una di quelle navi un'assemblea con la presenza del bailo (il capo della colonia mercantile veneziana di Costantinopoli) e dei più influenti mercanti della colonia. In questa assemblea il cardinale rivolse un appello personale ai capitani convenuti affinché non abbandonassero la città. Trevisan rispose che aveva ordine dalla Signoria di partire entro dieci giorni dall'arrivo di un'altra galea che era attesa da Trebisonda. Era disposto a prendere con sé tutti i mercanti che desiderassero lasciare la città nonché tutte le mercanzie, ma doveva partire. Tornati a terra, il bailo e i mercanti tennero in segreto un'altra riunione. Erano decisi a restare a qualunque costo e a combattere, ragione per cui deliberarono, con ventun voti favorevoli e uno solo contrario, di trattenere le navi con la forza e di informare poi Venezia, con il mezzo più celere a disposizione, di quanto era accaduto, spiegandone le ragioni.

La reazione del Senato a questa notizia non è documentata; ma nel febbraio del 1453 arrivò un'altra lettera del bailo Girolamo Minotto che descriveva la rapidità e le dimensioni dei preparativi dei turchi e implorava di inviare forze di soccorso con la massima urgenza. Evidentemente, questa lettera produsse l'effetto sperato; il 19 febbraio «in vista dell'immenso pericolo che minaccia ora Costantinopoli», il Senato deliberò l'invio di un'ulteriore flotta di quindici galee, che dovevano partire, non appena terminate le riparazioni, insieme con due trasporti, ciascuno forte di quattrocento uomini. La spedizione veniva finanziata per la massima parte con imposte straordinarie a carico di tutti i mercanti veneziani con interessi nel Levante. Altre lettere, di un tono più pressante, furono inviate al papa, al re Alfonso, all'imperatore di Occidente e al re di Ungheria, con la precisazione che, se non univano immediatamente i loro sforzi a quelli di Venezia, Costantinopoli era perduta.

Ma anche nelle operazioni in corso a Venezia ci furono dei ritardi e fu necessario attendere fino alla seconda settimana di maggio prima che la flotta levasse l'àncora. In quell'epoca la città era sotto assedio da un mese. Nel Corno d'Oro c'erano già otto mercantili veneziani: cinque, quelli di Trevisan, provenivano da Rialto, gli altri tre da Candia. Tutti questi mercantili erano stati in fretta trasformati in legni da guerra e tutti erano pronti a fare per intero la propria parte in questa suprema battaglia.

L'assedio era continuato per tutto il mese di aprile. Settemila uomini dell'imperatore difendevano circa venti chilometri di mura dal lato di terra contro gli attacchi dell'esercito del sultano, forte di ottantamila uomini o forse più, mentre la *Maometta*, il grande cannone turco, martellava spietatamente le triplici fortificazioni che rappresentavano l'unico baluardo tra l'Impero e la sua distruzione. Domenica 22 aprile, con un brillante colpo, che ricordava l'operazione veneziana sul

Garda di quattordici anni prima ma con molto maggior successo, Maometto fece trascinare qualcosa come settanta navi dal Bosforo sulla collina di Pera e poi giù nel Corno d'Oro. Pochi giorni dopo un tentativo veneziano di distruggere quelle navi finì in una catastrofe, provocata in gran parte dalla gelosia dei genovesi. Da quel momento, se agli esausti difensori restava ancora una speranza di salvare la città, era basata esclusivamente sulla tanto attesa flotta veneziana.

Ma anche l'arrivo di questa flotta era problematico. Se Minotto, come sembra, aveva assicurato all'imperatore che la flotta era in viaggio, lo aveva fatto senza averne la certezza perché, per quanto ne sappiamo, non era al corrente della risposta favorevole del Senato al suo appello. Anche se ne fosse stato a conoscenza, non poteva sapere niente dei successivi contrattempi che avevano ritardato la partenza della flotta. Ciò nondimeno, vi erano molte e ragionevoli probabilità che una consistente forza navale fosse in viaggio, nel qual caso non doveva essere molto lontana. Alla mezzanotte del 3 maggio un grippo veneziano, battente bandiera turca e con un equipaggio volontario di dodici uomini travestiti da turchi, dall'interno del Corno d'Oro sgusciò fuori del porto e attraverso il Mar di Marmara entrò nel Mediterraneo, con la speranza di prendere contatto con la flotta di soccorso e affrettarne l'arrivo a Costantinopoli.

Il 23 maggio il grippo era di ritorno. Nel sole del pomeriggio non era riuscito a ingannare le unità turche che incrociavano nel Mar di Marmara, parecchie delle quali lo inseguivano. Però, grazie alla sua velocità e manovrabilità, evitò la cattura e sul far della sera la catena che attraversava il Corno d'Oro fu calata per farlo rientrare. Ma non portava nessuna notizia incoraggiante. Dopo quasi tre settimane di ricerche nell'Egeo non aveva trovato la benché minima traccia di una flotta veneziana e neppure aveva raccolto qualche voce sulla sua partenza da Venezia. Quando l'esito negativo della missione era divenuto ormai evidente, uno dei marinai aveva suggerito di tornare a Venezia, affermando che era impensabile che Costantinopoli potesse ancora essere in mani cristiane; che, se anche lo fosse stata, la sua caduta doveva essere imminente, ragione per cui tornare laggiù, soltanto per riferire sul fallimento della missione, avrebbe significato esporsi a morte certa o alla cattura. Ma i suoi compagni non avevano voluto ascoltarlo: avevano ricevuto dall'imperatore l'incarico di quella missione; il loro dovere era di condurla a termine, fosse la città greca o turca, restassero loro vivi o morti. E così erano tornati con le lugubri notizie. Furono subito portati davanti all'imperatore che li ringraziò per la lealtà e il coraggio dimostrati, poi, sopraffatto dall'emozione, scoppiò in lacrime. Soltanto il Cristo e Sua Madre, mormorò, potevano ormai salvare la città.

Una settimana dopo era tutto finito. All'alba del 29 maggio i turchi irruppero attraverso le martoriate mura e l'Impero di Bisanzio perì. Si era difeso eroicamente sino alla fine, sotto un implacabile bombardamento, contro un nemico enormemente più forte e meglio equipaggiato e aveva resistito per cinquantatré giorni prima di essere schiacciato. Ma perfino allora non si era arreso: il suo imperatore, Costantino XI, vedendo giunta la fine, si era gettato a capofitto nella battaglia, dove la mischia era più feroce; ed era caduto, deciso com'era a morire combattendo per il suo Impero. Il suo corpo fu ritrovato soltanto qualche tempo dopo. Era senza testa; ma aveva ancora gli stivaletti purpurei con le aquile d'oro di Bisanzio.

Che cosa era accaduto intanto alla flotta veneziana di soccorso? La spiegazione si trova negli atti del Senato, dai quali emerge che Jacopo Loredan, capitano generale da mar, ricevette gli ordini per la partenza soltanto il 7 maggio; e siccome furono completati il giorno successivo è molto improbabile che riuscisse a partire, al più presto, prima del 9 maggio. Aveva avuto istruzioni di far scalo a Corfù dove avrebbe trovato una galea che doveva unirsi alla flotta e di caricare i rifornimenti a Negroponte (Eubea) prima di proseguire per Tenedo, all'imbocco dei Dardanelli. Là avrebbe incontrato un altro legno veneziano, una galea sottile, al comando di un certo Alvise Longo, che aveva lasciato Venezia tre settimane prima per raccogliere informazioni sulle forze e gli schieramenti turchi. Poi, avrebbero proseguito insieme fino a Costantinopoli.[2]

[2] A questo punto verrà rilevato che ci si è discostati lievemente dal resoconto di S. Runciman, *op. cit.*, pp. 81-113, secondo il quale la flotta salpò verso la fine di aprile al comando di Longo, una ricostruzione che non si concilia con quanto risulta dagli atti del Senato. Cfr. a questo proposito Freddy Thiriet, *Régestes des delibérations du Sénat de Venise concernant la Romanie, 1329-1463*, 3 voll., Mouton & Co., Paris 1959-1961, vol. III, pp. 184-186.

Stando così le cose, non sorprende certamente il fatto che il Loredan non riuscisse ad arrivare in tempo. Per una grande flotta non era un'impresa né rapida né facile seguire una rotta lungo i Dardanelli e il Mar di Marmara con il vento che soffiava prevalentemente da nord come accadeva in quella stagione. Egualmente di facile spiegazione è il fatto che i marinai veneziani partiti da Costantinopoli con il grippo non si imbattessero durante le ricerche in Longo, il quale, fino al momento in cui essi decisero di tornare, poteva senz'altro non essere ancora arrivato a Tenedo. In ogni caso, rintracciare delle navi in mare aperto senza precise informazioni sulle loro rotte e sulle date delle varie tappe è stata fino al secolo scorso un'operazione largamente affidata al caso.

Ma perché la partenza della flotta subì un ritardo così grave? È una domanda alla quale è più difficile rispondere. In una certa misura è vero, come ha rilevato Steven Runciman, che «nessuno a Venezia» – o, avrebbe potuto aggiungere, in nessun altro luogo del mondo occidentale – «aveva, compreso la tenacia del carattere del sultano né la superba qualità dei suoi mezzi di guerra». D'altra parte, nessuno, e tanto meno i veneziani, poteva illudersi che la città fosse imprendibile; duecentocinquant'anni prima il vecchio doge Dandolo e le sue armate della Quarta crociata avevano provato che non lo era. Ed è significativo il fatto che il Loredan avesse con sé, a bordo della capitana, un ambasciatore per il sultano, Bartolomeo Marcello, le cui istruzioni, come del resto quelle del Loredan, prevedevano l'eventualità che l'assedio fosse già finito all'arrivo della flotta. Queste istruzioni, sia al capitano generale sia all'ambasciatore, insistevano nel raccomandare anzitutto la prudenza. Nel viaggio di andata il Loredan non doveva per nessuna ragione impegnare in combattimento legni turchi a meno che non venisse attaccato. Una volta giunto a Costantinopoli, a parte la generica istruzione di mettersi a disposizione dell'imperatore, non aveva precisi ordini di ingaggiare battaglia. Le istruzioni dedicavano invece molto più spazio all'evacuazione e al trasporto in buon ordine in patria dei mercanti veneziani. Marcello dal canto suo aveva l'incarico di sottolineare al sultano che Venezia desiderava soltanto la pace: se aveva inviato una flotta a Costantinopoli, lo aveva fatto soltanto per proteggere la sicurezza dei suoi cittadini e salvaguardare i propri interessi.

Giungiamo così alla conclusione che i veneziani stavano perseguendo, anche se forse non l'avrebbero ammesso neppure a se stessi, una politica ispirata alla massima *festina lente*. Desideravano che il mondo sapesse che stavano inviando una grande flotta per salvare la cristianità in Oriente, e facevano tutto il possibile, senza molto successo, per indurre altri Stati d'Europa a seguire il loro esempio. Ma non erano completamente convinti che tutto questo servisse a qualcosa. Erano abbastanza realisti per sapere che l'Impero bizantino era condannato e non avevano di conseguenza alcun desiderio di combattere inutilmente il suo successore ottomano. Nell'amicizia di Maometto vedevano non soltanto il miglior mezzo per la continuazione del loro lucroso commercio con l'Oriente, ma anche, probabilmente, l'unica possibilità di conservare le loro colonie della Grecia e dell'Egeo. Un altro sintomo della loro mancanza di entusiasmo è nel rifiuto di finanziare direttamente la spedizione con i fondi pubblici e perfino di ordinarne la partenza prima dell'entrata nelle casse dello Stato del gettito completo dell'imposta straordinaria. Un simile comportamento non è compatibile con il fervore crociato né con un autentico stato di emergenza. Se Venezia non giunse in tempo in soccorso di Costantinopoli, dipese dal fatto che non ne aveva un reale desiderio.

I veneziani e i genovesi di Costantinopoli, malgrado la reciproca antipatia e diffidenza, avevano combattuto valorosamente durante l'assedio. Proprio il podestà di Caffa, il genovese Giovanni Giustiniani Longo, aveva avuto il comando dell'intero tratto di mura terrestri, dove con la pura forza della propria personalità aveva saputo tenere sempre alto il morale dei difensori, fino a quando una grave ferita al petto aveva spezzato il suo spirito. Soltanto la sua successiva insistenza per essere portato in salvo, malgrado le preghiere dello stesso imperatore, offusca all'ultimo momento lo splendore del suo precedente eroismo. Però, quando la città alla fine cadde, furono i veneziani che ebbero più sofferenze dei loro rivali. A parte due piccoli gruppi dislocati sull'estremità meridionale delle mura, il grosso dei veneziani, sotto il comando del bailo Girolamo

Minotto, era concentrato intorno al palazzo imperiale delle Blacherne, dove l'estremità settentrionale delle mura curvava nel Corno d'Oro. E fu proprio in quel punto che i turchi fecero la breccia più ampia dalla quale entrarono nella città. Molti veneziani furono uccisi in combattimento e tra coloro che furono fatti prigionieri nove dei più preminenti, tra i quali lo stesso Minotto e suo figlio, furono immediatamente decapitati.

Alle ciurme delle galee veneziane andò meglio. Grazie principalmente all'avidità dei marinai turchi che avrebbero dovuto sorvegliare l'ingresso del Corno d'Oro e che invece avevano abbandonato il proprio posto quando era incominciato il saccheggio per paura che i soldati si prendessero il meglio del bottino, riuscirono a oltrepassare la barriera. Poi, carichi di fuggiaschi che li avevano raggiunti a nuoto, alzarono le vele al forte vento del nord e si inoltrarono velocemente nel Mar di Marmara verso la salvezza. Molte navi greche e genovesi riuscirono a salvarsi nello stesso modo. Alcuni mercantili invece, che erano all'àncora insieme con due o tre galee genovesi più in là nel Corno, non si mossero in tempo e furono catturati con i rispettivi equipaggi.

Un resoconto dei successivi tre giorni di scatenata carneficina, di stupri e saccheggi più terribili perfino di quelli che avevano macchiato la conquista latina di duecentocinquant'anni prima, esula fortunatamente dallo schema della nostra narrazione. Dobbiamo ricordare invece che la notizia della caduta di Costantinopoli produsse una profonda impressione in tutta l'Europa occidentale; in nessun luogo tuttavia più profonda che a Rialto, dove giunse esattamente un mese dopo, il 29 giugno. Solo allora, forse per la prima volta, allorché ascoltarono dalla viva voce dei testimoni oculari il racconto di quanto era accaduto, i veneziani cominciarono a rendersi conto del pieno significato dell'evento. Non si trattava solamente della caduta della capitale della cristianità orientale; poteva provocare una violenta emozione, ma restava il fatto che Bisanzio aveva perso da tempo ogni reale importanza politica. Né il quadro sarebbe stato completo aggiungendo la perdita di una preziosa base commerciale, con circa cinquecentocinquanta tra veneziani e candioti uccisi durante o immediatamente dopo l'assedio e con danni materiali valutabili intorno ai 200.000 ducati, più altri 100.000 per Candia. C'era una terza conseguenza, ancora più grave di queste due: il fatto che il sultano vittorioso da quel momento avrebbe potuto intraprendere qualsiasi nuova conquista avesse desiderato. Ora tutto dipendeva dal riuscire a procurarsi la sua benevolenza.

Il 5 luglio furono inviate nuove istruzioni a Jacopo Loredan e all'ambasciatore Bartolomeo Marcello. Il capitano doveva adottare tutti i provvedimenti che riteneva necessari per la sicurezza di Negroponte e disporre in particolare che tutte le merci che passavano per quel porto dirette a Costantinopoli venissero deviate a Modone nel Peloponneso fino a nuovo ordine. Per Marcello le istruzioni erano di sottolineare a Maometto la ferma intenzione della Repubblica di Venezia di rispettare il trattato di pace concluso con il padre e rinnovato con lui stesso. Doveva inoltre chiedere la restituzione di tutte le navi veneziane rimaste nelle mani dei turchi, facendo rilevare che non si trattava di galee ma di legni mercantili. Se Maometto accettava di rinnovare il trattato, Marcello doveva richiedere che a Venezia fosse concesso di mantenere nella città la propria colonia commerciale, con gli stessi diritti e privilegi di cui aveva goduto sotto il governo greco, e doveva inoltre premere per il rilascio di tutti i veneziani ancora in cattività. Se invece il sultano rifiutava il mantenimento del trattato o cercava di imporre nuove condizioni, l'ambasciatore doveva riferire al Senato. Era inoltre autorizzato a spendere fino a 1.200 ducati per doni a Maometto e a qualche suo funzionario al fine di facilitare lo svolgersi dei negoziati. Frattanto, i governatori delle città costiere e delle isole – Candia, Lepanto nel golfo di Corinto, l'isola di Egina e quelle di Sciro, Skopelos e Skiatos che si erano poste recentemente sotto la protezione della Repubblica – ricevettero tutti l'ordine di rinforzare le difese locali. Infine Venezia si convinse che le diciannove galee in costruzione nell'Arsenale erano assolutamente insufficienti per far fronte alla nuova situazione e deliberò la spesa supplementare necessaria per l'approntamento di cinquanta ulteriori unità.

Marcello dovette ben presto constatare, come sarebbe accaduto ad altri ambasciatori dopo di lui, che Maometto era un negoziatore arcigno. L'accordo fu trovato soltanto nella primavera successiva, dopo quasi un anno di trattative. Le navi rimaste e i prigionieri furono rilasciati e la colonia ebbe il permesso di tornare ancora al proprio quartiere, amministrata da un proprio bailo come prima. Però, non avrebbe più beneficiato di quelle concessioni territoriali e commerciali che ne avevano favorito il potere e la prosperità. Da quel momento ebbe inizio il rapido declino della presenza latina in Oriente.

Resta ancora una questione: se, e in quale misura, Venezia può essere biasimata per la caduta di Costantinopoli. Malgrado le accuse di certi scrittori dell'epoca non è possibile, certo, addossare a essa alcuna responsabilità. La sua risposta può essere stata lenta ma nessun'altra potenza agì con maggiore celerità. Papa Nicolò V, per esempio, che aveva deciso di finanziare cinque galee veneziane con i fondi della Santa Sede, non informò il Senato delle proprie intenzioni fino al 5 giugno, quando la città era in mano dei turchi già da una settimana. Venezia può avere agito con scarso entusiasmo, ma poche altre nazioni cristiane alzarono un dito per salvare il morente Impero. Praticamente sola, com'era, nell'azione di soccorso, il massimo che avrebbe potuto fare – anche se la sua flotta fosse arrivata in tempo – sarebbe stato di consentire a Costantinopoli di resistere per un'altra settimana o due, prolungando così la sua agonia. E anche questo è opinabile poiché la flotta turca che presidiava il Mar di Marmara avrebbe potuto comunque impedire a quella veneziana di raggiungere la città. Inoltre, accanto alla lentezza del Senato si deve considerare anche l'eroismo dei veneziani e dei candioti che combatterono sino alla fine e che morirono numerosi sulle mura squarciate dell'antica capitale. Figuravano tra i caduti non meno di sessantotto patrizi, molti dei quali portavano i più antichi e più illustri nomi della storia di Venezia: sei Contarini, tre Balbi, due Barbaro, due Morosini, due Mocenigo, cinque Trevisan.[3]

Tuttavia, in una prospettiva storica più ampia, è difficile per Venezia mantenersi esente da colpe. Nel momento in cui Maometto II gli inflisse il colpo di grazia, l'Impero bizantino stava morendo lentamente da due secoli e mezzo. La vera ferita mortale fu inferta non nel 1453 ma nel 1205, quando gli eserciti latini della Quarta crociata con la conquista di Costantinopoli e con devastazioni e saccheggi avevano aperto la strada alla patetica successione degli pseudo-imperatori franchi, che per i successivi sessant'anni avevano dissanguato la città e l'Impero. Di questa tragedia, le cui conseguenze, sia pur attenuate, gravavano ancora su Bisanzio, i veneziani erano i principali responsabili. Di Venezia erano le navi, di Venezia l'iniziativa, la guida e la forza motrice. A essa toccò la massima parte del guadagno e buona parte del bottino; e, nel momento della catastrofe finale, deve andare il biasimo.

[3] Il medico Nicolò Barbaro, che era con loro (cfr. p. 107), ne fornisce l'elenco completo. Cfr. Nicolò Barbaro, *Giornale dell'assedio di Costantinopoli*, E. Cornet (a cura di), Tendler & Co., Wien 1856, pp. 16-18.

Capitolo VI

I due Foscari
(1453-1457)

There's the ducal ring,
And there's the ducal diadem. And so
The Adriatic's free to wed another.*

GEORGE GORDON BYRON,
The Two Foscari, 1821

Quando Costantinopoli fu conquistata dall'esercito del sultano Maometto II nel 1453, Francesco Foscari sedeva sul trono dogale di Venezia da trent'anni, per un periodo cioè più lungo di qualsiasi altro doge prima di lui. Esattamente come aveva predetto Tommaso Mocenigo in punto di morte, quegli anni erano stati contrassegnati da un'attività bellica quasi continua, che aveva portato sì i confini della Repubblica al centro dell'Italia settentrionale ma che aveva contemporaneamente svuotato le casse dello Stato. I prezzi erano in ascesa, diversi banchi erano falliti, molte tra le grandi case commerciali erano vicine al collasso, lo stesso suocero del Foscari, Andrea Priuli, figurava tra

* «C'è l'anello dogale, / E c'è il corno dogale. E così / Le onde dell'Adriatico son libere di convolare ad altre nozze».

coloro che avevano dichiarato bancarotta con una situazione debitoria di 24.000 ducati.

Sembra che il doge non si preoccupasse molto di frenare le spese, sia pubbliche sia private. L'accoglienza riservata all'imperatore di Bisanzio nel 1438 aveva stupito gli stessi veneziani, per i quali le cerimonie sontuose erano avvenimenti abbastanza abituali. I festeggiamenti organizzati tre anni dopo per le nozze di Jacopo, suo unico figlio sopravvissuto, con Lucrezia Contarini erano stati ancora più stravaganti. Jacopo era uno dei capi della Compagnia della Calza, una società di recente formazione i cui membri erano giovani aristocratici della città. La compagnia derivava il nome dalle calzemaglie di molteplici e splendenti colori che indossavano e il suo statuto enunciava norme speciali per le feste di nozze dei membri. Nel caso specifico lo stesso fratello della sposa ci ha lasciato una descrizione di come, insieme con i compagni, tutti in abiti di velluto cremisi e broccato d'argento e su cavalli bardati con eguale sfarzo, ciascuno seguito da sei paggi in livrea nonché da parecchi servitori e armigeri, cavalcassero in corteo, composto di duecentocinquanta persone, fino al palazzo Contarini in San Barnaba, attraversando il Canal Grande su un ponte di barche gettato da San Samuele. Dopo la cerimonia religiosa e un superbo banchetto, gli sposi, con un seguito di circa centocinquanta dame e di una compagnia di musici, salirono a bordo del *Bucintoro* che li portò, sempre in parata, al palazzo di Francesco Sforza, al quale fecero una breve visita ufficiale. Tornarono poi a San Barnaba in tempo per aprire le danze, che continuarono fino a notte inoltrata. A quel punto però i festeggiamenti erano appena iniziati: i divertimenti pubblici continuarono per parecchi giorni con una frenetica successione di balli, mascherate, regate, tornei in Piazza e tutte quelle gioiose manifestazioni che lasciavano una indelebile impressione sugli stranieri in visita a Venezia.

Malgrado tutto questo, la popolarità del doge Foscari rimaneva intatta. Egli, come aveva sempre fatto, continuava a riflettere lo stato d'animo più diffuso tra i suoi concittadini i quali, nel complesso con ragione, non avevano mai pensato di biasimarlo per le contingenti difficoltà economiche della Repubblica né per la sua inclinazione all'ostentazione e allo sfarzo. Ma nessuno avrebbe potuto essere doge a Venezia per trent'anni senza farsi dei nemici e proprio questi nemici di Francesco Foscari sono stati accusati di averlo portato, quando aveva già oltrepassato i settant'anni, alla rovina finale.

Se l'accusa sia giusta o no, è un'altra questione. Vero è che l'addebito di pratiche scorrette da parte dei sostenitori del Foscari al tempo della sua elezione poteva non essere del tutto dimenticato, meno che mai dalla famiglia di Pietro Loredan, che era stato così sorprendentemente battuto nell'ultima votazione. Dato però il complesso meccanismo della procedura elettorale, non si poteva tuttavia ritenerne il Foscari personalmente responsabile. È anche vero che a causa di uno o due altri successivi incidenti (tra i quali un infelice fidanzamento che, per essere stato improvvisamente rotto, aveva finito con l'aggravare quella frattura che avrebbe dovuto invece sanare) le relazioni tra le famiglie Foscari e Loredan al tempo del matrimonio di Jacopo non erano molto lontane dal clima della scoperta inimicizia e della faida. Siamo pertanto autorizzati a pensare che quando agli inizi del 1445 Jacopo, ormai pesantemente indebitato, fu accusato di avere accettato bustarelle in cambio della propria influenza nella distribuzione di lucrativi impieghi pubblici, la notizia fu accolta in casa Loredan con manifestazioni che non erano precisamente di genuino rammarico. Ma, malgrado il fatto che Francesco Loredan, stretto parente di Pietro, fosse in quel momento uno dei tre Capi del Consiglio dei Dieci, non esistono indizi, almeno per quella circostanza, che la giustizia agisse contro Jacopo con deliberata parzialità. Sarebbe difficile immaginare come avrebbe potuto farlo. Il primo atto del Consiglio fu la richiesta di una Zonta di dieci membri, cosicché, con l'abituale inclusione della Signoria e dei tre Avogadori de Comun, l'inchiesta risultò affidata a un organismo composto di ventinove persone (il doge, date le particolari circostanze, fu invitato a non partecipare alle sessioni). Poi ordinò l'immediato arresto di Jacopo e soltanto quando fu accertato che era già fuggito dalla città decise di procedere senza di lui. Gli interrogatori dei suoi servitori fecero rintracciare parecchi documenti che contenevano prove irrefutabili della sua colpevolezza. Loredan allora propose che il tribunale inquirente fosse raddoppiato e che i testimoni fossero sottoposti alla tortura – sperando forse di trovare altri capi di imputazione – ma la maggioranza non fu d'accordo. Jacopo Foscari fu condannato all'esilio a vita a Napoli di Romania; ai suoi servitori e alle altre persone implicate nella vicenda furono inflitte pene minori. Né allora né in seguito fu scoperto niente che potesse far pensare che il doge fosse, in qualche modo, coinvolto nelle disoneste azioni del figlio e neppure che ne fosse informato.

Non era una sentenza indebitamente dura. Almeno in base alle norme dell'epoca, il giovane aveva avuto quel che meritava e niente più. Due mesi dopo, quando non si era ancora presentato al governatore di Modone, località dalla quale avrebbe dovuto raggiungere Napoli di Romania, il suo patrimonio fu confiscato, secondo una consuetudine assolutamente normale. Due anni dopo, essendo caduto seriamente ammalato, ebbe anzi una prova di clemenza da parte del Consiglio dei Dieci, che in seguito a un commovente appello del padre annullò la sentenza. Nell'autunno del 1447

> considerati i bisogni de' presenti tempi di aver un principe che abbia la testa libera e serena, atta a ben servire alla Repubblica, la qual cosa ora gli viene impedita dal sapere il suo figlio ammalato del corpo e della mente e considerato altresì la consueta umanità di questo governo e le benemerenze di esso doge [...]

a Jacopo Foscari fu permesso di tornare a Venezia.

Sembrava ora che il vecchio Francesco si avviasse a vivere in pace gli anni che ancora gli restavano, ma il 5 novembre 1450 il senatore Ermolao Donà, mentre dal Palazzo Ducale stava tornando a casa, fu ferito da uno sconosciuto assalitore e due giorni dopo morì. Per varie settimane, durante le quali numerose persone erano state arrestate, interrogate e rilasciate, nessun sospetto cadde su Jacopo Foscari. Ma nel gennaio dell'anno successivo, una denuncia fatta scivolare in una delle «bocche del leone»[1] lo accusava dell'assassinio. Fu subito arrestato e, questa volta, portato di persona davanti al tribunale.

Le prove contro di lui erano estremamente deboli. Fu fatto rilevare che Ermolao Donà era uno dei tre Capi dei Dieci al tempo della precedente sentenza e che, di conseguenza, poteva essere un possibile movente la vendetta. C'era poi il fatto, in realtà assai poco significativo, che un famiglio di Jacopo era stato visto aggirarsi vicino alle porte di Palazzo Ducale la sera dell'omicidio. E nient'altro. Andrea Donà, che era stato al capezzale del fratello nei due giorni che ne avevano preceduto la morte, testimoniò che Ermolao aveva perdonato il suo sconosciuto assalitore e che non aveva detto nulla che potesse incriminare Jacopo. L'imputato poi rifiutò sempre, anche sotto tortura, di ammettere un suo benché minimo coinvolgimento nell'assassinio. Ciò nonostante, fu giudicato colpevole e condannato nuovamente all'esilio a vita, questa volta a Candia.

[1] Erano cassette, piazzate in vari punti della città, dentro le quali potevano essere introdotte denunce o accuse. Questi scritti venivano passati al vaglio dal Consiglio dei Dieci, che era però tenuto a ignorarli se non erano firmati e comunque ad agire soltanto dopo accurate indagini.

Bisogna riconoscere che in questo secondo processo il Consiglio dei Dieci si comportò in modo alquanto misterioso. Rimane tuttavia quasi impossibile attribuire le sue decisioni ad acrimonia da parte della famiglia Loredan o di chiunque altro. In primo luogo, in quel tempo non c'erano Loredan nel Consiglio e uno soltanto era nella Zonta come al solito subito convocata data la particolare circostanza. Secondariamente, è da notare che, giacché la colpevolezza non aveva il supporto di prove tangibili, la pena decretata era sensibilmente lieve per un'accusa di omicidio. In queste condizioni si è tentati di concludere che Jacopo in quell'epoca aveva ormai dato prova di essere un inveterato creatore di disordini e che il Consiglio dei Dieci, pentito della precedente clemenza, avesse semplicemente colto l'occasione per liberare la città una volta per tutte da una perenne fonte di preoccupazioni.

Ma non era un'impresa tanto facile. Nell'estate del 1456 i Dieci furono informati che Jacopo Foscari era entrato in segreti contatti epistolari con Maometto II nel tentativo di persuaderlo a inviare un legno turco sul quale egli potesse fuggire dall'esilio di Candia. Una mozione che, «in considerazione della sua insensatezza e della lontananza del luogo del suo esilio», l'imputato se la cavasse con un severo rimprovero da parte del governatore fu respinta. Jacopo fu scortato a Venezia, dove arrivò il 21 luglio, e immediatamente portato davanti al Consiglio dei Dieci. Questa volta non ci fu bisogno della tortura; confessò senza esitazioni che le accuse erano vere. C'era di nuovo un Loredan tra i Capi dei Dieci e probabilmente fu proprio lui che chiese per Jacopo la pena capitale tra le due colonne della Piazzetta; la proposta però ebbe soltanto sette voti. La grande maggioranza, della quale faceva parte un altro Loredan, Lorenzo, votò per il ritorno di Jacopo a Candia, dove avrebbe scontato un anno di prigione, e per il solenne avvertimento che avrebbe pagato con la vita ogni altro ulteriore intrigo con potenze straniere.

Prima della partenza fu concessa a Jacopo, il cui pallore e il cui aspetto in genere denunciavano chiaramente una malattia, la visita della famiglia. Un testimone oculare di quest'ultimo incontro, Giorgio Dolfin, parente dei Foscari, ha lasciato testimonianza – in un manoscritto conservato presso la Biblioteca Marciana – che il giovane, con il volto ricoperto di lacrime, implorò il padre di usare la propria influenza per farlo tornare alla sua casa e alla sua famiglia ma che il doge lo ammonì inflessibilmente a obbedire all'ordine della Repubblica e a non cercar altro. Soltanto dopo che Jacopo fu tornato nella sua cella, il vecchio doge non fu più capace di dominare la commozione e con il grido di «O pietà grande!» crollò in singhiozzi sulla sua sedia. I due non si sarebbero più visti. Jacopo tornò a Candia e sei mesi dopo giunse a Venezia la notizia della sua morte.

Francesco Foscari amava il figlio nonostante tutto; quest'ultimo colpo fu più di quanto egli potesse sopportare. Da quel momento cominciò il suo declino; non dimostrava più interesse per gli affari del governo e si rifiutava perfino di partecipare alle sedute del Senato e del Consiglio, come gli imponevano gli statuti. Per oltre sei mesi questo stato di cose fu tollerato, nella speranza che il doge si ristabilisse in modo sufficiente da consentirgli almeno l'espletamento dei doveri più importanti. Ma nell'ottobre del 1457 il Consiglio dei Dieci decise che non poteva attendere più a lungo. Una delegazione composta dalla Signoria e dai tre Capi dei Dieci si recò dal doge e gli chiese, con rispetto e gentilmente, «da buon principe e vero padre della patria», di dimettersi.

In passato il Foscari aveva tentato con decisione un paio di volte di dimettersi, ma non ne aveva avuto il permesso. Questa volta fu lui a rifiutare. Forse nutriva ancora del rancore verso i Dieci per il trattamento inflitto al figlio e li riteneva responsabili della sua morte; forse si irritò per il fatto che il Consiglio, mancando di tatto, aveva scelto come portavoce proprio quello stesso Jacopo Loredan che, essendo allora in carica come Capo, aveva contribuito al rinnovo della condanna all'esilio (è improbabile che sapesse che il Loredan aveva in un primo tempo proposto, senza successo, la condanna capitale). Forse era semplicemente l'età – aveva ormai ottantaquattro anni – unita alle tribolazioni sopportate che lo aveva reso litigioso. In ogni caso, però, la risposta dimostra che la sua mente era ancora perfettamente lucida. Freddamente, fece rilevare che i Dieci non avevano alcun potere costituzionale per richiedere il suo allontanamento. Questioni di tale importanza, come la legge precisava esplicitamente, dipendevano da una decisione a maggioranza del Maggior

Consiglio, appoggiata dai sei membri della Signoria. Se avesse dovuto ricevere una richiesta proveniente dal giusto organismo e in regola per gli altri aspetti formali, l'avrebbe naturalmente tenuta nella debita considerazione. Fino ad allora, restava dov'era.

Non ci sono dubbi che in linea di diritto aveva perfettamente ragione. Ma i Dieci non amavano essere contraddetti. Per motivi di orgoglio, come siamo portati a sospettare, o per qualsiasi altra ragione non fecero niente per portare la questione all'esame del Maggior Consiglio. Invece, con un atto ancora più scopertamente illegale, tornarono dal Foscari con un ultimatum: o si dimetteva immediatamente e lasciava il Palazzo Ducale entro una settimana, nel qual caso avrebbe ricevuto una pensione annua di 1.500 ducati a vita oltre tutti gli onori dovuti al suo rango, oppure sarebbe stato deposto forzatamente e tutti i suoi beni confiscati. Il doge non aveva più le forze per resistere. Il 23 ottobre 1457 Francesco Foscari fu deposto: gli sfilarono dal dito l'anello dogale, che fu spezzato come prescriveva il cerimoniale del caso; poi gli fu tolto dal capo il corno. Giorgio Dolfin, ancora una volta testimone oculare, dice che, mentre la delegazione stava uscendo, il vecchio notò in uno dei membri uno sguardo di affettuosa compassione e allora, dopo aver saputo che era il figlio di un suo vecchio amico, gli mormorò:

Dilli [a tuo padre] da mia parte che averò caro ch'el me vegna a visitar, acciò el vegna con mi in barca a solazzo: andaremo a visitar i monasteri.

Quando lasciò il palazzo il mattino successivo aveva però recuperato parzialmente la sua antica vivacità. Suo fratello Marco aveva suggerito di scendere per le piccole scale che portavano direttamente alla porta laterale davanti alla quale era in attesa la sua barca. «No», rispose, «io voglio andar giù per quella scala per la quale ascesi in dogado». E così fece: poi fu portato in barca a quella grande casa, sulla prima curva del Canal Grande, che ancora porta il suo nome. Il 30 ottobre, udendo annunciare con le campane la nomina del suo successore, Pasquale Malipiero, ebbe un collasso; due giorni dopo spirò.

Il nuovo eletto assisteva in San Marco alla messa di Ognissanti quando gli fu portata la notizia che Francesco Foscari era morto. Dolfin riferisce degli sguardi che si scambiarono i membri della Signoria «sapendo perfettamente che erano stati loro ad abbreviargli in quel modo la vita». Effettivamente, non potevano esserci molti dubbi sul fatto che era morto di crepacuore. Sembra che il sentimento di colpa fosse generale, il che contribuirebbe a spiegare lo splendore del funerale di Stato. La vedova del Foscari protestò amaramente; era un po' tardi, disse, per riparare ai torti che la Repubblica aveva fatto a uno dei suoi più insigni e fedeli servitori. Ma le sue obiezioni passarono inosservate. Il 3 novembre, un giovedì, il corpo fu esposto in gran pompa nella sala dei Signori de Note, proprio dentro l'arcata inferiore del Palazzo Ducale, con tutte le insegne del dogado – veste di broccato d'oro, stocco, speroni e il corno di nuovo sul capo. Di là fu portato, dalla tradizionale squadra di arsenalotti, sotto l'ombrello d'oro, ai Frari, passando per le Mercerie e il ponte di legno di Rialto. Tra le ventiquattro personalità che reggevano il drappo funebre, marciava anche Pasquale Malipiero in abito di semplice senatore. L'implicazione poteva difficilmente sfuggire: Francesco Foscari era morto da doge.

Questa finzione – perché di finzione si trattava – fu ripetuta nella sua tomba, che ebbe un posto d'onore sulla parete destra del presbiterio. Merita un'accurata visita, innanzitutto come esempio del curioso stadio di transizione tra il gotico e il Rinascimento, e poi perché provocò a Ruskin una delle sue più interessanti diatribe.[2] Ma un monumento molto più degno a Francesco Foscari è sicuramente la facciata occidentale del Palazzo Ducale, quella che dà sulla Piazzetta, che egli fece prolungare dalla settima colonna, dall'angolo meri-

[2] La visita dovrebbe essere fatta tenendo, idealmente, in mano il volume III dell'opera di Ruskin (J. Ruskin, *op. cit.*), aperto al capitolo II, paragrafo 71: «Il primo esempio importante dell'arte del Rinascimento è la tomba del doge Francesco Foscari, morto nel 1457. Non è certo dei migliori, perché introduce tutti gli errori del Rinascimento ai suoi inizi, quando i suoi meriti, qualunque essi siano, non erano ancora sviluppati. Il suo diritto a essere stimato una composizione classica è del tutto distrutto dai rimasugli di sentimento gotico che vi si appiccicano qua e là, nella loro estrema forma di degradazione. Così il sarcofago è sostenuto da archi trilobati; le basi delle colonne conservano i loro speroni; e la tomba intera è sormontata da un frontone, ornato a fiorami, e da una guglia. Troveremo che il Rinascimento è almeno puro nella sua insipidezza, e sottile nel suo vizio; ma questa tomba è notevole perché ci fa vedere i rifiuti di uno stile che ingombra l'embrione di un altro. Però, relativamente al nostro intendimento, è un monumento di importanza enorme». Ruskin comunque critica lo scultore, non il soggetto.

dionale, fino a quello della basilica di San Marco e che ornò con una nuova porta che dà sul cortile interno, la Porta della Carta.

Quali che siano i difetti della tomba ai Frari, la Porta della Carta è un capolavoro. Non può esserci un'espressione più vivida dello spirito di Venezia, nello splendore del tardo gotico, proprio nel periodo in cui il Medioevo stava finendo. E poiché quel periodo coincide esattamente con il dogado di Francesco Foscari, è giusto e opportuno che sopra questo stupendo portale sia collocato il gruppo marmoreo, in grandezza naturale, del doge inginocchiato dinanzi al leone andante.[3] Le continue guerre, i forzieri vuoti, la malinconia che incupì gli ultimi anni del suo dogado, l'umiliazione che contrassegnò la sua fine, tutto questo è dimenticato. Ciò che si ricorda sono i trionfi: i nemici battuti, i confini estesi, i legni da guerra e mercantili su tutte le rotte del mondo, la magnificenza, il colore, le parate. Fu questo il tempo in cui tutto il Palazzo Ducale ebbe quel rivestimento arabescato di marmo rosa e bianco che costituisce una delle idee più ispirate nella storia della decorazione architettonica; il tempo in cui Guariento completava il suo enorme *Paradiso* – ora, ahimè, distrutto – sulla parete della nuova Sala del Maggior Consiglio;

[3] Il gruppo esistente è una eccellente copia eseguita verso la fine del XIX secolo da Luigi Ferrari, dato che l'originale era stato distrutto dalle truppe francesi nel 1797. Fortunatamente è sopravvissuta la testa del Foscari, opera originale di Bartolomeo Bon, che, assieme ad altre sculture, è oggi conservata nella cosiddetta Sala Grimani in Palazzo Ducale. Tutta la Porta della Carta è stata recentemente pulita e restaurata dal British Venice in Peril Fund, grazie alla munifica elargizione dei coniugi T.A.D. Sainsbury.

in cui, ancora prima che Costantinopoli cadesse, fuggiaschi da ogni angolo del consunto Impero bizantino si stabilivano a Venezia, che giudicavano la città più bizantina dell'Occidente, portando con sé le loro biblioteche, le loro opere d'arte e un nuovo spirito di studio e di cultura (il più illustre fra tutti gli immigrati, il cardinale Bessarione che, nella veste di arcivescovo ortodosso di Nicea, aveva accompagnato l'imperatore ai Concili di Ferrara e di Firenze e poi, rimasto in Italia, era divenuto principe della Chiesa Romana e uno dei più grandi ecclesiastici del proprio tempo, donò la sua magnifica raccolta di codici e manoscritti greci e latini a Venezia, che costituì il nucleo della Biblioteca Marciana). La vecchia chiesa di San Biagio era già stata concessa alla comunità greca (che soltanto nel secolo successivo si sarebbe trasferita nella nuova chiesa di San Giorgio dei Greci) accrescendo così ulteriormente la reputazione della città per la sua tolleranza religiosa, una tolleranza che non aveva uguali nel mondo civilizzato.

Non si può negare invece che sotto altri punti di vista Venezia non fosse proprio all'avanguardia. Non poteva vantare scrittori come Dante, Petrarca o Boccaccio, umanisti del calibro di Leonardo Bruni o Leon Battista Alberti. Anche in quelle arti nelle quali già eccelleva – pittura, scultura e, soprattutto, architettura gotica profana – la sua produzione nella prima metà del XV secolo doveva apparire volutamente conservatrice a quei giovani e sofisticati fiorentini che si erano formati con le opere di Donatello, Masaccio, Brunelleschi. Nelle grandi città della Toscana il Rinascimento stava già avviandosi alla pienezza della sua fioritura; Venezia, anche in questo campo, procedeva con estrema cautela e quei pochi segni appena percettibili del suo influsso erano produzioni sperimentali e, per la massima parte, estranee al contesto storico-culturale della città lagunare.

Esistono molte ragioni per spiegare questa strana riluttanza. I veneziani non erano uomini di pensiero ma di azione. Empirici per eccellenza, diffidavano delle teorie astratte; il loro genio era essenzialmente visivo e sensoriale, in seguito anche musicale; faceva appello al sentimento piuttosto che all'intelletto. Verso la fine del secolo sarebbero divenuti preminenti nella nuova arte della stampa e nell'attinente tecnica della legatura dei libri. Comunque, durante tutta la loro storia dimostrarono sempre più attitudine per produrre libri che per scriverli.

Venezia inoltre, fin dalle sue più lontane origini, aveva sempre mostrato una maggiore affinità con la civiltà di Bisanzio piuttosto che con quella della terraferma italiana. E la nuova ondata di influssi bizantini apparve forse più congeniale alla città delle idee umanistiche che avevano così mirabilmente fecondato lo sviluppo culturale della Lombardia e della Toscana. Ma Bisanzio stava morendo e, abbastanza presto, i semi del Rinascimento saranno gli unici a mettere radici anche a Venezia, producendo, a loro volta, un raccolto non meno ricco che altrove.

Capitolo VII
La minaccia ottomana (1457-1481)

Il grido «Va'» è stato negletto; forse il grido «Vieni» evocherà una più premurosa risposta [...].
«Nel tempo della pugna noi staremo sulla poppa di una nave o su un alto poggio benedicendo colle nostre mani i soldati di Cristo e invocando la maledizione sul nemico».
Così pregava Mosè sul Monte e alzava le mani al Cielo, nel tempo in cui Israele combatteva Amalek [...].
Per l'Amor di Dio abbiamo abbandonato la nostra Diocesi e la Chiesa di Roma affidando i nostri grigi capelli e il debole corpo alla Sua misericordia. Egli non ci dimenticherà e se non ci concederà un sicuro ritorno, ci accoglierà in Cielo e conserverà la sua Diocesi di Roma e la Chiesa, sua Sposa, in sicurezza.

PIO II, Lettera ai cardinali, *Epistolae*, 1463

Quando, nella tarda serata del 30 ottobre 1457, Pasquale Malipiero indossò per la prima volta le insegne del suo ufficio e fu portato in processione intorno alla Piazza tra gli applausi dei suoi nuovi sudditi, egli era divenuto la massima autorità di uno dei più splendidi Stati d'Europa. La città era scintillante nella sua magnificenza, l'attività commerciale era nuovamente in ripresa e la meticolosa contabilità del tesoro indicava una situazione economica più sana rispetto agli anni passati. La stabilità politica di Venezia, mai seriamente scossa dalle sventure dei due Foscari, continuava a essere l'invidia di tutto il mondo civile. Un forte dominio di terraferma si estendeva ora a occidente sino ai confini di Milano e a nord fino alle Alpi. Nel Mediterraneo orientale la situazione era decisamente meno chiara, ma non presentava comunque sintomi di allarme immediato. Costantinopoli era caduta da quattro anni e mezzo; però anche prima della sua conquista la Repubblica aveva concluso un trattato con il sultano, grazie al quale intratteneva, per il momento, rapporti amichevoli. Ai suoi mercanti, soggetti a un tributo di appena il due per cento, era stata garantita libertà di commercio e ai suoi agenti consolari era stato concesso senza difficoltà il permesso di risiedere sul suolo turco. In breve, non sussistevano fondati motivi per cui le sue attività commerciali in Oriente dovessero procedere meno proficuamente di quanto non avvenisse normalmente sotto gli ultimi Paleologhi.

Se Maometto II fosse stato soltanto disposto a fermare l'avanzata dei propri eserciti e a dedicarsi al consolidamento delle sue grandi conquiste, questo ottimismo sarebbe stato fondato. Ma Maometto non era ancora soddisfatto. Appena venticinquenne, era mosso da un ardente zelo missionario, convinto di operare guidato dal Cielo per diffondere la parola del Profeta in Europa e oltre. Probabilmente, nei labirinti dell'inconscio sentiva anche che fermarsi in quel momento di irresistibile slancio tanto vittorioso gli sarebbe stato fatale.[1] Le offerte di sottomissione dei piccoli principi cristiani che si sentivano più immediatamente minacciati e che proponevano di pagargli un tributo come vassalli furono respinte senza essere neppure prese in esame. Era interessato al governo diretto, a nulla che fosse qualcosa di meno. Quando nel 1462 finì il breve e incolore dogado di Pasquale Malipiero,[2] il giovane sultano aveva eliminato le ultime vestigia dell'indipendenza serba – anche se la testa di ponte di Belgrado, la cui importanza era vitale per la cristianità, era stata salvata dal genio militare del comandante ungherese Giovanni Hunyadi e sarebbe rimasta in mani cristiane per un altro mezzo secolo –, si era impossessato delle principali isole dell'Egeo settentrionale e poi aveva piegato a sud per sloggiare gli Acciaiuoli, duchi fiorentini di Atene, nonché i due inetti fratelli dell'ultimo imperatore bizantino, Tommaso e Demetrio Paleologo, che si erano installati come despoti nel Peloponneso. Due anni dopo era padrone della Bosnia, e le città venezia-

[1] Se l'ipotesi è esatta, aveva ragione. Come avrebbe dimostrato la successiva storia dei turchi, fu precisamente nel momento stesso in cui la loro avanzata si arrestò che ebbe inizio il declino del loro Impero.

[2] La sua tomba, opera di Pietro Lombardo, si trova nella chiesa dei Santi Giovanni e Paolo, nella navata sinistra presso la porta della sacrestia.

ne della costa dalmata vennero a trovarsi sotto la minaccia di un grave e imminente pericolo.

Ma non erano le sole a guardare verso Rialto per la loro salvezza. Il grido di allarme stava rapidamente diffondendosi per tutta l'Europa occidentale. Venezia, essendo la più forte potenza navale della cristianità e che, solo per la sua posizione geografica, avrebbe inevitabilmente costituito la prima linea di qualsiasi offensiva, divenne l'ovvio punto di riferimento al quale tutti si rivolgevano. Del resto, non c'erano alternative. Genova, avendo dovuto abbandonare a Maometto prima la colonia di Galata e poi le stazioni commerciali lungo il Mar Nero – che il sultano aveva convertito in un lago ottomano – aveva a ogni effetto rinunciato alla lotta. L'Ungheria, rimasta senza un vero capo dopo la morte di Hunyadi, era indebolita e demoralizzata. L'Impero d'Occidente dava l'impressione di perdere terreno con la stessa rapidità con cui il suo nuovo rivale d'Oriente lo stava acquistando.

In una certa misura Venezia aveva deliberatamente coltivato quella sua immagine di baluardo contro la montante marea turca, che era stata alla base di una politica ricca di successi. Già nel 1356 questa politica aveva portato alla pacifica acquisizione di Corfù, nel 1388 di Nauplia e di Argo e nel 1423, chiamatavi dal locale despota greco, di Salonicco; e sebbene quest'ultima annessione avesse creato qualche difficoltà – aveva provocato due anni dopo un breve conflitto finito nel 1430 con la conquista della città da parte del sultano – restavano ancora nell'Egeo numerosi e assai interessanti centri che avevano chiesto volontariamente la sua protezione. Ma, mentre i turchi divenivano sempre più forti e minacciosi, Venezia al contrario aveva cominciato a ripiegare. Negli ultimi anni di Francesco Foscari si era rifiutata due volte di venire implicata in ogni ulteriore ostilità e Pasquale Malipiero aveva continuato nella politica del suo predecessore.[3] Quando nel settembre del 1459 papa Pio II aveva convocato a Mantova un congresso delle potenze cristiane per organizzare una crociata europea, la Repubblica aveva ritenuto opportuno ricordare ai convenuti il loro deplorevole atteggiamento durante l'assedio di Costantinopoli sei anni prima. Questa volta accettava di agire solo se tutti i principi cristiani si dichiaravano pronti a partecipare all'impresa, attivamente e con entusiasmo, in proporzione alle rispettive possibilità. Era una condizione che si sarebbe difficilmente realizzata, come del resto appariva chiaro ancora una volta dallo scarso fervore dei delegati. Il papa aveva lasciato Mantova deluso e amareggiato, senza tuttavia rinunciare al suo sogno di una grande crociata. Nel 1462 descrisse ad alcuni suoi cardinali le notti che aveva trascorso insonni per la rabbia della propria impotenza e la vergogna della propria

[3] Le sue pacifiche inclinazioni non avevano impedito al Consiglio dei Dieci nel 1456 di approvare una proposta per l'assassinio del sultano da parte di un ebreo di Modone in cambio di una ricca ricompensa pagabile subito dopo l'impresa. È anche significativo il fatto che, quando fu costruito nel 1460 il grande portale dell'Arsenale, sotto la zampa del leone alato di San Marco che lo sormonta fu messo un libro *chiuso*, probabilmente perché le parole che usualmente si leggono nelle sue pagine (*Pax tibi Marce...*) risultarono poco appropriate al carattere dell'epoca e del luogo.

inattività. Poi, l'anno successivo, annunciò pubblicamente un nuovo piano: una spedizione che, malgrado il proprio stato di salute,[4] avrebbe guidato egli stesso unitamente al duca di Borgogna e per la quale Venezia avrebbe messo a disposizione una flotta.

Quando l'invito del papa per la nuova alleanza giunse alla Signoria, Pasquale Malipiero era già morto e gli era succeduto Cristoforo Moro, un uomo con un carattere considerevolmente più energico. Era già vecchio, ma egualmente animato da un fervore crociato pari soltanto, forse, a quello di papa Pio, e con il fiume di lettere che inviò al pontefice stimolandolo all'azione fece subito capire quali erano le sue inclinazioni. Queste simpatie erano ormai condivise dalla grande maggioranza dei suoi concittadini. La rapidità e l'estensione dell'avanzata ottomana durante l'ultimo decennio avevano prodotto una drammatica svolta nella pubblica opinione di Venezia. Il Maggior Consiglio, che aveva già approvato un'alleanza antiturca con l'Ungheria, dette il suo entusiastico avallo alle proposte del papa. Incoraggiato da questi favorevoli indizi, il pontefice scrisse di nuovo a Moro suggerendogli di unirsi a lui e al duca di Borgogna alla testa della crociata. «In questo caso», scrisse, «non soltanto la Grecia, ma l'Asia e tutto l'Oriente sarà preso dal terrore [...] noi siamo tre vecchi, e Dio si al-

[4] Era praticamente incapace di camminare. Questa invalidità veniva comunemente attribuita alla gotta, ma in realtà era quasi certamente la conseguenza di un congelamento, da cui era stato colpito quando, in occasione di una missione diplomatica in Scozia nel 1435, aveva fatto un pellegrinaggio a piedi nudi in pieno inverno al santuario della Vergine a Whitekirk.

lieta con la trinità. La nostra trinità sarebbe aiutata dalla Trinità del Cielo e i nostri nemici sarebbero calpestati sotto i nostri piedi». Il Maggior Consiglio questa volta deliberò, con milleseicentosette voti favorevoli, undici contrari e sedici astensioni, che il doge poteva senz'altro andare. E quando alcuni giorni dopo Moro espresse qualche sopravvenuta perplessità sull'opportunità della sua partecipazione alla crociata, i suoi tentativi di giustificarsi furono irosamente respinti perché, come dichiarò uno dei consiglieri meno dotati di tatto, «l'onore e il benessere della nostra terra ci è più caro della vostra persona».

Ma l'adesione e il sostegno di Venezia dovevano essere l'ultima buona notizia che Pio II avrebbe ricevuto. Era stato concordato che la spedizione sarebbe partita da Ancona nell'estate del 1464. All'inizio di quell'anno, l'annessione di Genova da parte del duca di Milano turbò seriamente il già precario equilibrio politico in Italia, provocò allarme in tutta la penisola e diffuse la certezza che nessuno Stato italiano sarebbe stato disposto a contribuire con forze proprie alla crociata. A Pasqua il duca di Borgogna fece sapere che, per almeno un altro anno, non era in grado di partire. A Roma intanto il denaro era poco e i preparativi appena incominciati; gli inviati borgognoni rilevarono infatti che il potenziale disponibile «era il più povero che essi avessero mai visto e che soltanto due galee erano pronte». Il pontefice, malgrado il suo entusiasmo, mancava di qualsiasi capacità organizzativa. Egli si era aspettato un potente afflusso di esperti e bene armati soldati di ventura, di cavalieri e fanti, provenienti da tutta Europa, disposti a restare in servizio per sei mesi, e forse anche piu a lungo, a proprie spese. Trovò invece in quei sedicenti crociati una marmaglia di vagabondi, indisciplinati e senza un soldo, che si erano infiltrati nella città aspettandosi di essere armati, nutriti e trasportati. Venezia, che non aveva mai avuto tempo per questi erranti eserciti di buoni a niente, rifiutò semplicemente l'ingresso nella città, lasciandoli liberi di tornare alle proprie case come meglio potevano o di morire di fame o di pestilenza lungo la strada. Ma a Roma e ad Ancona la loro presenza procurò gravi preoccupazioni.

Come se non bastasse, le condizioni di salute del papa cominciarono a peggiorare rapidamente. La sua decisione però restava incrollabile e, quasi fosse stato consapevole del breve tempo che gli restava, stabilì di non tollerare ulteriori ritardi. Il 18 giugno prese la croce in San Pietro e si mise in viaggio, dapprima risalendo il Tevere in chiatta e poi in lettiga attraverso l'Appennino. Mentre si avvicinava alla meta, incontrava sulla sua strada gruppi sparsi di crociati abbattuti e delusi che, essendo arrivati ad Ancona soltanto per constatare che non c'erano mezzi di trasporto disponibili, stavano tristemente ritornando alle proprie case. Quella vista era più di quanto potesse sopportare; allora i medici, vedendo la sua angoscia, gli dissero che il vento gli faceva male e calarono le tende della sua lettiga. Quando finalmente il gruppo giunse a destinazione, esattamente un mese dopo la partenza da Roma, probabilmente tutti meno Pio II si resero conto che quella crociata non sarebbe mai stata possibile. Le due galee papali erano all'àncora nel porto; delle navi promesse da Venezia non c'era ancora il minimo segno. Pochi cavalieri che avevano il denaro per mantenersi e niente di meglio da fare erano rimasti ad Ancona, sperando che accadesse qualcosa; ma la maggioranza aveva già rinunciato a sperare ed era tornata a casa.

Finalmente, il 12 agosto, la flotta veneziana composta di ventiquattro navi apparve all'orizzonte. Il pontefice, che aveva preso alloggio nel palazzo del vescovo sulla collina che domina la città, accanto alla cattedrale di San Ciriaco, si affacciò alla finestra per vederla mentre entrava nel porto. Aveva la febbre alta e le sue forze stavano cedendo rapidamente. L'indomani Cristoforo Moro, quando arrivò al palazzo per rendere una visita di cortesia, fu informato che Sua Santità stava troppo male per poterlo ricevere. La prima reazione del doge fu il sospetto che Pio II non avesse alcuna intenzione di mantenere la promessa di stare personalmente alla testa della crociata e che la malattia fosse una semplice finzione per sottrarsi all'impegno assunto. Poco dopo però il suo medico personale, di ritorno da una visita al paziente, lo informò che il papa non era semplicemente ammalato ma in punto di morte. Il giorno successivo, 14 agosto, una delegazione di cardinali salì a bordo della sua galea per annunciare che era morto. Due giorni dopo la flotta salpò per tornare a Venezia: la crociata era finita ancor prima di cominciare.

E non fu un male. La visione del Pinturicchio, sulla parete della Biblioteca Piccolomini di Siena, di Pio II alla partenza della crociata – Ancona, con la corona della sua cattedrale sulla cima della collina, distesa dietro di lui, la flotta cristiana ammassata nel porto e nella rada, il doge Moro inginocchiato ai suoi piedi – tende a offuscare la verità. Lo storico moderno Roberto Cessi va molto più vicino alla realtà quando definisce l'intera avventura come una «miserabile parodia piccolominiana». Il pontefice era morto proprio al momento giusto. Se non fosse morto, se la spedizione fosse partita per l'Oriente con o senza di lui, sarebbe stata fatta a pezzi senza pietà, portando nient'altro che discredito, perfino disonore, alla causa cristiana. I veneziani, alla fine, capirono tutto questo. I grandi ma inconcludenti Concili, gli infiniti ritardi, le pie aspirazioni e i generosi propositi conviventi con una quasi totale assenza di effettiva preparazione, gli interminabili sermoni cui erano stati sottoposti dal cardinal Bessarione, legato pontificio: non erano certamente questi i mezzi per arrestare l'avanzata turca. Se Maometto il Conquistatore doveva essere fermato, lo scopo non sarebbe stato raggiunto con una crociata; occorreva né più né meno che una vera guerra.

Sfortunatamente la guerra che Venezia, insieme con l'alleata Ungheria, aveva intrapreso dopo la conquista di Argo nel 1462 procedeva in modo tutt'altro che esaltante. A Corinto un gigantesco muro difensivo eretto attraverso l'istmo, lungo quasi dieci chilometri e alto quattro metri, con doppio fossato e centotrentasei torri, per il quale in autunno il capitano generale Alvise Loredan aveva impiegato trentamila uomini, era stato abbattuto come un castello di sabbia pochi mesi dopo. Negli anni immediatamente successivi i veneziani non avevano più subito disastri. Anzi, i successori del Loredan (Orsato Giustinian, Jacopo Loredan e Vettor Cappello) e il comandante delle forze terrestri, Sigismondo Malatesta di Rimini, riuscirono a conseguire qualche successo minore con l'occupazione di piccole isole o di fortezze sulla costa o sulle montagne dell'interno. Ma con la sola eccezione di Monemvasia (Malvasia) che si era posta sotto la protezione di Venezia dopo la fuga del despota Tommaso Paleologo, e che in seguito divenne un'importante base navale della Repubblica, non era stata fatta nessuna conquista permanente. La storia di questi anni è una saga non edificante sulla mancanza di coordinazione tra gli alleati e di gelosie tra i comandanti, una storia di ordini non ricevuti e di occasioni perdute, di equivoci, di recriminazioni e di accuse. Pure un goffo tentativo di pace finì nel nulla anche, in ampia misura, per le macchinazioni degli agenti fiorentini e genovesi di Costantinopoli, sempre ansiosi di prolungare lo spettacolo della loro vecchia rivale che stava dissanguandosi senza alcun profitto. Soltanto una figura si levò eroicamente al di sopra delle parti, ma non era né ungherese né veneziana. Già da un quarto di secolo il capo albanese Scanderbeg – «Campione di Cristo», come il papa lo aveva definito – combatteva fieramente per difendere la sua selvaggia e montagnosa patria dagli artigli del sultano.

Era ancora impegnato con notevole successo in questa sua battaglia quando nel 1467 morì lasciando a Venezia l'importante fortezza di Croia, oggi Kruja.

Dopo la morte di Scanderbeg le prospettive divennero ancora più sbiadite. Fortunatamente Maometto II aveva rivolto la sua attenzione a oriente, concedendo così alla Repubblica di Venezia una temporanea pausa di respiro. Ma nell'estate del 1469 pervennero a Rialto inquietanti informazioni da Costantinopoli e da molte altre località. Il sultano aveva chiaramente perso la pazienza con quella deludente e inconcludente schermaglia e aveva deciso di eliminare i domini d'oltremare di Venezia una volta per tutte, come aveva eliminato quello di Bisanzio. Per realizzare il suo obiettivo stava progettando una immensa operazione anfibia con l'impiego della flotta, che non aveva mai cessato di potenziare durante i diciott'anni del suo regno, e di un esercito di ottantamila uomini al suo stesso comando. La flotta era già stata riunita a Gallipoli, da dove si sarebbe diretta a ovest attraversando l'Egeo; l'esercito doveva radunarsi ad Adrianopoli e di lì marciare attraverso la Tracia e poi piegare a sud nella Macedonia e giungere infine in Tessaglia. La forza navale e quella terrestre si sarebbero incontrate sul loro primo obiettivo importante: la colonia veneziana di Negroponte.

Dopo sei anni, sembrava che l'acme della crisi stesse finalmente approssimandosi. Quei sei anni, benché privi di risultati, avevano avuto un alto costo per la Repubblica. Un alto costo in navi, uomini, denaro e in forza d'animo: Venezia era stanca, stanca e anche delusa.

Ormai doveva essere evidente che la minaccia turca non era diretta esclusivamente contro di essa ma contro tutta la cristianità; tuttavia, le altre potenze cristiane davano l'impressione di essere estremamente disinteressate al pericolo, soddisfatte di lasciare Venezia a combattere anche per loro e apparentemente molto fiduciose nella sua capacità di farlo egregiamente. Venezia non condivideva questa loro fiducia, ciò nondimeno doveva combattere. Faticosamente, ma con tutte le energie che poté raccogliere, si preparò ad affrontare l'imminente attacco. Il governo annunciò immediatamente un prestito forzoso di due milioni di ducati, con i quali in meno di un mese fu in grado di armare ventinove galee e un considerevole numero di navigli leggeri. Oltre mille operai furono messi al lavoro in una nuova area dell'Arsenale, la cui superficie veniva così quasi raddoppiata. Frattanto, le città della terraferma furono invitate a inviare fondi e rifornimenti: Padova fornì 3.000 ducati e 5.000 staia di galletta, Verona 2.000 ducati e 5.000 staia, Brescia 4.000 ducati e 8.000 staia. In tutta fretta partirono per Roma ambasciatori con un disperato appello per il pontefice, il veneziano Pietro Barba, che era succeduto a Pio II con il nome di Paolo II. Venezia, dissero gli ambasciatori, ha fatto tutto quanto poteva con uomini, navi e denaro, dissanguandosi fino all'ultima goccia. Ma non bastava ancora. La cristianità doveva venire in suo aiuto, rapidamente e in forze. Il papa rispose concedendo una indulgenza plenaria a tutti coloro che prendevano le armi contro i turchi o che finanziavano un sostituto per quattro mesi. Non poteva fare molto di più. L'Europa continuava a rifiutare di muovere un dito. Venezia era sola con i suoi domini d'oltremare.

> [...] A principio giudicai ch'ella fosse di trecento vele, ora credo sia di quattrocento. Il mar parea un bosco, questa a sentirla dire pare cosa incredibile, ma a vederla è cosa stupenda [...]. Vogano benissimo, ma con voga spessa; le loro galee non sono sì buone da remi come le nostre, ma le vele e tutte le altre cose sono migliori delle nostre e penso che abbiano più uomini sopra che non abbiamo noi. Questa armata tiene antiguardo e retroguardo, circa cinquanta galee per banda e ogni galea ha la sua fusta; or vedete se sia possibile con astuzia aver vantaggio. Vi prometto che dal capo alla coda tutte le galee che erano di conserva occupavano oltre sei miglia. Ad affrontare quest'armata, a mia opinione, non ci vorrebbe meno di cento buone galee e ancora non so che seguiria [...].
>
> Bisogna che ora la Signoria mostri la sua possanza, che si metta da canto ogni altro rispetto e che ci mandi con prontezza soccorsi di navigli, di gente, di pane e di denaro, altramente Negroponte sta in pericolo e se si perde tutto lo Stato di Levante, fino in Istria, sarà con esso perduto, perché l'anno venturo il Turco manderà fuori la metà più d'armata e saranno più gagliardi, per l'ardire che avranno preso l'anno presente.[5]

Queste righe sono l'estratto di una lunga lettera scritta verso la metà di giugno del 1470 ai propri fratelli dal

[5] Lettera di Girolamo Longo, sopracomito, ai suoi fratelli, in Samuele Romanin, *Storia documentata della Repubblica di Venezia*, 10 voll., Venezia 1855, 2ª ed. (1912-1921).

veneziano Girolamo Longo, sopracomito di galea.[6] La Repubblica aveva certamente fatto del suo meglio, tuttavia la flotta veneziana era senza dubbio inferiore a quella descritta da Longo e il capitano generale da mar, Nicolò Canal, poteva contare di avere a sua disposizione, per la metà di luglio, solamente cinquantatré galee e diciotto legni minori, più parecchi altri attesi in breve tempo da vari porti. Salpato da Candia, il Canal prese posizione al largo di Skiatos, a circa quindici chilometri dall'estremità settentrionale dell'angusto stretto che separa l'isola di Negroponte dal continente.

Negroponte era il nome dato da Venezia all'antica città greca di Calcide (o Chalkis, come è di nuovo chiamata ora) nell'isola di Eubea; a poco a poco però aveva finito col designare l'intera isola, divenuta ormai la più grande e la più importante colonia veneziana nell'Egeo. La Repubblica se ne era impadronita durante la spartizione dell'Impero bizantino seguita alla Quarta crociata, e dopo il ritorno a Costantinopoli degli imperatori greci, nel 1261, era divenuta la sede del patriarca latino d'Oriente; assai presto, inoltre, la sua ampiezza e la sua posizione strategica ne avevano fatto il centro amministrativo e giudiziario di tutte le colonie veneziane dell'arcipelago, la sede del governo – che aveva ampi poteri in tutta la regione – e la base principale della flotta dell'Egeo.

Geograficamente era, e rimane ancora, un posto curioso perché, pur essendo indiscutibilmente un'isola, non

[6] Il testo completo è in Domenico Malipiero, *Annali Veneti 1457-1500*, di T. Gar e A. Sagredo (a cura di), *Archivio Storico Italiano*, vol. VII, Vieusseux 1843, pp. 49-52.

è mai stata considerata tale. In tempi remoti, come si può capire con un semplice e rapido sguardo alla carta della zona, il mare ricoprì un'ampia vallata costiera avanzando a tenaglia da ciascuna delle due estremità sino a quando, alla fine, le due ali si incontrarono nel mezzo, senza però proseguire oltre. Infatti, lo stretto che separa l'isola dal continente e che è largo in media circa sedici chilometri, nel punto in cui sorge la città si riduce improvvisamente a meno di cinquanta metri. A causa di questa sua strana conformazione, lo stretto è soggetto a potenti e tumultuose, talvolta drammatiche, correnti di marea, che avanzano in ciascuna direzione più volte al giorno. Forse per questo motivo le due sponde dello stretto, noto con il nome di Euripos, già nel 411 a.C. nel punto in cui sono più vicine furono collegate con un ponte, che presumibilmente è all'origine del nome che i veneziani dettero alla loro colonia.[7] A maggior protezione i veneziani avevano costruito un piccolo forte turrito su una base rocciosa affiorante al centro della corrente, cosicché il canale era bloccato per chiunque e restava aperto soltanto alle proprie acque agitate. La città, protetta da possenti mura e da una numerosa guarnigione, disponeva di abbondanti scorte di viveri; grazie a ciò era pertanto in grado di resistere a un assedio anche prolungato.

[7] Esiste perfino una tradizione secondo la quale Aristotele «per l'ira di non essere riuscito a spiegare il mistero dell'Euripos si annegò nello stretto», Jan Morris, *The Venetian Empire. A Sea Voyage*, Faber & Faber, London 1980, p. 57. Aristotele morì sicuramente a Calcide ma è probabile che la causa sia stata una malattia dell'apparato digerente più che una frustrazione intellettuale.

Era il 14 giugno quando l'avanguardia della flotta turca entrò nello stretto dall'imboccatura meridionale. Contemporaneamente il sultano, con una coordinazione che costituisce una eloquente testimonianza della sua efficienza, giunse nella zona prestabilita alla testa del suo esercito. Senza perdere un minuto fece iniziare i lavori per la costruzione di un ponte di chiatte nel punto immediatamente opposto alla città, dove le due sponde dello stretto sono più vicine, separate da appena quaranta metri d'acqua. Il 20 giugno era pronto e Maometto attraversò lo stretto con metà dell'esercito per iniziare l'assedio, lasciando il resto a proteggergli le spalle e ad assicurargli il rifornimento di viveri e materiali.

La popolazione locale e la guarnigione veneziana difesero la città risolutamente per tre settimane, durante le quali respinsero non meno di cinque grandi assalti. Ma la *Maometta*, probabilmente lo stesso cannone che aveva frantumato le fortificazioni di Costantinopoli, martellava senza sosta, notte e giorno, sempre lo stesso tratto di mura, cosicché verso la metà di luglio fu chiaro a tutti che l'esercito turco avrebbe avuto presto a disposizione una breccia abbastanza ampia. I veneziani riuscirono in qualche modo a far passare un messaggero che informava della situazione il capitano generale. Nicolò Canal era un uomo prudente. Dopo tutti i sacrifici affrontati da Venezia per mettergli a disposizione una flotta, non si era ancora spostato dall'imboccatura settentrionale dello stretto. Anche dopo aver ricevuto il messaggio, sembra che fosse riluttante a mettersi in azione. Ma i suoi capitani riuscirono a persuaderlo e alla fine dette l'ordine di avanzare nel canale verso il ponte turco e la città assediata.

La flotta veneziana aveva il vento in poppa e anche la marea era in suo favore. A mano a mano che le navi prendevano velocità, doveva essere sempre più chiaro che avrebbero travolto il ponte di chiatte – esattamente come Hunyadi aveva fatto a Belgrado – tagliando a Maometto le linee di comunicazione e di rifornimento. Altrimenti sarebbe anche difficile capire quale altro scopo potesse mai avere la manovra. Ovviamente oltre il ponte c'era la flotta turca. Ma in acque talmente strette la sua superiorità numerica avrebbe avuto poco peso e i veneziani potevano sempre contare sul vento in favore e sulla forza d'inerzia acquisita con la velocità. Eppure, all'ultimo momento, a Canal mancò il coraggio. Con la città davanti ai propri occhi, decise di rinunciare e, malgrado le esortazioni dei suoi capitani, dette improvvisamente l'ordine di invertire la rotta e di risalire lo stretto.

Così facendo, segnò il destino di Negroponte. Non poteva esserci mezzo migliore per far capire ai difensori della città che venivano abbandonati a se stessi. Continuarono a resistere ma le loro energie erano ormai oppresse dalla disperazione. Il giorno successivo, 12 luglio, l'esercito del sultano irruppe nella città attraverso le mura sgretolate, ma anche a quel punto la battaglia non era ancora finita. Nelle strade erano state erette barricate con barili e tronchi d'albero, e i turchi dovettero affrontare non soltanto una grandinata di tegole tolte dai tetti delle case, ma anche diluvi di calce viva e acqua bollente lanciati dalle finestre. Poi si presero una selvaggia vendetta. Uomini, donne e anche bambini furono violentati e massacrati; a sera, poca gente di Negroponte era ancora viva. Il governatore veneziano, Paolo Erizzo, rifugiatosi in un'alta torre, si era arreso a condizione di aver salva la testa. Maometto, fedele alla parola data, lo fece tagliare in due all'altezza del petto.

La notizia della caduta di Negroponte provocò ovviamente molta costernazione a Venezia: l'intera città prese il lutto. Fu subito nominata una commissione inquirente per l'incriminazione di Canal, e venne nominato Pietro Mocenigo suo successore nel grado di capitano generale da mar. Canal doveva essere immediatamente rimandato a Venezia, in catene e sotto buona scorta, per affrontare il processo. Ci riferiscono che si sottomise senza obiezioni. «*Son qua a obedienza, fate de mi quel che ve piase*» (Sono qui per obbedire, disponete di me come volete), mormorò. Il 19 ottobre arrivò a Venezia con il figlio e il segretario e fu messo subito in carcere. Al processo che seguì fu giudicato colpevole di tutte e sei le accuse levate contro di lui, comprese quelle di non aver difeso Negroponte all'inizio dell'offensiva nemica, di aver retrocesso davanti al ponte di chiatte turco nel momento in cui, con la flotta alla velocità di quindici nodi, avrebbe potuto facilmente distruggerlo, e di avere permesso alla flotta nemica di ritirarsi indisturbata dopo il saccheggio della città. Altri uomini erano stati giustiziati per meno;

sorprende pertanto la condanna al solo confino a Portogruaro, a meno di cinquanta chilometri da Venezia, oltre a un'ammenda di 500 ducati e alla confisca dello stipendio e dei rimborsi-spese percepiti nel grado di capitano generale da mar.

Evidentemente il Senato, dal quale la sentenza fu ratificata, tenne in considerazione varie circostanze attenuanti. Canal aveva dietro di sé quasi trent'anni di fedele servizio di Stato, in massima parte nel campo diplomatico piuttosto che in quello militare. Chiunque avrebbe capito che quel senatore, erudito di vasta e raffinata cultura, non era un uomo di azione. L'errore era stato compiuto, almeno in parte, da coloro che gli avevano affidato un comando per il quale non era assolutamente qualificato. In ogni caso ebbe la fortuna di non venire accusato di tradimento, il che del resto non avrebbe sorpreso nessuno. In quel caso egli sarebbe dovuto comparire davanti alla Quarantia o al Consiglio dei Dieci e la condanna sarebbe stata sicuramente molto più severa. Poco dopo infatti il Consiglio dei Dieci mise per iscritto, in un documento, la sua insoddisfazione per la sentenza. Rispondendo al papa, che era intervenuto in favore di Nicolò Canal, fecero rilevare che il suo caso era stato trattato «non secondo giustizia, ma con misericordia e clemenza, tanto da ingenerare in alcuno il sospetto ch'ei fosse stato trovato innocente; a tanta jattura che per sua colpa si è abbattuta non soltanto su Venezia ma su tutto il mondo cristiano, la condanna sua essere di eccessiva indulgenza e potersene bene contentare».

Tuttavia pare improbabile che Nicolò Canal fosse molto contento nel suo esilio. Portogruaro rimane ancora oggi una cittadina agricola stesa fra Livenza e Tagliamento; nel XV secolo conservava la sua struttura: due contrade allungate parallele al Lemene; una semplice tappa sulla via per Trieste. Vivere là, solo con la sua disgrazia e la sua vergogna, proscritto dalla città che amava, con la piena consapevolezza che, se non fosse stato per uno scherzo del destino, avrebbe potuto trascorrere il resto della vita come uno dei più insigni e rispettati cittadini, deve avergli fatto spesso desiderare che i suoi colleghi senatori avessero dimostrato meno indulgenza nei suoi riguardi piuttosto che più. La morte comunque lo fece attendere ancora tredici anni; quando finalmente giunse, nel maggio del 1483, non fu forse completamente male accolta.

Il doge Cristoforo Moro morì il 9 novembre 1471 e fu seppellito sotto una splendida pietra tombale nel presbiterio della chiesa di San Giobbe che egli stesso aveva fondato.[8] I nove anni del suo dogado non erano stati felici. Sin dall'inizio, l'ombra della minaccia ottomana aveva pesato su di essi come le nuvole che annunciano il temporale. Aveva dovuto dividere con papa Pio II l'umiliazione dell'infelice crociata e affrontare il biasimo della città dopo il disastro di Negroponte. Non era mai stato popolare. Basso di statura e di fattezze sgraziate, l'aspetto

[8] Il suo ritratto, opera di un contemporaneo, discepolo del Bellini, è appeso sopra la porta della sacrestia.

generale ulteriormente guastato da un pronunciato strabismo, aveva fama di essere vendicativo, ipocrita e, malgrado le sue elargizioni alla Chiesa, avaro. Aveva avuto anche la sfortuna di essere stato il primo doge nella cui promissione la tradizionale formula *Communis Venetiarum* usata per indicare lo Stato fu fatta sparire in favore dei termini *Dominium* o *Signoria*. Le ultime vestigia di un governo realmente democratico erano scomparse, come sappiamo, molto tempo prima che Cristoforo Moro fosse nato. Ma soltanto nella circostanza della sua elezione al dogado il nome dello Stato veniva mutato per uniformarlo alla realtà, e il cambiamento non poteva passare inosservato tra il popolo.

Il successore di Moro, Nicolò Tron, dovette costituire un marcato contrasto. Uomo gigantesco, con lineamenti grossolani, affetto da balbuzie, aveva ammassato una considerevole fortuna esercitando la mercatura a Rodi. Portava una lunga barba, fuori moda in quell'epoca a Venezia, in memoria di un adorato figlio rimasto ucciso a Negroponte. Il suo lutto non impedì i tradizionali allegri festeggiamenti che ricorrevano a ogni elezione e i festeggiamenti a loro volta non celavano il fatto che Venezia fosse ancora una volta sull'orlo della bancarotta. La lotta per contenere l'avanzata turca costava alla Repubblica quasi un milione e duecentocinquantamila ducati l'anno. E dice molto sulla lealtà e il patriottismo dei suoi cittadini il fatto che non furono sollevate obiezioni a un decreto che imponeva ai più alti, e quindi meglio pagati, funzionari dello Stato, compreso lo stesso doge, drastici tagli sui rispettivi stipendi: della metà per quelli in servizio navale, di due terzi per quelli in servizio a terra. Per i non dipendenti dello Stato, la tassa sul patrimonio fu aumentata di due nuove decime, in altre parole del venti per cento.

Grazie a queste misure Venezia fu in grado di continuare la guerra. La perdita di Negroponte era servita, almeno temporaneamente, a scuotere alcuni potenti d'Europa dal loro torpore, in particolare il nuovo papa Sisto IV, che con Ferdinando di Napoli inviò sei galee a congiungersi con la flotta di Pietro Mocenigo. Nell'estate del 1472, con ottantacinque navi al suo comando (tre delle quali inviate dall'Ordine Ospedaliero di Rodi), Mocenigo fece considerevoli danni sulle coste turche, saccheggiando Antalya, Smirne, Alicarnasso e diversi altri porti dell'Asia Minore. Uno dei capitani di Ferdinando riuscì perfino a incendiare l'arsenale navale di Maometto a Gallipoli; poi, pagò con la vita questa sua impresa.

La notizia di questi marginali successi, ovviamente non sufficienti per mutare in modo consistente il corso della guerra, influì con benefici effetti sul morale di Venezia, ridotto a livelli molto bassi dopo il disastro di Negroponte. Ancora più utile, e di importanza strategica molto più grande, fu il trionfo della Repubblica in Albania due anni dopo, quando un'eroica difesa della città chiave di Scutari[9] per opera di Antonio Loredan costrinse alla fine i turchi a togliere l'assedio e

[9] Scutari d'Albania, da non confondersi, forse non sarebbe necessario precisarlo, con l'altra Scutari, molto più famosa, sul Bosforo di fronte a Costantinopoli.

a ritirarsi dalla regione. A quel punto gli abitanti di Scutari erano ridotti, quasi letteralmente, all'ultimo respiro; i cronisti raccontano come, quando il nemico fu scomparso oltre le montagne, l'intera popolazione si rovesciò fuori delle porte della città per estinguere la sete nel fiume Bojana.

La guerra non era ancora conclusa, però era stato compiuto un notevole progresso; e in quello stesso novembre una dichiarazione congiunta di Venezia, Firenze e Milano riconfermò la triplice alleanza stipulata vent'anni prima. Ciascuna città si impegnava per i successivi venticinque anni a tutelare e difendere gli Stati italiani contro attacchi stranieri. Veniva inoltre richiesta l'adesione del re di Napoli e del pontefice.

Il doge Tron morì nel 1473; e il primo giorno di dicembre del 1474, meno di due settimane dopo la messa di ringraziamento nella basilica di San Marco per la vittoria di Scutari, il suo successore Nicolò Marcello lo seguì nella tomba.[10] Per un caso fortunato, la morte di Marcello coincise con il ritorno a Venezia di Pietro Mocenigo, dopo più di quattro anni di servizio come capitano generale da mar, il più lungo periodo di comando ininterrotto nella storia navale veneziana. Nessuna

[10] In conformità alla curiosa consuetudine veneziana in base alla quale sembra che lo splendore di una tomba dogale dovesse essere graduato in misura inversamente proporzionale all'importanza storica del suo occupante, sia Tron sia Marcello ebbero monumenti funebri veramente magnifici. Quello di Tron, ai Frari, nella parete sinistra del presbiterio, è definito da Lorenzetti «il più grandioso lavoro di scultura della Rinascenza a Venezia». Quello del Marcello, nella navata sinistra dei Santi Giovanni e Paolo, è definito sempre da Lorenzetti l'opera «forse più perfetta ed equilibrata dell'arte lombardesca». Giulio Lorenzetti, *Venezia e il suo estuario*, Bestetti & Tumminelli, Venezia 1926.

meraviglia dunque se, dato il lungo elenco dei successi conseguiti, fu scelto per prendere il posto del defunto doge.

Con la pausa nelle ostilità contro i turchi e il costante successo della politica veneziana a Cipro, per la quale gran parte del merito poteva essere assegnata al nuovo doge,[11] le condizioni della Repubblica erano notevolmente migliorate rispetto al recente passato. Malgrado le misure di emergenza adottate quattro anni prima, le disponibilità finanziarie dello Stato stagnavano ancora su livelli molto bassi, ma subito dopo l'elezione del Mocenigo furono sostanzialmente rinvigorite da un lascito proveniente da una fonte inaspettata: l'ultimo e il più illustre dei condottieri di Venezia, Bartolomeo Colleoni.

Fu anche il più grande. Più abile e più leale del Carmagnola, più sagace e più sottile del Gattamelata, aveva servito sotto entrambi in Lombardia. Aveva avuto la disgrazia di nascere una generazione dopo e di avere così minori opportunità per mettersi in luce come comandante militare. Fra le sue molte campagne qua e là nella penisola, poche ebbero durevoli conseguenze o restano di molto interesse, tranne che per gli specialisti. Per questo motivo egli non avrebbe avuto poco più di una nota a piè di pagina nel nostro libro se alla sua morte, nell'ottobre del 1475, dopo venticinque anni di servizio come comandante delle forze terrestri della Serenissima, non avesse lasciato a Venezia qual-

[11] Cfr. capitolo ottavo.

cosa come circa 216.000 ducati in oro e argento e più del doppio in terreni e altre proprietà di vario genere. Aveva posto una sola condizione: che venisse eretto in sua memoria un monumento davanti a San Marco.

La cosa era tutt'altro che semplice. Ai veneziani l'idea di una statua nella Piazza appariva inimmaginabile; era un privilegio che non avevano mai pensato neppure per lo stesso evangelista. Il Colleoni li aveva serviti lealmente ma, come tutti i soldati di ventura, aveva servito anche altri padroni e, all'occasione, aveva combattuto contro la stessa Repubblica. Inoltre, non era neppure nato nella loro città, ma a Bergamo. D'altra parte, difficilmente avrebbero potuto rinunciare in quel momento a quella manna caduta dal cielo. Trovarono alla fine una soluzione che è la quintessenza dello spirito veneziano: poiché nella Piazza era impossibile, avrebbero eretto la statua davanti alla Scuola Grande di San Marco che si trova nel campo dei Santi Giovanni e Paolo. Nessuno allora poté pensare seriamente che l'ombra del Colleoni si sentisse pienamente appagata da questo prodigioso scampolo di sottigliezza giuridica. Tuttavia se, a distanza di cinque secoli, si alza lo sguardo sul capolavoro del Verrocchio, la più imponente e superba statua equestre mai fusa, è difficile pensare che egli in fondo al cuore non abbia perdonato.

Ai primi di gennaio del 1475, nove mesi prima del lascito del Colleoni, Venezia ricevette, attraverso la strana mediazione della matrigna del sultano, un invito a trattare la pace. La proposta fu esaminata e discussa per due giorni e per la maggior parte di due lunghe notti. Molti erano contrari alla trattativa sottolineando che il capo turcomanno Uzun Hasan, principale rivale e nemico di Maometto in Oriente, era notoriamente pronto a lanciare da un momento all'altro una grande offensiva contro il sultano; che ungheresi e polacchi erano in attesa di questa azione, in vista della quale avevano concluso recentemente un'alleanza; e infine che il papa stava ora progettando addirittura una nuova spedizione panitaliana. Il doge Mocenigo ne sapeva di più. Aveva trascorso buona parte della vita attiva combattendo contro i turchi; sulla scorta della sua diretta esperienza egli conosceva la loro forza, il loro coraggio, la potenza delle loro artiglierie e le loro quasi illimitate risorse di uomini e materiali. Da tredici anni Venezia era in lotta con loro, praticamente da sola. Questo immenso sforzo le era costato la perdita di un infinito numero di navi, di molti dei suoi migliori combattenti sul mare e di parecchi tra i suoi più ricchi possedimenti. Il tesoro era vuoto; non c'era sufficiente liquidità neppure per pagare stipendi e salari, tanto che in varie occasioni gruppi di marinai avevano organizzato dimostrazioni sui gradini del Palazzo Ducale chiedendo a gran voce la paga arretrata. Rifiutarsi di ascoltare le condizioni che i turchi intendevano proporre sarebbe stata follia.

La voce della ragione vinse, sia pure a stento, e un'apposita delegazione fu inviata a Costantinopoli; ma i negoziati furono interrotti in ottobre. Quando Mocenigo morì nel febbraio 1476, logorato, qualcuno insinuò piuttosto malignamente, dalle attenzioni di dieci belle schiave turche che teneva con sé come concubine,[12] le ostilità erano già state riprese con il massimo vigore; e quando due anni e mezzo dopo anche il suo successore Andrea Vendramin, colpito dalla peste, ebbe l'eterno riposo nella chiesa di Santa Maria dei Servi[13] tanto l'isola di Lemno che la fortezza di Croia in Albania erano cadute nelle mani dei turchi, che stavano ora assediando ancora una volta Scutari. Ma accadeva anche di peggio; bande a cavallo di irregolari turchi facevano scorrerie fin nel Friuli devastando le campagne, incendiando e saccheggiando, spingendosi fino alla Livenza, così vicini che dall'alto del campanile di San Marco si potevano scorgere distintamente i villaggi in fiamme.

Era intanto accaduto un altro fatto, non collegato con i turchi, ma non meno importante per il futuro d'Italia.

[12] Pietro Lombardo lo ha ritratto sulla facciata interna a sinistra dei Santi Giovanni e Paolo. Completamente armato, in piedi e in atteggiamento decisamente bellicoso, più confacente a un arco di trionfo che a una tomba. Difficilmente si potrebbe immaginare un esempio di arte funebre del Rinascimento più tipicamente rappresentativo dell'agnosticismo e dello scetticismo di quell'epoca.

[13] Quando la chiesa di Santa Maria dei Servi fu demolita agli inizi del XIX secolo (nel 1817), i suoi resti e lo splendido monumento furono trasferiti nella chiesa dei Santi Giovanni e Paolo, immediatamente a sinistra dell'altar maggiore. «Egli morì», scrive Ruskin, «lasciando Venezia umiliata per mare e per terra con il fumo delle devastazioni nemiche che saliva in distanza nel cielo azzurro del Friuli; eppure la Repubblica gli eresse la tomba più fastosa mai dedicata ai suoi reggitori». La valutazione negativa di Ruskin per il monumento è eguagliata solo da quella che egli dimostra verso l'autore, lo scultore Antonio Rizzo, il quale portò a compimento «solo quelle parti dell'opera che potevano essere viste dal basso», valutazione che, egli sottolinea, fu in seguito giustificata dallo sfavore in cui finì per cadere lo stesso artista (cfr. pp. 176 e ss.).

Nel giorno di Pasqua del 1478, nella cattedrale di Firenze, Lorenzo de' Medici e suo fratello Giuliano erano stati assaliti dai congiurati. Giuliano era rimasto ucciso; Lorenzo, scampato per miracolo, aveva fatto rapida e crudele vendetta. Egli sapeva perfettamente che la congiura era stata ordita unitamente dai Pazzi, dai Salviati, dall'arcivescovo di Pisa e dai nipoti di papa Sisto IV; egli sapeva anche che aveva fruito del segreto appoggio del papa stesso. Non si accontentò di far giustiziare pubblicamente gli assassini; l'arcivescovo fu impiccato a una finestra del palazzo e un nipote del pontefice, il cardinale diciottenne Raffaele Riario, fu gettato in prigione. Sisto IV, su tutte le furie, scomunicò Lorenzo e inflisse l'interdetto a Firenze. Venezia e Milano appoggiarono Firenze, Ferdinando di Napoli si schierò con il papa e in poche settimane la penisola fu di nuovo in guerra.

Vista nella prospettiva della storia, questa guerra, che durò meno di due anni, non è certamente più importante della grande maggioranza di tutte quelle altre lotte intestine di cui la storia d'Italia è colma in modo tanto deprimente. Però essa rese chiaro a tutti gli interessati, tanto europei che turchi, che per numerosi anni avvenire nessuna spedizione italiana sarebbe stata organizzata per arrestare l'avanzata ottomana. Anche sull'altro fronte, dove un'offensiva era stata creduta imminente, non si scorgevano molti indizi di progressi in questo senso. Con Croia perduta, Scutari condannata, il Friuli devastato due volte in due anni e senza alcuna prospettiva tranne quella di un costante deterioramento della propria posizione, Venezia, dove nel maggio 1478 al doge Vendramin era succeduto Giovanni Mocenigo, fratello di Pietro, si convinse che non poteva continuare ulteriormente la guerra turca. Le condizioni con le quali alla fine concluse un accordo di pace con Maometto II, il 24 gennaio 1479, furono molto meno favorevoli di quelle che aveva rifiutato appena poco più di tre anni prima;[14] ma questa volta non aveva scelta. Fu costretta a rinunciare a ogni pretesa su Negroponte e Lemno, alla grande maggioranza dei possedimenti nella terraferma greca e, praticamente, a tutta l'Albania, fatta eccezione per il territorio intorno a Durazzo che, ancora per qualche anno, le fu concesso di chiamare suo. Ai duchi veneziani di Nasso fu piuttosto stranamente consentito di continuare la loro esistenza separata nelle Cicladi. La Repubblica ebbe il permesso di nominare nuovamente un bailo a Costantinopoli, autorizzato alla tradizionale giurisdizione sui suoi compatrioti. Ma questo privilegio, insieme con quello di commerciare in acque turche, fu accordato soltanto in cambio di un pagamento annuo di 10.000 ducati.

Pur essendo tutto ciò abbastanza umiliante, Venezia dovette inoltre sopportare il disprezzo e la rabbia dei suoi vicini italiani ed europei, la cui incapacità e indisponibilità a fare alcunché di un certo peso contro i turchi non attenuarono le furiose proteste per ciò

[14] Frattanto anche i genovesi erano stati cacciati da Caffa in Crimea. Con loro era così scomparso l'ultimo snodo commerciale europeo sulle rive settentrionali del Mar Nero.

che chiamavano il «tradimento di Venezia». Ma, fatto ancora più mortificante, Venezia non fu in grado di alzare un dito quando nel corso dello stesso anno i turchi occuparono le isole Ionie di Itaca, Cefalonia, Zante e Santa Maura (Leucade), e quando agli inizi del 1480 sbarcarono in Puglia e occuparono Otranto, dove trattarono gli infelici abitanti con la barbarie ormai nota e trasformarono la città per i successivi tredici mesi in un fiorente mercato di schiave cristiane. Fu perfino accusata di complicità in questa tragedia, che venne interpretata come un atto di selvaggia vendetta verso re Ferdinando di Napoli (il cui regno si estendeva su tutta l'Italia meridionale) per la sua recente ostilità verso di essa. Poche congetture avrebbero potuto essere più ridicole. Era vero che, se Venezia non avesse fatto la pace con i turchi, probabilmente essi non avrebbero fatto la spedizione, ma era ugualmente innegabile che era stata costretta alla tregua dalla mancanza di qualsiasi aiuto dal mondo occidentale. In ogni caso, la notizia dello sbarco turco fu accolta a Venezia con lo stesso orrore che produsse a Napoli, e ciò per molteplici ragioni. Tuttavia un attivo intervento della Repubblica non soltanto sarebbe stato inutile ma avrebbe anche provocato l'immediata ripresa di quella guerra che non era più in grado di sostenere.

Per gli stessi motivi Venezia non poté reagire quando, agli inizi dell'estate del 1480, Maometto lanciò il primo attacco in grande stile su Rodi, l'isola fortificata che per i passati centosettant'anni era stata un dominio dei Cavalieri Ospedalieri di San Giovanni. Fortunatamente, i cavalieri seppero difendersi senza bisogno di aiuti dall'esterno. Le loro fortificazioni resistettero a ogni assalto fino a quando, avvicinandosi l'inverno, i turchi si ritirarono. Presumibilmente si proponevano di rinnovare l'attacco l'anno successivo, ma il 3 maggio 1481 Maometto II morì e, allorché a Costantinopoli la crisi derivata dalla sua morte fu composta, lo slancio iniziale si era ormai spento. Il nuovo sultano Bajazet II aveva un differente ordine di priorità. La forza turca fu ritirata da Otranto e Rodi fu lasciata in pace altri quarant'anni.

Anche Venezia ebbe considerevoli vantaggi dall'ascesa al trono di Bajazet II. Non appena il senso del pudore glielo ebbe permesso, inviò al «Gran Turco» un messaggio di congratulazioni, subito seguito dal suggerimento che forse avrebbe gradito il rinnovo del trattato del 1479. Il nuovo sultano, un uomo relativamente mite, almeno in confronto al padre, non solo confermò il trattato ma vi incluse anche sostanziali modifiche in favore di Venezia. Il tributo annuo fu eliminato e i dazi di importazione ridotti; i veneziani ebbero perfino modo di rafforzare la loro posizione nell'Adriatico meridionale, specialmente ottenendo in affitto l'isola di Zante, un possedimento che facilitava sensibilmente la difesa di Corfù.

Improvvisamente tutto lasciò credere che Venezia avesse cessato di essere il principale nemico dei turchi e fosse invece divenuta l'oggetto della loro benevolenza. Per essa fu un cambiamento gradito. Fatta eccezione, forse, per un breve periodo sotto il dogado di Cristoforo Moro, non aveva mai ambito a essere l'avanguardia della controffensiva cristiana e pertanto passò dalle ostilità al pacifico commercio con un sollievo che non fece alcun tentativo per nascondere.

Capitolo VIII
La guerra con Ferrara e la regina di Cipro (1481-1488)

> Certo voi Veneziani avete gran torto, possedendo il più bello Stato d'Italia, a non contentarvi, e turbar la pace e lo stato altrui. Se sapeste la mala volontà che tutti universalmente hanno contro di voi, vi si rizzerebbero i capelli, e lascereste vivere ognuno tranquillo nel suo stato. Credete che queste potenze d'Italia legate insieme, sieno amiche fra loro? No certo; ma la necessità ve le ha condotte, e si sono strette per la paura che hanno di voi e della vostra potenza. Ognuno farà tutto il suo potere per mozzarvi le ali. Consigliatevi bene che, per Dio, ne avete bisogno [...]. Siete soli, ed avete tutto il mondo contro, non solamente in Italia, ma anche di là dai monti. Siate certi che i vostri nemici non dormono [...].
>
> Galeazzo Sforza a Giovanni Gonella, 1467

Questo linguaggio tra il tenero e il patetico, tanto chiaro quanto poco diplomatico, usato dal duca Galeazzo Sforza, figlio di Francesco e suo successore, con il segretario della Repubblica di Venezia nel 1467 era frutto dell'irritazione per certe azioni di guerriglia, di scarsa importanza nel contesto dell'azione politica di quegli anni, intraprese da Colleoni. Forse erano esagerate le pacifiche intenzioni degli altri Stati italiani, certamente era sottovalutata l'influenza di un altro sentimento, più biasimevole della paura ma altrettanto facile da capire, che ispirava la loro politica antiveneziana: quello dell'invidia. Erano invidiosi della sua bellezza, della sua magnificenza, della sua invulnerabilità garantita dal mare che la circondava e, soprattutto, dal suo apparentemente incrollabile sistema politico, che resisteva ai più gravi rovesci militari e alle più serie crisi economiche e che le assicurava un'elasticità e una capacità di recupero a essi sconosciute. E, considerando tutto questo, il giovane Sforza diceva la verità. Venezia era odiata e questo odio cresceva senza sosta mentre la vedevano scendere a patti e fare la pace con i turchi e, subito dopo, restarsene inerte mentre la Puglia veniva messa a ferro e fuoco e saccheggiata dagli infedeli. Quegli Stati non fecero alcuno sforzo per comprendere la sua posizione ed essa non si impegnò molto nel degnarsi di spiegarla; proseguì invece nella propria politica con quella arroganza, quella tranquilla presunzione della propria superiorità cui gli altri erano da tempo abituati ma che non riuscivano a sopportare.

Malgrado ciò, quando il nono decennio del XV secolo ebbe inizio rivelando lo stato rovinoso della sua economia come della sua reputazione internazionale, sarebbe stato lecito aspettarsi da Venezia la ricerca di un periodo di pace e di prudente diplomazia, durante il quale sanare sia l'una sia l'altra. Il doge Giovanni Mocenigo e la Signoria ragionarono invece differentemente. Il doge aveva un carattere sotto ogni aspetto gentile e modesto; ma il suo ritratto, conservato presso il museo Correr, mostra intorno alla bocca una linea dura e decisa che può parzialmente spiegare l'azione che la Repubblica intraprese nell'autunno del 1481 contro la vicina e amica Ferrara.

Da molti anni tra le due città intercorrevano rapporti eccellenti; poco prima, nel 1476, Venezia era perfino intervenuta a sostegno del duca Ercole d'Este contro un tentativo del nipote di usurpargli il trono. Ma ora Ercole, molto probabilmente spronato dal re Ferdinando di Napoli, suo suocero, aveva iniziato una politica di deliberata provocazione. Prima di tutto cominciò a costruire delle saline intorno alle Bocche di Po in aperta sfida al monopolio che Venezia aveva gelosamente difeso per sette od otto secoli. Poi si dette a sollevare poco chiare questioni sulla delimitazione del confine, le quali, giustificate o no, erano certamente assai insignificanti. Infine, quando il console veneziano fece arrestare un prete locale per debiti non pagati e fu immediatamente scomunicato dal vicario episcopale, Ercole si schierò con il vicario, benché questi venisse poco dopo censurato dal suo stesso vescovo. Perfino dopo che il vescovo ebbe fatto pervenire a Venezia esagerate espressioni di scuse, aggiungendo per buona misura che lo stesso papa Sisto IV si era scandalizzato alla notizia della scomunica, Ercole si rifiutò caparbiamente di reintegrare il console.

Non potevano esserci dubbi che il duca volesse giungere a una rottura e neppure sul fatto che avesse scelto per questo scopo il momento in cui Venezia era ancora indebolita da una guerra lunga e paralizzante. Ercole però probabilmente non aveva capito che proprio le umiliazioni sofferte le imponevano di provare a se stessa e agli altri che era ancora capace di combattere, e anche di vincere. Ancora una volta il doge lanciò un appello chiedendo denari, ancora una volta i veneziani risposero, e ancora una volta gli altri Stati d'Italia si schierarono come esigevano i singoli, egoistici interessi.

La distribuzione delle forze fu molto sfavorevole a Venezia, perché la maggioranza delle potenze italiane, comprese Milano, Firenze e Napoli, si allinearono con Ferrara. Sorprendentemente, il suo unico alleato importante fu papa Sisto, che aveva motivi personali per desiderare l'umiliazione di Napoli e di Ferrara e che l'aveva incoraggiata ad agire fin dal principio. Grazie all'appoggio del pontefice, le sue milizie al comando di Roberto Sanseverino passarono immediatamente all'offensiva con un considerevole successo iniziale. Ma poi, senza preavviso, Sisto cambiò parere. I suoi confini meridionali erano seriamente minacciati dal re di Napoli, e per il resto aveva provveduto la melliflua e, dobbiamo sospettarlo, generosa diplomazia di Ludovico il Moro,[1] il più brillante figlio di Francesco Sforza, che si era recentemente impossessato del potere a Milano. La prima mossa del papa fu un appello a Venezia affinché deponesse le armi, una richiesta che il doge Mocenigo respinse cortesemente ma con fermezza, avendo cura di far risaltare che dal momento che quelle armi avevano recentemente ricevuto la personale benedizione di Sua Santità il loro trionfo finale era in ogni caso assicurato.

La risposta del papa era prevedibile: il 25 maggio 1483 colpì Venezia con l'interdetto. La Repubblica a sua volta rifiutò semplicemente di accettarlo. Il delegato di Venezia a Roma ricusò di inoltrare al proprio governo la bolla papale, costringendo Sisto IV a inviarla con un corriere speciale al patriarca di Venezia, che a sua volta dichiarò di essere «indisposto» e di non poterla quindi passare al doge e al Senato. Non mancò invece di informarne immediatamente il Consiglio dei Dieci, che impartì subito ordini molto precisi affinché su tutta la faccenda fosse mantenuto il segreto a ogni costo, mentre le chiese dovevano continuare a celebrare le funzioni religiose come se niente fosse accaduto. Nel frattempo il papa fu informato che Venezia intendeva appellarsi a un futuro Concilio, una intenzione che la Serenissima rese pubblica facendo inchiodare la copia di una sua lettera sulla porta della chiesa di San Celso a Roma.

Venezia aveva dato prova ancora una volta di essere in grado di sfidare il papa; non era però capace di

[1] Ludovico Maria Sforza era detto «il Moro» dal «morone» o gelso che appariva in una delle sue «imprese» personali.

riconquistare la sua alleanza, di cui aveva un disperato bisogno. Fu a questo punto, con tutta l'Italia praticamente unita contro di lei, che compì un passo per il quale fu in seguito aspramente biasimata: inviò ambasciatori al giovane Carlo VIII, recentemente incoronato re di Francia, suggerendogli di invadere l'Italia e di proclamare i propri legittimi diritti sul Regno di Napoli, mentre il duca di Orléans, suo parente, avrebbe fatto valere i suoi sul ducato di Milano.[2] In realtà, non si riscontrano in questo atto di Venezia gli estremi di un tradimento; la lega era, almeno in quel periodo, lettera morta e non era assolutamente la prima volta, né sarebbe stata l'ultima, che degli stranieri venivano invitati a intervenire in guerre interne italiane. Ma per Venezia, quella decisione fu indizio di una insolita miopia e dette al re di Francia un incitamento molto pericoloso per i suoi ambiziosi propositi di durevoli conquiste nella penisola.

Per il momento, né il re di Francia né il duca di Orléans accettarono le proposte di Venezia. Fortunatamente però il re di Napoli, le cui navi nonché i porti della Puglia avevano nel frattempo sofferto seriamente per le attenzioni della flotta veneziana, divenne ansioso di concludere la pace. E Ludovico il Moro, che aveva cominciato a giudicare Ferdinando un alleato difficile e sgradevole, tendeva nella stessa direzione. Fu raggiunto un accordo onorevole per entrambe le parti

[2] La rivendicazione del duca di Orléans su Milano, per i diritti trasmessigli dalla nonna Valentina Visconti, era incontestabile (cfr. p. 99). Per le pretese di Carlo VIII su Napoli cfr. p. 189, nota 2.

con il quale Venezia aveva perfino dei guadagni, come la città di Rovigo e ulteriore territorio intorno al delta del Po; e quando il trattato fu firmato a Bagnolo nell'agosto del 1484, l'evento venne solennemente festeggiato a Venezia. Per tre giorni le campane delle chiese squillarono a distesa e, anche se a qualche orecchio tutto quel giubilo poté suonare un pochino esagerato, i fuochi artificiali, le luminarie e i tornei in Piazza furono probabilmente sufficienti a persuadere il popolino che qualche vittoria doveva pur esserci stata.

Soltanto una voce, e questa era flebile, si levò contro la pace. Quando ricevette la notizia, papa Sisto era già sul letto di morte. «La sua lingua era così gonfia», scrisse l'ambasciatore fiorentino a Lorenzo de' Medici, «che egli poteva appena formare le parole»; tuttavia, le formò, denunciando la pace come «piena di disgrazia e confusione». Mai, mormorò, avrebbe potuto accettarla. C'era poco tempo per mettere alla prova questa non caritatevole risoluzione. Quando gli ambasciatori provarono a calmarlo, egli li congedò con un gesto che essi non seppero se interpretare come una benedizione oppure come un meno amichevole invito a uscire. E il mattino seguente era morto.

Il doge Giovanni Mocenigo sopravvisse al papa per poco più di un anno. Un periodo sufficiente per vedere, prima dell'eterno riposo accanto al fratello nella chiesa dei Santi Giovanni e Paolo, il nuovo papa Innocenzo VIII togliere l'interdetto. Quello di Giovanni Mocenigo era stato un dogado infelice, afflitto, come quelli dei suoi cinque immediati predecessori, dalla guerra e, come conseguenza, dallo spettro della bancarotta nazionale. Aveva anche dovuto affrontare una catastrofe interna di vaste proporzioni. La sera del 14 settembre 1483 un incendio provocato da una candela lasciata inavvertitamente accesa nella cappella del Palazzo Ducale aveva praticamente distrutto l'intero corpo di fabbrica compreso tra il cortile e il rio di Palazzo. Al suono dell'allarme era accorso il popolo in massa e le fiamme furono alla fine domate, non prima purtroppo che molti preziosi dipinti e altre opere d'arte fossero distrutti dalle fiamme. Sanudo scrive che si sarebbe potuto salvare qualcosa di più se il doge non avesse avuto tanta paura di un possibile saccheggio da rifiutare di aprire le porte dei suoi appartamenti privati.

Quando il Senato si riunì per discutere sulla ricostruzione dell'ala orientale dell'edificio si trovò a esaminare vari progetti ispirati da una sfrenata ambizione che rasentava la megalomania. Fortunatamente per la posterità i senatori decisero di operare entro i limiti del piano di costruzione già esistente. Con dubbia saggezza invece, affidarono l'incarico dei lavori all'architetto e scultore veronese Antonio Rizzo. Indipendentemente da ciò che possiamo pensare dei risultati – questi segnano il momento in cui il Palazzo Ducale cessa di essere un edificio di puro stile gotico e comincia ad assumere l'aspetto ibrido che presenta oggi – i veneziani dovettero rimpiangere di non aver deciso diversamente nel 1498, quando cioè appresero che il Rizzo aveva già speso 80.000 ducati e la nuova ala era costruita soltanto a metà. Un'inchiesta ufficiale mise in luce che 12.000 di quei ducati erano finiti nelle tasche dell'architetto. Una volta tanto i Dieci non erano stati abbastanza lesti. Rizzo era già fuggito ad Ancona e il suo posto fu preso da Pietro Solari, detto il Lombardo, il cui stile più sgargiante, con l'uso copioso di intarsi di marmo colorato, dovette forse risultare altrettanto dispendioso quanto il peculato del suo predecessore.

Fin dal tempo della riforma costituzionale di Domenico Flabanico nell'XI secolo, Venezia aveva sempre rigorosamente osservato la regola che non dovevano essere eletti successivamente due dogi della stessa famiglia; era convinzione generale che soltanto in questo modo si potesse evitare il formarsi di una dinastia e che questa si appropriasse del potere, come era invece accaduto in quasi tutte le più importanti città italiane. Quando Marco Barbarigo, successore di Giovanni Mocenigo, morì meno di un anno dopo l'elezione, per la prima volta nell'agosto del 1486[3] questa regola fu ignorata e fu eletto al suo posto il fratello Agostino. I due fratelli avevano però caratteri completamente diversi: Marco era mite, gentile, animato da buone intenzioni ma indeciso; Agostino era ostinato e irascibile, con una reputazione di quasi patologica volgarità. Sebbene fosse stato un energico provveditore nella guerra con Ferrara, la sua inattesa elezione era dovuta principalmen-

[3] Marco Barbarigo fu il primo doge a ricevere l'investitura in cima alla Scala dei Giganti del Rizzo, che dà sul cortile del palazzo, inaugurando così una consuetudine che fu mantenuta sino alla fine della Repubblica.

te a una recrudescenza dell'antica rivalità tra i *longhi* e i *curti*, cioè le famiglie veneziane rispettivamente di antica e recente nobiltà. Questa recrudescenza, che ricordava la mai sopita rivalità tra le *case vecie* e le *case nove*, ebbe l'effetto di polarizzare le tendenze in seno all'organismo composto di quarantuno elettori, la cui maggioranza, come lo stesso Barbarigo, era rappresentata dai *curti*; e i ventotto voti che ottenne al quinto scrutinio furono più che sufficienti per assicurargli la vittoria sul candidato dei *longhi*, Bernardo Giustinian.

Il primo avvenimento importante del dogado di Agostino Barbarigo fu il conseguimento di un obiettivo per il quale Venezia stava lavorando da oltre vent'anni con quella combinazione di perspicace diplomazia e di spregiudicato opportunismo che troviamo tanto spesso nella sua storia: l'effettiva e formale annessione del Regno di Cipro. L'isola, conquistata nel 1191 da Riccardo Cuor di Leone, era stata ceduta ai Cavalieri Templari e da questi venduta, nel 1192, al crociato Guido di Lusignano per 100.000 bisanti; sebbene di tanto in tanto avesse dovuto entrare nella sfera di influenza di altri Stati – per esempio in quella di Genova nel XIV secolo e in quella del Cairo (cui era ancora tributaria) nel 1426 – la dinastia dei Lusignano aveva continuato a regnare.

La crisi di cui ora ci occupiamo aveva avuto inizio nel 1460 quando Giacomo di Lusignano, figlio illegittimo del re Giovanni II, usurpò il trono alla sorella Carlotta e al marito di lei, Ludovico di Savoia, costringendoli a cercare asilo nel castello di Kyrenia per tre anni, fino a quando cioè riuscirono a riparare a Roma. Ma una volta sul trono, Giacomo aveva necessità di alleati e, volgendosi verso Venezia, aveva formalmente chiesto la mano di Caterina, la bella e giovane figlia di Andrea Corner o Cornaro,[4] la cui famiglia era stata per molto tempo strettamente legata all'isola. Il ramo cui la ragazza apparteneva, i Corner de la Ca' Granda, era soltanto lontanamente imparentato con i Corner-Piscopia che, come detentori del feudo di Episkopi, erano tra i più ricchi proprietari terrieri di Cipro. Ma il padre Andrea aveva vissuto nell'isola per molti anni ed era divenuto intimo amico di Giacomo, per il quale aveva compiuto numerose e delicate missioni diplomatiche, mentre lo zio Marco avrebbe presto avuto un'alta carica nel regno. La linea materna di Caterina era ancora più illustre: poteva vantare per bisnonno nientemeno che Giovanni Comneno, imperatore di Trebisonda.

La prospettiva di una regina di Cipro veneziana era molto più di quanto bastava per solleticare il Senato. Il governo veneziano dette il suo entusiastico consenso e, per timore che Giacomo cambiasse idea, organizzò un immediato matrimonio per procura. Il 10 luglio 1468, con tutta la pompa e la magnificenza di cui Venezia era capace, la quattordicenne Caterina fu scortata da quaranta nobili matrone dal palazzo Corner in campo San Polo alla Sala del Maggior Consiglio nel Palazzo Ducale.

[4] Finora per il nome di questa famiglia, nei suoi vari rami di Corner Piscopia, Corner de la Frescada, ecc., è sempre stato usato il patronimico veneziano; per Caterina si è preferito usare la forma italianizzata di Cornaro con la quale è comunemente citata nei vari documenti che a lei si riferiscono.

Colà il doge Moro porse un anello all'ambasciatore cipriota il quale lo infilò al dito della sposa in nome del suo sovrano. Poi, a Caterina fu conferito il titolo di «Figlia di San Marco», un onore senza precedenti e che indusse il vescovo di Torino, legato ai Savoia, a rilevare acidamente che non aveva mai saputo che San Marco fosse stato sposato e che, ammesso che lo fosse stato, sua moglie doveva essere sicuramente un po' vecchia per avere una figlia di quattordici anni. Quattro anni dopo, il 10 novembre 1472, Caterina, con una scorta di quattro galee, partì alla volta del suo Regno.[5]

Ma l'anno successivo Giacomo II morì improvvisamente all'età di trentatré anni, lasciando Caterina incinta. Gli inevitabili sospetti di veleno erano probabilmente infondati, ma il Senato, temendo un complotto savoiardo per reintegrare Carlotta, non intendeva correre rischi. Inviò immediatamente a Cipro con la flotta Pietro Mocenigo, allora capitano generale da mar, ufficialmente per proteggere la giovane regina, in realtà per sorvegliare gli interessi veneziani, con l'ordine di fortificare le posizioni strategiche nell'isola e di allontanare dai posti di potere e d'influenza tutte le persone di incerta lealtà. Il fatto che Cipro fosse uno Stato indipendente e sovrano non sembra suscitasse imbarazzi di nessuna natura. Il Mocenigo doveva naturalmente operare nei limiti del possibile attraverso la regina ma era stato espressamente autorizzato a usare la forza se necessario.

[5] Si narra che la scena della sua partenza ispirasse al Carpaccio uno dei *teleri* del celebre ciclo delle «Storie di Sant'Orsola». Il dipinto è ora conservato presso le Gallerie dell'Accademia a Venezia.

Svolse come sempre bene e coscienziosamente la sua missione, ma le misure da lui adottate servirono soltanto ad aumentare quella insofferenza che buona parte della nobiltà locale già nutriva per le continue interferenze di Venezia negli affari ciprioti. Poco dopo la sua partenza si formò una cospirazione sotto la guida dell'arcivescovo di Nicosia e il 14 novembre 1473, tre ore prima dell'alba, un piccolo gruppo di congiurati, tra i quali lo stesso arcivescovo, penetrò con la forza nel palazzo di Famagosta, uccise il ciambellano e il medico personale della regina sotto i suoi occhi. Poi, dopo una breve ricerca scovarono lo zio Andrea Corner e il nipote Marco Bembo, che ebbero la stessa sorte; i loro corpi nudi furono gettati nel fossato sotto le finestre dell'appartamento reale, dove rimasero fino a quando furono per metà divorati dai cani. Infine, Caterina fu costretta a dare il suo consenso al fidanzamento di una figlia naturale del suo defunto marito con Alfonso, bastardo di re Ferdinando di Napoli, e a riconoscere costui quale erede al trono di Cipro, a dispetto del fatto che Giacomo avesse lasciato a lei il regno con espressa volontà testamentaria e che lei avesse già dato alla luce il figlio: Giacomo III.

La notizia di questi avvenimenti giunse rapidamente a Venezia e Mocenigo ebbe l'ordine di tornare immediatamente a Cipro. Riuscì presto a mettere le mani su quasi tutti i responsabili della congiura. Uno o due, compreso l'arcivescovo, erano riusciti a sfuggire giusto in tempo, ma i rimanenti istigatori della cospirazione furono impiccati; gli altri implicati nel complotto furono gettati in carcere. Le disposizioni per la successione, estorte alla regina, furono revocate. Il Senato intanto aveva delegato a Cipro due fidati patrizi con la carica di consiglieri; questi assunsero l'effettivo governo dell'isola in nome di Caterina. Così, l'infelice regina, benché privata di ogni potere, rimaneva sul trono. Ma col passare degli anni, anche la sua posizione di prestanome divenne sempre più difficile.

Il figlio, Giacomo III, morì nel 1474, a circa un anno dalla nascita: da quel momento Caterina dovette combattere con gli intrighi della cognata Carlotta da una parte e del giovane Alfonso di Napoli dall'altra, mentre l'alta nobiltà dell'isola, che la considerava più una marionetta di Venezia che una regina, ordiva contro di lei una trama dopo l'altra. Caterina era perfettamente consapevole del fatto che la sua sopravvivenza era dovuta esclusivamente alla protezione di Venezia, ma questa era divenuta gradualmente tanto oppressiva per lei quanto lo era per i suoi sudditi. Ogni posto importante a corte o nell'amministrazione era affidato a veneziani, ogni città e castello aveva un governatore o un siniscalco veneziano. A un certo punto Caterina e il padre si rivolsero alla Signoria lamentando che i protettori erano divenuti più che altro dei carcerieri: la regina non poteva uscire dal palazzo, i suoi servitori erano stati allontanati, ed era perfino costretta a prendere i pasti da sola su una piccola tavola di legno. Non poteva avere rapporti epistolari, nemmeno con i propri sudditi. Queste lagnanze produssero un certo effetto e dopo il 1480 la sua vita tornò più confortevole.

Ma a quel punto aveva già cominciato a capire che, «Figlia di San Marco» o no, non era niente più di un disturbo per la Repubblica, che non avrebbe esitato a liberarsi di lei quando fosse venuto il momento.

Venezia aspettava la buona occasione. Sin dal 1426 Cipro era caduta in vassallaggio del sultano d'Egitto, al quale doveva versare un tributo annuo di 8.000 ducati. La sua diretta annessione alla Serenissima avrebbe potuto provocare senz'altro complicazioni diplomatiche in uno scacchiere delicato e Venezia non poteva affrontare questo rischio. Ma nel 1487 il sultano d'Egitto informò Caterina che Bajazet stava progettando una massiccia spedizione contro di lui e che con ogni probabilità avrebbe tentato, *en passant*, un colpo su Cipro. La pregava di adottare tutte le misure necessarie per potenziare le difese dell'isola e in cambio era disposto a rinunciare al tributo per due anni. Questo sviluppo della situazione, che prospettava una ragionevole possibilità di un'alleanza di Venezia con l'Egitto contro un comune nemico, dovette senz'altro significare per la Signoria uno stimolo a saltare il fosso. Il fatto che sicuramente diede la spinta finale fu comunque la scoperta nell'estate del 1488 di un'altra macchinazione intesa questa volta a realizzare il matrimonio di Caterina con Alfonso di Napoli; una trama della quale la regina era probabilmente al corrente e il cui obiettivo poteva non mancare per la giovane vedova di una certa attrattiva. La mente della cospirazione, un certo Rizzo di Marino, che era stato implicato anche nella congiura del 1473 e, come l'arcivescovo, era fuggito appena in tempo, fu catturato, portato a Venezia e strangolato per ordine del Consiglio dei Dieci. Restava sempre il pericolo di un nuovo matrimonio di Caterina, ed era un rischio che Venezia naturalmente non intendeva correre. Nell'ottobre del 1488 la decisione era presa: Cipro doveva essere formalmente incorporata nei domini della Serenissima e la regina doveva essere riportata, con tutti gli onori se possibile, con la forza se necessario, alla terra dei suoi avi.

Il capitano generale da mar Francesco Priuli fu l'uomo incaricato della delicata missione. Prevedendo qualche possibile resistenza da parte di Caterina, i Dieci usarono la precauzione di scrivere segretamente al fratello Giorgio affinché la persuadesse che un'abdicazione apparentemente volontaria e di sua stessa iniziativa sarebbe stata nell'interesse di tutti. Cipro, così esposta a tanti e tanto gravi pericoli, avrebbe potuto poi contare su un'appropriata difesa contro la cupidigia turca; in quanto a lei, avrebbe ottenuto gloria e onori per un simile dono alla terra dei padri, che l'avrebbe ripagata con un'accoglienza trionfale, con il dono di un ricco feudo e con una rendita annua di 8.000 ducati, il che le avrebbe consentito di vivere in pace e con il fasto che si confaceva a quella regina che non avrebbe mai cessato di essere; infine, i suoi parenti avrebbero guadagnato immensamente in potere e prestigio, mentre se rifiutava sarebbero stati tutti rovinati.

Protestò amaramente quando suo fratello Giorgio le disse cosa si pretendeva da lei. «I miei Signori di

Venezia non sono contenti di avere l'isola quando sarò morta», si narra che dicesse, «che vogliono privarmi così presto di quanto mi lasciò mio marito?». Ma alla fine cedette. Agli inizi del 1489 lasciò Nicosia per Famagosta dove nel corso di una lunga e solenne cerimonia incaricò formalmente il Priuli di innalzare il gonfalone di San Marco in ogni angolo dell'isola; e nella prima settimana di giugno giunse con il fratello a San Nicolò di Lido. Il doge Barbarigo era partito con la barca di Stato per porgerle il benvenuto con un seguito di dame dell'aristocrazia; sfortunatamente, mentre il *Bucintoro* si avvicinava al Lido, era scoppiata improvvisamente una buriana. Per molte ore la barca non poté attraccare, con grave disagio degli occupanti, che, ovviamente, non erano più in gran forma quando finalmente Caterina poté salire a bordo. Il grande corteo acqueo imboccò poi il Canalazzo fino alla grande casa del duca di Ferrara, dove l'imperatore di Bisanzio era stato ospitato cinquantuno anni prima,[6] mentre le trombe squillavano, le campane delle chiese suonavano e il popolo di Venezia applaudiva a gran voce. Mentre il corteo sfilava davanti al palazzo Corner,[7] Giorgio fu fatto cavaliere in riconoscimento dei servizi resi alla Repubblica; in seguito gli fu concesso il privilegio di inserire nel proprio stemma anche le armi della casa di Lusignano.

[6] Cfr. p. 91, nota 1.

[7] A Venezia esistono non meno di sedici palazzi Corner. Questo, che sorgeva dove il rio di San Cassiano confluisce nel Canal Grande, sfortunatamente non esiste più. Al suo posto fu costruito nel 1724 l'attuale edificio, che viene ancora denominato palazzo Corner della Regina.

Dopo tre giorni di feste, in un certo modo prive di senso, nella grande casa del duca di Ferrara, la regina dovette sorbirsi un'altra cerimonia di abdicazione in San Marco, nel corso della quale cedette formalmente il proprio Regno a Venezia. In ottobre prese possesso della piccola città collinare di Asolo, il feudo che le era stato assegnato per il resto della vita. E là, per i successivi vent'anni, sarebbe rimasta al centro di una raffinata e un po' fatua corte. Soltanto nel 1509, sotto la minaccia delle armate dell'imperatore Massimiliano, fu costretta ad abbandonare l'atmosfera un po' irreale di quel mondo di musiche, di danze, di garbate ed erudite conversazioni, per cercare rifugio nella città natale. E fu là che morì il 10 luglio 1510 all'età di cinquantasei anni. In una notte di brutto tempo, tra raffiche di vento e di pioggia, la sua bara fu portata dal palazzo Corner, attraverso il Canal Grande su un ponte di barche, alla chiesa dei Santi Apostoli. Sopra il feretro la corona di Cipro, ma dentro il corpo della regina era avvolto in un saio francescano. Fu inumata nella cappella di famiglia e soltanto in seguito trasferita a San Salvador, dove, sopra la porta che conduce alla sacrestia, sorge il monumento eretto da Bernardino Contin nel 1580-1584; una semplice lastra di pietra reca l'iscrizione: D.O.M. *Catharinae Corneliae Cypri Hierosolymorum ac Armeniae Reginae Cineres*.

Capitolo IX
La Francia si muove
(1489-1499)

[...] me menèrent au long de la grant rue, qu'ilz appellent le Canal Grant et est bien large. Les gallées y passent au travers, et y ay veü navyres de quatre cens tonneaulx et plus, près des maisons; et est la plus belle rue que je croy que soit en tout le monde et la myeulx maisonnée, et va long de la ville. Les maisons sont fort grandes et haultes, et de bonne pierre, les anciennes, et toutes painctes; les aultres faictes puis cent ans; toutes ont le devant de marbre blanc, qui leur vient d'Istrie, à cent mil de là, et encores mainte grant pièce de porfille et de serpentine sur le devant [...]. Et est la plus triumphante cité que jamais j'aye veüe [...].*

PHILIPPE DE COMMYNES, *Mémoires*

* «Fui condotto lungo la strada principale che essi chiamano il Canal Grande e che è ben larga. Vi passano le galee e io ho visto delle navi, da quattrocento tonnellate e oltre, ancorate accanto alle case; ed è la più bella strada e la meglio costruita, credo, che esista al mondo, e attraversa la città. Le case sono molto grandi e alte e di buona pietra, le antiche, e tutte dipinte; le altre, costruite da circa cento anni, hanno tutte la facciata di marmo bianco, che arriva dall'Istria, che dista circa cento miglia, e molte facciate sono anche intarsiate di porfido e di serpentino [...]. Ed è la più trionfante città che io abbia mai visto [...]».

L'anno 1492 segnò un punto di svolta nella storia dell'Occidente. Fu l'anno in cui Colombo scoprì il Nuovo Mondo, e l'anno in cui i suoi mecenati, Ferdinando d'Aragona e Isabella di Castiglia, sconfissero finalmente il moresco Regno di Granada, consolidando così la monarchia su di una Spagna unificata. Esso vide a Firenze la morte di Lorenzo il Magnifico che, malgrado la mai cessata diffidenza verso Venezia, aveva fatto più di ogni altro uomo di Stato per promuovere e per preservare la solidarietà italiana contro le ambizioni francesi. E a Roma, dopo un conclave inquinato dalla corruzione in misura mai raggiunta prima, si vide l'ascesa al trono di Pietro del pontefice più immorale (se si esclude l'antipapa Giovanni XXIII) dopo i giorni della «pornocrazia» di quasi sei secoli prima: Rodrigo Borgia, da allora in poi noto come papa Alessandro VI. Per il ventiduenne re di Francia Carlo VIII, tuttavia, fu soprattutto l'anno in cui, liberato finalmente dal controllo della reggente, sua sorella Anna de Beaujeu, poteva dedicare tutte le energie alla grande impresa che aveva sognato per tanto tempo: la calata in Italia.

L'aspetto fisico di Carlo non era esattamente quello di un focoso adepto dell'avventura militare. In quello stesso anno Zaccaria Contarini, ambasciatore della Serenissima presso la corte di Francia,[1] scriveva al suo governo:

La Maestà del Re di Francia è di età di ventidue anni, piccolo e mal composto della persona, brutto di volto, ha pri-

[1] Venezia aveva mantenuto una ambasciata alla corte di Francia senza interruzioni sin dal 1478, la prima rappresentanza diplomatica permanente fuori d'Italia.

ma gli occhi grossi e bianchi e molto più usi a veder poco che assai, il naso aquilino similmente grande e grosso molto più del dovere, i labbri eziandio grossi, i quali continuamente tien aperti, ed ha alcuni movimenti di mano spasmodici che parono molto brutti a vederli ed è tardissimo nella locuzione [...]. Tuttavia è laudato da tutti in Parigi perché gagliardissimo a giocar alla balla, in caccia ed alla giostra [...].

Forse per quest'ultimo motivo egli era molto popolare tra i suoi sudditi. Sembra inoltre che possedesse una genuina dolcezza di carattere che gli aveva guadagnato il soprannome di «l'Affabile». «*Si bon*», scrive il cronista Philippe de Commynes, «*qu'il n'est point possible de voir meilleure créature*». Non c'è dubbio che ai suoi occhi la spedizione doveva essere intrapresa per ragioni nobilissime. Non desiderava conquistare terre che appartenevano ad altri, pretendeva quelle che gli appartenevano per diritto, e in questa categoria rientrava indiscutibilmente il Regno di Napoli.[2] A questa corona, attraverso gli Angioini, era collegato da trecent'anni il titolo di re di Gerusalemme, un titolo che gli avrebbe dato il prestigio necessario, una volta che i suoi domini italiani fossero stati saldamente assicurati, per promuovere e guidare la tanto attesa crociata.

Era un sogno glorioso, destinato a restare un sogno. Come rileva Philippe de Commynes, l'impresa appariva folle a tutti gli uomini saggi ed esperti; Carlo aveva

[2] Le pretese francesi su Napoli traevano origine da Carlo d'Angiò, fratello di Luigi IX re di Francia, che aveva accettato il trono offertogli dal papa nel 1265 e la cui famiglia l'aveva tenuto per quasi duecento anni, fino cioè alla conquista operata dalla casa d'Aragona nel 1432.

poco denaro – aveva dovuto impegnare i gioielli della corona prima di partire – e ancora meno conoscenza delle questioni militari; la prospettiva di guidare un esercito fino al lontano sud della penisola italiana, avanzando lentamente su un lungo e arduo percorso, con vie di comunicazione e di rifornimento difficoltose e che sarebbe rimasto alla mercé di almeno una mezza dozzina di Stati bene armati, diffidenti e potenzialmente ostili, sembra che non gli avesse suscitato la benché minima perplessità. Soltanto due tra i francesi del suo immediato *entourage* condividevano il suo ottimismo: il suo ciambellano Étienne de Vesc, che il de Commynes liquida come «*homme de petite lignée, qui jamais n'avoit veu ne entendu nulle chose*», e il cugino Luigi d'Orléans, che vedeva nella spedizione un'opportunità per far valere le proprie pretese sul ducato di Milano, per i diritti derivantigli dalla nonna Valentina Visconti. Ma c'erano anche molti esiliati italiani, milanesi, genovesi e napoletani, nemici dei Borgia fuggiti da Roma e dei Medici da Firenze, tutti sempre pronti a fornirgli ogni incoraggiamento di cui potesse aver bisogno.

Fra tutti i principali Stati italiani soltanto Venezia, stabile e monolitica come sempre, non aveva alla corte di Francia un gruppo di scontenti che cospirassero contro di essa. Era rappresentata esclusivamente dai suoi ambasciatori regolarmente accreditati, i quali, quando Carlo alla fine del 1492 propose una formale alleanza militare, mostrarono un entusiasmo sensibilmente inferiore a quello di nove anni prima, rilevando soavemente che i due Stati erano già in rapporti tanto amichevoli che non era necessaria un'ulteriore dimostrazione di solidarietà; Venezia non poteva in ogni caso prendere parte a una spedizione contro i turchi perché era legata a Bajazet dal trattato di pace del 1482. Avrebbero potuto aggiungere, ma se ne guardarono, che la Repubblica non aveva mai avuto relazioni particolarmente buone con Napoli, dal cui smembramento, se l'impresa di Carlo fosse riuscita, poteva inoltre aspettarsi di ricavare qualche ghiotto boccone; ma sapendo con sicurezza che il re di Francia era animato da sinceri e leali propositi per quanto la riguardava, preferì una prudente neutralità nella prediletta posizione ai margini della mischia. Questa posizione politica era ancora immutata l'anno successivo, quando Ludovico il Moro inviò a Venezia la giovane moglie Beatrice d'Este, che era già un abile diplomatico, alla testa di una splendida ambasciata per accertare l'atteggiamento della Repubblica verso l'attesa invasione. Fu ricevuta con l'usuale magnificenza, alloggiata nel palazzo dei duchi di Ferrara e accompagnata in visita della città; presenziò a una seduta del Maggior Consiglio e il monastero di Santa Maria delle Vergini, a Castello, dette un concerto in suo onore. Ma in risposta alle sue precise domande non ebbe niente di più che vaghe e generiche risposte ed espressioni di pie speranze.

Ludovico aveva sperato in più positive assicurazioni di sostegno per la ventilata discesa francese. Non sembra che la rivendicazione dei diritti orleanisti sul suo ducato lo preoccupasse molto: aveva altri e più immediati timori. Con l'usurpazione del potere a Milano al legittimo duca, suo nipote Gian Galeazzo, che aveva sposato la figlia del principe Alfonso di Napoli, era incorso nell'inflessibile inimicizia della casa regnante napoletana; e quando nel 1494 Alfonso succedette al padre Ferdinando sul trono, questa inimicizia assunse proporzioni ancora più minacciose. In breve tempo il nuovo re si procurò l'appoggio di Piero de' Medici, da poco subentrato al defunto padre Lorenzo nel governo di Firenze, e dello stesso papa Alessandro. Era questa una combinazione di forze veramente temibile, che, se avesse deciso un improvviso attacco, poteva ben provocare la rovina di Ludovico. Così, crescendo il pericolo, i legati milanesi a Parigi avevano incominciato a incoraggiare il re sempre più nelle sue ambizioni italiane invitandolo praticamente a marciare sulla penisola, e qui dobbiamo tenere presente che a quel punto Carlo non aveva bisogno di inviti. Aveva già comprato, a un immenso prezzo, il passivo consenso di Ferdinando e di Isabella di Spagna, di Enrico VII di Inghilterra e dell'imperatore eletto Massimiliano d'Austria. E nell'estate del 1494, alla testa di un esercito di 46.000 uomini, compresi 11.000 cavalieri, 4.000 picchieri svizzeri e la guardia reale di arcieri scozzesi (di gran lunga la maggior forza militare radunata in Francia a memoria d'uomo e la prima a essere guidata personalmente dal sovrano dai giorni di san Luigi due secoli avanti), iniziò la marcia.

La rapidità e il successo dell'avanzata francese attraverso le Alpi, la Lombardia e poi a sud nella penisola italiana giustificarono probabilmente le grandi speranze di Carlo. Agli inizi di settembre era ad Asti,[3] dove ricevette la notizia che forze combinate navali e terrestri, francesi, svizzere e genovesi, sotto il comando del cugino duca di Orléans – che era partito un mese prima con una avanguardia e la massima parte dell'artiglieria pesante – avevano inflitto ai napoletani una sonora sconfitta a Rapallo. Malgrado un leggero attacco di vaiolo, partì da Asti il 6 ottobre; due mesi dopo entrò trionfalmente in Pisa e nella vicina Lucca; e il 17 novembre era a Firenze, i cui cittadini, in buona misura per gli incitamenti del frate domenicano Savonarola, espulsero senza perdere tempo il debole e inetto Piero de' Medici e aprirono prontamente le porte ai soldati francesi. L'ultimo giorno dell'anno lo troviamo a Roma, dove papa Alessandro, rinchiusosi impaurito in Castel Sant'Angelo, capì ben presto di essere costretto a scendere a patti.

Dopo quattro settimane trascorse a Roma i francesi ripresero l'avanzata verso Napoli. La notizia del loro approssimarsi fu sufficiente per indurre re Alfonso ad abdicare in favore del figlio Ferdinando, detto Ferrandino, il quale poco dopo seguì il suo esempio. E il 22 febbraio 1495, il popolo di Napoli, ai cui occhi la casa d'Aragona era sempre apparsa né più né meno che un oppressore straniero, tributò un caloroso benvenu-

[3] La città di Asti faceva parte della dote di Valentina Visconti quando era andata in sposa al duca d'Orléans. Fu in seguito ripresa da Filippo Maria, ma alla sua morte tornò di nuovo alla casa d'Orléans e costituì un'utile base italiana per la spedizione di Carlo.

to al nuovo sovrano. In appena sei mesi Carlo VIII aveva realizzato tutte le sue ambizioni. Cosa ancora più notevole, l'aveva fatto praticamente senza spargimento di sangue, senza cioè nemmeno un importante scontro armato dopo Rapallo. Gli italiani avevano semplicemente dimenticato come si combatte. Per un secolo o più le loro battaglie campali erano state guidate da condottieri che avevano alle dipendenze truppe assortite di mercenari, uomini che non avevano alti principi di patriottismo per i quali uccidere o essere uccisi e che pensavano unicamente in termini di paga, bottino e ricatti. In coerenza con le loro idee e i loro scopi, questi uomini avevano sviluppato tra le loro file un modo sistematico di guerreggiare, in virtù del quale in un combattimento si esponevano a rischi di poco superiori a quelli che si incontrano nella moderna arte della scherma. E quando capitava loro di dover affrontare un nemico per nulla incline a osservare le auree regole che avevano elaborato ma che, al contrario, era deciso, senza ombra di dubbio, a farli a pezzi, fuggivano con un misto di panico e di disgusto.

Carlo rimase tre mesi nel suo nuovo regno, dove il 12 maggio fu formalmente incoronato. Ma il successo cominciava già a mostrare le prime crepe. I napoletani, felici com'erano di essersi liberati degli Aragonesi, scoprirono presto che un oppressore straniero valeva l'altro. Lo scontento stava crescendo anche tra le popolazioni di molte piccole città che si vedevano costrette per ragioni a loro incomprensibili a sopportare una guarnigione francese, i cui uomini erano a loro volta scontenti e frequentemente scostumati. Anche fuori del Regno di Napoli stavano serpeggiando segnali di allarme e perfino quegli Stati, italiani e stranieri, che avevano in precedenza guardato con tolleranza, o almeno senza aperta ostilità, all'impresa di Carlo VIII cominciavano a chiedersi se, avendo raggiunto gli obiettivi con così poco sforzo, non potesse ora essere tentato di andare oltre e dirigere l'esercito ancora intatto contro di loro. E in nessun luogo questo dubbio provocava un disagio tanto acuto come a Venezia.

Per fortuna della posterità, Carlo aveva avuto la buona idea di nominare suo ambasciatore residente presso la Signoria durante tutto questo periodo Philippe de Commynes, signore di Argenton, le cui memorie costituiscono forse il più antico saggio in nostro possesso di accurata storia politica, scritta da un intelligente e vigile testimone oculare. Il de Commynes non ci lascia alcun dubbio sui sentimenti con cui la notizia del trionfo del suo re fu ricevuta a Venezia:

> Quando i veneziani ebbero saputo che numerose città italiane si erano arrese e che il re era entrato a Napoli, mi mandarono a chiamare per informarmi e davano a vedere di essere estremamente lieti per quelle notizie. Tuttavia non mancarono di sottolineare che il castello resisteva ancora, che c'era dentro una forte guarnigione la quale disponeva di tutto quanto era necessario per la difesa; ed io potei intuire le loro grandi speranze che non fosse mai conquistato.

Ma fu conquistato; e un giorno o due dopo lo convocarono di nuovo:

Trovai cinquanta o sessanta di essi riuniti nella camera del loro doge che era a letto per una colica. Il doge, con atteggiamento composto, alquanto incline alla gioia, mi diede la notizia; ma non c'era nessuno in tutta la compagnia che sapesse simulare così bene come lui. Alcuni di essi erano seduti su dei bassi sgabelli, con i gomiti appoggiati alle ginocchia e la testa tra le mani; altri in diverse posizioni, ma tutti con l'espressione di un grande cruccio nel cuore; e io credo che dopo la battaglia di Canne[4] i senatori di Roma non fossero più preoccupati di loro; perché nessuno di loro aveva il coraggio di guardarmi o di parlarmi, tranne il doge, il che mi sembrò molto strano.

Il doge Barbarigo avrebbe potuto evitarsi il disturbo di quella simulazione, perché l'ambasciatore sapeva perfettamente che la Signoria già da sei settimane aveva intrapreso segreti negoziati con i legati dei Re Cattolici, dell'imperatore eletto Massimiliano, di Alessandro VI e di Ludovico il Moro. Il quale Moro a questo punto era allarmato come tutti per quella tempesta di cui era, almeno parzialmente, responsabile e per la persistente presenza ad Asti del duca di Orléans, circa il quale aveva finalmente capito che le sue pretese su Milano erano non meno tenaci di quelle di Carlo VIII su Napoli. Philippe de Commynes pertanto non fu affatto sorpreso quando il 1° aprile fu ufficialmente informato della conclusione di una nuova lega.

[4] Da notare il curioso riferimento classicheggiante alla più grande disfatta della storia dell'antica Roma quando i cartaginesi, sotto la guida di Annibale, sbaragliarono l'intero esercito romano, forte di circa cinquemila uomini, nel 216 a.C.

Come giunsi colà e mi fui seduto, il doge mi informò che a lode e gloria della Santissima Trinità erano essi entrati in una alleanza con il Santo Padre il papa, i re dei Romani[5] e di Castiglia e il duca di Milano, per tre principali scopi: il primo, la difesa della cristianità contro i turchi; il secondo, la difesa dell'Italia; e il terzo, la protezione dei loro territori [...]. Erano in tutto circa un centinaio, o forse più, e avevano un'aria molto lieta e tenevano la testa eretta, e non c'era nel loro aspetto quella tristezza che avevano mostrato il giorno che avevano appreso la resa del castello di Napoli [...].

Dopo il pranzo, tutti gli ambasciatori della lega si riunirono su delle barche (che a Venezia sono lo svago principale); tutte quelle barche (che erano state fornite dalla Signoria e proporzionate al seguito di ciascun ambasciatore) erano circa quaranta, ciascuna di esse adornata con le armi dei loro rispettivi signori; e con questa pompa passarono sotto le mie finestre con le loro trombe e altri stromenti di musica [...].

A sera ci furono eccezionali fuochi artificiali; sulle torrette, sui campanili e in cima alle case degli ambasciatori fu accesa una moltitudine di falò e il cannone tuonava in tutta la città.

Nei giorni immediatamente successivi, Philippe de Commynes si tenne in disparte, forse per ripicca (come suggerisce un osservatore contemporaneo)[6] oppure perché era anche lui afflitto da febbre (come in segui-

[5] Cfr. p. 34, nota 4. Quest'opera, dedicata da Sanudo, il 31 dicembre 1495, al doge Barbarigo portava l'ammonimento che «havendo l'eterno Iddio posto le Alpi per termene che barbari e tal generatione fusseno divisi dalla italica giente» nessuno straniero potesse «longamente dominar» in Italia.

[6] Marin Sanudo, *La spedizione di Carlo VIII in Italia*, R. Fulin (a cura di), Visentini, Venezia 1873, pp. 285 e ss.

to scrisse in una lettera al suo sovrano) e si avventurò fuori della sua residenza in San Giorgio Maggiore soltanto una volta, in incognito, per osservare i festeggiamenti da una barca con felze. Presenziò nuovamente invece alla cerimonia della domenica delle Palme: dopo la messa solenne celebrata all'aperto, davanti alla basilica di San Marco, con la Piazza stipata di folla, il doge Barbarigo, la Signoria e gli ambasciatori della lega (questi in sontuose vesti donate loro dallo stesso doge) sfilarono in grandiosa processione intorno alla Piazza terminando alla Pietra del Bando,[7] dove furono ufficialmente proclamati i termini della nuova alleanza.

Il letterato e storico veneziano Marin Sanudo il Giovane riferisce che Philippe de Commynes, allorché il doge gli notificò la conclusione della nuova lega, domandò immediatamente se il suo re poteva ritornare indisturbato in Francia, al che il doge Barbarigo, sempre secondo il Sanudo, rispose con queste parole:

> Si come amigo el vorà tornar, niuno non li farà noia alcuna, ma si 'l volesse andar come nemigo, uno collegato a l'altro ci converrà dar aiuto et favore. Tamen scrive' al Re che per questa liga non volemo aver rotto alcuna benivolentia [...].

Un'altra fonte, il senatore Domenico Malipiero, che potrebbe anche essere stato un testimone oculare, rife-

[7] Il tozzo pilastro di porfido che si trova ancora nell'angolo sud-occidentale della basilica marciana. Portato da Acri durante le crociate, fu, dal 1256 sino alla fine della Repubblica, il posto tradizionale dal quale venivano promulgati leggi e decreti.

risce che il doge si spinse fino a offrire a Carlo VIII trentacinque galee per trasportare lui e i suoi uomini via mare nel caso che temessero un viaggio di ritorno lungo la penisola. Il de Commynes però non ne fa menzione.

Quando Carlo VIII ricevette a Napoli la notizia della lega andò su tutte le furie; convocato l'ambasciatore veneziano, minacciò di formare a sua volta un'alleanza con Inghilterra, Scozia, Portogallo e Ungheria. Tuttavia non sottovalutava il pericolo che ora doveva affrontare. Assai prima della sua incoronazione a Napoli, gli eserciti della lega avevano cominciato a radunarsi; così, una settimana dopo quella cerimonia, con una forza di circa dodicimila uomini tra francesi, svizzeri e guasconi, compreso un reparto di lanzichenecchi tedeschi e uno di arcieri scozzesi, abbandonò per sempre il suo nuovo regno e iniziò la risalita verso il Nord.

La strada era irta di difficoltà sia politiche sia naturali. Carlo sperava di conferire amichevolmente con il papa a Roma, ma una volta arrivato seppe che Alessandro era fuggito prima a Orvieto, poi a Perugia. In Toscana trovò problemi ancora più gravi, derivanti dalla sua promessa ai fiorentini di dar loro Pisa mentre ai pisani aveva promesso di non fare nulla del genere. Seguì la costa occidentale fino a La Spezia dove, mal consigliato, divise le sue forze. Filippo di Bresse ebbe l'ordine di percorrere la strada lungo la costa, via Genova, mentre il re con il grosso dell'esercito piegava a est, sulla strada montuosa che attraverso il tratto settentrionale degli Appennini lo avrebbe portato nuovamente in Lombardia. Fino a quel momento non c'era stato alcun tentativo concertato di opposizione, che del resto anche il re non si sarebbe aspettato. Ma sapeva invece, con certezza, che in qualche posto oltre le montagne lo attendevano le forze riunite della lega. Gli avrebbero o non gli avrebbero permesso di passare?

La lega, come il doge Barbarigo aveva con tanta cortesia spiegato a Philippe de Commynes soltanto tre mesi prima, aveva scopi puramente difensivi; si poteva quindi desumerne che gli alleati, vedendo il re di Francia ritirarsi col suo esercito in ordine e in pace, non sarebbero stati che contenti di lasciarlo continuare sulla sua strada indisturbato. Questa prospettiva però era divenuta meno fondata dopo che, ai primi di giugno, il duca d'Orléans, che era rimasto ad Asti con una piccola retroguardia mentre il cugino calava al sud, aveva deciso improvvisamente di riproporre con forza le proprie pretese su Milano e, come primo passo, si era impossessato della città di Novara. Da quel momento la neutralità armata aveva ceduto il posto alla guerra aperta. Se non venivano negoziati i termini e il duca non veniva persuaso a ritirare la sua guarnigione, i francesi avevano poche speranze di continuare sulla loro strada senza dare battaglia.

Anche a metà dell'estate, il compito di trascinare dell'artiglieria pesante oltre alte montagne doveva essere un incubo. Già il percorso in salita era abbastanza difficile e faticoso: ma quello in discesa, quando, come accadeva talvolta, non meno di cento uomini legati insieme a coppie trattenevano un pesante cannone dal precipitare in un burrone sapendo che, se non operavano bene e rapidamente, il pezzo li avrebbe trascinati con sé, era infinitamente peggiore. Fortunatamente per Carlo, le truppe svizzere, che erano in disgrazia per aver bruciato e saccheggiato pochi giorni prima la città di Pontremoli dopo la resa, probabilmente ansiose di farsi perdonare quegli eccessi, lavorarono con destrezza e infaticabilmente, da quei duri montanari che erano. Alla fine, il 5 luglio, la strada divenne meno ripida e Carlo poté vedere sotto di sé la bassa valle del fiume Taro, che piegava nella pianura lombarda verso il Po, e poté scorgere la piccola città di Fornovo e dietro di essa, sulla riva destra del fiume, l'esercito della lega, forte di circa trentamila soldati.

La maggior parte di questi erano mercenari sul libro paga di Venezia e al comando di Francesco Gonzaga, marchese di Mantova, il condottiero assunto dalla Repubblica per questa specifica circostanza. C'era anche un gruppo di milanesi al comando del conte di Caiazzo, ma il grosso dell'esercito di Ludovico Sforza era impegnato con il duca di Orléans; gli altri tre membri della lega non erano praticamente rappresentati. Già dal primo momento dell'arrivo a Fornovo, Carlo non ebbe più dubbi sul fatto che gli era stata deliberatamente bloccata la strada per Parma. La popolazione della città si comportò in modo abbastanza amichevole ma i campi dei due eserciti erano pericolosamente vicini e per tutta la notte i francesi furono bersagliati dalle scorrerie di un gruppo di stradioti, la fiera cavalleria leggera dell'Albania e dell'Epiro, che Venezia in quell'epoca reclutava regolarmente insieme con altre forze mercenarie.

Alle prime luci del giorno successivo Carlo fece avanzare l'esercito. I diecimila uomini erano schierati in ordine di battaglia ma, per un'ultima, tenue speranza di poter ancora evitare lo scontro, Carlo decise di guadare il fiume, pericolosamente gonfiato durante la notte da un furioso temporale accompagnato da un'abbondante pioggia che non era ancora cessata, e di proseguire la marcia lungo la riva sinistra. Il fiume fu attraversato senza particolari problemi ma l'esercito della lega fece altrettanto e attaccò la retroguardia francese. L'avanguardia, con la quale si trovava la maggior parte della tanto decantata artiglieria di Carlo, aveva proceduto troppo rapidamente perdendo così il contatto con il resto dell'esercito; il re però, che era con il corpo centrale, fece una veloce inversione e piombò sugli attaccanti.

L'esercito del Gonzaga godeva di tutti i vantaggi. Era numericamente superiore ai francesi nel rapporto di tre, forse perfino di quattro, a uno; era perfettamente riposato e rifornito; aveva avuto tutto il tempo necessario per scegliere la posizione e prepararsi allo scontro. I francesi invece erano esausti, affamati – avevano evitato di utilizzare le vettovaglie ricevute a Fornovo temendo che fossero avvelenate – e poco disposti a combattere. Però combatterono. Lo stesso re si gettò coraggiosamente nella mischia come tutti gli altri; la battaglia che ne seguì fu la più sanguinosa vista dall'Italia in duecento anni. Non durò molto. Philippe de Commynes, che era presente, afferma che tutto finì nel giro di un quarto d'ora; e anche se il numero degli uccisi, valutato intorno ai tre o quattromila uomini, fa pensare che abbia esagerato un poco, il mattino non era sicuramente molto avanzato allorché l'esercito della lega si trovò definitivamente aggirato. Il comportamento degli stradioti era stato deplorevole; nella prima fase della battaglia era caduto sotto i loro occhi il convoglio francese delle salmerie che procedeva indipendentemente dall'esercito a una certa distanza dal fiume; l'odore del bottino era stato irresistibile: ed era venuta così a mancare gran parte della cavalleria della lega proprio nel momento in cui il Gonzaga ne aveva il massimo bisogno. Ma vi furono anche deficienze nello stesso comando, giacché il Gonzaga si era gettato nella mischia senza aver stabilito preventivamente le necessarie linee di collegamento, con il risultato che una metà dell'esercito, rimasta senz'ordini, non fu impegnata nella battaglia.

Benché ciò sembri incredibile, il Gonzaga non esitò a presentare il disastro di Fornovo come una vittoria, sua personale e della lega, tanto che, tornato a Mantova, fece costruire la chiesetta della Vittoria, con una pala d'altare espressamente ordinata a Mantegna.[8] Anche a Venezia si ebbero grandiose scene di gioia, con banche e botteghe chiuse in segno di festa. E dovette essere promulgato uno speciale editto a salvaguardia dei visitatori francesi e savoiardi dopo che molti di loro erano divenuti bersaglio di nutriti lanci di frutta. Tuttavia, è proprio difficile trovare dove stesse questa sup-

[8] La *Madonna della Vittoria* che ora, ironia degli umani eventi, è esposta al Louvre. In quell'occasione Francesco Gonzaga fece anche coniare da Sperandio una medaglia col motto «*Ob restitutam Italiae libertatem*».

posta vittoria. Senza dubbio Carlo VIII aveva perso il convoglio delle salmerie con tutto quanto trasportava, compresa la spada di san Luigi del bottino di Napoli, per un valore complessivo di 30.000 ducati, secondo una stima contemporanea. Le perdite umane del suo esercito erano state però piuttosto contenute in confronto a quelle degli italiani, che avevano sostanzialmente mancato il conseguimento del loro principale obiettivo, come fu chiaro quando i francesi poterono riprendere la marcia quella notte stessa e raggiungere indisturbati Asti dopo qualche giorno.

Ma non li attendevano buone notizie. Una spedizione navale francese contro Genova era finita in un fallimento e quasi tutta la flotta era stata catturata con il resto di quanto era stato predato nel Sud. Suo cugino, il duca d'Orleans, era assediato a Novara da un esercito milanese e si supponeva che non avrebbe potuto resistere a lungo. Il giovane re di Napoli, quel Ferrandino figlio di Alfonso, era sbarcato in Calabria, con l'aiuto di truppe spagnole della Sicilia, e stava rapidamente avanzando sulla capitale. Come era previsto, Novara cadde poco dopo e la Francia e Milano conclusero una pace separata a Vercelli. Il 7 luglio Ferrandino riprese Napoli. Tutti i successi francesi dell'anno precedente erano svaniti nel nulla. Quando verso la metà di ottobre Carlo VIII riattraversò finalmente le Alpi non lasciava praticamente traccia dietro di sé.

E questo è sicuramente uno degli aspetti più straordinari di tutta la spedizione. Prima dell'inizio, pochi pensavano che avrebbe avuto successo e molti predicevano che sarebbe finita con un disastro. Nessuno aveva sospettato la verità, e cioè che malgrado tutte le promesse iniziali non avrebbe avuto in Italia nessuna conseguenza durevole. Ludovico il Moro era ancora a Milano, gli Aragonesi erano tornati a Napoli. Perfino la grande lega si era disciolta, causa la pace separata di Ludovico il Moro, che i suoi alleati consideravano giustamente un tradimento. Alla fine del 1496 le ultime guarnigioni francesi erano scomparse dalla penisola. Gli italiani erano tornati a essere quello che erano sempre stati; non avevano neppure imparato quella lezione che l'invasione di Carlo VIII avrebbe dovuto inevitabilmente insegnar loro, almeno in base alla logica elementare: l'importanza dell'unità nazionale, se non nei loro affari interni almeno quando avevano di fronte un nemico straniero. Il loro tradizionale modello – quel centinaio di città e staterelli autonomi, ciascuno diffidente degli altri, con amicizie e alleanze che si spostavano continuamente in un mutevole caleidoscopio con il presunto scopo di mantenere un approssimativo equilibrio di potere – era troppo profondamente radicato. Per essi il re di Francia era né più né meno di un altro despota, da usare, da manipolare, da battere in astuzia o da ingannare secondo le necessità.

Fatto ancora più sorprendente, lo stesso Carlo VIII sembra avesse inconsciamente accettato il ruolo che essi gli avevano assegnato. Il suo impatto con l'Italia ricorda molto più le gesta di un locale avventuriero militare o di un condottiero, anche per la sua estemporaneità, che quelle di uno dei più importanti principi d'Europa. Sotto un unico aspetto le sue azioni lo rivelano per ciò che realmente era: un uomo di guerra francese che combatté come tale e così facendo costrinse gli italiani a rivedere tutta la loro filosofia della guerra. Nel secolo trascorso, con l'eclisse del Sacro Romano Impero la penisola era rimasta praticamente immune da invasioni straniere; in quello successivo sarebbe divenuta uno dei campi di battaglia dell'Europa. Non potevano più a lungo continuare a considerare la guerra semplicemente come un torneo su più vasta scala. In futuro dovevano imparare di nuovo a combattere come combattevano i loro nemici, imparare a uccidere.

Paradossalmente, l'avventura italiana di Carlo VIII doveva produrre effetti durevoli non tanto in Italia quanto nell'Europa settentrionale. Quando il suo eterogeneo esercito fu disciolto a Lione, nel novembre del 1495, gli uomini si dispersero in ogni direzione portando con sé il ricordo, e parlandone alla gente, di una terra calda, piena di sole, abitata da un popolo che viveva in una sfera di raffinata cultura, sconosciuta nei climi grigi e freddi ma che, forse proprio per questa ragione, era troppo disunito per sapersi difendere contro un risoluto invasore. Mentre il messaggio si diffondeva, mentre i pittori, gli scultori, i decoratori e gli intagliatori che Carlo VIII aveva portato con sé dall'Italia cominciavano a trasformare il suo vecchio castello di Amboise da una fortezza medievale in un palazzo del Rinascimento, l'Italia diveniva sempre più desiderabile di quanto fosse mai stata prima agli occhi dei vicini d'oltralpe, ai quali si presentava come un invito e insieme come una sfida che non avrebbero tardato ad accogliere negli anni futuri.

Ma i mercenari sbandati portarono con sé anche qualcos'altro che era più terribile di qualsiasi sogno di conquista. Le tre caravelle di Colombo, tornando in Spagna nel 1493, avevano diffuso i primi casi di sifilide conosciuti nel Vecchio Mondo. Con i mercenari spagnoli inviati da Ferdinando e Isabella in aiuto a re Alfonso contro l'invasione francese, la malattia era passata a Napoli, dove pare fosse già diffusa quando Carlo VIII vi arrivò. Dopo tre mesi di dolce far niente, il contagio era già ampiamente esteso tra i suoi uomini e tutti i dati di cui disponiamo indicano che furono loro a portarlo a nord delle Alpi. Era sicuramente penetrato in Francia, Germania e Svizzera nel 1495, in Olanda e in Inghilterra nel 1496, con il 1497 neppure Aberdeen era più immune. In quello stesso anno Vasco da Gama doppiava il Capo di Buona Speranza e toccava l'India, dove la malattia è registrata nel 1498; sette anni dopo compare a Canton.

Ma, se fu rapida la diffusione del «morbo gallico» o «mal francese», come era comunemente denominata questa malattia, la morte raggiunse Carlo VIII ancora più rapidamente. Nel castello di Amboise, la vigilia della domenica delle Palme del 1498, mentre si recava a vedere il gioco della pallacorda, batté la testa contro un basso architrave. Il colpo non sembrava particolarmente forte; egli proseguì e assistette al gioco. Ma sulla via del ritorno ai suoi appartamenti, proprio mentre passava nel punto dove era avvenuto l'incidente, ebbe un improvviso collasso. Benché fosse l'angolo più sordido e maleodorante di tutto il castello – «un posto», scrive disgustato il de Commynes, «dove ogni uomo orinava quanto voleva» – per ovvie ragioni fu creduto più prudente non spostarlo. Là giacque per nove ore su un rozzo giaciglio; e là, poco prima di mezzanotte, morì. Aveva ventott'anni.

La notizia della morte del re di Francia arrivò a Venezia in poco meno di una settimana, portata da un messaggero che, per la fretta, aveva sfiancato a morte nel viaggio tredici cavalli. Non provocò particolare dolore, ma molti gravi pensieri.

Poiché l'unico figlio di Carlo VIII era morto nell'infanzia, il trono passava ora al cugino, il duca d'Orleans, da quel momento noto come Luigi XII. Per i principi italiani, che avevano avuto in anni recenti occasione di conoscere molto bene Luigi, la sua ascesa al trono di Francia poteva significare un'unica cosa: una nuova invasione della penisola, questa volta non per rivendicare i diritti angioini su Napoli, ma quelli orleanisti, molto più fondati, su Milano. Non si meravigliarono nell'apprendere che il nuovo re all'incoronazione aveva espressamente assunto anche il titolo di duca di Milano, e neppure che aveva quasi immediatamente aperto trattative con i potenziali alleati: i Re Cattolici, Enrico VII d'Inghilterra e i Cantoni svizzeri. Frattanto i suoi ambasciatori erano sciamati in Italia. Milano e Napoli furono esplicitamente ignorate, ma praticamente tutti gli altri Stati, grandi e piccoli, furono avvicinati con la richiesta di alleanza o almeno di neutralità. Soltanto Venezia non aveva atteso l'iniziativa diplomatica francese. Aveva subito inviato una missione speciale a Luigi per congratularsi per l'assunzione al trono e per assicurargli l'amicizia della Repubblica. Poco dopo ebbero inizio negoziati concreti e nel febbraio del 1499 a Blois fu firmato un trattato con le condizioni non soltanto dell'alleanza tra le due potenze ma anche della spartizione del ducato di Milano dopo la sconfitta di Ludovico Sforza.

Meno di quattro anni prima Venezia aveva difeso quasi da sola la Lombardia contro l'esercito francese d'invasione, sostenendo per questa difesa gravi sacrifici. Il papa l'aveva poi benedetta come «liberatrice d'Italia». Perché ora cambiava politica in modo così drastico? Era davvero così ansiosa di trovarsi un invasore straniero proprio sulla porta di casa? La risposta ufficiale a questa domanda viene data affermando che Venezia aveva poco da scegliere. La superiorità delle armi francesi era stata dimostrata a Fornovo e l'esercito di Luigi prometteva di essere più numeroso, meglio equipaggiato e molto più efficientemente organizzato di quello del suo predecessore. Ben poco aiuto poteva attendersi dal re di Napoli in lotta con la carestia in un regno vicino alla bancarotta. Firenze, che soltanto pochi mesi prima aveva bruciato sul rogo il Savonarola, si dibatteva ancora tra le incertezze; era ostile a Venezia, con la quale ora si accapigliava per l'indipendenza di Pisa che faceva gola a entrambe, ma contemporaneamente molto comprensiva verso la Francia. Quanto al papa Alessandro VI, Rodrigo Borgia, Luigi XII era riuscito a comprarlo senza difficoltà offrendo al figlio di questi, Cesare Borgia – che, stancatosi di fare il cardinale, aveva deciso di abbandonare la Chiesa per una vita di avventure militari –, il ricco ducato del Valentinois e la mano di Charlotte d'Albret, sorella del re di Navarra. Ludovico il Moro, concludendo una pace separata con Carlo VIII nel 1495, aveva distrutto non soltanto la lega ma anche il concetto, che ne era il fondamento, di una libera Italia, senza il quale non sarebbe stato possibile ricostituirla. Dopo d'allora aveva ulteriormente osteggiato la Repubblica ricevendo un ambasciatore turco, schierandosi apertamente per Firenze nella questione pisana e negando alle truppe veneziane il permesso di passaggio sul proprio territorio. Cominciava per caso ad atteggiarsi come un altro Visconti? Se le cose stavano così, era necessario togliergli rapidamente ogni illusione.

Tutto ciò era vero e senza dubbio ebbe un ruolo importante nel convincere Venezia ad agire come abbiamo detto. Ma non era tutto. C'era un'altra e più semplice motivazione: l'incentivo di nuove conquiste territoriali. La prospettiva di estendere ulteriormente il proprio impero di terraferma verso Pisa e i porti del Tirreno costituiva molto più di quanto occorreva per far crollare ogni resistenza. I veneziani si dimostrarono come sempre ferrei mercanti: la durata dei negoziati di Blois – ben sei mesi, giorno più giorno meno – ne è la prova. Ottennero ciò che volevano.

In cambio di millecinquecento lance[9] e di quattromila fanti avrebbero ricevuto, dopo la caduta dello Sforza, la città di Cremona, con i territori adiacenti, e le terre, città e castelli sulla riva orientale dell'Adda fino alla sua confluenza nel Po.

Era la metà di agosto del 1499 quando l'esercito francese entrò in Italia.[10] Il comandante era un esiliato milanese, Gian Giacomo Trivulzio, la cui famiglia era stata spossessata dallo Sforza e che di conseguenza aveva tutto da guadagnare dalla vittoria. Ad Annone massacrò la guarnigione; poi, avendo occupato senza sforzo Valenza e Tortona, pose l'assedio ad Alessandria che capitolò dopo soltanto quattro giorni. La resistenza di Ludovico il Moro era già senza speranze. Il 30 agosto avvennero dei tumulti nelle strade di Milano, durante i quali fu ucciso il suo tesoriere, e tre giorni dopo il Moro fuggì a Innsbruck. Il «fedelissimo» Bernardino da Corte, che aveva lasciato a difesa del castello, lo vendette subito ai francesi e il 6 ottobre Luigi XII prese formalmente possesso del ducato.

Ma la storia non era ancora finita. Dal suo rifugio tirolese il Moro riuscì a mettere insieme un esercito più che discreto – secondo alcune valutazioni di ventimi-

[9] La lancia era un'unità organica composta dall'uomo d'arme (il cavaliere armato di lancia e completamente catafratto) e da un numero variabile di ausiliari, come lo scudiero, il servo, uno o più arcieri, il saccomanno, tutti montati. La lancia italiana dell'epoca era generalmente composta di cinque uomini in tutto, quella di Luigi XII di otto, secondo alcuni, di sei secondo altri.

[10] Luigi XII aveva concluso un trattato di alleanza anche con il duca Filiberto di Savoia.

la uomini – e agli inizi dell'anno 1500 scese nuovamente in Lombardia e rioccupò brevemente la stessa Milano. Ma il successo durò meno di due mesi. Abbandonato dal suo esercito (che non era stato in grado di pagare), cercò di fuggire con un travestimento ma fu quasi subito riconosciuto e catturato. La sua avventura, breve meteora nella vita politica italiana, era finita. Portato in Francia, restò prigioniero per tutto il resto della vita e morì nel 1508 nel castello di Loches.

Capitolo X
Doppio disastro
(1499-1503)

> Dite alla Signoria che hanno finito di sposare il mare; è il nostro turno ora.
>
> Il VISIR TURCO ad Alvise Manenti, ambasciatore veneziano, 28 febbraio 1500

Non potevano esserci dubbi: negli ultimi due decenni del XV secolo le sorti di Venezia avevano compiuto una svolta puntando decisamente al bello. Dopo le calamitose perdite subite nelle guerre turche degli anni Sessanta e Settanta, poteva sembrare che il suo impero stesse crollando a pezzi. Poi, con l'ascesa al trono del pacifico Bajazet II nel 1481, l'intero panorama era mutato improvvisamente. Rovigo e il delta del Po erano stati annessi nel 1484, Cipro nel 1488; dopo la ritirata di Carlo VIII da Napoli, Venezia aveva occupato tre porti di discreta importanza sulla costa pugliese, Brindisi, Trani e Otranto; e il 10 settembre del 1499 le sue truppe erano entrate in Cremona. Se soltanto il secolo fosse finito in quel momento... Ma, ahimè, pochi giorni appena dopo quest'ultimo trionfo, fu portata a Venezia una notizia che gettò nella costernazione l'intera città. In quelle stesse acque al largo dell'isola di Sapienza, quel fatale angolo a sud-ovest del Peloponneso dove aveva già perso contro Genova un'intera flotta nel 1354, la sua marina aveva subito una disfatta ancor più grave, questa volta a opera dei turchi. E adesso, inoltre, doveva sopportare non soltanto le perdite materiali ma anche la vergogna e l'umiliazione; perché il disastro, in base alle prime notizie, era stato provocato dalle esitazioni, se non proprio dalla codardia, del suo capitano generale.

Malgrado il carattere mite di Bajazet – Machiavelli notò che se ci fosse stato ancora un altro sultano come lui l'Europa non avrebbe avuto più niente da temere per le ambizioni ottomane – i rapporti tra il suo Impero e Venezia erano andati gradatamente peggiorando. Corsari turchi continuavano a saccheggiare la costa dalmata spingendosi a nord fino all'Istria; due piccoli centri dipendenti dalla città veneziana di Cattaro erano insorti e, al rifiuto di Venezia di autorizzare la nomina di propri governatori, si erano rivolti ai turchi chiedendo la loro protezione. Fatto ancora più grave, Bajazet era stato persuaso da agenti milanesi e fiorentini che la recente alleanza veneziana con la Francia alla fine sarebbe stata diretta contro lui stesso. Con la fine del 1498 la situazione era a un punto tale che Venezia sentì la necessità di inviare un ambasciatore straordinario presso la Sublime Porta per una possibile spiegazione e nello stesso tempo per raccogliere informazioni sullo stato di avanzamento degli eventuali preparativi militari.

Il rapporto dell'ambasciatore non fu dei più incoraggianti: la guerra, così sembrava, era una certezza. Nell'aprile del 1499 fu eletto al comando navale il sessantacinquenne Antonio Grimani, che immediatamente offrì i propri servigi gratuitamente oltre a un prestito allo Stato di 16.000 ducati. Come in altre circostanze, il suo esempio fu seguito da altri cittadini animati da sentimenti patriottici. Eppure, mentre Venezia si preparava ancora una volta alla guerra, ci sembra di riscontrare nei suoi organi di governo una prudenza e una irresolutezza affatto nuove. Quando Grimani aveva chiesto istruzioni se doveva impegnare i turchi a vista, la domanda non aveva ancora ricevuto risposta mentre discendeva con la flotta l'Adriatico diretto verso il Levante. Sia il comandante sia i suoi tre provveditori dovettero dare ordini di propria iniziativa quando avvenne il contatto con il nemico.

Questa seconda battaglia di Sapienza non fu costituita in realtà da un solo scontro bensì da quattro, che avvennero rispettivamente il 12, il 20, il 22 e il 25 di agosto. In ciascuno scontro i centosettanta legni veneziani si erano lanciati impavidamente contro la più potente flotta turca, costituita da circa duecentosessanta navi; e, in particolare nel primo e nell'ultimo, alcuni dei suoi capitani avevano dato prove di eccezionale eroismo, specialmente Andrea Loredan, il comandante di Corfù, che si era unito alla flotta di propria iniziativa, Vincenzo Polani, che con la sua sola nave era riuscito a penetrare nello schieramento turco portandovi lo scompiglio per oltre due ore, e Alvise

Marcello il cui esempio, scrive Malipiero, se fosse stato più seguito «avrebbe messo, com'è vero Dio, l'intera flotta turca nelle nostre mani». Ripetutamente tuttavia «per mancanza d'amore per Cristo e il nostro paese, mancanza di coraggio, mancanza di disciplina e mancanza di dignità», tutte le buone occasioni furono sciupate. Ciò che era rimasto della flotta veneziana, costretta alla fine a una fuga disordinata, non era in grado di impedire ai turchi di far vela verso Lepanto, loro primitivo obiettivo, di assediarla per mare e per terra e di costringerla alla resa.

È difficile determinare in quale misura la responsabilità di quel disastro debba essere attribuita alle lacune personali del capitano generale; ma dopo la caduta di Lepanto, un capro espiatorio non poteva mancare e i veneziani cominciarono immediatamente a chiedere la sua testa. Lungo i canali echeggiava lugubre il grido «*Antonio Grimani, ruina de' cristiani!*». Il 29 settembre un nuovo capitano generale partiva per il Levante per assumere il comando; aveva inoltre l'ordine di rinviare a Venezia, in catene, il predecessore. Per uno dei più rispettati cittadini della Repubblica, un procuratore di San Marco che per oltre quarant'anni aveva servito il proprio paese con lealtà e competenza, era un colpo crudele, meritato o immeritato che fosse. Grimani fu fortunato soltanto nei suoi quattro figli, che fecero di tutto per essergli di aiuto e di conforto nella disgrazia. Pietro, partito con un veloce grippo, trovò il padre a Zante, malato e quasi impazzito per il dolore; lo informò del richiamo e lo persuase facilmente a tornare di propria volontà. Vincenzo, risoluto a essergli accanto nel momento dell'ingresso in città, lo intercettò a Parenzo in Istria e, sapendo che gli ordini del Senato dovevano essere scrupolosamente eseguiti, mise personalmente i ceppi ai piedi del padre.

Era la sera del 2 novembre quando Antonio Grimani giunse sul Molo. Là era in attesa un personaggio vestito di porpora: un altro figlio, Domenico, cardinale della Santa Romana Chiesa. Accorso al fianco del padre, lo sorresse nel tragitto fino alla prigione e prese le catene nelle sue mani per risparmiare al vecchio genitore il loro peso. Anche nella cella Antonio non fu lasciato solo. Il cardinale e due altri figli rimasero con lui tutta la notte fino al mattino, quando fu portato davanti al Maggior Consiglio. Il processo che ne seguì fu lungo e minuzioso, ma il discorso che Antonio Grimani fece in propria difesa commosse, a quanto si narra, tutti i cuori e probabilmente lo salvò dal patibolo. Fu condannato comunque all'esilio nell'isola di Cherso al largo della costa dalmata.

Imbaldanziti per la vittoria, i turchi passarono all'offensiva. Mentre il destino di Antonio Grimani era ancora in sospeso, avevano già preso a battere il Friuli con delle scorrerie ed erano penetrati fino a Vicenza, con puntate nella Lombardia orientale, seminando rovine e panico tra le popolazioni locali. Prima della fine dell'anno, Venezia fu costretta a inviare un altro ambasciatore straordinario a Costantinopoli per chiedere la pace. Le condizioni poste da Bajazet erano dure – chiedeva praticamente tutto il territorio veneziano nel

Peloponneso – ed essa le respinse con indignazione; ma l'anno successivo il sultano in persona guidò le sue truppe all'assedio di Modone. Dopo un'eroica resistenza la città dovette arrendersi; fu la stessa guarnigione, quando ebbe capito che tutte le speranze erano perdute, a incendiare la città in modo che il conquistatore non trovasse che tizzoni e ceneri. La colonia gemella di Corone ebbe poco dopo la stessa sorte.

La conquista da parte di Venezia, realizzata del resto con l'aiuto della Spagna, di Cefalonia e Itaca, era poca cosa per compensare la perdita di due porti che per due secoli e mezzo avevano costituito le principali basi della Repubblica nel Peloponneso. E malgrado una successiva intensa attività navale nell'Egeo e nel Dodecaneso di Venezia, della Spagna e dei cavalieri di San Giovanni, che si muovevano dalla loro base di Rodi, nessun apprezzabile successo fu conseguito dalle due parti. Alla fine fu conclusa un'incerta pace, che fu ratificata a Venezia nel maggio del 1503. I turchi non restituivano niente di quanto avevano conquistato ed erano quindi in grado di controllare l'intera costa del Peloponneso. Il banchiere Girolamo Priuli aveva valide ragioni per annotare tristemente:

La città veneta si trovava in gran calamitade per timor della perdita dello stato marittimo dal qual procedeva l'utile et l'onor dello Stato Veneto, perché la fama e la gloria di questo erano procedute e venute per li viaggi e per la riputation del mare, laonde non è dubio alcuno, che mancando la navigatione e il stato marittimo a' Veneziani, mancariano etiam la riputatione e la gloria loro ed in pochissimi anni se consumeriano a poco a poco.[1]

Ma i turchi non erano l'unica causa delle avversità di Venezia, né dei lamenti del Priuli. Un altro Stato cristiano, benché senza alcuna intenzione aggressiva, avrebbe arrecato alla Repubblica un danno le cui conseguenze sarebbero durate nel tempo molto di più di un'intera serie di sultani predatori. Il 9 settembre 1499, proprio nel periodo in cui le ferali notizie da Sapienza stavano arrivando a Rialto, Vasco da Gama sbarcava a Lisbona nel suo viaggio di ritorno dall'India sulla rotta del Capo di Buona Speranza.

Vasco da Gama non era stato il primo a doppiare il capo; il suo compatriota Bartolomeo Diaz si era procurata questa gloria tredici anni prima. Egli era stato però il primo a compiere interamente per mare il viaggio dall'Europa alle Indie, infliggendo così un colpo terribile alla supremazia commerciale di Venezia e, più esattamente, all'importanza del Mediterraneo come via di passaggio obbligato per l'Oriente. I mercanti che venivano dall'Oriente con sete e spezie non sarebbero stati più costretti a scaricare le loro navi o a Suez o a Hormuz nel Golfo Persico, a trasportare le merci per terra attraverso l'istmo o le montagne della Persia e dell'Asia Minore per poi imbarcarle nuovamente nei porti di Alessandria o Costantinopoli, di Smirne o Antiochia. Non avrebbero dovuto più ricorrere alle lente

[1] Girolamo Priuli, *Diarii*, R. Cessi (a cura di), in *Rerum Italicarum Scriptores*, vol. XXIV, parte III, S. Lapi, Bologna 1933-1937.

e insicure carovane di cammelli che ogni anno transitavano faticosamente attraverso l'Asia Centrale fino al Catai. Da quel momento in poi, la stessa nave che caricava le merci nel porto di partenza le avrebbe scaricate in quello di destinazione. Peggio ancora, tutte quelle navi, il cui numero cresceva costantemente, che erano dirette in Inghilterra e nell'Europa settentrionale non avevano più alcuna necessità di solcare il Mediterraneo. Il nuovo centro internazionale di smistamento delle merci sarebbe stato Lisbona, circa duemila miglia marine più vicina di quanto non fosse Venezia a Londra e ai porti anseatici, relativamente immuni dalla pirateria e in grado di praticare prezzi infinitamente più bassi di quelli di Venezia perché le merci erano esenti da quei dazi esosi imposti dai vari sovrani che controllavano le vie terrestri. Dal giorno alla notte il mare di Venezia era divenuto un bacino morto.

O almeno così sembrava. Certamente c'erano dei veneziani che, come annota Girolamo Priuli, «si rifiutavano di credere alla notizia e altri ancora che argomentavano che il re del Portogallo non poteva continuare a servirsi della nuova rotta per Calcutta dal momento che, delle tredici caravelle partite, soltanto sei erano tornate sane e salve, che le perdite superavano i vantaggi, che pochi marinai sarebbero stati disposti a rischiare la vita in un viaggio tanto lungo e pericoloso». Ma i profeti della rovina erano più numerosi. «La città era stupefatta e gli uomini saggi giudicavano quella notizia la peggiore che si potesse immaginare». Venezia si trovava già nel travaglio di una grave crisi finanziaria:

una delle sue maggiori banche private, la Garzoni, era fallita l'anno precedente per 200.000 ducati, benché il doge avesse personalmente offerto 30.000 ducati nel tentativo di salvarla; e, dopo la Garzoni, anche la banca Lippomano aveva seguito la stessa sorte, provocando il panico e la corsa alle banche in tutta la città. Anche la Priuli sarebbe crollata qualche anno dopo.

Ma intanto cosa si poteva fare? Si parlò allora – nel 1504 – di aprire fra il Mediterraneo e il Mar Rosso quella cava, lontano preannuncio del moderno taglio di un canale a Suez, ma l'idea fu respinta come inattuabile in quel momento. Inizialmente il governo di Venezia si chiese se non era il caso di accettare l'invito che re Emanuele del Portogallo aveva notificato a un suo emissario e di mandare i propri mercanti a caricare a Lisbona. Ma una simile decisione avrebbe fatto infuriare il sultano d'Egitto, che si sarebbe preso una facile vendetta sequestrando o saccheggiando i depositi veneziani del Cairo e di Alessandria e, così piacendogli, adottando provvedimenti punitivi contro l'intera colonia mercantile veneziana. Comunque, l'umiliazione di andare con il cappello in mano in Portogallo non era un'idea che il Senato potesse prendere in considerazione. Nel 1502 istituì una speciale commissione consultiva «per proporre i provvedimenti necessari a evitare che il re del Portogallo tolga l'argento e l'oro dalle nostre mani fino alla distruzione del nostro commercio e della nostra prosperità»; e nel 1504 fu inviato un altro emissario affinché riferisse sulle prospettive per il futuro e, se possibile, instaurasse nuove trattative. Ma nel frattempo i mercanti fiorentini a Lisbona non erano stati a guardare e avevano talmente avvelenato le menti dei portoghesi contro Venezia che l'emissario evitò a stento una condanna al carcere.

Così, nello spazio di pochi giorni nella tarda estate del 1499 Venezia aveva dovuto sostenere due colpi paralizzanti; e molti cittadini, osservando i due Mori di bronzo che battevano le ore sulla Torre dell'Orologio da poco completata da Mauro Coducci, forse si chiedevano se non erano già contate e se quel suono non era l'annuncio della morte della Repubblica. Avrebbero sentito nei propri cuori una pena ancora più cocente se avessero saputo che un terzo colpo, ancora più rovinoso degli altri due, si sarebbe presto abbattuto su di loro, e questa volta non per opera di un singolo Stato ma di tutta l'Europa coalizzata contro Venezia.

Il 13 settembre 1501 il doge Agostino Barbarigo, raggiunta ormai la veneranda età di ottantadue anni, convocò la Signoria per comunicare la propria decisione di dimettersi. Era vecchio e malato; la Repubblica aveva bisogno di un uomo giovane ed energico che la guidasse tra i pericoli e le difficoltà del tempo. Voleva ritirarsi nella sua casa di San Trovaso per vivere in pace i giorni che gli restavano. Si tolse il sigillo dogale dal dito e lo porse al consigliere anziano affinché lo conservasse fino all'elezione del successore.

La Signoria rifiutò di accettare sia il sigillo sia le dimissioni. Non perché, bisogna precisarlo, il Barbarigo possedesse eccelse qualità. Era sempre stato altero e avido;

durante i quindici anni del suo dogado e a dispetto di tutti gli accorgimenti intesi a limitarne il potere, si era esposto più di una volta ad accuse di corruzione, di deviazione del corso della giustizia e di vendita di pubblici uffici (per tacere del contrabbando di enormi quantità di vino) fino al punto che ormai ben pochi concittadini avrebbero potuto pronunciare una parola in suo favore. Ma era chiaro che le forze gli stavano venendo meno rapidamente e sembrò meglio lasciare che gli eventi procedessero nel loro corso naturale. Morì esattamente una settimana dopo.[2] Il popolo, sebbene da tempo estromesso da ogni potere nell'elezione del doge, manifestò rumorosamente per il proprio favorito, Filippo Tron, e quando questi morì a sua volta, il 26 settembre, corsero le solite, lugubri voci di veleno. Marin Sanudo però assicura che non vi fu complotto: Tron era enormemente grasso e quel giorno, molto semplicemente, era scoppiato.[3] Sembra che questo incidente ritardasse alquanto l'elezione: soltanto il 2 ottobre i quarantuno elettori scelsero finalmente il nuovo doge nella persona di Leonardo Loredan.

Il magnifico ritratto del Loredan che Giovanni Bellini dipinse probabilmente un anno o due dopo l'ele-

[2] Il monumento sepolcrale della famiglia Barbarigo, opera della bottega se non proprio della mano di Antonio Rizzo, era situato originariamente nella chiesa di Santa Maria della Carità (ora Accademia) e fu scomposto quando quella chiesa venne sconsacrata. La sezione più grande, che comprende l'immagine del doge Agostino in ginocchio, è ora nell'antisacrestia della chiesa della Madonna della Salute. Altri notevoli frammenti sono presso la Scuola di San Giovanni Evangelista e nelle stesse Gallerie dell'Accademia.

[3] «*Fo ditto per la terra esser stà tosegado, ma non fu vero, fu da graseza el crepò*».

zione ci mostra un uomo alto e scarno, di circa settant'anni e con un volto fine e sensibile.[4] A differenza di molti fra i suoi predecessori, non poteva vantare un brillante stato di servizio come ammiraglio o diplomatico. La prima notizia che lo riguarda lo indica nel 1480 procuratore per la costruzione della chiesa di Santa Maria dei Miracoli,[5] poi compare per un breve periodo quale podestà di Padova, dopo di che sembra praticamente conclusa la sua attività pubblica. E tuttavia pochi uomini conoscevano meglio di lui il funzionamento della macchina governativa di Venezia. Ma un aristocratico servitore civile, benché efficiente, era troppo poco per risollevare la Repubblica dalla disperata situazione in cui si trovava.

Il morale dei veneziani era basso. I tracolli commerciali ed economici costituivano una parte del malessere, le cui cause reali avevano però radici più profonde. I numerosi anni di prosperità avevano prodotto, come è normale, una certa rilassatezza; le vecchie leggi, intese a prevenire il peculato e la corruzione, erano applicate con meno rigore rispetto ai tempi passati e Agostino Barbarigo non era l'unico patrizio che si era costruito un comodo nido a spese dello Stato. Con lo scopo di costringere i suoi successori a osservare un più onesto codice di comportamento, fu elaborato un nuovo sistema in base al quale, alla morte del doge, veni-

[4] Un tempo nella collezione di William Beckford, si trova ora presso la National Gallery di Londra.

[5] Capolavoro di Pietro Lombardo (e una delle più graziose piccole chiese di Venezia), fu consacrata nella notte del 31 dicembre 1489, ma i lavori nell'interno continuarono ancora per qualche tempo.

vano immediatamente eletti tre inquisitori con l'incarico di investigare sulla sua attività e di esaminare ogni accusa mossa contro di lui; ma il male era troppo diffuso per poter essere eliminato di colpo con una specifica legislazione di questo genere, e gli abusi continuarono. E questi non erano neppure gli unici sintomi che rivelavano la malattia del corpo politico. L'assenza di qualsiasi struttura partitica aveva per conseguenza la mancanza di sfoghi controllati delle rivalità e dei contrasti fra persone e opinioni, che sono parte inevitabile e necessaria di un sano organismo politico. L'oligarchia veneziana, chiusa in se stessa e isolata da influenze esterne, non era stata mai per questo motivo completamente immune dalle lotte tra le fazioni. In tempi normali potevano essere tenute sotto controllo, ma all'inizio del XVI secolo le tensioni divennero improvvisamente incontenibili e cominciarono a esplodere sempre più frequentemente in atti di violenza con spargimento di sangue nelle strade e nelle piazze. Questo non significa che i veneziani non fossero più capaci di accantonare i contrasti e di unirsi nella difesa della Repubblica quando le circostanze lo richiedevano; nello spazio di pochi anni una nuova chiamata alle armi avrebbe avuto una risposta non meno splendida e spontanea di tutte le altre della loro storia. Erano però indeboliti, moralmente e fisicamente, in un momento in cui, forse più che in ogni altra avversità del passato, forza ed energia sarebbero state necessarie.

Capitolo XI
La Lega di Cambrai
(1503-1509)

Tremblez, tremblez, bourgoys veniciens.
Vous avez trop de tresors anciens
Mal conquestez; tost desployer les fault.*

PIERRE GRINGORE (1475-1538)

L'estate del 1503 fu eccezionalmente calda, anche per una città come Roma. La sera del 13 agosto papa Alessandro VI stava cenando nel giardino del cardinale Adriano di Castello[1] quando fu colpito da un'improvvisa febbre. Tornò nei suoi appartamenti e gli fu praticato un salasso – i medici furono molto sorpresi dal flusso di sangue veramente copioso per un uomo della sua età – ma le sue condizioni peggiorarono rapidamente e il 18 morì. Come al solito, si sospettò il veleno;

* «Tremate, tremate, borghesi veneziani. / Voi avete troppe ricchezze / mal acquisite; ora è il momento di renderle».

[1] Conosciuto in tutta Roma come «il ricco cardinale», Adriano era anche, abbastanza stranamente, vescovo di Hereford, una sede che avrebbe scambiato l'anno successivo con quella di Bath and Wells. Anch'egli fu egualmente colpito «da un bruciore negli intestini che gli provocò vertigini e torpore [...]. Col tempo recuperò la salute, ma la guarigione avvenne soltanto dopo che l'epidermide si fu completamente staccata da tutto il suo corpo». Cfr. al proposito: *Dictionary of National Biography*, Oxford University Press.

d'altra parte infuriava la peste e molti ne furono affetti, compreso lo stesso Cesare Borgia, il Valentino, che era troppo ammalato per accorrere vicino al padre.

Da quando aveva rinunciato alla porpora nel 1498, il Valentino aveva covato due ambizioni: riportare sotto il controllo dello Stato della Chiesa quelle regioni, particolarmente le città della Romagna e delle Marche, che col passare del tempo erano pervenute a una semi indipendenza, e costruirsi un proprio principato in Italia da trasmettere ai figli. Come gonfaloniere della Chiesa aveva realizzato brillantemente il primo obiettivo; per il secondo era sulla buona strada, ma l'improvvisa morte del padre mise a repentaglio tutti i suoi piani. Malato com'era, non perse tempo. Spedì subito un uomo di fiducia in Vaticano con l'ordine di impossessarsi, con la persuasione del pugnale, delle chiavi del tesoro e di portare il medesimo a lui; ciò fatto e così arricchitosi di 100.000 ducati d'oro e di considerevoli quantità di vasellame, mandò le sue truppe a occupare Roma per imporre ai cardinali l'elezione di un papa compiacente verso le sue aspirazioni. La scelta cadde su di un amabile nipote di Pio II, il quale sembrava proprio disposto a considerare con benevolenza i suoi propositi. Ma Pio III morì nello spazio di un mese dall'elezione; nel frattempo per il Valentino era sorto un nuovo problema: le aspirazioni territoriali di Venezia.

Perché Venezia aveva fiutato l'occasione. Minata la propria egemonia commerciale, priva di amici e di alleati, sotto la continua e crescente minaccia dei turchi a oriente e dei principi d'Europa a occidente, aveva pensato che, in un piano a lunga scadenza, la sua sopravvivenza poteva essere garantita soltanto dalla costituzione di un esteso baluardo di terraferma. Così, quando i signorotti spodestati dal Valentino avevano cercato rifugio in terra veneziana, la Repubblica aveva immediatamente offerto loro protezione e simpatia; e poi, quando questi nobili, viste le difficoltà di Cesare Borgia, avevano cominciato più o meno contemporaneamente a premere per essere reintegrati nei loro domini, la Repubblica aveva fornito loro un aiuto attivo, ovviamente alla condizione che accettassero la signoria di Venezia governando in suo nome. Alla fine dell'anno il gonfalone di San Marco sventolava già su Russi e Forlimpopoli, su Rimini, Cervia e Faenza.

Se Pio III fosse vissuto, è possibile che i veneziani avrebbero proseguito nella loro spudorata esibizione di rapacità. Alla sua morte, misero in atto tutta l'influenza di cui disponevano per favorire l'elezione del cardinale Giuliano Della Rovere. Confidavano presumibilmente in due fatti: da una parte l'inveterato odio del cardinale per i Borgia avrebbe dovuto indurlo ad accettare la restaurazione dei signorotti romagnoli, dall'altra le sue note simpatie per Venezia, che gli avevano procurato il nomignolo di «Veneziano», avrebbero dovuto garantire un suo atteggiamento tollerante verso l'estensione dei suoi domini. Se fu così, però, commisero un imperdonabile errore nel valutare l'uomo. Il cardinale Della Rovere fu eletto e prese il nome di Giulio II. Il Valentino fu sistemato sbrigativamente: dapprima rinchiuso in Castel Sant'Angelo, dopo qualche mese fu spedito, prigioniero, in Spagna, donde non sarebbe mai più tornato.

Quanto alla Romagna, papa Giulio aveva nel frattempo già chiarito che giudicava la presenza dei veneziani per nulla più accettabile di quella dei Borgia. Il territorio apparteneva, com'era sempre appartenuto, al Papato e al Papato doveva dunque tornare. Invano Venezia spiegò di non essere seconda a nessuno per devozione verso la Santa Sede e che era sua intenzione tenere le terre come un vicariato del papa, al quale era volentieri disposta a pagare un tributo annuo. Giulio II non voleva nemmeno sentirne parlare. «I veneziani vorrebbero servirsi di noi come del loro cappellano», sbottò all'ambasciatore veneziano Antonio Giustinian nel luglio del 1504, «ma non ci riusciranno mai». Però anche Venezia non intendeva cedere. Non potendo persuadere il papa a tollerare la propria politica espansionistica, non aveva altra scelta che sfidarlo.

Venticinque anni prima, al tempo della guerra per Ferrara, aveva già sfidato Sisto IV, zio di Giulio. In quella circostanza il papa aveva comminato l'interdetto, una misura che si era dimostrata decisamente inefficace. Era chiaro che, se Venezia doveva essere messa in ginocchio, questa volta si doveva ricorrere a mezzi di natura più secolare. Il Papato non aveva gli strumenti militari né finanziari per scendere in campo in proprio, ma li aveva Luigi XII re di Francia e, come lui, l'imperatore eletto Massimiliano d'Asburgo, entrambi probabilmente in attesa di una buona occasione per recuperare quei territori, attualmente sotto la signoria di Venezia, sui quali vantavano vecchie pretese. E così assistiamo ancora una volta allo squallido spettacolo di eserciti stranieri che vengono invitati a scendere in Italia per risolvere liti domestiche. Il papa avrebbe in seguito manifestato con tristezza la propria riluttanza a compiere quel passo. «Venezia», fece notare a Giustinian, «fa di se stessa e di me gli schiavi di chiunque; essa per mantenere, io per riprendere. Diversamente, lavorando insieme, avremmo potuto trovare qualche mezzo per liberare l'Italia dalla tirannia degli stranieri». Era un sentimento lodevole; tuttavia per quanto sincera fosse la riluttanza, Giulio II esitò ben poco a compiere il passo e nell'autunno del 1504 si era già procurato l'alleanza della Francia e dell'Impero contro Venezia. Il relativo documento fu firmato il 22 settembre a Blois, dove soltanto cinque anni e mezzo prima Luigi XII aveva sottoscritto un analogo trattato con i rappresentanti della Repubblica, un trattato che, almeno in teoria, era ancora in vigore.

La morte in novembre della regina Isabella di Castiglia e le conseguenti difficoltà per la successione furono causa di attriti tra la Francia e l'Impero, cosicché il trattato di Blois divenne ben presto lettera morta; intanto però la notizia della sua conclusione era giunta a Rialto. Per la prima volta allora i veneziani cominciarono a valutare realisticamente i pericoli della loro politica espansionistica e le disastrose conseguenze che, data l'intransigenza del papa, avrebbe potuto provocare. Si sforzarono di placare Giulio II restituendogli alcuni dei territori controversi, escluse però le tre città chiave di Rimini, Faenza e Cervia sulle quali non mutarono minimamente atteggiamento. Dal canto suo il papa, che aveva visto sfumare rapidamente le speranze di un attacco militare, accettò l'offerta mettendo però in chiaro che non considerava quella cessione una soluzione definitiva e che non sarebbe stato soddisfatto fino a quando tutta la Romagna non fosse tornata sotto il suo controllo.

I gesti concilianti hanno raramente successo. Le concessioni fatte da Venezia, benché importanti, servirono soltanto a mostrare la sua debolezza e certamente non ebbero l'effetto di migliorare la disposizione del papa verso di essa; semmai, il contrario. Infatti, il suo generale orientamento politico sulla problematica che concerneva la Repubblica era profondamente mutato. Soltanto cinque anni prima il cardinale Della Rovere era il più fidato amico di Venezia nel sacro collegio; ora, papa Giulio II ne voleva la distruzione.

Per il momento però poteva fare poco in quella direzione; si occupava invece della conquista di Perugia e Bologna, due città che, come quelle della Romagna, erano nominalmente vicariati del Papato ma i cui rispettivi signori, i Baglioni e i Bentivoglio, si consideravano despoti indipendenti e si comportavano come tali. Ma il suo odio per Venezia continuava a covare sotto la cenere fino a quando, nell'estate del 1508, una serie di eventi lo fece divampare ancora una volta. Il primo avvenimento fu l'entrata di Massimiliano, alla testa di un consistente esercito, in territorio veneziano apparentemente per un semplice attraversamento, dovendosi recare a Roma per l'incoronazione. L'anno precedente ne aveva informato la Repubblica, e con il permesso di passaggio aveva chiesto anche il rifornimento dei viveri per le truppe durante il percorso; ma i rapporti degli agenti della Repubblica che frequentavano la corte asburgica o i suoi dintorni non lasciavano dubbi sul fatto che l'obiettivo primario dell'imperatore eletto fosse la cacciata dei francesi da Genova e da Milano e dei veneziani da Verona e Vicenza, quattro città sulle quali l'Impero rivendicava diritti di antica origine. Venezia aveva pertanto risposto, con cortesia e fermezza insieme, che «sua Maestà Imperiale» sarebbe stata accolta con tutti gli onori e la considerazione dovutigli se veniva «senza la turbolenza militare e il fragore delle armi»; se invece fosse venuto alla testa di reparti armati, gli impegni del trattato e la sua politica di neutralità le impedivano sfortunatamente di dare una risposta positiva. Intanto, nel timore del peggio, potenziò le opere difensive del Friuli avendo contemporaneamente cura di dare assicurazione a Massimiliano – che si trovava in quel periodo a Trento – che quei provvedimenti non dovevano assolutamente essere interpretati come segni di ostilità, essendo semplicemente ordinarie precauzioni imposte da quei tempi agitati.

Furioso per questa reazione, Massimiliano non ne tenne conto e si mise in marcia. Nel febbraio del 1508 avanzava su Vicenza con il grosso dell'esercito mentre il marchese di Brandeburgo discendeva con forze inferiori la valle dell'Adige verso Rovereto. Ma l'imperatore si trovò di fronte a una resistenza molto più tenace di quanto aveva supposto. In quell'epoca Venezia aveva alle proprie dipendenze come condottieri due membri della famiglia Orsini e precisamente Niccolò, conte di Pitigliano, e suo cugino Bartolomeo d'Alviano. Il primo, con l'aiuto francese, bloccò l'avanzata del marchese di Brandeburgo, mentre il secondo non ebbe difficoltà a respingere lo stesso imperatore. Una settimana o due dopo, a un terzo contingente dell'esercito imperiale, e precisamente un distaccamento tirolese che discendeva la valle del Piave nella parte sud-occidentale del Friuli, toccò la stessa sorte; Bartolomeo d'Alviano, avendo bloccato Massimiliano, partì da Vicenza a marce forzate, sbaragliò gli imperiali e poi si prese anche il gusto di occupare Gorizia, Trieste e Fiume. In aprile, essendo scaduto il contratto di sei mesi stipulato con le truppe del suo esercito e non avendo il denaro per rinnovarlo, Massimiliano dovette concludere una tregua per i successivi tre anni, consentendo a Venezia di tenersi i territori che aveva occupato.

Queste vittorie di Venezia sarebbero state in ogni caso notizie spiacevoli per papa Giulio; giungendo in quel momento, lo mandarono su tutte le furie, perché annunciavano un rafforzamento della posizione di Venezia proprio mentre egli stava tentando di isolarla completamente. Venezia stava già facendo cauti sondaggi per accertare la possibilità di un'alleanza con la Francia e la Spagna, le quali inizialmente non avevano dato l'impressione di voler respingere i suoi approcci. Poi, a poche settimane dalla conclusione della tregua, accaddero due cose che papa Giulio non poteva non interpretare come atti di aperta sfida. Prima, Venezia si rifiutò di consegnargli Giovanni Bentivoglio e certi suoi seguaci che si erano rifugiati nella laguna dopo il fallimento di un colpo di mano su Bologna; poi, nominò un vescovo di sua scelta per la sede vacante di Vicenza, ignorando il candidato ufficiale del papa.

Il secondo atto era semplicemente l'esercizio di un diritto tradizionale, ma Giulio II non era assolutamente disposto a considerarlo in questa luce. Risoluto a far valere la propria giurisdizione, «anche», così si espresse, «se dovesse costarmi la stessa tiara», concentrò tutte le forze sull'attività diplomatica al fine di conseguire un obiettivo prioritario: non soltanto l'isolamento di Venezia, ma anche la sua umiliazione, il suo abbattimento a un livello dal quale fosse impossibile recuperare la vecchia autorità e prosperità. Da Roma ripresero le partenze dei legati pontifici diretti in Francia, in Spagna, alla corte imperiale, a Milano, in Ungheria e in Olanda. Tutti portavano la stessa proposta: una spedizione congiunta della cristianità occidentale contro la Serenissima Repubblica di Venezia e il conseguente smembramento del suo impero. Massimiliano avrebbe riavuto tutte le terre a est del Mincio che erano sempre state imperiali o soggette alla casa d'Asburgo, comprese Verona, Vicenza, Padova, Treviso e il suo circondario, il Friuli e l'Istria. Alla Francia sarebbero andate Bergamo, Brescia, Crema, Cremona, la Ghiara d'Adda e tutti quei territori che Venezia aveva acquistato con il trattato di

Blois di nove anni prima. Nel Sud, Trani, Brindisi e Otranto sarebbero passate alla casa d'Aragona. L'Ungheria, se si univa alla lega, avrebbe potuto avere di nuovo la Dalmazia; Cipro sarebbe stata il compenso per i Savoia. Perfino a Ferrara e Mantova sarebbero state restituite le terre che in passato erano state loro. Insomma, ce n'era per tutti.

Quanto al papa, avrebbe naturalmente ricevuto le restanti città di quel gruppo che aveva originariamente costituito il *casus belli*, cioè Cervia, Rimini e Faenza con i rispettivi castelli dipendenti. Ma il suo obiettivo a lungo termine andava ben oltre qualsiasi problema di confini. Egli vedeva l'Italia divisa in tre parti: il nord della Milano francese, il sud della Napoli spagnola; tra i due c'era spazio per uno – ma uno solo – Stato potente e prosperoso. E Giulio II era risoluto a far in modo che questo Stato fosse quello della Chiesa. Venezia poteva sopravvivere, se lo desiderava, come città: come impero doveva essere distrutta.

Non era il caso di attendersi dagli Stati d'Europa molta simpatia per un simile piano politico; e neppure esisteva una buona ragione per cui dovessero impegnarsi. Ciò che li spingeva a unirsi nella lega era il proprio interesse, non quello del Papato. Massimiliano infatti, essendosi convinto che non avrebbe mai potuto riprendere i territori perduti senza l'aiuto francese, aveva già fatto dei sondaggi presso re Luigi indipendentemente dall'iniziativa del pontefice. Poco importava a lui e agli altri sovrani interpellati dal papa, che – a parte le città della Romagna che in ogni caso non li riguardavano –

Venezia avesse diritti perfettamente legali su quei territori di cui essi progettavano di impossessarsi, diritti sanzionati da trattati liberamente conclusi dalla Francia, dalla Spagna e, ancora più recentemente, dallo stesso Massimiliano (nelle condizioni della tregua firmata poche settimane prima erano incluse cessioni territoriali a Venezia). Tanto meno potevano frenarli dubbi di natura morale su ciò che si accingevano a intraprendere. Benché si industriassero di presentare la loro azione come un atto a difesa dell'onestà contro l'iniquità, con il quale doveva essere finalmente punito un rapace aggressore, erano tutti perfettamente consapevoli del fatto che il proprio comportamento era ancora più censurabile di quanto non fosse mai stato quello di Venezia. Ma la tentazione era troppo forte, i compensi prospettati troppo ricchi. Accettarono.

Così la condanna a morte dell'impero veneziano fu firmata il 10 dicembre 1508 a Cambrai da Margherita d'Austria, reggente d'Olanda, per il padre Massimiliano e dal cardinale d'Amboise[2] per il re di Francia. Giulio II, benché un suo legato fosse presente a Cambrai, entrò formalmente nella lega soltanto nel marzo successivo; ma nel preambolo del trattato riconosciamo continuamente la sua voce:

[2] Si tratta del cardinale Georges d'Amboise, nato nel 1460 a Chaumont-sur-Loire e morto a Lione il 25 maggio 1510. Noto presso i contemporanei come il cardinale di Rouen (o, per gli italiani, di Roano), fu il principale ispiratore della politica d'intervento francese in Italia. Nel 1499, vinto Ludovico il Moro, organizzò amministrativamente le conquiste francesi nel Milanese. Luigi XII lo ebbe sempre caro sia come consigliere politico sia come amministratore.

[...] per porre fine alle perdite, alle ingiurie, alle rapine, ai danni che i veneziani hanno inflitto non soltanto alla Santa Sede Apostolica ma anche al Sacro Romano Impero, alla casa d'Austria, ai duchi di Milano, ai re di Napoli ed a molti altri principi, occupando e tirannicamente usurpando i loro beni, i loro possedimenti, le loro città e castelli, come se cospirato avessero per il male di tutti [...].

Così noi abbiamo ritenuto non soltanto utile e onorevole ma anche necessario di chiamare tutti ad una giusta vendetta per estinguere, come un incendio comune, la insaziabile cupidigia dei veneziani e la loro sete di dominio.

Tre mesi dopo, come se non bastassero le altre disgrazie, a Venezia scoppiò un enorme incendio le cui gravi conseguenze gettarono ancor più in basso il morale della popolazione. Il 14 marzo 1509, mentre il Maggior Consiglio era in seduta, una tremenda esplosione fece tremare i vetri del Palazzo Ducale. Era avvenuta nell'Arsenale, cioè a una distanza di circa mezzo chilometro, causata da una scintilla nel deposito della polvere da sparo. La sessione fu immediatamente sospesa e tutti i presenti corsero a constatare l'entità dei danni. La situazione era peggiore di quanto avessero immaginato: tutta l'area intorno all'Arsenale era un inferno; molte case erano crollate e moltissime erano già avvolte dalle fiamme. Furono fatti accorrere sul posto da ogni angolo della città tutti gli uomini disponibili. Gli stessi consiglieri si tolsero gli abiti del loro ufficio e parteciparono all'opera di soccorso. Fecero tutto quanto era possibile, ma il numero delle vittime fu alto e quello dei feriti e dei senza tetto più alto ancora. Come era prevedibile, circolarono presto voci di sabotaggio da parte di agenti di Luigi XII; il Consiglio dei Dieci ordinò un'accurata indagine ma senza risultati. L'unica consolazione dei veneziani restava nel fatto che, soltanto ventiquattr'ore prima dello scoppio, quattromila barili di polvere erano stati caricati su delle barche per il trasporto a Cremona. Se fossero rimasti nel deposito un giorno ancora, l'esplosione sarebbe stata ancora più violenta con l'effetto di danneggiare una vasta zona della città. Ma anche così come erano andate le cose, il potenziale bellico di Venezia aveva subito una drastica riduzione proprio nel momento in cui la Repubblica aveva bisogno di ogni sua briciola di forza per affrontare la tempesta che si andava addensando sul suo capo.

Infatti, le nuvole di maltempo si stavano concentrando rapidamente sul suo cielo. Il ritardo del papa nel dare la propria adesione alla lega di Cambrai sembra che fosse provocato da una sua iniziale incertezza sulla reale serietà delle intenzioni degli altri firmatari; non desiderava in nessun modo avallare pubblicamente con tutto il peso della propria autorità un'alleanza che avrebbe potuto abortire come quella che egli stesso aveva promosso nel 1504. Ma quando, in quello stesso mese di marzo del 1509 Ferdinando di Spagna annunciò la propria formale adesione alla lega, Giulio II ruppe ogni indugio e il 5 aprile fece altrettanto. Nove giorni dopo la Francia dichiarava la guerra.

A questo punto, la diffusa atmosfera di ansietà si trasformò in autentica agitazione e fece subito accettare ai veneziani l'idea di sopportare reali sacrifici, anche dell'orgoglio nazionale, pur di far recedere i vari componenti della Lega di Cambrai dagli obiettivi prestabiliti. Accolsero con interesse proposte di mediazione avanzate da Enrico VII d'Inghilterra; si dichiararono disposti a restituire Rimini e Faenza al papa, che però non intendeva discutere compromessi. «La Signoria faccia ciò che vuole delle sue terre», fu la sua risposta. All'imperatore inviarono un ambasciatore con lo speciale incarico di dare assicurazioni sulla costante devozione della Repubblica e di spiegare che l'apparente scortesia dell'anno prima era da imputare esclusivamente agli impegni derivanti dal trattato con la Francia; ora che la Repubblica era libera da questi impegni, riteneva giusto avvertire «Sua Maestà Imperiale» delle ambizioni della Francia, che potevano realizzarsi soltanto a spese dell'Impero, e offrire il proprio appoggio contro Luigi XII prima che fosse troppo tardi.

Bisogna ammettere che non era un ragionamento molto sottile; la diplomazia veneziana poteva fare – e abitualmente faceva – assai meglio e il fatto stesso che Massimiliano I non desse seguito alla cosa probabilmente non fu motivo di sorpresa per la Signoria. Ma Venezia doveva ora confrontarsi con un allineamento di potenze europee più terribile di qualsiasi Stato italiano mai affrontato prima; un allineamento che comprendeva le quattro più potenti personalità del mondo cristiano. Alleati non ne aveva: era con le spalle al muro. E quando il Maggior Consiglio si riunì in sessione plenaria il 22 aprile, una domenica, il doge Loredan non cercò in nessun modo di nascondere la gravità della situazione: invitò i concittadini a correggersi dei propri difetti, a dimenticare i rancori e le divergenze e a compiere un supremo sforzo nel tentativo di salvare la Repubblica, «perché», concluse, «perdendo, perderemo un bel Stado, non sarà più Gran Consejo, non saremo più in una terra libera». Egli stesso, in occasione del tradizionale banchetto offerto dal doge per la festa di san Marco, il santo patrono – tre giorni dopo – avrebbe dato un esempio offrendo al tesoro pubblico tutto il suo vasellame privato e restituendo 5.000 ducati del suo stipendio, trattenendone soltanto duemila per le spese personali; aveva fiducia che molti altri avrebbero battuto la stessa strada. Mentre il vecchio doge lasciava la sala i presenti notarono che per l'angoscia stentava a mantenersi in piedi.

E il peggio doveva ancora venire. Il 27 aprile papa Giulio emise una bolla in termini perfino più violenti di quelli usati dallo zio ventisei anni prima. Venezia, tuonava il pontefice, si era talmente gonfiata d'orgoglio da molestare i propri vicini e invadere i loro territori, compresi quelli della stessa Santa Sede; aveva dato asilo a ribelli all'autorità del vicario di Cristo; aveva schernito la legge della Chiesa e specifici ordini del papa concernenti vescovi e clero, che aveva imprigionato o mandato in esilio a proprio piacimento; infine, nel momento in cui egli, il papa, si affannava per unire tutti i popoli cristiani contro l'infedele, aveva deliberatamente ostacolato i suoi sforzi a vantaggio dei propri interessi. Pertanto, si prefiggeva di pronunciare solenne scomunica e interdetto contro la Repubblica, col permesso a ogni altro Stato o persona di attaccare o danneggiare chiunque dei suoi sudditi, di impedirle il traffico per terra e per mare e di farle ogni possibile male e danno, se entro ventiquattro giorni non avesse provveduto alla completa restituzione.

Venezia reagì a questa nuova condanna come aveva fatto con la precedente: rifiutandosi di accettarla, proibendone la pubblicazione nei propri territori e annunciando, con un documento inchiodato da due suoi agenti su una porta di San Pietro, l'intenzione di appellarsi a un Concilio. Ma la sua situazione era già più grave di quanto non fosse mai stata ai giorni di papa Sisto; e all'interdetto fece seguito, sempre a Roma, un'altra sciagura. Venezia era riuscita ad assicurarsi colà, in cambio di consistenti aiuti finanziari, l'appoggio della potente fazione nemica del papa guidata dagli Orsini, due dei quali, come abbiamo visto, figuravano già sul suo libro paga come condottieri. Inevitabilmente, qualcosa di tutto questo era giunto all'orecchio del papa che, basandosi sulla scomunica, minacciò punizioni di ordine religioso per tutta la famiglia Orsini, una prospettiva questa che essi non potevano ignorare. Non soltanto dovevano interrompere immediatamente ogni contatto con Venezia, ma veniva inoltre proibita loro la restituzione dei prestiti che avevano ricevuto. Il fatto che, malgrado quella tassativa e solenne ingiunzione, 3.000 ducati fossero comunque restituiti all'emissario veneziano costituisce un durevole tributo all'onore della famiglia Orsini.

Nella disperata ricerca di alleati, i veneziani fecero un altro tentativo di corrompere l'imperatore offrendogli un versamento in contanti di 200.000 fiorini renani e l'aiuto militare nella riconquista di Milano; ma Massimiliano I non rispose e il silenzio imperiale perdurava ancora quando l'attacco ebbe inizio.

Il 15 aprile 1509, soltanto ventiquattr'ore dopo la dichiarazione di guerra, i primi soldati francesi penetravano in territorio veneziano. I mercenari della Repubblica, ancora sotto il comando dei cugini Orsini (che evidentemente avevano resistito alle pressioni del papa con lo stesso successo con cui l'anno prima avevano respinto le truppe di Massimiliano), combatterono valorosamente e il bilancio delle prime tre settimane di scontri, del resto poco impegnativi, poteva probabilmente indicare un loro lieve vantaggio. Il 9 maggio però erano così occupati a saccheggiare Treviglio, che avevano appena riconquistato, che i francesi riuscirono ad attraversare l'Adda a Cassano, qualche chilometro più a ovest; e fu durante la discussione sulle contromisure per affrontare la nuova situazione che le differenze di carattere tra i due condottieri, le quali da un certo tempo minavano l'efficienza del loro comando congiunto, li portarono alla fine a un aperto, e purtroppo rovinoso, disaccordo. Bartolomeo d'Alviano, più giovane e impetuoso, sosteneva la necessità di una prova di forza alla prima occasione; il più prudente Niccolò Orsini di Pitigliano, invece, facendo rilevare, con ragione, che le istruzioni di Venezia erano di evitare battaglie campali, consigliava di pazientare e di attendere. Essendo il più anziano dei due, avrebbe potuto far valere il proprio punto di vista se Bartolomeo d'Alviano, mentre portava più a sud le sue truppe per occupare una migliore posizione, non si fosse improvvisamente imbattuto nei francesi appena fuori del villaggio di Agnadello.

Sembra che Luigi XII in persona desse in questa circostanza l'ordine di attacco ai suoi reparti. Se l'Alviano poteva ancora a quel punto evitare la battaglia e se in quelle particolari condizioni sarebbe stato meglio evitarla, sono questioni non risolte; in ogni caso, non ebbe esitazioni e, dopo aver inviato una richiesta di urgente aiuto all'Orsini che si trovava qualche chilometro più avanti, schierò i suoi uomini e l'artiglieria sul fianco della collina sopra un vigneto e aprì il fuoco. È indubbio che i veneziani avevano il vantaggio di una migliore posizione. Due volte il de Chaumont,[3] governatore francese di Milano, tentò di attaccare, prima con la cavalleria e poi con un reggimento di picchieri svizzeri, ma i vigneti e i canali di irrigazione che lo separavano dai veneziani non permettevano di acquistare la velocità necessaria a una carica; presto, inoltre, cominciò a piovere e il terreno già fangoso divenne un acquitrino. Bartolomeo d'Alviano, invece, poteva far caricare la propria cavalleria su un terreno solido in lieve pendenza, cosicché non ebbe difficoltà a respingere entrambi gli attacchi e a costringere il nemico a re-

[3] Si tratta qui del giovane Charles d'Amboise, signore di Chaumont, nipote del cardinale d'Amboise che aveva firmato per la Francia il trattato della Lega di Cambrai. Il suo ritratto, opera di Andrea Solari, è ora al Louvre.

stare ai piedi della collina dove costituiva un facile obiettivo per l'artiglieria, anche se era un po' macchinoso abbassare l'alzo dei cannoni fino al punto utile per conseguire il massimo effetto.

Se pertanto in quella fase della battaglia il conte Orsini di Pitigliano avesse risposto positivamente al rinnovato appello del cugino e si fosse affrettato in suo aiuto, Venezia avrebbe potuto uscirne vittoriosa, con conseguenze di grande portata per la sua storia futura. Ma non lo fece. La sua risposta si limitò alla riconferma dell'opportunità di evitare la battaglia; poi continuò sulla sua strada, apparentemente incurante di ciò che accadeva dietro le proprie spalle. Bartolomeo d'Alviano tuttavia avrebbe potuto prevalere egualmente se a un certo momento non fosse improvvisamente apparso Luigi XII in persona con il grosso dell'esercito, mentre la retroguardia francese lanciava un attacco di sorpresa alle spalle dei veneziani che, accerchiati per tre quarti, crollarono. Due compagnie di cavalleria fuggirono in disordine; la fanteria, non potendo fuggire, fu massacrata. Bartolomeo d'Alviano, benché gravemente ferito al viso, combatté eroicamente per tre ore prima di essere catturato.

Le perdite dei veneziani ammontavano a circa quattromila uomini (tra i quali un intero reggimento di picchieri reclutato in Romagna da un altro condottiero, Nando da Brisighella), caduti fino all'ultimo uomo. Tuttavia, il vero costo della disfatta non fu pagato in uomini ma in morale. Quasi tutta la cavalleria era intatta, come del resto i settemila uomini del conte Orsini di

Pitigliano che non avevano partecipato alla battaglia. Ma i soldati mercenari sono sempre stati infidi; mancando le motivazioni che agiscono su un esercito nazionale – patriottismo, protezione della famiglia, speranza di gloria e di riconoscimenti nel proprio ambiente o, se vogliamo, anche la paura della punizione –, in tutta la loro storia hanno sempre mostrato la tendenza a dileguarsi quando diminuiscono le speranze di ricchi guadagni o le sorti della battaglia volgono al peggio. Niccolò Orsini di Pitigliano, senza più speranze e colmo di vergogna, dovette assistere impotente alla diserzione di un reparto dopo l'altro. Quei pochi che restarono al suo comando non costituivano assolutamente una forza con cui fosse possibile continuare la campagna, ammesso che egli ne avesse avuto l'ardire. Non poté far altro che rifugiarsi con la massima rapidità sulla laguna.

La notizia della catastrofe giunse a Venezia il 15 maggio, alle dieci di sera. In quel momento Marin Sanudo si trovava per combinazione nella camera del Senato insieme con alcuni Savii e ci ha lasciato un resoconto del silenzio attonito con cui essi ascoltarono i dettagli della disfatta, la ritirata del conte Orsini di Pitigliano, qualche nome dei morti e feriti, molti dei quali in una città delle dimensioni di Venezia erano forse noti a tutti i presenti. Il doge fu immediatamente informato e il Senato, malgrado l'ora tarda, convocato in seduta di emergenza; il doge, nota Sanudo, appariva angosciato. Frattanto la notizia si era sparsa per la città con la velocità del vento e molti cittadini erano accorsi al Palazzo

Ducale, il cui cortile fu ben presto colmo di una folla urlante che chiedeva notizie sicure nella vana speranza che non fossero così cattive come quelle che aveva udito.

Erano peggiori. I francesi in quel momento stavano occupando tutti quei territori a ovest del Mincio sui quali potevano rivendicare un ben che minimo diritto e l'arrivo di Massimiliano I, che secondo il suo solito era stato piu lento a muoversi, non poteva tardare molto. In breve, tutta la terraferma veneziana poteva essere considerata perduta. Ciò che restava era completamente indifeso, senza un esercito degno di questo nome e in grado di opporsi a ulteriori rapine. Quasi tutti gli obiettivi concordati dalla Lega di Cambrai erano stati raggiunti in un colpo solo, e i pochi che restavano lo sarebbero stati in breve tempo. Senza l'aiuto di quelle acque basse e pericolose che la circondavano, anche la stessa città, delusa, demoralizzata e profondamente umiliata, avrebbe avuto poche possibilità di sopravvivenza.

Solo un secolo prima i veneziani avrebbero potuto consolarsi facilmente con il pensiero che potevano tirare avanti benissimo anche senza la terraferma. In quei giorni meno complicati erano ancora un popolo di marinai dedito a un esteso e fruttuoso commercio concentrato particolarmente sui mercati del Levante e del lontano Oriente. Ma i tempi erano cambiati. Il loro commercio nel Levante non si era più ripreso dopo la caduta di Costantinopoli. Venezia non era più la signora del Mediterraneo orientale; dove un giorno la sua sovranità era stata praticamente indiscussa, il suo impero coloniale era ora ridotto a poche, deboli e insicure presenze in un mondo completamente ottomano. Se i turchi le avessero chiuso i propri porti, non avrebbe più potuto fare affidamento nemmeno sui lontani mercati dell'Asia; i portoghesi ci avevano già pensato. In breve, Venezia non era più in grado di vivere soltanto col mare. Ora il suo popolo tendeva a guardare a occidente piuttosto che a oriente, alle fertili pianure del Veneto e della Lombardia, alle fiorenti industrie di Verona e Brescia, di Padova e Vicenza, e alla rete di strade e di canali che le collegavano con le ricche città mercantili d'Europa. Era nella terraferma che aveva ormai investito le proprie ricchezze e riposto le proprie speranze. E la terraferma non era più sua.

Dal Senato e dal Consiglio dei Dieci fu presa in esame l'eventualità di continuare la guerra. Venne deliberato di tentare di trovare altri uomini e altro denaro (anche se nessuno aveva un'idea precisa di dove cercare sia gli uni sia l'altro) e di scrivere al capitano generale, al provveditore Andrea Gritti e al rettore veneziano di Brescia per assicurare che il governo non si era perso d'animo e per incoraggiarli ad aver fiducia e a non cedere. Tuttavia i due nuovi provveditori, eletti con il compito specifico di dirigere la ricostituzione dell'esercito e di infondervi un nuovo spirito, declinarono l'incarico; ognuno sapeva in fondo al cuore che militarmente, almeno per il momento, la situazione era senza speranze. Anche l'interdetto cominciava a produrre effetto: Sanudo annota che nel giorno dell'Ascensione, il 17 maggio, mancava completamente l'abituale folla di visitatori stranieri, la Piazza era triste e deserta. Tutta la città sembrava in lutto. Bisogna però aggiungere che i veneziani erano tutt'altro che inoperosi. Anche se i nemici non potevano raggiungere la città, un blocco era sempre possibile; così, approfittavano del tempo ancora disponibile per riempire i granai e perfino per costruire mulini di emergenza su zattere lungo i canali. Le persone sospette e i vagabondi furono sloggiati mentre speciali reparti, composti sia di nobili sia di comuni cittadini, provvedevano a sorvegliare giorno e notte tutti gli accessi alla laguna.

Ripresero contatto con Massimiliano e ancora una volta richiamarono la sua attenzione sulle ambizioni francesi, ripeterono l'offerta di 200.000 fiorini o, se preferiva, di 50.000 l'anno per dieci anni e arrivarono al punto di proporre la restituzione di tutti i territori inaspettatamente acquisiti l'anno prima, tutto questo affinché accettasse di agire come «padre e protettore» della Repubblica. L'imperatore non dette risposta. Nei primi giorni di giugno infatti alcuni suoi emissari, muniti di una speciale procura, erano occupatissimi a ricevere la sottomissione di una città dopo l'altra – Verona, Vicenza, Padova, Rovereto, Riva e Cittadella – fino a quando, persa tutta la Lombardia e gran parte del Veneto, i veneziani si furono ritirati fin quasi a Mestre. Contemporaneamente i porti della Puglia erano tornati al re di Napoli, il duca di Ferrara aveva ripreso Rovigo, Este, Monselice e il Polesine (la regione tra il Po e il basso Adige sulla quale da tempo il duca avanzava pretese), il marchese di Mantova aveva occupato Asolo e Lonato; e il 28 maggio i legati del papa avevano preso possesso di quelle fatali terre della Romagna, che comprendevano Rimini, Cervia e Ravenna, per le quali la tragedia aveva avuto inizio. In dispregio alle esplicite condizioni della capitolazione, tutti i funzionari veneziani di queste città furono gettati in carcere.

In qualche altro posto le cose andarono un poco meglio. Treviso sfidò coraggiosamente l'emissario imperiale (le cui poche milizie avevano il compito di ben figurare nelle cerimonie più che di far valere la forza) e il giorno successivo all'occupazione, il 10 giugno, che era festa, alzò il gonfalone di San Marco. Anche il Friuli rimase quasi tutto fedele e Udine richiese alla Repubblica un distaccamento di stradioti per la difesa della città in caso di bisogno. Venezia non mancò di dimostrare la propria gratitudine a queste città, che davano prova di una fermezza pari alla sua, concedendo privilegi o esenzioni fiscali; tuttavia, se la loro lealtà poté costituire un certo conforto, in realtà non significava molto in confronto alle perdite subite.

Capitolo XII

Capitolazione e assoluzione (1509-1510)

> Li aricordemo stagino ben con li pontifici... da poi questo atto arete assa' beni, e da nui non mancherà ogni bon oficio.
>
> GIULIO II agli ambasciatori veneziani

I danni subiti da Venezia erano effettivamente immensi; ma mentre passavano le settimane e tornava una certa calma dopo la profonda emozione di Agnadello e delle sue conseguenze, i veneziani cominciarono a chiedersi se le loro prime reazioni non fossero state un poco esagerate. Per quanto concerneva i territori nel Milanese, dove teneva ancora il campo l'esercito vittorioso di Luigi XII re di Francia, non potevano far altro che cedere a tutte le rivendicazioni; con l'Impero invece, alcuni fatti segnalavano la possibilità di una linea di condotta meno remissiva. I veneziani si resero conto d'un tratto che Massimiliano non aveva fatto niente per la lega tranne che prestare il proprio nome. Non aveva inviato un esercito contro di loro e, anzi, non aveva neppure dichiarato la guerra fino al 29 maggio, due settimane dopo la loro disfatta. I suoi imperiali legati potevano essere impunemente sfidati, come avevano dimostrato trevisani e friulani. Inoltre erano notorie le sue gravi ristrettezze finanziarie. Avevano fatto bene, si chiedevano, ad abbandonare tanto presto le loro città, grandi e piccole? Lo avevano fatto perché sapevano di non poterle difendere; ma forse, dopo tutto, questa difesa poteva anche non essere necessaria. Essi avevano anche creduto che quelle città fossero il prezzo che dovevano pagare per affermare la propria esistenza come Stato indipendente, così come un capitano getta in mare il carico per salvare la nave – una similitudine che era affiorata più volte durante le discussioni al Senato e al Consiglio dei Dieci. Ora non ne erano più tanto sicuri. I membri della Lega di Cambrai apparivano ancora implacabili, come sempre, verso la Repubblica; se in futuro fossero stati indotti a tentare di distruggerla completamente, Padova e le altre città vicine sarebbero state di importanza vitale per la difesa della laguna. Molte di esse inoltre erano decisamente contente di essere governate da Venezia e appena pochi giorni dopo il trasferimento del potere già avevano cominciato ad avvertire con disagio la mano più pesante e l'atteggiamento molto meno comprensivo dei loro nuovi padroni imperiali.

Nei primi giorni di luglio, meno di due mesi dopo Agnadello, giunsero le prime notizie di sollevazioni spontanee nella terraferma a favore di Venezia; allora furono inviate istruzioni ad Andrea Gritti, divenuto provveditore a Treviso, di aiutare gli insorti con tutte le forze che riusciva a radunare. Press'a poco nello stesso tempo circolarono per Venezia voci misteriose su due alti individui con mantello e cappelletto bianchi che, con la protezione dell'oscurità, erano stati portati dalla terraferma con la barca dei Dieci, erano rimasti in segreto conciliabolo con la Signoria fino all'una di notte e poi erano tornati silenziosamente come erano venuti. Alcuni giorni dopo, il 16 di luglio, un'intera flotta mise la prua verso Fusina attraverso la laguna, mentre altre barche pattugliavano le acque intorno a Venezia per impedire a chiunque non fosse autorizzato di lasciare la città. Nelle prime ore del mattino successivo, scrive Sanudo, tre pesanti carrette cariche di frumento si presentarono a Padova davanti alla porta Codalunga. La guardia tedesca, non avendo alcun sospetto, abbassò il ponte levatoio. Le prime due carrette passarono abbastanza rapidamente, la terza invece si fermò in mezzo al ponte. Improvvisamente, come emerso dal nulla, un drappello di armati a cavallo, al grido di «Marco, Marco!» penetrò nella città attraverso la porta. I lanzichenecchi, una volta superata la sorpresa, si difesero coraggiosamente, ma dopo un breve e sanguinoso scontro nelle strade principali furono sopraffatti e costretti ad accettare la sconfitta.

Così il 17 luglio, dopo esattamente quarantadue giorni trascorsi come città imperiale, Padova tornò sotto l'ala protettrice del leone di San Marco e molte città più piccole del circondario e del Polesine seguirono il suo esempio. Nel frattempo Lucio Malvezzi, un condottiero bolognese temporaneamente al soldo di Venezia, aveva occupato Legnago, una città chiave sull'Adige, da dove minacciava Verona e Vicenza. Forse la situazione non era così disperata, dopo tutto.

Ma se, nell'estate inoltrata del 1509, certi veneziani potevano chiedersi se la Repubblica alla fine non avrebbe recuperato gran parte della terraferma così frettolosamente e avventatamente abbandonata, neppure i più ottimisti fra essi avrebbero mai pensato che fosse possibile senza combattere. Sapevano che Massimiliano era a Trento, soltanto a pochi chilometri dal confine; presto o tardi sarebbe apparso, e la notizia della perdita di Padova poteva soltanto sollecitare il suo arrivo.

E così fu, infatti. Nei primi giorni di agosto un esercito eterogeneo e poco organizzato si mise in marcia verso Padova (procedendo ancora più lentamente del solito causa una grave scarsità di cavalli per il traino dell'artiglieria); durante il percorso si sarebbero uniti a esso una forza di parecchie migliaia di francesi sia di cavalleria sia di fanteria, un corpo di spagnoli e contingenti più piccoli inviati da Mantova, Ferrara e dal papa. Massimiliano intanto aveva piuttosto saggiamente deciso di dislocare temporaneamente il proprio quartier generale ad Asolo nel palazzo della Regina di Cipro, che era fuggita a Venezia con tutta la sua corte alla prima notizia del suo avvicinarsi.

Benché qualche scaramuccia isolata avesse luogo fin dall'arrivo sotto le mura di Padova delle prime unità imperiali, passò un buon mese prima che tutto quell'esercito composito fosse arrivato e pronto per l'assedio. Grazie a ciò i difensori poterono comodamente migliorare le fortificazioni, stipare i magazzini di cibo, acqua e munizioni. In quei giorni anche il conte Orsini di Pitigliano, felice di aver conservato un comando dopo il suo recente deplorevole comportamento, aveva radunato gli uomini rimastigli e li aveva portati di rincalzo alla guarnigione padovana, unitamente a un corpo di volontari costituito da duecento giovani dell'aristocrazia veneziana, tra i quali figuravano anche due figli del doge Loredan. Quando il 15 settembre l'assedio finalmente cominciò sul serio, la città era perfettamente in grado di difendersi.

Fu una fortuna che lo fosse. Per due settimane l'artiglieria pesante tedesca e francese martellò le mura settentrionali riducendole a pezzi; eppure, grazie alla perizia e alla disciplina di chi stava dentro – qualità tanto più notevoli se si considera che erano invece mancate tra gli uomini del conte Orsini di Pitigliano tre mesi prima –, tutti gli assalti furono respinti. Alla fine, il 30 settembre, Massimiliano rinunciò e tolse l'assedio, «perché», come scrisse una settimana dopo alla figlia Margherita, «in considerazione della forza dell'artiglieria e delle milizie che i veneziani hanno nella città e dei grandi lavori che vi hanno fatto dentro, tali che il mondo non ha mai visto qualcosa di uguale, e poiché essi hanno più di quindicimila uomini completamente armati, noi e i nostri capitani e consiglieri abbiamo concordato che sarà più vantaggioso cessare l'assedio che prolungarlo ulteriormente».

In realtà, aveva poco da fare di più vantaggioso altrove. L'imperatore aveva fatto una meschina figura e lo sapeva. Ordinò in fretta i preparativi necessari per lasciare in Italia una parte dell'esercito al comando del duca di Anhalt per presidiare altre, meno animose, città e per avere disponibile, in caso di necessità, una forza di emergenza: infine, dopo tre settimane, ricondusse il suo inconcludente esercito oltre le Alpi, da dove era venuto.

I veneziani intanto gongolavano. La riconquista di Padova era stata già di per sé una vittoria; ma aver poi tenuto con successo la città contro un esercito di circa quarantamila uomini, questo era un trionfo. E non era ancora finita. Il 14 novembre il conte Orsini di Pitigliano avanzò su Vicenza dove il duca di Anhalt si arrese quasi subito. Un altro attacco su Verona una settimana dopo fallì, ma la delusione fu presto dimenticata dal momento che altre città, sempre più numerose, presero a schierarsi con Venezia: Cittadella, Bassano, Feltre e Belluno nel nord, Este, Montagnana e Monselice più a sud.

Il ritorno a Venezia di queste ultime tre città era stato il risultato di una nuova offensiva della Repubblica contro il duca di Ferrara, Alfonso d'Este, il quale, dopo Agnadello, si era arrangiato bene nella contesa regione del Polesine, mentre il fratello, il cardinale Ippolito I d'Este, aveva dato valido, anche se alla fine inutile, aiuto a Massimiliano durante l'assedio di Padova; e fu con l'intento di impartire al duca una lezione ancora più severa che fu dato l'ordine ad Angelo Trevisan, capitano generale della flotta, di risalire il Po con una squadra di diciassette galee leggere e di devastare il più intensamente possibile i territori ferraresi. Trevisan obiettò che i pericoli di una simile missione erano sproporzionati in confronto al danno che poteva fare, ma non fu ascoltato. Via via che si inoltrava nel fiume incontrava una resistenza sempre crescente finché a Polesella, a circa quindici chilometri da Ferrara, decise di sbarcare gli uomini, che si trincerarono dietro un robusto bastione e costruirono attraverso il fiume, un poco più a monte, una grande barriera di barche e catene per proteggere le galee da eventuali attacchi. Tutto sarebbe andato bene se il fiume, ingrossato dalle piogge di dicembre, non avesse spezzato la barriera proprio nel momento in cui il cardinale Ippolito lanciava un attacco contro il bastione. Nella confusione che ne seguì i ferraresi riuscirono, col favore dell'oscurità, a portare l'artiglieria pesante sull'argine del fiume da dove cominciarono di punto in bianco a distruggere le indifese galee veneziane. Ne scamparono al disastro soltanto due. Lo sfortunato Trevisan fu riportato a Venezia, condotto davanti al Senato e ai Dieci e condannato a tre anni di esilio a Portogruaro.

Quando papa Giulio udì la notizia della riconquista di Padova ebbe una furibonda quanto rumorosa esplosione di rabbia; e quando, dopo il fallimento dell'assedio di Massimiliano, apprese che Verona era sul punto di dichiararsi per Venezia e che il marchese di Mantova, allora alle dipendenze della lega, era stato catturato dai veneziani mentre stava portandovi dei rinforzi, si dice che scagliasse irosamente lo zucchetto sul pavimento e imprecasse perfino contro san Pietro. La restituzione dei territori pontifici non lo aveva calmato per nulla; il suo odio per Venezia e il suo desiderio di vendetta erano ancora intatti e benché in risposta a una fin troppo conciliante lettera del doge avesse accettato di ricevere a Roma un'ambasciata veneziana di sei persone, fu ben presto chiaro che aveva avuto il solo scopo di infliggere alla Repubblica ulteriori umiliazioni. Al loro arrivo nei primi giorni di luglio, agli ambasciatori fu proibito, essendo scomunicati, l'ingresso in città prima del tramonto, di prendere alloggio nella stessa casa e perfino di uscire in gruppo, anche per il disbrigo di incarichi ufficiali. Non poterono godere di nessuno di quei privilegi e cortesie normalmente accordati ai rappresentanti diplomatici di uno Stato straniero. Soltanto a uno di essi, un certo Girolamo Donà, che il papa aveva conosciuto qualche anno prima, fu concessa un'udienza, che si trasformò rapidamente in una furiosa polemica di Giulio contro Venezia. I signori veneziani credevano davvero che il bando della Chiesa sarebbe stato tolto soltanto perché avevano restituito alcune città, sulle quali del resto non avevano alcun diritto? Fino a quando tutti gli scopi prestabiliti dalla lega non fossero stati realizzati alla lettera e i veneziani non fossero venuti in ginocchio davanti a lui, col capestro sul collo, egli non avrebbe preso in esame la possibilità di concedere l'assoluzione. Terminò consegnando al Donà un promemoria, una carta dove erano riassunte le sue condizioni, definito in seguito da Sanudo «documento diabolico e vergognoso» e che il Senato respinse recisamente. «Piuttosto inviamo cinquanta emissari al turco», tuonò con ira il figlio del doge, Lorenzo Loredan, «prima di accettare simili condizioni».

Non era vuota retorica; né c'era il pericolo che le parole di Lorenzo Loredan suscitassero in quell'uditorio un'emozione violenta. Il Senato sapeva perfettamente che i recenti successi sulla terraferma avevano sì costituito una provvidenziale iniezione di ottimismo ma non potevano però modificare sostanzialmente le prospettive di Venezia a lungo termine. La lega era ancora in atto e la sua ostilità immutata. D'accordo, l'imperatore era stato temporaneamente umiliato, ma il suo esercito era intatto ed egli sarebbe certamente calato nelle terre venete in primavera per salvare onore e reputazione. Anche i francesi a Milano stavano affilando le spade. Venezia intanto continuava a restare isolata, il suo esercito sconfitto e demoralizzato, il tesoro svuotato, quasi tutto il reddito della terraferma svanito e nemmeno un amico disposto a darle una mano. Non aveva scelta: se nessuna potenza cristiana era disposta ad aiutarla, doveva rivolgersi ai turchi.

E così l'11 settembre la decisione era presa. Venezia avrebbe inviato un appello di aiuto al sultano facendo risultare che la lega era un dichiarato nemico dei turchi non meno che dei veneziani; pertanto, avrebbe chiesto l'urgente invio del maggior numero possibile di armati insieme con un prestito di almeno 100.000 ducati. Avrebbe anche chiesto di bloccare gli acquisti di panni fiorentini e genovesi, i cui profitti servivano per finanziare la lega. Ai principi dell'Occidente questo appello, se ne avessero avuto sentore, sarebbe apparso unicamente come un'ulteriore prova della perfidia veneziana anziché, come era in realtà, un atto disperato per il quale avrebbero dovuto biasimare soltanto se stessi. Non depone a favore del pensiero politico europeo il fatto che, in un periodo in cui la cristianità era in lotta per la sopravvivenza, i suoi capi, guidati dal papa in persona, si fossero accordati per distruggere quell'unico Stato che avrebbe dovuto costituire la loro prima linea difensiva, costringendolo a un tentativo di alleanza con il comune nemico.

Ma il sultano rimase spettatore silenzioso e il nuovo re d'Inghilterra, Enrico VIII, pur mostrando inequivocabili segni di simpatia per Venezia, non dette alcun aiuto materiale. L'annientamento della flotta fluviale di Angelo Trevisan costituì un altro duro colpo e verso la fine dell'anno la Repubblica di Venezia non fu più in grado di abbozzare una qualsiasi resistenza. Il 29 dicembre decise di accettare le condizioni di pace del papa. Erano terribili: Venezia doveva sottomettersi completamente alla Santa Sede. Doveva rinunciare al suo tradizionale diritto alla nomina dei vescovi e di altri prelati nel territorio dello Stato, a giudicare il clero nei suoi tribunali, a imporgli tasse senza il consenso del pontefice. Doveva pure cessare la sua giurisdizione sui sudditi degli Stati Pontifici nel suo territorio. Il papa doveva ricevere completo indennizzo per tutte le spese sostenute per il recupero dei propri territori e per tutti i redditi venuti a mancare durante il tempo in cui essi erano stati di Venezia. Da quel momento in avanti l'Adriatico doveva essere aperto a tutti e venivano aboliti quei dazi che Venezia era abituata a imporre alle navi straniere. Infine, la Repubblica era obbligata a fornire non meno di quindici galee nel caso di una guerra contro i turchi.

Benché i veneziani non avessero previsto niente di meno e malgrado la loro critica situazione, l'accettazione di questi impegni fu controversa e tutt'altro che unanime. Quando la deliberazione fu sottoposta al Senato per la prima volta, fu respinta; alla seconda votazione non ottenne un solo suffragio più del minimo indispensabile per l'approvazione. In un altro mese di negoziati i delegati veneziani riuscirono a strappare al papa soltanto due concessioni di minore importanza: l'esenzione dai dazi nell'Adriatico veniva limitata ai sudditi del Papato e l'impegno a fornire le galee, pur essendo integralmente accettato, non doveva figurare nel trattato per non offendere inutilmente il sultano.

Così fu raggiunto l'accordo e il 24 febbraio 1510 papa Giulio II prese posto su di un trono appositamente costruito davanti alle porte centrali di San Pietro, dodici cardinali intorno a lui. I cinque inviati veneziani, in veste di porpora – il sesto era morto pochi giorni prima –, avanzarono verso di lui, baciarono l'augusta pantofola e si inginocchiarono sui gradini mentre il loro portavoce, Domenico Trevisan, pronunciava una formale richiesta di assoluzione in nome della Repubblica; poi il vescovo di Ancona lesse per intero il testo dell'accordo.

Quell'ascolto fu probabilmente penoso per gli emissari, e non tanto perché il testo conteneva la forzata ammissione della Repubblica al fatto che i suoi molteplici peccati e le sue varie malvagità avevano ampiamente meritato la scomunica – la voce del vescovo era per fortuna talmente fioca da essere quasi incomprensibile – quanto perché la lettura durò un'intera ora, durante la quale dovettero restare sempre in ginocchio. Alzatisi con difficoltà, mezzo rattrappiti, si presero dodici simbolici colpi di verga dai dodici cardinali (la fustigazione vera e propria venne pietosamente omessa), giurarono di osservare le condizioni dell'accordo, baciarono ancora l'augusta pantofola del papa e ricevettero finalmente l'assoluzione. Soltanto allora furono aperte le porte della basilica di San Pietro e tutti quanti si recarono in processione a pregare dinanzi all'altar maggiore prima della messa nella cappella Sistina – tutti eccetto il papa che, come spiegò uno dei legati veneziani nel suo rapporto, «non presenziava mai a quelle lunghe funzioni».[1]

Venezia aveva capitolato – ma soltanto perché non aveva altra scelta, e il governo volle che questo fatto figurasse agli atti. Così nel giorno stesso in cui furono inviati agli ambasciatori i pieni poteri per firmare l'accordo in nome della Repubblica, il Consiglio dei Dieci decise con la grande maggioranza di tredici voti favorevoli e due contrari[2] di redigere una formale dichia-

[1] Lettera di Paolo Cappello. Sanudo riporta i resoconti di tre testimoni oculari della cerimonia, due ambasciatori veneziani e il cardinale veneziano Corner (cfr. M. Sanudo, *Diarii*, 58 voll., Venezia 1879-1902, vol. X, pp. 9-13).

[2] Erano presenti, come sempre, anche il doge e la Signoria. Cfr. pp. 21-22.

razione dalla quale risultasse che Venezia aveva sofferto gravi torti per opera del papa e che aveva accettato tutte le sue ingiuste pretese «non spontaneamente o di propria libera volontà ma perché costretta – dalla forza, dalla paura e dalle minacce»; gli impegni assunti non erano pertanto vincolanti e Venezia si riservava il diritto di risottoporre il proprio caso, come e quando se ne presentasse l'opportunità, sia allo stesso papa «quando fosse meglio informato e non sotto influenze ostili» sia ai suoi successori.

Gli ambasciatori veneziani forse ne erano all'oscuro non meno di Giulio II e dei suoi cardinali, ma il documento sul quale applicarono i sigilli durante la cerimonia che abbiamo descritto, quelle condizioni che essi avevano così a lungo e penosamente ascoltato, tutto quanto era già stato dichiarato nullo e privo di valore dal loro governo quasi tre settimane prima.

La notizia della conciliazione del papa con Venezia non fu bene accolta dagli altri membri della Lega di Cambrai. Soprattutto i francesi avevano cercato in ogni modo di dissuaderlo, e alla cerimonia dell'assoluzione gli ambasciatori francesi, imperiali e spagnoli, tutti presenti a Roma in quel periodo, avevano brillato per la loro assenza. Sebbene Giulio II non avesse fatto niente per uscire formalmente dall'alleanza, non tardò a vantarsi di avere immerso, con l'assoluzione a Venezia, un pugnale nel cuore del re di Francia, prova sufficiente, se di prove c'era bisogno, che egli ormai considerava i francesi piuttosto che i veneziani il principale ostacolo alla sua politica italiana e che aveva effettivamente cambiato fazione. Nel marzo 1510 troviamo da una parte il Senato veneziano che studia il miglior modo di includere il papa in un progetto di alleanza con l'Inghilterra e la Scozia, dall'altra il papa che deliberatamente attacca briga con l'ex alleato Alfonso d'Este, duca di Ferrara, la cui crescente identificazione con gli interessi francesi lo aveva irritato e impensierito.

Ma tutto ciò non significava che la Lega di Cambrai fosse ormai lettera morta, tutt'altro. Con l'arrivo della primavera i francesi erano di nuovo in marcia, con l'aiuto del duca di Anhalt e di Alfonso d'Este, in attesa dell'arrivo di Massimiliano per dare un assetto definitivo alla terraferma veneta. Come era facilmente prevedibile, Massimiliano non si fece vedere; ma anche senza di lui, gli eserciti alleati erano numericamente superiori ai veneziani. Inoltre Venezia aveva un altro problema: in gennaio era morto a Lonigo Niccolò Orsini, conte di Pitigliano,[3] e non sembrava facile trovargli un idoneo successore. Venezia fu costretta a adottare una soluzione transitoria affidando il comando supremo delle truppe al provveditore Andrea Gritti, la cui integrità, coraggio e lunga esperienza militare non potevano modificare il fatto che fosse, come tutti i provveditori, essenzialmente un civile e pertanto inadatto a ispirare fiducia a truppe composte di militari professionisti com'erano i mercenari.

[3] Fu portato a Venezia e sepolto con tutti gli onori nella chiesa dei Santi Giovanni e Paolo. Il suo monumento, classicheggiante, che comprende oltre alle due Virtù (opera di Tullio Lombardo) anche la statua equestre in legno dorato, può essere visto nella crociera destra.

Ciò premesso, resta da vedere se il più grande condottiero del momento sarebbe riuscito ad arrestare l'avanzata degli eserciti francesi, tedeschi e ferraresi, i quali, riunitisi immediatamente a sud di Legnago, occuparono rapidamente Este e Montagnana e poi si inoltrarono a nord verso Vicenza. Andrea Gritti, non essendo in grado di opporre un'efficiente resistenza, si ritirò a est e il 24 maggio il duca di Anhalt portò i suoi uomini dentro la città: per la seconda volta in un anno i vicentini erano costretti a riconoscere l'imperatore come loro signore.

Non lo fecero molto volentieri. Sapevano bene che la loro recente defezione aveva umiliato e incollerito il duca di Anhalt, che li avrebbe ora trattati con estremo rigore. Molti fra i più importanti cittadini infatti erano già riparati a Padova e a Venezia con le mogli, i figli e gli oggetti di valore, cosicché i rimasti non erano assolutamente in grado di pagare le enormi ammende che pretendeva il comandante tedesco. Quando poi, a coronamento delle proprie sventure, cominciarono a vedere i mercenari tedeschi ubriachi barcollare per le strade, qua e là depredando e saccheggiando, ebbe luogo un altro esodo in massa, nel corso del quale oltre un migliaio di persone si rifugiò in un'enorme caverna scavata profondamente in un fianco del vicino monte Berico. Avrebbero fatto meglio a restare a Vicenza: ben presto una banda di irregolari francesi scoprì il loro nascondiglio e, sentendo odore di bottino, pretese che uscissero tutti all'aperto. I vicentini rifiutarono e i francesi allora accesero un grande fuoco sull'ingresso della caverna, che si riempì rapidamente di fumo. Soltanto un bambino, così leggiamo, trovata una piccola fessura nella roccia, riuscì a inspirare aria fresca sufficiente per salvarsi; tutti gli altri morirono asfissiati e i loro corpi furono poi debitamente spogliati di tutti gli oggetti di valore. È doveroso aggiungere che quando la notizia di questa atrocità giunse nel campo francese, la punizione dei responsabili fu rapida e severa. Il famoso Baiardo,[4] detto il «cavaliere senza macchia e senza paura», che nella calata di Carlo VIII nel 1494 aveva preso parte a tutte le principali campagne francesi in Italia, fece impiccare due caporioni della banda davanti alla caverna; e queste non furono le uniche punizioni. Ma il danno era già stato fatto: la notizia dell'accaduto si era rapidamente diffusa in tutta l'Italia settentrionale provocando una comprensibile ondata di sdegno. Il prestigio francese ne riportò un grave colpo, le cui conseguenze non sarebbero scomparse presto.

Ma per Venezia la perdita di Vicenza – e quella di Legnago seguita dopo quindici giorni – era di gran lunga più grave; ed era anche un brutto auspicio per il futuro. Gli eserciti della Lega di Cambrai, con o senza Massimiliano, erano forti; avevano rapidità e forza d'urto

[4] Si tratta di Pierre Terrail, signore di Bayard; nato verso il 1473 nel castello di Bayard, presso Grenoble, morì a Romagnano Sesia nel 1524. La sua fama di *chevalier sans peur et sans reproche* è stata consacrata dal poemetto *La molto lieta, piacevole e ricreativa storia del buon cavaliere senza macchia e senza paura, gentile signore di Baiardo*, probabile opera del notaio francese Jacques de Mailles.

formidabili; il loro morale era alto. L'esercito di Venezia, numericamente inferiore e acefalo, era in ritirata. La campagna di quella stagione era appena all'inizio. Quali altri disastri poteva avere in serbo prima della fine? Padova doveva attendersi sicuramente un altro attacco; se Padova cadeva, quali possibilità restavano di mantenere il possesso delle sponde della terraferma di fronte alla laguna? E se il nemico riusciva a occupare anche queste sponde, Venezia sarebbe stata ancora imprendibile come lo era stata nei secoli passati? Negli ultimi vent'anni aveva già sofferto danni irreparabili. Il suo commercio in Oriente e il suo impero in Occidente erano entrambi in rovina. Il suo onore poteva essere intatto ma la sua reputazione era compromessa: la situazione finanziaria era critica, senza alcuna prospettiva di miglioramento. Con il nemico alle porte che speranze di sopravvivenza poteva avere?

Tuttavia, il visitatore medio, non troppo attento, non avrebbe notato allora a Venezia niente di insolito. Mai la città era stata più splendente. Il periodo più calamitoso della sua storia, quell'angoscioso decennio che per poco non assiste alla fine della stessa Repubblica, vide anche il genio creativo veneziano espandersi in tutta la pienezza della sua fioritura. Furono quelli gli anni in cui il settantenne Giovanni Bellini lavorava, nella chiesa di San Zaccaria, a una delle sue più deliziose pale d'altare, quella della *Vergine col putto in trono, santi e angeli musicanti*, mentre suo fratello Gentile era impegnato, insieme con altri, ai teleri del ciclo sui *Miracoli della Vera Croce*, ora alle Gallerie dell'Accademia;

in cui Giorgione e Tiziano collaboravano nel Fondaco dei Tedeschi, ora sede della Posta centrale, tappezzandone le pareti di affreschi dei quali, ahimè, non resta alcuna traccia; era l'epoca in cui Carpaccio dipinse quei nove sublimi teleri che hanno reso la Scuola di San Giorgio degli Schiavoni famosa in tutto il mondo. Contemporaneamente Pietro Lombardo e i suoi figli stavano dando gli ultimi tocchi a Santa Maria dei Miracoli e Mauro Coducci stava completando la facciata di San Zaccaria, Santa Maria Formosa e le Scuole di San Marco e di San Giovanni Evangelista.

In quel periodo Venezia era anche divenuta il centro culturale più attivo d'Italia. Appena trent'anni dopo che il doge Cristoforo Moro aveva concesso, nel 1469, la prima licenza d'esercizio a uno stampatore, nella città lagunare erano stati pubblicati più libri che a Roma, Milano, Firenze e Napoli messe insieme; e già nel 1490 la sua fama come centro letterario era tale che l'umanista e stampatore Aldo Manuzio il Vecchio – noto, come lui stesso amava definirsi, come «Aldus Pius Manutius Romanus» – la scelse quale patria di adozione. Questi, dopo avere installato i torchi in campo Sant'Agostin,[5] iniziò a svolgere quel compito che si era assunto e al quale si sarebbe dedicato nei successivi venticinque anni: l'edizione critica, la stampa e la pubbli-

[5] L'edificio che secondo la tradizione ospitò la stamperia aldina è il piccolo palazzo gotico (al civico numero 2311) in Rio Terà Secondo; tuttavia esistono prove convincenti che si trovasse invece in un edificio situato proprio nel campo (cfr. Giuseppe Tassini, *Curiosità veneziane. Ovvero origini delle denominazioni stradali di Venezia*, 8ª ed., Filippi editore, Venezia 1970, p. 10).

cazione dei classici della letteratura. La funzione editoriale era svolta dalla cosiddetta Accademia di Aldo, di cui facevano parte alcuni dei più valenti studiosi del tempo; vi operò per parecchi mesi anche Erasmo da Rotterdam, che divenne amico devoto della famiglia Manuzio (benché trovasse il loro cibo piuttosto pesante). Tale fu il successo della sua impresa che al tempo della morte, avvenuta nel 1515, Aldo aveva pubblicato, con la famosa marca tipografica contrassegnata dall'àncora e dal delfino, non meno di ventotto autorevoli edizioni di classici greci e latini. Grazie a lui, inoltre, i libri non furono più un privilegio di pochi ricchi ma poterono essere venduti a prezzi economici e in quantità impensabili prima di allora, tanto che i mercanti tedeschi e fiamminghi del Fondaco dei Tedeschi dettero vita a un fiorente commercio di esportazione di libri nell'Europa settentrionale. In tutte queste attività, le tribolazioni della Repubblica durante gli eventi che condussero alla formazione della Lega di Cambrai e negli anni immediatamente successivi non causarono praticamente alcuna interruzione.

Tanto meno i veneziani, ricchi o poveri, colti o ignoranti, avevano rinunciato a divertirsi. Girolamo Priuli annota puntualmente che il carnevale del 1510 fu festeggiato con fuochi artificiali, mascherate e altre manifestazioni così numerose che uno spettatore avrebbe immaginato la città tornata indietro nella sua età d'oro. Al pranzo di nozze di Francesco di Nicolò Foscari con la figlia di Giovanni Venier, allora capo dei Dieci, sedevano ben quattrocentoventi invitati; il pranzo fu seguito da una rappresentazione allegorica con cantanti e danzatori, compagnie teatrali, buffoni e acrobati, che durò «fino a che il sole non fu alto nel cielo». Gli abiti, a dispetto delle leggi suntuarie e dei periodici decreti governativi che proibivano l'eccessivo lusso, erano divenuti sempre più sontuosi. Diversi storici del passato hanno avanzato l'ipotesi che Venezia, abbandonandosi con cuore così leggero al lusso e ai divertimenti, facesse semplicemente un disperato tentativo di dimenticare le sciagure che incombevano su di essa; ma questa congettura non tiene conto del carattere del suo popolo: i veneziani non avevano dimenticato né stavano tentando di farlo. Quando il 16 maggio 1510 una violenta grandinata fece saltare la vetrata di un finestrone della Sala del Maggior Consiglio durante una seduta del Senato (la riunione avveniva lì perché quel giorno faceva un caldo estivo) e contemporaneamente staccò un'ala del leone di San Marco sulla colonna della Piazzetta, molti senatori, come racconta Marin Sanudo, non ebbero esitazioni nell'interpretare quegli eventi come cupi presagi di un'imminente rovina. Ma i veneziani avevano sempre avuto una particolare inclinazione per i festeggiamenti grandiosi; in tutta la loro storia avevano sempre amato la bellezza e la magnificenza e non si erano mai vergognati di questa loro debolezza. La perdita dell'impero, il crollo dell'attività mercantile, perfino la minaccia che la loro amata Repubblica potesse venire soppressa, nessuna di queste catastrofi rappresentava un motivo sufficiente per cambiare le loro secolari tradizioni. Anzi, proprio il contrario: se Venezia doveva morire, che morisse come aveva sempre vissuto, superbamente e con stile.

Capitolo XIII
Alleanze mutevoli
(1510-1513)

> Questi francesi mi han tolto la fame [...]. È voluntà di Dio di liberar Italia di man di francesi.
>
> GIULIO II, Lettera

Ma Venezia non morì. Improvvisamente le forze che si erano schierate contro di essa si divisero. Massimiliano, in dispregio alle promesse fatte e dopo infiniti differimenti e tergiversazioni, continuò, come si espresse Erasmo, «a sonnecchiare accanto alla stufa» e non si fece più vedere. Luigi XII re di Francia si trovò sconcertato e sbilanciato per la morte, avvenuta il 25 maggio, del cardinale d'Amboise, suo intimo consigliere e forza motrice che stava dietro la sua politica italiana. Tuttavia il singolo elemento più importante non fu l'imperatore tedesco né il re francese bensì il papa. Nella piena estate del 1510 il suo voltafaccia era ormai completo e il suo indirizzo politico evidente. Le pendenze con Venezia erano state risolte; ora era il turno della Francia.

In base a qualsiasi criterio obiettivo, l'azione di papa Giulio era decisamente criticabile. Dopo aver incoraggiato i francesi a prendere le armi contro Venezia e averli manipolati senza pudore per i propri fini, ora voleva negar loro quelle ricompense che egli stesso aveva promesso e si voltava contro di essi con la stessa virulenza e con lo stesso astio che aveva prima esibito contro i veneziani.[1] Non contento ancora, instaurò trattative con l'imperatore nel tentativo di portare anche Massimiliano contro il suo ex alleato. La sua pretesa, regolarmente esumata in sua difesa da posteriori apologisti, che il suo obiettivo finale fosse la liberazione dell'Italia dagli invasori stranieri – il che, sia detto incidentalmente, fu un insuccesso clamoroso – sarebbe stata più convincente se non fosse stato proprio lui a introdurre quegli invasori e, per giunta, per nessun'altra ragione se non quella di umiliare l'unico Stato italiano di una certa dimensione e di reale importanza.

Comunque, quell'improvviso mutamento di politica si può spiegare anche con un altro motivo, meno idealistico forse, ma molto più persuasivo. Avendo opportunamente consolidato gli Stati Pontifici, Giulio II progettava ora di ingrandirli con l'annessione del ducato di Ferrara. Negli anni passati il duca di Ferrara, Alfonso I d'Este, gli era stato innegabilmente utile; ma ora era divenuto quasi un agente del re francese, con il quale i suoi vincoli erano divenuti più stretti proprio

[1] L'inviato veneziano in una lettera al Senato della Repubblica del luglio 1510 asseriva: «Francesci sono tutti storniti la mità più di quello erano nostri l'anno passato», in Eugenio Albèri, *Relazioni degli Ambasciatori Veneti al Senato*, 15 voll., Società Editrice Fiorentina, Firenze 1846-1859.

mentre il papa se ne distanziava. Le saline di Comacchio erano in diretta concorrenza con quelle pontificie di Cervia; infine, come marito di Lucrezia Borgia, era il genero di Alessandro VI, un fatto questo che, agli occhi di papa Giulio, era da solo motivo più che sufficiente per condannarlo.

A ogni modo, per quanto si possa indagare sulla sostanza e sulle ragioni della tortuosa politica di Giulio II, un fatto resta chiaro: come era stato in precedenza il principale architetto dell'umiliazione e delle perdite territoriali di Venezia, ne divenne d'un tratto il suo salvatore. Non solo assunse il ruolo di quel potente campione che la Repubblica aveva così disperatamente cercato, ma prese anche nelle proprie mani le redini dell'iniziativa. Venezia poteva ora – con quale sollievo si può facilmente immaginare – ritirarsi dall'occhio del ciclone: non era più la protagonista al centro della scena. Questa fase della guerra era principalmente un fatto tra il papa e Luigi XII. Il compito della Serenissima, d'ora in avanti, consisteva semplicemente nel dare il massimo aiuto possibile al nuovo e inatteso alleato.

Primo impegno comune di questa insperata alleanza fu un'azione combinata, navale e terrestre, tentata in luglio per sloggiare i francesi da Genova; la cosa si risolse in un fallimento. Ma a quel punto l'esercito veneziano nella terraferma veneta e nel Polesine stava già traendo vantaggio dalla nuova situazione. Voci che un esercito di quindicimila svizzeri, che il papa aveva ingaggiato in maggio, avrebbe invaso il Milanese prima di attaccare Ferrara causarono il precipitoso richiamo a Milano del de Chaumont con il grosso delle sue forze; il duca di Anhalt e alcuni reparti francesi rimasero sul campo ma, pur costituendo sempre una presenza militare, non poterono impedire ai veneziani di occupare nuovamente quasi tutte le maggiori città del Trevigiano. Intanto, per niente scoraggiato dall'insuccesso del tentativo su Genova, il papa continuava la lotta contro i suoi nemici negli altri due campi che aveva a disposizione: il diplomatico e il religioso. Innanzitutto riconobbe Ferdinando d'Aragona come re di Napoli, un colpo inferto alla Francia, perché ignorava le vecchie rivendicazioni angioine sostenute da Luigi XII, ma contemporaneamente inteso a conquistare le simpatie della Spagna. Poi, con una bolla che fece circolare in tutto il mondo cristiano, redatta in un linguaggio che aveva fatto rizzare i capelli a più di un sant'uomo del tempo, colpì di anatema e di scomunica il duca di Ferrara.

Tutto questo ebbe un effetto tonificante sullo stato d'animo dei veneziani. Ai primi di agosto la Signoria finalmente confermò Lucio Malvezzi, membro di una nota famiglia bolognese di condottieri, nel grado di comandante militare; in quello stesso mese i veneziani riconquistarono gran parte del Veneto, compresa Vicenza; e prima della fine del mese attaccarono il duca di Anhalt – i cui contingenti francesi nel frattempo si erano talmente ridotti che fu costretto a battere in una ritirata tattica – e lo inseguirono fino alle porte di Verona. Se Malvezzi avesse subito attaccato la città, prima cioè che i difensori si fossero organizzati, avrebbe potuto conquistarla. Invece, esitò un paio di settimane e perse così la buona occasione. Anche un'avanzata su Ferrara di forze congiunte veneziane e pontificie si arrestò alle mura della città; ma una spedizione fluviale che risalì il corso dell'Adige fu coronata dal successo e compensò largamente l'umiliazione del precedente dicembre; così, all'avvicinarsi dell'autunno, Venezia poteva complimentarsi con se stessa per un anno che, se non era stato un vero e proprio trionfo, presentava comunque un bilancio molto più incoraggiante di quanto i suoi cittadini avrebbero avuto il diritto di sperare.

Anche papa Giulio cullava grandi speranze per il futuro. Era costretto ad ammettere che gli svizzeri lo avevano servito assai male; si erano mossi con tutto il loro comodo e quando finalmente erano arrivati in Lombardia molti dei loro capitani si erano fatti comprare dal de Chaumont e avevano riattraversato quasi subito le Alpi, mentre i restanti obiettavano di essere stati ingaggiati per difendere la persona del papa e non per combattere contro l'imperatore o il re di Francia. Però, forze veneziane e pontificie al comando di Francesco Maria Della Rovere, duca di Urbino, nipote del papa, avevano conquistato Modena senza difficoltà il 17 agosto e sebbene Ferrara fosse ben fortificata era lecito credere che non avrebbe potuto resistere a lungo a un assedio condotto con perizia. Il papa, deciso a trovarsi sul posto al momento della caduta della città, lasciò Roma verso la fine del mese e viaggiando a piccole tappe raggiunse Bologna verso la fine di settembre.

A Bologna ebbe un'accoglienza gelida. Dopo la cacciata dei Bentivoglio nel 1506, la città era stata vergognosamente mal governata e sfruttata dai rappresentanti pontifici ed era sull'orlo di una aperta rivolta. Il governatore, il cardinale Francesco Alidosi, era già stato una volta convocato a Roma per rispondere ad accuse di peculato ed era stato assolto soltanto grazie all'intervento personale del papa, la cui tenerezza per un uomo così scopertamente corrotto poteva essere spiegata solo dal fatto che Giulio II gli era debitore del buon esito di una delicata missione presso i Borgia. Ma la tensione all'interno di Bologna fu presto eclissata da un pericolo ancora più grave. Ai primi di ottobre il de Chaumont lasciò la Lombardia e si mise in marcia verso sud. Una finta in direzione di Modena ingannò e divise le forze pontificie, dopo di che il governatore francese oltrepassò improvvisamente la città e puntò velocemente su Bologna. Il 18 ottobre era a meno di cinque chilometri dalle sue porte.

Giulio II, inchiodato a letto e prostrato da un febbrone, in una città sostanzialmente ostile, consapevole di poter contare soltanto sui propri uomini, meno di un migliaio, si considerò perduto. «O, che ruina è la nostra!», si racconta che gemette. La promessa di esentare la città dalle tasse in cambio di un efficace aiuto fu accolta senza entusiasmo; aveva già iniziato trattative di pace con i francesi, quando giunsero a Bologna, all'ultimo momento, rinforzi contemporaneamente da due parti: da Venezia gruppi di cavalleria leggera e stradioti, da Napoli un altro contingente inviato da re

Ferdinando quale doveroso tributo dopo il recente riconoscimento del papa. Il coraggio tornò immediatamente a Giulio II, che nel frattempo era guarito dal malore, e i negoziati di pace furono interrotti. Ragionando ora da una posizione relativamente forte, gli ambasciatori stranieri presso la Santa Sede, guidati da Christopher Bainbridge, arcivescovo di York, persuasero il de Chaumont a desistere dall'attacco; e questi, che sembra fosse assalito da qualche tardivo scrupolo circa l'idea di mettere le mani sulla persona del papa, accettò di ritirarsi – decisione che non impedì a Giulio II, appena fu certo che se n'era andato, di lanciargli addosso una bella scomunica.

È difficile non sentire un po' di pena per Charles d'Amboise signore di Chaumont. Era un buon generale, talvolta anche geniale, ma era perseguitato dalla malasorte. Sovente lo troviamo sul punto di conseguire una grande e decisiva vittoria che però, all'ultimo momento, per le cause più varie gli sfugge di mano. E non sono neppure poche le occasioni in cui sfiora il ridicolo. Durante la campagna invernale del gennaio 1511, quando il sessantottenne papa Giulio rimase solo con il proprio esercito che assediava il castello di Mirandola mentre infuriavano raffiche di neve, la spedizione di soccorso al comando proprio del de Chaumont fu ritardata due volte: la prima perché il governatore di Milano fu colpito al naso da una palla di neve lanciata con diabolica precisione, dentro la quale si dette il caso si trovasse un sasso, e la seconda il giorno dopo quando cadde da cavallo e finì in un rigagnolo dove per poco non annegava per il peso dell'armatura. Gli occorsero tre giorni per rimettersi in sesto, con l'esercito fermo a soli venti chilometri dal castello assediato, che fu costretto ad arrendersi. In febbraio, un suo tentativo di riprendere Modena fallì miseramente; e l'11 marzo, colpito da un improvviso malore che egli, ma nessun altro, attribuì al veleno, morì all'età di trentott'anni, esattamente sette ore prima dell'arrivo di una lettera del papa che gli toglieva la scomunica.

Ma a quel punto il duca di Ferrara, sul quale il bando del papa doveva pesare assai meno, aveva conseguito una brillante vittoria su un esercito pontificio che avanzava verso la città lungo il tratto inferiore del Po, e Giulio II si trovava nuovamente sulla difensiva. A metà maggio il successore del de Chaumont alla guida delle truppe francesi, quel Gian Giacomo Trivulzio che da mezzo secolo combatteva su e giù nella penisola e che fin dai tempi di Carlo VIII era sempre stato un fedele sostenitore della causa francese, guidò una seconda avanzata su Bologna; al suo avvicinarsi i bolognesi, pensando di avere l'opportunità di liberarsi una volta per tutte del detestato cardinale Alidosi, insorsero in aperta ribellione. Il cardinale, preso dal panico, fuggì per salvarsi la vita e riparò prima nella rocca di Porta Galliera poi nel dominio paterno senza neppure sognarsi di avvertire il duca di Urbino, che era accampato con le truppe a occidente della città, né i veneziani al comando di Paolo Cappello che si trovavano qualche chilometro a sud; questi due eserciti, colti in contropiede, non ebbero più alcuna possibilità di entrare in Bologna, che per loro aveva già chiuso le porte, e riuscirono solo con molte difficoltà a districarsi in una situazione tanto precaria quanto umiliante e che comportò comunque la perdita di parte dei rifornimenti. Il 23 maggio 1511 Trivulzio entrò in Bologna trionfalmente alla testa del suo esercito e restaurò i Bentivoglio.

Il cardinale Alidosi, che in mancanza di altre virtù sembra possedesse un ragionevole senso della vergogna, si barricò allora in Castel del Rio per sfuggire all'ira del papa; ma la precauzione si dimostrò non necessaria: Giulio II, che si era prudentemente ritirato qualche giorno prima a Ravenna, non gli serbava alcun rancore. Anche in quell'occasione, ai suoi occhi, il «fedelissimo» amico non aveva fatto niente di sbagliato e non esitò a addossare l'intera colpa del disastro al duca di Urbino, che convocò immediatamente. È improbabile che il colloquio con il pontefice attenuasse il disprezzo che Francesco Maria Della Rovere da tempo nutriva per l'Alidosi, per le cui colpe doveva ora fungere da capro espiatorio. Infatti, terminata l'udienza e trovatosi per strada a faccia a faccia con il vecchio cardinale, che aveva a sua volta lasciato Castel del Rio e raggiunto Ravenna per dare al papa la propria versione degli avvenimenti, non fu in grado di dominare la collera. Trascinò a terra il cardinale dal dorso della mula e lo assalì con la spada sguainata; la scorta del cardinale, pensando che agisse per ordine del papa, ebbe qualche attimo di esitazione e si mosse soltanto quando la scorta del duca infierì sul legato pontificio già ferito al fianco. Il duca, risalito a cavallo, stava ormai fuggendo verso Urbino lasciando l'Alidosi morente nella polvere.

Raccontano le cronache che il dolore del papa alla notizia dell'assassinio del suo favorito esplose in una scena terribile. Piangendo a dirotto e senza alcun ritegno non volle restare più a lungo a Ravenna e si mise in viaggio per Rimini in una lettiga con le pesanti tendine abbassate, attraverso le quali però la gente lungo la strada udiva perfettamente i suoi singhiozzi. Soltanto il giorno successivo all'arrivo recuperò un certo controllo; ma lo attendevano altre sventure. Mirandola, della cui conquista Giulio II si era sempre attribuito il merito, attaccata da Trivulzio, era caduta nello spazio di una o due settimane. L'esercito pontificio, confuso, demoralizzato e ormai senza un capo, si disintegrò. Quello francese invece, con il possesso di Bologna, si era aperto la strada all'occupazione di tutte quelle terre della Romagna per le quali Giulio II aveva combattuto così a lungo e tanto duramente. Tutti i frutti delle fatiche degli ultimi otto anni erano svaniti nel nulla. Per giunta, a Rimini, trovò inchiodato sulla porta della chiesa di San Francesco un proclama firmato da non meno di nove cardinali, con l'adesione di Massimiliano e di Luigi XII re di Francia, che annunciava la convocazione di un Concilio generale della Chiesa a Pisa per il 1° settembre con il compito di indagare sugli abusi del suo pontificato e per adottare le necessarie riforme.

In quelle condizioni, gli fu nascosta, almeno per un certo tempo, la notizia più umiliante. Agenti pontifici a Bologna avevano riferito che i cittadini esultanti non si erano accontentati di demolire il castello che egli aveva fatto costruire nel centro della città a gloria del suo nome e a protezione della sua persona; avevano anche abbattuto la magnifica statua di bronzo, opera di Michelangelo, e l'avevano venduta come rottame al duca di Ferrara, che a sua volta l'aveva fatta fondere per ricavarne un grande cannone che aveva affettuosamente battezzato «Giulio».

Sia come papa che come uomo, Giulio II ebbe molti difetti. Era impetuoso, scrive il Guicciardini,

> di natura molto difficile e formidabile a ciascuno e inquietissimo in ogni tempo, et che haveva consumato l'età in continui travagli, haveva per necessità offeso molti e esercitato odii e inimicitie con molti huomini grandi.
>
> Ma apparirono da altra parte manifestamente le cagioni, per le quali, superate tutte le difficoltà, fu esaltato a tanto grado [...] per la grandezza rarissima del suo animo, non solo haveva amici assai, ma autorità molto inveterata nella Corte e otteneva nome d'esser precipuo difensore della dignità e libertà Ecclesiastica [...].[2]

Durante il viaggio di ritorno a Roma, all'età di quasi settant'anni, stava già studiando una nuova lega, diretta da lui stesso, con Venezia, Spagna, Inghilterra e, se possibile, l'Impero, le cui forze unite avrebbero dovuto cacciare i francesi dalla penisola italiana una volta per tutte. Ai primi di luglio cominciarono i negoziati.

[2] Cfr. Francesco Guicciardini, *La Historia d'Italia*, A. Gherardi (a cura di), 4 voll., Sansoni, Firenze 1919.

Non presentarono gravi difficoltà. Ferdinando d'Aragona aveva già ottenuto per la Spagna dalla Lega di Cambrai tutto quanto aveva sperato e pertanto non desiderava affatto ulteriori miglioramenti della posizione francese in Italia. In Inghilterra Enrico VIII, genero di Ferdinando, accettò volentieri di tenere il rivale occupato al nord mentre gli alleati facevano altrettanto al sud; dovette però far rilevare al papa, nel dichiararsi d'accordo con le sue proposte, che sarebbe stato meglio se non gli fossero state riferite da un personaggio (un raccomandato, così sembra, del defunto cardinale Alidosi) che faceva notoriamente il doppio gioco e che informava regolarmente il re di Francia Luigi XII di tutti gli sviluppi. Venezia, che durante i negoziati aveva dovuto combattere duramente, e nel complesso con successo, per opporsi all'offensiva francese nel Veneto e nel Friuli, non chiedeva niente di meglio. Massimiliano, come al solito, tentennava; ma anche senza di lui la nuova lega costituiva una forza degna di considerazione.

A prescindere dall'indole dell'imperatore, una ragione del suo atteggiamento ambivalente va cercata in quel Concilio della Chiesa, a Pisa, di cui insieme con Luigi XII si era fatto promotore. Il re di Francia stava comunque già pentendosi dell'idea, che era stata fortemente screditata quando almeno quattro dei nove cardinali protestarono di non essere stati neppure consultati e che non intendevano aver niente a che fare con quell'iniziativa. Infine, Giulio II aveva annunciato la convocazione, per il successivo mese di maggio, di un regolare Concilio, togliendo così ogni ragione di essere a quello di Pisa, la cui convocazione era per giunta illegittima e che pertanto fu generalmente considerato come niente più di una goffa manovra politica. In queste condizioni, la data di apertura fu rinviata da settembre a novembre; ma dopo soltanto due brevi sessioni, l'aperta ostilità della popolazione locale consigliò di trasferirlo a Milano. Ma anche a Milano, malgrado la protezione dei francesi, il Concilio generale fu coperto di ridicolo al punto che un cronista locale non riferì il contenuto dei dibattiti perché, così lasciò scritto, «non potevano essere presi sul serio e in ogni modo aveva poco inchiostro».

Intanto il papa, dopo essere miracolosamente guarito da una malattia durante la quale si era temuto per la sua vita,[3] il 4 ottobre era stato in grado di proclamare la sua Lega Santa – l'Inghilterra però annuncerà la propria adesione soltanto il 17 novembre – e di iniziare i preparativi per la guerra. Dovette tuttavia constatare presto che anche Luigi XII aveva ora in mano una nuova e importante carta: il nipote, Gastone di Foix, duca di Nemours, che all'età di ventidue anni aveva già dato prova di essere uno dei migliori comandanti militari del momento. Coraggioso, dotato di immaginazione e pieno di risorse, questo straordinario giovane sapeva prendere una decisione in un istante; e, dopo averla presa, sapeva muovere un esercito con la velocità di una saetta. Una rapida uscita da Milano agli

[3] La guarigione fu attribuita in realtà meno all'intervento divino e più alla proibizione da parte dei medici dei copiosi sorsi di vino.

inizi di febbraio del 1512 fu sufficiente a far naufragare un attacco sotto vari aspetti maldestro che mirava alla riconquista di Bologna, attuato da un esercito pontificio composto in gran parte di truppe spagnole al comando del viceré di Napoli Ramón de Cardona; sfortunatamente, questa azione su Bologna indusse le popolazioni di Brescia e di Bergamo a pensare che, con le forze francesi impegnate lontano, quello fosse il momento opportuno per insorgere e tornare ai vecchi legami con Venezia. Si accorsero ben presto di essersi ingannati. Con marce forzate diurne e notturne – e sbaragliando lungo la strada, in una battaglia combattuta sotto le stelle alle quattro del mattino, dei reparti veneziani che avevano tentato di intercettarlo –, il duca di Nemours arrivò sotto le mura di Brescia prima che la difesa potesse essere opportunamente preparata e, insieme con il suo amico Baiardo, guidò l'assalto, combattendo a piedi nudi per avere una più sicura presa sul terreno viscido e in pendenza. Brescia fu presa d'assalto, il capo della rivolta pubblicamente decapitato nella piazza principale e la città sottoposta per oltre cinque giorni a un orrendo saccheggio, durante il quale i soldati francesi e tedeschi infuriarono sulla popolazione con selvaggia crudeltà. Occorsero altri tre giorni per liberare le strade dai quindicimila cadaveri. Bergamo si affrettò a pagare 60.000 ducati per sfuggire a un'identica sorte, e così l'insurrezione terminò.

Ma non era terminata la guerra. Il duca di Nemours, risoluto a non dare tregua al nemico, tornò a Milano per radunare truppe fresche e partì di nuovo per il campo. Con un esercito di circa venticinquemila uomini, puntò direttamente sulla Romagna, dove i pontifici si erano ritirati dopo l'ultimo rovescio. Ramón de Cardona era ansioso di evitare il confronto, e non soltanto perché aveva forze inferiori ed evidente inferiore capacità; egli attendeva nel corso delle successive settimane l'arrivo di seimila svizzeri e, inoltre, c'erano buoni motivi per credere che l'invasione della Francia promessa da Enrico VIII fosse ormai imminente, nel qual caso il grosso dell'esercito francese in Italia avrebbe dovuto essere ritirato. D'altra parte, proprio per queste stesse ragioni, era di vitale importanza per il duca di Nemours giungere rapidamente a uno scontro. Nei primi giorni di aprile marciò su Ravenna e pose l'assedio alla città.

Come mezzo per costringere l'esercito pontificio a uscire e ad accettare la battaglia, la mossa era destinata al successo. Cardona non poteva permettere che una città di quella importanza venisse catturata sotto il suo naso senza muovere un dito per difenderla. E così, l'11 aprile 1512, domenica di Pasqua, nell'acquitrinosa pianura circostante la città, la battaglia ebbe luogo.

Fra tutti i fatti d'arme occorsi in Italia dopo che il giovane Carlo VIII aveva preso la sua prima, fatale decisione di stabilire una presenza francese nella penisola quasi venticinque anni prima, la battaglia di Ravenna fu la più sanguinosa. Su un terreno completamente piatto, poche possibilità erano offerte al talento tattico; molto semplicemente, le due parti lottarono con i cannoni e con le spade, con le picche e con le lance. Quando alla fine i pontifici si dettero alla fuga, lasciarono sul campo quasi diecimila morti fra spagnoli e italiani, per tacere dell'artiglieria e dei rifornimenti, di cui i francesi si impossessarono immediatamente. Furono fatti prigionieri anche parecchi dei principali capitani spagnoli, alcuni dei quali gravemente feriti, e il legato papale cardinale de' Medici. Ramón de Cardona, che aveva abbandonato la lotta piuttosto presto (si racconta che allentasse le briglie soltanto dopo aver raggiunto Ancona), fu uno dei pochi sopravvissuti illesi.

Ma, come Baiardo scrisse un giorno o due dopo allo zio, il vescovo di Grenoble, benché Luigi XII avesse vinto la battaglia di Ravenna, il suo esercito la sentiva come una disfatta. Era stata in effetti una vittoria di Pirro: la sola fanteria aveva perso più di quattromila uomini; dei quindici capitani tedeschi, dodici giacevano morti, mentre dei francesi, compagni d'arme di Baiardo, che avevano combattuto al suo fianco nella passata dozzina d'anni, non era rimasto illeso quasi nessuno. Infine, e questa era la sventura più grave, lo stesso Gastone di Foix, duca di Nemours, era morto, quando aveva già in pugno la vittoria mentre, trascinato dalla sua tipica irruenza, tentava di intercettare la ritirata degli spagnoli. La sua perdita era irreparabile; l'esercito si sentiva disorientato, senza guida. Il suo posto come comandante delle truppe francesi fu preso dal maresciallo di Francia Jacques II de Chabannes, signore di La Palisse, un degno veterano delle guerre italiane, che aveva un'età doppia del duca di Nemours e non possedeva certamente quella rapidità e quel carisma che avevano guadagnato a Gastone di Foix il soprannome di «Folgore d'Italia». Se il giovane fosse rimasto in vita, forse avrebbe radunato i resti dell'esercito e avrebbe marciato egualmente su Roma e Napoli, costringendo papa Giulio a scendere a patti e riportando Luigi XII sul trono napoletano; la successiva storia d'Italia avrebbe potuto essere differente. Ma il signore di La Palisse era di una pasta diversa: si accontentò di occupare Ravenna – dove non poté impedire un'orgia bestiale di assassinii e di violenze di ogni genere che superarono perfino quelle sofferte dai bresciani poche settimane prima – e poi tornò a Bologna a ricevere la sottomissione delle città romagnole e ad attendere ulteriori istruzioni. Portò con sé il corpo del duca di Nemours, il cui funerale fu officiato nella basilica di San Petronio.[4]

Questo ritardo fu fatale. Nello spazio di due mesi si verificò improvvisamente uno di quegli straordinari cambiamenti di fortuna politica che rendono la storia italiana così sconcertante per il lettore e così irritante per lo scrittore. Papa Giulio, allorché ricevette la notizia della battaglia, prevedendo un'immediata avanzata dei francesi su Roma, si era preparato immediatamente a fuggire. Ma proprio poco prima di essere pron-

[4] In seguito il corpo di Gastone di Foix, duca di Nemours, fu portato per l'inumazione a Milano, dove il suo superbo ritratto, opera di Agostino Busti, detto il Bambaia, si può ancora vedere presso i Civici Musei d'arte al Castello. Il resto del monumento tombale andò disperso. Alcune parti si trovano al Victoria and Albert Museum a Londra.

to a lasciare la città gli fu recapitata una lettera del legato prigioniero, al quale il La Palisse aveva avventatamente permesso di scrivere al pontefice. I francesi, informava il cardinale de' Medici, avevano sofferto perdite quasi altrettanto gravi di quelle della lega; erano stanchi e profondamente demoralizzati per la morte del loro giovane comandante; il suo successore si rifiutava di prendere iniziative personali e aspettava dalla Francia istruzioni e conferma del nuovo grado. Circa in quel tempo, l'ambasciatore veneziano presso la Santa Sede chiese udienza al papa per dare assicurazione che, contrariamente a certe voci, la Repubblica non aveva affatto accettato proposte francesi di pace separata e non aveva alcuna intenzione di farlo.

Giulio II si rianimò immediatamente. Impotente, almeno per il momento, sul piano militare, rivolse tutte le energie al Concilio della Chiesa che aveva convocato per il mese successivo. Questo nuovo Concilio era divenuto più che mai necessario da quando quello sconfessato di Milano, patrocinato da Luigi XII, prendendo forza dalla vittoria di Ravenna, aveva dichiarato il papa contumace e lo aveva sospeso dal suo ufficio. È vero che perfino nella stessa Milano pochi prendevano sul serio le sentenze di un organismo così trasparentemente politico; ciò nondimeno non era possibile ignorare e non combattere questa spaccatura apertasi nel corpo della Chiesa. Il 2 maggio, con tutta la solennità del cerimoniale, il supremo pontefice fu portato in lettiga al Laterano, con un seguito di quindici cardinali, dodici patriarchi, dieci arcivescovi, cinquantasette vescovi e tre generali di ordini monastici; era una manifestazione di forza della gerarchia, che come esattamente si proponeva fece apparire il gruppetto di ribelli di Milano immeritevole di attenzione. Alla sua seconda sessione questo Concilio, il quinto lateranense e il diciottesimo ecumenico, dichiarò i dibattiti e le deliberazioni del «conciliabolo» di Pisa-Milano privi di valore e nulli e scismatici tutti coloro che vi avevano partecipato.

Dal punto di vista di Venezia però i trionfi del papa nel settore ecclesiastico e religioso furono messi in ombra da un contemporaneo successo in quello diplomatico. Giulio II era finalmente riuscito a spingere Massimiliano all'azione, e nello stesso giorno della sentenza contro il Concilio scismatico poté anche annunciare l'adesione dell'imperatore alla Lega Santa. Un salvacondotto imperiale consentiva ora a un nuovo esercito di mercenari svizzeri di scendere rapidamente in Italia attraverso il Trentino e di congiungersi nei pressi di Verona con l'esercito veneziano che, essendo sfuggito alla strage di Ravenna, aveva avuto la possibilità di porsi nuovamente sul piede di guerra. Fatto ancora più importante, Massimiliano ordinò a tutti i sudditi dell'Impero che combattevano con l'esercito francese di tornare alle proprie case, pena la morte.

A quel punto il maresciallo di Francia, il La Palisse, che aveva già subito una consistente riduzione delle truppe a sua disposizione, richiamate, esattamente come aveva temuto, per contrastare l'imminente invasione di Enrico VIII, si trovò a fronteggiare il precipitoso esodo dei mercenari tedeschi. Tutto ciò lo lasciava nella ridicola posizione di un generale senza esercito, o almeno senza forze in grado di opporsi efficacemente a quelle svizzere e veneziane improvvisamente schieratesi contro di lui. Frattanto anche le compagnie spagnole e pontificie erano di nuovo sul campo e sebbene fossero un'ombra di ciò che erano state prima della disfatta, furono tuttavia in grado di impostare un'avanzata su tutti i fronti senza incontrare opposizione: in Romagna, dove le principali città tornarono subito al papa, in Lombardia e nel circondario di Bologna, la quale cacciò ancora una volta i Bentivoglio e il 13 giugno aprì le porte al duca di Urbino, a sua volta tornato nel favore dello zio. Nei primi giorni di luglio il papa aveva non soltanto riconquistato tutti i suoi territori ma li aveva perfino ampliati con l'inclusione di Parma e Piacenza; Milano aveva salutato il ritorno degli Sforza nella persona di Massimiliano, figlio di Ludovico il Moro, e Genova si era dichiarata indipendente e aveva eletto un nuovo doge. Il signor di La Palisse non poté far altro che riunire i resti dell'esercito e tornarsene in Francia, dove Luigi XII, che soltanto tre mesi prima avrebbe potuto ottenere agevolmente il possesso di tutta la penisola, doveva ora constatare il naufragio di ogni speranza.

I francesi se n'erano andati; ma sarebbe stato eccessivo sperare che i vittoriosi membri della lega fossero capaci di dividersi il bottino in un'atmosfera di amichevole comprensione. Già agli inizi di luglio il papa aveva messo tutti in allarme quando, non contento di ricevere la sottomissione del duca di Ferrara –

che aveva cavalcato fino a Roma e si era prostrato davanti al trono di Pietro per invocare l'assoluzione –, aveva anche annunciato l'intenzione di appropriarsi dell'intero ducato. Alfonso I d'Este, malgrado la debolezza della propria posizione, si era rabbiosamente opposto e aveva avuto l'appoggio di parecchi fra i suoi ex nemici, compreso Ferdinando d'Aragona. «L'Italia», così disse il re, «non deve avere un altro tiranno e il papa non deve governarla a proprio piacimento».[5] Giulio II fu costretto ad abbandonare l'idea; ma poiché restava una grande quantità di problemi, in agosto ebbe luogo, a Mantova, un congresso della lega con il preciso scopo di trovare per tutti una soluzione.

Per Venezia il problema principale era divenuto l'atteggiamento dell'imperatore. Massimiliano fece subito intendere che non era disposto a cedere un pollice di quelli che considerava territori imperiali, nei quali includeva non soltanto le città chiave di Verona e Vicenza ma anche, così sembrava, Padova e Treviso, Cremona e Brescia. Venezia non era più esausta e avvilita come quattro anni prima; ora, dialogando di nuovo da una posizione di relativa forza, i suoi rappresentanti dichiararono inaccettabili le pretese imperiali. Queste città, argomentarono, erano di vitale importanza per il suo commercio e, conseguentemente, per la sua stessa sopravvivenza. Nelle mani di una potenza ostile potevano essere impiegate per precluderle l'accesso

[5] Questa frase è citata da Guicciardini, che in quell'epoca era ambasciatore fiorentino alla corte spagnola.

ai passi alpini e, in una certa misura, anche alla parte occidentale della Pianura Padana. Il papa fece un tentativo di mediazione proponendo che Venezia cedesse le due città maggiori e si tenesse il resto contro pagamento di un tributo annuo; ma anche questa idea fu fermamente respinta e non soltanto per l'entità delle cifre suggerite – Sua Santità aveva parlato di duemilacinquecento libbre d'oro per l'investitura iniziale e di altre trecento pagabili annualmente – ma perché Venezia si rifiutava di divenire tributaria permanente di chicchessia.

Così a Mantova, col proseguire delle discussioni cominciò a emergere la verità: mentre tutti gli altri membri della Lega Santa erano intenti a procacciarsi vaste acquisizioni territoriali, Parma e Piacenza per il papa, Verona e Vicenza per l'imperatore, Napoli per la Spagna, Venezia, che aveva contribuito in ampia misura alle spese della lega, veniva spinta in un angolo con la prospettiva di farle perdere anche gran parte di quanto possedeva prima. Gli inviati veneziani non tardarono a mettere in rilievo gli aspetti paradossali della situazione, con l'unico risultato che il papa reagì perdendo la pazienza e minacciando: «Se non intendete accettare le nostre condizioni», tuonò, «noi ci uniremo ancora una volta contro di voi». In altre parole, sarebbe stata resuscitata la Lega di Cambrai.

Papa Giulio avrebbe dovuto essere più cauto: una simile mancanza di considerazione verso un alleato poteva avere ripercussioni pericolose. Venezia si sentiva ora non soltanto trattata ingiustamente ma anche isolata sul piano politico e in pericolo. In quelle condizioni era presumibile che si sarebbe rivolta all'unica potenza dalla quale non era minacciata e alla quale poteva perfino offrire qualcosa. In realtà non ebbe neppure bisogno di prendere l'iniziativa; durante gli ultimi sei mesi o più, Luigi XII l'aveva assiduamente corteggiata per cercare di staccarla dalla Lega Santa. Alla fine, nell'autunno del 1512, raggiunse lo scopo. I negoziati, affidati da Venezia ad Andrea Gritti e Antonio Giustinian, continuarono fino agli inizi del 1513. Durante tutto questo tempo il papa aveva intanto sottoscritto un nuovo accordo con l'imperatore allo scopo di escludere Venezia da tutti i trattati di pace e di usare contro di essa sia le armi temporali sia quelle spirituali. Egli emise perfino un documento con il quale rimproverava la Repubblica per la sua condotta ma, con disappunto di Massimiliano, si fermò improvvisamente di fronte a una nuova scomunica. Tutto questo non servì a intimidire Venezia. I suoi messaggeri continuarono la spola tra Rialto e la corte francese a Blois, dove il 23 marzo 1513 fu finalmente firmato un nuovo trattato di alleanza. Era un accordo di mutua difesa contro qualsiasi nemico che avesse minacciato l'uno o l'altro dei due Stati, «perfino se quel nemico fosse stato splendente della suprema dignità». Inoltre, se il re di Francia avesse desiderato riconquistare Milano o la Repubblica i suoi precedenti domini, entrambe le parti si sarebbero mosse insieme per realizzare questi propositi, con l'obiettivo finale di restaurare la situazione contemplata nel trattato del 1499, in base al quale

Venezia doveva tenere Cremona e ampie zone della Lombardia fino all'Adda.[6]

Così, in poco più di quattro anni i tre principali protagonisti della Lega di Cambrai avevano fatto tutti i cambiamenti aritmeticamente possibili nel gioco delle alleanze: all'inizio la Francia e il Papato erano alleati contro Venezia, poi Venezia e il Papato si erano schierati contro la Francia, ora infine Venezia e la Francia si accordavano contro il Papato e, già che c'erano, contro chiunque altro avesse voluto provocarle. Sulla base dei moderni criteri di giudizio, secondo i quali i trattati sono normalmente, anche se non invariabilmente, considerati con maggiore serietà, queste acrobazie all'interno di un sistema politico possono apparire scarsamente credibili e comunque assai sorprendenti. Nell'Italia del XVI secolo però, l'Italia di Machiavelli, un simile comportamento non era giudicato particolarmente censurabile. Le alleanze erano soprattutto strumenti per fini di convenienza tattica; quando non servivano più utilmente allo scopo per cui erano state concluse, venivano disfatte e se ne formavano altre. Il cambiamento di fronte non significava il tradimento degli amici; negli affari internazionali l'amicizia non esisteva. Fondamento di ogni azione era un'unica regola: ciascuno doveva pensare a se stesso.

[6] Cfr. pp. 209 e ss.

Capitolo XIV
La nuova Venezia
(1513-1516)

Dio ci ha dato il Papato; ora lasciatecelo godere.

Papa LEONE X

Esattamente un mese prima della firma di quest'ultimo trattato di Blois, il 21 febbraio 1513, il settantenne Giulio II morì a Roma, stroncato da una febbre; e il 4 marzo i cardinali si riunirono regolarmente nella piccola cappella che era quanto rimaneva di San Pietro[1] per eleggere il successore. Poiché le discussioni procedevano con una lentezza esasperante, i guardiani del conclave, data l'urgenza del momento, decisero di accelerarne la conclusione riducendo progressivamente la mensa dei cardinali, dapprima a un solo piatto per pasto e poi a una dieta esclusivamente vegetariana. A questo punto, anche con questa misura, fu necessaria un'intera settimana prima che la scelta fosse finalmen-

[1] La demolizione ordinata dal papa Giulio II della vecchia basilica, compreso praticamente tutto quanto era in essa contenuto (uno degli atti più sconsiderati di vandalismo ufficiale in tutta la storia del Cattolicesimo), era apparentemente terminata, mentre la costruzione della nuova basilica progettata da Bramante era appena agli inizi.

te annunciata: fu eletto il cardinale Giovanni de' Medici, che assunse il nome di Leone X.

Pochi italiani si sarebbero stupiti per l'espressione superbamente cinica attribuita al nuovo papa e riportata in epigrafe a questo capitolo, indipendentemente dal fatto che egli l'avesse o no pronunciata. Leone X aveva trentasette anni. Era piuttosto ricco e potente (la sua famiglia era stata restaurata a Firenze con una decisione del congresso di Mantova nel 1512, dopo un esilio di diciotto anni) e con una propensione per la magnificenza ancora più marcata di quella di suo padre Lorenzo il Magnifico; la processione per la sua incoronazione superò in grandiosità ogni evento del genere mai visto a Roma. Ma era anche un uomo di pace che era stato sinceramente sconvolto dalla carneficina di cui era stato testimone a Ravenna; e la pace, in quel momento, era l'unica benedizione alla quale aspiravano i romani, tanto il clero quanto i laici. Pure i veneziani non chiedevano niente di meglio. Il doge Loredan gli fece pervenire immediatamente le congratulazioni della Serenissima e subito dopo inviò al nuovo pontefice un formale invito a aderire al trattato di Blois; ma il papa, per quanto pacifiche fossero le sue inclinazioni, sapeva che i francesi, una volta tornati a Milano, avrebbero rivendicato il possesso di Parma e Piacenza mentre la tutela del suo prestigio non poteva consentirgli una volontaria restituzione delle due città subito dopo la loro conquista da parte del suo predecessore. Respinse quindi le lusinghe di Blois, rinnovò l'alleanza con Massimiliano e, con un sospiro, si dispose ad attendere una nuova invasione francese.

Non si fece aspettare a lungo. Già in maggio un numeroso esercito entrò in Italia al comando di Gian Giacomo Trivulzio, ora sessantacinquenne, e di Louis II de La Trémoille, entrambi veterani delle guerre italiane sin dai giorni di Carlo VIII; e il 15 dello stesso mese Bartolomeo d'Alviano, l'eroe di Agnadello, in una superba veste di broccato d'oro, seguito dalla gente della sua casa, con la servitù in livrea a scacchi rossi e bianchi, fu guidato in corteo al Palazzo Ducale e di lì nella basilica marciana dove il doge Leonardo Loredan mise nelle sue mani il sacro gonfalone di San Marco. Poi, alla testa dell'esercito veneziano, si mise in marcia verso la Lombardia, dove arrivò più o meno contemporaneamente ai francesi per ricevere un'accoglienza più cordiale di quanto egli stesso o i suoi alleati d'oltralpe avessero osato sperare. Massimiliano Sforza in meno di un anno si era reso irreparabilmente impopolare tra i suoi sudditi, che gli rimproveravano sia le stravaganze sia le orde di mercenari svizzeri che teneva nel ducato e sulle picche dei quali egli riponeva la propria sicurezza; ma, anche con l'aiuto degli svizzeri, fu incapace di impedire le numerose defezioni. In breve, due sole città gli rimasero fedeli: Como e Novara.

L'esercito francese puntò quindi su Novara dove era stata inviata in tutta fretta una guarnigione di settemila uomini dello Sforza. Secondo la norma ne avrebbe dovuto seguire un assedio e la conseguente caduta della città; ma nella notte del 6 giugno, mentre La Tremoille stava completando i preparativi, gli svizzeri decisero un attacco di alleggerimento e piombarono sul campo francese situato un paio di chilometri a est della città. Era questa una decisione di straordinario coraggio perché gli svizzeri non avevano né cavalli né artiglieria ed erano meno di un terzo degli avversari. I francesi invece avevano cavalleria e artiglieria. La cavalleria non poté essere molto utile sul terreno molle e acquitrinoso, e inoltre il movimento dei cavalli nell'oscurità era ostacolato dai fossati che lo stesso esercito assediante aveva scavato. Inizialmente l'artiglieria seminò gravi perdite tra gli attaccanti; in seguito però gli svizzeri riuscirono a serrare i ranghi e ad avanzare; in breve tempo arrivarono sulle piazzole dei cannoni e aprirono il fuoco nell'opposta direzione. I francesi, vistisi perduti, furono presi dal panico e si misero in fuga; si fermarono poco prima delle Alpi: l'invasione era finita. Massimiliano Sforza, la cui reputazione era notevolmente migliorata, tornò a Milano e le città che avevano salutato così recentemente e con tanto calore i suoi nemici lo riaccolsero come loro signore. Venezia era ancora una volta sola. Bartolomeo d'Alviano non era in alcun modo responsabile del rovescio di Novara, che era molto lontana da quei territori che la Repubblica intendeva recuperare; comunque, senza gli alleati francesi non era in grado di realizzare i piani elaborati congiuntamente. Dapprima si ritirò sull'Adige nella speranza di mantenere quella linea difensiva; ma quando ebbe notizia che un esercito della lega al comando di Ramón de Cardona stava marciando sul Veneto, ripiegò rapidamente alla difesa di Padova. Con questa ritirata salvò la città; ma l'esercito della lega si spinse fin sulle rive della laguna, incendiò Fusina, Mestre e Marghera, da dove si prese il lusso di sparare qualche colpo in direzione della stessa Venezia.

Frattanto il doge Loredan aveva rivolto ai concittadini un altro commosso appello, con il quale chiedeva contributi volontari allo Stato per la salvezza della Repubblica e invitava i maschi abili alle armi ad accorrere sotto le insegne di San Marco. Poiché però lui non vi accorse – aveva settantacinque anni, ma l'impressione generale era che un gesto del genere sarebbe stato opportuno –, la risposta fu inizialmente piuttosto tiepida; tuttavia, quando il pericolo aumentò, un numero sempre maggiore di giovani, aristocratici e comuni cittadini, attrarversò la laguna e si pose a disposizione di Bartolomeo d'Alviano, pronti a scagliarsi sul nemico al primo segno di un tentativo di invasione della loro città.

Ma questo tentativo non ebbe luogo. Ancora una volta, come già era successo così sovente nel passato, Venezia si dimostrò imprendibile. Quei pochi chilometri di acque basse la ponevano al sicuro dal fuoco, peraltro veramente efficiente, dei cannoni spagnoli. Ramón de Cardona non aveva navi e nemmeno le capacità tecniche per uno sbarco di invasione e pertanto dopo un giorno o due si vide costretto a ritirare l'esercito e a tornarsene donde era venuto. I veneziani lo seguirono. Si sentivano abbastanza forti per affrontare gli spagnoli e non accettavano l'idea di lasciarli tornare indenni ai loro quartieri invernali. I due eserciti si scontrarono il 7 ottobre 1513 nelle vicinanze di Schio, pochi chilometri a nord-ovest di Vicenza, dove i primi rilievi del sistema alpino cominciano a sorgere dalla pianura. Fu una battaglia combattuta duramente ma alla fine i volontari di Bartolomeo d'Alviano, malgrado il loro entusiasmo, non furono all'altezza dei professionisti di Ramón de Cardona. Dapprima si ritirarono; poi, improvvisamente, avvenne il tracollo e la ritirata si trasformò in una fuga precipitosa. Alcuni riuscirono a salvarsi; ma molti, raggiunti dagli spagnoli sotto le mura di Vicenza, furono fatti a pezzi mentre fuggivano. Il provveditore Andrea Loredan, parente del doge, fu catturato e ucciso a sangue freddo. Quando la notizia giunse a Venezia, i veneziani chinarono la testa sconsolati.

Dopo un andamento così catastrofico della campagna del 1513, le prospettive della Serenissima per l'anno seguente non potevano che essere minacciose, specialmente perché il suo unico alleato, la Francia, era troppo occupato a difendersi da una doppia invasione, di Enrico VIII al nord e degli svizzeri a est, per prestare molta attenzione alle cose d'Italia. Ma benché la guerra continuasse quasi ininterrottamente per tutto il 1514, soprattutto nel Friuli, l'anno non portò a risultati conclusivi. Leone X, occupato con il Concilio, il quinto Concilio Lateranense (1512-1517), non aveva per le cose militari quell'impetuoso entusiasmo che era stato sì gran parte dello stile di Giulio II; Massimiliano, come sempre instabile e a corto di risorse finanziarie, non si era mosso: la situazione era divenuta effettivamente di stallo.

A questo punto, il 1° gennaio 1515, una data che sembra scelta apposta, Luigi XII morì a Parigi. Nell'autunno precedente, all'età di cinquantadue anni, logorato e precocemente invecchiato, Luigi XII aveva sposato la principessa Maria, sorella di Enrico VIII, re d'Inghilterra, una quindicenne di radiosa bellezza dotata inoltre di tutta l'inesauribile energia del fratello. Luigi, che aveva già mostrato segni di senilità precoce, cercò di fare del suo meglio ma la fatica del talamo si dimostrò troppo grande e durò soltanto tre mesi.

Francesco I, cugino di Luigi, suo cognato e successore, sarebbe stato per Maria un marito molto più adatto. Ancora esuberante di giovanile ardore e di virilità, Francesco rivelò abbastanza chiaramente i suoi progetti per l'Italia quando all'incoronazione assunse il titolo di duca di Milano e contemporaneamente rinnovò il trattato con Venezia. Nel luglio aveva già radunato nel Delfinato un esercito di circa cinquantamila cavalieri e sessantamila fanti, comandato da La Palisse, da Trivulzio e dal signor di Lautrec, un cugino di Gastone di Foix. Era un pericolo che la lega non poteva permettersi di ignorare. Per affrontare il nuovo invasore furono formati non meno di quattro eserciti: le forze pontificie al comando del fratello del papa, Giuliano de' Medici, quelle spagnole sotto Ramón de Cardona, le truppe milanesi di Massimiliano Sforza e infine un forte contingente di svizzeri, che erano divenuti i veri padroni di Milano. Dei quattro furono gli spagnoli che puntarono su Verona per impedire ai veneziani di congiungersi con gli alleati francesi, mentre i pontifici avanzarono sul Po per proteggere Piacenza. Soltanto i milanesi e gli svizzeri procedettero attraverso le montagne e presero posizione allo sbocco dei due principali passi alpini, il Moncenisio e il Monginevro, dai quali si presumeva che sarebbero passati i francesi.

Ma il vecchio Trivulzio, che malgrado i lunghi anni trascorsi al servizio dei francesi era un milanese di nascita, non aveva combattuto invano per mezzo secolo in Italia. Ignorando entrambi i passi, entrò invece nel Milanese attraverso la valle dello Stura e quando gli svizzeri si accorsero di ciò che era accaduto, il suo esercito era già vicino a Milano. Non attaccò subito la città ma preferì prendere posizione a Marignano (la moderna Melegnano), pochi chilometri più a sud, sulla strada che porta a Lodi e a Piacenza, nella speranza che i veneziani riuscissero in qualche modo ad aggirare gli spagnoli di Ramón de Cardona e a raggiungerli nel Milanese.

Gli svizzeri, che si erano raggruppati dentro le mura di Milano, decisero di ripetere l'azione che aveva dato risultati così buoni a Novara. Anche questa volta erano numericamente inferiori[2] e senza artiglieria; ancora una volta facevano affidamento sulla velocità, sulla disciplina e forza d'urto per penetrare nel campo nemico e poi sulla punta delle loro picche nel combattimento a corpo a corpo. Era il tardo pomeriggio del 13 settembre quando piombarono sul campo francese. Il nemico questa volta si era preparato a riceverli, con l'artiglieria pesante sul fianco destro e dodicimila arcieri

[2] Le fonti sono fortemente discordanti sul numero degli svizzeri presenti a Milano e nei dintorni in quel periodo. Circa diecimila, cedendo all'intensa opera di persuasione dei francesi, erano tornati in patria. Ciò significa che probabilmente non più di quindicimila uomini erano rimasti fedeli alla lega.

guasconi su quello sinistro. Avanzando tra il tiro incrociato, gli svizzeri, la cui armatura era sempre stata tra le più leggere a tutto vantaggio della mobilità, subirono perdite paurose; ma mantennero i ranghi serrati e non si fermarono se non quando giunsero a contatto fisico con il nemico. A questo punto avrebbero dovuto essere in posizione di vantaggio; ma a sera inoltrata l'esito era ancora incerto e per mutuo accordo i combattimenti cessarono circa un paio d'ore prima della mezzanotte.

Ripresero alle prime luci dell'alba con un nuovo assalto degli svizzeri. Ma l'interruzione era stata fatale. Proprio quando i francesi erano sul punto di venir sopraffatti, una nuvola di polvere comparve all'orizzonte a oriente. Bartolomeo d'Alviano aveva aggirato gli spagnoli e avanzava sulla pianura a tutta velocità. Il sopraggiungere dell'esercito veneziano, fresco e risoluto, infuse agli uomini del Trivulzio nuovo coraggio e nuova forza e gli svizzeri dovettero convincersi che la battaglia era perduta. Diecimila dei loro compagni giacevano sul campo; i sopravvissuti, pochi dei quali senza gravi ferite, ripiegarono faticosamente su Milano.

Era tale la reputazione militare dei mercenari svizzeri che le prime notizie giunte a Roma annunciarono la loro vittoria. Il papa personalmente passò il messaggio a Marino Zorzi, ambasciatore veneziano presso la Santa Sede, senza fare alcuno sforzo per nascondere la propria soddisfazione; soltanto al mattino del giorno successivo Zorzi ricevette lettere del suo governo che lo informavano sul reale stato delle cose e si precipitò subito in Vaticano. Papa Leone era ancora a letto ma all'urgente richiesta di udienza dell'ambasciatore lo ricevette in veste da camera.

«Padre Santo» disse Zorzi «ieri Vostra Santità mi diede una cattiva nuova e falsa; io gliene darò oggi una buona e vera: gli Svizzeri sono rotti». Allora il Papa, lette le lettere, disse: «*Quid ergo erit de nobis, et quid de votis?*». L'oratore rispose: «Di noi sarà bene, che siamo col Cristianissimo re; e Vostra Santità non avrà male alcuno» e tolse licenza.[3]

La battaglia di Marignano fu l'ultimo scontro di rilievo delle lunghe e tediose guerre scoppiate in seguito alla Lega di Cambrai. Dopo la disfatta degli svizzeri, Massimiliano Sforza non poteva ovviamente più sperare di mantenere il ducato di Milano: il 4 ottobre i francesi presero possesso del castello. Due mesi dopo Leone X e Francesco I si incontrarono a Bologna dove raggiunsero un accordo in base al quale il papa, a malincuore, restituiva Parma e Piacenza (per tacere della cessione di Modena e Reggio al duca di Ferrara) in cambio del non intervento francese nel suo progetto di impossessarsi del ducato di Urbino che desiderava per il proprio nipote, Lorenzo. Nell'agosto del 1516, con il trattato di Noyon, Carlo I di Spagna, nipote di Ferdinando e Isabella, che presto sarebbe divenuto l'imperatore Carlo V, concluse una pace separata con Francesco I, di cui riconobbe il diritto su Milano in cambio del riconoscimento francese delle

[3] *Relazione di Marino Zorzi* in E. Albèri, *op. cit.*, vol. III (*L'Italia nel secolo* XVI).

pretese spagnole su Napoli; nel dicembre di quello stesso anno a Bruxelles il vecchio Massimiliano – dopo un'ulteriore e completamente fallita spedizione per la riconquista di Milano, interrotta ancor prima di raggiungere la città – venne pure a patti: in cambio di un pagamento in contanti da parte di Venezia, abbandonò tutte quelle terre che gli erano state promesse a Cambrai. Aveva esitato soltanto per Verona, asserendo che l'onore dell'Impero non gli consentiva di cederla direttamente ai veneziani; ma alla fine anche questo spinoso problema fu risolto. Avrebbe consegnato la città al proprio nipote Carlo di Spagna; Carlo l'avrebbe trasferita ai francesi e costoro a loro volta l'avrebbero passata alla Repubblica insieme con tutti gli altri territori dell'Italia settentrionale in passato appartenuti alla Serenissima (eccetto Cremona) e da essi occupati.

La conclusione fu che otto anni dopo la formazione della Lega di Cambrai, il cui scopo doveva essere l'annientamento della Repubblica di Venezia, quelle stesse potenze che ne erano state le originarie promotrici si accordavano per restituire alla Serenissima tutti i suoi territori e per farne ancora una volta il più importante Stato secolare italiano. Durante quegli otto anni Venezia aveva sofferto molto e fatto molti sacrifici; ma aveva fermamente resistito, e con il suo abituale miscuglio di fine diplomazia, di buon governo e, soprattutto, di fortuna ne era uscita indenne. Inoltre, aveva dimostrato di essere ancora imprendibile. I nemici l'avevano minacciata insidiandola pericolosamente dalla terraferma, ma la città non era stata toccata. In breve, la sua popolazione, quando ebbe notizia delle condizioni pattuite a Bruxelles, ebbe buone ragioni per complimentarsi con se stessa, il che regolarmente fece.

Sotto altri punti di vista però Venezia non poteva più essere quella di una volta. Aveva mantenuto l'indipendenza e le erano stati restituiti tutti i territori ma la sua potenza era sfumata. Privata dell'egemonia commerciale e del dominio dei mari, non avrebbe più potuto farsi promotrice di grandi progetti politici e non avrebbe più avuto la forza per realizzarli come aveva fatto nel passato. Nei giorni della sua grandezza aveva guardato risolutamente a oriente verso Bisanzio, il Levante, il Mar Nero e oltre, dove esistevano le basi della sua fortuna e donde proveniva la sua ricchezza. Ora il suo cambio di rotta era completo; era divenuta nella sostanza uno Stato italiano – forse non identico agli altri perché la sua storia, le sue tradizioni, la sua straordinaria forma di governo e il suo semi isolamento le conferivano ancora una fisionomia unica, ma ciò nonostante sempre uno Stato italiano; uno Stato rivolto verso Occidente, più terrestre che marittimo, soggetto alle stesse pressioni politiche e alle stesse tensioni del resto della penisola italiana, della quale non molto tempo avanti non si sarebbe degnata di considerarsi parte.

La sua sicurezza inoltre era stata scossa. Più di una volta, allorché era sembrato che tutta l'Europa cristiana si fosse schierata contro di lei, era stata trascinata sul margine dell'abisso. Si era salvata. Ma in questo nuovo, non congeniale e incerto ordine di cose chi avrebbe potuto prevedere quando sarebbe sopraggiunta la prossima crisi e quale esito avrebbe avuto? Era sufficiente per sentirsi protetta fare affidamento sulla posizione geografica o anche su quella necessità – generalmente riconosciuta – di mantenere in Italia l'equilibrio del potere, in base al quale se uno Stato avesse tentato di assorbirla gli altri si sarebbero schierati in sua difesa? Era senza dubbio possibile; tuttavia sapeva anche che il suo futuro benessere, se non la sua stessa sopravvivenza, da allora in avanti non sarebbe dipeso dai suoi ammiragli, dai suoi mercanti o dai suoi condottieri, ma dai suoi diplomatici. E così ebbe inizio la grande epoca della diplomazia veneziana, un'arte che la Repubblica elaborò in profondità con l'applicazione che il suo popolo aveva sempre dimostrato nei settori che considerava di primaria importanza per lo Stato, fino al punto che la sua sagace perizia divenne una leggenda in tutto il mondo civile.

Non era quel genere di diplomazia che procura amici. Al contrario, accanto all'amicizia tendeva anche a seminare, in uguale misura, la paura e il sospetto, perché poggiava in gran parte su spie e agenti, sulla segretezza e sull'intrigo, sulla sinistra e misteriosa azione del Consiglio dei Dieci. Nessuna meraviglia quindi se, col passare degli anni, Venezia finì con l'apparire, almeno nella mente di molti europei, circondata da un'aura che possiamo associare alle forme più melodrammatiche della tragedia rinascimentale. Ciò che forse era meno evidente era la ragione che giustificava i paurosi metodi della diplomazia veneziana: Venezia stessa aveva paura.

Capitolo XV
Il trionfo dell'Impero
(1516-1530)

> Essendo amico dei due re, non posso che dire coll'apostolo: mi rallegro con chi gode e piango con chi soffre.
>
> ANDREA GRITTI alla notizia della cattura di Francesco I a Pavia

Se il trattato di Noyon non portò all'Italia una pace molto duratura, le procurò tuttavia una salutare pausa di respiro. L'anno 1517 fu il più calmo che la gran parte degli italiani poté in seguito ricordare. Con ciò non si intende dire che fu privo di interesse: un anno che inizia con la conquista del Cairo per opera dei turchi e finisce con Martin Lutero che inchioda le sue *Novantacinque Tesi* sulla porta della chiesa a Wittenberg non dovrebbe essere liquidato in fretta. Ma le conseguenze di questi eventi, per quanto importanti essi fossero, non furono immediate; e le popolazioni della Lombardia e del Veneto, durante quell'anno e nei dodici mesi successivi, poterono ricostruire le loro case semidistrutte, seminare nuovamente i loro devastati campi e dormire di notte senza l'incubo di eserciti portatori di violenze, di saccheggi e di stragi.

Una tregua di cinque anni conclusa nel luglio del 1518 tra l'Impero e la Repubblica di Venezia stabilizzò ulteriormente la situazione e non si può dire quanto sarebbe durata ancora la calma se il 12 gennaio 1519 il vecchio Massimiliano d'Asburgo non fosse morto nel castello di Wels nell'Austria superiore. Per un certo tempo si era adoperato affinché la corona imperiale passasse al nipote Carlo che, per effetto di una sequela di alleanze dinastiche, combinata con un'imprevedibile serie di morti, si era trovato all'età di diciannove anni ad avere la sovranità sulla Spagna (con la Sicilia, la Sardegna e Napoli, per tacere dei nuovi possedimenti americani),[1] sull'Austria, sul Tirolo, su parte della Germania meridionale, sui Paesi Bassi e sulla Franca Contea. Ma proprio l'immensa estensione di questo dominio, insieme col timore che l'Impero rimanendo troppo a lungo nelle mani di una stessa famiglia si trasformasse in una monarchia ereditaria, induceva alcuni elettori a favorire l'altro, unico serio candidato, e cioè Francesco I re di Francia.

Nel paragone con Carlo, Francesco I non era così inferiore come a prima vista potrebbe sembrare. Dal punto di vista dell'estensione territoriale dei suoi domini, il confronto gli era decisamente sfavorevole; però il trono francese era molto più sicuro, il suo potere più profondamente radicato, le sue risorse infinitamente più sostanziose. Inoltre, nello stesso anno in cui Francesco I era divenuto re di Francia, la battaglia di Marignano

[1] Eredità ricevuta dalla madre Giovanna la Pazza, figlia di Ferdinando d'Aragona e di Isabella di Castiglia.

gli aveva dato Milano e con essa il controllo di tutta l'Italia settentrionale fino ai confini con la Repubblica di Venezia. Le sue immense ricchezze potevano avere un ruolo importante in suo favore poiché tutti e sette gli elettori avevano fatto intendere chiaramente, fin dall'inizio, di essere sensibili alla persuasione del denaro. Infine, aveva il sostegno di Enrico VIII d'Inghilterra e del cardinale Wolsey – che erano pure ansiosi di mantenere l'equilibrio del potere – e di Leone X per l'eccellente motivo che i confini del Regno di Napoli arrivavano a poco più di cinquanta chilometri da Roma; il papa non gradiva affatto l'idea di trovarsi un imperatore sull'uscio di casa.

Durante i primi due mesi che seguirono alla morte di Massimiliano le possibilità dei due contendenti sembravano equivalersi; ma alla fine, il denaro che Carlo era riuscito a raccogliere rilasciando cambiali a grandi banche tedesche, soprattutto a quella dei Fugger di Augusta, fece valere il proprio peso. All'ultimo momento papa Leone cambiò partito e il 28 giugno 1519, a Francoforte, Carlo fu eletto al trono del nonno. Francesco I, che pure aveva speso considerevoli somme in moneta aurea, subì un grave colpo al proprio prestigio personale e politico; ma non era la fine della lotta. La prima fase di questa guerra, combattuta nelle cancellerie e nelle amministrazioni delle banche dell'intera Europa, era stata persa: ora lo scontro sarebbe continuato sul campo di battaglia.

Venezia intanto, diversamente dal papa, era rimasta fedele all'alleanza con la Francia. Fino dall'assunzione al trono Francesco I le si era dimostrato un buon amico; a lui, principalmente, doveva la restituzione di tutti i territori della terraferma. Non era stata in grado di aiutarlo molto nella lotta per la corona imperiale, ma non vedeva ragioni valide per cambiare la propria linea politica soltanto perché quella battaglia era stata perduta. Quando pertanto gli ambasciatori di Carlo V, nell'estate del 1521, si presentarono con la richiesta di libero passaggio attraverso i suoi territori per l'esercito dell'Impero, ricevettero una risposta cortese ma ferma. Il suo trattato con la Francia rendeva impossibile la concessione di un simile permesso; essa poteva quindi soltanto sperare che «Sua Maestà Imperiale» avrebbe acconsentito a far passare i propri uomini per una strada diversa in modo da non costringerla a opporsi a coloro con i quali desiderava sinceramente vivere in pace.

Questa risposta fu una delle prime e più importanti dichiarazioni fatte da Antonio Grimani, che il 6 luglio 1521 era stato eletto doge di Venezia, succedendo a Leonardo Loredan. Il vecchio doge Loredan, nella carica di supremo magistrato, non aveva dato prova di eccelse capacità e nemmeno di una certa immaginazione; a sua attenuante bisogna tuttavia dire che il suo dogado aveva coinciso con il capitolo più lancinante della storia di Venezia; da questa drammatica esperienza la città era uscita praticamente indenne. Nella mente dei suoi concittadini egli veniva quindi inevitabilmente associato a questo fortunoso e felice esito finale; la sua morte, all'età di ottantacinque anni, fu pianta sinceramente.

Le esequie e il corteo funebre fino alla chiesa dei Santi Giovanni e Paolo furono di una magnificenza e di una solennità maggiori del solito; la sua tomba, nella cappella absidale maggiore, sarebbe poi stata di pari grandiosità, anche se dovette attendere mezzo secolo (1572 circa) prima di essere eretta.

Bisogna dire che quella di Antonio Grimani fu una strana scelta. Tanto per cominciare, aveva ottantasette anni: era il doge più vecchio mai eletto a Venezia; in secondo luogo la sua reputazione era gravemente compromessa fin dal 1499 quando, a ragione o a torto, era stato ritenuto responsabile della perdita di Lepanto, conquistata dai turchi.[2] Dopo tre anni di esilio in Dalmazia si era rifugiato a Roma dove il figlio cardinale, la cui porpora era stata comprata molti anni prima per 30.000 ducati, gli era stato d'aiuto introducendolo nella corte pontificia e gli aveva offerto la possibilità di svolgere incarichi diplomatici secondari a vantaggio della Repubblica. Avendo in questo modo gradualmente riconquistato il favore dei concittadini, era stato richiamato a Venezia nel 1509 (con 1.365 voti favorevoli e soltanto cento contrari del Maggior Consiglio) dove era divenuto

[2] Cfr. pp. 215 e ss. La promissione di Grimani è di particolare interesse perché segna la fine di una venerabile tradizione, antica quasi quanto la stessa Repubblica, in base alla quale il doge all'assunzione dava in dono dei volatili (*osei*) a tutti i membri della magistratura. Poiché il numero di questi membri era cresciuto enormemente col passare degli anni mentre la fauna locale era diminuita con lo stesso ritmo, era divenuto progressivamente sempre più difficile attenersi alla tradizione. Fu pertanto stabilito che Grimani e i suoi successori avrebbero distribuito monete espressamente coniate per l'occasione, che da allora in poi furono note col nome di *oselle* in memoria degli uccelli che avevano rimpiazzato.

procuratore di San Marco. Con tale carica aveva diretto (fra il 1511 e il 1514) il restauro del campanile, che ebbe in quella occasione la cuspide piramidale verde e con essa quell'aspetto generale che ha tuttora.[3]

La vera ragione dell'elezione del vecchio Antonio sembra essere stata l'ovvio desiderio di conservare l'appoggio di un influente cardinale a Roma. Il papa aveva concluso meno di un mese prima una nuova alleanza con l'imperatore e, benché i veneziani non si sentissero immediatamente minacciati, sarebbe stata follia, in quel particolare momento, indispettire il loro più potente alleato alla corte pontificia, considerato da molti, sia pure con un certo ottimismo, un possibile successore di Leone X sul trono di Pietro.

Sfortunatamente per Venezia, gli eventi si susseguirono troppo rapidamente perché la Repubblica potesse cogliere i benefici della sua politica. Agli inizi dell'autunno del 1521 un esercito congiunto di pontifici e imperiali era già in marcia. Mancando un'effettiva opposizione dei francesi, dilagò in Lombardia, conquistò Milano il 19 novembre e poi, in rapida successione, Lodi, Parma, Pavia e Piacenza quasi senza sparare un sol colpo. Il 1° dicembre, Leone X morì, ucciso da un'improvvisa febbre contratta al ritorno da una battuta di caccia. Essendo un fiorentino e un Medici, papa Leone aveva mantenuto verso Venezia la tradizionale ostilità della propria famiglia e i veneziani, in cambio, lo

[3] Il campanile attuale non è però quello originale che crollò il 14 luglio 1902; fu ricostruito «dov'era e com'era» e fu inaugurato nel 1912, il 25 aprile, giorno di san Marco.

avevano ripagato con la stessa moneta: era stato sempre cordialmente detestato e la notizia della sua morte fu accolta con manifestazioni di indubbia esultanza in tutta la città. Marin Sanudo definì tale notizia «*miraculosa e optime nuova*» aggiungendo che per la Repubblica equivaleva a una grande vittoria o alla morte del capitano generale dei turchi, perché Leone era stato la rovina della cristianità. Ma il giubilo si estinse abbastanza presto quando fu noto il nome del successore; non, come i veneziani avevano sperato, il loro compatriota cardinale Domenico Grimani, ma un uomo che non sarebbe stato nient'altro che un fantoccio dell'imperatore: l'olandese Adriano di Utrecht, che era stato tutore dell'imperatore e che ancora in quel momento si trovava ai suoi servizi come viceré di Spagna. La speranza rinacque quando Adriano morì l'anno successivo; ma l'esito del conclave fornì ancora più scarsi motivi di compiacimento perché fu eletto un altro Medici, Giulio, cugino di Leone X, che assunse il nome di Clemente VII.

A quel punto anche Antonio Grimani era scomparso dalla scena, pur avendo avuto tempo sufficiente per far ricredere i veneziani sulla sua elezione. Senza sorpresa di nessuno si era rivelato indeciso, instabile e, assai presto, irrimediabilmente senile. Sfortunatamente era anche testardo e aveva rifiutato l'offerta, fattagli dal Senato in cambio dell'abdicazione, di una pensione vitalizia di 2.000 ducati l'anno e del funerale di Stato alla morte. L'unica consolazione consisteva nel fatto che non sarebbe potuto durare a lungo e la notizia della scomparsa, avvenuta il 7 maggio 1523, fu accolta in tutta la città con un generale sospiro di sollievo. Fu sepolto, come conveniva al suo passato, nella vecchia chiesa di Sant'Antonio Abate nel sestiere di Castello. Quasi tre secoli dopo, la chiesa e il cenobio attiguo furono in parte distrutti da Napoleone, che aveva in progetto di utilizzare quell'area per i giardini pubblici.[4]

Andrea Gritti, successore del Grimani, era una personalità molto più dotata e interessante. Bell'uomo, alto e affascinante, portava con disinvoltura i suoi sessantott'anni e si vantava di non aver mai avuto un sol giorno di malattia in tutta la vita. In gioventù aveva accompagnato il nonno in missioni diplomatiche in Francia, Inghilterra e Spagna, paesi le cui lingue parlava correntemente insieme con il latino, il greco e il turco. L'apprendimento della lingua turca era il frutto di un lungo soggiorno a Costantinopoli, durante il quale era stato imprigionato sulla base di una fondata accusa di spionaggio; era sfuggito all'impalamento soltanto per i buoni uffici del visir Ahmed, suo amico personale. Aveva fama di aver goduto a Costantinopoli di una non comune popolarità sia tra i turchi sia presso la colonia europea. Si sussurrava che molte donne di quella comunità erano state viste attendere in lacrime

[4] Il suo ricordo è pertanto affidato nel modo migliore alla *Sala delle Quattro Porte*, in Palazzo Ducale, dove si trovano due suoi ritratti. Uno è di Tiziano (*Doge Antonio Grimani adorante la Fede*) sebbene finito da un'altra mano dopo la morte del maestro e per giunta malamente restaurato. L'altro è un'opera firmata da Giovanni Contarini, allievo di Tiziano.

ai cancelli del carcere quando vi era stato portato. Dopo, aveva svolto egregiamente incarichi in diplomazia e, sempre in veste civile, aveva preso parte alle guerre della Lega di Cambrai. Era provveditore dell'esercito quando il 20 maggio 1523 fu eletto doge. È forse strano, data la sua carriera e le sue qualità, ma non si era mai impegnato per conquistare le simpatie del volgo, il quale infatti avrebbe desiderato l'elezione del suo principale rivale, Antonio Tron. Una volta eletto, mentre stava facendo il tradizionale giro della Piazza, la gente aveva insistito a scandire, nel gutturale accento veneziano, un sordo «Tron, Tron» ma né in quel frangente né in seguito la mancanza del favore popolare gli procurò la benché minima preoccupazione.

Presumibilmente era stata la sua esperienza nel campo diplomatico a raccomandarlo favorevolmente al corpo elettorale, dato che la scelta era avvenuta in un periodo in cui la Repubblica era impegnata in negoziati di considerevole delicatezza con l'Impero. Carlo V si era subito dimostrato un sovrano molto differente dal nonno, differente non soltanto per i mezzi finanziari a sua disposizione o per l'estensione dei domini, ma anche per il carattere e per la filosofia politica. «Dio vi ha messo sul sentiero che conduce alla monarchia universale», gli aveva detto il suo gran cancelliere Mercurino di Gattinara al momento dell'elezione, ed egli non l'aveva mai dimenticato. Non si trattava di ambizione personale; l'unificazione della cristianità sia politica sia religiosa sotto la bandiera imperiale era per lui un compito sacro, l'adempimento di un progetto divino. Dopo, e soltanto dopo, si sarebbe rivolto contro gli infedeli e, una volta messi a posto i turchi, avrebbe riunito le forze contro Martin Lutero e le sua setta di eretici.

Queste erano le mete alle quali Carlo aveva deciso di consacrare la propria vita; e, almeno fino a un certo punto, sembrò che l'Onnipotente stesse alle sue spalle. Durante quei quattro anni la sua posizione era divenuta costantemente più forte, a spese del suo primo e massimo rivale, il re di Francia. Non solamente aveva riconquistato Milano e la Lombardia; per merito della sua abilità diplomatica era riuscito a ottenere il sostegno di Enrico VIII d'Inghilterra, con un accordo che avrebbe dovuto essere coronato dal matrimonio dell'imperatore con la principessa Maria, la figlia di Enrico VIII che, sebbene avesse allora appena sei anni, era stata precedentemente promessa a Francesco I. Il progetto di questo matrimonio era stato confermato a Windsor nel 1522 quando Carlo si era recato in Inghilterra. In quello stesso anno le sue truppe avevano spezzato una nuova offensiva francese in Italia e conquistato Genova. Nel frattempo a Roma, a un papa ben disposto ne era seguito un altro che, essendo un amico personale con stretti legami con l'Impero, prometteva di essere ancora più condiscendente.

In breve, per Venezia era giunto il momento di riconsiderare la propria posizione. L'alleanza con la Francia costituiva crescenti motivi di perplessità – se non di inquietudine –, specialmente dal momento che l'ultima trionfale campagna dell'imperatore era stata intrapresa con il pretesto, spesso ripetuto, di «liberare l'Italia dalla tirannia francese». D'altra parte le divergenze della Serenissima con l'Impero non erano di facile soluzione; anche per l'indeciso, temporeggiante Massimiliano era stato assai difficile concludere compromessi su territori che secondo il suo giudizio appartenevano all'Impero; Carlo, subito dopo l'elezione, aveva immediatamente resuscitato parecchie vecchie pretese che, nelle speranze dei veneziani, erano state sepolte definitivamente a Bruxelles nel 1516. Ma i negoziati furono portati avanti tenacemente e alla fine, il 29 luglio 1523, meno di tre mesi dopo l'elezione del Gritti, Venezia concluse a Worms un solenne trattato con l'Impero, in base al quale, contro un pagamento di 200.000 ducati in otto anni, essa avrebbe definitivamente tenuto tutti i territori ex imperiali in quel momento in suo possesso. Ciascuna parte si impegnava ad accorrere in difesa dei territori italiani dell'altra, a meno che l'aggressore non fosse il papa; ciascuna parte avrebbe accordato salvacondotti ai sudditi dell'altra con diritto di residenza e commercio; Venezia inoltre si impegnava a inviare, su richiesta, fino a venticinque galee per la difesa di Napoli, a condizione che in quel momento non fosse seriamente impegnata contro i turchi. Il trattato, che fu firmato anche da Francesco II Sforza, figlio di Ludovico il Moro, che l'imperatore aveva messo sul trono di Milano, avrebbe avuto la garanzia congiunta del papa e di Enrico VIII, che furono entrambi invitati a entrare nell'alleanza.

Il doge scrisse poi al re di Francia, probabilmente non senza un certo imbarazzo. Venezia era stata costretta al trattato, spiegava il doge, dal mancato arrivo di truppe e rinforzi francesi, senza i quali essa non poteva esporsi da sola. Aveva anche voluto rispettare le aspirazioni del papa, ripetutamente espresse, a una pace generale in Europa. Francesco I non doveva quindi per nessuna ragione interpretare quel nuovo sviluppo delle alleanze come un atto ostile; al contrario, l'amicizia tra i due paesi restava, per quanto concerneva Venezia, inalterata. Se c'era una cosa che la Repubblica assolutamente non desiderava, questa era una causa di inimicizia tra le forze della cristianità in un momento in cui le armate degli infedeli divenivano sempre più forti e la loro minaccia all'Europa occidentale si ingigantiva ogni ora.

Almeno in quella lettera Andrea Gritti diceva nient'altro che la verità. Nei quarantadue anni trascorsi dalla morte di Maometto II il Conquistatore, Venezia era stata in guerra con l'Impero ottomano soltanto per quattro, dal 1499 al 1503, e comunque perché in quell'occasione era stato Bajazet II, un sultano amante della pace, a sentirsi minacciato. Anche quando nel 1512 Bajazet ebbe passato il trono al figlio Selim I la bonaccia era continuata, almeno per quanto riguardava l'Europa, poiché il nuovo sultano aveva fortunatamente dedicato la massima parte delle sue energie al compito di consolidare i domini islamici dell'Oriente. Otto anni dopo però a Selim era succeduto il figlio maggiore Solimano I, che sarà presto noto come Solimano il Magnifico, e la situazione era immediatamente cambiata. Solimano non aveva perso tempo. Nel 1521 aveva assediato con successo Belgrado, grande fortezza di confine ungherese, e l'anno seguente aveva lanciato un immenso attacco anfibio su Rodi, dove per oltre due secoli i cavalieri di San Giovanni avevano mantenuto indipendente il loro Stato, dal quale attuavano una costante offensiva contro il naviglio turco. Già quarant'anni prima i cavalieri di San Giovanni avevano affrontato un attacco simile e, dopo un'eroica resistenza, erano riusciti a respingere l'invasore; ma questa volta i vecchi nemici erano risultati troppo forti. Il 21 dicembre 1522, dopo molte settimane di assedio e comunque soltanto per riguardo verso la popolazione civile, i cavalieri si erano arresi in cambio della promessa di poter abbandonare l'isola indisturbati – una promessa che Solimano ebbe in seguito motivo di rimpiangere perché nello spazio di un decennio essi costituirono un nuovo Stato a Malta – il che avevano fatto verso la fine dell'anno.

Dal punto di vista sia politico sia strategico la caduta di Rodi era di assai poca importanza per l'Europa nel suo insieme. I cavalieri di San Giovanni non avevano mai costituito una potenza di primo piano nel Mediterraneo. Con una così piccola base di operazioni non erano mai stati capaci di allestire una marina, neppure di appoggio, tale da poter sostenere il confronto con le potenti flotte di Venezia, di Genova o del sultano. Essi dedicavano a ogni modo la massima parte delle proprie energie e risorse all'attività medica (per oltre un secolo l'ospedale di Rodi era stato comunemente ritenuto il migliore della cristianità) e le loro imprese militari si erano limitate a scorrerie su porti turchi e all'attacco del naviglio turco; tutto questo però costituiva per gli infedeli un pericolo moderatamente irritante ma non grave. Se non fosse stato per le quasi imprendibili fortificazioni dell'isola i cavalieri non sarebbero durati tanto a lungo. Ma erano anche devoti, risoluti e terribilmente valorosi; provenivano da ogni angolo d'Europa e la notizia del loro crollo fu accolta ovunque con una costernazione assolutamente sproporzionata alla loro importanza politica. Forse soltanto tra i veneziani la reazione non fu puramente emotiva. Per essi la sconfitta dei cavalieri era un fosco presagio. Con Rodi perduta, per quanto tempo ancora la Repubblica poteva sperare di mantenere le colonie che le restavano nel Dodecaneso? O Candia, o Cipro? Per quanto tempo ancora, anzi, l'Egeo sarebbe stato il limite delle ambizioni di Solimano? Presto, non ne dubitavano, sarebbe stato il turno dell'Adriatico.

Ma Venezia non poteva combattere da sola contro i turchi e neppure Carlo V, sino a quando restava aperta la sua contesa con il re di Francia. Questa contesa dovrà trascinarsi sino al 1529, ma d'ora innanzi Venezia e gli altri Stati italiani vi avranno soltanto un ruolo di importanza secondaria. La situazione europea si era ormai polarizzata: c'era posto soltanto per i due protagonisti al centro della scena. Le truppe di Venezia erano completamente assenti alla grande battaglia di Pavia del febbraio 1525, quando Francesco I fu fatto prigioniero e mandato in Spagna; e allorché, dopo il suo rilascio nell'anno seguente, papa Clemente formò la filofrancese Lega Santa, o Lega di Cognac, con lo scopo di porre un freno al sempre crescente strapotere spagnolo-imperiale, Venezia accordò la propria firma ma poco d'altro. Nel 1527 quando il vendicativo Carlo inviò circa ventimila armati, in massima parte tedeschi e spagnoli, contro la stessa Roma e la città fu sottoposta per tre giorni a carneficine, saccheggi e alla distruzione in massa delle sue opere d'arte, il tutto eseguito con una ferocia ineguagliata dal tempo delle invasioni barbariche, Venezia non mosse un dito in aiuto del suo alleato. La sua apparente indifferenza era tale che appena si dolse quando Francesco I, in seguito alla defezione dei genovesi che sotto la guida del loro famoso ammiraglio Andrea Doria erano passati alla causa imperiale, accettò di concludere una pace separata. In base alle condizioni del trattato, che fu concluso a Cambrai nell'agosto del 1529 e che essendo stato negoziato da Luisa di Savoia, la regina madre francese, e da Margherita d'Austria, zia dell'imperatore, fu poi noto come Pace delle Due Dame, il re francese rinunciò esplicitamente a ogni pretesa in Italia come pure ai suoi diritti di sovranità sull'Artois e sulle Fiandre. In cambio ricevette da Carlo la promessa di abbandonare le pretese dell'Impero sulla Borgogna; ma gli alleati della Francia nella Lega di Cognac furono lasciati completamente fuori dei negoziati e delle decisioni e furono poi costretti ad accettare le condizioni che Carlo impose loro alla fine dell'anno, che comprendevano – per Venezia – la cessione di tutti i possedimenti in Puglia al Regno spagnolo di Napoli.

Fu una conclusione dolorosa e, per coloro che si sentivano traditi dal re di Francia, anche vergognosa. Ma almeno riportava la pace in Italia e segnava la fine di un lungo e non edificante capitolo della sua storia, un capitolo che era iniziato con l'invasione di Carlo VIII nel 1494 e durante il quale gli italiani non avevano avuto altro che devastazioni e distruzioni. Due volte ancora, ma brevemente, nel 1536-1537 e nel 1542-1544, i due grandi rivali si trovarono in conflitto; ma il valore non animava più la loro lotta e già non potevano più esserci dubbi sul fatto che ne era uscito vittorioso l'imperatore.

Però non era l'unico vincitore. Solimano il Magnifico aveva sistematicamente sfruttato lo scompiglio che regnava tra i suoi nemici per continuare senza sosta l'avanzata in Europa. Nel 1526, mentre papa Clemente minacciava Carlo V con la Lega di Cognac e Francesco I trattava il proprio rilascio dalla prigionia di Spagna, un'immensa armata turca era in marcia contro l'Ungheria. E il 29 agosto di quell'anno a Mohács inflisse agli ungheresi la più disastrosa sconfitta della loro storia. Il ventitreenne Luigi II, re d'Ungheria, morì sul campo di battaglia e uno scrittore dell'epoca ci racconta come, per un giorno e una notte, il Danubio scorresse colmo di cadaveri, di uomini e di cavalli. Continuare la resistenza era impossibile; nello spazio di pochi giorni la Mezzaluna sventolava su Buda. L'arciduca Ferdinando, fratello di Carlo e suo reggente in Austria, agì con rapidità: eletto re dai magnati, la nobiltà magiara, riuscì a salvare circa un terzo del territorio ungherese: il resto rimase a Solimano.

Ora la stessa Vienna era minacciata; infatti, tre anni dopo, il 10 maggio 1529, Solimano riprese l'offensiva alla testa di un'armata ancora più forte. Ferdinando frattanto aveva preparato la città ad affrontare il più terribile assedio della sua storia: le mura erano state fortificate e le guarnigioni rinforzate con veterani richiamati alle armi; file ininterrotte di carri di ogni tipo, carichi di frumento, armi e munizioni, entravano nella città da ogni angolo dell'Austria e della Germania. Eppure, mentre i turchi avanzavano in Europa, nella cristianità erano pochi a credere che tutte quelle misure potessero servire o che si potesse fare qualcosa per arginare la marea ottomana.

Ma Vienna si salvò, per merito, tra l'altro, delle condizioni atmosferiche. L'estate del 1529 nell'Europa centrale fu la peggiore a memoria d'uomo. Una pioggia incessante gonfiò i fiumi, cancellò le strade e spazzò via i ponti, distrusse i raccolti sui quali i turchi avevano fatto affidamento per nutrirsi durante la loro lunga marcia. La conseguenza fu che il trasferimento da Costantinopoli richiese sei settimane più del previsto e soltanto il 27 settembre il sultano montò finalmente il campo sotto le mura della città. Nella migliore delle ipotesi, gli restava appena un mese prima della sosta invernale, un mese per costringere alla resa una delle più fortificate città d'Europa. Ma in realtà non ebbe neppure quello a disposizione. Invece di raddolcirsi in una tardiva estate, il tempo peggiorò progressivamente; nella seconda settimana di ottobre la pioggia cedette il posto a bufere di neve e il 14 ottobre Solimano dette ordine di portarsi nei quartieri invernali di Belgrado. Contro ogni aspettativa, nella primavera seguente non rinnovò l'attacco e tornò sul Bosforo.

Mentre il sultano marciava su Vienna, Carlo V si dirigeva in Italia per perfezionare i trattati che derivavano dalla Pace delle Due Dame e per predisporre l'incoronazione imperiale. Non era una cerimonia assolutamente indispensabile; molti suoi predecessori, compreso il nonno Massimiliano I, ne avevano fatto a meno e del resto lo stesso Carlo V era ormai sul trono imperiale da dieci anni. Restava in ogni caso il fatto che fino a quando il papa non avesse posto la corona sul suo capo, teoricamente egli non avrebbe potuto considerarsi imperatore e per un uomo che aveva un così forte senso della propria missione divina sia il titolo sia il sacramento erano importanti.

Per tradizione l'incoronazione imperiale avveniva a Roma; però, sbarcato a Genova verso la metà di agosto, Carlo V fu informato dell'avanzata turca. Subito decise che inoltrarsi fino a Roma in quelle circostanze sarebbe stata follia: non solamente avrebbe richiesto troppo tempo; correva anche il rischio di trovarsi tagliato fuori nel caso di una grave crisi. Furono velocemente inviati dei messaggeri a papa Clemente e fu concordato che, data la situazione, la cerimonia si sarebbe potuta svolgere a Bologna, una città molto più facilmente accessibile e che restava saldamente sotto il controllo pontificio. Ma anche con questa soluzione le incertezze non cessarono; in settembre, mentre era in viaggio per Bologna, Carlo V ricevette un'urgente richiesta di aiuto da Ferdinando e fu sul punto di annullare l'incoronazione per accorrere subito dal fratello. Soltanto dopo un approfondito esame della situazione decise che sarebbe stato inutile. Al momento in cui fosse arrivato a Vienna, o la città era già caduta o Solimano si era ritirato per svernare e, in ogni caso, le poche truppe che aveva con sé in Italia erano insufficienti per portare a Vienna un aiuto concreto.

Così, il 5 novembre 1529, Carlo V fece il suo ingresso in Bologna dove, davanti alla basilica di San Petronio, era in attesa per riceverlo papa Clemente VII. Dopo una breve cerimonia di benvenuto i due si ritirarono nel palazzo del Podestà sull'altro lato della piazza. Erano stati preparati per loro appartamenti contigui; c'era ancora molto da fare, c'erano molti problemi da discutere e da risolvere prima che l'incoronazione potesse aver luogo. Dopo tutto, erano trascorsi appena due anni dal Sacco di Roma, quando la città era stata devastata dalle truppe imperiali e il papa si era trovato praticamente prigioniero di Carlo V in Castel Sant'Angelo; in qualche modo dovevano essere ristabiliti rapporti amichevoli. Poi si dovevano elaborare i trattati di pace per tutti gli ex nemici italiani dell'Impero, i più importanti dei quali erano, a parte lo stesso papa Clemente, Venezia, Firenze e Milano. Soltanto allora, quando la pace fosse stata finalmente consolidata in tutta la penisola, Carlo V avrebbe potuto inginocchiarsi davanti al pontefice per ricevere la corona imperiale. La cerimonia venne fissata per il 24 febbraio 1530 e vi furono invitati tutti i sovrani della cristianità. Carlo V e Clemente VII si erano concessi poco meno di quattro mesi per decidere il futuro d'Italia.

L'imperatore era il più forte. Nessuno Stato italiano sarebbe stato in grado di opporsi seriamente alle sue decisioni. Tuttavia, il suo scopo non era una pace raffazzonata alla meglio, ma una pace durevole, se non altro per poter poi concentrare la sua attenzione, e quella della cristianità, sulla minaccia turca. Egli era intenzionato a non mostrare alcuna durezza e a fare concessioni ove possibile. Con l'accordo concluso con Venezia il 23 dicembre, la Repubblica fu obbligata, e nessuno si sorprese, a restituire Trani, Monopoli e le altre città e territori della Puglia, al Regno di Napoli, cioè a Carlo; e, per far contento anche papa Clemente, a restituire le già pontificie città di Ravenna e Cervia alla Santa Sede. Ma queste perdite territoriali – perché in effetti di perdite si trattava – non pregiudicavano la sua prosperità o la sua sicurezza; nelle zone che realmente contavano per la sopravvivenza della Serenissima, la Lombardia, il Friuli e il Veneto, tutti i suoi domini furono confermati. E quando Venezia protestò, con una certa veemenza, contro la proposta di Carlo V di mettere Alessandro de' Medici sul trono di Milano, egli accettò di riportarvi Francesco Sforza, che pure aveva combattuto coraggiosamente dalla parte dei francesi –

volle soltanto che il castello continuasse ad avere una guarnigione di truppe spagnole.

Trattati analoghi furono felicemente conclusi con tutti gli altri Stati d'Italia con i quali l'Impero aveva dei problemi in sospeso, eccetto uno. Due anni prima, nel 1527, i fiorentini erano insorti ancora una volta e avevano cacciato i Medici dalla città: era stata un'azione coraggiosa, se non proprio temeraria, considerando che un membro di quella ormai detestata famiglia occupava il trono pontificio. Clemente VII, fermamente deciso a punire i fiorentini, non aveva lasciato dubbi a Carlo sul fatto che, in mancanza di un suo preciso impegno di inviare truppe per restaurare i Medici a Firenze, poteva rinunciare all'idea di farsi incoronare. Carlo V aveva tentato, inizialmente, di convincere pacificamente i fiorentini a cedere; ma i ricordi del Savonarola erano ancora vivi nelle loro menti, Michelangelo era stato incaricato di provvedere alle opere di difesa e il popolo tutto era pronto a combattere. Con un sospiro, Carlo V si piegò all'inevitabile: se il successo della sua politica italiana esigeva il sacrificio di Firenze, Firenze doveva essere sacrificata.

Nessun altro problema risultò insuperabile e assai prima del giorno stabilito per la grande cerimonia Carlo V aveva già creato la base di una lega panitaliana, che era anche la prova dell'ampliamento, senza pari da secoli, del potere imperiale su tutta la penisola. Più che sulla legge feudale, questo potere aveva fondamento su una libera associazione realizzata per vie diplomatiche; ma l'Impero non era per questo un'entità meno reale.

E così la pace fu firmata;[5] la Lega Santa di Clemente VII e il Sacco di Roma di Carlo V furono dimenticati, o almeno allontanati dalla memoria; e il 24 febbraio 1530, in San Petronio, Carlo fu dapprima unto e poi ricevette dalle mani del papa la spada, il globo, lo scettro e infine la corona del Sacro Romano Impero. Gli animi si erano turbati alquanto allorché un'improvvisata passerella di legno che collegava la chiesa con il palazzo del Podestà era crollata proprio mentre la percorreva il seguito dell'imperatore; ma quando fu accertato che tra i vari feriti nemmeno uno era grave, tornò rapidamente la serenità e i festeggiamenti continuarono fino a notte inoltrata.

Era stata una splendida cerimonia, ma avrebbe potuto essere ancora più solenne se qualcuno dei partecipanti fosse stato consapevole del fatto che era l'ultima del suo genere. Il Sacro Romano Impero era sorto quando, nel giorno di Natale dell'anno 800, papa Leone III aveva posto la corona imperiale sul capo di Carlo Magno. Da quel giorno il concetto dell'incoronazione papale era stato parte integrante di quello dello stesso Impero, e molti Re dei Romani avevano messo in pericolo la propria vita per ottenere quell'ultima sanzione. Alcuni di essi avevano giudicato il viaggio a Roma troppo pericoloso in determinate situazioni politiche; ma costoro, sebbene sul trono imperiale *de facto*, non avrebbero potuto chiamarsi imperatori *de jure*. Ora, con l'incoronazione di Carlo V, quella tradizione

[5] L'evento è ricordato in un dipinto di Marco Vecellio sul soffitto della sala del Consiglio dei Dieci nel Palazzo Ducale.

che durava da settecento anni era giunta all'ultimo atto: l'Impero non era ancora finito; ma mai più gli imperatori ne avrebbero ricevuto la consacrazione, sia pure simbolicamente, dalle mani del vicario di Cristo in terra.

Capitolo XVI
Pace
(1530-1564)

> Ces vieux coqz vont espouser la mer,
> Dont ils sont les maris et le Turc l'adultère.*
>
> JOACHIM DU BELLAY, *Les Regrets*, CXXXIII

La penisola era in pace, almeno per la prassi italiana; e benché questa pace fosse il frutto di decisioni imperiali e papali combinate e tutta l'Italia giacesse ormai sotto l'ala dell'aquila imperiale, Venezia era riuscita a salvaguardare non solamente l'indipendenza politica ma anche l'integrità dei domini di terraferma. Fatto ancora più notevole, questo esito era stato conseguito esclusivamente con mezzi diplomatici. Negli ultimi quattordici anni, malgrado i vari trattati e le alleanze nelle quali le condizioni politiche del tempo l'avevano obbligata a entrare, aveva evitato di impegnarsi effettivamente in operazioni belliche. La pace aveva servito i suoi interessi meglio della guerra e così era determinata a difendere quella pace con ogni mezzo in suo potere.

* «Questi vecchi cornuti stanno per sposare il mare, / [quel mare] di cui essi sono i mariti e il turco l'amante».

Ovviamente, il compito non si presentava facile. Francesco I, tornato a Blois a leccarsi le ferite, era ancora giovane e vigoroso e non aveva affatto rinunciato alle sue ambizioni italiane. Osservava ora con interesse la rapida evoluzione della scena politica, la diffusione del protestantesimo in Germania e soppesava le probabilità di addomesticare, se non proprio di suscitare delle guerre religiose all'interno dell'Impero, lotte che avrebbero potuto tenere impegnati gli eserciti di Carlo e lasciarlo così libero di riconquistare quelle terre oltre le Alpi che egli considerava tuttora sue per diritto di nascita. Solimano il Magnifico intanto avanzava su tutti i fronti: nelle isole del Mediterraneo, nella costa settentrionale dell'Africa, nei Balcani, nell'Europa centrale. Era palesamente fuori questione una grande alleanza delle potenze cristiane; in quel momento non c'era alcuna speranza di un'efficiente resistenza militare. Una cauta politica di compromessi appariva come l'unica scelta possibile, e così mentre Venezia nominava i delegati all'incoronazione imperiale, un altro suo inviato, Tommaso Mocenigo, era già in viaggio per Costantinopoli per riconfermare al sultano la costante stima della Repubblica e per coprirlo di doni nell'occasione della circoncisione del figlio.

Ma non era per nulla facile mantenere buoni rapporti con Solimano, per Venezia meno di ogni altro. La marina ottomana stava assumendo dimensioni mai raggiunte prima, il Mediterraneo orientale pullulava di navi turche, e poiché molte erano al comando di corsari, come il noto Khair ad-Dīn detto Barbarossa, che davano poco peso a trattati e tregue e attaccavano i legni cristiani ovunque li vedessero, gli incidenti erano inevitabili. Ne accadde uno particolarmente imbarazzante nel novembre del 1533 – appena otto mesi dopo che Venezia aveva categoricamente rifiutato di entrare in un'alleanza antiturca con il papa, l'imperatore e alcuni altri Stati italiani, sapendo perfettamente che le forze dell'alleanza stessa potevano servire soltanto a irritare inutilmente Solimano –, quando Girolamo Canal, comandante della flotta veneziana di stanza nell'Egeo, mentre controllava nelle acque tra Candia e la Morea i movimenti di una squadra turca che presumeva male intenzionata e in seguito allo scontro che ne nacque, affondò due di quelle unità e ne catturò altre cinque. In tempi passati la cosa sarebbe finita lì, ma ora la situazione era completamente diversa. Venezia, presa dal panico, inviò immediatamente altri ambasciatori alla Sublime Porta per presentare le proprie scuse e offrire riparazioni. Il problema di come regolarsi con il suo capitano era assai difficile perché il Canal veniva osannato da tutto il popolo come un eroe. Fu forse una fortuna che egli scegliesse proprio quel momento per morire (1535) a Zante.[1]

Sempre questa politica di *appeasement* indusse Venezia a rifiutare la propria partecipazione ad altre operazioni di modesta portata organizzate contro i turchi,

[1] Dopo un discreto intervallo di tempo, suo figlio gli eresse un monumento nella chiesa dei Santi Giovanni e Paolo, in alto sulla parete della navata laterale, nell'angolo nord-occidentale. L'opera, della fine del XV secolo, è attribuita ad Alessandro Leopardi.

come la temporanea conquista di Tunisi attuata da una flotta imperiale al comando dell'ammiraglio genovese Andrea Doria nello stesso 1535. Carlo V poteva tranquillamente lanciarsi in avventure di questo tipo, dalle quali poteva ritirarsi quando voleva e tornare nelle inaccessibili fortezze del suo esteso Impero. Egli non era in prima linea come Venezia, che ancora possedeva nel Mediterraneo orientale alcuni snodi commerciali di vitale importanza per i suoi interessi, la cui conservazione dipendeva interamente dalla buona volontà del sultano.

Probabilmente Carlo V le avrebbe dato ragione; ma come si poteva mantenere quella buona volontà? I veneziani sapevano perfettamente che si trattava di un problema la cui soluzione non dipendeva da loro: Solimano si sarebbe mosso solo quando avesse trovato utile farlo. Presto o tardi sarebbero stati costretti a difendersi.

Il momento venne due anni dopo, nel 1537. Nel frattempo erano accadute molte cose. Nell'ottobre del 1535 Francesco II Sforza, duca di Milano, era morto senza discendenti diretti; il re di Francia, immediatamente, reclamò il ducato per il proprio figlio Enrico d'Orléans; Ferdinando, fratello dell'imperatore e Re dei Romani, avanzò la stessa pretesa per la propria prole; e nell'estate successiva i due vecchi nemici erano di nuovo in guerra. Un esercito al comando dello stesso imperatore varcò il confine francese e penetrò profondamente in Provenza, assediò Arles e

Marsiglia, oltre a seminare devastazioni lungo tutto il cammino, eguagliate soltanto da quelle lasciate alle proprie spalle dai francesi in ritirata. Ma poi il favore della sorte cambiò partito. Tra le file degli imperiali scoppiò una grave epidemia e si diffuse la dissenteria che ne uccise o rese inabili oltre la metà. I rimasti, continuamente sottoposti agli attacchi della cavalleria leggera francese, si ritirarono alla meglio e negli ultimi giorni di settembre, due mesi appena dopo l'inizio, la prima fase della guerra era finita con una chiara vittoria della Francia.

Venezia aveva fatto il possibile per interporre una mediazione ma, visti falliti i suoi sforzi, si era tenuta fuori dalla mischia. Però, la successiva mossa di Francesco I doveva trascinarla inevitabilmente nel teatro della guerra. Egli fece un accordo segreto con Solimano, in base al quale la Francia avrebbe intrapreso una nuova campagna contro l'Impero nelle Fiandre, impegnando così una grande parte delle truppe imperiali, mentre forze ottomane avrebbero attaccato contemporaneamente in Ungheria e una flotta francese e una turca al comando del Barbarossa avrebbero attuato un'operazione combinata contro il Regno di Napoli. Per i veneziani la prospettiva di una guerra sull'imboccatura dell'Adriatico era assai sgradita; ma furono ancora più sgomenti quando giunse un ambasciatore del sultano con la proposta alla Repubblica di dare la propria adesione alla nuova alleanza.

L'offerta di Solimano era abilmente calcolata; se Venezia accettava, proprio con la sua attiva collaborazione egli avrebbe conquistato una invincibile posizione nel Mediterraneo centrale, dalla quale l'avrebbe poi portata a mettersi in ginocchio; se rifiutava, gli avrebbe dato un buon pretesto per agire immediatamente contro di essa. Tutto sommato, forse Solimano giudicò l'accettazione il caso più probabile; ma dopo le drammatiche prove della divisione che regnava nella cristianità, entrambi i casi erano possibili. Lui, ad ogni modo, aveva poco da perdere.

Il doge Gritti e i suoi consiglieri invece erano in grave imbarazzo. Lasciarsi coinvolgere di nuovo in una guerra contro l'Impero era chiaramente impensabile; ma rifiutare l'offerta del sultano significava provocare misure di rappresaglia che in quel momento Solimano poteva attuare con facilità, e che essi preferivano non contemplare neppure. La loro risposta fu pertanto la più garbata e la meno impegnativa che riuscirono a escogitare; contemporaneamente inviarono al capitano generale da mar, Girolamo Pesaro, istruzioni urgenti di evitare assolutamente scontri con navigli francesi o comunque stranieri, specialmente turchi, a meno che non fosse minacciata la stessa sicurezza dell'Adriatico.

La replica del sultano non si fece attendere. I primi a essere colpiti furono i mercanti veneziani in Siria, ai quali impose una nuova tassa del dieci per cento su tutte le merci. Poi fu la volta delle navi, che lungo le loro rotte cominciarono a essere sistematicamente attaccate da tutti i legni turchi che incontravano. Alcune, inevitabilmente, opposero resistenza. Non trascorse molto tempo e Solimano, pretendendo di essere stato arbitrariamente attaccato, dichiarò la guerra. Poco dopo, verso la fine d'agosto del 1537, la flotta ottomana comparve al largo di Corfù. A quel punto, fu Venezia a dover chiedere aiuto. L'isola era una colonia veneziana dal 1386 e, specialmente dopo la perdita dei due porti gemelli di Modone e Corone nel 1499, costituiva la sua principale base navale e commerciale nell'Adriatico meridionale. Data la sua vicinanza al Regno di Napoli, la sua importanza strategica era quasi altrettanto grande per la Spagna e l'Impero. Eppure, non solo l'appello di Venezia a queste potenze rimase senza risposta, ma addirittura una flotta imperiale al comando dell'ammiraglio Andrea Doria, che incrociava nelle vicinanze, se ne tornò a Genova. La giustificazione data dal Doria, che non poteva impegnarsi in battaglia senza istruzioni dell'imperatore, non fu creduta da nessuno: i veneziani sapevano perfettamente che, da genovese, egli li aveva sempre odiati e che, potendo evitarlo, non li avrebbe mai aiutati. Abbandonati da tutti, rimasero soli di fronte al nemico.

Ma le difese di Corfù erano poderose. La città, a metà strada sulla costa orientale dell'isola, giaceva, come del resto ancora oggi, dietro e sotto la cittadella fortificata, situata in alto sulla penisola rocciosa che si protende a levante verso le sponde dell'Albania, in modo da dominare gli accessi sia per terra sia per mare. All'interno della cittadella c'era una guarnigione composta di duemila italiani e di circa lo stesso numero di isolani, oltre agli equipaggi di alcune navi veneziane che in quel momento si trovavano nel porto. Viveri e munizioni erano abbondanti, il morale eccellente. Ce n'era bisogno poiché i difensori constatarono con sgomento che dovevano affrontare non un semplice attacco dal mare ma un'operazione combinata di ingenti forze navali e terrestri, che agivano secondo un piano accuratamente preordinato. Il 25 agosto i turchi sbarcarono venticinquemila uomini e trenta cannoni nel villaggio di Patara, a circa cinque chilometri dalla città, cui seguirono pochi giorni dopo consistenti rinforzi. Le devastazioni e le violenze cui furono sottoposte le genti della campagna e della città furono atroci ma la cittadella, malgrado il bombardamento continuo delle batterie turche a terra e in mare e i numerosi assalti, resistette. Poi, miracolosamente, arrivò la pioggia. Corfù è sempre stata celebre per la straordinaria violenza dei suoi temporali, vere e proprie tempeste. E quelle che scoppiarono nei primi giorni di settembre del 1537 sembra che fossero eccezionali anche in confronto alla norma locale. I cannoni dei turchi affondarono nel fango e divennero inamovibili, la dissenteria e la malaria cominciarono a serpeggiare nel loro campo. Dopo appena tre settimane d'assedio, il 15 settembre, l'esercito ottomano si reimbarcò e lasciò la guarnigione trionfante, anche se ancora un po' incredula, a festeggiare la propria vittoria.

Ma la guerra non era finita. La flotta del Barbarossa era tuttora in piena efficienza e gli altri porti e isole del Mediterraneo che erano rimasti a Venezia non disponevano di un forte sistema difensivo come quello di Corfù. Molti di essi, sebbene teoricamente sotto la protezione della Repubblica, erano di fatto governati da famiglie private veneziane che non avevano i mezzi per opporsi a un attacco in forze. Caddero una dopo l'altra; le isole di Sciro, Patmo, Egina, Ios, Paro, Stampalia (Astipalea), tutte notevolmente più vicine alla terraferma turca che a Venezia, la cui flotta era in gran parte bloccata sulla stretta imboccatura dell'Adriatico da una moltitudine di legni turchi.

La vittoria di Corfù divenne presto un pallido ricordo; ogni settimana giungevano notizie di nuove disfatte, di nuove perdite. Solimano era di nuovo all'offensiva; e le potenze europee, con tutti i loro progetti e le loro promesse, apparivano incapaci di formare alleanze che non esistessero altrimenti che sulla carta o che non fossero avvelenate da reciproci sospetti e da meschine liti ancora prima di aver preso forma. Nell'estate del 1538 una di queste alleanze, formata da Venezia, dal papa, dall'imperatore e dal Re dei Romani con tutto il fervore di una crociata e con tanto sconsiderato ottimismo che i componenti arrivarono al punto di spartirsi in anticipo l'Impero ottomano, finì non con la conquista di Costantinopoli, come essi avevano previsto, ma con un'altra miserabile disfatta al largo di Prevesa, una fortezza in mano turca su quella costa dell'Epiro dove 1.569 anni prima era stata combattuta la battaglia di Azio. Fu in questa circostanza che Andrea Doria, persuaso controvoglia a tornare sul teatro della guerra, con ritardi e tergiversazioni ostacolò in ogni modo il collega veneziano fino a quando la battaglia fu perduta. Poiché non era né un codardo né uno sciocco, soltanto il tradimento o la deliberata malizia sono le altre possibili spiegazioni. Qualunque sia il vero motivo, egli fu indirettamente responsabile della perdita delle sette galee veneziane. I turchi invece non subirono alcuna perdita.

Le fortune di Venezia erano pertanto in ribasso quando, nella tarda notte del 28 dicembre 1538, il doge Andrea Gritti morì all'età di ottantaquattro anni, fu detto per aver mangiato imprudentemente troppe anguille grigliate la vigilia di Natale. Era sempre stato un gaudente; già prima dell'elezione, Alvise Priuli, suo collega nel Senato, era stato udito mormorare: «Non possiamo fare doge un uomo con tre bastardi in Turchia»; e se si deve credere alle cronache dell'epoca, oltre a quei tre ne aveva prodotti in seguito almeno altri due, uno dei quali con una monaca di nome Celestina. Fu forse questo il motivo per cui non conquistò mai il sincero affetto del popolo, che era tradizionalmente di costumi piuttosto rigidi. Eppure i suoi concittadini dovevano molto a quest'uomo sia per il valore dimostrato in gioventù sui campi di battaglia sia per i successi diplomatici conseguiti dopo, che avevano procurato molti anni di pace. Nel 1537 e anche dopo, quando era ormai prossimo alla morte, egli aveva discusso per giorni in Senato nel tentativo di opporsi alla guerra contro il sultano e la sua mozione era stata respinta per un solo voto. Poco prima di questo dibattito aveva ufficialmente richiesto il permesso di abdicare, per ritirarsi nella quiete del magnifico palazzo di stile classicheggiante che si era fatto costruire a San Francesco della Vigna,[2] ma quando aveva capito che la guerra era inevitabile aveva ritirato la domanda. Fu sepolto, con quel fasto che aveva amato per tutta la vita, nella chiesa di San Francesco, che era stata completata dal Sansovino soltanto quattro anni prima e dove esiste tuttora la sua tomba sulla parete del presbiterio a sinistra dell'altar maggiore.[3]

Era ormai chiaro che Venezia doveva negoziare la pace con il sultano e una delle prime decisioni del successore di Andrea Gritti, il settantasettenne Pietro Lando, fu l'invio di un plenipotenziario a Costantinopoli. Fra tutte le recenti perdite, quella di Nauplia e di Monemvasia (cadute solo nel 1540), gli ultimi snodi commerciali di Venezia nel Peloponneso, era la piu grave; l'ambasciatore Tommaso Contarini pertanto ebbe ordine di dare assoluta priorità nel corso delle trattative di pace al caso di queste due città, per la cui restituzione la Repubblica era disposta a pagare un alto riscatto – in prima offerta 150.000 ducati che potevano aumentare fino a 300.000 nel caso che il sultano si mostrasse particolarmente intrattabile. Quest'ultimo importo era decisamente enorme e a Venezia si pensò che Solimano, cui erano sorte preoccupazioni a Oriente e

[2] Esiste ancora oggi, sul lato occidentale del campo. Eretto nel 1525, pervenne poi ai Contarini e ai Morosini; da questa famiglia lo acquistò il governo veneziano per offrirlo, nel 1564, a papa Pio IV, quale sede dei nunzi apostolici, in cambio del palazzo Venezia a Roma, da lui regalato alla Repubblica, a dimora dei suoi ambasciatori. Nell'Ottocento fu da papa Gregorio XVI donato ai francescani che lo unirono al loro convento mediante una galleria sopraelevata su colonne.

[3] Benché il corpo della chiesa sia opera del Sansovino, la facciata si basa su un disegno di Palladio e fu eretta posteriormente negli anni 1568-1572.

che notoriamente non era contrario all'idea di almeno una tregua nelle acque occidentali, non sarebbe stato che felice di accettarlo. Ma Solimano aveva idee del tutto diverse e Venezia alla fine, nell'ottobre del 1540, fu costretta a piegarsi a un trattato le cui condizioni erano molto più dure del previsto. I 300.000 ducati da essa offerti furono sì accettati ma a titolo di generale riparazione, restando fuori discussione il ritorno a Venezia di Nauplia o di Monemvasia o di qualsiasi altro territorio da essa perso negli ultimi tre anni. Inoltre, in futuro, le navi veneziane non avrebbero più potuto entrare o uscire dai porti turchi senza relativo permesso. Seguiva una ventina o più di altre condizioni, ciascuna delle quali sembrava studiata per causare alla Repubblica il massimo danno e la massima umiliazione. Ma in quel momento Venezia non aveva scelta; e così Pietro Lando, che un quarto di secolo prima si era distinto come uno dei più arditi capitani generali da mar dei suoi giorni, ebbe dal destino il triste compito di sanzionare la perdita di un'altra fetta dell'impero della Serenissima nel Levante.

Era fin troppo evidente che Venezia, a questo punto della sua storia, era entrata nella fase del declino, un declino per il quale non esisteva un rimedio durevole. I giorni dell'espansione erano irrimediabilmente andati; erano sopraggiunti quelli delle restrizioni. I moduli del commercio, in quegli anni, cambiarono rapidamente e anche se gli avversi effetti economici non si erano ancora dimostrati così dannosi come i pessimisti avevano temuto, esistevano pochi motivi per un ottimismo a lunga scadenza. L'Impero turco era alle porte, la sua avanzata ininterrotta, il suo appetito insaziabile; e l'Occidente cristiano aveva dato prova di essere incapace di opporgli una resistenza organizzata.

Il governo, frattanto, era sull'orlo della bancarotta, esaminava continuamente sistemi per raccogliere fondi ma gli mancava sempre il coraggio necessario per fare ciò che la situazione richiedeva. Nel 1537 l'entità dei debiti insoluti di privati cittadini verso il tesoro statale era tale che qualcuno aveva proposto di scegliere venticinque fra i cittadini più morosi e confiscare di punto in bianco tutti i loro beni; ma non se ne fece nulla e Venezia si ritrovò invischiata in un'altra rovinosa guerra con una grande quantità di crediti ancora non riscossi. Due anni dopo, con una situazione finanziaria mai tanto grave, troviamo il Senato veneziano che discute non meno di cinque provvedimenti di emergenza destinati a riempire i forzieri: prestiti forzosi, un testatico, una decima su tutti i redditi, una tassa sul patrimonio e una sui terreni. Tutti furono esaminati a fondo, non uno fu messo in pratica sistematicamente. La conclusione che se ne trae è inevitabilmente negativa: l'amministrazione era divenuta pigra e inefficiente ma soprattutto non aveva il coraggio di portare avanti leggi che temeva potessero risultare impopolari. Peggio ancora, c'erano segni di corruzione; due anni dopo la pace del 1540 fu scoperta la vera ragione dell'intransigenza di Solimano per Nauplia e Monemvasia. I fratelli Nicolò e Costantino Cavazza, due alti e fidati funzionari, uno segretario al Senato, l'altro al Consiglio dei Dieci, furono scoperti al soldo del re di Francia, al quale avevano rivelato le istruzioni segrete impartite al Contarini e al suo successore, che comprendevano la facoltà di rinunciare a ogni pretesa per i due porti se era inevitabile per concludere un trattato; e il «re cristianissimo», senza perdere tempo, aveva passato l'informazione al suo nuovo alleato, il sultano.

Sembra che questo abbassamento del livello morale avesse infettato l'intera popolazione. Il vecchio spirito pubblico era svanito. I veneziani stavano divenendo molli. La ricchezza aveva portato al lusso, il lusso all'ozio e l'ozio all'inerzia, anche quando la nazione era in pericolo. E questo non è un giudizio formulato col senno di poi; fu espresso e condiviso da molti uomini di quel tempo. Scriveva Cristofaro da Canale nel 1539:

> [...] Come nelle nostre antiche Historie si legge, ha fatto [laRepubblica] molte volte di grandissime armate. Il che certissimo non si potrebbe far hora tuttoché il popolo viva unito et devoto come a quei tempi faceva.
>
> Perciocché è al presente talmente comodo dei beni della fortuna che altro che uno importantissimo bisogno non lo farebbe mai entrar volontario sulle galee.[4]

[4] Cristofaro da Canale fu un capitano veneziano del XVI secolo. Nel 1562, durante una battaglia contro i turchi nell'Adriatico, dopo aver assalito ben cinque navi turche, rimase gravemente ferito. Continuò comunque a incitare i soldati, finché i veneziani non vinsero. Morì tuttavia dopo pochi giorni e venne sepolto a Corfù. Il passo riportato è tratto dalla sua opera rimasta inedita *Della milizia marittima*, uno dei più importanti manuali nautici dell'epoca.

Agi e prosperità della gente, indecisione e insolvibilità dello Stato: questo era il paradosso della Venezia del XVI secolo. La Repubblica non era intonata con sé stessa. Perfino durante gli anni di carestia del 1527 e 1528, quando i raccolti andarono distrutti per due estati consecutive – la prima da una pioggia incessante, la seconda da una prolungata siccità –, quando un grave scoppio di peste fu seguito da un'ancora più letale epidemia di tifo, e quando i problemi della città erano aggravati dall'afflusso incontrollato di profughi che fuggivano davanti alle distruzioni dell'esercito imperiale in marcia verso Roma, il carnevale era stato festeggiato con immutata allegria: le mascherate, le feste di nozze e i balli erano stati più sontuosi che mai. Viene naturale chiederci se in questo selvaggio spreco non ci fosse un elemento di disperazione, se in quella frenetica ricerca del piacere non ci fosse una dose di isteria. O se non si trattasse invece di una logica fredda e rassegnata, insinuante, che la Repubblica era condannata e che i veneziani potevano anche divertirsi per quel poco tempo che restava loro.

Qualsiasi ipotesi si voglia scegliere per buona, resta il fatto che i veneziani avevano perfettamente ragione facendo quello che facevano. Quando domina la legge della giungla, e sicuramente nessun'altra legge dominò nell'Europa del Rinascimento, le debolezze devono essere celate e si devono invece mettere in mostra tutti i doni elargiti dalla Provvidenza. Se Venezia avesse permesso che i segni del suo decadimento economico e morale divenissero palesi al mondo esterno, le sue possibilità di sopravvivenza si sarebbero pericolosamente ridotte. Ebbe cura di evitarlo. E per quanto concerne i doni, ne aveva avuti tre. Il primo, un suo diritto per nascita: la sua impareggiabile posizione nella laguna, isolata e imprendibile. Il secondo, in una certa misura corollario del primo: la sua antica conoscenza del mare e di tutto quanto a esso attinente. Il terzo, il suo genio per lo splendore e il fasto.

Fu una fortuna che, mentre la progressiva limitazione dei suoi orizzonti commerciali faceva diminuire gradualmente l'importanza del secondo dono, riuscì a trarre accresciuti vantaggi dal terzo. Così, durante tutti gli anni centrali del XVI secolo continuò senza sosta la realizzazione di quel grandioso programma non scritto di sontuose costruzioni di cui si è già parlato tratteggiando la situazione generale all'inizio del secolo, tanto che i visitatori abituali si stupivano per il fatto che, anche dopo una brevissima assenza, trovavano immancabilmente la città più abbagliante e più ricca di come l'avevano lasciata. In particolare la Piazza era in fase di trasformazione. Benché fosse da molto tempo considerata una meraviglia del mondo, era stata liberata dagli ultimi alberi e cespugli (vestigia dei giorni in cui era parte del giardino di un monastero) soltanto nel 1504, un anno o due dopo che Mauro Coducci aveva finito la Torre dell'Orologio e un decennio prima che fossero dati gli ultimi ritocchi al campanile ristrutturato. Proprio allora il Coducci aveva cominciato a lavorare alle Procuratie Vecchie, che formano il lato meridionale della Piazza e che furono inaugurate nel 1532. Cinque anni dopo, mentre i turchi martellavano invano le difese di Corfù, Jacopo Sansovino stava progettando la leggiadra Loggetta alla base del campanile, che avrebbe preso forma contemporaneamente alla stupenda Libreria – l'una e l'altra dette Sansoviniane dal nome del loro ideatore – che si affaccia dietro la Piazzetta; e questo suo capolavoro non era ancora terminato che già volgeva la propria attenzione al Palazzo Ducale, dove squadre di muratori erano impegnate da quasi mezzo secolo nell'ampliamento del lato orientale, lungo il rio di Palazzo, e al quale dette allora il suo contributo con la Scala d'Oro e le colossali statue di Mercurio e Nettuno che fiancheggiano la Scala dei Giganti. Nel 1586, quando Vincenzo Scamozzi completò le Procuratie Nuove sul lato settentrionale della Piazza, la vista da quello occidentale era quasi esattamente la stessa di oggi. In altri punti della città i cambiamenti non erano meno cospicui. Lungo il Canal Grande, ai primi palazzi rinascimentali, come il piccolo e incantevole palazzo Dario di Pietro Lombardo o il più imponente palazzo Vendramin-Calergi[5] di Mauro Coducci, si aggiungevano ora altri ancora più splendidi come il palazzo Corner, detto Ca' Granda, e il palazzo Manin[6] del Sansovino o l'immenso palazzo Grimani di Michele Sanmicheli. Frattanto, sulle due isole di fronte al Molo sorgevano la chiesa del Redentore e il monastero di San Giorgio

[5] Ora sede del Casinò. In questo palazzo morì Richard Wagner nel 1883.

[6] Ora occupati il primo dalla sede della Città metropolitana di Venezia e dalla Prefettura e il secondo dalla Banca d'Italia.

Maggiore, i due capolavori di architettura religiosa di Andrea Palladio.

Se teniamo a mente che questa era anche la Venezia di Tiziano, Tintoretto e Veronese, che lo splendore della pittura e dell'architettura si rifletteva nella ricchezza degli abiti tanto dell'aristocrazia quanto della borghesia – una ricchezza sulla quale le occasionali leggi suntuarie avevano evidentemente un effetto di brevissima durata e appena percettibile – e che raramente passava un giorno senza qualche magnifica sfilata, pubblica o privata, religiosa o secolare, cominciamo ad avere un'idea dell'impressione che questa scintillante città faceva a tutti coloro che la visitavano. Scettici ambasciatori stranieri poterono chiedersi cosa c'era dietro tutto quel luccichio e quella grandiosità; severi pastori luterani poterono distogliere gli occhi con disgusto da quella sfrontata ostentazione di lusso e ricchezza; ma nessuno poté evitare di restarne colpito. E per Venezia ciò era di vitale importanza. Per conservare il suo posto in un mondo che le cambiava rapidamente intorno, non poteva più fare affidamento sui ricchi traffici, né sulla sua marina, né sui valorosi e spavaldi condottieri del secolo precedente. Se doveva sopravvivere, aveva bisogno di pace; e la pace a sua volta dipendeva da una posizione neutrale nelle lotte che continuavano, come sempre, a dilaniare l'Europa. Ma non era facile salvare la neutralità di fronte alle pressioni alle quali era sottoposta in misura sempre crescente, dall'imperatore al papa, dai francesi agli spagnoli, dagli austriaci ai turchi. La neutralità poteva essere mantenuta soltanto con l'ausilio di una sottile diplomazia; e i diplomatici devono sempre parlare, o aver l'aria di parlare, da una posizione di forza.

Così, ancor più che nel passato, Venezia aveva bisogno del rispetto dei suoi potenti vicini; e nessuno meglio di lei conosceva l'importanza che aveva, sotto questo aspetto, la facciata esteriore che presentava al mondo. Con ciò non si intende dire che non si sarebbe data in ogni caso quella smagliante veste che si fece, oppure che rimpiangesse il denaro speso a propria glorificazione: niente di tutto questo. Lo splendore di Venezia non può essere liquidato come un espediente. Ma come ogni grande bellezza, era perfettamente consapevole dell'effetto che la bellezza stessa produce sugli altri. E se ne serviva appieno.

La neutralità che il doge Pietro Lando e i suoi successori fra tante difficoltà si sforzavano di mantenere era duplice: nella continua, anche se ora ineguale, lotta tra gli Asburgo e i Valois e nella battaglia, senza speranza di vittoria, contro i turchi. C'era però un terzo grande problema che si stava creando in Europa, una spaccatura le cui dimensioni aumentavano progressivamente e che era tanto più grave in quanto rivelava di non rispettare le frontiere nazionali. Gli insegnamenti di Martin Lutero e dei suoi seguaci avevano già diviso l'Inghilterra, la Francia, la Germania e quelle parti dell'Europa centrale che in tempi passati avevano accettato la guida di Roma. Questa divisione aveva, a sua volta, provocato ondate di violenza e persecuzione di un'entità sconosciuta in Europa dai tempi della crociata contro gli Albigesi tre secoli prima.

I confini naturali, invece, sembravano essere più efficaci. Le dottrine protestanti non avevano avuto in genere alcun successo presso le popolazioni dei paesi al di qua delle Alpi o dei Pirenei e certamente i veneziani, che non avevano mai avuto bisogno di un Lutero per difendersi dalle pretese del Papato, mostrarono in linea di massima poco interesse per quelle dottrine e per le loro implicazioni teologiche. Papa Paolo III invece non ne era convinto. Come tutti i romani del suo tempo, nutriva per Venezia una radicata diffidenza; sapeva che Vicenza, città sotto la sovranità veneziana, aveva una piccola ma non muta minoranza protestante; era anche preoccupato per il numero dei giovani tedeschi che studiavano all'Università di Padova e che, secondo lui, facevano il possibile per diffondere il contagio. Tanto meno poteva dimenticare che Venezia era ancora uno dei principali centri dell'arte della stampa e della produzione libraria nella cristianità e che soltanto per questo era in grado – qualora lo avesse desiderato o ne fosse stata persuasa da altri – di pervertire le menti dei fedeli.

I suoi sospetti non erano del tutto fondati. I veneziani avevano incrociato la spada con il Papato assai spesso per contrasti politici e non avevano mai permesso che la religione si immischiasse nella direzione degli affari. Ciò nonostante facevano quel che potevano per essere buoni cattolici ed erano preparati a adottare dei provvedimenti contro il Luteranesimo il giorno che l'avessero ritenuto necessario, esattamente come avevano fatto in passato contro altre eresie. Aborrivano però da ogni forma di persecuzione violenta e dissennata. Già nel 1289, quando avevano per la prima volta accolto un rappresentante dell'Inquisizione in territorio veneziano, avevano in precedenza esplicitamente concordato che i suoi compiti dovevano essere quelli di un magistrato inquirente piuttosto che di un giudice e che le sue conclusioni dovevano in ogni caso essere soggette al giudizio dell'autorità secolare. Avevano continuato a sostenere questo principio malgrado le pressioni papali sempre più insistenti, respingendo con fermezza ogni invito a inviare i sospettati di eresia a Roma per il relativo processo e la punizione. Se costoro venivano scoperti in territorio veneziano, dovevano essere giudicati a Venezia da giudici veneziani; così, e soltanto così, la giustizia poteva essere assicurata.

Ancora minori, è appena il caso di dirlo, erano le probabilità che Venezia fosse disposta a lasciarsi trascinare in una guerra di religione con minor malavoglia di quanto non lo fosse in una politica. Quando ebbe inizio il Concilio di Trento nel dicembre del 1545, che doveva stabilire la politica della Chiesa Romana verso la Riforma, Venezia, come altri Stati europei, inviò degli osservatori con l'incarico di riferire sui dibattiti e sulle conclusioni ma non esercitò diversamente alcun ruolo attivo; e quando, nella lotta che seguì, il papa la invitò a entrare nella lega che aveva formato con l'imperatore contro gli Stati protestanti tedeschi, essa rifiutò recisamente e anzi ostacolò la lega con ogni mezzo. Anche gli incitamenti a rompere i rapporti con i protestanti furono respinti «non su motivazioni religiose, ma per ragioni di Stato», poiché, così sosteneva Venezia, quelle persone agivano «più nell'interesse della libertà personale che della religione».

Non c'è alcuna ragione per sospettare che in questa occasione i veneziani fossero ancora meno sinceri del solito. Il papa aveva il dovere di proteggere la purezza della fede; nessuno lo contestava. L'imperatore però, con tutta la sua devozione, era profondamente preoccupato, ed essi lo sapevano, da uno dei più inquietanti effetti collaterali della Riforma, e cioè la sua tendenza a rafforzare sentimenti e aspirazioni di autonomia delle singole nazionalità all'interno dell'Impero; e verso questi sentimenti e aspirazioni, avendo loro stessi combattuto tanto a lungo e duramente contro le pretese imperiali, nutrivano ogni simpatia. Inoltre, tra le potenze occidentali Carlo V continuava a costituire il pericolo principale. Difficilmente un indebolimento della sua posizione poteva essere motivo per loro di grande amarezza.

Così accadde che, grazie a una riuscita combinazione di attenta diplomazia e buona sorte, Venezia riuscì a fruire di uno dei più lunghi periodi di pace che potesse ricordare, un periodo durante il quale, secondo il giudizio di uno dei più autorevoli specialisti francesi di storia veneziana, «la storia di Venezia scorre senza essere contrassegnata da alcun evento degno dell'attenzione della posterità».[7] A un doge seguiva un altro doge in rapida e in genere non memorabile successione: l'amante delle arti Francesco Donà nel 1545, il pio Marcantonio Trevisan nel 1553, il dotto Francesco Venier nel 1554 e, nel luglio del 1556, Lorenzo Priuli, la cui benemerenza fu, dopo una lunga serie di vedovi o di scapoli, di dare a Venezia una dogaressa per la prima volta in settant'anni, dopo i giorni cioè di Marco Barbarigo.

Il dogado del Priuli, sebbene rattristato da un anno di carestia – le conseguenze della quale furono soltanto parzialmente mitigate da una grave epidemia di morbillo[8] con un alto tasso di mortalità –, fu, per quanto concerne la politica interna, altrettanto privo di eventi di quello degli immediati predecessori; ma nella scena europea, il breve periodo in cui egli occupò il seggio ducale segnò la fine di un'epoca: soltanto due mesi dopo la sua elezione a doge, Carlo V, lasciato l'Impero al fratello Ferdinando e tutti gli altri suoi domini in Spagna, Napoli, Milano, Franca Contea, Paesi Bassi e America al figlio Filippo, si imbarcò a Flushing per il suo ultimo viaggio, quello che lo avrebbe portato, in Spagna, nella piccola casa attigua al monastero di Yuste in Estremadura dove sarebbe morto nel 1558. Lasciava dietro di sé un'Italia dilaniata da conflitti interni, come sempre. Già mentre attraversava la Manica, un esercito spagnolo al comando di Fernando Alvarez de Toledo du-

[7] Pierre Daru, *Histoire de la République de Venise*, 9 voll., Firmin Didot Frères Éditeurs, Paris 1821, vol. IV, p. 118.

[8] Questa, almeno, sembra la più probabile diagnosi sulla base dei sintomi allora riscontrati.

ca d'Alba stava penetrando in territorio pontificio; a questa invasione rispose ben presto una forza francese di diecimila uomini al comando di Francesco I duca di Guisa, che accorse in aiuto del papa. Venezia rifiutò di farsi coinvolgere in queste lotte, malgrado gli allettamenti di Paolo IV, tra i quali figurava la restituzione dei suoi vecchi territori in Puglia e perfino la cessione di tutta la Sicilia, dove essa non aveva mai avuto neppure qualcosa come uno snodo commerciale. Così, quando il duca di Guisa fu richiamato improvvisamente per fronteggiare un altro attacco sferrato dalla Spagna, questa volta contro lo stesso territorio francese, il papa rimase privo di aiuti e fu costretto a chiedere la pace.

Ma l'antica lotta tra i Valois e gli Asburgo stava avvicinandosi alla fine. Stranamente, l'ultimo scontro non avvenne in Italia ma in Francia; e in Francia, a Cateau-Cambrésis, il 3 aprile 1559, fu firmato il trattato permanente di amicizia e alleanza che fece terminare un martirio dell'Italia che durava da sessant'anni. Fu salvato l'onore di entrambe le parti e l'amicizia fu poi cementata dal matrimonio, nel giugno dello stesso anno, di Filippo II di Spagna, vedovo da sette mesi della regina Maria Tudor, con Elisabetta, figlia quattordicenne di Enrico II di Francia.[9]

[9] Il duca d'Alba rappresentò per procura Filippo II non soltanto nella cerimonia nuziale ma anche, quella stessa notte, nella consumazione del matrimonio. L'ambasciatore veneziano Giovanni Michiel ne riferì i dettagli al proprio governo: «La regina si ritirò a letto e, dopo, entrarono nella stanza, alla luce di molte torce, il re suo padre in compagnia del duca d'Alba. Quel duca, che aveva un piede nudo, sollevò da un lato il copriletto e poi inserì il piede sotto il lenzuolo e lo avanzò fino a toccare la carne nuda della regina; e in questo modo il matrimonio si intendeva consumato in nome di re Filippo mediante l'intervento di una terza persona».

Ma almeno per quanto riguardava l'Italia non c'erano dubbi sulla parte che aveva realmente vinto. La Francia si era ritirata battuta dal campo di battaglia. Meno di tre mesi dopo il matrimonio della figlia, Enrico II era morto – colpito a un occhio mentre giostrava in un torneo – e in agosto papa Paolo IV, i cui violenti sentimenti antispagnoli avevano provocato l'invasione del duca d'Alba tre anni prima, lo seguì nella tomba. Gli Asburgo avevano vinto: d'ora in avanti, la loro influenza sarebbe stata dominante nella penisola. Ma anche al di là delle Alpi l'abdicazione di Carlo V aveva costituito un'importante svolta della storia: da quel momento l'Impero e la Germania perdono il prestigio di un tempo e sbiadiscono nello sfondo; il centro di gravità dell'Europa si sposta ora in Spagna.

Grazie alla soluzione dei contrasti franco-spagnoli cessarono di esistere per il doge Girolamo Priuli, fratello maggiore di Lorenzo e suo successore nel novembre 1559, molti problemi di politica estera che da tempo angustiavano la Repubblica. Non tutti, però. I turchi ottomani restavano come sempre una minaccia, sia pure non imminente. Fortunatamente per la Serenissima, Solimano aveva altre preoccupazioni che lo distoglievano: una guerra civile scoppiatagli proprio in casa. Era nata da una disputa tra i suoi figli sulla successione. Contemporaneamente, gran parte della sua flotta era occupata a impedire ai portoghesi di stabilirsi lungo le rive del Mar Rosso e del Golfo Persico. Era lecito presumere che, per un certo tempo, non avrebbe dato noie a Venezia. Un problema più grave, a breve scadenza, era invece costituito dalla pirateria degli uscocchi, un'eterogenea ma eccessivamente molesta comunità in gran parte, ma non interamente, composta di cristiani fuggiti di fronte all'avanzata turca, che dopo essersi stabiliti a Segna e in altri posti sulla costa dalmata, si erano dati alla tradizionale occupazione degli abitanti di quella regione.[10] Come ben sanno i lettori del primo volume di questa storia, il problema era tutt'altro che nuovo; sporadiche recrudescenze di pirateria, le cui basi erano disseminate nelle innumerevoli isole e nelle nascoste insenature della costa orientale dell'Adriatico, avevano costituito un incessante pericolo per il commercio veneziano (al quale avevano provocato anche occasionali interruzioni) quasi fino dalla stessa nascita di Venezia. Con gli uscocchi il problema presentava una complicazione in più poiché quegli atti di pirateria facevano esplodere anche la collera dei turchi che, dopo ogni singolo attacco subito dal loro naviglio, inviavano una formale protesta a Venezia mettendo in rilievo che quale potenza che pretendeva il dominio del «Golfo Adriatico» aveva il dovere di svolgervi un'efficiente azione di controllo e polizia. Il corollario a questa proposizione non era espresso ma non sfuggiva certamente alla Signoria. Poiché la Dalmazia era in quell'epoca territorio dell'Impero e i pirati teoricamente

[10] Cfr. Philip Longworth, *The Senj Uskoks Reconsidered*, in «Slavonic and East European Review», vol. 57, n. 3, Modern Humanities Research Association for the School of Slavonic and East European Studies, London 1979; cfr. anche gli studi condotti da Gaetano Cozzi, in particolare *La Repubblica di Venezia, la casa d'Austria e gli Uscocchi*, Laterza, Bari 1965.

sudditi imperiali, Venezia faceva a sua volta insistenti pressioni a Ferdinando affinché adottasse le misure del caso; ma l'imperatore, a dispetto delle molte promesse, non fece mai niente e gli uscocchi rimarranno ancora per molti anni una spina nel cuore di Venezia.

Un altro problema, certamente meno grave, era stato creato dalla Riforma. I suoi insegnamenti continuavano a diffondersi in gran parte dell'Europa e con essi le persecuzioni e le morti sul rogo di coloro che, cattolici o protestanti, avevano la disgrazia di costituire la minoranza dissenziente. Contro eccessi di questa natura i veneziani sentivano, e avevano sempre sentito, un'istintiva repulsione. Come si addiceva alla più cosmopolita delle città d'Europa, essi erano orgogliosi della loro lunga tradizione di tolleranza – considerazioni più elevate a parte, essi sapevano che un diverso atteggiamento sarebbe stato molto dannoso per il commercio – ed erano più che mai risoluti a non interrompere questa tradizione. Poiché, tuttavia, ciò dipendeva dal contemporaneo mantenimento della loro libertà di azione in questioni di fede, era per loro di importanza decisiva conservare buoni rapporti, nei limiti del possibile, con il papa ed evitare di dargli inutilmente motivi di preoccupazione. Pertanto quando Pio IV, successore di Paolo IV, riaprì il Concilio di Trento nel gennaio del 1563, Venezia, non più così sospettosa dell'influenza imperiale com'era stata durante le prime sessioni, si dimostrò disponibile e si rese utile a tal punto che, quando il Concilio si chiuse alla fine dell'anno, il papa riconoscente le fece dono del palazzo San Marco a Roma, affinché fosse stabilmente adibito a sede dell'ambasciata della Repubblica,[11] e dispose che il patriarca di Venezia dovesse essere sempre un veneziano.

Il Concilio di Trento fu la prima chiara risposta della Chiesa di Roma alla Riforma. Esso definì con esattezza le dottrine fondamentali del cattolicesimo separandole nettamente da altri problemi teologici che venivano legittimamente considerati oggetto di possibile discussione; esercitò un'influenza moderatrice sugli estremismi reazionari e istituì molte riforme delle quali da tempo si sentiva la necessità. Tuttavia, dal punto di vista di Venezia, il Concilio fu almeno altrettanto importante proprio per quanto aveva tralasciato di esaminare e di decidere, un aspetto negativo per il quale Venezia può essere stata, sia pure soltanto in parte, responsabile. Se aveva nuovamente affermato la generale supremazia della Chiesa sulla cristianità, aveva evitato di sfidare apertamente il diritto degli Stati sovrani di applicare le proprie leggi negli affari religiosi come in quelli secolari. Così, quando nel gennaio del 1564, le sue conclusioni e i suoi decreti furono stampati e pubblicati – dal veneziano Paolo Manuzio, terzo figlio di Aldo, che Pio IV aveva convinto nel 1561 a fondare a Roma la tipografia pontificia –, la Repubblica aveva buone ragioni di essere soddisfatta.

[11] Palazzo Venezia, come in seguito venne denominato, continuò a essere la sede dell'ambasciata veneziana fino alla caduta della Repubblica; subito dopo, allorché le Venezie vennero cedute all'Austria, ospitò l'ambasciata dell'Impero asburgico sino alla fine della Prima guerra mondiale. In seguito, Mussolini vi collocò i propri uffici. Ora è un museo.

Capitolo XVII

La perdita di Cipro (1564-1570)

> Selim, sultano ottomano, imperatore dei turchi, signore dei signori, re dei re, ombra di Dio, signore del paradiso terrestre e di Gerusalemme, alla Signoria di Venezia:
> «Vi chiediamo Cipro che voi ci dovete dare volontariamente o per forza; e non fateci sguainare la nostra terribile spada perché faremo una guerra crudelissima contro di voi ovunque; né fate affidamento sul vostro tesoro perché noi lo faremo improvvisamente sfuggire dalle vostre mani come un torrente. State pertanto attenti a non suscitare la nostra collera [...]».
>
> SOKOLLU MAOMETTO PASCIÀ, Lettera

Venezia era stata in pace con i turchi per quasi un quarto di secolo: venticinque anni durante i quali aveva potuto assestare le proprie finanze, ricostruire una flotta ed erigere sempre più sontuosi monumenti con i quali abbagliare gli amici non meno degli avversari. Sapeva però che quella pace non sarebbe durata all'infinito. Solimano il Magnifico non era ancora soddisfatto delle proprie conquiste. Per vario tempo gli affari interni avevano monopolizzato gran parte della sua attenzione ma, a partire dal 1559, l'attività della marina turca nel Mediterraneo era stata considerevole e, quel che era peggio, in continuo aumento; benché fosse in gran parte concentrata sulla costa settentrionale dell'Africa, e pertanto alquanto fuori della sfera dei diretti interessi di Venezia, restava comunque vicina abbastanza per crearle delle apprensioni. Il grande Khair ad-Dīn, Barbarossa, al cui nome una volta tutti gli Stati marittimi d'Europa tremavano, era morto, non prima ad ogni modo di aver saccheggiato e occupato brevemente Nizza e di aver ancorato la flotta a Tolone per passarvi l'inverno; ma la sua eredità era caduta su un altro capitano corsaro, Torghud Ra'is, noto ai cristiani come Dragut, che se ne era presto dimostrato più che degno, conquistando Tripoli ai cavalieri di San Giovanni nel 1551 e infliggendo una sonora disfatta, nove anni dopo, a una flotta spagnola inviata da Filippo II per sloggiarlo.

È difficile dire se furono questi due successi a far decidere Solimano a lanciare un grande attacco su Malta per toglierla ai cavalieri esattamente come, circa quarant'anni prima, aveva tolto loro Rodi. Non aveva alcun motivo per pensare che l'operazione fosse più difficile della precedente. Malta aveva uno dei più splendidi porti naturali del mondo, ma non era una fortezza naturale e i cavalieri potevano fare affidamento per la difesa soltanto sulle fortificazioni da loro stessi costruite. Inoltre le loro risorse erano estremamente povere. In confronto con la vegetazione e la fertilità di Rodi, Malta era un'isola quasi desertica, rocciosa e senza alberi, né laghi, né fiumi e palesemente incapace di resistere a un assedio prolungato durante una delle sue secche estati.

Se però i cavalieri dovevano attendersi poco dal loro avaro e roccioso suolo, questo sarebbe stato ancora più inospitale per un'armata assediante. L'esercito pertanto che il sultano preparava per l'attacco nel maggio del 1565 doveva portare con sé abbondanti rifornimenti in modo da essere ampiamente autonomo, tanto più che mentre Rodi era soltanto a quindici chilometri dalla costa turca Malta era a quasi millecinquecento. Nessuna meraviglia quindi se la flotta di invasione, che oltre all'esercito con i cavalli, l'artiglieria e le munizioni trasportava anche tutti i viveri necessari per la spedizione e perfino l'acqua, fu definita una delle più grandi mai viste in mare aperto.

Il racconto dell'assedio, dell'eroica e alla fine vittoriosa resistenza di circa seicento cavalieri, molti dei quali come il gran maestro Jean de la Valette già vecchi, e di meno di settemila soldati, compresi i mercenari e la milizia locale, è uno dei grandi ed epici eventi della storia; ma non può aver posto in questo libro. Sin dal tempo del loro insediamento a Malta nel 1530 – l'isola era stata ceduta loro da Carlo V in affitto contro il pagamento simbolico di un falcone da inviare ogni anno il 2 novembre, nel giorno dei morti –, i cavalieri di San Giovanni avevano perso quel poco di importanza strategica che avevano avuto in passato. Come ordine ospedaliero svolgevano invece ancora un utile compito; il loro «Grande Ospedale», aperto a tutti, era famoso nella cristianità. Come possibile forza combattente contro i turchi invece avevano perso ogni importanza.

Malta d'altra parte occupava una posizione chiave nel Mediterraneo centrale, essendo una stazione intermedia fra Tripoli, in mano ai turchi, e la Sicilia, che era parte dell'Impero di Filippo II di Spagna. Se, con il suo superbo porto, fosse stata conquistata da Solimano, il pericolo per la Sicilia sarebbe stato reale e immediato, e quello per tutta l'Italia meridionale soltanto di poco meno imminente. In queste condizioni poté sembrare strano che il «Gran Soccorso», il contingente spagnolo di novemila uomini che in settembre giunse in aiuto dei disperati cavalieri, non fosse più numeroso e avesse tardato tanto. Ciò nondimeno, il suo arrivo fu decisivo. L'esercito del sultano, con una buona metà degli uomini inutilizzabili per la dissenteria e le febbri, tolse l'assedio e si reimbarcò; la cristianità gioì. Dopo cinque secoli di quasi ininterrotta avanzata, i turchi erano stati finalmente fermati. E quasi esattamente un anno dopo giunse un'altra notizia, egualmente benvenuta: Solimano il Magnifico era morto.

I turchi erano stati fermati; ma niente assicurava che lo fossero stati per sempre. Anzi, quando nel novembre del 1567 l'ottantacinquenne Pietro Loredan fu eletto doge[1] dopo Girolamo Priuli, c'erano già indizi per sospettare che il nuovo sultano, Selim II, stesse progettando una grande spedizione di conquista. Questa però non era la volta di Malta ma di Cipro.

È stato sempre detto a proposito di Selim II, soprannominato «l'Ubriacone», che la sua ampiamente pubblicizzata determinazione a conquistare Cipro fosse dovuta a un'altrettanto nota passione per i vini dell'isola che erano assai pregiati e più forti del comune. In realtà l'importanza strategica dell'isola era ovvia come la ricchezza e la fertilità del suo suolo; stupisce semmai che suo padre, Solimano il Magnifico, non avesse tentato anni prima di liberarsi di quella indesiderabile presenza cristiana a meno di settanta chilometri dai suoi confini meridionali. Nel febbraio del 1568 giunsero a Venezia notizie di vari intrighi, ispirati dai turchi, che stavano prendendo corpo tra i ciprioti, molti dei quali mal sopportavano la sovranità veneziana; circolavano foschi racconti di legni turchi che facevano clandestinamente sondaggi con lo scandaglio nei porti di Cipro e perfino di un'enorme mina che era stata segretamente preparata a Famagosta, pronta per essere fatta eplodere all'avvicinarsi della flotta turca. Contemporaneamente arrivò la notizia, più attendibile ma non meno sgradita, che Selim, che aveva sino ad allora

[1] Quella del Loredan era stata una candidatura di compromesso per risolvere una situazione di stallo e l'elezione era avvenuta dopo ben quattordici giorni in cui avevano avuto luogo settantasette votazioni. Il suo passato era stato notevolmente incolore, tanto che quando gli fu comunicata, mentre tornava a casa per il pranzo, la notizia della sua elezione, per molto tempo aveva rifiutato recisamente di credervi.

continuato la campagna del padre in Ungheria, aveva concluso una tregua di otto anni con l'imperatore Massimiliano II d'Asburgo e che era pertanto libero di dedicare tutte le sue risorse alla nuova impresa.

Di fronte a queste notizie il Senato veneziano rimase incerto. Era chiaro che dovevano essere fatti alcuni preparativi in vista di un possibile attacco; d'altra parte Selim aveva firmato senza difficoltà un trattato di pace con la Repubblica subito dopo la sua salita al trono; inoltre, anche in passato non erano mancate analoghe situazioni di pericolo, che però con un'oculata azione diplomatica, favorita se il caso lo richiedeva da un consistente dono fatto pervenire con discrezione all'uomo giusto, erano state in genere risolte nel migliore dei modi. Certo era che non si doveva correre il rischio di irritare il sultano, che era nuovo al potere e il cui carattere era notoriamente piuttosto irascibile. L'argomento fu discusso durante tutto il 1569 senza giungere a una decisione, resa più difficile dal disastroso raccolto di quell'anno, che provocò la carestia in tutta l'Italia, e da una misteriosa quanto potente esplosione nell'Arsenale, che la notte del 14 settembre fu causa dell'incendio che divampò su gran parte della zona tra questo e la chiesa di San Francesco della Vigna, con la distruzione del convento della Celestia e di tre altre chiese. Nacque inevitabilmente il sospetto di un sabotaggio, che però non fu mai provato.

Ma verso la fine di gennaio del 1570 giunsero a Venezia notizie che costrinsero il Senato all'azione. Il bailo di Costantinopoli era stato convocato dal gran visir

Sokollu Maometto pascià, che gli aveva spiegato con lunghi giri di parole che il sultano riteneva l'isola di Cipro parte integrante dell'Impero ottomano e che era risoluto a prendersela. Un giorno o due dopo seguirono arresti in massa di mercanti veneziani e sequestri di navi nel porto. Il governo della Repubblica ordinò allora immediatamente analoghe misure a carico di tutte le unità e i cittadini turchi che si trovavano a Venezia. Urgenti richieste di aiuto furono inviate al papa, a Filippo II di Spagna e a numerosi altri principi d'Europa. Il capitano del Golfo, Marco Querini, si diresse rapidamente a Candia con venticinque galee e furono date istruzioni per il riassetto e il riarmo di altre venti che si trovavano già lì senza equipaggio e senza vettovagliamento.

Benché in Senato esistesse un partito riluttante ad accettare la fine del lungo periodo di pace e che riteneva ancora possibile un accomodamento con il sultano, le speranze di evitare la guerra diminuivano velocemente. Poi, verso la metà di marzo, giunsero da Costantinopoli notizie ancora più minacciose. Un ambasciatore di Selim era in viaggio con un ultimatum: o Venezia cedeva subito Cipro spontaneamente o l'isola sarebbe stata presa con la forza. I veneziani non potevano aver più dubbi. In base a una secolare consuetudine, quando il doge e la Signoria si recavano in processione alle varie chiese della città, venivano portate sei bandiere: due bianche, due azzurre e due rosse. In tempo di pace sfilavano davanti le bianche; durante i periodi di tregua le azzurre; in guerra le rosse. Per la Pasqua di quell'anno, che cadde il 26 marzo, due giorni prima dell'arrivo dell'inviato del sultano, nella tradizionale processione alla chiesa di San Zaccaria per i vespri, in testa c'erano le bandiere rosse; il lunedì dell'Angelo Girolamo Zane fu nominato capitano generale della flotta veneziana e ricevette il bastone e il gonfalone dalle mani del doge Loredan durante una messa appositamente officiata nella basilica marciana. Zane aveva settantanove anni, il doge ottantotto; probabilmente più di uno fra coloro che assistettero alla cerimonia dovette chiedersi se in quel momento cruciale della sua storia il destino della Repubblica era davvero nelle mani giuste.

Meno di sei settimane dopo, Pietro Loredan era morto e il suo posto occupato da Alvise I Mocenigo[2] che era stato ambasciatore presso Carlo V, il quale lo aveva caricato di onorificenze imperiali, e presso Pio IV. Girolamo Zane, salpato con settanta galee, era intanto giunto a Zara, prima tappa di una spedizione che si sarebbe risolta in un fallimento e gli avrebbe arrecato un sacco di guai.

Il testo originale della lettera che l'inviato del sultano consegnò al Collegio[3] il 28 marzo non ci è pervenuto. Se però la versione riportata in epigrafe a questo capitolo è, come sembra probabile, una ricostruzione

[2] Il fatto che quei membri del Collegio e funzionari la cui attività era connessa con l'Arsenale o con il programma di armamenti furono esentati dal partecipare all'elezione è indicativo della gravità dell'emergenza.

[3] In quell'epoca il Collegio era composto dal doge con i sei consiglieri, i Savii, i capi del Consiglio dei Dieci e il gran cancelliere.

ragionevole del documento, difficilmente l'ultimatum di Selim avrebbe potuto essere più chiaro e più offensivo. Anche la risposta di Venezia fu secca: la Repubblica era stupita che il sultano intendesse già rompere un trattato che aveva appena firmato; essa comunque era la signora di Cipro e avrebbe avuto, per grazia di Gesù Cristo, il coraggio di difenderla. L'inviato fu poi fatto uscire da una porta secondaria (per sottrarlo alle attenzioni di una folla inferocita che si era radunata fuori del Palazzo Ducale), e scortato fino alla sua nave.

Per recuperare il gran tempo perduto, i preparativi alla lotta procedettero con rapidità. L'Arsenale, dopo una veloce riparazione dei danni subiti, riprese a lavorare a pieno ritmo mentre il governo per procurarsi dei fondi supplementari adottava misure di carattere sempre più straordinario fino al punto di aumentare di otto unità il numero dei procuratori di San Marco, la più alta dignità dello Stato dopo il doge, offrendola in cambio di un prestito di 20.000 ducati. Città vicine, grandi e piccole, contribuirono in proporzione ai loro mezzi e, come era già avvenuto nei vecchi tempi, ricchi cittadini costruirono o armarono navi o arruolarono milizie in proprio, talvolta di migliaia di uomini, accollandosene le spese. Dagli altri Stati cristiani ai quali Venezia si era rivolta per aiuto la risposta fu meno entusiastica. L'imperatore Massimiliano II fece notare che la tregua ufficialmente sottoscritta con i turchi sarebbe decaduta soltanto fra cinque anni. Il re di Polonia dimostrò analoghe incertezze poiché la sua posizione era già di per sé precaria. In Francia Caterina de' Medici, allora reggente del Regno, era in lite con la Spagna per le Fiandre, e avanzò il pretesto della vecchia alleanza del suo paese con il sultano; tuttavia, offrì i servigi del proprio figlio Carlo IX come mediatore, un'offerta che fu educatamente declinata. Il re del Portogallo obiettò che il suo paese era fortemente impegnato in Oriente e che, in ogni caso, vi infuriava la peste. I cavalieri di San Giovanni che, detto per inciso, erano i massimi proprietari terrieri di Cipro, offrirono cinque navi, quattro delle quali però sarebbero state catturate dai turchi subito dopo la loro partenza da Malta. Fu inviata una lettera perfino a Mosca allo zar di Russia, che però probabilmente non la ricevette; in ogni caso, Ivan IV Vasil'evič, il Terribile, era in guerra con la Polonia ed è difficile immaginare quale aiuto avrebbe potuto dare. Nessuna richiesta fu inviata a Elisabetta I regina d'Inghilterra per la quale nel mese di febbraio era stata emessa dal papa sentenza di scomunica.

Restavano il pontefice Pio V e Filippo II, il re di Spagna. Il papa si dichiarò disposto ad armare una dozzina di navi se Venezia forniva gli scafi. Filippo II offrì una flotta di cinquanta unità al comando di Gian Andrea Doria, pronipote ed erede di quell'Andrea che dall'odio per Venezia già due volte era stato indotto a tradire la fiducia della Repubblica, a Corfù e a Prevesa circa trent'anni prima.[4] Era comunque un contributo assai meschino se si pensa che Venezia aveva armato

[4] Cfr. pp. 337-338.

una flotta di centoquarantaquattro legni, comprese centoventisei galee. Ma Filippo II aveva sempre diffidato dei veneziani che sospettava, non senza qualche ragione, di essere pronti a scendere a patti con il sultano se si presentava l'occasione propizia; e, come gli avvenimenti avrebbero dimostrato, aveva dato a Doria, i cui sentimenti verso la Repubblica non erano affatto meno ostili di quelli del prozio, segrete istruzioni di tenersi fuori della mischia, di lasciare che combattessero i veneziani e di riportare la flotta sana e salva a casa il più presto possibile.

La spedizione fu sfortunata sin dall'inizio. Il capitano generale, informato che le squadre spagnola e pontificia lo avrebbero raggiunto a Zara, attese invano due mesi, durante i quali gli uomini furono decimati da un'epidemia non identificata che provocò inoltre una diffusa demoralizzazione, a sua volta causa di numerose diserzioni. Il 12 giugno fece vela per Corfù, dove imbarcò Sebastiano Venier, già provveditore generale dell'isola e che era stato da poco incaricato di assumere la stessa carica a Cipro. Qui apprese che la squadra pontificia, al comando di Marcantonio Colonna, era in attesa degli spagnoli a Otranto, ma della flotta promessa da Filippo II nessuno sapeva ancora niente. Soltanto a luglio fu noto che Gian Andrea Doria si era tranquillamente fermato in Sicilia con il pretesto che non aveva avuto istruzioni di procedere oltre. Dopo le vive proteste del papa, Filippo II finalmente inviò l'ordine di partenza, che giunse al suo ammiraglio l'8 agosto;

ma occorsero ancora quattro giorni perché la flotta lasciasse Messina e altri otto per raggiungere Otranto, un viaggio che, essendo ottime le condizioni del tempo, non doveva richiederne più di due.

Raggiunto finalmente l'alleato pontificio, il Doria non si preoccupò di presentarsi a Marcantonio Colonna e neppure di comunicargli alcunché; e quando il Colonna decise di ignorare questo deliberato atto di scortesia e prese l'iniziativa, si sentì rispondere con un lungo discorso la cui implicita conclusione era un invito a considerare sospesa l'intera spedizione. La stagione era avanzata, le navi spagnole non erano in condizione di combattere; infine, ebbe cura di sottolineare, se era vero che la sua flotta doveva muoversi con la bandiera pontificia, egli aveva anche ricevuto ordini dal proprio sovrano di conservarla intatta. Colonna si astenne dal ricordargli di chi era la responsabilità dei primi due inconvenienti e si limitò semplicemente a precisare che tanto il re quanto il papa volevano che le rispettive flotte si unissero ai veneziani a Cipro; pertanto, dovevano partire. Alla fine, e di mala voglia, Doria cedette.

Girolamo Zane intanto era passato a Candia dove le flotte, quella pontificia e quella spagnola, lo raggiunsero il 1° settembre, esattamente quasi cinque mesi dopo la sua partenza da Venezia. Fu tenuto un consiglio di guerra nel quale Doria cominciò subito a sollevare difficoltà. Questa volta erano le galee veneziane a non essere attrezzate per la guerra: se la flotta alleata fosse venuta alle prese con il nemico, sarebbe stata o distrutta o messa in fuga ignominiosamente.

Inoltre, una volta lasciata Candia non c'erano porti in cui rifugiarsi. Poi, rivelò un fatto che evidentemente non aveva ritenuto necessario menzionare prima: doveva tornare nel Mediterraneo occidentale per la fine del mese al più tardi.

Colonna fu irremovibile. La stagione era avanzata ma non in misura proibitiva; c'erano ancora due buoni mesi prima dell'inizio dell'inverno: Cipro era ricca di bellissimi porti. Inizialmente le unità veneziane avevano effettivamente equipaggi con organici ridotti ma nel frattempo i vuoti erano stati colmati e la loro forza era tornata normale. Le tre flotte riunite disponevano di duecentocinque vascelli; in base alle informazioni i turchi avrebbero dovuto averne al massimo centocinquanta. Perché dunque si doveva temere lo scontro? Fuggire nel mezzo della battaglia sarebbe stato ignominioso ma ritirarsi prima ancora di aver visto il nemico sarebbe stato ancor più disonorevole.

A questo punto Zane, che in conformità a un cauto suggerimento di Colonna non aveva partecipato alla prima parte della discussione, raggiunse i colleghi e pose subito sul tavolo un documento con il quale chiedeva che la spedizione procedesse. Doria tergiversò ancora e alla fine si dichiarò d'accordo ma solo alla condizione che alle navi spagnole fosse riservato un trattamento preferenziale: esse dovevano essere esentate dal compito di retroguardia e dovevano navigare formando un gruppo separato in maniera da essere libere di disimpegnarsi completamente se così decidevano di fare. Il 7 settembre, mentre le discussioni si trascinavano ancora, Zane inviò una lettera quasi disperata al Consiglio dei Dieci, lagnandosi che il Doria era chiaramente deciso a non combattere, che sollevava continuamente nuove obiezioni e ne resuscitava di vecchie e che, sebbene con pazienza e tatto fosse stato fatto tutto il possibile per controbattere, egli stava creando confusione in tutti i loro piani facendo abortire l'impresa.

Il 13 la flotta salpò verso Sitia, all'estremità orientale dell'isola, e là, su insistente richiesta di Doria, fu compiuta un'ispezione generale dalla quale emerse, con sua malcelata soddisfazione, che le galee veneziane avevano realmente gli equipaggi sotto organico, e cioè circa ottanta uomini combattenti ciascuna, contro i cento e rotti delle squadre pontificia e spagnola. Ancora una volta consigliò la ritirata e, benché ancora una volta in minoranza, riuscì tuttavia a far ritardare la partenza di tre giorni completi, sufficienti perché Zane ricevesse un altro grave colpo: i turchi erano sbarcati a Cipro. Ora o mai più. La notte del 17 settembre la flotta salpò l'àncora verso l'isola.

Ma al largo di Kastellorizo arrivò una notizia ancora peggiore. Nicosia era caduta. Fu convocato un altro consiglio di guerra nel quale Doria, come previsto, raddoppiò le proteste. E per la prima volta in quell'occasione il marchese di Santa Cruz che, come comandante del contingente napoletano era tecnicamente un subordinato di Doria ma che sino ad allora aveva mostrato un atteggiamento più equilibrato, consigliò pure di tornare indietro. La conquista di Nicosia, fece rilevare, significava per la flotta turca un sensibile incremento della disponibilità di combattenti, con corrispondente balzo in alto del morale; tutto questo nel peggiore momento possibile per gli alleati, il cui morale stava calando in misura crescente. Colonna fu d'accordo con il marchese e, tristemente e a malincuore, dovette esserlo anche il povero Girolamo Zane. Una sola voce si alzò in favore della prosecuzione dell'impresa: quella di Sebastiano Venier. Replicò che, per quanto forte potesse essere la flotta dei turchi, quasi certamente sarebbe stata più forte ancora l'anno dopo, quando molto difficilmente gli alleati avrebbero potuto disporre di oltre duecento navi da lanciare contro di essi.

Erano parole coraggiose e anche ragionevoli ma non riuscirono a convincere; e la potente flotta, che alzava la bandiera della cristianità, girò le prore e fece vela verso casa, senza neppure aver incrociato i turchi. In un estremo, quasi patetico tentativo di salvare un brandello della propria reputazione, il povero Zane propose che gli alleati cercassero almeno di fare qualche danno in territorio nemico durante il viaggio di ritorno; ma ancora una volta le sue richieste furono sabotate dall'impazienza di Doria di tornarsene a casa. Quando, il 17 novembre, Zane giunse a Corfù dopo una sosta a Candia, era già scoppiata tra gli equipaggi un'altra epidemia ed egli stesso era un uomo distrutto nel fisico e nel morale. Non avendo neppure il cuore di tornare a Venezia, scrisse al Senato chiedendo di essere esonerato dal comando. La richiesta fu accolta e il 13 dicembre Sebastiano Venier fu nominato capitano generale da mar.

Così finì uno dei più umilianti episodi della storia di Venezia. Qualcuno avrebbe potuto pensare che la Repubblica, disponendo in proprio di circa tre quarti di tutta la flotta alleata, avrebbe dovuto agire da sola, in giugno, senza perdere tempo ad aspettare pontifici e spagnoli; ma, a parte una convinzione del genere, un giudizio imparziale non poteva ritenerla responsabile dell'accaduto; Venezia tuttavia non poteva neppure sottrarsi alla sua parte di vergogna, molta della quale ricadde sull'incolpevole testa di Girolamo Zane. Richiamato a Venezia agli inizi del 1571, l'anno successivo – la causa del ritardo è sconosciuta – fu convocato dal Consiglio dei Dieci per rispondere a varie e gravi imputazioni concernenti la sua condotta durante la spedizione. Dopo una lunga inchiesta fu assolto, ma troppo tardi. Nel settembre del 1572 era già morto mentre era ancora agli arresti.

La sorte di Gian Andrea Doria fu alquanto diversa. Filippo II non poteva avere dubbi sul comportamento del proprio ammiraglio. Papa Pio V, dopo aver ricevuto il rapporto del Colonna, aveva inviato al re di Spagna una lettera di lagnanze. Ma Filippo II la ignorò. Doria aveva obbedito alla lettera ai suoi ordini e fu premiato con l'immediata promozione al rango di capitano generale avente ai propri ordini tutti i comandanti delle flotte della Spagna, di Napoli e della Sicilia, nel quale grado avrebbe poi arrecato ulteriori danni alla causa cristiana prima della fine della sua non edificante carriera.

Nel 1570 Venezia era signora di Cipro da ottantuno anni. La regina Caterina era stata sostituita da un governatore veneziano che aveva il titolo di luogotenente; in lui e nei suoi due consiglieri – i tre, denominati comunemente i rettori, costituivano a Cipro l'equivalente della Signoria – risiedeva praticamente tutto il potere civile. C'era anche un Gran Consiglio aperto alla nobiltà locale di età superiore ai venticinque anni e ad alcuni tra i veneziani che si erano trapiantati stabilmente nell'isola; fra costoro, i nobili erano eleggibili immediatamente mentre gli altri, purché non esercitassero mestieri «meccanici», potevano avere un seggio dopo cinque anni di residenza. Ma le funzioni del Consiglio erano principalmente elettorali e le sue decisioni erano soggette alla conferma dei rettori.

Mentre il governo civile risiedeva a Nicosia, i comandi militari erano a Famagosta. Sia la guarnigione, costituita da cavalleria e fanteria, sia la flotta con base a Cipro erano al comando di un capitano veneziano; tuttavia, in tempo di guerra poteva accadere che Venezia inviasse appositamente un provveditore generale ad assumere il comando supremo. Famagosta, a differenza di Nicosia, era superbamente fortificata; *omnium urbium fortissima*, la definì uno stupito viaggiatore. Era sempre stata anche il principale porto dell'isola, benché dal 1570 Salines, la moderna Larnaca, l'avesse superata nel volume del traffico commerciale.

La popolazione dell'isola si aggirava intorno ai 160.000 abitanti, organizzati in un anacronistico sistema feudale che la Repubblica di Venezia aveva fatto poco o niente per modificare. In alto stava la nobiltà, in parte veneziana ma sostanzialmente originaria del vecchio ceppo dei crociati franchi, come del resto lo era l'ex casa regnante dei Lusignano. I nobili possedevano molta terra ma, per effetto del diritto di primogenitura, i giovani cadetti privi di proprietà erano in continuo aumento e costituivano con frequenza un problema per il governo. Al fondo della scala sociale c'erano i contadini, molti dei quali erano ancora in pratica dei servi della gleba, con l'obbligo di fornire ai propri padroni due giorni di lavoro la settimana. Per essi, malgrado la grande fertilità dell'isola, la vita era una lotta nell'oppressione. Nel mezzo c'erano il ceto mercantile e la borghesia urbana, un crogiuolo levantino dove brulicavano greci, veneziani, armeni, siriani, copti ed ebrei.

Cipro, in breve, non era un posto facile da governare; ma non si può tacere che i veneziani, la cui amministrazione in patria era la meraviglia e l'invidia del mondo civile, avrebbero potuto governarla molto meglio di come in realtà stavano facendo. Forse lo stesso rigore delle norme generalmente applicate in patria accresceva in loro la tentazione di costruirsi un comodo nido allorché si trovavano distanti, al sicuro da esse; probabilmente inoltre erano stati contagiati dalla diffusa atmosfera di venalità che sembra regnasse nell'isola ancora molto tempo prima che assumessero il potere. Ciò che è certo è che quando i turchi sbarcarono nell'estate del 1570, Venezia col suo squallido curriculum di malgoverno e corruzione era decisamente impopolare tra i ciprioti. Anche la ricca nobiltà, che pure sfruttava e opprimeva i propri cittadini, si lamentava per il modo in cui, secondo il suo parere, la Repubblica si arricchiva a spese dell'isola, mentre i suoi rappresentanti ufficiali, con metodi meno scoperti, seguivano il suo esempio. L'aristocrazia protestava inoltre per il fatto di essere priva di ogni reale potere di governo. Gli altri, più umili ceti della popolazione nutrivano press'a poco gli stessi rancori. Molti erano infatti convinti che qualsiasi cambio di governo non poteva essere che per il meglio; un diffuso sentimento, questo, che, quando venne la crisi, ebbe la sua importanza.

La spedizione congiunta destinata a salvare Cipro si era risolta in un totale disastro; eppure, anche se fosse arrivata a destinazione, avesse sbarcato i soldati e avesse eseguito tutti i piani alla lettera, difficilmente avrebbe potuto aver successo. Una grande vittoria in mare avrebbe forse avuto qualche risultato temporaneo, quello cioè di ritardare l'inevitabile di un anno o due; ma poiché la flotta turca di invasione che aveva messo l'àncora il 3 luglio a Larnaca contava non meno di trecentocinquanta legni – più del doppio della stima di Marcantonio Colonna – questa vittoria sarebbe stata a dir poco improbabile. La verità è che dal momento in cui Selim II aveva deciso di incorporare l'isola nel proprio Impero Cipro era condannata.

Ed era condannata per la stessa fondamentale ragione per cui Malta, cinque anni prima, si era salvata: il fatto, insopprimibile, che la forza di qualsiasi esercito sul campo è inversamente proporzionale alla lunghezza delle sue linee di comunicazione e di rifornimento.

Poiché Cipro non aveva i mezzi, né la capacità e, forse, neppure la volontà di difendersi da sola, poteva essere difesa soltanto da Venezia, dalla quale dovevano arrivare tutti i rifornimenti militari, armi e munizioni, nonché la massa dei soldati e dei cavalli. Ma Venezia era a oltre duemila chilometri, al di là del Mediterraneo, gran parte del quale era ormai dominato dai turchi. Costoro invece dovevano superare un tratto di mare di nemmeno settanta chilometri partendo dai porti della costa meridionale dell'Anatolia, dove potevano contare su rifornimenti quasi illimitati di uomini e materiali.

Il loro successo era tanto più sicuro in quanto le difese di Cipro, escluse quelle di Famagosta, erano assolutamente inadeguate. Nicosia vantava sì una cerchia di mura medievali di circa quattordici chilometri, ma queste racchiudevano una superficie notevolmente più ampia della città e richiedevano per la difesa un enorme numero di armati. Erano inoltre troppo esili – le tecniche obsidionali del XVI secolo differivano sostanzialmente da quelle del XIV – e malgrado i febbrili sforzi, fatti all'ultimo minuto, dagli ingegneri veneziani per rinforzarle, davano poche garanzie di fronte a quella forte artiglieria che ormai da tempo era una specialità dei turchi. Kyrenia era stata una volta una splendida fortezza, ma era caduta in rovina da molto tempo; anche se recentemente erano state riparate e rinforzate le mura, era improbabile che potesse resistere a lungo. Le fortificazioni delle altre città cipriote erano trascurabili o inesistenti; sin dall'inizio era opinione generale che soltanto Nicosia e Famagosta potevano avere qualche speranza di resistere. A tutto ciò s'aggiungeva un'endemica scarsità di uomini. Valutazioni precise non sono mai facili in questi casi, ma è improbabile che quando incominciò l'assedio vi fossero a Nicosia più di ventimila soldati (compresi circa cinquecento cavalieri), metà solo dei quali, o poco più, del tutto pronti alla bisogna. Fra' Angelo Calepio, che era sul posto, dice che c'erano millequaranta archibugi nei magazzini, ma che non furono distribuiti con criterio e che mancavano comunque le istruzioni sul loro impiego, con il risultato che molti soldati non riuscivano a sparare senza bruciarsi la barba.

Per queste e per molte altre carenze nella difesa della capitale, il maggior responsabile era il luogotenente Nicolò Dandolo. Incerto, timoroso, sempre oscillante tra scoppi di quasi frenetica attività e periodi di apatica inerzia, era chiaramente inadatto al comando supremo, che non sarebbe spettato a lui se Sebastiano Venier, il provveditore generale designato da Venezia e imbarcatosi con Girolamo Zane, fosse riuscito a raggiungere l'isola. Durante gli atroci mesi che seguirono, Dandolo dette continue dimostrazioni delle proprie deficienze; la sua mancanza di giudizio e l'esagerata cautela fecero nascere in certe occasioni dei sospetti, però infondati, che fosse al soldo del nemico. Per fortuna, a Famagosta c'erano uomini migliori: il perugino Astorre Baglioni, che era stato inviato in aprile da Venezia come comandante supremo delle forze terrestri, e il capitano della piazza Marcantonio Bragadin. Questi, per la raccapricciante sorte subita alla fine dell'assedio, verrà onorato perennemente fra gli eroi di Venezia, mentre il suo vincitore resterà altrettanto perennemente coperto di infamia.

La flotta turca di invasione era comparsa al largo della costa cipriota il 1° luglio. Selim, memore dell'umiliazione subita a Malta dal padre, aveva messo un'estrema cura nei preparativi e aveva affidato il comando a due dei suoi più abili ed esperti comandanti: Lala Mustafà pascià per le forze terrestri e Piali pascià, un croato che con Dragut aveva castigato una flotta al comando di Gian Andrea Doria dieci anni prima, per quelle navali. Dopo una breve azione a Limassol, dove i turchi fecero notevoli danni saccheggiando la città e un vicino monastero prima di essere respinti, la flotta aveva proseguito lungo la costa meridionale fino a Larnaca. Qui, traendo vantaggio dall'eccessiva prudenza del Dandolo, Mustafà sbarcò i suoi uomini senza incontrare opposizione e rimase in attesa di altre truppe dal continente. Poi spedì a Nicosia un monaco greco cieco con l'abituale ultimatum: poiché Venezia non aveva alcuna possibilità di resistere al suo esercito, superbamente equipaggiato e forte di duecentomila uomini, cedesse l'isola pacificamente, conservando così l'amicizia e il favore del sultano. In caso contrario, peggio per lei. A questa lettera i rettori a Nicosia non risposero; inviarono invece un urgente messaggio a Famagosta chiedendo il ritorno del Baglioni con dei rinforzi. La richiesta non fu accolta perché la minaccia su Nicosia poteva essere una finta: il peso maggiore dell'attacco turco era atteso a Famagosta.

Ma Mustafà non aveva simulato; il 22 luglio giunsero gli attesi rinforzi e la sera stessa si mosse verso Nicosia; due giorni dopo il suo immenso esercito era accampato fuori le mura della città. Ancora una volta andò sprecata una buona occasione: il comandante italiano della fanteria aveva chiesto l'autorizzazione a un immediato attacco mentre il nemico era ancora stanco per la marcia di quarantacinque chilometri nel caldo dell'estate cipriota e la sua artiglieria e la cavalleria pesante erano ancora impreparate. Ma Dandolo e i suoi colleghi non vollero affrontare il rischio e i turchi poterono trincerarsi indisturbati.

Ebbe così inizio l'assedio. L'esercito turco, anche se probabilmente non così numeroso come il suo comandante aveva proclamato, doveva contare non meno di centomila uomini e disponeva di un'ottima artiglieria, pesante e leggera, che, al contrario dei pochi pezzi sulle mura della città assediata, veniva impiegata con estrema perizia e precisione. Dandolo, pensando di avere poche scorte, ne aveva razionato l'uso al punto che perfino i soldati che avevano armi da fuoco e sapevano impiegarle non dovevano sparare su nemici isolati ma soltanto su gruppi di almeno dieci uomini. Tuttavia, se il luogotenente era un debole, c'erano intorno a lui anche uomini che non mancavano di coraggio e la città riuscì a resistere alla meglio durante tutto il caldissimo mese di agosto. Poi, il 9 settembre, dopo che le truppe di Mustafà avevano tributato il più fragoroso ed entusiastico benvenuto ad altri ventimila uomini appena arrivati dal continente, i difensori furono finalmente sopraffatti dal quindicesimo assalto in forze. Così cadde Nicosia dopo quarantacinque giorni di assedio. Ma la resistenza continuò anche mentre i turchi vittoriosi dilagavano nella città e l'ultimo scontro avvenne nella piazza principale, davanti al palazzo del luogotenente. Dandolo, che vi si era rifugiato mentre i suoi uomini combattevano ancora sui bastioni, comparve allora in veste di velluto cremisi sperando di ricevere il trattamento di favore dovuto al suo rango. Ma aveva appena raggiunto il fondo della scala quando un ufficiale turco gli staccò la testa dal collo.

Secondo il costume di quei tempi, quando veniva conquistata una città che si era difesa sino alla fine, il comandante vittorioso concedeva ai propri soldati tre giorni di saccheggio. Seguirono le solite atrocità, i soliti massacri, uomini squartati e impalati, le solite profanazioni di chiese e le violenze carnali su giovani di entrambi i sessi; insolito fu invece il volume del bottino. Nicosia era una città ricca, generosamente dotata di tesori religiosi e profani, occidentali e bizantini. Passò un'intera settimana prima che tutto l'oro e l'argento, le pietre preziose e i reliquari smaltati, gli abiti ingioiellati, i velluti e i broccati fossero caricati sui carri e spediti: il più ricco bottino caduto nelle mani dei turchi dal tempo della conquista di Costantinopoli oltre un secolo prima.

Quando tornò sulla costa con l'esercito, Mustafà lasciò una guarnigione di quattromila giannizzeri a fortificare di nuovo la città. Egli si attendeva ancora l'arrivo di una spedizione veneziana di soccorso e in questo caso un tentativo di riprendere la città non era da escludere. Nel frattempo però non aveva alcuna intenzione di sospendere l'offensiva. L'11 settembre, due giorni appena dopo la caduta di Nicosia, aveva già inviato un messaggero ai comandanti di Famagosta con la richiesta della resa e, a titolo di incentivo, con la testa di Nicolò Dandolo su un piatto. Ora veniva il loro turno.

Sebbene Mustafà pascià non potesse aspettarsi dall'ultimatum che Famagosta capitolasse senza combattere, probabilmente maledì lo stesso i comandanti della città per la loro ostinazione. Perfino a Nicosia aveva incontrato più difficoltà del previsto; ma Famagosta prometteva di essere realmente una sfida formidabile. Le vecchie fortificazioni erano state smantellate verso la fine del secolo precedente ed erano state sostituite con una cinta completamente nuova, costruita – ma non finita – con i più moderni criteri dell'ingegneria militare; così come era, Famagosta aveva tutta l'apparenza di appartenere al novero delle città inespugnabili, nei limiti in cui una città poteva esserlo. Dietro quelle terribili mura, sistemate all'ultimo momento da Giulio Savorgnan, i difensori erano in realtà pochi: circa ottomila di fronte a un esercito che, con i nuovi contingenti che giungevano settimana dopo settimana dal continente, doveva essere in quel momento probabilmente non lontano da quei duecentomila uomini di cui Mustafà si era vantato con Dandolo. Però avevano nel Bragadin e nel Baglioni due comandanti di classe che già rispettavano e per i quali l'affetto e l'ammirazione sarebbero ancora aumentati durante le prove che li attendevano.

L'esercito e la flotta dei turchi, le navi cariche fino ai capi di banda del bottino di Nicosia, arrivarono a Famagosta nello stesso giorno, il 17 settembre; e l'assedio cominciò subito. Grazie al coraggio e all'iniziativa dei due comandanti, fu sin dall'inizio una faccenda molto più movimentata di quella di Nicosia, con gli assediati che facevano frequenti sortite fuori delle mura giungendo talvolta a spingersi all'interno del campo turco. Continuò per tutto l'inverno senza che i veneziani mostrassero il minimo indizio di cedimento; anzi, in gennaio ricevettero un notevole rinforzo, sia materiale che morale, dall'arrivo di circa millecinquecento uomini, con armi e munizioni, al comando di Marco e Marcantonio Querini, che erano riusciti a forzare il blocco, ormai allentato, della flotta turca. In aprile le scorte dei viveri cominciarono a dare qualche preoccupazione; ma Bragadin risolse il problema assai bene, eliminando oltre cinquemila «bocche inutili» della popolazione civile che mandò a cercarsi un rifugio nei villaggi vicini. Verso la fine di quello stesso mese Mustafà cambiò tattica; ordinò a un corpo di zappatori armeni di costruire un'immensa rete di trincee nella piana a sud della città. Poiché il corpo contava quarantamila uomini, ai quali si aggiunse il lavoro coatto dei contadini locali, il trinceramento procedeva con rapidità; verso la metà di maggio tutta la zona fino alla distanza di circa quattro chilometri dalle mura somigliava a un alveare; le trincee erano tante da dare riparo a tutto l'esercito turco e così profonde che quando vi passava la cavalleria le sentinelle appostate sui bastioni potevano scorgere soltanto la punta delle lance. I turchi costruirono inoltre ben dieci torri di assedio, progressivamente più vicine alle mura, dalle quali potevano far fuoco verso il basso sugli assediati. Da esse il 15 maggio iniziò il bombardamento finale. I veneziani risposero con coraggio e decisione. La loro artiglieria distruggeva una torre dopo l'altra, ma senza profitto; alcune centinaia di zappatori si mettevano al lavoro e nel corso di una notte le torri erano di nuovo in piedi. Lentamente, col passare delle settimane, i veneziani cominciarono a scoraggiarsi. Erano svanite le speranze della grande spedizione di soccorso ispano-veneziana che avevano tenuto saldi gli animi durante l'inverno e la successiva primavera: mancavano i viveri. In luglio erano già stati mangiati tutti i cavalli, gli asini e i gatti della città; restavano soltanto pane e fagioli. I combattenti ancora in grado di portare le armi erano ridotti a cinquecento ed erano tutti stanchissimi per la mancanza di sonno. Il 29 i turchi lanciarono un nuovo assalto generale, il quinto. I cristiani lo respinsero ma persero due terzi degli uomini fra morti e feriti. Il 30 ne seguì un altro e il 31 un altro ancora. Mustafà non riuscì a passare, ma quella notte i comandanti veneziani dopo aver fatto un'ispezione alle fortificazioni e ai magazzini di viveri e munizioni conclusero che non avrebbero potuto resistere a lungo. Con una resa volontaria potevano ancora, in base alle comuni usanze di guerra, evitare i massacri e il saccheggio che sarebbero stati altrimenti inevitabili. L'alba del 1° agosto vide una bandiera bianca sventolare sui bastioni di Famagosta.

Le condizioni di pace furono sorprendentemente generose. Tutti gli italiani avevano il permesso di imbarcarsi, con le bandiere spiegate, per Candia insieme con i greci, gli albanesi o i turchi che avessero desiderato restare con loro. Durante il viaggio non sarebbero stati molestati dalle navi turche, che al contrario avrebbero fornito loro tutta l'assistenza eventualmente richiesta. Ai greci che intendevano restare venivano garantiti la libertà personale e il possesso dei beni e avrebbero avuto due anni di tempo per decidere se trattenersi definitivamente o lasciare l'isola; coloro che decidevano di emigrare avrebbero avuto un salvacondotto per il paese prescelto. Il documento dove erano esposte queste condizioni fu firmato personalmente da Mustafà e munito del sigillo del sultano; fu poi restituito a Baglioni e Bragadin con una lettera di accompagnamento in cui si complimentava per il loro coraggio e per la stupenda difesa della città.

Nei successivi quattro giorni, in un'atmosfera abbastanza calma, si svolsero i preparativi per la partenza. Furono inviati nella città rifornimenti di viveri e, a parte qualche incidente di poca importanza, i rapporti tra europei e turchi furono amichevoli. Il 5 agosto Bragadin inviò a Mustafà la proposta di venire al suo campo per consegnargli ufficialmente le chiavi della città; gli fu risposto che il comandante turco sarebbe stato felice di riceverlo. Quella sera stessa, indossata la veste color porpora del suo grado, uscì dalla città assieme a Baglioni e a un gruppo di ufficiali, scortato da una compagnia composta di soldati italiani, greci e albanesi. Mustafà li ricevette con la massima cortesia; poi, improvvisamente, il suo viso si oscurò e le sue maniere cambiarono. Con una crescente collera cominciò a lanciare accuse infondate a quegli uomini che erano in piedi davanti a lui. Avevano ucciso prigionieri turchi, avevano nascosto munizioni invece di consegnarle in base alle condizioni della resa. D'un tratto, estratto un pugnale, tagliò di netto l'orecchio destro di Bragadin e ordinò a una guardia di tagliargli l'altro e il naso. Poi dette l'ordine di giustiziare tutti quanti. Astorre Baglioni e Luigi Martinengo, comandante dell'artiglieria, furono decapitati. Alcuni riuscirono a fuggire ma la maggioranza fu massacrata insieme con un certo numero di cristiani che avevano avuto la sfortuna di capitare a portata di mano. Infine, le teste degli assassinati furono accatastate davanti alla tenda di Mustafà: si dice che fossero trecentocinquanta.

Ora che la carneficina era cominciata diveniva difficile arrestarla. Mustafà, che aveva riacquistato la calma, proibì alla sua rumorosa soldataglia di entrare in Famagosta, pena la morte; molti però disobbedirono e in preda a un'eccitazione sanguinaria presero a scorrazzare per la città uccidendo chi incontravano, incendiando e saccheggiando; fu una frenetica orgia di sangue. Altri si diressero invece al porto dove trovarono abbondanza di vittime tra i cristiani in attesa di imbarcarsi per l'Occidente.

Ma la sorte più raccapricciante era stata riservata a Marcantonio Bragadin. Fu tenuto in carcere per quasi due settimane; alla fine di questo periodo, con le ferite non medicate giunte a suppurazione, le sue condizioni erano già gravi. Tratto fuori della prigione, fu dapprima costretto a percorrere le mura con sacchi di terra e pietre sulle spalle; poi, legato a una sedia, fu issato sul pennone della nave ammiraglia turca ed esposto agli scherni dei marinai. Infine, fu portato sulla piazza principale, legato nudo a una colonna e letteralmente scorticato vivo. Si racconta che sopportò in silenzio perfino questa tortura per mezz'ora, fino cioè alla morte, quando il boia era giunto al petto. Finita la truce operazione, il cadavere fu decapitato e squartato mentre la pelle, conciata e riempita di paglia e cotone e messa a cavalcioni di una mucca, fu portata in mostra per le vie della città.

Il 22 settembre Mustafà partì da Famagosta diretto in patria avendo con sé come trofei le teste delle sue principali vittime e la pelle di Marcantonio Bragadin, di cui fece orgogliosamente omaggio al sultano. Non sappiamo dove finirono le teste; ma nove anni dopo (1580), il veronese Girolamo Polidoro, uno dei pochi sopravvissuti all'assedio, riuscì a trafugare la pelle dall'arsenale di Costantinopoli e a consegnarla ai figli del Bragadin, che a loro volta la depositarono nella tomba di famiglia nella chiesa di San Gregorio. Il 18 maggio 1596 fu trasferita ai Santi Giovanni e Paolo, custodita in una nicchia dietro l'urna che fa parte del monumento dedicato all'eroe, dove si trova ancora oggi.[6]

[6] Sulla navata laterale destra, primo altare, subito dopo essere entrati dalla porta occidentale. L'architettura classicheggiante del monumento è attribuita a Vincenzo Scamozzi. L'affresco a chiaroscuro, raffigurante lo scorticamento del Bragadin, è attribuito da alcuni a Giuseppe Alabardi, da altri a fra' Cosimo Piazza; mentre il busto dell'eroe è di un discepolo di Alessandro Vittoria, Tiziano Aspetti. La nicchia fu aperta il 24 novembre 1961 per le pressioni della storica Maria Grazia Siliato, massima autorità su Bragadin, e di un suo diretto discendente. Alla ricognizione fu trovato uno scrigno di piombo che, a sua volta, conteneva parecchi pezzi di pelle umana conciata. Tutto fu rimesso a posto il 24 marzo del 1962, dopo un restauro del monumento.

Capitolo XVIII

Lepanto
(1570-1571)

> Sembrose por la corte como negocio venido de la mano de Dios, y á todos nos parescia un sueño, por ser cosa que no se ha jamas visto oido esta batalla y victoria naval.*
>
> JUAN LUÌS DE ALZAMORA, Lettera a don Giovanni d'Austria, 11 novembre 1571

Il fallimento della spedizione del 1570 era stato per Venezia e per il Papato una grave umiliazione; ma i negoziati per realizzare una più salda e più efficiente alleanza erano stati ripresi. Il primo a muoversi in questo senso era stato proprio il papa. Pio V aveva meditato a fondo e a lungo sulla questione turca e aveva capito che il principale ostacolo a una stretta intesa tra la Spagna e Venezia era costituito dal fatto che la Serenissima considerava il problema soprattutto in rapporto alle sue colonie del Levante mentre la Spagna era molto più preoccupata per i suoi possedimenti nell'A-

* «[...] e parve come fatto dovuto alla mano di Dio, e a tutti noi sembrò un sogno l'essere, questa battaglia e vittoria navale, cosa mai vista né udita».

frica settentrionale, sui quali incombeva la minaccia rappresentata dai vassalli moreschi del sultano. Pio V si era convinto pertanto che il primo obiettivo della cristianità doveva essere la riconquista del controllo del Mediterraneo centrale, cosa che avrebbe isolato i territori africani del sultano da quelli in Europa e Asia, spaccando effettivamente in due il suo Impero. Nel luglio 1570 il papa aveva convocato una conferenza per redigere la prima bozza di un trattato per una nuova lega cristiana, la Sacra Lega, e nei mesi successivi, discutendo pazientemente e con l'attivo aiuto di Venezia, aveva gradualmente vinto le resistenze di Filippo II. Fu una lotta dura: dopo otto mesi, proprio quando gli ultimi ostacoli sembravano sul punto di essere superati, gli spagnoli avevano cambiato idea e minacciato di rinnegare tutto quanto era stato così faticosamente già concordato. Soltanto dopo che Venezia, perduta la pazienza, ebbe inviato un ambasciatore a Costantinopoli per tentare di concludere una pace separata, mutarono atteggiamento rendendo possibile l'accordo sui punti rimasti in sospeso.

Il trattato fu ufficialmente reso noto in San Pietro il 25 maggio. Era perpetuo, sia offensivo che difensivo, e diretto non soltanto contro i turchi ottomani ma anche contro i vassalli moreschi, loro correligionari sulle coste settentrionali dell'Africa. I firmatari, Spagna, Venezia e il Papato – l'imperatore e i re di Francia e di Polonia potevano entrare nell'alleanza se lo desideravano –, dovevano mettere a disposizione complessivamente duecento galee, cento navi da trasporto, cinquantamila fanti e quattromilacinquecento cavalieri, oltre alla necessaria artiglieria con le relative munizioni. Queste forze dovevano radunarsi ogni anno, al più tardi in aprile, per svolgere nei mesi successivi la campagna nella zona prestabilita. Ogni autunno avrebbero avuto luogo consultazioni a Roma per concordare l'attività bellica dell'anno dopo. Se la Spagna o Venezia venivano attaccate, ognuna avrebbe dato aiuto all'altra ed entrambe si impegnavano a difendere il territorio pontificio con tutte le loro forze. Tutti i combattimenti avrebbero avuto luogo sotto la bandiera della Sacra Lega; le decisioni importanti dovevano essere prese a maggioranza dai tre comandanti, Sebastiano Venier per Venezia, Marcantonio Colonna per il Papato e per la Spagna il fratellastro del re, don Giovanni d'Austria, capitano generale della flotta alleata.

Don Giovanni era il figlio naturale avuto da Carlo V con una tedesca di nome Barbara Blomberg. Ventiseienne, di bellissimo aspetto e con tutte le doti naturali del condottiero, si era già distinto l'anno precedente quando aveva soffocato in Spagna l'insurrezione moresca. I veneziani si dichiararono soddisfatti della nomina; potevano ben esserlo perché la prima scelta del re, che poi ci aveva fortunatamente ripensato, era stata Gian Andrea Doria. Sarebbero stati meno felici se avessero saputo che Filippo II, il quale sospettava che nel giovane principe il coraggio potesse travolgere il giudizio, gli aveva detto che non doveva per nessuna ragione dare battaglia senza l'esplicito consenso del Doria.

Sebbene fosse ovviamente troppo tardi per attenersi al programma del trattato, gli alleati concordarono che l'estate del 1571 non doveva essere persa e che le forze dovevano radunarsi il più presto possibile a Messina per la campagna del primo anno. In agosto erano tutte arrivate e don Giovanni impartì gli ordini per la navigazione di crociera. Lui, con Venier e Colonna, sarebbe stato al centro della formazione con sessantaquattro galee. Doria, con cinquantaquattro galee, avrebbe comandato l'ala destra; il veneziano Agostino Barbarigo avrebbe assunto il comando della sinistra con cinquantatré galee. C'erano inoltre una piccola avanguardia di otto galee e una retroguardia di sei, rispettivamente al comando di don Juan de Cardona e del marchese di Santa Cruz. Al gruppo centrale erano state assegnate anche sei galeazze. I galeoni e i trasporti pesanti che, mancando della propulsione a remi, erano notevolmente meno manovrabili, dovevano formare un convoglio separato.[1]

Imbaldanziti dalla conquista di Famagosta e dalla partenza per Messina di praticamente tutta la flotta ve-

[1] Una breve descrizione di questi tipi di navi non dovrebbe essere inopportuna: *Galea*: ponte singolo, lunghezza da circa trentanove a circa cinquantanove metri, puntale di circa tre metri. In navigazione normale è spinta dalle vele, in battaglia invece sempre dai remi. Cinque cannoni piazzati a prua, parecchi altri più piccoli a mezza nave. Dotata di un rostro metallico lungo da 3,3 a 6,5 metri per speronare.

Galeone: molto più pesante della galea, due o tre ponti con molti cannoni. Senza rematori. Nave alta, poco maneggevole: una vera fortezza galleggiante.

Galeazza: a metà strada tra i due tipi precedenti. Poppa alta e castello di prua (riparo per i rematori); tra quaranta e cinquanta cannoni di vari calibri.

neziana, i turchi erano entrati in forze nell'Adriatico; sbarchi a Corfù e in Dalmazia avevano generato a Venezia crescenti timori di un'improvvisa invasione, che avrebbe trovato la città quasi indifesa. Però, all'avvicinarsi della flotta alleata i turchi si erano rapidamente ritirati nelle loro basi in Grecia; non desideravano affatto restare bloccati nello stretto Adriatico, circondati dai nemici. Così, fu da Lepanto, la moderna Nafpaktos nel golfo di Patrasso, che essi salparono l'àncora il 6 ottobre per andare incontro alla flotta cristiana.

I cristiani erano in uno stato d'animo battagliero. Due giorni prima a Cefalonia avevano appreso della caduta di Famagosta e dei particolari della morte di Marcantonio Bragadin; rabbia e desiderio di vendetta erano nei loro cuori. Quello stesso giorno però si verificò un incidente che per poco non provocava un disastro. Sulla galea di Sebastiano Venier un ufficiale spagnolo e alcuni suoi uomini avevano insultato dei veneziani e, nello scontro che ne era nato, erano rimasti uccisi parecchi uomini; Venier, senza consultarsi e di propria iniziativa, aveva fatto impiccare i colpevoli all'albero maestro. Don Giovanni aveva reagito ordinando l'arresto del capitano, un ordine che, se eseguito, poteva senz'altro portare alla divisione della flotta. Fortunatamente prevalsero consigli di prudenza, probabilmente del Colonna, e don Giovanni revocò l'ordine ma non perdonò mai il Venier. Da quel momento tutte le sue comunicazioni al contingente veneziano furono indirizzate al vicecomandante.

Le due flotte si avvistarono all'alba del 7 ottobre un miglio o due a oriente di capo Scrofa, all'imboccatura del golfo di Patrasso. I galeoni non erano ancora arrivati ma don Giovanni era deciso a impegnare subito il nemico. Dopo aver lievemente modificato i precedenti ordini di battaglia – Barbarigo e Doria ricevettero ciascuno dieci galee in più –, dispose le navi in formazione e si mosse all'attacco. I turchi lo attendevano con una flotta che era quasi esattamente della stessa forza, disposta in modo da formare un enorme semicerchio che si estendeva dall'una all'altra sponda del golfo. L'ammiraglio, Alì pascià, comandava la squadra centrale con ottantasette galee; alla sua destra Maometto Saulak, lo Scirocco dei cronisti italiani, governatore di Alessandria, con cinquantaquattro; alla sua sinistra, opposto a Doria, Uluç Alì con sessantuno.

Erano circa le 10,30 quando iniziò la battaglia, sull'estremità settentrionale delle linee di combattimento dove l'ala sinistra di don Giovanni al comando del Barbarigo impegnò l'ala destra di Alì pascià al comando di Maometto Scirocco. Lo scontro fu durissimo; a un certo momento la capitana di Barbarigo fu attaccata da cinque galee che lanciarono contemporaneamente una grandinata di frecce, una delle quali colpì, in un occhio, il comandante veneziano che, benché ferito a morte, continuò a incitare i suoi uomini. Il nipote, Marco Contarini, assunse il comando ma solo cinque minuti dopo era a sua volta ucciso. Ormai però lo slancio turco era scemato e i veneziani riuscirono a respingere l'attacco, tanto che il combattimento terminò con la totale vittoria dei cristiani che, al comando di Federico Nani e Marco Querini, riuscirono alla fine a buttare in costa tutta l'ala destra dello schieramento nemico. I turchi abbandonarono le navi e cercarono di salvarsi sulle colline circostanti ma i veneziani li inseguirono e li sterminarono. Lo stesso Maometto Scirocco fu fatto prigioniero ma, già gravemente ferito, non sopravvisse a lungo.

La furia della battaglia si spostò allora al centro, dove verso le 11,00 le galee di don Giovanni, avanzando di fianco con una vogata vigorosa e uniforme, piombarono su quelle di Alì pascià, con le due ammiraglie che deliberatamente puntavano l'una sull'altra. Le due navi si abbordarono; ai loro lati, lungo la linea di combattimento, le altre galee fecero altrettanto chiudendo contemporaneamente verso il centro fino a quando il mare quasi scomparve dalla vista e gli uomini saltavano e si arrampicavano da una galea all'altra, combattendo a corpo a corpo con la spada, la sciabola e la scimitarra. Quattrocento giannizzeri di Alì, armati di picca, attaccarono due volte l'ammiraglia di don Giovanni, la *Reale*; gli spagnoli restituirono l'assalto tre volte, l'ultima con un intenso fuoco di copertura del Colonna, che aveva appena incendiato la galea di Pertau pascià, comandante in seconda di Alì. Fu durante questo terzo assalto che Alì fu colpito in pieno da una cannonata. Cadde sul ponte e un soldato di Malaga gli staccò immediatamente la testa, la mise sulla punta di una picca e continuò ad agitarla in aria per infondere coraggio ai compagni. Con l'ammiraglio morto e la sua nave catturata i turchi persero rapidamente coraggio; molti dei loro legni furono distrutti nella mischia; quelli che riuscirono ad aprirsi una strada girarono la prua e fuggirono.

Sul lato meridionale dello schieramento intanto le cose stavano andando meno bene. Sin dall'inizio dello scontro, quella mattina verso le 10,00, Gian Andrea Doria si era trovato in difficoltà. L'ala sinistra turca al comando di Uluç Alì essendo più forte e più lunga, novantatré galee contro sessantaquattro, si estendeva più a sud e minacciava di circondarlo. Per evitare questo pericolo aveva modificato la rotta puntando verso sud-est, creando così tra le proprie navi e quelle di don Giovanni un vuoto che aumentava continuamente. Uluç Alì si accorse di quel vuoto e modificò immediatamente il suo piano di battaglia; corresse la rotta in direzione nord-ovest con l'intenzione di incunearsi tra le unità avversarie e penetrare oltre la linea cristiana per poi piombare alle sue spalle. La nuova rotta lo portò contro l'estremità meridionale della squadra di don Giovanni, costituita da poche galee fornite dai cavalieri di Malta al comando del gran maestro Giustiniani: combatterono valorosamente ma erano troppo inferiori di numero e furono uccisi sino all'ultimo uomo. La loro ammiraglia fu presa al rimorchio e Uluç Alì issò sulla propria la bandiera catturata.

Intanto don Juan de Cardona, le cui otto galee erano state tenute di riserva, stava dirigendosi velocemente in aiuto ai cavalieri, ma giunto nelle vicinanze era stato attaccato da sedici galee turche. Ne nacque lo scontro più duro e più sanguinoso di tutta la battaglia. Quando fu finito, quattrocentocinquanta dei cinquecento uomini combattenti imbarcati sulle galee del Cardona erano morti o feriti, e lo stesso Cardona era in punto di morte. Ma nel frattempo stavano arrivando altre squadre cristiane: la seconda riserva al comando del marchese di Santa Cruz e lo stesso don Giovanni, che si era mosso appena aveva potuto abbandonare il suo spazio di mare. Uluç Alì allora si sottrasse al combattimento; ordinò a tredici delle sue galee di procedere a voga arrancata e con esse puntò a nord-ovest a tutta velocità, verso Santa Maura, la moderna Leucade e Prevesa. Le rimanenti presero la direzione opposta e tornarono a Lepanto.

Malgrado la confusione e le gravi perdite provocate dalla codardia, dal tradimento e dalla pura e semplice incapacità di Gian Andrea Doria (molti suoi colleghi lo accusarono di tutte e tre le colpe) la battaglia di Lepanto era finita con una schiacciante vittoria dei cristiani. In base alle stime più attendibili persero soltanto tredici galee delle quali dodici affondate e una catturata; quelle dei turchi furono rispettivamente centotredici e centodicisassette. Le perdite umane furono gravi per entrambe le parti, come era inevitabile dato che la lotta si era svolta prevalentemente in furiosi combattimenti a corpo a corpo; ma mentre le perdite cristiane difficilmente superarono i quindicimila uomini, si calcola che i turchi ne persero il doppio, senza contare gli ottomila che furono fatti prigionieri.[2] Inoltre i cristiani fecero un enorme bottino; nel-

[2] Tra i cristiani fu ferito anche Miguel de Cervantes Saavedra, l'autore del *Don Chisciotte*, imbarcato su *La Marquesa*. Fu ferito due volte al petto e un terzo colpo gli menomò permanentemente la mano sinistra, «a maggior gloria della destra», come precisò. Descrisse poi la battaglia di Lepanto come «la più grande vicenda conosciuta dal tempo passato e presente e che il futuro può sperare di conoscere» e fu sempre orgoglioso di avervi preso parte, più orgoglioso di qualsiasi altro fatto della sua vita.

la sola ammiraglia di Alì pascià furono trovati 150.000 zecchini. In ultimo viene il bottino più grande: i quindicimila schiavi di galea cristiani posti in libertà. Costoro dovevano essere grati soprattutto a don Giovanni, che aveva manovrato superbamente una flotta eterogenea e alquanto lenta, e il cui brillante uso dell'artiglieria avrebbe avuto un effetto durevole sull'evoluzione della guerra navale. In futuro, le battaglie navali sarebbero state decise dai cannoni piuttosto che dalle spade. Questo, a sua volta, significava navi più grandi e più pesanti, il cui movimento poteva essere assicurato soltanto da un'appropriata velatura. Quello di Lepanto fu l'ultimo dei grandi scontri navali combattuti con galee spinte dai remi e condotte all'arrembaggio l'una contro l'altra: l'era delle bordate era incominciata.

Il 18 ottobre Giuffredo Giustinian con la veloce galea *Angelo* arrivò a Venezia con la notizia. La città era ancora in lutto per la perdita di Cipro, livida di rabbia per il bestiale trattamento subito da Marcantonio Bragadin e timorosa dei possibili rovesci che il futuro poteva ancora avere in serbo. Entro un'ora dalla prima apparizione della *Angelo*, che trainava sull'acqua dietro la poppa le bandiere turche e aveva il ponte colmo di trofei, l'umore era completamente cambiato. Venezia si era vendicata; e non aveva dovuto nemmeno aspettare a lungo. Improvvisamente i campi, le calli e i canali presero a risonare delle liete voci della gente che andava in fretta in Piazza per conoscere i dettagli, per trovare gli amici e insieme festeggiare la vittoria. Persone completamente estranee l'una all'altra si abbracciavano, ridevano e si baciavano; le porte della prigione dei debitori furono aperte, in un atto di spontanea amnistia, mentre invece i mercanti turchi si barricavano per prudenza dentro il Fondaco dei Turchi, dove rimasero sino alla fine dell'eccitazione. In San Marco, illuminata in modo speciale per l'occasione, un *Te Deum* fu seguito da una solenne messa di ringraziamento; intorno a Rialto i mercanti di stoffe coprirono i negozi e le case con drappi azzurri ornati di stelle d'oro e sul ponte fu eretto un grande arco di trionfo con le armi della Serenissima e dei suoi valorosi alleati. Quella notte a Venezia erano poche le case non illuminate da candele e torce dentro e fuori, mentre le bande suonavano, il popolo ballava e, affinché nessuno avesse paura a unirsi al generale divertimento, una speciale dispensa consentiva di portare la maschera. Per una più durevole commemorazione dell'evento, il grande portale del Gambello all'Arsenale fu ampliato e adattato a monumento commemorativo: il leone alato fu arricchito con un'iscrizione appropriata e due Vittorie alate furono poste ai lati. Un anno o due dopo, il fronte fu sormontato sul fastigio da una statua di Santa Giustina, nel cui giorno (7 ottobre) era stata combattuta e vinta la grande battaglia; e dal 1572 sino alla caduta della Repubblica quel giorno fu festeggiato ogni anno con una processione del doge e della Signoria fino alla chiesa di quella benefica patrona, mentre fuori le bandiere conquistate ai turchi venivano esposte al popolo.[3]

[3] Goethe nel 1786 ebbe occasione di assistere all'arrivo della processione alla chiesa e descrisse la scena nel suo *Viaggio in Italia*. Però non presenziò alla messa.

In Santi Giovanni e Paolo, una cappella fu dedicata alla Madonna del Rosario, che si festeggia pure il 7 ottobre, dove una tela fu dipinta dal Veronese. Infine, nel Palazzo Ducale la grande vittoria fu ricordata due volte: in un'enorme tela dal tono eroico, ma in definitiva non ispirato, di Andrea Vicentino nella Sala dello Scrutinio e, in quella del Collegio, dalla radiosa opera del Veronese, dove Sebastiano Venier e Agostino Barbarigo rendono grazie a Dio sotto lo sguardo di San Marco e Santa Giustina.

Così Lepanto è ricordata come una delle battaglie decisive nella storia del mondo e come il più grande scontro navale tra Azio e Trafalgar. In Inghilterra e in America, come è noto, la sua costante fama riposa ampiamente sulla tonante poesia di G.K. Chesterton; ma nei paesi cattolici del Mediterraneo ha infranto le barriere della storia ed è passata, come Roncisvalle, nella leggenda. Tuttavia, merita davvero la sua fama? Per le sue implicazioni tecniche e tattiche, sì; dopo il 1571 le battaglie navali non furono più la stessa cosa. Per i risultati sul piano strategico, no. Lepanto, contrariamente alle speranze dei vincitori, non fu un punto di svolta, non segnò per i cristiani l'inizio di una nuova fase in cui, moltiplicate le forze, avrebbero respinto i turchi in Asia, in quelle regioni donde erano venuti. Venezia non riprese Cipro; appena due anni dopo, come vedremo, concluderà una pace separata con il sultano, rinunciando a ogni pretesa sull'isola. Lepanto non significò neppure la fine delle sue perdite; nel secolo successivo Candia avrebbe subito la stessa sorte. La Spagna non incrementò in misura apprezzabile il controllo sul Mediterraneo centrale e, soltanto diciassette anni dopo, la disfatta dell'«Invincibile Armata» avrebbe inflitto alla sua potenza sul mare un colpo dal quale non si sarebbe ripresa mai più. Tanto meno riuscì a rompere i legami tra Costantinopoli e i principi moreschi dell'Africa settentrionale; nello spazio di tre anni i turchi avrebbero cacciato gli spagnoli da Tunisi, ridotti i principi locali a loro vassalli e tutta la zona, come già l'Algeria e la Tripolitania, nello *status* di province ottomane.

Ma per tutti i cristiani, per il popolo di Venezia in particolare, per tutti coloro che avevano esultato in quei fatidici giorni di ottobre, la reale importanza di Lepanto non era né strategica né tattica: era morale. La nuvola nera e opprimente che da due secoli incupiva il loro cielo e che dal 1453 era divenuta costantemente più minacciosa tanto che a un certo punto avevano cominciato a credere che i loro giorni fossero contati, quella nuvola si era improvvisamente dissolta. Da un momento all'altro la speranza era rinata. Chi espresse meglio il sentimento popolare fu forse lo storico veneziano Paolo Paruta nel corso dell'orazione funebre in San Marco per coloro che erano stati uccisi nella battaglia:

Soprastavano d'ogni parte sommi pericoli, gli hanno assicurati e cangiati in grandissime speranze insegnandoci col loro esempio, che i turchi non sieno insuperabili, come erano per l'addietro stimati [...]. Però si può dire che come nel principio di questa guerra tramontando per noi il sole, n'aveva lasciato questo tempo in una notte perpetua, così ora la virtù di costoro, quasi vero e vivo sole, abbia recato il più bello e il più lieto giorno, che mai per lo passato vedesse questa città.

Capitolo XIX

I decenni di fine secolo (1571-1595)

Così l'essere stata in lega fu alla Repubblica grave danno e dall'esperienza fatta aversi a desumere parecchi utili avvertimenti. Cioè che nelle guerre bisogna sopra ogni altra cosa la prestezza e usar le occasioni, che nelle guerre di mar è uopo esser fuori sempre al principio d'aprile [...] esser dannosa la compagnia de' più potenti a' quali bisogna aver rispetto [...] che bisogna far assegnamento sulle proprie forze, non su quelle dei collegati, perché i collegati si muovono più per l'interesse proprio che per quello del compagno; che bisogna aver capitano generale che non sia principe, ma persona che possa aspettar premio o castigo [...] che infine chi non ha speranza di ruinare o in tutto o in gran parte il nemico, farà molto senno di cercar pace con esso e venendo pur alla guerra meglio essi portarla nelle terre di lui, che lo stare sulle difese.

GIACOMO FOSCARINI al Senato della Serenissima Repubblica di Venezia, autunno 1572

«Prestezza e usar le occasioni»: per Venezia, dopo la battaglia di Lepanto, ciò poteva significare un'unica cosa. Si doveva proseguire sulla strada iniziata con la gloriosa vittoria. Non si doveva dare riposo ai turchi, non si doveva concedergli il tempo di respirare; li si doveva stanare e costringerli ancora alla battaglia prima che ricomponessero le forze ora disperse e mentre gli alleati possedevano ancora lo slancio offensivo. Questo era il contenuto del messaggio che i veneziani inviarono agli alleati spagnoli e pontifici; ma costoro erano sordi. Don Giovanni, forse, era segretamente d'accordo e sarebbe stato felice di premere sui turchi durante l'inverno; ma aveva ordini di Filippo II ai quali non poteva disobbedire. In base alle condizioni della Sacra Lega, le forze alleate dovevano riunirsi di nuovo a primavera; sino ad allora, doveva dir loro addio. Riportò la flotta a Messina dove giunse il 10 novembre.

Con l'arrivo della primavera del 1572 fu chiaro ai veneziani che il loro istinto non li aveva ingannati. La Spagna, come era sua abitudine, tergiversava e ritardava, sollevando un'obiezione dopo l'altra. Il papa fece tutto il possibile per stimolarla all'azione ma Pio V era un uomo ormai malato e il 10 maggio morì. Con la sua morte scomparve lo spirito della lega. Alla fine, convinta di non poter contare sull'aiuto spagnolo, Venezia decise di inviare una spedizione da sola, alla quale si unì con entusiasmo Marcantonio Colonna con la squadra di galee pontificie. Soltanto a quel punto gli spagnoli pensarono bene di muoversi. Non volevano restare in disparte se c'era da cogliere un'altra vittoria. Filippo non fece più obiezioni e in giugno don Giovanni ebbe finalmente il permesso di unirsi agli alleati.

La flotta si radunò a Corfù e poi fece vela a sud in cerca del nemico. Avevano appreso con una certa costernazione che negli otto mesi trascorsi dopo Lepanto, Selim II era riuscito a costruire una nuova flotta di circa centocinquanta galee e otto galeazze – queste ultime erano una novità per i turchi, rimasti ovviamente impressionati dal brillante uso che ne aveva fatto Venezia. Però correvano voci che i maestri d'ascia, consapevoli della sorte che li attendeva se non avessero finito le unità entro i termini massimi fissati dal sultano, erano stati obbligati a usare legname non stagionato; che i cannoni erano stati fusi così in fretta che molti erano addirittura inservibili; che gli equipaggi, arruolati forzosamente per colmare i terribili vuoti di Lepanto, erano poco addestrati. In breve, era improbabile che i turchi potessero dare del filo da torcere agli alleati. Il problema principale era di costringerli alla battaglia.

Così fu infatti. Le due flotte si avvistarono al largo di Modone, che era stata per duecentocinquant'anni uno dei principali snodi commerciali di Venezia nel Peloponneso fino al 1500, quando era stata conquistata dal sultano. I turchi si rifugiarono immediatamente nel porto. Gli alleati li seguirono, presero posizione poco lontano a Navarino (la moderna Pylos) e si misero in attesa. Sapevano che Modone non poteva mantenere a lungo una flotta di quella forza. Il montagnoso entroterra era arido e privo di strade; tutti i rifornimenti dovevano giungere per mare. Era soltanto questione di tempo: prima o poi il nemico sarebbe stato costretto a uscire per andare incontro a una seconda Lepanto.

Ma ancora una volta Venezia vide sfumare le proprie speranze e ancora una volta per colpa degli spagnoli. Il 6 ottobre don Giovanni annunciò improvvisamente che non poteva trattenersi oltre in acque greche e che tornava in Occidente. L'attonito Foscarini ne chiese la ragione e quando il principe, senza molta convinzione, replicò che le sue provviste stavano esaurendosi, immediatamente si offrì di rifornirlo dalle proprie scorte e, se necessario, di ordinarne altre a Venezia. Ma don Giovanni, che agiva chiaramente in base a nuovi ordini pervenutigli dalla Spagna, fu irremovibile. Il Colonna si mise dalla sua parte. Foscarini dovette ammettere a se stesso che la sua flotta non era abbastanza forte per sfidare da sola i turchi; amareggiato e irritato per la buona occasione perduta, dovette dare l'ordine del ritorno.

Durante tutto quell'inverno l'ambasciatore veneziano a Madrid cercò di convincere il re di Spagna Filippo II. I turchi, spiegava, miravano al dominio del mondo intero; negli ultimi cinquecento anni avevano costantemente esteso il loro Impero e continuavano ancora sulla via dell'espansione; quanto più avanzavano, tanto più forti e irresistibili sarebbero divenuti; era un dovere del re verso la cristianità, e verso se stesso se voleva mantenere il trono, prendere le armi contro i turchi e non lasciarle fino a quando quell'opera iniziata con tanta gloria a Lepanto non fosse finita. Ma Filippo II non intendeva ragioni. Odiava Venezia e ne diffidava; per il pericolo turco, aveva fatto il suo dovere l'anno precedente, e con notevole successo; dopo una simile disfatta sarebbe stato necessario del tempo prima che i turchi potessero alzare la testa di nuovo. Nel frattempo egli era completamente impegnato con la rivolta di Guglielmo il Taciturno nei Paesi Bassi. Non era mai andato a piagnucolare a Venezia chiedendo aiuto per i problemi propri, non vedeva alcuna ragione per cui avrebbe dovuto continuare ad aiutarla per i suoi.

Ma nel corso di quello stesso inverno anche Carlo IX re di Francia tramava attivamente contro Filippo II su tre fronti separati. Nei Paesi Bassi dava ogni possibile aiuto alla ribellione; nel Mediterraneo manovrava per ottenere il controllo di Algeri, dove le sue macchinazioni potevano senz'altro essere la causa del richiamo di don Giovanni da Navarino; a Venezia e a Costantinopoli i suoi ambasciatori svolgevano un'incessante opera di persuasione per promuovere una pace separata tra il sultano e la Repubblica: con l'arrivo della primavera ci riuscirono. Venezia non aveva desiderato una pace separata. Specialmente dopo Lepanto aveva fatto quanto poteva per tenere unita la Sacra Lega e per convincere gli altri membri a unirsi a essa in una risoluta offensiva che, con l'aiuto di Dio, avrebbe dovuto arrestarsi soltanto a Costantinopoli. Ma non aveva avuto successo. Filippo II non aveva alcun interesse; il nuovo papa, Gregorio XIII, ne aveva pochissimo. Abbandonata dagli alleati, sapendo anche troppo bene che continuare la guerra da sola significava invitare i turchi a nuove invasioni dell'Adriatico e, con ogni probabilità, alla conquista di Candia, sua ultima roccaforte nel Levante, non poteva far altro che accettare le condizioni che le venivano offerte. Il 3 marzo 1573 fu firmato il trattato. Venezia si impegnò, fra l'altro, a pagare al sultano 300.000 ducati in tre anni e a rinunciare a ogni rivendicazione su Cipro.

Nei domini del «re cristianissimo» si udirono grida di orrore e di disgusto. A Messina un don Giovanni su tutte le furie strappò dall'albero maestro la bandiera della lega e issò quella di Spagna. Come aveva fatto bene Filippo II, spiegò ai propri uomini, a non fidarsi di questi veneziani: lo avrebbero comunque tradito, presto o tardi. Era come se la battaglia di Lepanto non fosse stata mai vinta.

E così era infatti. A dispetto di tante manifestazioni di giubilo, degli applausi e del clamore, della costruzione di una grande leggenda che dura ancora, la verità è che una delle più famose battaglie navali non produsse alcun risultato strategico importante. Ma coloro che si lamentarono più rumorosamente avrebbero dovuto biasimare soltanto se stessi.

Il dogado di Alvise I Mocenigo era iniziato con un duplice disastro: il fallimento della spedizione del 1570 e la perdita di Cipro. Era continuato con il trionfo di Lepanto, che aveva portato di colpo l'umore di Venezia da un'estrema depressione a un grado di esaltazione forse mai raggiunto nella sua storia. Il vecchio doge avrebbe assistito a un altro scoppio di entusiasmo popolare e a un'altra catastrofe, più grave ancora della precendente, prima della fine del suo dogado, breve ma ricco di avvenimenti.

Il primo di questi eventi fu la visita, nel luglio 1574, del ventitreenne re Enrico III di Francia. Le circostanze erano a dir poco insolite. Era solo dal febbraio di quello stesso anno che, grazie alle macchinazioni della madre Caterina de' Medici, egli era stato incoronato re di Polonia. Ma già in maggio, l'inattesa morte del fratello maggiore, Carlo IX, aveva richiesto urgentemente la sua presenza a Parigi dove lo aspettava la corona di Francia. Temendo l'irritazione dei sudditi polacchi, al cui servizio aveva giurato di dedicare la propria vita soltanto tre mesi prima, era fuggito dal suo ormai indesiderato regno con un travestimento e con la protezione dell'oscurità (portando con sé, in caso di bisogno, i diamanti della corona polacca per un valore di 300.000 scudi) per fermarsi soltanto quando ebbe raggiunto il territorio imperiale. Di là, dopo una breve sosta presso l'imperatore Massimiliano, a Vienna, aveva proseguito per Venezia.

Dopo la conclusione della pace separata con il sultano e il conseguente distacco dalla Spagna e dall'Impero, le relazioni con la Francia erano divenute di primaria importanza per Venezia; e pertanto i veneziani, sempre disponibili per mettere in scena un grande spettacolo, avevano deciso di preparargli un'accoglienza che avrebbe ricordato a lungo. A Marghera il re ricevette il primo saluto da sessanta senatori in velluto cremisi; di lì, con un'intera flotta di gondole dorate, fu accompagnato a Murano, dove era in attesa una guardia d'onore di sessanta alabardieri, che indossavano uniformi, con i colori e i gigli di Francia, create apposta per l'occasione assieme a quaranta rampolli delle principali famiglie veneziane, che avrebbero costituito il seguito personale del re per tutta la durata della visita. L'ingresso ufficiale nella città era stato programmato per il giorno dopo; però quella sera stessa Enrico riuscì a sgusciar fuori inosservato, con un mantello nero, per un giro segreto e silenzioso lungo i canali.

Il mattino successivo il doge Mocenigo arrivò in corteo a Murano; tutti insieme proseguirono poi per il Lido dove, dopo essere passati sotto un arco di trionfo (progettato per l'occasione da Palladio e dipinto dal Veronese e da Tintoretto), entrarono nella chiesa di San Nicolò per un solenne *Te Deum*.[1] Terminatata la funzione, salirono di nuovo sulla barca di Stato e, attraverso il Bacino di San Marco e lungo il Canal Grande, giunsero a Ca' Foscari che, con l'adiacente palazzo Giustinian, era stata decorata con drappi d'oro, di velluto cremisi e di seta azzurra con fiordalisi ricamati.

Durante la successiva settimana, in ogni momento del giorno e gran parte della notte Enrico fu mantenuto nell'incantesimo. Tutte le leggi suntuarie erano state sospese; l'aristocrazia veneziana era stata invitata a indossare gli abiti più ricchi e a esibire i più preziosi gioielli. Ci furono banchetti, parate, spettacoli di attori, ballerini e acrobati. Il re fu fatto membro onorario del Senato e presenziò a una seduta. I soffiatori di vetro

[1] La scena è rappresentata in un quadro di Vicentino, nella Sala delle Quattro Porte nel Palazzo Ducale.

di Murano fecero mostra della loro abilità sotto le sue finestre. Fece visita a Tiziano, che allora aveva novantasette anni, e posò per il Tintoretto. Trovò perfino il tempo, in uno dei pochi momenti liberi, di gustare i favori della più ricercata cortigiana di Venezia, Veronica Franco, scelta, così si racconta, dopo un diligente esame di un album di miniature mostratogli appositamente dalla Signoria. Ma i veneziani erano decisi a dimostrargli che, pur con l'amore per la bellezza e il piacere, vivevano anche per altre cose. Una mattina di buonora lo accompagnarono all'Arsenale e gli mostrarono la carena di una nave. Quella stessa sera al tramonto ve lo ricondussero ancora: la nave era già finita, pronta nell'invasatura per il varo e la navigazione, completamente attrezzata, completamente armata e con tutti i rifornimenti.

Soltanto verso la fine del soggiorno di Enrico il doge Mocenigo, in occasione di una visita con lo scopo ufficiale di fargli dono di alcuni libri rari, portò il discorso su questioni politiche. Lepanto, disse, era stata effettivamente una gloriosa vittoria; ma ne era derivato un ulteriore accrescimento della già soverchiante potenza della Spagna; e ciò avrebbe dovuto essere motivo di rammarico per ogni giudiziosa nazione europea. Egli si augurava sinceramente che la Francia, ora meritatamente tornata alla sua passata grandezza, avrebbe fatto tutto il possibile per limitare le ambizioni di Filippo II. La questione religiosa in Francia – il massacro della notte di San Bartolomeo era stato compiuto soltanto due anni prima – non riguardava ovviamente Venezia; egli tuttavia sperava che Sua Maestà gli consentisse di esprimere il desiderio che la Francia tornasse con il suo nuovo sovrano ai metodi della clemenza e a una ragionevole tolleranza. Una politica del genere era stata fruttuosa alla Repubblica di Venezia; soltanto così, osò suggerire, la pace e la stabilità potevano essere assicurate.

Enrico rispose mantenendosi nel vago; essendo stato il capo del partito cattolico in Francia, non poteva comportarsi diversamente. Dopo un ultimo banchetto di incomparabile opulenza, lasciò la città e il doge lo accompagnò sino a Fusina. Ma Enrico non dimenticò mai Venezia, l'accoglienza che vi aveva ricevuto, quella combinazione tipicamente veneziana di bellezza ed efficienza, di eleganza e di saggezza. Mentre si congedava dai suoi nuovi amici, dando loro ricchi doni in segno di gratitudine per l'ospitalità – un enorme diamante al doge, una pesante catena d'oro all'anfitrione Luigi Foscari –, loro e tutti i cittadini di Venezia sapevano, senza ombra di dubbio, che il loro denaro era stato speso bene.

Eppure se Enrico III fosse tornato a Venezia verso la fine dell'anno successivo, o nel 1576 o nel 1577, avrebbe visto una città molto differente, una città nella quale la rumorosa allegria era scomparsa lasciando il posto a uno strano e sinistro silenzio. La Piazza era deserta, le botteghe intorno a Rialto e le Mercerie avevano le imposte chiuse. C'era la peste.

Fu un'epidemia terrificante come quella di oltre due secoli prima, che si propagò in ogni angolo della città e in ogni ceto sociale. I due noti medici chiamati da Padova dai provveditori di Sanità si dimostrarono impotenti. In breve tempo il vecchio Lazzaretto fu pieno di malati fino a straripare, quello nuovo di casi sospetti; alcuni galeoni obsoleti furono rimorchiati fino al centro della laguna e trasformati in fretta e furia in ospedali di isolamento supplementari, riforniti di cibo, medicine, acqua potabile, nonché medici e preti. A mano a mano che la popolazione soccombeva o fuggiva, Venezia assumeva l'aspetto di una città deserta. Locande e osterie chiudevano porte e finestre e perfino i tribunali smisero di funzionare mentre giudici, avvocati e parti in causa cercavano rifugio nella terraferma. Nelle prigioni pochi erano rimasti vivi. Soltanto il doge, la Signoria e il Senato continuavano a svolgere i propri compiti, benché il numero dei senatori in attività stesse calando con un ritmo allarmante. Nell'autunno del 1576, in un disperato tentativo di circoscrivere il contagio, tutti gli abitanti della città furono confinati nelle proprie case per un'intera settimana; ma il provvedimento non dette risultati. Alla fine, con l'inizio dell'inverno, il tasso di morbilità cominciò a diminuire lievemente; ma fu soltanto nell'estate successiva, ed esattamente il 21 luglio 1577, una domenica, che il governo osò proclamare ufficialmente che l'epidemia era finita.

Era costata circa cinquantunomila vite, compresa quella di Tiziano. La popolazione della città, valutata intorno ai 168.000 abitanti nel 1563 e salita probabilmente nel 1571 a circa 175.000, era nel 1581 di 124.000. Praticamente non c'era un veneziano che non avesse perso uno o più parenti stretti; anzi, intere famiglie erano state completamente distrutte. La paura non era passata del tutto e i veneziani temevano che quella proclamazione formale fosse un tentativo per esorcizzare il morbo e lo stesso destino e che da un momento all'altro potesse sopraggiungere una nuova esplosione del male. Ma Venezia fu sollecita a ringraziare il Padreterno, per la liberazione: sull'isola della Giudecca cominciava già a sorgere una nuova grande chiesa, ordinata dallo Stato al suo maggiore architetto vivente, Andrea Palladio, la chiesa del Redentore. Qui, ogni anno, da allora fino alla fine della Repubblica, nella terza domenica di luglio, il doge e la Signoria avrebbero assistito alla messa solenne; la ricorrenza ci celebra ancora oggi.[2]

Alvise I Mocenigo non visse abbastanza per vedere la chiesa finita. Morì infatti, di morte naturale, il 4 giugno 1577 e fu sepolto in Santi Giovanni e Paolo, dove la sua tomba può essere vista nel mausoleo della famiglia nel centro della facciata interna, tra quelle dei due precedenti dogi di casa Mocenigo, Pietro e Giovanni. Una settimana dopo la sua morte, fu eletto doge Sebastiano Venier, ottantunenne eroe di Lepanto e uno dei più illustri veneziani viventi. Irascibile, ostinato e orgoglioso del proprio passato – uno dei suoi primi atti da doge fu un decreto secondo il quale tutti i nobili che avevano combattuto a Lepanto dovevano indossare abiti rossi per una settimana –, Venier avrebbe governato

[2] Sino alla metà degli anni Settanta veniva costruito, per le cerimonie della commemorazione, un ponte votivo di barche sul canale della Giudecca, tra il Redentore e l'opposta riva delle Zattere; questa splendida tradizione è ora cessata in omaggio alle esigenze della cosiddetta «zona industriale».

soltanto per un anno; ma quell'anno doveva portare un'altra catastrofe, perfino più tragica della stessa peste nei suoi effetti a lunga scadenza. Già nel 1574, subito dopo la partenza di Enrico III, un grave incendio nel Palazzo Ducale aveva distrutto i locali del Collegio, del Senato e alcuni degli appartamenti privati. Ora, il 20 dicembre, avvenne una seconda conflagrazione, molto più terribile. La Sala del Maggior Consiglio e la Sala dello Scrutinio ne uscirono completamente demolite. Opere di Guariento, Bellini e di altri maestri contemporanei come Tiziano, il Tintoretto e Veronese, perirono tutte tra le fiamme; e anche se gli ultimi due poterono dare altre opere alle Sale ricostruite, la perdita era irrimediabile. I danni all'edificio erano così estesi che parecchi tra i più noti architetti del tempo, tra i quali lo stesso Palladio, fecero vive pressioni affinché l'intera fabbrica fosse demolita e sostituita con un nuovo palazzo di struttura più classica. Siamo lieti che siano prevalsi in quell'occasione i più saggi consigli e che nello spazio di soli otto mesi il più grande edificio dell'architettura gotica civile di tutto il mondo sia stato accuratamente ricostruito e la sua vecchia fisionomia amorosamente restaurata.[3]

Quando il doge Venier, che durante tutto l'incendio si era rifiutato di abbandonare il Palazzo Ducale, morì

[3] Tuttavia, come si può controllare, sul lato di fronte all'acqua le finestre della nuova Sala del Maggior Consiglio risultarono alquanto rialzate e senza la graziosa decorazione del XIV secolo, che troviamo nelle due finestre, più vecchie, che sfuggirono alle fiamme, sulla destra.

meno di tre mesi dopo,[4] il Maggior Consiglio – che secondo la curiosa prassi veneziana si riuniva per eleggere gli elettori – fu costretto a tenere le sue sedute nell'Arsenale. I quarantuno elettori poterono riunirsi in uno dei locali non danneggiati del Palazzo Ducale. La scelta cadde, il 18 marzo 1578, su Nicolò da Ponte, che avendo ottantasette anni era notevolmente più vecchio perfino del suo predecessore. Aveva alle sue spalle un'irreprensibile carriera al servizio della Repubblica, che aveva rappresentato al Concilio di Trento e poi a Roma con il non invidiabile compito di giustificare al pontefice la pace separata di Venezia con il sultano. Ma nei sette anni del suo dogado non sorsero fortunatamente problemi diplomatici di simile gravità; un fatto di quel tempo è degno di essere ricordato, per l'umano interesse che ancora suscita piuttosto che per reale importanza storica. Ha per protagonista una delle poche eroine romantiche di Venezia, il cui nome non è stato ancora dimenticato: Bianca Cappello.

Bianca era la bellissima discendente di una vecchia famiglia veneziana che nel 1563, all'età di quindici anni, era fuggita con il fiorentino Pietro Bonaventuri, un impiegato, senza un soldo, del Banco Salviati, suo vicino di casa nella parrocchia di Sant'Aponal. Il furibondo padre aveva inoltrato una regolare denuncia, il Consiglio dei Dieci ordinato un'inchiesta ufficiale e gli

[4] Per sua volontà, fu sepolto nella chiesa di Santa Maria degli Angeli a Murano ora chiusa al culto e in parte diroccata. Soltanto nel 1907 il suo corpo fu riportato a Venezia, nel transetto sinistro, sulla destra, di Santi Giovanni e Paolo, vicino alla tomba del suo antenato il doge Antonio Venier.

Avogadori de Comun dichiarato banditi i due giovani, con una taglia sulle loro teste. Al sicuro a Firenze, Bianca aveva cominciato presto a pentirsi della propria impulsività. I genitori di Pietro, con i quali i due erano costretti a vivere, non potevano permettersi servitori e lei non aveva alcuna vocazione per i lavori domestici che, nel caso specifico, includevano l'assistenza della suocera, invalida cronica, la quale ora dominava la sua vita. Non sorprende molto pertanto che, avendo casualmente attirato su di sé l'attenzione di Francesco, figlio scapestrato del granduca Cosimo de' Medici, cedesse alle sue lusinghe e si lanciasse in un'avventura che prometteva di essere incomparabilmente più amena e attraente della vita con i Bonaventuri.

Poiché il suo amante era già sposato con l'arciduchessa Giovanna d'Austria, donna bigotta e noiosa, Bianca si trovò presto al centro di uno scandalo di proporzioni assai più grandi di quello suscitato a Venezia. Frattanto Francesco, incurante della collera paterna, assumeva al proprio servizio il marito di Bianca e, sia pure senza successo, tentava, mediante i buoni uffici del residente fiorentino a Venezia e del nunzio pontificio, di ottenere per lei una amnistia e la riconciliazione con i suoi genitori. Poi, nel 1574, Cosimo morì; e press'a poco nello stesso tempo morì anche Pietro Bonaventuri in circostanze poco chiare (fu ucciso in una zuffa di strada; Francesco probabilmente ne sapeva qualcosa, anche se non era stato lui a ordinare l'omicidio). Francesco era ora granduca di Toscana. Mise immediatamente Bianca in un palazzo adiacente al proprio e per i successivi quattro anni la portò in giro per Firenze come *maîtresse en titre*, con profonda umiliazione della malinconica Giovanna, che cercò rifugio in sempre più lunghe e frequenti pratiche pie.

Tuttavia, la granduchessa non poteva essere del tutto ignorata: nella primavera del 1578 morì di parto. Meno di due mesi dopo, il 5 giugno, Francesco e Bianca erano già sposati. Però, in parte per la necessità di osservare l'abituale periodo di lutto, la notizia del matrimonio fu resa pubblica soltanto dopo un anno. Finalmente nel giugno 1579 il granduca inviò un messo speciale al doge da Ponte per informarlo dell'evento e per presentargli una particolare richiesta: che Venezia desse prova della propria letizia per l'avvenuto matrimonio dichiarando la sposa «figlia della Repubblica». La richiesta fu ripetuta in un'altra lettera della stessa Bianca, che esprimeva la sua gioia per i più stretti legami tra Venezia e la Toscana che il suo matrimonio avrebbe senza dubbio creato e il suo fermo proposito di essere sempre all'altezza dei due ruoli dei quali era parimente orgogliosa: quello dell'affettuosa consorte del granduca e della leale figlia della Serenissima.

Promuovere, d'un colpo solo, una dichiarata fuorilegge al rango più alto che la Repubblica poteva conferire a una donna era senza dubbio chiedere molto. Però, quasi senza esitazioni, il Senato concesse la propria approvazione e contemporaneamente nominò cavalieri il padre e il fratello di Bianca, che incluse anche nella delegazione, guidata dal patriarca di Aquileia, che avrebbe rappresentato la Repubblica in ottobre alla cerimonia pubblica delle nozze a Firenze. La giovane granduchessa mantenne la parola e nei successivi otto anni non dimenticò mai le proprie origini veneziane e non si lasciò sfuggire alcuna occasione per favorire gli interessi della città natale.

Ma Bianca e il marito avevano dei nemici a Firenze, il più pericoloso dei quali era il cognato di lei, Ferdinando de' Medici, cardinale dall'età di quattordici anni e che, non avendo Francesco figli maschi, era l'erede al trono. L'incapacità di dare al marito un figlio era sempre stata per Bianca una causa di ansietà. Già nel 1576 aveva ordito una finta gravidanza con relativo parto, spacciando come proprio un neonato introdotto segretamente nei suoi appartamenti, ma il marito aveva scoperto l'inganno; dopo dieci anni tentò lo stesso trucco ma senza maggior successo. Fu il suo ultimo tentativo: prima della fine dell'anno successivo Bianca e Francesco erano entrambi morti.

Il fatto che morissero improvvisamente in età ancor giovane a due giorni di distanza l'uno dall'altro e che, malgrado la reciproca diffidenza tra i due fratelli, il cardinale Ferdinando in quel periodo si trovasse effettivamente in visita presso di loro condusse inevitabilmente ai soliti sospetti e congetture. Correvano voci di una torta avvelenata, secondo alcuni preparata da Ferdinando, secondo altri dalla stessa Bianca per il cognato. Stando a quest'ultima ricostruzione, il sospettoso cardinale l'aveva deliberatamente provata su Francesco, per cui la povera Bianca vedendo con orrore il marito dibattersi negli spasimi della morte ne aveva a sua volta ingerito una fetta per morire insieme con lui.

Saremmo tentati volentieri di dare alla storia una conclusione così shakespeariana; ma bisogna riconoscere che negli esami immediatamente ordinati da Ferdinando ed eseguiti in presenza della famiglia di Bianca nonché di tutti i medici di corte, non fu rinvenuta alcuna traccia di veleno. Ora si ritiene per certo che la causa delle due morti fu quasi certamente la malaria.

Il nuovo granduca fu sollecito nell'informare Venezia della «tragica doppia perdita» da cui era stato colpito, però non volle permettere che la cognata fosse sepolta insieme col marito. Il suo corpo fu avvolto in un sudario e gettato nella fossa comune. Ordinò inoltre che il suo stemma di famiglia fosse eliminato ovunque si trovava e sostituito con quello di Giovanna, prima moglie di Francesco. Fu proibito ogni segno di lutto e Venezia, in ossequio ai desideri di Ferdinando, fece altrettanto.

A Firenze una vendetta così meschina, per quanto deplorevole, poteva essere almeno comprensibile; a Venezia fu un gesto indelicato: Bianca meritava un po' di gratitudine. Ma i suoi concittadini non la dimenticarono mai; la casa dove era nata e aveva trascorso l'infanzia, vicino al Ponte Storto nella parrocchia di Sant'Aponal, uno dei più graziosi angoli della Venezia minore, reca ancora una lapide in sua memoria.

Quando morì Bianca Cappello nell'ottobre del 1587, il doge Nicolò da Ponte giaceva ormai da un paio d'anni nella tomba. Ma non lo lasceremo al suo riposo senza menzionare un altro fatto accaduto durante il suo dogado e che, sebbene in sé di secondaria importanza, era sintomatico di un sinistro aspetto della vita politica veneziana di quel tempo: il crescente potere e la crescente impopolarità del Consiglio dei Dieci.

Come ricorderanno i lettori del primo volume di questa storia, il Consiglio dei Dieci era stato istituito nel luglio del 1310[5] come organismo temporaneo di salute pubblica per affrontare la situazione creatasi immediatamente dopo la fallita cospirazione di Bajamonte Tiepolo. Avrebbe dovuto restare in vita due mesi e mezzo; al tempo del quale stiamo parlando lo era invece da due secoli e mezzo come elemento importante della macchina governativa veneziana. Importante, eppure sotto certi aspetti non completamente integrato: sin dall'inizio si era rifiutato di prendere un posto preciso e ben definito nell'ordinamento costituzionale. Questo ordinamento aveva l'abituale forma di una piramide, con il doge al vertice, poi la Signoria, quindi il Collegio e il Senato fino al Maggior Consiglio. I Dieci invece erano sempre rimasti isolati; un organismo illogicamente anomalo con straordinari poteri che, in caso di emergenza, poteva usare per ignorare la burocrazia, per scavalcare il Senato forzatamente lento, per prendere decisioni e porle immediatamente in atto. Gli affari normali, politici e militari, finanziari e diplomatici, passavano attraverso i canali normali ed era-

[5] Cfr. J.J. Norwich, *op. cit.*, pp. 368-369.

no soggetti ai normali controlli e ritardi; gli affari urgenti, o quelli che richiedevano estrema segretezza o delicatezza, potevano essere passati dal Collegio direttamente ai Dieci, che erano autorizzati ad agire di propria iniziativa, a fare pagamenti da fondi neri e perfino a impartire istruzioni ai diplomatici all'estero. La competenza del Consiglio dei Dieci si estendeva su «tutte le cose concernenti la sicurezza dello Stato e la difesa dei costumi»; i limiti di questa competenza erano cioè così nebulosi da essere praticamente inesistenti.

In queste condizioni può apparire a prima vista sorprendente che i Dieci abbiano quasi sempre gestito tanto bene e con tanta saggezza il loro immenso potere (specialmente perché raramente dovevano rendere conto delle proprie azioni ad autorità superiori). In realtà, esisteva all'interno del Consiglio stesso un sistema di controlli ed equilibri che costituiva il principale ostacolo a possibili abusi. I membri del Consiglio dei Dieci venivano eletti per un solo anno, alla scadenza del quale doveva trascorrere un altro anno prima che fosse possibile una rielezione. Due o più membri della stessa famiglia non potevano farne parte contemporaneamente. La presidenza non era conferita a una sola persona ma a un triumvirato, i Capi, che cambiavano ogni mese; essi durante la carica non potevano avere rapporti di carattere sociale col mondo esterno, per evitare che fossero così esposti a tentativi di corruzione o a dicerie. Malversazione e corruzione erano punibili con la morte. Infine, un punto di estrema importanza che viene molto spesso dimenticato, il Consiglio oltre ai suoi dieci membri comprendeva anche il doge e la Signoria, cosicché era effettivamente composto di diciassette persone.

Ma col passare del tempo si era riscontrato che anche diciassette persone non erano sempre sufficienti. Abbiamo già visto[6] come, quando dovevano essere prese decisioni veramente importanti, i Dieci chiedessero al Maggior Consiglio di eleggere una Zonta, cioè un certo numero supplementare di senatori che entravano nel Consiglio solo per decidere sul caso specifico in esame. Queste Zonte aumentavano notevolmente il potere del Consiglio dei Dieci e diminuivano contemporaneamente le probabilità di opposizione in altri organismi; ma, mentre il Consiglio dei Dieci aumentava gradualmente la propria forza, arrogandosi il disbrigo di un numero sempre crescente di affari di Stato, altri organismi, costituzionalmente più ortodossi, vedevano scemare la propria importanza e, inevitabilmente, se ne risentivano. I primi indizi di questo risentimento erano apparsi chiari già nel 1457 quando i Dieci furono accusati, con ragione, di avere abusato del proprio potere ordinando la deposizione del doge Francesco Foscari. Undici anni dopo la competenza del Consiglio dei Dieci fu esplicitamente limitata a «parti secretissime». Questa definizione però lasciava troppo spazio alle interpretazioni e l'attività del Consiglio non ne risultò ridotta in misura apprezzabile.

[6] *Ibidem*, p. 422.

Anzi, piuttosto il contrario. L'agitata storia di Venezia durante gli ultimi anni del XV secolo e il primo quarto del XVI aveva portato a sempre più frequenti richieste di Zonte fino a quando nel 1529 quello che doveva essere un provvedimento occasionale ed eccezionale divenne un'istituzione stabile con la nomina di una Zonta permanente, composta di quindici ragguardevoli uomini di governo. Otto anni dopo ebbe inizio una nuova prassi, ancora più incostituzionale: il Consiglio allargato prese a nominare sottocommissioni direttamente responsabili soltanto verso di esso. La prima di queste sottocommissioni fu nota come gli *Esecutori contra la Bestemmia* che si occupava specificamente della lotta contro il vizio, dove tuttavia non ottenne più successi di quanti ne abbiano mai avuti istituzioni di questo genere; ma già nel 1539 avveniva la creazione di tre *Inquisitori di Stato*, che fece nascere serie perplessità nella mente di molti veneziani. La sua funzione dichiarata, di rafforzare la sicurezza dello Stato, era abbastanza comprensibile. I re di Francia e di Spagna mantenevano in tutto il territorio della Repubblica un autentico esercito di agenti e la vendita di segreti a costoro era divenuta un'occupazione regolare e remunerativa; Venezia doveva servirsi della diplomazia per la sua stessa sopravvivenza; era ovvio pertanto che un traffico tanto pericoloso doveva essere eliminato. Ma quando fu noto che i tre, sebbene formalmente responsabili verso i Dieci, erano stati esplicitamente investiti della stessa loro autorità e avevano in particolare il diritto di giudicare e condannare senza preventiva consultazione con l'organismo di cui erano un'emanazione, la gente cominciò a chiedersi se la cura non era per caso peggiore della malattia.

Era una domanda assai fondata ma rimase senza risposta e i Dieci continuarono in pratica a governare Venezia, apparentemente incuranti della loro ormai universale impopolarità. Poi, nel 1582, si verificarono due incidenti che, se non spezzarono il loro strapotere, senza dubbio scossero la loro arroganza. I Dieci desideravano vivamente includere in una Zonta di quindici uomini Andrea da Lezze, procuratore di San Marco, ma il Maggior Consiglio si rifiutava ostinatamente di eleggerlo. Irritati per questo contrasto, i Dieci replicarono aumentando di un'unità il numero dei procuratori che ne facevano parte di diritto, eleggendo così il da Lezze *ex officio*; ma anche questa mossa ebbe il veto del Maggior Consiglio. Il secondo incidente nacque in seguito a una rissa avvenuta al Lido nel corso della quale alcuni giovani aristocratici che avevano importunato una ragazza del posto erano stati rapidamente messi a posto da alcuni locali. Costoro, emersi vittoriosi dalla zuffa, avevano immediatamente presentato un reclamo ai Dieci, che li ascoltarono con molta comprensione; con tanta comprensione che, quando i giovani nobili, medicate le ferite, si presentarono a loro volta il giorno dopo con un reclamo, la sentenza che li condannava era già pronta. Essi allora si appellarono alla Quarantia, che accettò la loro versione ribaltando la decisione del Consiglio dei Dieci.

In occasione della successiva elezione della Zonta, il Maggior Consiglio dimostrò la propria disapprovazione per il comportamento dei Dieci rifiutandosi di eleggere più di dodici membri invece dei soliti quindici e in dicembre fece un serio tentativo di definire una volta per tutte le precisa natura di quelle «*parti secretissime*» cui si riferiva la legge del 1468. Fu tutto inutile: quanto più si studiava il problema tanto più lontana appariva la soluzione. Il 1° gennaio 1583 i tre candidati non eletti si presentarono nuovamente, ma senza maggior successo, e lo stesso criterio della Zonta fu abbandonato per tacito e generale consenso. Ciò produsse l'effetto di diminuire il potere dei Dieci in una certa misura, ma non poteva ovviamente risolvere il problema fondamentale: il Consiglio dei Dieci era un'istituzione anomala, era sempre stata tale e in ciò risiedeva la sua forza. In nessun modo sarebbe stato possibile inserirla coerentemente in una costituzione che non aveva spazio per essa. Riportato alla forza numerica originaria, il Consiglio dei Dieci perse molta della vecchia baldanza e, per un certo tempo, limitò la propria attività a quei casi per i quali la sua competenza era fuori questione. Continuò a essere temuto come e forse più di prima; ma aveva ormai perduto buona parte di quell'alone carismatico di cui era stato circondato in passato e che non riacquistò più interamente.

È dubbio se il vecchio Nicolò da Ponte, ormai ultranovantenne, sia stato in grado di esercitare molta influenza nella prova di forza tra il Maggior Consiglio e il Consiglio dei Dieci. Stava spegnendosi rapidamente. Data la sua imbarazzante tendenza a sonnecchiare durante le discussioni nel Collegio, era stato necessario applicare sul suo seggio una specie di parapetto per impedirgli di crollare sul pavimento. Il 15 aprile 1585, in seguito a un collasso, perse la parola. Tirò avanti alla meglio ma non era ormai che un simulacro; si racconta che, in una riunione di governo nella Sala del Senato, durante un'ennesima crisi il berretto dogale, il corno, cadutogli dal capo scivolasse sul pavimento fino ai piedi di un procuratore, Pasquale Cicogna; fu forse in ossequio a una così palese espressione della volontà divina che, dopo la morte di Nicolò da Ponte, avvenuta il 30 luglio, il Cicogna fu eletto doge al suo posto.[7] Non era neppure la prima volta che il nuovo doge era oggetto di una miracolosa segnalazione: alcuni anni prima a Corfù, mentre assisteva alla messa, un'improvvisa folata di vento aveva tolto il sacramento dalle mani del sacerdote officiante portandolo nelle sue. Così Pasquale Cicogna, se non era proprio in odore di santità, era già circondato da una certa aura che lo faceva apparire come un eletto del Signore.

La sua elevazione al supremo potere non era tuttavia avvenuta senza contrasti. Soltanto il diciannovesimo giorno e al cinquantatreesimo scrutinio ebbe la maggioranza necessaria; inoltre, la conseguì per l'im-

[7] Il da Ponte fu sepolto nella tomba di famiglia che si trovava nella chiesa di Santa Maria della Carità, ma il monumento fu distrutto quando questa fu sconsacrata e trasformata nell'Accademia di Belle Arti nel 1807. Si salvò soltanto il busto, opera di Alessandro Vittoria, che si trova ora nel museo del Seminario patriarcale di Venezia.

provviso ritiro del suo rivale Vincenzo Morosini. Quando fu proclamato il risultato, il popolo, che davanti al Palazzo Ducale aveva già manifestato rumorosamente a favore del Morosini, divenne furioso. Il suo favorito era immensamente ricco e molto noto per la sua generosità: due qualità che sarebbero state ampiamente dimostrate durante la processione intorno alla Piazza, quando il nuovo doge per tradizione lanciava monete alla folla. Cicogna invece era notoriamente tirchio: e confermò la sua fama distribuendo non i soliti ducati d'oro ma piccole monete d'argento da cinque soldi e, sembra, neppure tante (per molti anni quelle monete furono sprezzantemente chiamate *cicognini*).

Malgrado questo inizio alquanto incerto, Pasquale Cicogna ebbe poi un dogado calmo e pacifico, durante il quale seppe procacciarsi gradualmente una buona dose di popolarità. I detestabili uscocchi continuarono a fare danni, come avevano sempre fatto, ma i maggiori problemi sorti durante il suo dogado furono di carattere diplomatico e vennero risolti con notevole successo. I più importanti furono quelli derivanti dall'assassinio di Enrico III, avvenuto il 1° agosto 1589 per mano di un fanatico domenicano, Jacques Clement. Enrico, che da tempo aveva abbandonato il letto della moglie per la compagnia dei suoi alquanto più piccanti *mignon*, era ovviamente senza figli e con lui si estinse la linea dei Valois. Illegittimo erede al trono era il protestante Enrico di Borbone, re di Navarra, che, pur essendosi proclamato pronto a convertirsi alla fede di Roma, incontrò egualmente la violenta opposizione del partito cattolico francese, dell'immensamente potente famiglia dei Guisa, di Filippo II re di Spagna e del papa Sisto V.

Venezia invece era lieta della sua successione. Sempre tollerante in materia religiosa, era anche perfettamente consapevole che, tra le grandi potenze europee, la Francia era l'unica che potesse proteggerla contro le ambizioni della Spagna. Era suo vivo desiderio vedere una Francia forte, unita e ben disposta verso di essa. Quando la notizia dell'assassinio arrivò sulla laguna, furono inviate istruzioni all'ambasciatore in Francia Giovanni Mocenigo di chiedere immediata udienza al nuovo re, di esprimergli le congratulazioni della Repubblica e l'assicurazione della sua costante amicizia e buona volontà. Fu ricompensata con una risposta, portata a Venezia da un ambasciatore speciale, François de Luxembourg, con i ringraziamenti per gli amichevoli sentimenti che, Enrico riconosceva allegramente, aveva tanto più apprezzato per il fatto che Venezia era l'unico Stato italiano che lo aveva riconosciuto legittimo re di Francia.

Una simile iniziativa non poteva mancare di far esplodere la collera del papa, che reagì immediatamente. Se Venezia, tuonò, voleva mantenere il buon nome di leale figlia della Chiesa, avrebbe fatto bene ad astenersi dal trafficare con gli eretici. Si considerava la più grande nazione del mondo per essere così sollecita a dare esempio a tutti gli altri? La risposta della Repubblica fu rispettosa ma ferma: Enrico di Borbone, re di Navarra, era il legittimo successore al trono di Francia. Era un principe prudente e virtuoso, oltre a essere terribilmente potente, che mostrava la migliore volontà di convertirsi alla vera fede; aveva già proclamato che la Chiesa cattolica in Francia e tutti i suoi fedeli sarebbero rimasti liberi, rispettati e indisturbati. Inoltre, nessun altro sarebbe stato in grado di mantenere unita la nazione dopo le drammatiche lotte che l'avevano straziata. A questo punto il discorso imboccava una nuova strada: la Francia doveva continuare a essere afflitta dalla sistematica sovversione per opera di intriganti stranieri? Il papa credeva sinceramente che gli eserciti stranieri che essa era stata costretta ad ammettere sul suo suolo fossero mossi da una disinteressata devozione alla fede piuttosto che da ambizione personale e brama di potere?

Era un ragionamento fondato, che l'ambasciatore veneziano a Roma, Alberto Badoer, enunciò ripetutamente e in modo convincente; e dette dei risultati. L'intransigenza del papa si ammorbidì e il pontefice si dichiarò d'accordo che Luxembourg restasse a Venezia, a condizione che non apparisse alle cerimonie ufficiali, e, concessione molto più importante, accettò di ricevere in Vaticano un rappresentante di Enrico per cominciare a discutere sulla conversione del re.

A questo punto fu il turno di Filippo II di infuriarsi, protestare e perfino minacciare; ma le sue truppe e quelle del partito cattolico francese si ritiravano, sia pure lentamente, di fronte all'esercito di Enrico. Il 25 luglio 1593 il re vittorioso abbracciò la fede cattolica, osservando che «Parigi valeva bene una messa»; nel marzo del 1594 entrava nella capitale e diciotto mesi dopo papa Clemente VIII gli impartì l'assoluzione e lo accolse formalmente nella Chiesa romana.

Ovviamente Venezia non poteva vantare benemerenze per i successi militari conseguiti da Enrico nella lotta per la corona. Nel campo diplomatico però, con il suo franco e coraggioso esempio come pure con la sua opera di persuasione presso cinque papi consecutivi,[8] gli era stata molto utile nel consolidare il suo ascendente tra gli Stati, nel vincere l'opposizione dei cattolici e conferendogli infine quella rispettabilità politica e religiosa di cui aveva bisogno. Questo consolidamento e il riconoscimento da parte del papa spezzarono alla fine la volontà di Filippo II. Continuò la lotta ancora un poco con sempre più scarso successo ma nel maggio del 1598 fu costretto a scendere a patti; in settembre era morto.

Anche Pasquale Cicogna era scomparso, ucciso da una breve ma virulenta febbre nell'aprile 1595. Fu sepolto nella chiesa di Santa Maria Assunta, allora appartenente all'Ordine dei Crociferi,[9] ma il più bel ricordo di lui si trova in uno dei più familiari monumenti di Venezia: il ponte di Rialto.

[8] Può sembrare incredibile, ma Roma ebbe altri tre papi tra la morte di Sisto V nell'agosto del 1590 e l'elezione di Clemente VIII nel gennaio del 1592. Urbano VII regnò per due settimane nel settembre 1590; Gregorio XIV per dieci mesi dal dicembre 1590 all'ottobre 1591; e Innocenzo IX per sessantadue giorni dall'ottobre al dicembre di quello stesso anno.

[9] La vecchia chiesa dei Crociferi, acquistata nel 1657 dalla Compagnia di Gesù, fu ricostruita nel XVIII secolo; è nota ora come i Gesuiti. La tomba di Pasquale Cicogna, salvata dalla vecchia chiesa, si trova sulla porta della sacrestia.

Era ancora l'unico ponte sul Canal Grande. Sin dal XII secolo c'era stata in quel punto una passerella su chiatte e soltanto nel 1264 era stato costruito il primo vero ponte in legno su pali. Andò distrutto due volte: la prima, deliberatamente, da Bajamonte Tiepolo dopo la fallita insurrezione del 1310, la seconda casualmente per il peso dei curiosi ammassatisi per vedere il passaggio del marchese Leonello d'Este signore di Ferrara nel 1444. Dopo questo crollo fu ricostruito, ancora in legno ma su un progetto molto più complesso, con negozi e una parte centrale sollevabile come è stato dipinto da Carpaccio in uno dei teleri della serie dei *Miracoli della Reliquia della Vera Croce*, ora all'Accademia. Verso la metà del XVI secolo la struttura stava ovviamente avvicinandosi alla fine della sua vita naturale e fu deciso di ricostruire il ponte in pietra. Fu bandito un concorso che, per il valore dei concorrenti, può senz'altro essere ritenuto il più insigne concorso di architettura di tutti i tempi. Vi parteciparono infatti, inviando dei progetti, Michelangelo, Sansovino, Vignola, Scamozzi e Palladio (i cui disegni per un ponte a cinque arcate con colonnato e frontone esistono ancora). Di fronte a un simile *embarras de richesse*, le autorità furono per molto tempo incapaci di prendere una decisione; e stavano ancora esitando allorché due consecutivi incendi del Palazzo Ducale, e la conseguente concentrazione in esso di tutta la manodopera specializzata, provocarono ulteriori ritardi. Quando poterono finalmente occuparsi di nuovo di Rialto, il contratto per la costruzione non fu assegnato a uno dei giganti ma a un più umile architetto, che aveva avuto prima l'incarico dei lavori nel Palazzo Ducale e che aveva il nome bene intonato di Antonio da Ponte. Insieme col nipote Antonio Contin, architetto di un altro rinomato ponte di Venezia, quello dei Sospiri, progettò e costruì tra il 1588 e il 1591 il ponte di Rialto come è ancora oggi; un'iscrizione dedica doverosamente l'opera al doge Pasquale Cicogna.

Dobbiamo ammettere con franchezza che come opera d'arte il ponte non è eccezionale. Molta gente ormai ne è vagamente entusiasta, come lo sarebbe di qualsiasi altro monumento tanto noto e tanto carico di storia, e se qualcuno proponesse di modificarlo assisteremmo a una generale, e giusta, protesta. In qualche modo riesce a passare. Ci è così familiare che non vediamo i suoi difetti: le meschine proporzioni, quel curioso apparire sovraccarico, la grossolanità del dettaglio. Tanto meglio. Soltanto in certe occasioni, a un tratto, inaspettatamente e per pochi momenti lo vediamo per quella mediocrità che è; ma in quelle occasioni è difficile non sentire per un attimo un acuto rimpianto per quel capolavoro che Venezia avrebbe potuto avere se al genio fosse stato consentito di percorrere la propria strada.

Capitolo XX
L'ultimo interdetto
(1595-1607)

> Non sappiamo veder come si pretenda di impedire che un principe libero com'è la Repubblica nostra, nata e conservata sempre tale colla grazia del Signor Dio, per lo spazio di mille dugent'anni, non possa fare quelle deliberazioni che stima necessarie per conservazione dello Stato suo senza alcuna intenzione d'apportare pregiudizio al governo d'altri principi [...].
>
> Il SENATO VENEZIANO all'ambasciatore della Repubblica a Roma, 26 novembre 1605

A meno di duecento metri dal ponte di Rialto sul lato orientale del Canal Grande si erge il grande palazzo Grimani, la cui imponenza fa apparire ancor più piccoli i vicini edifici sull'una e sull'altra riva. Iniziato nel 1556 da Michele Sanmicheli, pur non essendo tra i migliori palazzi veneziani, grazie all'ampiezza e all'autentica magnificenza della sua facciata rinascimentale si pone tuttavia come uno dei più grandiosi. Da questo straordinario edificio, il suo proprietario Marino Grimani, ottantasettesimo[1] doge di Venezia e il cui dogado avrebbe inaugurato il XVII secolo, partì il 26 aprile 1595 con un corteo di barche diretto al Palazzo Ducale.

Come risultava dal suo stile di vita, Marino Grimani era uno degli uomini più ricchi di Venezia. Gli uomini molto ricchi, fino a quando si mostravano altrettanto generosi, erano sempre stati dei dogi molto popolari; la sua elezione infatti fu accolta dal popolo con molto entusiasmo sebbene i lavori del corpo elettorale si fossero protratti per il periodo eccezionalmente lungo di tre settimane e mezzo e fossero state necessarie ben settantuno votazioni. Il popolo comunque non restò deluso: in stridente contrasto con il predecessore, il nuovo doge durante il solito giro della Piazza sommerse la folla con un vero diluvio di pezzi d'oro, mentre la moglie e i figli lo imitavano dalle finestre del Palazzo Ducale. Seguirono le consuete e fiorite espressioni di omaggio, una delle quali, così si racconta, fu pronunciata da un certo Dioniso Lazzari di sei anni. Ai poveri della città fu distribuito a profusione pane e vino. I festeggiamenti continuarono fino a notte inoltrata, come era l'usanza.

Eppure tutta questa liberalità era cosa da niente in confronto a quanto spese Grimani due anni dopo per l'insediamento della moglie – sembra che l'intervallo rappresentasse soltanto il tempo necessario per portare a termine in modo appropriato i preparativi. Un ono-

[1] Nell'elenco tradizionale dei dogi figura come ottantanovesimo; però è stato ormai accertato, oltre ogni ragionevole dubbio, che le prime due persone citate in questo elenco non erano affatto dogi, bensì l'esarca bizantino di Ravenna e il suo *magister militum*. Cfr. J.J. Norwich, *op. cit.*, pp. 40-41.

re del genere era raro a Venezia; in precedenza era stato accordato soltanto due volte, alla moglie di Pasquale Malipiero nel 1457 e di Lorenzo Priuli nel 1556. Ma le due rispettive cerimonie non erano in grado di competere in splendore con quella che ebbe luogo il 4 maggio 1597. Dapprima la dogaressa, vestita d'oro e con un seguito di oltre duecento dame in superbi abiti fatti espressamente per l'occasione, fu ufficialmente ricevuta nella basilica marciana per un solenne *Te Deum* di ringraziamento, dopo il quale salì sul balcone del Palazzo Ducale per assistere a un grande corteo delle diciannove corporazioni della città. Seguì un sensazionale banchetto nella Sala del Maggior Consiglio. I festeggiamenti continuarono per tre giorni; altri banchetti, altri cortei, balli al lume delle torce in Piazza e sulle galleggianti – una sorta di ponti di chiatte addobbati con fronde, damaschi e costruzioni lignee, il tutto illuminato da mille fanalini nel Canal Grande (un po' rovinati dal cattivo tempo) – e perfino una sfilata navale con la partecipazione di vascelli dall'Inghilterra, dall'Olanda e dalle Fiandre, che terminò con una regata. Ci fu un intenso scambio di costosi doni, con la dogaressa che distribuiva speciali *oselle*[2] con la propria immagine e che ricevette, tra l'altro, la «rosa d'oro» da papa Clemente VIII.

Ma non passò molto tempo e il papa apparve a Grimani e ai suoi concittadini in una luce alquanto diversa, che provocò loro una buona dose di ansietà. La cri-

[2] Cfr. p. 312, nota 2.

si era cominciata poco prima con la morte di Alfonso, duca di Ferrara. Non avendo figli, il duca aveva nominato erede il cugino Cesare; il papa però aveva definito illegale la successione – perché Cesare d'Este sebbene legittimato era nato fuori del matrimonio – e deciso che il ducato doveva passare alla Chiesa. Come era logico attendersi, questa pretesa era stata vigorosamente contestata dal nuovo duca, ragione per cui Clemente aveva inviato un esercito, al comando di uno dei suoi più bellicosi cardinali, a prendere Ferrara con la forza e si era contemporaneamente rivolto a Venezia per ottenere aiuto.

A questo punto cominciarono le perplessità. I duchi di Ferrara non erano tanto forti da poter causare a Venezia serie difficoltà, mentre un potente papa sulla porta di casa, con il controllo dell'importante delta del Po, era una questione del tutto diversa. D'altra parte, se Venezia seguiva le proprie inclinazioni, manteneva la neutralità e rifiutava a Clemente l'aiuto militare richiesto, egli poteva senz'altro portare le armi contro di essa; la Spagna, sempre attenta a cogliere un'opportunità per danneggiarla, avrebbe potuto accorrere al fianco del papa e la guerra che ne sarebbe derivata avrebbe costituito dei pericoli di estrema gravità. Decise di tergiversare, dichiarando all'inviato del papa che necessità primaria era il mantenimento della pace in Italia e che problemi come quello di Ferrara dovevano sempre essere risolti con negoziati invece che con la forza. Se serviva una mediazione, la Repubblica era felice di offrire la propria opera.

La situazione si risolse rapidamente da sé. Nel gennaio 1598, prima che Venezia fosse costretta a prendere una decisione sull'intervento, Cesare d'Este, abbattuto dalla notizia della scomunica, si arrese all'esercito pontificio e concordò di cedere Ferrara e tutto il territorio del ducato in cambio della riammissione nello stato di grazia e di altre due minori concessioni che non costarono a Clemente praticamente nulla. Esultante per il successo, il papa andò di persona a prendere possesso del nuovo dominio e fece un ingresso trionfale a Ferrara, dove Venezia, costretta a far buon viso a cattiva sorte, inviò quattro ambasciatori a esprimere le sue congratulazioni.

Disgraziatamente, le sue difficoltà con il papa non erano finite; anzi, erano appena incominciate. Dapprima Clemente fece nuovi tentativi per ridurre l'autorità della Repubblica sul clero locale; poi protestò perché Venezia si serviva di un certo Marco Sciarra, uno scomunicato, nell'ininterrotta lotta contro gli uscocchi; poi subentrò un dissidio sui confini e sulla navigazione nel Po; poi ancora l'indignazione del papa quando Venezia intendeva tassare anche il clero di Brescia, oltre i laici, per coprire le spese per la riparazione delle mura; e nell'anno 1600 seguì un'altra e più grave divergenza, ancora su una questione di giurisdizione. Era al centro del caso la piccola città di Ceneda[3] che, sebbe-

[3] Il nome di Ceneda non si trova nelle moderne carte geografiche. L'antica cittadina, assieme alla vicina Serravalle e a un'altra località, è stata conglobata nel 1866 in un'unica amministrazione con il nome di Vittorio Veneto in onore di Vittorio Emanuele II re d'Italia.

ne veneziana da duecento anni, era stata in realtà sempre governata dal vescovo locale sin dai tempi dell'alto Medioevo. Questo stato di cose indusse il papa a inviare al vescovo una lettera monitoria con la quale negava l'autorità di Venezia e pretendeva che ogni richiesta fosse in futuro inviata a Roma, pena la scomunica. Nella disputa che ne nacque, Venezia, sapendo che era in gioco un'importante questione di principio, non volle cedere di un centimetro. Clemente capì di essersi spinto troppo oltre e fece una parziale ritirata, ma le acque non si calmarono del tutto e il loro brontolio in sordina annunciava l'imminente arrivo di un'altra assai più furiosa tempesta.

All'inizio del nuovo secolo apparve chiaro che la naturale inclinazione di Venezia per la tolleranza religiosa stava divenendo sempre più inaccettabile a Roma. I rapporti peggiorarono, ma fu colpa di Roma, non di Venezia. Con la diffusione della Riforma in tutta l'Europa e, in particolare, con l'editto di Nantes del 1598, con il quale Enrico IV aveva confermato la validità dei peggiori sospetti del papa accordando ai protestanti francesi libertà di culto e diritti politici pari a quelli dei cattolici, Roma aveva preso a tirare le redini e a premere sui governi cattolici perché accettassero un più stretto controllo pontificio. Venezia non fu d'accordo e nell'assumere la propria posizione non riteneva affatto di rendersi colpevole di insubordinazione in materia religiosa; il doge, allorché fu accusato di calvinismo, si lamentò così:

«Che vuol dir Calvinista? Siamo Cristiani quanto il Papa, e Cristiani moriremo, a dispetto di chi non lo vorria». Le difficoltà nascevano dal fatto che ciò che il papa considerava un problema religioso per la Repubblica era semplicemente un problema politico. Non poneva assolutamente in discussione il proprio dovere di obbedienza nella sfera dottrinaria; però considerava sacra la propria indipendenza politica e non intendeva esporla a pericoli. Inoltre, come città cosmopolita la cui stessa esistenza si fondava sul commercio internazionale, come poteva ora discriminare gli eretici ancora più di quanto avesse in passato discriminato gli infedeli?

Benché Clemente VIII non mutasse mai atteggiamento, Venezia ottenne egualmente qualche vittoria. Una nel caso di Ceneda; un'altra nel 1596 quando uno speciale concordato riconobbe agli stampatori e ai librai veneziani il diritto, a determinate condizioni, di commerciare opere incluse nell'*Index Expurgatorius* (poi usarono raramente questo diritto, ma il principio almeno era salvo). La Repubblica sfidò le proteste del papa concedendo il permesso a mercanti e artigiani protestanti del cantone svizzero dei Grigioni di stabilirsi nel suo territorio. Difese con energia la libertà religiosa dei diplomatici stranieri. Quando ricevette un rimprovero nel 1604 per aver consentito a sir Henry Wotton di importare libri di preghiere protestanti e di tenere funzioni anglicane nella sua cappella privata, mandò a Roma una ferma risposta: «La Repubblica non può in nessun modo controllare il bagaglio dell'ambasciatore inglese,[4] del quale è noto che vive una vita tranquilla e irreprensibile, senza provocare mai scandalo alcuno». Il papa non insistette e sir Henry continuò a adempiere ai propri doveri religiosi indisturbato per tutti i quattordici anni del suo incarico a Venezia.[5]

Ma nel marzo del 1605 papa Clemente VIII morì e, dopo il regno di Leone XI, che durò soltanto ventisei giorni e si ricorda esclusivamente per questo, gli successe Paolo V. Sembra che Camillo Borghese, malgrado la ragguardevole carriera percorsa nella gerarchia ecclesiastica, si stupisse sinceramente nell'apprendere la propria elezione, che poté interpretare in un unico modo: era stato scelto dal volere divino per sradicare l'eresia e per imporre la supremazia della Chiesa di Roma nel significato letterale della legge canonica. I legati pontifici ripresero con maggior frequenza a chiedere udienza al doge per esporre lagnanze e proteste. Perché il Senato aveva vietato recentemente la costruzione nella città di altri edifici religiosi senza una speciale licenza? Perché ancora più recentemente aveva proibito ai laici l'alienazione di beni immobili alla Chiesa, che veniva così privata di ricchi lasciti da parte di devoti testatori veneziani? Invano Venezia replicava che stava divenendo impossibile mantenere anche

[4] In realtà, quasi certamente lo fece. Cfr. cap. seguente.

[5] I quattordici anni non furono continuativi. La prima ambasciata di sir Henry Wotton durò dal 1604 al 1612; la seconda dal 1616 al 1619 e la terza dal 1621 al 1624. Passava gran parte del suo tempo nell'acquistare quadri per il re e per il duca di Buckingham. Dette all'Eton College, del quale in seguito divenne rettore, l'enorme quadro che rappresenta tutta la città di Venezia e che si trova ancora là.

le chiese e i monasteri già esistenti, che occupavano quasi la metà della superficie della città; o che, avendo papa Clemente decretato che le proprietà della Chiesa non potevano essere vendute ai laici, un provvedimento di reciprocità era necessario per evitare che una sempre crescente quantità di terra sfuggisse dalle mani della Repubblica. Questi argomenti non venivano neppure presi in considerazione e i messaggi del pontefice cominciarono ad assumere un tono diverso: quello della minaccia.

Così, sin dall'inizio del pontificato di Paolo V, le due parti vennero a trovarsi su una rotta di collisione, dalla quale l'una non voleva, l'altra non poteva deflettere. Venezia fece del suo meglio per mantenere rapporti amichevoli, arrivando perfino a iscrivere la famiglia Borghese nei ranghi della nobiltà, un gesto che piacque molto al papa, che ringraziò con una lettera untuosamente adulatoria; ma il velo di cortesia non poteva resistere a lungo e, quando non era ancora trascorso il primo anno di pontificato, avvennero tre fatti, ognuno dei quali potrebbe essere la causa che fece precipitare la situazione.

Il primo fu la morte del patriarca di Venezia Matteo Zane e la nomina al Senato di Francesco Vendramin a suo successore. In simili occasioni, per lunga consuetudine di pura cortesia, Venezia richiedeva al Vaticano l'approvazione della nomina. In verità, già al momento dell'assegnazione del patriarcato a Zane, Clemente VIII aveva replicato che l'approvazione non poteva più essere considerata automatica e preteso che il nuovo patriarca si presentasse personalmente a Roma per essere esaminato. Venezia inizialmente aveva respinto la richiesta del Vaticano e alla fine aveva accettato che Zane andasse a Roma a condizione che non si trattasse di un esame ma semplicemente di un'udienza particolare concessa dal papa. Ora, alla nomina di Vendramin, Paolo V confermò nella sostanza le pretese del suo predecessore, ma in termini molto più bruschi. Anche in questa circostanza Venezia era disposta a un compromesso, invece il papa fu irremovibile. La divergenza era ancora in corso quando scoppiò un'altra tempesta.

Per essere più precisi si trattava di due tempeste; ma erano così simili ed esplosero in successione tanto rapida che possono essere considerate una sola. Ne erano al centro due preti, Scipione Saraceni, che però in seguito risultò non aver mai ricevuto gli ordini, e Marcantonio Brandolin, i quali, rispettivamente in agosto e in settembre, erano stati denunciati al Consiglio dei Dieci. Il primo per aver ripetutamente attentato all'onore della nipote e, dopo il fallimento dei tentativi, per averla pubblicamente diffamata, insultata e averne insozzato la porta di casa. Il secondo era stato accusato dal proprio zio di «omicidi, frodi, ratti e ogni genere di violenza a danno dei suoi soggetti». Per ciascun caso i Dieci ordinarono un'immediata inchiesta e quando gli elementi raccolti confermarono l'esattezza delle accuse, avocarono al Consiglio il giudizio e la punizione dei colpevoli. Il papa dimenticò immediatamente il recente ingresso nella nobiltà veneziana e partì all'attacco. I due prigionieri, essendo membri del clero, non erano soggetti alla giurisdizione della Repubblica, che pertanto li tratteneva illegalmente. Dovevano essere subito consegnati alle autorità ecclesiastiche, che avrebbero intrapreso le azioni appropriate ai rispettivi casi.

La controversia si trascinò per tutto l'autunno del 1605 in una atmosfera che diveniva sempre più tesa. Verso la metà di dicembre, quando la rottura appariva imminente, Venezia nominò suo portavoce a Roma Leonardo Donà, un esperto diplomatico che aveva operato a Madrid, Costantinopoli e, soprattutto, aveva già svolto in passato molte missioni alla corte del papa. Ma era troppo tardi. Donà era ancora in viaggio attraverso gli Appennini, quando il pontefice ordinò l'invio di due dispacci a Venezia. Uno concerneva la questione delle proprietà della Chiesa, l'altro i casi del Saraceni e del Brandolin. Se Venezia non revocava immediatamente i suoi decreti e non consegnava i due prigionieri sarebbe stata punita con l'interdetto.

Il plico fu consegnato nella mattinata del giorno di Natale e pertanto non fu aperto subito. Era ancora chiuso a sera quando il vecchio doge morì;[6] e tale rimase fino all'elezione del successore, che fu proprio Leonardo Donà. Richiamato in fretta dalla missione, fu lui a rompere finalmente i sigilli del plico. L'ultimatum pontificio era ormai a Venezia da quasi un mese e l'atteggiamento del nunzio aveva nel frattempo lasciato intende-

[6] Marino Grimani e la moglie, che gli sopravvisse sette anni, hanno un'unica tomba nella chiesa di San Giuseppe di Castello, che era la loro chiesa di famiglia ma che, come luogo del loro eterno riposo, appare stranamente remota per una coppia dogale che aveva un gusto tanto spiccato per la magnificenza e la liberalità.

re chiaramente quale fosse il tenore dei due messaggi. Il nuovo doge pertanto non fu molto sorpreso, anche se per la negligenza di un segretario della curia nel plico mancava il secondo dispaccio ed era stata messa al suo posto una copia del primo. Come era inevitabile, la controversia era sfociata in una crisi e poiché la capitolazione era fuori questione, la Repubblica doveva prepararsi a resistere. Ma con quali armi? La diplomazia aveva già finito il suo turno; la battaglia doveva ora essere portata nel campo stesso del nemico. Era risaputo che Paolo V amava considerarsi un giurista; ciò di cui Venezia aveva ora necessità per esporre, articolare e difendere il suo punto di vista davanti al mondo era un esperto in diritto canonico che fosse anche un teologo, un dialettico e un filosofo politico, un uomo profondamente versato nella storia ecclesiastica e buon polemista, in grado di ragionare con chiarezza e logica spietata, volgendo a proprio vantaggio gli stessi argomenti del papa.

Il Senato non ebbe esitazioni: mandò a chiamare Paolo Sarpi.

È un peccato, per lo scrittore e i suoi lettori, che la storia di Venezia sia così parca di grandi personalità. A parte i dogi – e anche essi, guardandoli in massa, appaiono come un gruppo assai incolore, se non per altro, perché ebbero poche possibilità di esprimere compiutamente se stessi una volta arrivati al supremo ufficio – sono veramente poche le figure che si distaccano come creature di carne e ossa, degne della nostra venerazione, del nostro odio e perfino del nostro disprezzo, ma che poterono comunque influenzare il corso degli eventi. Paolo Sarpi fu un uomo di questo tipo; ma per quanto grati dobbiamo essergli per quel po' di calore umano che porta in queste pagine, il nostro debito è niente in confronto a quello di Venezia, che egli guidò nel corso dell'ultima e più grave crisi religiosa della sua storia.

Al tempo della convocazione, Paolo Sarpi aveva cinquantatré anni ed era entrato nell'Ordine dei Serviti all'età di tredici. Dopo il periodo della gioventù, trascorso come teologo alla corte del duca di Mantova, era tornato a Venezia nel 1575 e quattro anni dopo era stato nominato provinciale del suo Ordine. Era già noto per la sua erudizione, che si estendeva ben oltre il solo campo dello spirito; sembra anzi che la tendenza generale della sua mente inclinasse per le scienze esatte più che per la filosofia. Come studioso di anatomia è stato accreditato della scoperta della circolazione del sangue un quarto di secolo, o più, prima di Harvey; certamente scoprì le valvole venose. Come studioso di ottica, si guadagnò la riconoscenza di Galileo, che insegnò nell'Università di Padova tra il 1592 e il 1610 e che dà atto dell'aiuto ricevuto da «mio padre e maestro Sarpi» nella costruzione del telescopio.[7] Forse a causa dell'austerità dell'alimentazione, soffriva terribilmente il freddo; sir Henry Wotton, che lo conobbe bene, ci ha lasciato un indimenticabile ritratto di questo frate nella sua cella,

[7] I due erano soliti incontrarsi regolarmente a Venezia nel palazzo ora conosciuto come Corner-Martinengo sul Canal Grande. In quel tempo era proprietà dei fratelli Andrea e Nicolò Morosini, che ne avevano fatto una specie di accademia scientifica. Leonardo Donà e Nicolò Contarini (il futuro doge) erano pure dei frequentatori abituali.

«protetto da un castello di carta che circonda la sua sedia e arriva al di sopra della sua testa quando è solo a leggere o a scrivere, perché egli era dell'opinione del nostro lord di St. Albans che l'aria è malandrina, e particolarmente nociva quando lo spirito è molto impegnato». Sebbene Sarpi fosse «una delle cose più modeste che potevano essere viste entro i confini dell'umanità», l'ammirazione di sir Henry per lui era senza limiti:

> Eccellente in assoluto, eccellente in teologia scolastica e nelle relative dispute; matematico di rara profondità, anche nei settori più astrusi di questa scienza, eppure, anche talmente esperto in botanica come se non avesse mai studiato su un libro ma soltanto la natura. Infine grande canonista, e in questa veste era in servizio dello Stato, che al tempo dell'interdetto del papa ebbe da lui le idee e le direttive fondamentali.

Fu Sarpi, nominato consigliere ufficiale del Senato, a tracciare la risposta al primo dispaccio del papa, quello sulle proprietà della Chiesa. Il tono era rispettoso ma assolutamente inflessibile.

> [...] i principi secolari per legge divina a cui nessuna umana può derogare hanno la podestà di far leggi sopra cose temporali; non aver luogo le ammonizioni fatte da sua Santità, ove non si tratta di cosa spirituale ma temporale, disgiunta affatto dalla pontificale autorità.[8]

[8] Il testo originale è in latino: «*[...] quo circa firmiter credimus in censuras ecclesiasticas non incidisse, cum principibus laicis iure divino, cui nullum humanum derogare potest, concedatur de rebus temporalibus suae ditioni subiectis leges ferre atque statuta concedere*». Si è usata qui, come altrove, la traduzione di S. Romanin.

Il secondo dispaccio, relativo ai due sciagurati preti, arrivò alla fine di febbraio; anche per esso Sarpi preparò una replica egualmente ragionata e misurata. Ma il papa non aveva pazienza per ragionamenti che, come disse, «puzzavano di eresia». Il 16 aprile annunciò in un concistoro che se Venezia non faceva atto di completa sottomissione entro ventiquattro giorni la sentenza di scomunica e di interdetto sarebbe entrata in vigore; il 17 un monitorio in questo senso fu reso noto al mondo. Ma Venezia non attese che spirasse il termine stabilito. Il 6 maggio Leonardo Donà mise il suo sigillo su un editto diramato a tutti i patriarchi, gli arcivescovi, i vescovi, i vicari, gli abati e i priori di tutto il territorio della Repubblica. Egli, doge di Venezia, che negli affari temporali non riconosceva alcun potere superiore eccetto la Divina Maestà e il cui dovere era di assicurare la pace e la tranquillità dello Stato, protestava solennemente davanti all'Onnipotente Dio e a tutto il mondo di aver tentato con ogni mezzo possibile di indurre Sua Santità il papa alla comprensione dei più legittimi diritti della Repubblica. Poiché però Sua Santità aveva gli orecchi tappati e aveva diramato un pubblico monitorio «contro ogni ragione e contro gli insegnamenti delle Sacre Scritture, dei Padri della Chiesa e dei sacri canoni, con pregiudizio dell'autorità secolare, conferita da Dio, e della libertà dello Stato e a detrimento del pacifico uso della vita e dei beni, con la grazia di Dio, dei suoi leali sudditi», quello era formalmente dichiarato privo di valore. Il clero era pertanto sollecitato caldamente a continuare come prima con la cura delle anime dei fedeli e la celebrazione della messa, poiché la Repubblica aveva «la più ferma intenzione di continuare nella Santa Fede Cattolica e Apostolica e nell'osservanza della Santa Romana Chiesa». La protesta terminava con la preghiera che Dio guidasse il papa a riconoscere la vanità della propria azione, il torto che aveva fatto alla Repubblica e la giustezza della causa veneziana.

Poi il doge, su consiglio del Sarpi, bandì tutti i gesuiti (il cui orientamento filo-spagnolo li aveva portati sin dall'inizio ad assumere una posizione in aperto sostegno del papa), i teatini e i cappuccini dal territorio della Repubblica e licenziò il nunzio apostolico con queste parole:

> Monsignore, dovete sapere che siamo così ardenti et risoluti che non è possibile più trattenervi, non tanto noi che siamo preposti al governo della Repubblica, ma tutta la nostra nobiltà, la nobiltà delle città del nostro Stato et anco tutto il popolo in universale.
>
> La vostra scomunica l'abbiamo per nulla et non la stimiamo niente; or vedete quanto importi questa risoluzione et se con l'esempio nostro si appartasse questo o quello, ciò che vi resterebbe [...].

Non si trattava affatto di una vacua bravata. Nella loro incrollabile convinzione di essere nel giusto, i veneziani non avevano eccessivi timori. E neppure la maggioranza del loro clero. Si racconta di un parroco che si era rifiutato di recitare i vespri e al mattino successivo trovò un cappio appeso davanti alla chiesa; capì al volo. Un caso meglio documentato è quello del vicario del capitolo di Padova che, avendo ricevuto l'ordine di consegnare certe lettere di Roma, rispose che avrebbe agito come gli suggeriva lo Spirito Santo. Il governatore veneziano replicò che il Consiglio dei Dieci aveva già ricevuto dallo Spirito Santo il suggerimento di far impiccare tutti quelli che disobbedivano; e le lettere furono regolarmente consegnate.

Dopo tutto, quello non era il primo interdetto inflitto alla Repubblica; ce n'erano stati uno nel 1284, uno nel 1309 e un altro nel 1483. Ciò che lo distingueva dai precedenti era il fatto che Venezia aveva esplicitamente e rigorosamente circoscritto la propria sfida collocandola esclusivamente nella sfera temporale. In quella spirituale, intendeva restare una leale figlia della Chiesa. Se il papa insisteva nel tenerla fuori dell'ovile, la colpa non sarebbe stata di Venezia; inoltre, il danno sarebbe stato del papa. In quel dissidio c'era qualcosa di nuovo; il vecchio problema di ciò che è di Cesare e di ciò che è di Dio si presentava in una forma nuova agli occhi dell'Europa del dopo Riforma. Così, mentre i precedenti interdetti avevano destato poco interesse, la nuova vertenza attirò l'attenzione di tutti gli Stati dell'Occidente. In libri e libelli, dai pulpiti e nelle piazze, Venezia veniva entusiasticamente difesa o velenosamente ingiuriata.

Mentre la disputa aumentava di intensità e di cattiveria, Paolo Sarpi era sempre al centro della scena, scriveva un numero infinito di lettere, sosteneva polemiche, predicava, argomentava, dibatteva in un continuo sforzo di definire con chiarezza i confini tra i sentieri celesti della Chiesa e i sentieri terrestri dei principi temporali. Per alcuni era un arcangelo, per altri l'anticristo. A Venezia il popolo si prostrava a baciare i suoi piedi; a Roma e a Madrid i suoi scritti venivano bruciati in pubblico. Come era inevitabile, fu citato davanti all'Inquisizione; come era prevedibile, non si presentò. Intanto, aveva acquisito una fama, o una notorietà, molto superiore a quella che la sua opera di scienziato, di storico e di teologo gli aveva procurato in precedenza, una fama che egli non aveva cercato né sognato.

Assai presto fu chiaro che un contrasto che implicava problemi tanto importanti non poteva restare sul piano teoretico. Oltre ai polemisti, cominciarono a scendere in campo le nazioni. La Spagna, naturalmente, era ostile a Venezia; l'Inghilterra e i Paesi Bassi le offrirono appoggio attivo. In Francia Enrico IV faceva pericolosi funambolismi perché non poteva dichiararsi così scopertamente come avrebbe desiderato. Ciò nondimeno fece capire chiaramente a Venezia dove stavano le sue simpatie e si offrì come mediatore. Ma Venezia a quel punto non era molto disposta a fare concessioni. Grazie alla brillante difesa del Sarpi la sua resistenza aveva ricevuto consensi molto più numerosi del previsto. La sua vita religiosa continuava come sempre, le chiese erano semmai più piene che nel passato. La sua causa era giusta, la sua coscienza sicura. Col passare delle settimane e dei mesi, Venezia si sentiva sempre più orgogliosa e lieta: si era impegnata in una grande battaglia morale e la stava vincendo. Restava un solo pericolo: che il papa tentasse di far valere la sua autorità con la forza delle armi, con la Spagna come compiacente alleato. Soltanto per questo poteva prendere in esame l'eventualità di un accordo, ma alle condizioni che essa stessa avrebbe stabilito.

Papa Paolo e la curia dovettero prender atto della terribile verità: l'interdetto era stato un fallimento. La più temuta arma dell'arsenale pontificio – quella stessa arma la cui sola minaccia di impiego era stata sufficiente nel Medioevo a mettere in ginocchio re e imperatori – aveva perso ogni efficacia. Peggio ancora, il suo fallimento era noto a tutto il mondo. Se quella farsesca sentenza continuava a restare in vigore, il danno al prestigio del Papato, già incalcolabile, si sarebbe aggravato giorno per giorno. L'interdetto doveva essere revocato, e in fretta. Non era facile, ma era indispensabile trovare una formula.

Così ragionava la curia. Per qualche tempo Paolo V fu incapace perfino di pensare a un colpo così brutale al proprio orgoglio, ma alla fine dovette cedere. Fu accettata l'offerta francese di mediazione e i negoziati incominciarono. Venezia, sempre con la consulenza del Sarpi, trattò con durezza. Per esempio, rifiutò recisamente di chiedere la revoca del bando. La richiesta doveva essere avanzata dal re di Francia, nel qual caso avrebbe acconsentito ad associare il proprio nome al suo: era il massimo che poteva concedere su questo punto. Circa i due prigionieri, una volta tolto l'interdetto, li avrebbe consegnati all'ambasciatore francese come prova della sua considerazione per il re, ma senza pregiudizio del suo diritto a processarli e a punirli. Per nessuna ragione avrebbe riammesso i gesuiti: gli altri ordini banditi avevano il permesso di tornare, a eccezione di alcuni determinati individui; però Venezia non volle mettere per iscritto questo punto. Infine, in un decreto redatto con molta cura, Venezia dichiarava che, essendo mutato l'atteggiamento del papa ed essendo stato revocato l'interdetto, ritirava in cambio la sua solenne protesta; nemmeno una parola però su possibili errori da essa commessi o di rammarico per le proprie azioni.

Nell'aprile del 1607 l'interdetto fu revocato, dopo quasi un anno durante il quale era riuscito soltanto a causare discredito ai suoi ideatori. Fu l'ultimo nella storia della Chiesa; con l'esempio di Venezia davanti agli occhi come un perpetuo ammonimento, nessun papa osò più rischiare e l'autorità del Papato sull'Europa cattolica non fu più quella di prima. Ma la fine dell'interdetto significò conciliazione sul piano esclusivamente formale. Paolo V era stato pubblicamente umiliato; restavano inoltre irrisolte molte altre pendenze (beni della Chiesa, esame dei vescovi e dei patriarchi, il futuro di Ceneda) che non aveva alcuna intenzione di dimenticare. Ma dominante nella sua mente era il proposito di vendicarsi di quella parte del clero che aveva sfidato il suo editto e, prima di tutti, dell'architetto della sua disfatta: Paolo Sarpi.

Col ritorno della normalità nei rapporti con Roma, Sarpi non abbandonò immediatamente il proprio incarico. C'era ancora del lavoro per lui, ed egli continuò ogni giorno a fare a piedi la strada dal monastero dei Servi al Palazzo Ducale, rifiutandosi di ascoltare chi lo ammoniva che la sua vita poteva essere in pericolo. Il 25 ottobre 1607, sulla via del ritorno al monastero, nel tardo pomeriggio, mentre stava discendendo i gradini del ponte di San Fosca, fu aggredito e colpito con tre pugnalate, di cui due al collo. Con la terza, il pugnale aveva colpito inizialmente il lato destro del capo, era penetrato nell'orecchio sottostante ed era rimasto profondamente conficcato nello zigomo. Gli aggressori fuggirono. Miracolosamente, riuscì a guarire; tempo dopo, quando gli mostrarono l'arma, ne toccò la punta e, sorridendo tristemente, disse: «*Agnosco stilum Romanae Ecclesiae*». Non esistono prove, ma il fatto che gli aggressori, che frattanto erano stati identificati, fossero fuggiti a Roma, nelle cui strade si mettevano in mostra completamente armati e dove nessuna accusa fu elevata contro di loro, fa pensare che l'attentato, se non effettivamente istigato dalle autorità pontificie, nella migliore delle ipotesi non riscosse la loro disapprovazione.

Dopo quell'episodio, Sarpi rifiutò l'offerta della Repubblica di una casa sulla Piazza, ma accettò di fare in gondola il suo viaggio giornaliero e permise la costruzione di un corridoio coperto, che egli poteva percorrere in sicurezza e che collegava la porta del monastero con l'approdo. Malgrado queste precauzioni fu egualmente oggetto di altri due attentati. Ma sopravvisse anche a quelli e morì nel proprio letto nelle prime ore del 15 gennaio 1623. Le sue ultime parole furono: «*Esto perpetua*», che i presenti intesero riferite a quella Repubblica che aveva servito così bene. Ma il rancore pontificio lo inseguì anche oltre la tomba; quando il Senato propose un monumento in suo onore, il nunzio protestò violentemente minacciando che, se veniva fatto qualcosa del genere, il Santo Uffizio avrebbe dichiarato il frate eretico impenitente. In quella occasione Venezia cedette; e soltanto nel 1892 fu eretta l'attuale statua di bronzo nel centro del campo di Santa Fosca, a pochi metri dal punto dove per poco non era divenuto un martire.[9]

[9] Sarpi fu sepolto nella chiesa del monastero, da dove i suoi resti furono trasferiti nel 1828 nella chiesa del cimitero nell'isola di San Michele. C'è un suo ritratto alla Biblioteca Marciana, dipinto quando era già anziano e dove appare con evidenza la cicatrice sul viso. Il pugnale è stato conservato ed è ora in possesso degli eredi della famiglia Giustinian. Del monastero dei Servi restano purtroppo soltanto poche tracce; è stato soppresso agli inizi del XIX secolo e il bell'edificio trecentesco demolito qualche anno dopo. Le rovine erano state offerte in vendita nel 1852 a Ruskin, «terreno e tutto, oppure pietra per pietra».

Capitolo XXI
Tradimento e complotto
(1607-1622)

> Mix with hir'd slaves, bravoes, and common stabbers,
> Nose-slitters, alley-lurking villains! Join
> With such a crew, and take a ruffian's wages
> To cut the throats of wretches as they sleep.*
>
> THOMAS OTWAY, *Venice Preserved*, 1682

Le grandi vittorie, sia militari sia diplomatiche e morali, hanno quasi immancabilmente un effetto positivo sulla popolarità del capo supremo della parte vincente. Leonardo Donà costituì invece un'eccezione a questa regola. La guida di Venezia durante l'interdetto era passata in pratica a Paolo Sarpi e Donà, che tenne il dogado per altri cinque anni, non fu mai amato dalla popolazione. Il motivo è fin troppo evidente: specialmente in questo periodo della storia di Venezia, si hanno ripetute conferme di un fatto malinconico: i veneziani giudicavano i propri dogi in base a un singolo elemento, la loro generosità. Le cronache raccontano che Donà, nel

* «Un miscuglio di schiavi in affitto, di bravi e di comuni assassini, / di spaccanasi e di furfanti in agguato nei vicoli! Unisciti / a simile ciurmaglia e prendi la paga di un ribaldo / per tagliare la gola a dei miserabili mentre dormono».

tradizionale giro della piazza che inaugurava il suo governo, fu molto parco nelle elargizioni e che i tre nipoti che lo accompagnavano lo furono ancora di più, tanto che il popolino indignato cominciò a colpirli con palle di neve. La stessa austerità caratterizzò tutto il suo dogado: le processioni furono diminuite, la spesa pubblica spietatamente ridotta; i banchetti ufficiali, che costituivano tradizionalmente per gli invitati un'occasione per far mostra di sfarzo tanto che spesso godevano di più le masse dei curiosi che gli invitati stessi, furono ridotti nel numero e nella magnificenza. Proprio nel momento in cui ce n'era più bisogno, il colore della vita veneziana era in larga misura svanito. La popolazione pensava con nostalgia ai giorni del doge precedente, il vecchio Marino Grimani dalle mani bucate, e diventava triste.

Sotto tutti gli altri aspetti, Donà era stato un doge eccellente. Aveva un'intelligenza non comune – era stato amico intimo di Galileo –, era un lavoratore infaticabile e profondamente coscienzioso. Si dice che non mancasse mai alle sedute del Maggior Consiglio, del Senato e del Consiglio dei Dieci, tranne che nei rari casi di malattia, e che non esistessero dettagli troppo minuti per la sua attenzione. Il fatto strano è che quest'uomo alto, severo, senza sorrisi, dallo sguardo penetrante e dagli occhi curiosamente brillanti, sembra soffrisse disperatamente per la propria impopolarità. Nel febbraio del 1612, durante la processione alla chiesa di Santa Maria Formosa per la Candelora, fu salutato dalla folla con scherni e grida di «Viva il doge Grimani!»; fu un'esperienza che lo scosse profondamente, tanto che da allora non volle più partecipare a processioni in pubblico. Cinque mesi dopo, il 16 luglio, al termine di un dibattito insolitamente animato nel Collegio, ebbe un improvviso collasso. Entro un'ora era morto.[1]

I tre dogi che successero consecutivamente a Leonardo Donà, e cioè Marcantonio Memmo, Giovanni Bembo e il suo lontano parente Nicolò Donà, hanno un posto assai insignificante nella storia, anche se Bembo aveva combattuto valorosamente a Lepanto, dove aveva messo fuori combattimento tre galee turche ed era stato ferito due volte. I loro dogadi furono molto brevi – i primi due restarono in carica tre anni ciascuno, mentre il terzo morì di un attacco apoplettico dopo appena trentaquattro giorni dall'elezione – e forse soltanto per questo motivo poco degni di nota; ma la Repubblica delle cui sorti erano a capo stava attraversando uno dei periodi più stranamente irreali della propria storia.

Era un'epoca in cui su tutta l'Italia gravava cupa l'ombra della lontana Spagna. Per cent'anni o poco più, le ambizioni spagnole erano state tenute a freno dalla Francia; ma questa aveva rinunciato al suo ultimo possedimento nella penisola all'inizio del secolo,[2] e l'assassinio di Enrico IV nel 1610, con il passaggio del trono al figlio Luigi XIII di nove anni e della reggenza alla vedova Maria de' Medici filo-spagnola, aveva eliminato l'ultima possibilità di contrasti per la politica del «Re

[1] Fu sepolto in San Giorgio Maggiore, dove la sua tomba si trova sulla parete occidentale. Un suo bel ritratto, opera di Marco Vecellio (figlio del grande Tiziano), è esposto nella Sala della Bussola del Palazzo Ducale.

[2] Saluzzo, ceduta ai Savoia con il trattato di Lione nel 1601.

Cattolico» in quel settore. La Spagna era padrona di Milano e di Napoli; a Firenze il granduca Cosimo II, cugino di Maria, era sotto il controllo spagnolo in ampia misura; e tale era il papa a Roma, grazie alla congiunta influenza dei cardinali spagnoli da una parte e dei gesuiti dall'altra. Soltanto due Stati italiani erano decisi a opporsi a quella incombente minaccia. Uno era il Ducato di Savoia, dove Carlo Emanuele I aveva costituito un esercito di oltre ventimila uomini e, con l'aiuto di François de Bonne duca di Lesdiguières e maresciallo di Francia venuto in Piemonte di propria iniziativa, era perfettamente preparato ad affrontare qualsiasi possibile attacco del governatore spagnolo di Milano. L'altro era Venezia.

Mentre Milano impensieriva il duca di Savoia, Venezia, dalla quale ora Carlo Emanuele riceveva considerevoli aiuti finanziari, incontrava sempre maggiori difficoltà con l'altra ganascia, quella orientale, della tenaglia spagnola: l'arciduca asburgico Ferdinando d'Austria. Queste risalivano in gran parte ancora ai pirati uscocchi, le cui violenze erano culminate nel 1613 con la decapitazione dell'ammiraglio veneziano Cristoforo Venier. Venezia inviava continue proteste a Ferdinando, con l'invito a adottare misure efficaci per ridurre all'ordine quei suoi intollerabili sudditi; ma col peggiorare dei rapporti tra la Spagna e Venezia, l'arciduca aveva preso a guardare gli uscocchi con occhio sempre più indulgente e, facendo finta di redarguirli, in segreto dava loro ogni possibile incoraggiamento. Venezia, e non era la prima volta, decise di provvedere direttamente e inviò una spedizione punitiva; Ferdinando protestò a sua volta e ne risultò una guerra, la cosiddetta guerra del Friuli e di Gradisca, che, condotta fiaccamente e con scontri occasionali, continuò in Istria e nel Friuli sino all'autunno del 1617, allorché Venezia, i Savoia e la Spagna conclusero alla meglio una pace che, se conseguì pochissimi risultati, decise però una volta per tutte il destino degli uscocchi. Le loro fortezze e i porti furono distrutti, le loro navi incendiate; e tutti quelli sfuggiti a una sorte peggiore furono deportati con le famiglie nell'interno della Croazia, dove gradualmente col passare degli anni si fusero con le popolazioni locali e persero la loro identità.

La Spagna tuttavia non faceva affidamento esclusivamente sulle forze armate o sui mezzi pacifici della diplomazia per curare i propri interessi. C'erano altri, più sinistri metodi a sua disposizione. Il tardo Cinquecento e il primo Seicento si caratterizzano in Europa come l'«Epoca dell'Intrigo». L'intrigo in sé ovviamente non era nulla di nuovo: nella Firenze dei Medici, nella Milano dei Visconti, e in particolare (se si deve credere alle leggende) nella Roma dei Borgia abbondavano i complotti e gli avvelenamenti, circolavano spie e controspie, erano abituali gli incontri segreti e i pugnali nascosti sotto le vesti. Né tutto questo era tipico dell'Italia; in Francia gli uomini che si avvicinavano all'età media ricordavano i massacri della «Notte di San Bartolomeo», gli assassinii dell'ammiraglio de Coligny e dello stesso Enrico IV; in Scozia le infinite cospirazioni che si intrecciavano con la vita triste e violenta di Maria Stuarda; in Inghilterra, la «Congiura delle Polveri». Soltanto Venezia, sino all'attentato a Paolo Sarpi, era rimasta relativamente immune dal contagio. Ma a quel tempo anche la Repubblica stava cambiando rapidamente. Come sempre le sue strade erano piene di avventurieri italiani e stranieri; ma mentre nei tempi andati costoro finivano quasi tutti col trovare un lavoro come mercenari o marinai, ora era più probabile che si unissero ai piccoli gruppi di *bravi* che oziavano intorno a Piazza San Marco o a Rialto, tirando avanti alla meglio in attesa di trovare un padrone che avesse bisogno di qualche lavoro poco pulito.

Solitamente non dovevano aspettare a lungo. Negli ultimi decenni un nuovo tipo di visitatore aveva cominciato ad apparire a Venezia: il gentiluomo straniero di qualità. Sebbene il *Grand Tour* come istituzione non fosse ancora nato, con l'inizio del XVII secolo tutta l'Europa occidentale era ormai permeata dalle idee del Rinascimento, tra le quali il valore del viaggio all'estero, e soprattutto in Italia, come parte della formazione del gentiluomo. Nel Medioevo pochi uomini di quella categoria andavano all'estero se non per guerra, pellegrinaggi o occasionali missioni diplomatiche. Quella del viaggio di piacere e d'istruzione era un'idea moderna; e Venezia, città cosmopolita, con la sua bellezza, il suo splendore, il suo fasto e la reputazione, rapidamente crescente, del più importante centro di piaceri innocenti e no, era la destinazione favorita. Venezia accoglieva con simpatia questi primi turisti, cercava di favorirli in ogni modo e si preoccupava di evitare che si traessero da loro profitti maggiori del giusto; tuttavia, era perfettamente naturale per il nuovo arrivato accettare l'affabile offerta di uno o più di quei *bravi*, che conoscevano la città, parlavano la lingua, erano pratici del denaro e dei costumi locali e infine potevano procurare divertimenti, protezione e ogni altro più specializzato servizio di cui il cliente avesse avuto bisogno.

Ma c'erano per quegli avventurieri anche altri e più sinistri impieghi. Le magnifiche vie di accesso e la quasi leggendaria stabilità del governo avevano fatto di Venezia il principale centro di spionaggio in Europa, una specie di centrale internazionale di smistamento dei segreti di Stato. Ormai tutte le principali nazioni del mondo vi erano rappresentate, con ambasciate, agenzie, banche, uffici commerciali o altri organismi meno ufficiali; per molti però la funzione più importante era la raccolta di notizie. Naturalmente, per scopi di questo tipo occhi e orecchi aggiuntivi erano sempre utili; e non era neppure detto che una mano abile con il pugnale o una coscienza per niente sensibile dovessero tassativamente risultare superflue.

Sarebbe stato strano se Venezia, che aveva un proprio apparato di spionaggio molto più sviluppato di quelli stranieri, non avesse sorvegliato attentamente tutte queste attività sotterranee e, dove possibile, non se ne fosse servita per i propri fini. Gli agenti veneziani si infiltravano in ogni ambasciata e perfino in ogni casa straniera e riferivano direttamente ai Dieci ogni dettaglio su chi andava e veniva, sulle lettere che arrivavano, sulle conversazioni che ascoltavano. Una attenzione particolare era dedicata alle più note cortigiane, parecchie delle quali erano pagate dallo Stato per fornire informazioni utilizzabili per ricatti o altro. Venezia disponeva anche di una rete di agenti doppiogiochisti il cui compito consisteva nell'alimentare i sistemi di spionaggio stranieri con notizie false o comunque svianti. Eppure perfino i Dieci, con la loro esperienza e l'invisibile esercito di informatori – per tacere delle «bocche del leone»,[3] dove le denunce potevano essere introdotte a volontà –, non potevano essere ovunque e subito; la stessa struttura di Venezia, con il labirinto di strette calli, gli oscuri sottoportici e la disponibilità della laguna per disfarsi agevolmente di un cadavere, rendeva il loro compito molto duro.

Il più grande dei loro trionfi si concluse il 18 maggio 1618. Venezia era ancora più affollata del solito, non soltanto perché la più importante tra le feste della Repubblica, lo «Sposalizio del Mare» nel giorno dell'Ascensione, era stata solennizzata quattro giorni prima, ma anche perché il giorno avanti, in seguito alla prematura morte di Nicolò Donà, era stato eletto doge Antonio Priuli, che sarebbe dovuto arrivare dalla Dalmazia, dove aveva fatto parte di una commissione per la definizione del confine austro-veneto. Priuli era un uomo ricco e godeva fama di essere generoso,

[3] Cfr. p. 126, nota 1.

ragione per cui si attendevano grandi cose dal suo giro nella Piazza.[4] Venezia però, tecnicamente, era ancora senza doge il 18 maggio, quando le persone più mattiniere che ebbero occasione di passare per la Piazzetta lungo il Molo videro con stupore i corpi di due uomini appesi per un piede in una forca costruita frettolosamente tra le due colonne. Benché da secoli quello fosse il posto abituale per le esecuzioni, in anni meno lontani i Dieci avevano preferito far svolgere in segreto i compiti più sgradevoli; quell'improvviso allontanamento dalla loro pratica abituale poteva soltanto significare che avevano inteso impartire un avvertimento pubblico. Eppure, passavano i giorni e, benché un'altra salma fosse apparsa nello stesso posto, dal governo non veniva alcuna notizia, alcuna informazione sull'identità di quei disgraziati o sulla causa del loro destino. Inevitabilmente cominciarono a circolare delle voci, incoraggiate dal fatto che molti *bravi* avevano lasciato in fretta la città; inevitabilmente, quelle voci si riferirono a una grossa congiura contro la Repubblica, per la quale una sola poteva essere la nazione istigatrice: la Spagna. Dimostrazioni ostili davanti all'ambasciata spagnola divennero così incandescenti che l'ambasciatore, Alonso de la Cueva y Benavides, marchese di Bedmar, chiese protezione alle autorità veneziane. «Il nome del "Re Cattolico"», riferì al proprio governo, «e quello della nazione spagnola sono in

[4] Non deluse perché distribuì il valore di 2.000 ducati in piccole monete e un altro migliaio in oro. Anche la famiglia ne lanciò una buona quantità dalle finestre del Palazzo Ducale.

Venezia i più odiosi che possano essere pronunciati. Tra il popolo, la sola parola *spagnolo* è un insulto... Sembrano assetati del nostro sangue. È tutta colpa dei loro governanti, che hanno sempre insegnato loro ad odiarci».

Questo non era rigorosamente vero. Per anni l'ambasciata spagnola era stata il più attivo centro di intrighi di tutta Venezia. I suoi seminterrati, le anticamere, i corridoi brulicavano di sinistri individui con cappello a cencio che bisbigliavano in gruppi in attesa di essere ricevuti dall'ambasciatore. E quando, nel successivo mese di ottobre, il Consiglio dei Dieci comunicò al Senato con un circostanziato rapporto tutti i particolari dell'accaduto, il marchese di Bedmar risultò, come tutti avevano previsto, una delle figure principali in quella che è passata alla storia come la «Congiura Spagnola».

È perfettamente fondata l'ipotesi che la «Congiura Spagnola» abbia indirettamente fornito a Thomas Otway l'intreccio del suo dramma migliore e più noto, *Venice Preserved*.[5] Benché non fosse finita esattamente in tragedia (tranne che per alcuni sciagurati) e benché malinconicamente carente di sesso (un elemento che Otway non mancò di aggiungere con la propria immaginazione) la storia della cospirazione conteneva tutti gli elementi del melodramma del XVII secolo.

[5] La fonte diretta di Thomas Otway fu comunque il romanzo di César Vichard abate di Saint-Réal, *La Conjuration des Espagnols contre la Republique de Venise en l'annee 1618*, pubblicato nel 1674.

C'era l'arcidiavolo don Pedro Téllez Girón, duca di Osuna, viceré spagnolo di Napoli, deciso a distruggere la potenza di Venezia nel Mediterraneo ma anche a tradire il proprio paese appropriandosi della corona di un indipendente Regno di Napoli. C'era il marchese di Bedmar, ambasciatore spagnolo, uomo colto e raffinato, affascinante in società ma «uno dei più potenti e pericolosi spiriti che la Spagna abbia mai prodotto», animato da un implacabile odio per Venezia e per i veneziani, che approvava incondizionatamente il primo obiettivo del duca di Osuna, ma ignorava il secondo. C'era Gasparo Spinelli, residente veneziano a Napoli, fedele servitore della Repubblica, ma semplice, ingenuo e non molto intelligente, comunque non abbastanza per poter far fronte alla diabolica astuzia di coloro che complottavano per abbatterla. E c'erano i due strumenti principali dei congiurati, gli uomini che eseguivano gli ordini e prendevano la paga: Jacques Pierre, avventuriero normanno, praticamente analfabeta ma uno dei più brillanti uomini di mare del suo tempo, e la sua inseparabile antitesi Nicolas Rinault, istruito, convincente ma egualmente privo di scrupoli, con il suo mellifluo italiano e l'elegante calligrafia. Infine c'era l'eroe: Balthasar Juven, un giovane francese, nipote del maresciallo Lesdiguières, che era venuto a Venezia per entrare al servizio della Repubblica.

Il complotto era una cosa tutt'altro che semplice; complicata la trama e complicata la sua realizzazione. Un completo resoconto sarebbe lungo e notevolmente noioso.[6] Riassumiamo però lo schema generale, che era tortuoso tanto da soddisfare il più esigente drammaturgo. Per alcune settimane prima del giorno stabilito, elementi spagnoli in abiti civili si sarebbero infiltrati, a due o tre per volta, a Venezia, dove il marchese di Bedmar, in segreto, li avrebbe armati. Poi, quando fosse stato tutto pronto, le navi di Osuna, con lo stendardo personale del duca, avrebbero risalito l'Adriatico e sbarcato al Lido truppe di invasione, nonché un'intera flotta di barche a fondo piatto con le quali attraversare la laguna fino alla città. Si dovevano occupare subito e fortificare Piazza San Marco e Rialto mentre squadre speciali si sarebbero impossessate dell'Arsenale e del Palazzo Ducale e poi avrebbero distribuito il contenuto delle rispettive armerie ai cospiratori e a quei cittadini disposti a unirsi a loro. Contemporaneamente un distaccamento di mercenari fiamminghi, recentemente ingaggiati dalla Repubblica e acquartierati al Lazzaretto insieme con gli equipaggi delle undici navi che li avevano trasportati, doveva essere persuaso ad ammutinarsi e a schierarsi con i cospiratori. I nobili veneziani più in vista dovevano essere uccisi o catturati per ricavarne un riscatto. Il piano prevedeva un'operazione collaterale a Crema, che sarebbe stata con-

[6] Ai lettori che fossero così morbosamente interessati a un resoconto del genere consigliamo di consultare le opere di Leopold von Ranke, *Zur Venezianischen Geschichte*, Dunker und Humblot, Leipzig 1878; di P. Daru, *op. cit.* nell'edizione di Capolago, 1834; e inoltre il secondo volume dell'opera di Horatio Forbes Brown, *Studies in the History of Venice*, J. Murray, London 1907, pp. 245-295, dove la storia è narrata spietatamente in tutti i suoi dettagli.

segnata al governatore spagnolo di Milano Pedro Alvarez de Toledo, dopo aver ridotto all'impotenza con il tradimento la guarnigione veneziana. Venezia doveva divenire un principato del duca di Osuna; il bottino e i riscatti sarebbero stati divisi tra gli altri cospiratori.

Che una simile impresa potesse avere successo appare, per dire il meno, estremamente improbabile. I suoi ideatori non ebbero neppure il tempo di incominciare. La scoperta del complotto fu dovuta a Juven che, nell'osteria *La Trombetta*, dove alloggiava, era stato avvicinato da un compatriota, Gabriel Moncassin, informato di quanto stava accadendo e invitato a parteciparvi. Ciò che Moncassin aveva stupidamente dimenticato di accertare prima dell'approccio era il fatto che Juven era un ugonotto che odiava la Spagna esattamente come il suo famoso zio. Presentato al Pierre e al Rinault, gradualmente venne a sapere tutti i dettagli dell'operazione e i nomi dei capi. Un giorno o due dopo, con un pretesto qualunque, entrò nel Palazzo Ducale portando con sé Moncassin e andò direttamente nell'anticamera del doge. Improvvisamente, così prosegue la storia, Moncassin ebbe paura.

«Ma cosa mai volete dal doge?», domandò.

«Niente di importante», rispose Juven. «Gli voglio semplicemente chiedere il permesso di far saltare in aria l'Arsenale e la Zecca e di consegnare Crema agli spagnoli».

«Ci rovinerete tutti!», esclamò Moncassin diventando pallido.

«Non voi», disse Juven, e lasciato l'amico a un nobile veneziano, Marco Bollani, con il quale si era già confidato, entrò nella sala delle udienze. Dopo che ebbe illustrato il complotto nelle grandi linee, fu introdotto Moncassin che fece immediatamente una confessione completa, salvando così quasi certamente la propria vita.

Il Consiglio dei Dieci agì con la rapidità e la segretezza che gli erano abituali. Jacques Pierre, che si trovava con la flotta veneziana, fu cucito dentro un sacco e gettato in mare. Rinault e due cospiratori minori, i fratelli Desbouleaux, furono arrestati, torturati e, dopo la confessione, appesi capovolti sulla forca della Piazzetta. Circa trecento implicati minori furono liquidati senza rumore.

Il duca di Osuna e il marchese di Bedmar, troppo potenti per essere toccati, continuarono a tessere inutilmente le loro trame dietro i muri dei rispettivi palazzi: il loro grande progetto era fallito. Venezia era salva.

La Repubblica di Venezia è stata spesso descritta come uno Stato di polizia, e tale era in realtà. Ci sono tuttavia elementi che i suoi detrattori tendono a dimenticare. Il primo è che nel XVI e XVII secolo lo erano praticamente anche tutte le altre nazioni europee; la differenza principale consisteva unicamente nel fatto che Venezia era molto più efficiente. Inoltre, benché come gli altri ricorresse a metodi che oggi sarebbero ritenuti riprovevoli (in quei tempi erano universalmente accettati) contro coloro che oltrepassavano i limiti consentiti, tali limiti venivano fissati a Venezia con una generosità che non aveva riscontro altrove. Ciò era specialmente vero per quanto concerneva la libertà di parola – un settore nel quale i moderni Stati di polizia sono notoriamente molto attenti – e anche il problema religioso, allora di estrema importanza. Infine è il caso di ricordare che Venezia era un'eccezione per un altro aspetto: a Venezia non c'erano despoti. Tutti i suoi uomini di governo avevano avuto l'incarico attraverso libere elezioni e, con la possibile eccezione dei cantoni svizzeri, nessuno Stato nell'Europa del tempo aveva un governo più democratico. In certi casi tuttavia, e in particolare quando la giustificata paura della Spagna non consentiva un giudizio imparziale, Venezia era capace di tragici errori; e tra questi, il più famoso è forse quello che concerne Antonio Foscarini e Alatheia, contessa di Arundel.

La carriera di Foscarini era incominciata bene. Era stato ambasciatore in Francia al tempo di Enrico IV e successivamente a Londra, dove aveva fatto buona impressione su Giacomo I Stuart, re d'Inghilterra, e si era procurato molti amici. Mentre era in Gran Bretagna, uno dei suoi segretari, che aveva preso a odiarlo, aveva mosso contro di lui delle accuse più o meno isteriche, concernenti in particolare la vendita di segreti di Stato, e infine lo aveva denunciato al Consiglio dei Dieci. Convocato a Venezia per rispondere delle accuse, Foscarini fu immediatamente cacciato in prigione, dove restò durante i tre anni dell'inchiesta fino al 30 luglio 1618 quando fu giudicato non colpevole e rilasciato senza onta (per essere imparziali dobbiamo aggiungere che dall'inchiesta erano risultate prove convincenti sia in un senso sia nell'altro). Nel 1620 era stato fatto senatore e tutto faceva pensare che il disgraziato incidente fosse stato dimenticato.

Nell'estate del 1621 giunse in Italia la contessa di Arundel. Nipote di Bess di Hardwick, figlioccia della regina Elisabetta, aveva circa trentacinque anni ed era sposata a Thomas Howard, secondo conte di Arundel e uno dei personaggi più in vista della corte di Giacomo I. Come il marito, era un'appassionata amante dell'arte; disponendo di una cospicua ricchezza, la contessa stava mettendo insieme una delle prime grandi collezioni private dell'Inghilterra. Questo era uno dei motivi del suo viaggio, l'altro era l'educazione dei due giovani figli, ai quali, precorrendo di molto il proprio tempo, aveva deciso di dare un'educazione umanistica italiana. Lasciati i figli a trascorrere l'estate in una villa a Dolo sul Brenta, aveva proseguito fino a Venezia e preso alloggio, con il numeroso seguito, in uno dei palazzi Mocenigo sul Canal Grande.

Era ancora a Venezia nella primavera dell'anno seguente, quando per la seconda volta esplose il caso Foscarini: la sera dell'8 aprile, mentre lasciava il Senato, fu arrestato con l'accusa

d'essersi secretamente et frequentemente ritrovato con ministri di principi di giorno et di notte nelle loro case et altrove, in questa città et fuori, travestito et nel suo proprio habito, haver loro a bocca et con polizza palesato li più intimi secreti della Repubblica, et ricevuto danari da essi.

Questa volta la macchina della legge gira a tutta velocità. Meno di due settimane dopo, il 20 aprile, i Dieci all'unanimità lo giudicano colpevole. La condanna a morte per strangolamento è eseguita quella sera stessa.

In quel periodo, i veneziani ormai erano anche troppo abituati a vedere cadaveri di malfattori appesi per un piede sulla forca nella Piazzetta; questo però era un caso diverso. Questa volta non c'era il corpo di un anonimo tagliagole ma quello di un senatore di Venezia, un uomo noto a tutti, di una nobile e illustre famiglia, un uomo guardato con simpatia da tutti gli strati della popolazione per la grossolana diffamazione di cui era stato vittima in passato e per le sofferenze fisiche e mentali affrontate durante la lunga e ingiusta prigionia. Ma la gente non poteva non chiedersi se per caso in quelle prime accuse non c'era del vero. Come sempre accade in circostanze simili, le voci cominciarono a circolare e gradualmente giunsero alla conclusione che la maggior parte degli incontri segreti del Foscarini erano avvenuti nel palazzo Mocenigo, sotto gli auspici della nobilissima inglese la quale, a rigor di logica, doveva essere l'anima dannata dell'intrigo, il grosso ragno che tesseva la tela.

In breve tempo queste voci giunsero anche all'orecchio dell'ambasciatore inglese sir Henry Wotton che, contrariamente al suo solito, perse la testa. Se avesse chiesto subito udienza al doge per discutere la cosa, forse tutto sarebbe stato appianato. Invece, inviò a lady Arundel una lettera urgente informandola che entro tre giorni le sarebbe stata notificata una sentenza di espulsione. La consigliava pertanto di lasciare il territorio della Repubblica al più presto. Ma, agendo in quel modo, dimostrò di avere gravemente sottovalutato il carattere della donna. Lady Arundel non era nipote di Bess di Hardwick per niente; invece di fuggire piombò da Wotton, negò che in casa sua il Foscarini si fosse mai incontrato con il nunzio apostolico o con il segretario dell'imperatore Ferdinando,[7] i due diplomatici stranieri che l'ambasciatore aveva espressamente menzionato nella sua lettera; aggiunse inoltre che, riguardando i fatti, l'onore dell'Inghilterra e quello suo personale, il mattino dopo avrebbe chiesto udienza al doge. Sperava naturalmente che l'ambasciatore l'avrebbe accompagnata, altrimenti sarebbe andata sola.

Non era affatto la decisione che sir Henry Wotton aveva previsto. Egli si trovava ora in un grave imbarazzo, perché non aveva ricevuto alcuna comunicazione ufficiale sull'espulsione; aveva semplicemente raccolto delle voci e probabilmente non aveva visto motivi sufficienti per ritenerle infondate. Ma può anche darsi che l'ambasciatore avesse creduto ciò che, inconsciamente, desiderava credere. Lady Arundel era ricca e potente; egli invece non aveva un patrimonio personale e il suo magro stipendio e le indennità erano appena sufficienti per quel minimo di dignità che la sua posizione richiedeva. Inoltre, se riusciva a mantenere quel minimo decoro, molto dipendeva dalle commissioni del duca di Buckingham per la cui collezione faceva degli acquisti; ma lady Arundel ora stava portando via tutto il meglio e a prezzi ridicolmente esagerati. Il

[7] L'arciduca Ferdinando aveva ricevuto la corona imperiale nel 1619.

fatto che suo marito fosse a corte il principale rivale di Buckingham era un'ulteriore complicazione. Infine, i due erano divisi anche dalla religione. La contessa, diversamente dal marito, non si era allontanata dalla fede cattolica. Sir Henry Wotton era un protestante altrettanto convinto e aveva lavorato duro, per anni, per ottenere per la propria religione a Venezia quei diritti che ora aveva. Per tutti questi motivi la contessa era una spina nel suo fianco e l'idea di vederla andare via da Venezia doveva certamente sorridergli.

All'udienza del giorno successivo il doge ricevette con molta cordialità lady Arundel, fino a tributarle l'insolito onore di invitarla a sedere al proprio fianco. Egli ascoltò in silenzio il racconto della donna e poi dichiarò categoricamente che non era mai stata pronunciata una parola su una sua possibile espulsione e che nessuno aveva mai sospettato che fosse implicata nel recente spiacevole caso. Al contrario, era ospite graditissima di Venezia e sempre lo sarebbe stata. Lady Arundel accettò con simpatia le assicurazioni del doge e lo ringraziò; ma aveva un'altra richiesta: desiderava una dichiarazione scritta, che doveva essere resa pubblica a Venezia e a Londra. Anche su questo ricevette piena soddisfazione; alcuni giorni dopo, quando tornò insieme con sir Henry al Collegio ascoltò la lettura di una formale dichiarazione del Senato e del relativo dispaccio all'ambasciatore veneziano a Londra, con le istruzioni di assicurare nel modo più inequivocabile la sua innocenza, prima a lord Arundel e poi a qualsiasi altra persona della corte che esprimesse interesse alla vicenda.

A titolo di ulteriore prova della stima della Repubblica, il doge la invitò ad assistere all'imminente cerimonia dello «Sposalizio del Mare» in una barca di Stato accompagnata da due Savii agli Ordini e le inviò al palazzo quindici vasi di «cera e confetture» per un valore di 100 ducati.[8]

Lady Arundel aveva buoni motivi per essere soddisfatta, ma non mancò di far chiaramente rilevare al povero sir Henry che il suo comportamento era stato deplorevole; egli infatti cominciò a temere che la contessa stesse pensando di farlo dimettere. Ma era ancora a Venezia sei mesi dopo quando la sua terribile compatriota prese finalmente congedo e, con un convoglio trainato da trentaquattro cavalli e con settanta casse sigillate di merci, tutte esenti da dogana per ordine personale del doge, prese la via del Nord con i suoi figli.

Intanto era stata fatta un'altra riparazione, questa purtroppo tragicamente tardiva. Non è noto cosa fosse emerso a provare che Antonio Foscarini era stato falsamente accusato anche la seconda volta, ma il 22 agosto 1622 gli autori delle accuse furono portati davanti ai Tre,[9] giudicati colpevoli e condannati a morte. I Dieci fecero poi una pubblica dichiarazione dell'erro-

[8] È forse il caso di notare a questo punto che non esiste alcun indizio che possa in qualche modo suffragare la voce popolare che lady Arundel, ammettendo che Foscarini le avesse fatto assidue visite notturne, assicurasse il doge che esse non avevano carattere politico ma semplicemente amoroso. Al contrario tutto porta a credere che, malgrado il passato londinese del Foscarini, fra i due non esistessero rapporti di amicizia e che in realtà si fossero incontrati raramente.

[9] Gli Inquisitori di Stato. Cfr. p. 424.

re commesso, che fu inviata in copia alla famiglia Foscarini e a tutte le ambasciate all'estero. Altre copie furono affisse per le calli della città. La bara di Foscarini fu esumata ed ebbe luogo un funerale a spese dello Stato. Nella cappella Foscarini della chiesa di San Stae c'è ancora un suo busto con la seguente iscrizione:

Antonio Foscareno equiti / binis legationibus / ad Angliae, Galliaeque reges functo / falsoque majestatis damnato / calumni a indicii dejecta / honor sepulcri et famae innocentia / X virum decreto restituta / MDCXXII.

Capitolo XXII
Zen contro i Dieci
(1623-1631)

> Pronto di lingua, di popolare eloquenza, di buon zelo, generoso e di conosciuta integrità, ma di pensieri torbidi, facile ad intraprendere le controversie e atto a sostenerle con l'apparenza delle leggi e del pubblico bene, fatto vago degli applausi della piazza aspirava alla gloria di rendersi autore di deliberazioni cospicue.
>
> MICHELE FOSCARINI su Renier Zen

La morte di Antonio Priuli non fece versare molte lacrime. Contro ogni aspettativa, aveva un po' deluso. Tutti riconoscevano che il suo dogado non era stato facile, iniziato al centro della «Congiura Spagnola» e finito con la riabilitazione del Foscarini, di cui era stato uno dei giudici che lo avevano condannato; ma c'era anche dell'altro. Pur non essendo effettivamente uno stinco di santo – è difficile pensare come avrebbe potuto comportarsi diversamente, date le condizioni in cui un doge era costretto a vivere –, in qualche modo aveva dato l'impressione di non prendere mai completamente sul serio i propri doveri, di rivelare sempre una sia pur minima lacuna nel mantenimento della dignità dogale; e quando il 12 agosto 1623 morì all'età di settantacinque anni, dopo essere appena ritornato dalla sua villa sul Brenta, in città si mormorò che avrebbe potuto tirar avanti per molti anni ancora se avesse condotto una vita più regolata. Fu sepolto in San Lorenzo, dove però non esiste un monumento funebre e neppure una lapide che ne indichi la tomba.

Francesco Contarini, suo successore, fu doge per quindici mesi, gran parte dei quali furono, anche se forse non molto profondamente, dominati da una di quelle piccole guerre che, pur essendo il riflesso di maggiori conflitti scoppiati altrove, potevano solitamente essere contenute in limiti assai modesti risultando casi di poco peso sulla scena europea. Si tratta della guerra per la Valtellina, quella lunga vallata che segue il corso dell'Adda, dalla sorgente fino allo sbocco nel lago di Como, e che a quel tempo costituiva per tutta la sua lunghezza, di circa cento chilometri, il confine nord-occidentale della Repubblica. Con lo scoppio della Guerra dei trent'anni nel 1618 la valle, che faceva parte del cantone svizzero dei Grigioni, prevalentemente protestante, era divenuta di importanza vitale per la Spagna in quanto unica via di collegamento diretto tra la Milano spagnola e l'Austria asburgica; due anni dopo era stata occupata da truppe spagnole che appoggiavano l'elemento cattolico.

Questo sviluppo della situazione aveva messo in comprensibile allarme la Francia, i Savoia e Venezia, che nel 1623 conclusero un'alleanza con l'obiettivo di estromettere gli invasori e di restaurare lo *status quo*; ma prima che gli alleati entrassero in azione, gli spagnoli trasferirono al papa tutti i centri fortificati della valle. Era, o avrebbe dovuto essere, una mossa brillante, basata sulla supposizione che il cardinale Richelieu, che aveva da poco assunto il potere in Francia, avrebbe rispettato l'autorità pontificia; ma gli spagnoli si erano ingannati nel giudicare l'uomo. Nel novembre 1624 un corpo di fanteria, costituito da tremila francesi e quattromila svizzeri più cinquecento cavalli, penetrò in Valtellina insieme con un forte contingente veneziano e per la fine dell'anno aveva fatto sloggiare tutte le guarnigioni pontificie, i cui stendardi furono prontamente restituiti a Roma accompagnati da espressioni di massimo rispetto. Questa breve e vittoriosa campagna fu seguita nel 1626 da un trattato franco-spagnolo firmato a Monzón in base al quale la Valtellina doveva costituire uno Stato autonomo, di religione cattolica romana, la cui indipendenza veniva congiuntamente garantita dalla Francia e dalla Spagna e le cui fortificazioni dovevano essere demolite e mai più ricostruite.

Venezia e i Savoia si irritarono. Che diritto aveva Richelieu di concludere una pace separata senza neppure consultare gli alleati, decidendo assieme all'ex nemico il destino di una zona di primaria importanza strategica? Venezia recriminava particolarmente per la distruzione delle fortezze che considerava essenziali per la garanzia di libere e sicure comunicazioni.

Il cardinale non fece economia di scuse; era tutta colpa dell'ambasciatore francese a Madrid che aveva oltrepassato le sue istruzioni; lo stesso re Luigi XIII non approvava certe condizioni del trattato. Ma il danno ormai era fatto ed egli era sicuro che la Repubblica non avrebbe voluto correre il rischio di una guerra costosa e probabilmente lunga col rimettere in discussione la pace già conclusa. Venezia dovette accettare l'inevitabile.

Allora, il doge Contarini era già morto e gli era succeduto nel gennaio 1625 Giovanni Corner, un membro del ramo più antico di quella vasta famiglia e diretto discendente del doge Marco Corner, che aveva occupato lo stesso seggio quasi trecent'anni prima. La notizia della sua elezione fu accolta con sorpresa a Venezia (da nessuno comunque con sorpresa maggiore della sua) perché non si era mai distinto per meriti particolari. Come il nunzio apostolico riferì a Roma, si dedicava di più alle pratiche religiose che agli affari commerciali o di Stato. E benché fosse sempre vissuto con il tenore che si addiceva al suo rango e alla sua posizione, dispensando elemosine, con mano tanto pia quanto generosa dal suo splendido palazzo nei pressi della chiesa di San Polo,[1] non aveva mai palesato la minima ambizione per le alte cariche. Paradossalmente, pertanto, può essere stato una specie di ingenuo disinteresse per le cose terrene, più che il contrario, ciò che in lui attirò l'attenzione e le invettive di Renier Zen

[1] Ora contrassegnato col civico numero 2128 del sestiere di San Polo. Il palazzo Corner-Mocenigo fu costruito dal Sanmicheli nel primo decennio della seconda metà del XVI secolo, il prospetto principale guarda sul rio e lo si può osservare bene dal vicino ponte. Agli inizi del Novecento fu abitato per breve tempo da Frederick Rolfe, «Baron Corvo».

(o Zeno), forse il più zelante riformatore mai prodotto da Venezia e certamente il più scomodo.

Zen aveva già provocato alla Repubblica un certo imbarazzo nel 1621, quando, essendo ambasciatore presso il papa, aveva apertamente accusato il cardinale veneziano Dolfin, con il quale divideva il palazzo San Marco, di essere al soldo della Francia. Al suo ritorno a Venezia gli era stato assegnato un importante incarico nel governo, ma la sua arroganza e l'inflessibilità su ciò che secondo il suo giudizio, talvolta soltanto il suo, considerava una questione di principio, ne avevano provocato l'esonero e perfino un breve periodo di esilio per il reato di disobbedienza. C'era però a Venezia molta gente, preoccupata per il generale declino della moralità, la quale pensava che Zen benché insopportabile potesse essere proprio ciò di cui la Repubblica aveva bisogno; fu pertanto perdonato e richiamato nel 1627 e quasi immediatamente eletto nel Consiglio dei Dieci. Ora finalmente poteva dare libero corso al proprio irrefrenabile zelo di riformatore; e il primo obiettivo di questo zelo fu lo stesso doge.

Giovanni Corner si trovava in una posizione particolarmente vulnerabile; la responsabilità non era tutta sua, però non aveva fatto niente per evitarla. Dapprima, papa Urbano VIII aveva creato cardinale il figlio, Federico Corner, che era vescovo di Bergamo. Esisteva da molto tempo una legge veneziana in base alla quale i figli e i nipoti di dogi in carica non potevano accettare benefici ecclesiastici; ma Federico non intendeva rinunciare alla porpora e il padre, invece di costringerlo a rispettare il tradizionale riserbo veneziano, gli dette aiuto argomentando che il cardinalato era un titolo e non un beneficio. Questo ragionamento non convinse appieno il Senato; però, considerando l'importanza e la fama della famiglia Corner nonché il pericolo che il papa, se Federico rinunciava, si offendesse e non creasse altri cardinali di Venezia, decise alla fine che in quella particolare circostanza si poteva soprassedere.

Disgraziatamente la vicenda non era finita lì. Dopo breve tempo al nuovo cardinale venne offerta la diocesi di Vicenza ed egli accettò senza esitazioni. Poco dopo, nell'estate del 1627, due altri figli del doge riuscirono a farsi eleggere, con un procedimento assolutamente irregolare, in una Zonta senatoriale, ancora una volta in palese contrasto con la legge vigente.

In quel preciso momento Renier Zen era tornato a Venezia e aveva preso servizio con i Dieci. In ottobre era uno dei tre Capi.[2] Convocò immediatamente gli Avogadori de Comun, cioè i procuratori della Repubblica, ricordò loro le leggi relative al caso e chiese che le elezioni per la Zonta fossero dichiarate nulle. Costoro acconsentirono – sarebbe stato difficile rifiutarsi – ma prima ancora che avessero cominciato ad agire furono preceduti dallo stesso doge che avanzò un'analoga richiesta, affermando che né lui personalmente né i suoi consiglieri avevano interpretato correttamente il contenuto della legge; se lo avessero fatto, essi stessi non

[2] La rapidità di questa apparente promozione si spiega con il fatto che i capi restavano in carica soltanto un mese.

avrebbero permesso l'elezione. Il 27 ottobre l'elezione dei due figli del doge fu annullata. A questo punto, altri uomini si sarebbero sentiti soddisfatti e avrebbero ritenuto chiuso il caso: Renier Zen no. Quello stesso pomeriggio, poco prima della seduta del Senato, fece chiedere al doge di concedergli, quale Capo dei Dieci, una breve udienza in privato. Corner acconsentì ma, molto opportunamente, volle che fosse presente anche la Signoria. Zen, senza tralasciare numerose manifestazioni di cortesia e di deferenza, fece rilevare che come Capo dei Dieci aveva il preciso dovere di controllare la corretta osservanza della promissione dogale e poi proseguì dando lettura di un formale rimprovero nel quale elencava molto dettagliatamente varie leggi, le rispettive infrazioni e il modo in cui le infrazioni stesse erano avvenute, aggiungendo inoltre alcune trascurabili irregolarità emerse durante le sue indagini.

Giovanni Corner era un uomo paziente. Ascoltò in silenzio, fece una breve ma non meno cortese replica e poi passò nell'aula del Senato dove dovevano essere eletti i due membri della Zonta al posto dei propri figli. Ma Zen, ancora insoddisfatto, chiese al Senato che la sua ammonizione fosse inclusa negli atti della cancelleria dogale, il che equivaleva, in pratica, a renderla pubblica. La richiesta fu respinta con irritazione. Il doge Corner poteva aver commesso degli errori ma aveva quasi settantasette anni ed era universalmente rispettato; infine, aveva egli stesso riparato a quella che in definitiva non era una grave trasgressione. La richiesta di Zen avrebbe posto una macchia incancellabile e immeritata sulla sua reputazione e, inoltre, avrebbe potuto avere effetti pericolosi sul prestigio della dignità dogale. Ma intanto Zen era salito sul podio dal quale si lanciò in un'energica difesa della propria proposta. In nessun'altra maniera potevano essere evitati in futuro simili abusi. Venezia non poteva essere esposta più a lungo a questi nefandi intrighi manovrati da Roma, che cercava di corrompere con benefici e dignità anche i suoi più influenti cittadini. Le leggi per proteggere lo Stato esistevano; perché mai il clero era soggetto a una legislazione speciale? Perché mai dovevano essere controllate le attività dei parenti del doge? Per il fatto di essere potenzialmente esposti alle influenze straniere essi erano esclusi dal Senato, proprio come – a questo punto fece una pausa – proprio come a causa delle loro particolari possibilità di guadagno essi erano esclusi dalle operazioni commerciali.

Per un momento regnò il silenzio nell'aula. Tutti i presenti sapevano che numerosi membri della famiglia Corner avevano l'abitudine di fare lunghi soggiorni a Roma e che almeno uno, Giorgio, un figlio del doge, aveva accumulato una considerevole fortuna negli ultimi due anni importando bestiame dalla Dalmazia. Gli amici della famiglia sapevano perfettamente che il palazzo in San Polo era colmo di articoli di lusso di produzione fiorentina la cui importazione era proibita. Cent'anni prima, abusi così evidenti, anche se relativamente lievi, in contrasto con la legge e con la promissione del doge non sarebbero stati tollerati e una diatriba come quella di Renier Zen, ammesso che fosse stata necessaria, avrebbe riscosso tranquilli cenni di approvazione. Ora invece provocò un tumulto. Se alcuni familiari di Corner si stavano arricchendo ciò era senza dubbio condannabile; ma non poteva in alcun modo servire da pretesto affinché il doge di Venezia venisse insultato davanti a tutto il Senato da un pedante presuntuoso, convinto di essere l'unico interprete della giustizia e che appena tre mesi prima stava ancora scontando una condanna all'esilio ampiamente meritata. Gli altri due Capi dei Dieci invitarono Zen a scendere dal podio e contemporaneamente annunciarono al Senato di avere annullato la sua ammonizione. Zen si rifiutò di abbandonare il podio e contestò l'annullamento affermando che i Capi, suoi colleghi, non ne avevano il potere. Alla fine i Dieci si riunirono in seduta e l'annullamento fu formalmente approvato. Ma Zen non si arrese e alla successiva assemblea del Maggior Consiglio fece approvare un provvedimento che dichiarava incostituzionale l'operato degli altri due Capi, che pertanto erano passibili di un'ammenda fino a 2.000 ducati ciascuno; ma anche questo provvedimento fu revocato dal Consiglio dei Dieci. Soltanto la scadenza del mandato costrinse Zen ad abbandonare la lotta; tuttavia, continuò imperterrito a parlare contro quasi tutte le proposte che venivano avanzate dal doge e dalla Signoria.

Verso le cinque del pomeriggio del 30 dicembre 1627 Renier Zen fu aggredito da un gruppo di uomini mascherati appena fuori della Porta della Carta. Benché seriamente ferito riuscì a stare in piedi e barcollando a dare l'allarme. Era domenica e i Dieci non erano in Palazzo Ducale; furono in fretta convocati dalle loro case per una seduta straordinaria nel corso della quale furono nominati tre inquisitori per le necessarie indagini e fu deliberata una ricompensa di 10.000 ducati per chi avesse fornito informazioni atte a condurre all'arresto dei colpevoli. Veniva inoltre decretata la pena di morte per chiunque li avesse ospitati o aiutati nella fuga.

Fu subito accertato che gli aggressori si erano rifugiati proprio nel Palazzo Ducale e ben presto tutte le prove raccolte parvero indicare Giorgio, il figlio del doge, come il mandante. Quando risultò che costui e due suoi stretti parenti, insieme con i rispettivi gondolieri privati, erano fuggiti a Ferrara, il sospetto divenne certezza. Il 7 gennaio 1628 i tre furono condannati all'esilio, all'espulsione dalla nobiltà e alla confisca dei beni; e la tradizionale *nota d'infamia* fu posta sul luogo del delitto.

Ora era la gente di Venezia a dichiararsi non soddisfatta. Coloro che si proclamano fustigatori dei ricchi e dei potenti sono sempre popolari e Renier Zen non fece eccezione. La gente non aveva mancato di notare che l'ordine di confisca a carico di Giorgio Corner era entrato in vigore con un certo ritardo e soltanto dopo che la sua famiglia aveva avuto tutto il tempo di far sparire una buona parte del patrimonio; che numerosi altri membri della famiglia, che erano sospettati di complicità, non erano stati neppure interrogati e continuavano a circolare per la città con la stessa arroganza di prima. Infine, persone che provenivano da Ferrara avevano riferito che i tre esiliati conducevano una vita per nulla ritirata e con tutta l'apparenza di ogni comodità. Perché la Repubblica non si adoperava per catturarli e punirli? Ovviamente perché i Dieci erano stati corrotti e non erano disposti ad agire contro gli interessi del doge, oppure avevano paura.

Renier Zen frattanto stava recuperando rapidamente le forze e in luglio fu di nuovo eletto tra i tre Capi dei Dieci. Il primo giorno si presentò con una consistente guardia del corpo ma fu freddamente informato che doveva assolutamente lasciarla fuori; venne anche a sapere che erano stati fatti dei passi intesi a ridurre al minimo i suoi poteri. Una nota lo informava che in base a recenti decisioni dei Dieci nessun problema che fosse stato già discusso a fondo poteva essere ripreso in esame e che non erano permesse accuse contro i detentori di uffici pubblici. Per alcuni giorni si mantenne tranquillo; poi il 23 luglio di buon'ora informò i colleghi che alla seduta del Maggior Consiglio di quella stessa mattina intendeva sollevare la questione della promissione dogale; sottolineò che notificava questa sua intenzione affinché, in osservanza della legge, il doge e i suoi familiari fossero invitati a non presentarsi in aula. Ma l'invito non fu fatto e pertanto Renier Zen salì ancora una volta sul podio e prese a parlare in presenza di Giovanni Corner e di numerosi suoi parenti.

Pensava, disse, che la guarigione gli era stata accordata esclusivamente affinché potesse continuare la sua lunga battaglia contro la corruzione dello Stato. In quel mese il Consiglio dei Dieci aveva cercato in ogni modo di imbavagliarlo, trasgredendo alla legge che garantiva a ogni cittadino libertà di parola per ciò che considerava il bene della Repubblica. Ora era stata violata un'altra legge, quella che imponeva l'assenza di tutti i membri della famiglia del doge quando era in discussione il comportamento di quella famiglia. A quel punto un vecchio consigliere, Paolo Basadonna, lo interruppe accusandolo di tentare di rovesciare il governo, di spingere l'assemblea a decisioni avventate e di collocare se stesso al posto di Cesare. Tutto il contrario, ritorse Zen: Cesare aveva voluto il potere per se stesso, mentre lui, da leale veneziano, cercava soltanto di convincere gli organi legittimi dello Stato ad accettare le proprie responsabilità.

Prima che potesse proseguire il doge si alzò e si lanciò in una veemente difesa della propria innocenza. Non aveva alcun dubbio che quelle accuse fossero semplicemente una forma di vendetta per un'aggressione nella quale non aveva avuto alcuna parte. I responsabili erano stati puniti come meritavano; il resto della famiglia non aveva colpe. Non aveva mai violato le condizioni della sua promissione; la Signoria aveva accettato l'elezione dei suoi figli; il figlio cardinale aveva avuto la diocesi di Bergamo al tempo del doge precedente, quando cioè non sussistevano motivi per rinunciarvi; per quanto concerneva quella di Vicenza l'aveva semplicemente accettata al posto dell'altra. Si era presentato a quella sessione del Consiglio come di abitudine perché la Signoria gli aveva comunicato che poteva; se l'assemblea glielo chiedeva, si sarebbe immediatamente ritirato. Le ultime parole furono udite a stento, perché Zen, incapace di controllarsi più a lungo, stava intimando a gran voce agli Avogadori de Comun di compiere il proprio dovere e di fare osservare le leggi. «Cosa succede?», gridò a sua volta il doge, «Non si può più parlare?». Seguì un vero pandemonio con alte grida da tutte le parti e molti colpi sui banchi, mentre alcuni volevano ridurre Zen al silenzio e altri lo incoraggiavano e altri ancora applaudivano il doge che tentava invano di sovrastare il frastuono con la sua voce. Alla fine, il doge cedette e Zen tentò senza successo di presentare un documento, e la seduta finì in un'atmosfera di rabbia e confusione.

Nel pomeriggio i Dieci tennero negli appartamenti privati del doge una riunione alla quale non invitarono Zen e decisero il suo arresto. Essendo risultato assente da casa, emisero un'ordinanza con l'intimazione di presentarsi al Palazzo Ducale entro tre giorni. Zen ignorò l'ordine e fu immediatamente condannato a dieci anni di esilio e a un'ammenda di 2.000 lire; lasciò Venezia il giorno dopo. Ma il Consiglio dei Dieci non aveva con questo risolto i propri problemi; semmai li aveva aggravati, perché per molta gente la sentenza contro Zen era nient'altro che la conferma di quanto egli aveva sempre detto e cioè che i Dieci non erano che marionette e la famiglia Corner ne tirava le fila. I suoi sostenitori divennero sempre più numerosi e non soltanto tra il popolo, escluso dal potere politico; anche tra la nobiltà, specialmente nelle famiglie meno potenti, cominciò a prender corpo un partito che auspicava riforme, anche se sulla sostanza delle riforme le idee non erano né chiare né concordi. Il potere dei Dieci doveva essere ampliato o ristretto? Il doge doveva essere escluso dal Consiglio dei Dieci e, forse, anche i suoi familiari? Si doveva proibire ai Dieci di delegare mansioni a potenti commissioni, come i Tre? I Dieci dovevano essere eletti da settori più ampi della società? E cosa si doveva decidere per i funzionari al servizio del Consiglio, quei segretari che venivano nominati per periodi indefiniti, spesso a vita, e che gradualmente riuscivano a concentrare nelle loro mani un immenso potere? Dovevano anch'essi restare in carica per periodi limitati, esattamente come i loro superiori?

Questi e altri problemi divennero l'argomento del giorno, ma fu necessario un altro incidente prima che il governo si decidesse all'azione. Accadde il 4 agosto, meno di una settimana dopo il bando di Zen, quando un altro stretto parente del doge, Angelo Corner, sparò un colpo di archibugio contro Benedetto Soranzo, appartenente a una tra le più antiche famiglie nobili della città. I Dieci non mostrarono alcuna voglia di agire contro l'attentatore e lo fecero soltanto un mese dopo, costretti dalle continue proteste. Finalmente, il partito delle riforme ebbe via libera e il 3 settembre fu nominata una commissione di cinque Correttori con l'incarico di redigere una relazione sulla competenza del Consiglio dei Dieci e sui membri e il personale di tutti gli altri Consigli dello Stato. Due settimane dopo, mentre questa commissione era ancora al lavoro, uno degli Avogadori,

Bertucci Contarini, parlò per due ore davanti al Maggior Consiglio sul caso Zen e sostenne che la nota inviata a Zen l'8 luglio, dalla quale erano direttamente derivati il mandato d'arresto prima e la condanna all'esilio poi, era illegale. Al termine del discorso seguì la votazione: con 848 voti favorevoli e 298 contrari la nota, il mandato e la sentenza di condanna furono dichiarati privi di valore e nulli, esattamente come se non fossero mai avvenuti.

Così il 19 settembre Renier Zen tornò a Venezia dal suo secondo esilio e davanti al suo palazzo di San Marcuola fu accolto da una folla plaudente; ma subito dopo avrà anche delle delusioni. Alla prima riunione del Maggior Consiglio, nel corso di una delle sue solite arringhe, irritò tutti con un atteggiamento compiaciuto e da unico garante della moralità; fu poi richiamato all'ordine e avvertito che doveva sentirsi soddisfatto della vittoria ottenuta perché non avrebbe avuto niente di più. Alcuni giorni dopo i Correttori consegnarono la relazione. Sull'attività del Consiglio dei Dieci suggerivano alcune riforme: la concessione delle Zonte doveva cessare, i segretari dovevano restare in servizio in futuro soltanto a tempo determinato, oltre a qualche cambiamento di minore importanza. Ma sul punto veramente importante, quello cioè del potere effettivo dei Dieci di agire in ogni campo, non fu proposto praticamente alcun cambiamento, fatta eccezione per l'abolizione del diritto di riformare decisioni del Maggior Consiglio. Per il resto, la loro competenza restava quella di sempre.

Fu un giorno triste per Venezia, perché il rapporto dei Correttori costituì per i Dieci un incitamento a comportarsi con metodi sempre più dittatoriali, a considerarsi sempre più immuni da ogni controllo esterno e, fatto non meno importante, a rendersi sempre più impopolari sia tra la popolazione nel suo insieme sia tra gli altri organismi del governo, nei cui settori di competenza essi potevano agire indisturbati, provocando inevitabili gelosie e animosità. La battaglia di Renier Zen aveva dato in definitiva pochi frutti, neppure quello di ridurre all'ordine la famiglia Corner. Il vecchio Giovanni, che aveva molto sofferto per le dure accuse rivoltegli e aveva chiesto il permesso di abdicare e di ritirarsi in un monastero, ne era stato prudentemente sconsigliato perché il passo sarebbe stato interpretato dai suoi avversari come un'ammissione di colpa. Così restò sul seggio dogale e la sua famiglia continuò a ricavarne profitti illegali. Il suo accusatore si ritirò gradualmente dalla vita politica, con il rispetto di molti e l'amicizia di nessuno: perfetto esempio di un tipo umano estremamente sgradevole, quello del riformatore che, operando sinceramente e onestamente per una causa giusta, conquista fama e universale ammirazione, cose tutte che gli danno alla testa e così finisce col considerare quella che all'inizio era la sacra causa come poco più di un mezzo per la glorificazione di se stesso.

Ebbe un ultimo momento di soddisfazione quando giunse da Ferrara la notizia che Giorgio Corner era morto per mano di uno sconosciuto assassino. Non è stato mai accertato che Zen fosse implicato nell'omicidio; del resto, appare improbabile. Da una parte il Corner era un furfante che doveva avere molti nemici, dall'altra è difficile immaginare Zen, per quanto insopportabile fosse, abbassarsi fino al delitto. Era un fanatico amante della giustizia, che però interpretava sovente a suo modo e sotto l'influenza di idiosincrasie. Implicato o no, probabilmente la notizia gli suscitò un contenuto sorriso di trionfo.

Quattro giorni prima dell'attentato a Renier Zen davanti alla Porta della Carta, era morto a Mantova il duca Vincenzo II Gonzaga. La morte lo aveva colto in pace, nel suo letto; ma condusse a una breve e dura guerra che forse provocò al governo veneziano ansietà più gravi di quelle create dalle accuse di Zen. Come spesso accade quando un principe muore senza figli, il *casus belli* fu la successione al trono di Mantova. Vincenzo aveva designato erede il suo primo cugino, il duca Carlo di Gonzaga-Nevers; ma la Spagna, già coinvolta in pieno con la Francia nella Guerra dei trent'anni e risoluta a non permettere che un principe francese prendesse possesso di un importante ducato italiano, pose in lizza un pretendente rivale, i cui diritti di successione erano molto più fragili, nella persona di Ferrante II duca di Guastalla, un ramo collaterale dei Gonzaga. A questo punto c'erano già le premesse per un pericoloso confronto; ma la situazione era resa ancora più complicata dal fatto che il duca Vincenzo II aveva un'altra signoria, essa pure strategicamente importante: il marchesato del Monferrato, che copriva un'area dai contorni irregolari nella valle superiore del Po a est e a sud di Torino. Carlo Emanuele I di Savoia agognava da tempo al possesso del Monferrato, ma il duca Vincenzo, allo scopo di mantenere i due territori sotto un unico sovrano, aveva fatto sposare sua nipote Maria, erede del Monferrato, al figlio del duca di Nevers, Carlo conte di Rethel.

In quel tempo, la politica estera di Venezia perseguiva due obiettivi principali: il mantenimento della pace in Italia e la limitazione, ove possibile, del potere della Spagna e dell'Impero. Aveva un confine con il Ducato di Mantova e l'idea di trovarsi un fantoccio spagnolo o imperiale sull'uscio di casa non le era affatto gradita. Senza esitazioni dette il proprio appoggio al duca di Nevers e l'8 aprile 1629 concluse con la Francia, Mantova e il papa un trattato di mutua assistenza, della durata di sei anni, impegnandosi a mettere sul campo dodicimila soldati di fanteria e milleduecento cavalli in caso di necessità. A questo punto la guerra per la successione di Mantova era già cominciata: il governatore spagnolo di Milano e il duca di Savoia avevano occupato congiuntamente il Monferrato, mentre la Francia aveva replicato varcando la frontiera in aiuto del duca di Nevers e occupando la città di Susa. Ma soltanto in agosto, quando le truppe imperiali fecero la loro apparizione in Valtellina, fu chiaro che la stessa Mantova era in pericolo e che la partecipazione attiva di Venezia non poteva essere ulteriormente ritardata. Continuando gli imperiali a marciare verso sud, Venezia fece confluire a Mantova denaro, uomini, armi e materiali; nel marzo 1630 fu calcolato che Venezia aveva speso 638.000 ducati per aiutare il nuovo duca.

Ma non fu sufficiente. Il 25 maggio 1630, un esercito male organizzato e mal diretto, composto di veneziani, mantovani e un po' di francesi, fu sconfitto a Valeggio con gravi perdite – il provveditore generale veneziano, Zaccaria Sagredo, fu poi incriminato e condannato a dieci anni di carcere per negligenze e omissioni nell'adempimento del proprio dovere – e il 18 luglio, dopo quasi dieci mesi di assedio, Mantova dovette arrendersi agli imperiali e fu messa a sacco. Eppure, proprio nel momento in cui i conquistatori entravano nella morente città devastata dalla peste, a circa duecentocinquanta chilometri di distanza verso occidente i francesi stavano vincendo la guerra. Alla fine di marzo un altro esercito francese era entrato nella Savoia, al comando dello stesso Richelieu che aveva sostituito il berretto cardinalizio con l'elmetto piumato e coperto con una corazza la croce sul petto. Distrutto l'esercito savoiardo ad Avigliana, il 6 aprile 1631 fu firmato a Cherasco il trattato di pace. L'imperatore Ferdinando concedeva al duca Carlo di Nevers l'investitura di Mantova e del Monferrato, una parte del quale però passava al duca di Savoia.

Così Mantova malgrado tutto era salva, o meglio ciò che restava di essa, perché il 20 settembre il duca di Nevers entrò in una città fantasma, i suoi tesori e le opere d'arte rapinate, la sua bellezza distrutta e la popolazione ridotta di tre quarti in meno di un anno. La peste, dopo avere infuriato nella città, si era diffusa tra i tedeschi invasori, pochi dei quali tornarono vivi in Germania.

Purtroppo il flagello non si arrestò. Avanzando nel cuore della Pianura Padana e lasciando dietro di sé più lutti di un'orda di barbari, raggiunse Venezia nello stesso mese della caduta di Mantova; sedici mesi dopo, nella sola città, si contavano ben 46.490 morti, tra una popolazione che non era ancora tornata al numero di abitanti anteriore alla precedente epidemia. Nel 1633, in base ai registri ufficiali, Venezia era ridotta a 102.243 abitanti, la popolazione più bassa dal XV secolo in poi. A quel tempo erano già cominciati i lavori per la costruzione di una chiesa che sarebbe divenuta uno dei monumenti più noti della città. Come dopo la peste del 1575 i veneziani avevano costruito la chiesa del Redentore, così nel 1630 decisero di erigerne un'altra più grande (questa volta più per implorare la fine del flagello che come ringraziamento per la sua cessazione) al posto del vecchio Ospizio della Trinità proprio all'imboccatura del Canal Grande. Sarebbe stata dedicata alla Vergine, a Santa Maria della Salute. Fu bandito un concorso e tra gli undici progetti giudicati degni di considerazione fu prescelto quello presentato da un architetto veneziano di trentadue anni, Baldassarre Longhena. La prima pietra doveva essere posta il giorno dell'Ascensione del 1631 dal doge Nicolò Contarini, che era succeduto a Giovanni Corner nel gennaio del 1630, ma la cerimonia fu spostata di una settimana nella speranza che potesse ristabilirsi da un'indisposizione – non si trattava però di peste, che allora stava già facendo numerose vittime ogni giorno – di cui soffriva da qualche tempo. Il 1° aprile non stava ancora meglio ma volle egualmente uscire dal letto e trascinarsi sul posto della cerimonia; alle sette del mattino seguente morì.

Può sembrare un'ironia della sorte che il primo risultato della costruzione della Salute, come la chiesa viene comunemente denominata, fosse la morte del doge; ma anche lo stesso Longhena, sebbene avesse quarantacinque anni meno del Contarini e dovesse vivere fino a ottantaquattro, non poté vederla finita. Soltanto nel novembre del 1687 furono tolte le impalcature e i veneziani ebbero la prima vista senza intralci su quella splendida e chiara proclamazione di fiducia e di forza, sentimenti che erano molto lontani dai loro cuori quando era stata posta la prima pietra, con quel fatale risultato, oltre mezzo secolo prima.

Capitolo XXIII
La guerra di Candia
(1631-1670)

> Il Regno di Candia è antemurale dell'Italia, e porta per dove l'insidiosa forza turchesca può spingersi all'oppressione della maggior parte d'Europa.
>
> L'ambasciatore veneziano GIOVANNI SAGREDO a Oliver Cromwell

Quando i quarantuno elettori si riunirono il 10 aprile 1631 per eleggere il successore di Nicolò Contarini il risultato fu una decisione scontata, il che era accaduto molto raramente. Francesco Erizzo, che aveva sessantacinque anni, era giovane come doge; ma come provveditore generale, incarico assunto dopo il disastro di Valeggio e l'allontanamento di Zaccaria Sagredo, aveva profondamente impressionato il governo per il modo in cui nello spazio di pochi mesi era riuscito a riorganizzare l'esercito veneziano e a sollevare il morale degli uomini. La Signoria era talmente sicura della sua elezione che lo convocò da Vicenza, dove stava ispezionando la costruzione di nuove fortificazioni, prima ancora che l'elezione stessa avesse luogo; la sua sicurezza si dimostrò pienamente giustificata. Soltanto un altro candidato, con molti contrasti, era stato preso in esame, ma già al primo scrutinio gli elettori avevano chiarito la loro preferenza in modo inequivocabile: Francesco Erizzo quaranta voti, Renier Zen uno.

Il viaggio alla volta di Venezia subì un ritardo per lo straordinario ingrossamento delle acque del Brenta – un ponte dovette essere smantellato per far passare la barca – e Francesco Erizzo giunse in città soltanto il giorno dopo, l'11 aprile; ma non avrebbe potuto scegliere un momento più opportuno. Due ore prima di lui era arrivata da Cherasco la notizia che i veneziani da tempo attendevano: il trattato era stato concluso e l'Italia era di nuovo in pace. Essendo un uomo di mezzi relativamente modesti, dovette apprendere con sollievo che, causa la peste, erano state bandite tutte le manifestazioni pubbliche non strettamente indispensabili e che pertanto era esentato dal tradizionale giro della Piazza che sarebbe stato per lui imbarazzante e comunque dispendioso.

La buona fortuna continuò ad assisterlo. Come tutti sapevano, con l'aumentare del caldo sarebbe aumentato il numero delle vittime della peste; invece, l'estate non era ancora giunta al culmine quando, in modo del tutto improvviso, l'indice di mortalità cominciò a decrescere. Ben presto anche i più pessimisti dovettero ammettere che l'epidemia era in fase di estinzione; e il 28 novembre il doge fu autorizzato dal magistrato della Sanità a proclamare la tanto attesa dichiarazione che Venezia era nuovamente libera dal contagio. Per la prima volta dallo scoppio dell'epidemia, Piazza San Marco fu di nuovo affollata; il popolo seguì poi la processione dogale che a San Moisè attraversò il Canal Grande su un ponte di barche per giungere dove aveva appena iniziato a sorgere la grande chiesa di Longhena. Fu officiata una funzione di ringraziamento in una struttura provvisoria di legno eretta per l'occasione; e la cerimonia divenne un'altra di quelle ricorrenze annuali di cui il calendario veneziano era, ed è ancora oggi, così piacevolmente pieno.

Per i successivi dodici anni regnò la pace, fatto tanto più notevole in quanto la Guerra dei trent'anni infuriava ancora e Venezia era sottoposta a incessanti pressioni da più parti affinché entrasse nel conflitto. L'attività diplomatica era frenetica come non mai e nella stessa città il Senato, il Collegio e i Dieci sembravano essere in sessione permanente. Riuscirono a mantenere una rotta di equidistanza e mentre il resto del continente si dilaniava Venezia restava calma nell'occhio del ciclone. Ci fu una breve agitazione nel 1642 quando, in seguito a una controversia locale di poco conto, il papa inviò un esercito di occupazione nel Ducato di Parma e la Repubblica fu costretta a un'alleanza difensiva con la Toscana e Modena. Nell'anno successivo i tre alleati dovettero entrare in guerra e inflissero notevoli perdite alle forze del Papato e al suo naviglio commerciale. Ma le ostilità durarono meno di un anno e nel marzo del 1644 fu firmato un trattato di pace a Ferrara basato su un compromesso che dava ragionevole soddisfazione a tutte le parti in causa.

Per Venezia la pace giunse in tempo. Nell'ottobre di quello stesso anno accadde un incidente di cui non era responsabile ma che l'avrebbe egualmente coinvolta in una guerra che sarebbe durata un quarto di secolo con il risultato della perdita della sua più importante colonia, l'isola di Candia. Come Venezia probabilmente sapeva, quella guerra era inevitabile: Candia era una conquista allettante e l'Impero turco un avversario troppo avido perché il possesso dell'isola potesse durare molto a lungo incontestato. Sembra comunque una beffa del destino il fatto che il primo attacco turco fosse la risposta a una provocazione di una potenza minore, che, dopo Venezia, sarebbe stata la più danneggiata dalla perdita dell'ultimo importante avamposto cristiano nel Mediterraneo orientale.

Sebbene i cavalieri di San Giovanni, ora di Malta, possedessero a Venezia una chiesa e un monastero, ereditati dai Templari dopo lo scioglimento dell'ordine nel 1312, fra essi e i veneziani regnava da secoli una cordiale e reciproca antipatia. La cosa non deve sorprendere. Poiché il Sovrano Militare Ordine di Malta era immensamente ricco di beni sparsi in tutta l'Europa cristiana, i cavalieri disprezzavano il commercio e i guadagni. Uomini di Dio, vincolati da voti monacali di povertà personale, castità e obbedienza, disapprovavano le terrestri inclinazioni dei veneziani e il loro amore per il piacere. Infine, come uomini di spada e figli delle crociate, il loro compito dichiarato, a parte la cura dei malati, era la lotta contro l'infedele ovunque lo trovassero; e deploravano i continui sforzi di Venezia per mantenersi in pace con il sultano, li consideravano un vergognoso tradimento della causa cristiana.

Verso la metà del XVII secolo i cavalieri erano soltanto un pallido riflesso di ciò che erano stati nei giorni eroici in cui avevano difeso con successo la loro isola contro Solimano il Magnifico appena ottanta anni prima. Continuavano a gestire il loro famoso ospedale, dove i metodi di cura e le regole d'igiene erano molto più avanzati che altrove; ma il loro spirito crociato cominciava a svanire e le loro operazioni sul mare tendevano troppo spesso a somigliare ad atti più di comune pirateria che di onorevole guerra. E non limitavano rigorosamente le loro rapine al naviglio musulmano; i loro attacchi, lanciati con i pretesti più inconsistenti contro mercantili veneziani o di altre nazioni cristiane, stavano divenendo sempre più frequenti.

I cavalieri di Malta erano pertanto divenuti per i veneziani un fastidio di poco meno grave di quello costituito dagli uscocchi in tempi passati. Ma l'aspetto più inquietante era l'adozione da parte loro della vecchia usanza uscocca di aggredire le navi turche nell'Adriatico, una pratica della quale il sultano invariabilmente riteneva Venezia responsabile e che finiva col danneggiare seriamente quelle relazioni con la Sublime Porta che la Repubblica con eroici sforzi cercava di conservare amichevoli. Più di una volta il doge era stato costretto a protestare energicamente con i locali rappresentanti dell'Ordine, ma mai con tanta forza come nel settembre del 1644, quando si spinse a minacciare il sequestro di tutti i beni dei cavalieri sul territorio della Repubblica se questi non adottavano altre norme di comportamento. Ma i cavalieri, come era loro costume, non dettero alcun peso alle sue parole. E appena un mese dopo provocarono incoscientemente l'incidente finale che accese la scintilla nella polveriera e terminò con il più grande disastro militare veneziano del secolo.

Incrociandolo nelle acque dell'Egeo agli inizi di ottobre, una squadra di sei navi dell'Ordine attaccò e catturò un galeone turco sul quale viaggiavano pellegrini di rango diretti alla Mecca, tra i quali il capo degli Eunuchi Neri della corte del sultano, il cadì della Mecca, circa trenta donne dell'harem e circa cinquanta schiavi greci. Fecero poi rotta con la loro preda verso Candia e si ancorarono in un punto solitario della costa meridionale, si rifornirono di acqua e portarono a terra gli schiavi e un certo numero di cavalli. Ma giunse ben presto sul posto il governatore veneziano che, non volendo restare implicato, sia pure a fatto compiuto, in un atto di autentica pirateria, intimò loro di far risalire tutti a bordo e di partire. I cavalieri fecero parecchi altri tentativi in vari porti dell'isola ma, avendo ricevuto lo stesso netto rifiuto, alla fine abbandonarono al suo destino la nave turca – che non era più in grado di tenere il mare – e tornarono a Malta.

Dal 1640 era sul trono ottomano lo squilibrato sultano Ibrahim, che prima aveva trascorso tutta la vita praticamente prigioniero nel Serraglio e che era destinato, dopo un breve regno caratterizzato soltanto da crudeltà, vanità e vizio, a venire giustiziato nel 1648 dai suoi stessi sudditi al colmo dell'esasperazione.

Quando fu informato dell'accaduto ordinò, in un'esplosione di rabbia, il massacro di tutti i cristiani del suo Impero, ordine che poi fu persuaso a revocare. Ma quando Venezia venne a sapere che i turchi stavano approntando nel Bosforo un'immensa flotta da guerra, non dubitò che avessero in mente una spedizione punitiva di grandi proporzioni. Dapprima si pensò automaticamente che l'attacco sarebbe stato diretto su Malta, supposizione che fu poi confermata da una dichiarazione ufficiale nel marzo del 1645; ma i dispacci che Venezia riceveva dal bailo di Costantinopoli contenevano sempre più pressanti avvertimenti che si trattava di una finta. Secondo il bailo, il sultano era convinto che dietro l'incidente c'erano i veneziani; perché altrimenti i cavalieri dopo l'assalto avrebbero puntato direttamente su Candia? Venezia, non i cavalieri, era il vero nemico; Candia, non Malta, l'immediato obiettivo.

Venezia dovette presto convincersi che il bailo aveva ragione. Il 30 aprile una flotta turca di quattrocento navi, con a bordo circa cinquantamila armati, attraversò i Dardanelli. Dapprima fece rotta su Malta, come era stato annunciato, oltrepassando Candia e dirigendosi su Navarino, la moderna Pylos, nell'angolo sud-occidentale del Peloponneso, per caricare rinforzi e rifornimenti. Lasciata Navarino il 21 giugno, però, cambiò rotta. Tre giorni dopo fu avvistata al largo di capo Spatha e il 25 l'esercito di invasione sbarcò un poco a ovest della Canea e avanzò sulla città. Il primo round della battaglia era cominciato.

Candia, come i veneziani chiamavano l'isola di Creta dal nome della capitale, era la più antica colonia veneziana d'oltremare con un proprio ordinamento interno, che risaliva al 1211 e alla spartizione dell'Impero bizantino dopo la conquista di Costantinopoli da parte dei franchi. Il governo era modellato su quello di Venezia, con un governatore che aveva il titolo di doge (ma che restava in carica soltanto due anni), una Signoria e un Maggior Consiglio; però non aveva mai funzionato così agevolmente e così bene come il suo modello. Le parti più fertili dell'isola erano state trasformate quasi tutte in vaste signorie feudali a favore di eminenti famiglie veneziane, la cui illimitata ricchezza e l'arroganza dei comportamenti non favorivano l'instaurazione di buoni rapporti con la popolazione greca locale; queste famiglie a loro volta si dolevano per la mancanza di qualsiasi effettivo potere politico, perché tutti i funzionari di grado più elevato venivano inviati da Venezia, dove erano prese le decisioni importanti. La difesa era affidata in tempi normali ad arruolamenti di tipo feudale, fatti e mantenuti a spese dei grandi proprietari terrieri, e a milizie locali costituite da gente delle città e delle campagne; ma gli uomini di entrambi i corpi tendevano a eludere i propri compiti e il grado di disciplina variava tra lo scarso e il non esistente. La corruzione e la venalità erano diffuse allo stato endemico, e la colonia, il cui bilancio presentava costantemente un saldo passivo, prosciugava continuamente le risorse veneziane. Nel 1574 le cose erano giunte a un punto tale che fu inviato nell'isola un incaricato dalla Serenissima, Giacomo Foscarini, con il potere di istituire delle riforme; il Foscarini conseguì un notevole successo, purtroppo temporaneo. Introdusse sistemi più accurati di contabilità e più onesti metodi fiscali, sradicò la corruzione, infuse una nuova vita nei due corpi militari e fece riparare le cadenti fortificazioni; ma dopo la sua partenza, i candioti tornarono subito a adagiarsi nelle loro vecchie abitudini. Ora, di fronte a un imminente attacco turco, il governo veneziano ordinò un nuovo e consistente programma di difesa. Inviò al provveditore generale Andrea Corner un esercito di duemilacinquecento uomini, architetti e ingegneri militari e infine una flotta di trenta galee e due galeazze. Un'altra flotta era in approntamento e sarebbe salpata appena possibile. A tutto questo seguì, il 10 febbraio, una rimessa aggiuntiva speciale di 100.000 ducati e l'ordine al Corner di assumere le iniziative che riteneva necessarie per respingere il previsto attacco. Andrea Corner, come già Foscarini prima, lavorò con coscienza ed efficienza; ma le risorse di cui disponeva erano ancora inadeguate all'ampiezza del compito e il tempo a disposizione troppo breve. Probabilmente già in quel fatale giorno di giugno, quando accorse a osservare la testa di sbarco turca, capì che le possibilità di salvezza della colonia erano esigue.

Molto dipendeva dalla seconda flotta promessa da Venezia; se fosse giunta entro una o due settimane la Canea poteva essere salvata. Ma non arrivò e Corner sarebbe inorridito se avesse saputo che le era stato ordinato di attendere a Zante una terza flotta di venticinque navi, che comprendeva unità provenienti dalla Toscana, da Napoli, dall'Ordine di Malta e dal Papato; era il tempo che contava, non la forza numerica. Ogni giorno i turchi ampliavano e rinforzavano il loro trinceramento. Avevano conquistato l'isola-fortezza di San Teodoro, il cui comandante, Biagio Zuliani, una volta sopraffatto dagli assalitori, aveva dato fuoco alla polveriera facendo saltare in aria se stesso, i propri uomini, i turchi e l'edificio in un'unica, epica esplosione che probabilmente era stata udita anche alla Canea. La capacità di resistenza della città calava rapidamente, le riserve di munizioni e di viveri si esaurivano e le opere difensive venivano continuamente minate e danneggiate dai genieri turchi. Il 22 agosto si arrese. I turchi, sperando che un atto di magnanimità incoraggiasse altre rese, promisero di rispettare la vita, l'onore e le proprietà della popolazione locale. Poi permisero alla guarnigione di uscire dalla città con le bandiere spiegate e di imbarcarsi indisturbata per Suda.

A questo punto la fortuna cominciò a favorire gli invasori. A Suda il provveditore veneziano Antonio Cappello perse improvvisamente la testa e abbandonò la città; la flotta mista arrivò finalmente in acque candiote, fece due tentativi di riconquistare la Canea di sorpresa ma fu entrambe le volte costretta a ritirarsi da tempeste equinoziali. Poi, verso la metà di ottobre, le sue unità non veneziane, al comando dell'ammiraglio pontificio Niccolò Ludovisi, principe di Piombino, che sin dall'inizio aveva mostrato un'estrema avversione per la spedizione, fecero sapere che intendevano tornare a casa. Non era la prima volta che gli alleati procuravano a Venezia nient'altro che danni. Come il provveditore generale, Girolamo Morosini, fu sollecito a sottolineare, sarebbe stato meglio se la Repubblica avesse fatto tutto da sola.

Il governo intanto era sul piede di guerra. Non essendovi motivi per pensare che Ibrahim si sarebbe limitato a un singolo teatro di operazioni, inviò guarnigioni supplementari in Dalmazia e a Corfù e cominciò perfino a rinforzare le difese della laguna lungo il Lido e a Malamocco. Ma la priorità era ovviamente riservata a Candia. Galee e trasporti diretti all'isola partivano ormai quasi ogni giorno, con carichi di munizioni e rifornimenti di ogni tipo. Qualcosa però mancava ancora: un comandante supremo, un uomo che per l'anzianità e la reputazione si ponesse al di sopra delle meschine gelosie e rivalità che, specialmente ove fossero coinvolti «veneziani di Candia», costituivano un pericolo sempre presente. La nomina fu a lungo dibattuta in Senato e alla votazione il nome che emerse con schiacciante maggioranza fu quello dello stesso doge Francesco Erizzo. Una sola voce si era levata contro tale proposta. Giovanni Pesaro, che in seguito fu doge a sua volta, aveva fatto rilevare molto ragionevolmente che il doge entro due mesi avrebbe compiuto ottant'anni; che il costo della sua diretta partecipazione alla guerra, con la Signoria, la segreteria e un adeguato seguito personale, sarebbe stato ingiustificabile in un momento in cui la Repubblica aveva bisogno di ogni soldo per le spese militari; e che una simile decisione avrebbe probabilmente spinto il sultano a scendere in campo di persona con conseguente intensificazione della pressione turca. Nessuno lo ascoltò; l'attenzione di tutti era concentrata sul vecchio doge che, in un discorso che fece piangere di commozione i presenti, si dichiarò pronto ad assumere l'immane compito che gli veniva assegnato.

Ma non fece in tempo. Già i preparativi si dimostrarono superiori alle sue forze e tre settimane dopo, il 3 gennaio 1646, morì. Fu sepolto nella chiesa di San Martino, dove era già pronta la tomba che aveva ordinato mentre era ancora in vita; ma il cuore, in segno di gratitudine per quella sua ultima, coraggiosa decisione, fu interrato sotto il pavimento della basilica di San Marco.[1] Gli succedette Francesco Molin, un altro veterano di molte campagne, che recentemente non aveva potuto accettare la nomina a provveditore generale causa gravi disturbi dovuti alla gotta; per questa stessa ragione non fu invitato ad assumere il comando delle operazioni a Candia. Non essendo disponibile un'altra personalità di statura adeguata all'incarico, l'idea del comandante supremo fu archiviata e non se ne parlò più.

L'altra necessità pressante era quella del denaro. Nella primavera del 1646 tutti i capifamiglia di Vene-

[1] Subito a destra dell'altar maggiore sul passaggio per il coro. Il punto preciso è indicato da una piccola lastra di marmo bianco, nella quale è incastrato un pezzo di porfido a forma di cuore, sovrastato dal corno dogale. Il cuore è conservato in un'ampolla di vetro, che fu disinterrata nel secolo scorso, durante dei lavori di restauro al pavimento, e fu trovato in condizioni di conservazione veramente stupefacenti.

zia erano stati riuniti nelle rispettive chiese parrocchiali e sollecitati – quasi implorati – di salvare la Repubblica in quel difficile momento contribuendo nella massima misura delle loro possibilità; ma allora, il governo aveva già fatto ricorso a metodi che, sebbene di più immediato rendimento, si dimostrarono a lunga scadenza molto più pericolosi. Furono istituite tre nuove procure di San Marco e vendute a 20.000 ducati ciascuna; le richieste erano state così numerose che furono poi portate a quaranta e il prezzo a 80.000 ducati; ma andarono egualmente a ruba. I giovani della nobiltà con il pagamento di soli 200 ducati poterono avere un seggio nel Maggior Consiglio a diciotto anni anziché a venticinque; e infine, in febbraio, fu proposto di porre in vendita lo stesso patriziato. Ogni cittadino pronto a sostenere le spese per mille soldati in guerra per un anno, con un costo globale calcolato a non meno di 60.000 ducati, sarebbe stato ammesso immediatamente nei ranghi della nobiltà, con tutti gli onori e i privilegi per sé e per i suoi discendenti e per sempre. La proposta, sebbene approvata dal Senato, fu respinta, come era prevedibile, a grande maggioranza dal Maggior Consiglio che non aveva alcuna intenzione di aprire le proprie porte a una folla di nuovi ricchi; ma negli anni successivi numerosi aspiranti isolati furono ammessi nel patriziato con speciali decreti, sulla base di una generica idoneità e del pagamento di una forte somma.

Nello stesso tempo il nuovo doge inviò un'altra serie di appelli all'Europa cristiana, non soltanto nell'ovvia direzione di Inghilterra, Francia e Spagna, ma anche di Svezia, Danimarca, Polonia e Moscovia. Si rivolse perfino alla Persia che, pur essendo saldamente islamica, era tuttavia minacciata dall'espansione ottomana. Ma non rispose nessuno. La Francia, dove il cardinale Mazzarino era succeduto nel 1642 a Richelieu, continuava nella sua tradizionale politica di amicizia con la Sublime Porta; si limitò a consigliare alla Repubblica, per mezzo del proprio ambasciatore La Varenne che passò da Venezia nel viaggio di ritorno da Costantinopoli, di scendere a patti il più presto possibile se voleva evitare la totale distruzione. Il doge replicò che non avrebbe fatto niente del genere; la nuova stagione di campagna stava iniziando ed era più che mai evidente che Venezia avrebbe dovuto sostenere da sola tutto il peso della guerra.

Tutto dipendeva dal riuscire a isolare i turchi alla Canea, fino ad allora l'unico porto candiota in loro possesso. Potendo tenerli bloccati lì, mentre Venezia organizzava le sue forze militari in tutti gli altri posti fortificati lungo la costa, in un secondo tempo non sarebbe stato impossibile sloggiarli. Girolamo Morosini, comandante della flotta di soccorso, si applicò a questo obiettivo con tutte le energie. Se non riuscì non fu colpa sua. Il suo congiunto Tommaso Morosini, inviato con ventitré navi a bloccare i Dardanelli per rinchiudere nel Mar di Marmara la flotta turca, riuscì a ritardarne notevolmente i movimenti; questi ritardi fecero talmente infuriare il sultano che ordinò l'immediata decapitazione dell'ammiraglio comandante. Ma il suo successore, stimolato dal timore di fare la stessa fine e con l'aiuto di un vento favorevole, riuscì a passare oltre lo sbarramento veneziano e giunse attraverso l'arcipelago alla Canea, dove il capitano generale, il settantacinquenne Giovanni Cappello, troppo lento e incerto, non seppe impedirgli l'ingresso nel porto. Fu un brutto inizio; e con l'avanzare dell'estate e l'arrivo dell'autunno, la situazione peggiorò. Venezia riuscì a tenere Suda, la cui superba posizione naturale e le fortificazioni recentemente riparate la rendevano quasi imprendibile per mare, ma le sue navi furono costrette a uscire dalla baia e a ritirarsi a Rettimo, che dopo una lunga lotta dovette arrendersi il 13 novembre.

La caduta di Rettimo ebbe un benefico effetto in quanto provocò l'esonero di Giovanni Cappello – al ritorno a Venezia condannato a un anno di carcere –, che fu sostituito nell'incarico di capitano generale da Gian Battista Grimani, un comandante rispettato e assai noto, il cui arrivo sollevò gli animi degli uomini della flotta. Agli inizi del 1647 il giovane Tommaso Morosini, mentre inseguiva dei pirati berberi, si trovò improvvisamente circondato da non meno di quarantacinque legni turchi. Nell'impari scontro, egli e il suo equipaggio combatterono eroicamente; evitarono di aprire il fuoco fino a quando il nemico fu vicinissimo e a quel punto scaricarono improvvisamente le batterie con alzo zero. Dopo un poco i veneziani furono uncinati contemporaneamente da tre navi turche e dovettero difendersi combattendo a corpo a corpo; Morosini dette l'esempio al centro della mischia fino a quando un archibugiere turco riuscì a mettersi alle sue spalle e con un colpo gli staccò la testa. Press'a poco nello stesso momento anche l'ammiraglio turco cadeva mortalmente ferito, ma il combattimento continuava. I veneziani erano esausti quando videro improvvisamente tre navi che procedevano in formazione serrata, il gonfalone di San Marco fluttuante in testa d'albero: Grimani aveva udito i cannoni e accorreva. I nuovi arrivati si lanciarono nel pieno della battaglia e costrinsero i turchi a ritirarsi. Quattro legni ottomani erano stati affondati. I pochi sopravvissuti tra i marinai che avevano abbordato la galea veneziana si arresero. Malconcia ma ancora in grado di galleggiare, la nave del Morosini fu rimorchiata a Candia, da dove i resti del giovane e coraggioso capitano furono riportati a Venezia.

Ancora una volta la rabbia del sultano fu grande quando seppe dello smacco. Non potendo far decapitare l'ammiraglio perché il poveretto era già morto dovette limitarsi a confiscare i suoi beni; poi dette ordine che altre navi, altre armi e altri uomini fossero inviati contro Candia e che fossero poi seguiti da altri e altri ancora, fino a quando Venezia non avesse ricevuto la lezione che meritava.

Intanto tra i veneziani di Candia si ammetteva che l'eroismo del Morosini, benché senza dubbio esaltante, non aveva per niente modificato la realtà della loro situazione. Dei quattro principali centri fortificati allineati lungo la costa settentrionale dell'isola – un quinto, Sitia, era talmente spostato a est che per il momento poteva essere ignorato – due erano già in mani nemiche;

degli altri due, Suda era bloccata dal mare da oltre un anno, aveva un estremo bisogno di viveri ed era stata colpita dalla peste, che era scoppiata anche a Candia. I turchi fuori delle mura invece erano rimasti immuni e nell'estate del 1647 posero un vero e proprio assedio anche a Candia da cui, essendo la capitale, dipendeva il destino della colonia.

L'assedio di Candia durò ventidue anni, durante i quali Venezia, praticamente sola, difese la piccola città – la sua popolazione civile ammontava appena a dieci-dodicimila abitanti – contro gli attacchi combinati marittimi e terrestri del vasto Impero ottomano. In tempi passati una resistenza tanto prolungata sarebbe stata inconcepibile, se non altro per l'interdipendenza nel settore commerciale fra le esigenze dei turchi e quelle dei veneziani, che imponeva ostilità dure e brevi. Ma ora che la massima parte delle grandi linee di commercio erano nelle mani degli inglesi e degli olandesi, quella necessità non esisteva più: il sultano aveva tempo a disposizione. La lunga resistenza di Venezia fu meno dovuta alla decisione dei difensori dentro le mura, comunque considerevole, e più alla flotta che con un quasi continuo pattugliamento del Mediterraneo orientale fece naufragare ogni tentativo turco di bloccare Candia dal mare; inoltre incrementò il controllo sull'Egeo fino al punto che, negli ultimi dieci anni dell'assedio, i turchi fecero tutto il possibile per evitare un diretto confronto navale. Con ciò non si vuol dire che non ci furono; la storia della guerra è un'epopea nazionale nel pieno significato del termine, una storia di infinite battaglie, grandi e piccole, programmate e occasionali, in uno spazio che si estendeva dai Dardanelli, dove la flotta veneziana si radunava ogni primavera nella speranza di bloccare il nemico nello stretto, attraverso l'arcipelago fino alla rada di Candia. È anche ricca di azioni eroiche; quella di Giacomo Riva nel 1649, che inseguì una flotta turca fin nel porto di Fokia sulla costa ionica e la distrusse; di Lazzaro Mocenigo nel 1651, che al largo di Paro, contravvenendo agli ordini del proprio ammiraglio, attaccò un'intera squadra nemica e, sebbene gravemente ferito da varie frecce e da un colpo di moschetto che gli aveva trapassato un braccio, la mise in fuga; di Lorenzo Marcello, che nel 1656 portò le sue navi nei Dardanelli, ma non sopravvisse per assistere alla più completa e schiacciante vittoria di tutta la guerra; e nel 1657, ancora di Lazzaro Mocenigo, ora capitano generale, che con la propria squadra di dodici navi ne costrinse trentatré nemiche ad attraversare lo stretto e poi, sempre pressandole, ad avanzare nel Mar di Marmara verso Costantinopoli – avrebbe potuto senz'altro raggiungere la città se una batteria di terra non avesse colpito in pieno la santabarbara della sua nave; l'esplosione fece crollare l'albero e un pennone gli cadde sulla testa uccidendolo all'istante. Eppure, per quanto gloriose le vittorie dei veneziani, per quanto superba la loro tecnica marinara e magnifico il coraggio, ripercorrendo il lungo e triste cammino della guerra, si ha la sensazione di rilevare sempre una lacuna nel piano generale; sorge il dubbio che un controllo bene organizzato delle immediate vie di accesso alla città assediata avrebbe avuto più successo nel tagliare all'esercito turco i rinforzi e i rifornimenti. Perché, malgrado l'impegno e gli sforzi dei veneziani, quell'armata poté sempre continuare l'assedio; e anche nel momento delle più belle vittorie, i difensori dentro le mura sentivano probabilmente in fondo al cuore che la caduta di Candia era soltanto una questione di tempo.

Una sola cosa avrebbe potuto salvarla: l'aiuto copioso ed entusiastico delle potenze europee. Ma questo aiuto non ci fu. Si può dimostrare che l'espansione ottomana in Europa poté svilupparsi grazie all'endemica incapacità dei principi cristiani di unirsi nella difesa del loro continente e della loro fede. Non si erano uniti, con sincerità e onestà, già nella Terza crociata quasi cinquecento anni prima; e non si unirono ora. Venezia si appellava a loro continuamente, sottolineando che non era in gioco soltanto il futuro di un'oscura colonia veneziana ma la stessa sicurezza della cristianità; che con Candia si perdeva anche metà del Mediterraneo. Non vollero mai ascoltare, come avevano sempre fatto. Dalla Germania l'imperatore obiettava che aveva sottoscritto recentemente una tregua di vent'anni con la Sublime Porta; dalla Spagna, fra lo stupore di tutti, «Sua Maestà Cattolica» inviava un ambasciatore nell'infedele Costantinopoli; la Francia, fedele al suo doppio gioco, dava occasionali, piccoli e segreti aiuti a Venezia con una mano mentre stendeva l'altra in amicizia al sultano. L'Inghilterra, alla quale non si chiedeva molto dal momento che non era ancora una potenza nel Mediterraneo, era prodiga di promesse ma di poco d'altro. I papi succedutisi a Roma vedevano nella situazione di Venezia una buona occasione per ottenere dei vantaggi e offrivano aiuto soltanto in cambio di concessioni: Innocenzo X per il controllo dei vescovi veneziani, il suo successore Alessandro VII per la riammissione dei gesuiti, banditi dal territorio della Repubblica al tempo dell'interdetto.

È vero che col passare degli anni quando della resistenza di Candia si prese a parlare in tutta l'Europa, l'aiuto straniero in uomini, denaro e navi divenne alquanto più apprezzabile. Ma era sempre troppo scarso e immancabilmente in ritardo. Un esempio tipico è dato dal gruppo di quattromila uomini inviato dalla Francia nel 1660 al comando di Almerigo d'Este, principe di Modena. Non arrivò in primavera, quando sarebbe stato molto utile, ma alla fine di agosto; la sua prima sortita contro il nemico, in un terreno sul quale non si era preso il disturbo di fare preventivamente una ricognizione, finì nel panico e nella fuga; una settimana o due dopo tutto il gruppo fiaccato dalla dissenteria dovette essere inviato su isole più riposanti per recuperare le forze; dopo di che i sopravvissuti, tra i quali purtroppo non figurava il principe,[2] tornarono alle proprie case senza aver concluso niente. Con un corpo di duemila tedeschi, inviato

[2] Il suo corpo fu portato a Venezia, dove il Senato fece costruire per accoglierlo una tomba imponente ai Frari; è difficile comprenderne esattamente il motivo.

dall'imperatore approssimativamente nello stesso tempo, le cose andarono più o meno allo stesso modo. Arrivò troppo tardi per servire a qualcosa e ripartì senza lasciar traccia di un suo coinvolgimento, tranne il maggior consumo di viveri.

Le imprese dei capitani veneziani sul mare furono tante e così memorabili che è molto facile dimenticare l'eroica difesa della guarnigione di Candia, durata ventidue anni, contro un nemico che ricorreva a tutti i mezzi per raggiungere il suo scopo, e per giunta afflitta dalle ricorrenti delusioni provocate dai cosiddetti alleati le cui spedizioni di rinforzo si palesavano regolarmente inutili o perfino dannose. Questi rinforzi avevano l'aria di pensare soprattutto a salvare la propria pelle o, il che era quasi altrettanto dannoso, a conquistare gloria personale mettendo così a repentaglio non soltanto la propria vita ma anche quella di molti altri, con conseguenze funeste data la cronica scarsità di uomini. Quest'ultimo fenomeno divenne più frequente negli ultimi anni dell'assedio. Il nome di Candia era ormai famoso in tutta l'Europa; in Francia erano soprattutto i giovani rampolli dell'aristocrazia che accorrevano nell'isola risoluti a dar prova del proprio valore su un campo di battaglia così glorioso. L'affluenza più numerosa avvenne nel 1668, quando Luigi XIV fu finalmente persuaso a interessarsi dell'assedio. Anche allora si guardò dall'entrare in guerra o dal rompere le relazioni diplomatiche con il sultano: i mercanti francesi nel Levante avevano tratto troppo ricchi vantaggi dalla partenza dei loro concorrenti veneziani perché Luigi XIV potesse pensare a un'aperta rottura. Tuttavia, egli si compromise fino al punto di permettere che Venezia arruolasse truppe in Francia, al comando del marchese di Saint-André Montbrun che era il luogotenente generale delle armate francesi; ne venne fuori un corpo di cinquecento volontari, il cui elenco non sembrava tanto il libro matricola di un comune reparto militare quanto quello di una guardia nobile. Comandante in seconda dopo il marchese di Montbrun era il duca de la Feuillade, il quale, benché niente affatto ricco, aveva insistito per provvedere personalmente alla parte più cospicua delle spese; c'erano poi i duchi di Château-Thierry e di Caderousse, il marchese di Aubusson, i conti di Villemor e Tavanes, il principe di Neuchâtel (che aveva appena diciassette anni) e tanti altri giovani nobili con i nomi delle più gloriose famiglie francesi.

Arrivarono nell'isola nei primi giorni di dicembre e trovarono i veneziani in una situazione più che mai disperata. Il sultano stava perdendo la pazienza e il suo gran visir Ahmed Köprülü, comprensibilmente ansioso di salvare la testa, aveva portato nell'isola nuove truppe, assunto personalmente il comando delle operazioni e dichiarato agli uomini che non avrebbero avuto riposo fino alla vittoria. Subì dei ritardi per le abbondanti piogge che ostacolavano enormemente lo scavo delle trincee, ma fece iniziare la costruzione di un lungo molo oltre l'imboccatura del porto, destinato a tagliare la principale linea di rifornimento della città. Il veneziano Francesco Morosini, nuovo capitano generale, aveva perso durante la campagna estiva seicento ufficiali e settemila uomini, mentre le truppe ausiliarie inviate dagli alleati si erano dimostrate ancora più inutili che negli anni precedenti; le poche navi inviate dal papa e da vari altri Stati italiani avevano ripreso la via del ritorno al primo segno dell'autunno; durante il viaggio incrociarono una piccola squadra spagnola che, promessa per l'estate, aveva lasciato la propria base soltanto in settembre. Udendo dagli italiani – i quali cercavano di giustificare la propria anticipata partenza – che la campagna per quell'anno era finita (il che non era affatto vero), con molto sollievo e senza perdere un minuto voltarono le prue e tornarono in Spagna.

Morosini intendeva affidare ai nobili francesi la difesa dei bastioni esterni delle mura terrestri, ma quelli non furono d'accordo. Non avevano fatto il lungo e scomodo viaggio fino a Candia soltanto per andare a strisciare nel fango di qualche avamposto, aspettando pazientemente e in silenzio il prossimo attacco dei turchi. Al contrario, chiedevano una sortita generale che, secondo le parole di uno di loro, «avrebbe obbligato il nemico a togliere l'assedio». Molto giudiziosamente Morosini proibì azioni del genere. Erano già state fatte dozzine di sortite e nessuna aveva dato risultati durevoli. Gli restavano ormai meno di cinquemila uomini, che erano appena sufficienti per difendere le brecce nelle mura che i genieri turchi aprivano regolarmente. Ma rimase inascoltato. Come avrebbe poi precisato uno storico francese:

Il signor de la Feuillade cercava una azione coraggiosa e gloria soltanto per se stesso; gli sarebbe importato poco della perdita di sette o ottocento uomini della Repubblica se avesse potuto assaporare la gioia, al suo ritorno in Francia, di aver fatto una coraggiosa sortita a Candia. Una volta lontano, la perdita della città, dovuta a mancanza di uomini per difenderla, gli avrebbe procurato poca pena.[3]

Quando si convinse che il capitano generale non avrebbe ceduto, il la Feuillade, lagnandosi ad alta voce dell'eccessiva prudenza dei veneziani, dichiarò che il suo gruppo di volontari avrebbe condotto da solo l'attacco; e così fece il 16 dicembre, armato simbolicamente di una frusta, alla testa di un reparto che, stando alle cronache, si era già ridotto da cinquecento a duecentottanta uomini. I turchi resistettero gagliardamente ma i francesi, dando prova di un coraggio sovrumano, riuscirono a farli indietreggiare di quasi duecento metri, a mantenere il territorio conquistato per due ore e a uccidere circa ottocento nemici prima che un battaglione di giannizzeri li costringesse a ritirarsi. I conti di Villemor e Tavanes e circa quaranta altri giovani erano morti, oltre sessanta gravemente feriti, tra i quali il marchese di Aubusson. La Feuillade, che colava sangue da tre diverse ferite, fu l'ultimo ad abbandonare il posto.

Fu un episodio magnifico, ma di nessun aiuto per Venezia o per Candia. I giovani eroi se ne andarono entro una settimana ma molti di essi, persino tra coloro che erano rimasti illesi, non rividero mai più la Francia: portavano con sé il bacillo della peste.

[3] Philibert De Jarry, *Histoire du Siège de Candie*, in P. Daru, *op. cit.*

I sopravvissuti erano da poco sbarcati a Tolone, quando un altro corpo, molto più numeroso, più professionistico e meglio equipaggiato, lasciò la Francia diretto a Candia. Finalmente Luigi XIV era stato persuaso dall'ambasciatore veneziano Giovanni Morosini, un parente del capitano generale, a prendere sul serio le proprie responsabilità di «Re cristianissimo»; e nella primavera del 1669 il suo primo importante contributo era pronto: seimila uomini, trecento cavalli e quindici cannoni, il tutto caricato su ventisette navi da trasporto, scortate da quindici unità da guerra. Ma anche in quell'occasione Luigi XIV cercò di nascondere la propria infedeltà agli amici turchi: la bandiera della flotta non aveva i gigli d'oro ma le chiavi incrociate del Papato.

Il grosso dell'esercito, circa quattromila uomini sotto il comando congiunto dei duchi di Beaufort e di Noailles, arrivò il 19 giugno. Restarono sconvolti da ciò che videro. Uno degli ufficiali scrisse:

> Le condizioni della città erano terribili a vedersi; le strade erano coperte di pallottole e palle di cannone, spezzoni di mine e granate. Non c'era una chiesa, non un qualsiasi edificio le cui pareti non fossero bucate e quasi ridotte in macerie dai cannoni del nemico. Le case erano ormai niente più di miserabili tuguri. Ovunque il fetore era nauseante; ad ogni passo si incontrava un morto, un ferito, un mutilato.[4]

Si ripeté immediatamente ciò che era già accaduto con il la Feuillade; i francesi erano così ansiosi di com-

[4] Des Réaux de La Richardière, *Voyage en Candie*, in P. Daru, *op. cit.*

battere che rifiutarono persino di attendere il resto dell'esercito e sferrarono l'attacco all'alba del 25 giugno.

L'inizio non fu promettente: le prime truppe sulle quali aprirono il fuoco risultarono essere un distaccamento di tedeschi che si spostava per aiutarli nell'attacco. Ristabilito l'ordine, caricarono le postazioni dell'artiglieria turca con un considerevole successo iniziale. Poi, una pallottola vagante fece esplodere i barili di polvere di una delle batterie abbandonate. L'abilità dei genieri turchi era rinomata; le loro operazioni con le mine costituivano un fatto notevole dell'assedio e molti danni alle opere difensive della città erano stati provocati da esplosioni sotterranee. Così, tra le file dei francesi si sparse improvvisamente la voce che tutto il terreno sul quale si trovavano era minato, che le batterie erano fornelli di mina mascherati e che la detonazione che avevano appena udito era la prima di una catena di esplosioni che li avrebbero mandati tutti in briciole. Quella diceria provocò il panico e i soldati cominciarono a fuggire terrorizzati, inciampando gli uni sugli altri. Vedendo quell'improvvisa fuga, della quale non erano assolutamente responsabili, i turchi ricomposero i reparti e passarono al contrattacco. Restarono uccisi cinquecento francesi e dopo pochi minuti le loro teste, infilate sulla punta delle picche, furono fatte passare in trionfo davanti al gran visir. Fra le tante c'erano anche quelle del duca di Beaufort, del conte di Rosan, nipote del grande Turenne, e di un frate cappuccino venuto con l'esercito come elemosiniere.

Cinquecento morti su seimila uomini non costituivano una perdita insopportabile; quattro giorni dopo arrivò il resto dell'esercito di re Luigi e Morosini cominciò a elaborare il piano di un attacco sulla Canea. Ma il morale dei francesi era già spezzato. Il 24 luglio una nave da guerra francese forte di settanta cannoni si avvicinò troppo a una batteria costiera turca e saltò in aria; pochi giorni dopo de Noailles informò freddamente il capitano generale che il corpo di spedizione si imbarcava e tornava a casa. Proteste, suppliche e minacce, invocazioni della popolazione civile sopravvissuta e perfino invettive dai pulpiti non servirono a niente; il 21 agosto la flotta francese levò l'àncora. Nella generale disperazione che seguì anche le poche navi del Papato, dell'Impero e dei cavalieri dell'Ordine di Malta spiegarono le vele e presero il largo dirette in Occidente. Morosini e la sua guarnigione erano rimasti soli. Il gran visir ordinò l'assalto.

Fu respinto, ma il capitano generale si rese conto che era la fine. La guarnigione era ridotta ad appena tremilaseicento uomini. In quell'anno non sarebbero più arrivati rinforzi, le fortificazioni erano in rovina, non poteva sperare di tenere Candia per un altro inverno. Se si arrendeva invece di attendere l'inevitabile conquista della città poteva ottenere condizioni favorevoli, perfino onorevoli. Non aveva il potere di parlare in nome della Repubblica, ma sapeva che almeno tre volte in passato (la prima già nel 1647 e poi nel 1657 e nel 1662) la proposta di una pace negoziata era stata vivacemente dibattuta in Senato e che in ogni occasione aveva incontrato un certo favore. In ogni caso, non aveva possibilità di scelta.

Il trattato fu firmato il 6 settembre 1669. Il gran visir, che aveva molta ammirazione per Morosini, si dimostrò generoso. I veneziani avrebbero lasciato la città, liberi e senza alcuna molestia, entro dodici giorni, con possibilità di proroga in caso di cattivo tempo. Tutta l'artiglieria che si trovava nella città prima dell'inizio dell'assedio doveva restare; i veneziani potevano invece portare con sé quella arrivata poi. L'isola passava sotto la sovranità turca, ma rimanevano a Venezia le isole di Grabousa sull'estremità nord-occidentale, Suda, che non si era mai arresa, e l'isola-fortezza di Spinalonga, al largo dell'attuale villaggio di Elounda.

Così il 26 settembre, dopo 465 anni di occupazione e ventidue di assedio, il gonfalone di San Marco fu abbassato su quello che restava della cittadella di Candia e gli ultimi rappresentanti ufficiali della Repubblica, tra i quali l'ultimo doge della colonia, Zaccaria Mocenigo, che sembra avesse avuto poca o nessuna parte nei negoziati, tornarono a Venezia. Con loro arrivò praticamente tutta la popolazione civile di Candia, poiché nessuno aveva desiderato restare sotto i nuovi padroni. Per Venezia era la fine di un'epoca. Le restavano ora solamente i tre avamposti e nell'arcipelago c'erano ancora una o due minuscole località dove il leone alato era sovrano, anche se ormai non ruggiva più e perfino il suo brontolio era appena udibile; ma Candia era il suo ultimo possedimento di rilievo fuori dell'Adriatico e con la sua perdita finiva per sempre non soltanto il suo potere ma anche la sua effettiva presenza nel Mediterraneo orientale.

Era finita ma, almeno, scrivendo delle pagine magnifiche. I veneziani non avevano mai combattuto su terra o su mare tanto a lungo e più eroicamente; mai avevano avuto di fronte avversari più risoluti. Il costo finanziario era stato enorme, 4.392.000 ducati nel solo 1668, e quello in vite umane ancora maggiore. Inoltre, per quasi un quarto di secolo, avevano combattuto praticamente da soli. Il poco aiuto degli alleati, oltre che dato a malincuore, era stato inadeguato alla gravità della situazione o interessato; in certe occasioni (come per esempio quando aveva provocato intralcio e ritardi o veniva ritirato improvvisamente) era risultato decisamente dannoso. Anche negli ultimi due o tre anni, quando in Europa l'interesse per la sorte di Candia era notevolmente aumentato, gli interventi stranieri avevano procurato soltanto delusioni e demoralizzazione.

Tuttavia, non erano state le delusioni né la demoralizzazione a indurre Morosini ad arrendersi. Era stata la fredda convinzione che il destino di Candia era segnato, che qualsiasi aiuto da Venezia o da altre parti non poteva che prolungare l'agonia della città e dei suoi abitanti e che l'unica e vera alternativa era tra la resa a condizioni onorevoli o il massacro totale e il saccheggio. Nella storia di Venezia poche accuse sono state più ingiuste di quelle lanciate contro di lui dall'Avogador de Comun Antonio Correr al suo ritorno. Non fu imputato soltanto di aver oltrepassato i limiti del suo potere trattando con il nemico in nome della Repubblica; per questo argomento la sua risposta fu pronta. Fu accusato anche, tanto inaspettatamente quanto immeritatamente, di codardia, di tradimento e perfino di peculato e corruzione. Per fortuna a Morosini non mancavano i difensori; e quando, dopo appassionati interventi pro e contro, la questione fu finalmente portata davanti al Maggior Consiglio, la maggioranza in suo favore fu schiacciante. Emerse dallo scandalo senza macchia e, come vedremo, quando sarà il momento si prenderà anche una bella rivincita.

Questo racconto della lunga lotta per Candia è stato necessariamente breve ed episodico. Per riguardo verso il lettore, al quale una battaglia, terrestre o navale, sembra probabilmente molto simile all'altra, a molti atti di coraggio e di eroismo, anche se sono stati menzionati, non è stata resa giustizia. Per la stessa ragione un periodo di quarant'anni è stato trattato in un certo numero di pagine che, anche sulla base di un'indagine dichiaratamente non approfondita, non può apparire che assai scarso. Pertanto, prima di passare al capitolo successivo dobbiamo tornare un po' indietro nel tempo e rivolgere i nostri occhi a Venezia.

Durante la guerra di Candia si succedettero ben sei dogi. Francesco Molin morì nel 1655; Carlo Contarini appena quattordici mesi dopo; Francesco Corner detiene il primato del dogado più breve: dal 17 maggio al 5 giugno 1656. Tutti e tre avevano già superato i settant'anni e quando Bertuccio Valier fu eletto centesimo[5] doge di Venezia a soli cinquantanove anni si ravvivò la speranza che con l'energia di un'età relativamente giovane sarebbe stato capace di risolvere a Candia la situazione, che appariva ormai di stallo. Purtroppo per Venezia, era una speranza riposta male: il doge si rivelò un malato inerte e nel marzo del 1658 i quarantuno elettori erano di nuovo al lavoro. Giovanni Pesaro aveva dieci anni più del Valier ma il fuoco interiore che lo animava era ancora giovanile; probabilmente dovette l'elezione al vigore con cui qualche mese prima aveva attaccato il proprio predecessore sul problema dell'accettazione o del rifiuto delle offerte di pace dei turchi. Valier era favorevole e parecchi altri nel Collegio condividevano la sua opinione; ma vinse la sdegnata eloquenza del Pesaro, che forse avrebbe potuto essere quella guida di cui Venezia aveva tanto bisogno; ma nei soli diciassette mesi di vita che gli erano rimasti, anche lui concluse poco. Gli successe nel settembre 1659 Domenico Contarini, nel cui dogado Candia cadde e la pace con i turchi fu finalmente ristabilita.

Durante questi brevi e non particolarmente significativi dogadi l'attenzione del governo veneziano era rimasta concentrata principalmente ma non esclusivamente su Candia. Venezia aveva sempre considerato la possibilità di un'estensione della guerra ad altri fronti e, come abbiamo già visto, aveva adottato le misure difensive ritenute necessarie; per la stessa

[5] Cfr. p. 435, nota 1.

ragione, una volta che le ostilità furono entrate nel vivo, non aveva mai esitato a lanciare attacchi ove scorgeva l'opportunità di una rapida e non difficile vittoria, anche correndo il rischio di aprire così nuovi teatri di operazioni. La saggezza di una simile politica da parte di uno Stato le cui forze erano enormemente inferiori a quelle del nemico è, per dire il meno, opinabile; tuttavia, non si può negare che dette dei risultati. Tra il 1645 e il 1648 una flotta al comando di Leonardo Foscolo compì una serie di rapide azioni lungo la costa dalmata e fece fallire numerosi attacchi terrestri dei turchi su centri tenuti da veneziani. Questa campagna culminò nel 1648 con la conquista di Clissa, una fortezza turca pochi chilometri a sud-est di Spalato. Nello stesso modo nel 1659 Francesco Morosini nel primo periodo del capitanato generale a Candia, dopo ripetuti e infruttuosi tentativi di costringere alla battaglia la flotta turca, aveva mitigato la propria amarezza con un improvviso attacco su Kalamata nel Peloponneso meridionale. Sia la città che la cittadella si erano arrese immediatamente, primo passo della riconquista di Morosini della Morea un quarto di secolo dopo.

Comunque, durante tutto il periodo della guerra per Candia, Venezia aveva potuto fruire di un'inestimabile benedizione. Il resto dell'Europa l'aveva abbandonata. La pace di Vestfalia aveva posto fine nel 1648 alla Guerra dei trent'anni; lo zelo cattolico della Spagna e lo spirito civico di Venezia si erano entrambi logorati; e benché altri, relativamente minori, scoppi di ostilità tra i principi d'Europa non fossero mancati negli anni che seguirono, nessuno di loro aveva avuto marcata influenza su Venezia o sugli altri Stati secolari italiani. Anzi, chi legga una storia generale dell'Europa di quel tempo non potrà fare a meno di notare come la scena e le sue luci si fossero spostate a nord lasciando la penisola in una calma penombra. Soltanto i turchi la minacciava ora e, come avrebbero dimostrato i successivi vent'anni, anche per loro era ormai passata la bella primavera.

Capitolo XXIV
Morosini e la Morea
(1670-1700)

> Non si agitava mai per nessun motivo; aveva sempre lo stesso volto sorridente e inalterabile, che tuttavia testimoniava molta sicurezza e fierezza. Per concludere, ciò che con verità si può dire di lui è che era sempre un galantuomo e che la Repubblica non ne ha mai avuto, e probabilmente non ne avrà, un altro della sua forza.
>
> PHILIBERT DE JARRY su Francesco Morosini

I quindici anni che seguirono la caduta di Candia furono anni di pace per Venezia, anni durante i quali la Repubblica poté rimettere ordine in casa e fare il possibile per risanare la disastrosa situazione finanziaria che si era venuta a creare con la guerra. Non era un compito facile. Mercanti francesi e tedeschi e perfino alcuni inglesi l'avevano abbondantemente soppiantata nel Levante; i prezzi delle merci veneziane erano saliti enormemente perché la guerra sul mare l'aveva costretta a noleggiare per il trasporto navi straniere oppure, quando riusciva a sottrarre alle necessità belliche qualche nave da trasporto, a farle scortare da altre armate. La conseguenza era stata un forte indebitamento e tassi di interesse che in certi casi arrivavano al quattordici per cento. Tuttavia, a poco a poco, con combinazioni diligentemente escogitate di imposte, incentivi, tariffe, di nuove leggi protettive e di un programma ambizioso per il rilancio del vecchio traffico sull'Adige, cominciò a risalire la china verso la normalità; e quando Domenico Contarini morì nel gennaio 1675 – aveva novantaquattro anni e negli ultimi diciotto mesi era stato praticamente inchiodato al letto in seguito a un collasso –,[1] le casse dello stato cominciavano di nuovo a riempirsi. Il successore di Contarini, Nicolò Sagredo, resse il governo di una Venezia in ripresa economica per un anno e mezzo, durante il quale la Merceria fu molto opportunamente pavimentata per la prima volta in pietra d'Istria; e alla sua morte i quarantuno elettori furono selezionati come sempre con quel sistema quasi incredibilmente intricato che era in vigore dal 1268.[2] Per quanto un po' tortuoso, aveva funzionato abbastanza bene per oltre quattrocento anni;

[1] Fu sepolto nella tomba di famiglia in San Benedetto. «La natura l'aveva dotato di una sì grande dolcezza di spirito, di una affabilità così incantevole e di un aspetto tanto nobile e maestoso che si attirava egualmente l'amore e la venerazione della nobiltà e del popolo; i giovani gentiluomini soprattutto erano così colpiti dalle sue qualità che io li ho più volte uditi dire ad alta voce osservandolo durante le funzioni pubbliche: "*L'è adorabile quel vechio*"». Limojon de Saint-Didier, *La Ville et la République de Venise*, Paris 1680, in P. Daru, *op. cit.*

[2] Il sistema è descritto dettagliatamente in J.J. Norwich, *op. cit.*, pp. 311 e ss. In breve: Il Maggior Consiglio sceglieva trenta dei propri consiglieri che poi riduceva per sorteggio a nove: costoro ne eleggevano quaranta che venivano ridotti a dodici, i quali ne eleggevano venticinque, che sempre per sorteggio venivano ridotti di nuovo a nove, che ne eleggevano quarantacinque poi ridotti a undici, che finalmente ne eleggevano quarantuno.

questa volta invece trapelò la notizia che almeno ventotto elettori erano favorevoli a Giovanni Sagredo, già ambasciatore presso Oliver Cromwell e lontano parente del defunto doge Nicolò. Stando così le cose, la scelta del corpo elettorale era talmente scontata che palazzo Sagredo si riempì in poco tempo di parenti e amici venuti a complimentarsi, ma uno degli ultimi arrivati portò una notizia poco simpatica: circa una sessantina di *bakelanti*, di barcaioli, si erano radunati sotto le finestre del Palazzo Ducale e stavano manifestando con veemenza il loro dissenso per Sagredo, minacciando addirittura di lapidario durante il giro della Piazza.

Non risulta che i popolani formulassero accuse precise ed è praticamente certo che erano stati pagati da altri aspiranti al dogado. Comunque stessero le cose, i membri del Consiglio non erano disposti a rischiare ignorando quei segnali di pericolo. La nomina dei quarantuno elettori non fu confermata ma si convocarono nuovamente gli undici che li avevano eletti e li si invitò a votare di nuovo. L'esito finale fu che Giovanni Sagredo non ricevette il corno dogale che toccò invece ad Alvise Contarini, ex diplomatico e membro del Collegio, con il quale Venezia continuò a procedere su un pacifico sentiero verso la prosperità.

Ma non era sempre facile mantenere la pace. Nel 1683 l'Ungheria insorse contro l'imperatore Leopoldo e i rivoltosi, avendo chiesto aiuto al sultano, portarono una grande armata turca alle porte di Vienna; la diplomazia veneziana dovette allora fare appello a tutta la propria accortezza per rendere convincenti le ragioni per le quali la Repubblica si rifiutava di prendere parte attiva alla difesa di una delle principali capitali della cristianità (è dubbio se quei diplomatici ricordarono all'imperatore quanto poco, e quanto inutile, fosse stato l'aiuto da lui dato durante la guerra di Candia). Ma quella era una guerra di eserciti e la Repubblica non disponeva di forze terrestri che potessero dare un utile contributo. In ogni caso Leopoldo aveva molti alleati, tra i quali gli elettori di Sassonia e di Baviera e, più importante di tutti, il re polacco Giovanni Sobieski. La certezza della Repubblica nel successo dell'imperatore si dimostrò ampiamente giustificata. I turchi avevano un mediocre comando e mancavano di artiglieria pesante; presi nel terribile fuoco incrociato delle fortificazioni della città e delle batterie di Sobieski, fuggirono in disordine lasciando sul campo diecimila morti. Il loro prestigio militare era infranto, la loro leggendaria invincibilità distrutta, il loro declino ormai evidente. Non avrebbero più costituito una grave minaccia per la cristianità.

Ma la guerra non era ancora finita; le armate cristiane iniziarono ad avanzare su tutti i fronti e l'imperatore, con il sostegno del papa e di Sobieski, rinnovò le pressioni su Venezia: il momento favorevole doveva essere sfruttato; con una nuova lega offensiva, che avrebbe unito la potenza navale di Venezia a quella terrestre degli alleati, il sultano poteva essere cacciato dall'Europa per sempre, una conclusione dalla quale nessuna nazione avrebbe ricavato più benefici della Repubblica.

Venezia non rispose immediatamente a questo invito. Aveva impiegato più di un decennio per guarire dai postumi della guerra di Candia e la guarigione era stata ottenuta a prezzo di molti sacrifici e sofferenze, cosicché soltanto da poco aveva cominciato a gustare i frutti della pace. Doveva davvero rimettere tutto in gioco sull'esito di un altro confronto armato? D'altra parte, era innegabile che dopo la sconfitta turca sotto le mura di Vienna la situazione era mutata. La successiva fase della guerra poteva senz'altro essere combattuta sul mare, almeno parzialmente; gli interessi di Venezia e il suo buon nome non richiedevano una politica di maggiore impegno? Anche negli ultimi anni aveva sopportato in silenzio in infinite circostanze piccole umiliazioni e meschini dispetti inflitti dalla Sublime Porta, che le erano costati in orgoglio ma anche, talvolta, in ottimi ducati veneziani. Non stava pagando un prezzo troppo alto per ciò che era in realtà poco più di un'instabile tregua che il sultano poteva infrangere da un momento all'altro? Inoltre, cosa poteva accadere se il sultano avesse trovato il modo di accordarsi con l'imperatore e i suoi alleati? Non si sarebbe poi rivolto contro la Repubblica con tutta la rabbia del suo orgoglio ferito? E in questo caso quale aiuto poteva sperare di ricevere da coloro ai quali aveva appena rifiutato il suo? I turchi erano indeboliti e demoralizzati; l'abominevole Kara Mustafà, gran visir e comandante supremo, era stato giustiziato per ordine del sultano; l'esercito era a pezzi. Venezia al contrario aveva recuperato buona parte dell'antica potenza. Non era questo il momento di passare all'offensiva, non soltanto per vendicare la perdita di Candia ma anche per riconquistarla, magari insieme con altre vecchie colonie? Il problema fu dibattuto a lungo; alla fine, il 19 gennaio 1684, l'ambasciatore dell'imperatore fu convocato davanti al Collegio: Venezia si univa alla lega.

Una decisione così importante sarebbe stata comunicata normalmente dal doge in persona. In quella circostanza però il seggio dogale era vuoto: il doge Alvise Contarini era morto quattro giorni prima e non era stato ancora eletto il suo successore. Francesco Morosini, ora di nuovo capitano generale, aveva già posto la propria candidatura e non nascondeva l'impazienza di muovere contro il vecchio nemico quale capo della flotta e della nazione; con sua grande delusione però fu deciso di non complicare con le cure dello Stato i suoi compiti militari e gli elettori scelsero Marcantonio Giustinian, un anziano studioso che aveva conseguito brillanti successi quale ambasciatore presso Luigi XIV e sul conto del quale tutta Venezia sussurrava che fosse non soltanto scapolo ma vergine per giunta.

Fu pertanto con questi auspici vagamente incoerenti che Venezia si lanciò in quella che sarebbe stata la sua campagna militare più fortunata degli ultimi duecent'anni. Furono subito iniziati i preparativi per la spedizione estiva mentre a Costantinopoli Giovanni Cappello, segretario del bailo, che era già partito in tutta fretta, consegnò al sultano una formale dichiarazione di guerra, dopo di che lasciò prudentemente la città quella sera stessa travestito da marinaio.

Francesco Morosini aveva sessantaquattro anni. Benché gli fosse sfuggito l'ambito corno, assunse il comando delle sessantotto navi da guerra, comprese sei galeazze, con entusiasmo e decisione. I preparativi occorrenti per una flotta di quelle dimensioni richiesero ovviamente un certo tempo, cosicché soltanto in luglio fu pronto a partire; alcune navi ausiliarie fornite dal papa, dal granduca di Toscana e dai cavalieri dell'Ordine di Malta fecero così in tempo a unirsi alla flotta prima della partenza. Una volta al largo Morosini puntò direttamente sul suo primo obiettivo: Santa Maura, l'isola di Leucade, la moderna Leukàs, e la conquistò il 6 agosto dopo sedici giorni di assedio. Fra le possibili conquiste di non eccessivo impegno, poche avrebbero potuto avere un maggiore peso strategico; situata tra Corfù e Cefalonia, Santa Maura dominava l'ingresso sia nell'Adriatico sia nel golfo di Corinto; essa costituì inoltre la testa di ponte da cui, circa un mese dopo, una modesta formazione sbarcò sul continente e costrinse alla resa il castello di Prevesa. Frattanto, poco più a nord, i valacchi, cristiani della Bosnia e dell'Erzegovina, erano insorti contro i turchi ed erano avanzati verso sud dilagando nell'Albania e nell'Epiro. Ancora più a nord, gli eserciti dell'imperatore e di Giovanni Sobieski continuavano ad avanzare in Ungheria. Quando l'inverno pose fine alla prima campagna, Venezia e i suoi alleati avevano fondati motivi per essere soddisfatti dei successi ottenuti.

Con l'arrivo della primavera del 1685, Morosini mise la prua verso il vecchio porto veneziano di Corone, perso nell'anno 1500, e sbarcò circa novemilacinquecento uomini, tra i quali figuravano, oltre a tremila veneziani, soldati tedeschi, pontifici, toscani e centoventi cavalieri di Malta. Questa volta la guarnigione turca si difese disperatamente e soltanto in agosto la bandiera bianca si alzò sulla cittadella. Poi, mentre venivano discusse le condizioni della resa, un cannone turco aprì il fuoco e uccise numerosi veneziani. I negoziati furono immediatamente interrotti, le truppe alleate irruppero nella città e compirono l'immancabile massacro. Seguì la conquista di molte altre fortezze, cosicché nei due o tre mesi successivi gran parte della Morea meridionale era sotto il controllo degli alleati. Intanto era giunto sul posto un generale svedese, il conte Otto William von Königsmarck, ingaggiato dalla Repubblica con lo stipendio di 18.000 ducati per assumere il comando supremo delle forze terrestri.

All'inizio del 1686 Morosini e Königsmarck si incontrarono a Santa Maura per un consiglio di guerra. C'erano quattro obiettivi principali tra i quali scegliere: Scio, Negroponte, Candia o il resto della Morea; fu deciso per l'ultimo, soprattutto per le forti pressioni di Königsmarck. Tutto considerato, non fu una scelta molto indovinata, però aveva certamente il vantaggio di presentare poche difficoltà. Nelle due successive campagne estive le forze della lega sottomisero Modone e Navarino, Argo e Nauplia, Lepanto, Patrasso e Corinto.

La notizia delle ultime tre vittorie arrivò a Venezia la mattina dell'11 agosto 1687. Tutta la città fu invasa da una gioia selvaggia. Finalmente, Candia era stata vendicata. Il Maggior Consiglio sospese immediatamente la seduta per consentire ai consiglieri di assistere a una funzione di ringraziamento nella basilica marciana e il Senato commissionò un busto di bronzo del Morosini, da collocare nell'armeria del Consiglio dei Dieci nel Palazzo Ducale con l'iscrizione: «*Francisco Mauroceno / Peloponnesiaco adhuc viventi / Senatus*».[3]

Frattanto la conquista della Morea procedeva rapidamente. Königsmarck era ora occupato a rastrellare alcune sacche di resistenza rimaste nell'interno, specialmente nella regione di Mistra e Sparta. Morosini con la flotta aveva girato intorno all'Attica e posto l'assedio ad Atene.

Qui accadde la seconda delle due tragedie della storia, che dobbiamo, purtroppo, imputare a Venezia. I miserabili avvenimenti della Quarta crociata sono stati già narrati;[4] ora dobbiamo riferire che il 26 settembre 1687, un lunedì, verso le sette della sera, un mortaio piazzato da Morosini sul colle Mouseion di fronte all'Acropoli fece fuoco, per mano di un tenente tedesco, sul Partenone che, per un'ulteriore maledizione del destino, i turchi stavano usando come polveriera. Il colpo giunse a segno e l'esplosione demolì quasi

[3] Il busto, di Parodi, fu poi donato a Morosini e rimase nel suo palazzo in Santo Stefano (sul lato orientale del campo, sul rio di San Maurizio, al civico n. 2803 del sestiere di San Marco) fino alla morte dell'ultima discendente diretta della famiglia, la contessa Loredana Morosini Gatterburg, nel 1884. Ora è tornato nella sua primitiva collocazione, nell'armeria; una copia in marmo, insieme con molti altri cimeli del Morosini, si trova nel Civico Museo Correr. Presso la chiesa della Madonna della Salute c'è un ex voto di argento inciso.

[4] Cfr. J.J. Norwich, *op. cit.*, pp. 239-271.

completamente la cella e il suo fregio, otto colonne sul lato settentrionale e sei su quello meridionale con le rispettive trabeazioni. Ma accadde anche dell'altro. Dopo la conquista della città, Morosini, senza dubbio spinto dal ricordo dei quattro cavalli di bronzo prelevati dall'Ippodromo di Costantinopoli nel 1205, ordinò di rimuovere i cavalli e il carro di Atena che facevano parte del frontone occidentale del tempio. Durante l'operazione l'intero gruppo crollò a terra e finì in pezzi. L'inflessibile conquistatore dovette accontentarsi di souvenir meno importanti: i due leoni laterali dei quattro che stanno ora davanti all'Arsenale.[5]

Non crediamo che in Venezia si versassero molte lacrime sul destino del Partenone. I veneziani erano troppo occupati nei festeggiamenti. Avevano dimenticato l'emozione che davano le grandi vittorie – l'ultima, Lepanto, risaliva a ben oltre cento anni, però una serie di conquiste territoriali come quella di Morosini non aveva riscontro fin dal XV secolo. Ma soprattutto avevano l'impressione di essere sulla buona strada per porre fine a quel pericolo turco che per tanto tempo aveva pesato sulla vita della Repubblica e persino per un possibile ritorno ai lontani giorni dell'imperialismo commerciale. Niente di strano se esultavano; niente di strano se il loro vittorioso ammiraglio fu acclamato come il più grande eroe militare nella storia veneziana;

[5] Quello sulla destra viene dalla Via Sacra; quello sulla sinistra, che reca la celebre iscrizione runica (ora appena visibile), che si dice scolpita dai variaghi, i vichinghi della guardia degli imperatori bizantini, dal Pireo. Il pilone bronzeo per l'asta della bandiera al centro del campo e le grandi porte di bronzo dell'ingresso sono pure ricordi delle vittorie di Morosini.

e niente di strano se, alla morte di Marcantonio Giustinian, nel marzo 1688, Francesco Morosini fu eletto doge all'unanimità e al primo scrutinio.[6]

Realizzata finalmente la sua più alta ambizione, Morosini non aveva però alcuna intenzione di cedere il suo comando. L'8 luglio 1688 fece uscire la flotta, forte di circa duecento navi, dal golfo di Atene e fece rotta verso l'isola di Negroponte. Come Candia, Negroponte era passata a Venezia con la spartizione dell'Impero bizantino dopo la Quarta crociata, e sebbene i turchi gliel'avessero poi strappata da due secoli, nel 1470, il ricordo della sua perdita bruciava ancora. Era notoriamente ben fortificata e contava su una guarnigione di seimila uomini, la quale presumibilmente, anche nel caso che non avesse ricevuto rinforzi, avrebbe opposto un'animosa resistenza. Ma le truppe della lega erano più del doppio e tanto il doge quanto il conte Otto William von Königsmarck non dubitavano di riuscire presto a conquistarla. Non potevano però prevedere che la fortuna avrebbe voltato loro le spalle. L'assedio era appena iniziato quando una terribile epidemia si diffuse nel campo cristiano. Non sappiamo bene cosa fosse: dissenteria forse o, più probabilmente, malaria. Dopo alcune

[6] Il giubilo che accolse l'elezione di Morosini non significa che Marcantonio Giustinian non fosse sinceramente amato e che la sua morte non avesse addolorato i veneziani. La povera gente lo venerava quasi come un santo; si dice che papa Innocenzo XI non lasciasse passare una settimana senza esclamare almeno una volta: «Volesse Iddio che gli altri sovrani della terra fossero come lui!». Fu sepolto nella cappella di famiglia, la cosiddetta «cappella dei Profeti», in San Francesco della Vigna.

settimane l'esercito aveva già perso un terzo degli uomini, tra i quali lo stesso von Königsmarck. Verso la metà di agosto l'arrivo da Venezia di altri quattromila uomini stimolò Morosini a continuare l'assedio; ma poco dopo dovette affrontare un ammutinamento. Le truppe imperiali provenienti da Hannover si rifiutavano recisamente di combattere ancora. Con il malumore che si diffondeva quasi con la stessa rapidità del morbo, non poté far altro che togliere l'assedio e ordinare l'imbarco delle truppe.

Tuttavia non riusciva ad accettare l'idea di un umiliante ritorno a Venezia. Un'altra vittoria, sia pure modesta, sarebbe stata sufficiente a riscattare l'insuccesso e ad autorizzare i veneziani ad accoglierlo come un eroe. La fortezza di Malvasia (Monemvasia) nell'angolo sudorientale del Peloponneso, uno dei pochi capisaldi di terraferma rimasti ai turchi, sarebbe servita ottimamente allo scopo. Ma da quando era doge, la fortuna non sorrideva più a Francesco Morosini. Il castello, situato su un'altura rocciosa, era raggiungibile soltanto attraverso un sentiero per la maggior parte largo meno di un metro e assolutamente inutilizzabile da un esercito per un assedio. Non restava che ricorrere al bombardamento e Morosini ordinò la costruzione di due piazzuole; ma prima ancora che fossero terminate anche lui fu colpito dalla malattia. Lasciato il comando al provveditore generale Girolamo Corner, o Cornaro, nel gennaio 1690, sofferente e sconsolato, si imbarcò per Venezia dove lo attendevano una commovente accoglienza e un lungo periodo di convalescenza nella sua villa di terraferma.

Il Corner si dimostrò un successore degno e per giunta fortunato. Prese Malvasia sui cui bastioni, dopo centocinquanta anni, si alzò di nuovo il gonfalone di San Marco; poi, informato che una flotta ottomana si stava dirigendo verso l'arcipelago, puntò nuovamente a nord verso di essa; la incontrò e la mise in fuga al largo di Metelino infliggendole notevoli danni. Tornato nell'Adriatico attaccò di sorpresa Valona, la conquistò e smantellò le fortificazioni. Era ancora a Valona quando si ammalò e un giorno o due dopo era morto. La sua scomparsa fu una vera perdita, tanto più grave in quanto il suo successore, Domenico Mocenigo, si rivelò ben presto un incapace; nel 1692 infatti attaccò La Canea ma, udita una semplice voce, per giunta infondata, dell'arrivo di una flotta turca, abbandonò subito l'impresa.

Visto che la guerra, incominciata con successi tanto entusiasmanti, ripiegava in una fase inconcludente, i veneziani si volsero di nuovo al proprio doge sperando in un suo attivo intervento. Morosini aveva ormai settantaquattro anni, e non aveva recuperato completamente la salute; ciò nondimeno, quando gli fu chiesto di riassumere il comando non esitò. Il 24 maggio 1693, vigilia della partenza, si recò in solenne processione nella basilica marciana; aveva la splendida veste ricamata d'oro del capitano generale, in mano il bastone del comando. Si racconta che molti tra i presenti criticassero il bastone «quale simbolo di autorità troppo palese in una città libera e repubblicana»; tuttavia, fu ugualmente accolto da fragorosi applausi quando comparve, dopo la messa,per compiere un giro intorno alla Piazza passando sotto vari archi di trionfo preparati appositamente.

Il giorno successivo, scortato dai suoi moschettieri e alabardieri, dai suoi alfieri, dalla cappella musicale e dai trombettieri, dal patriarca e dal clero, dai procuratori di San Marco, dal nunzio apostolico e dagli ambasciatori stranieri, dal Senato e infine dai familiari e dagli amici, procedette in corteo dalla Zecca sull'angolo della Piazzetta lungo la Riva degli Schiavoni, giù giù fino all'estremità di Castello, dove l'attendeva il *Bucintoro*, che lo portò attraverso la laguna, in mezzo a un nugolo di gondole festosamente decorate, a San Nicolò di Lido per un'ultima preghiera prima della partenza, poi alla sua galea, la *Generalizia*. Poco dopo la grande nave salpò, a vele spiegate, con il gran pavese e il leone di San Marco che garriva al vento diretta a Malvasia, dove si era già radunato il grosso della flotta.[7]

Dopo una partenza accompagnata da una coreografia così grandiosa e magniloquente, quella che fu l'ultima campagna di Francesco Morosini sembrò scadere in una modesta quotidianità. I turchi avevano sfruttato la pausa invernale e rinforzato le difese sia della Canea sia di Negroponte. Venti contrari dissuasero il Morosini dal compiere un altro tentativo nei Dardanelli;

[7] Sembra che sia generalmente sfuggito il fatto che questa imponente cerimonia per la partenza si sia svolta proprio nel giorno dell'Ascensione, quando cioè veniva celebrato lo «Sposalizio del Mare». Non vediamo perché lo «Sposalizio» non potesse essere incluso nel resto: pur essendo strano, sembra però che i veneziani non ci abbiano pensato.

la flotta turca intanto aveva cura di non farsi avvicinare. Rinforzò la guarnigione di Corinto e di alcuni altri centri importanti della Morea; attaccò qualche pirata algerino; infine, per non tornare a mani completamente vuote, occupò Salamina, Hydra e Spetses prima di ritirarsi a Nauplia per l'inverno. A quel punto era purtroppo già chiaro che stava pagando lo scotto delle fatiche e dei disagi affrontati. Per tutto il mese di dicembre fu sofferente per dei calcoli biliari e il 6 gennaio 1694 morì.

Come era prevedibile, fu onorato con funerali grandiosi; prima a Nauplia, dove il cuore e le viscere furono consegnati alla chiesa veneziana di Sant'Antonio, in seguito a Venezia in Santi Giovanni e Paolo, da dove il corpo fu portato a Santo Stefano per la sepoltura. Sul pavimento, nel mezzo di quella chiesa, una lapide scolpita indica la sua tomba. Nel Palazzo Ducale, sul fondo della Sala dello Scrutinio, Morosini è ricordato da un enorme arco di marmo che arriva quasi fino al soffitto, recante sei quadri simbolici di Gregorio Lazzarini. Struttura architettonica e contenuto poetico non sono di particolare rilievo[8] e l'insieme non si intona all'ambiente; tuttavia, l'arco evoca egregiamente il rispetto che Venezia dovette nutrire per l'ultimo dei suoi grandi dogi-guerrieri e la gratitudine che gli tributava per aver resuscitato,

[8] Molto più interessanti sono i quadri esposti nelle Sale Morosini del Civico Museo Correr (nn. XIX-XXIV), che contengono anche numerosi e straordinari cimeli del doge, tra i quali, curioso, il corpo imbalsamato del suo gatto che, si dice, egli amasse moltissimo.

almeno per un certo periodo, parte dell'antica fiducia nei propri destini.

Il non invidiabile compito di succedere a Francesco Morosini sul seggio dogale toccò a Silvestro Valier, figlio di quel Bertuccio Valier che lo aveva occupato più di quarant'anni prima. Già al momento dell'elezione era chiaro che non si attendeva da lui anche l'assunzione del comando militare; molti veneziani di rigidi sentimenti repubblicani avevano guardato con sospetto a quella che consideravano una pericolosa concentrazione di potere civile e militare e temevano che il caso di Francesco Morosini potesse costituire un precedente. Nella promissione del nuovo doge fu pertanto specificato che la prassi dell'assegnazione del capitanato generale a persona diversa dal doge poteva essere sospesa soltanto con l'assenso di almeno quattro dei sei consiglieri dogali o almeno due dei tre capi della Quarantia e che doveva poi essere approvata dal Senato e da almeno due terzi del Maggior Consiglio con una maggioranza prestabilita di almeno ottocento voti. Queste precauzioni ebbero il loro effetto e nella successiva storia della Repubblica nessun doge andò più in guerra.

Il comando supremo fu affidato ad Antonio Zen che partì quella stessa estate e il 7 settembre 1694 sbarcò circa novemila uomini sull'isola di Scio. Qui viveva una numerosa popolazione cristiana, tanto cattolica quanto ortodossa, ciascuna con un proprio vescovo. Entrambi i vescovi accolsero con calore i veneziani e offrirono il proprio appoggio contro la guarnigione turca, composta di duemila soldati e concentrata nella cittadella che sovrastava la città. Il bombardamento cominciò subito; il porto, nel quale si trovavano tre navi turche all'àncora, fu conquistato senza trovare resistenza e la guarnigione si arrese il 15 settembre in cambio di un salvacondotto per raggiungere il continente.

Fino ad allora tutto era andato bene; e quando a Scio giunse notizia dell'approssimarsi di una flotta turca di circa cinquanta legni l'ardore dei veneziani aumentò ancora. Per anni i turchi avevano cercato in ogni modo di evitare battaglie navali e i capitani agli ordini di Zen avevano un basso concetto della loro capacità e perfino del loro coraggio. Sfortunatamente, quando il capitano generale al termine dello stretto che separa Scio dal continente stava per inoltrarsi nel mare aperto sopraggiunse la bonaccia, che rese impossibile lo scontro. E quando il 20 settembre si levò una leggera brezza i turchi, che si erano accorti del pericolo, voltarono immediatamente le spalle e puntarono su Smirne, riuscendo a sfuggire ai veneziani che li inseguivano. Zen, deciso a dare battaglia, calò l'àncora nella rada davanti al porto, ma subito dopo salirono a bordo della capitana i consoli locali che rappresentavano le tre potenze europee estranee alla lega, Inghilterra, Francia e Olanda, che lo scongiurarono di non mettere a repentaglio con un attacco la vita e i beni dei cristiani della città; si racconta anche che accompagnassero le preghiere con l'offerta di «una considerevole somma di denaro».

Forse per la scarsità delle scorte o per altri motivi, Zen acconsentì e tornò a Scio.[9]

Ma quella battaglia che i capitani veneziani volevano con tanta impazienza non doveva tardare molto. Il sultano, furibondo per la perdita di una delle sue isole più importanti, aveva ordinato la sua immediata riconquista a tutti i costi e già ai primi di febbraio del 1695 fu segnalata una flotta ottomana, composta di sedici navi del tipo più pesante, le cosiddette «sultane», scortate da ventiquattro galee e alcune galeotte. Antonio Zen prese ancora il mare con una flotta approssimativamente della stessa forza, che comprendeva anche una squadra dei cavalieri dell'Ordine di Malta, e alle dieci del mattino del 9 febbraio la battaglia ebbe finalmente inizio al largo delle isole Spalmadori, all'estremità settentrionale dello stretto. Fu lunga e violenta, contrassegnata da numerosi atti di straordinario coraggio tra i veneziani (e probabilmente anche fra i turchi, benché i resoconti veneziani non ne facciano menzione); ma quando al calar della sera le due flotte cessarono i combattimenti e si separarono il risultato era incerto, anche se le perdite da entrambe le parti erano state gravi (tra i veneziani 465 morti e 603 feriti).

[9] Molti storici, tra i quali P. Daru e S. Romanin, seguono lo storico veneziano dell'epoca Pietro Garzoni, che fu uno dei principali accusatori di Zen, e riferiscono che durante la bonaccia i veneziani avrebbero avuto in proprio potere le navi turche ma che Zen non concesse ai propri capitani il permesso di attaccare. L'episodio appare improbabile e comunque le versioni sono talmente contrastanti che è impossibile accertare la verità. Per tutta la vicenda di Scio, il resoconto più particolareggiato, preciso e ponderato è quello di Filippo Argenti, *L'occupazione di Scio da parte dei Veneziani*, 1694.

Ma si trattava soltanto della prima fase. Le due flotte calarono l'àncora appena fuori della gittata dei propri cannoni e restarono in attesa per ben dieci giorni sorvegliandosi a vicenda. Il 19 febbraio, con un forte vento alle proprie spalle, i turchi si lanciarono nuovamente sul nemico. Durante la battaglia la forza del vento aumentò ancora e il mare divenne agitato rendendo impossibile la manovra nei piccoli spazi. I veneziani tentarono disperatamente di portarsi sopravvento ma vennero invece gradualmente premuti nello stretto canale fino all'imboccatura del porto. Almeno per le pesanti galee era impossibile entrarvi con quel tempo; dovettero sostare nella rada, esposte al continuo fuoco dei turchi. Le perdite dei veneziani erano immense, quelle dei turchi relativamente lievi. Il capitano generale convocò un consiglio di guerra, ma sembra che la conclusione fosse praticamente scontata. Gli uomini disponibili non erano più sufficienti per un adeguato presidio della fortezza; le fortificazioni erano in condizioni deplorevoli, il tesoro vuoto e i rifornimenti ormai scarsi.

Molto prima che i veneziani avessero potuto ricevere aiuti, i turchi avrebbero attaccato di nuovo; in questo caso il risultato non poteva essere che catastrofico. Soltanto il comandante delle forze terrestri, il barone von Steinau, sosteneva che Scio poteva ancora essere difesa. Stando a una lettera scritta quasi certamente da un testimone oculare,[10] «il capitano generale piangeva

[10] Riportata da F. Argenti, *op. cit.*

come un bambino; il suo animo era completamente fiaccato e non sapeva far altro che ripetere le parole: "Fate ciò che volete: è tutto nelle vostre mani"».

Così accadde che l'isola di Scio fu persa di nuovo nemmeno sei mesi dopo la conquista. Nella notte del 20 febbraio tutto il materiale bellico trasportabile fu caricato sulle navi, le fortificazioni smantellate, almeno dove ne valeva la pena. Il mattino del 21 la flotta uscì dal porto; aveva a bordo, per sottrarle alla vendetta dei turchi, molte delle principali famiglie cattoliche dell'isola, alle quali erano stati promessi terreni nella Morea a risarcimento di quanto erano costretti a perdere. L'ultima nave aveva appena virato intorno al molo quando una delle più grandi, l'*Abbondanza e ricchezza*, carica di armi e munizioni, urtò contro uno scoglio sommerso. Tutti gli sforzi per disincagliarla fallirono e alla fine dovette essere abbandonata, con quasi tutto il carico ancora intatto a bordo.

Per i veneziani, che così recentemente avevano festeggiato la conquista di Scio, la notizia della sua perdita fu oggetto di rabbia più che di dolore. Numerosi lupi di mare commentavano le carenze del capitano generale, la sua indecisione, l'eccessiva prudenza, l'imprevidenza, la mancanza di iniziativa e di attitudine al comando. Il Senato ordinò immediatamente un'inchiesta, nel corso della quale lo sfortunato Zen, insieme con i due provveditori e parecchi fra i più alti ufficiali, fu riportato in ceppi a Venezia. Morì in prigione il 6 luglio 1697, mentre l'inchiesta era ancora in corso, dopo aver scritto un lungo memoriale, che in seguito fu pubblicato a spese del governo veneziano. Questo gesto fu interpretato dai più informati come l'equivalenza di un'assoluzione; però i risultati ufficiali dell'inchiesta non furono mai resi noti.

Intanto il nuovo capitano generale Alessandro Molin, assecondato da terra dall'ammirevole barone von Steinau, aveva conseguito parecchi e notevoli successi. Uno sbarco turco nell'Argolide fu respinto e una seconda battaglia navale al largo di Scio contribuì a rendere meno cocente l'umiliazione dell'anno precedente. I veneziani vinsero ancora in uno scontro vicino ad Andros nel 1697 e poi in uno successivo all'imboccatura dei Dardanelli nel settembre 1698; con queste vittorie riconquistarono l'effettivo, anche se temporaneo, controllo dell'Egeo; ma la perdita di Scio doveva restare ancora per molti anni un ricordo amaro.

Mentre Venezia combatteva per la lega nel Mediterraneo, a nord i suoi alleati erano stati tutt'altro che inoperosi. Nel 1686 il duca Carlo di Lorena aveva riconquistato Buda, che tornava così all'Impero dopo centoquarant'anni di dominazione turca, e nel 1688 la caduta di Belgrado aveva riportato gran parte della Bosnia, della Serbia e della Valacchia sotto il controllo cristiano. Questa importantissima città fortificata era stata persa nuovamente nel 1690, ma la conquista della Transilvania l'anno dopo ne aveva parzialmente compensato il danno. La morte di Giovanni Sobieski nel 1696 era stata un duro colpo; ma la lega trovò un nuovo e prezioso alleato nella persona di Pietro il Grande di Russia, a richiesta del quale, quello stesso anno, Venezia aveva inviato a Mosca una squadra di tredici maestri d'ascia. Infine, nel 1697 il principe Eugenio di Savoia aveva praticamente annientato l'esercito ottomano a Zenta, lasciando morti sul campo di battaglia circa ventimila soldati ottomani.

I turchi non erano ancora sconfitti; ma erano innegabilmente abbattuti e sembravano propensi a cogliere la prima occasione per negoziare la pace. L'imperatore Leopoldo da parte sua non aspettava altro perché sapeva che si stava avvicinando un'altra crisi, questa volta non sul confine orientale bensì a occidente, dove il re di Spagna Carlo II, un uomo strano e senza figli, non aveva molto da vivere. Erano due i principali pretendenti a quel trono: lo stesso imperatore e Luigi XIV di Francia, entrambi nipoti di Filippo III e generi di Filippo IV; in queste condizioni è comprensibile che Leopoldo desiderasse avere le mani libere per dedicarsi innanzitutto alla successione spagnola. Inghilterra e Olanda, inorridite davanti alla prospettiva della Francia e della Spagna unite sotto Luigi XIV, offrirono la propria mediazione per una trattativa con il sultano; Polonia e Venezia, nel presupposto che si sarebbero tenuti i territori conquistati, erano ben liete di deporre le armi dopo quindici anni di guerra, mentre Pietro il Grande aveva già abbastanza da fare per trascinare il proprio paese fuori del Medioevo. L'accordo preliminare fu raggiunto presto e il 13 novembre 1698 le potenze interessate si incontrarono a Carlowitz in Ungheria, ora la città serba di Sremski Karlovci.

I negoziati non furono molto facili poiché i rappresentanti del sultano sottolinearono subito che la Turchia non si era arresa e che pertanto non vedevano ragioni valide per abbandonare definitivamente tutti i territori in quel momento occupati dai cristiani. Avevano in mente in particolare certe zone nell'area del Mediterraneo. Venezia poteva avere la Morea; il sultano non aveva niente in contrario. Poteva anche tenersi Santa Maura da una parte ed Egina dall'altra, nonché vari centri fortificati sulla costa dalmata. Era però risoluto a non cedere Atene, l'Attica e tutto il territorio greco a nord del golfo di Corinto. Il rappresentante veneziano si oppose strenuamente, ma fu poco appoggiato. L'imperatore, una volta assicuratesi l'Ungheria e la Transilvania, era ansioso di tornare a casa il più presto possibile e lasciò intendere ai veneziani che se insistevano nel creare difficoltà non avrebbe esitato a concludere una pace separata. Per un certo tempo la Repubblica continuò a discutere da sola e il 26 gennaio 1699 non era presente quando i suoi alleati firmarono il trattato di pace. Ma alla fine la ragione vinse sull'orgoglio e il 7 febbraio il doge Valier appose il suo sigillo.

Fu una saggia decisione perché il trattato di Carlowitz è uno strumento diplomatico che più di tutti gli altri sanziona il declino della potenza ottomana; e Venezia, che si era confrontata con quella potenza molto più a lungo di qualsiasi altro Stato cristiano, aveva anche maggior diritto di esserne una firmataria. D'altra parte, la forzata rinuncia a una parte considerevole delle conquiste fatte non costituiva semplicemente una ferita dell'amor proprio: rendeva notevolmente più difficile la difesa del resto.

Anche se i turchi avevano cominciato a demolire le fortificazioni di Lepanto e di Prevesa, avrebbero sempre potuto invadere la Morea dall'Attica o comunque da qualsiasi punto lungo la sponda settentrionale del golfo di Corinto, come del resto accadrà molto presto.

Meno di un anno dopo, il sabato 7 luglio 1700, al mattino, il doge Silvestro Valier morì per un colpo apoplettico dopo un litigio con la moglie; fu forse per un certo sentimento di responsabilità per quella morte che la vedova ordinò all'architetto Andrea Tirali quell'immenso mausoleo barocco che occupa un intero spazio tra due colonne sopra la porta laterale della navata destra di Santi Giovanni e Paolo, nella quale furono riposti anche i resti del suocero, il doge Bertuccio Valier e dove fu poi sepolta lei stessa. È in un certo senso significativo che l'ultima e forse la più sontuosa delle grandi tombe dogali sia stata quella dell'ultimo doge del XVII secolo; con Alvise II Mocenigo, successore di Silvestro Valier, comincia una nuova età, di eleganza e di misura, piuttosto che di magniloquenza e di pompa; una nuova età che coincide con l'inizio del nuovo secolo, che avrebbe visto la fine della stessa Repubblica.

Capitolo XXV
Passarowitz e la pace
(1700-1718)

Il n'y a plus de Pyrénées!*

Luigi XIV alla notizia che il nipote ereditava la corona di Spagna

L'anno 1700 vide la morte di due principi regnanti in Europa: quella di un uomo di straordinaria abilità e intelligenza come il doge Silvestro Valier, che passò praticamente inosservata fuori d'Italia; quella invece dello strambo Carlo II di Spagna, che gettò tutto il continente nel caos. Carlo aveva in un primo tempo fatto un testamento con il quale lasciava il Regno alla «illustre casa d'Austria»; poi, un mese prima della morte, aveva improvvisamente cambiato idea e favorito invece Filippo d'Angiò, nipote di Luigi XIV. Il re di Francia spedì immediatamente il giovane a Madrid affinché salisse sul trono senza perder tempo; sapeva bene infatti che l'imperatore Leopoldo non sarebbe stato pacificamente d'accordo con il nuovo testamento. Ciò che non sapeva era quanto lunga e disperata sarebbe stata la guerra che stava per scoppiare per quel trono e quale

* «Non vi son più Pirenei!».

prezzo avrebbe dovuto pagare per tentare di farlo avere al proprio nipote.

L'imperatore aveva due importanti alleati, Inghilterra e Olanda, dove il ricordo dell'ostilità e dell'oppressione spagnola era ancora fresco. La Francia per il momento non ne aveva; Luigi XIV inviò allora in tutta fretta a Venezia uno dei suoi più fidati consiglieri, il cardinale César d'Estrées. Questi avvertì i veneziani che truppe imperiali stavano già penetrando in Italia attraverso il Tirolo per strappare Milano alla Spagna. Se la loro marcia continuava senza ostacoli si sarebbero impossessate di tutta l'Italia settentrionale, compreso il territorio della Repubblica. L'unica soluzione era la creazione immediata di una lega franco-ispano-veneziana. Venezia avrebbe potuto bloccare il passaggio all'imperatore mentre Francia e Spagna in cambio avrebbero protetto gli interessi veneziani ovunque fossero stati minacciati, in oriente, in Dalmazia, nel Friuli e nell'arcipelago, o a occidente, dove trentamila uomini erano stati già radunati nel Delfinato, pronti a marciare. Contemporaneamente, un ambasciatore di Leopoldo, il conte von Lamberg descriveva con toni non meno foschi le terribili conseguenze che dovevano attendersi se si fosse permesso che le corone di Francia e di Spagna fossero unite in tutto salvo il nome e dipingeva un quadro altrettanto roseo delle benedizioni che non potevano non piovere su Venezia da un'alleanza imperiale.

Al Senato, nel Consiglio dei Dieci, nel Collegio e perfino nel Maggior Consiglio si discusse a lungo e con calore. Alla fine il consenso fu unanime sulla conclusione che era meglio non fidarsi di quei due giganti che ora stavano coltivando tanto assiduamente l'amicizia di Venezia.[1] Al diavolo le loro Case regnanti: Venezia decideva per una posizione di neutralità armata. Riuscì poi alla meglio a mantenere questa posizione, pur sottoposta a immense pressioni da entrambe le parti, per tutta la durata della guerra che scoppiò immediatamente con estrema violenza. Se quella decisione fu un bene o un male è un problema che divide ancora oggi gli storici. Gli inconvenienti erano abbastanza palesi: non poteva impedire ai belligeranti di entrare nella sua terraferma o nelle sue acque; infatti, per alcuni anni tutta la terraferma veneziana divenne un immenso campo di battaglia. Nel Vicentino, nel Veronese e nel Bresciano, lungo l'Adige, l'Adda e il Mincio andavano e venivano le armate imperiali del principe Eugenio di Savoia e le truppe francesi agli ordini del maresciallo Nicolas de Catinat e, in seguito, dei duchi di Villeroi e di Vendôme.[2] Invano Venezia inviava proteste, avvertimenti e richieste di risarcimento a Parigi e a Vienna; lei stes-

[1] Fu detto che Leopoldo continuò per tutta la vita a riferirsi a Verona come alla «mia Verona», benché la città fosse veneziana da tre secoli.

[2] Il duca François de Neufville, signore di Villeroi, che perse in tutta la carriera per pura e semplice incompetenza praticamente ogni battaglia combattuta, non durò a lungo in Italia, dove divenne ben presto un noto zimbello. Nel 1702 fu sorpreso a Cremona dagli imperiali, che non riuscirono a conquistare la città, però fecero prigioniero lui; per tutto il resto della guerra, durante le marce i soldati francesi cantavano: *Parsembleu! La nouvelle est bonne / Et notre bonheur sans égal: / Nous avons conservé Crémone / Et perdu notre général.* // (Ohibò! La notizia è buona, / La nostra felicità senza eguale: / Abbiam conservato Cremona / E perduto il nostro generale). A lui successe nella direzione delle operazioni militari in Italia Luigi Giuseppe di Borbone, granduca di Vendôme.

sa doveva continuamente difendersi dalle accuse che ciascuna parte le rivolgeva di favorire l'altra. Invano cercò di impedire che gli austriaci trasportassero per mare materiale bellico da Trieste, e da altri porti dell'Impero, al delta del Po o che i francesi accorressero con ingenti forze navali nell'Adriatico per attaccare e distruggere le navi austriache a Chioggia e Malamocco e al limite della stessa laguna; o che una flotta anglo-olandese si permettesse di incrociare per vigilanza in quelle acque che essa ancora proclamava sue ma che era evidentemente incapace di controllare.

Tutte queste dure prove e umiliazioni erano l'inevitabile conseguenza della politica che Venezia aveva liberamente scelto; e numerosi commentatori veneziani e stranieri hanno pensato che avrebbe potuto adottare fin dall'inizio una politica più remunerativa: non quella, forse, di dichiararsi categoricamente per una parte, poiché se la guerra fosse finita con una vittoria netta e totale, chiunque fosse stato il vincitore la Repubblica sarebbe stata tra gli sconfitti; piuttosto quella indicata dal duca Vittorio Amedeo di Savoia, che combatté per se stesso, appoggiando prima i francesi, poi l'Impero, cambiando parte quando lo riteneva utile e finendo la guerra con lo Stato ingrandito. Lo storico francese del periodo napoleonico Pierre Daru va oltre, affermando che la Repubblica «avrebbe dovuto assumere un atteggiamento più deciso, ispirando tutti i principi italiani con una nobile risolutezza e mettendosi alla loro testa, in modo da impedire la devastazione di quella bella terra per opera di invasori stranieri». Ma ciò significa interpretare erroneamente il carattere del tempo. Gran parte della penisola era occupata dallo straniero: il Risorgimento, o qualcosa di simile, era ancora troppo lontano e anche se non lo fosse stato, non era da Venezia che poteva venire l'impulso necessario. Non si era mai sentita veramente e completamente parte dell'Italia. Sebbene i suoi sentimenti di italianità si fossero rafforzati dopo l'acquisizione dell'impero di terraferma, certamente non erano ancora perfettamente saldi (forse, anzi, non lo sarebbero stati mai). E in ogni caso quel tipo d'uomo che sarebbe stato indispensabile per suscitare e governare le ambizioni italiane, pittoresco, affascinante, ardente, con le innate qualità dell'oratore e del capo, molto difficilmente sarebbe potuto emergere dal seno prudente e assembleare della Serenissima.

Ad ogni modo, così come andarono le cose, Venezia uscì dalla guerra di successione spagnola abbastanza indenne. Una serie di sconfitte francesi insieme con lo spostamento a nord dell'epicentro della guerra, dove John Churchill, primo duca di Marlborough, creò rapidamente la propria leggenda, significarono, dopo i primi quattro o cinque anni, una relativa pace per la Repubblica. Venezia fu pertanto in grado nel marzo 1709 di offrire senza badare a spese una grandiosa accoglienza al re Federico IV di Danimarca, benché stesse ancora combattendo con il più terribile inverno della sua storia, tanto che la laguna era tutta gelata e la gente andava a Mestre e a Fusina camminando sul ghiaccio.

L'eccitazione – o forse la crudezza dell'inverno – aveva distrutto il doge, che morì due mesi dopo.[3] Con uno dei suoi ultimi atti ufficiali aveva informato l'ambasciatore francese che la Repubblica era lieta di accettare l'invito di re Luigi a tentare una mediazione tra la Francia e i suoi nemici, e una delle prime decisioni del suo successore, Giovanni II Corner, fu l'invio all'Aia di Sebastiano Foscarini, un esperto e astuto diplomatico che si impegnò attivamente nella ricerca di un accordo. Ma la coalizione, che poteva vantare tutta una serie di splendide vittorie, intendeva imporre condizioni umilianti; Luigi le respinse e decise di continuare la lotta; soltanto dopo altri tre anni, che videro i combattimenti più duri di tutta la guerra e a Malplaquet la battaglia più sanguinosa, gli esausti contendenti si incontrarono a Utrecht, presenti anche Venezia e Savoia, e rifecero la mappa d'Europa. I confini di Venezia, rimasta neutrale durante il conflitto, non subirono cambiamenti; ma il suo ambasciatore, Carlo Ruzzini, fu molto impressionato dalle manifestazioni di stima e di rispetto che gli venivano tributate, anche dagli altri Stati italiani i quali, non avendo un posto al tavolo della conferenza, avevano però inviato degli osservatori. Ruzzini riferì con compiacimento che questi Stati ita-

[3] Il monumento più importante al quale è affidato il ricordo di Alvise II Mocenigo è la facciata di San Stae, una magnifica fantasia barocca dell'architetto Domenico Rossi (e di una intera brigata di esuberanti scultori), resa possibile da un suo lascito di 20.000 ducati destinato specificamente a quello scopo. Il suo corpo giace sotto una grossa pietra tombale al centro del pavimento, che non reca però una precisa identificazione: soltanto il corno dogale e un'iscrizione latina attestante che nome e ceneri sono stati sepolti insieme: «*Nomen et cineres una cum vanitate sepulta*».

liani riconoscevano unanimemente Venezia come «la principale potenza e protettrice d'Italia».

Quando tutti quegli accordi internazionali noti collettivamente come il trattato di Utrecht furono firmati durante i primi quattro mesi del 1713, Venezia era tornata in possesso della Morea da oltre un quarto di secolo. Questa rinnovata esperienza imperialistica però non era stata un successo. Gli anni dell'occupazione turca avevano ridotto una terra una volta prosperosa a una plaga di povertà e desolazione; i veneziani si erano convinti molto presto che il governo di quella regione sarebbe stato molto costoso e non avrebbe fruttato neppure la gratitudine di quelle diseredate popolazioni. Il loro patriottismo, alimentato e santificato come sempre dal clero ortodosso, impediva di scorgere un miglioramento sensibile nel fatto che i padroni infedeli fossero stati sostituiti da cristiani scismatici, che non mostravano molta simpatia per le loro aspirazioni di indipendenza. La creazione di vescovadi latini incrementò il risentimento. Infine, c'era il problema della difesa. In tempi passati, quando la presenza veneziana era limitata a poche e importanti colonie in città presidiate non presentava gravi difficoltà; ma ora come si potevano proteggere da possibili invasioni quasi milleseicento chilometri di costa frastagliata? Anche quelle nuove opere difensive che erano state ritenute indispensabili, come la fortezza di Acrocorinto, ancor oggi uno degli esempi più belli di architettura militare veneziana, servirono soltanto ad accrescere il malumore della popolazione locale con le cui tasse erano state pagate e con il cui lavoro coatto erano state costruite. Nessuna meraviglia pertanto se i soldati turchi, quando comparvero di nuovo nel Peloponneso, vennero salutati come liberatori.

Restava il fatto che per tutti i veneziani, indistintamente, la Morea era anche il simbolo dell'ultima epopea militare della Repubblica e che l'eventualità della sua perdita non poteva provocare nella Serenissima che costernazione. Nel dicembre del 1714 il gran visir ottomano convocò il bailo di Costantinopoli Andrea Memmo per informarlo che, a causa di alcuni recenti incidenti nel Montenegro e dell'intercettazione di una nave turca nell'Adriatico, il suo signore aveva deciso di dichiarare la guerra. La trasparenza della scusa confermava i sospetti che il vero obiettivo del sultano – o, più esattamente, del gran visir, incline alla guerra al contrario del sultano Ahmed che amava la pace – fosse la riconquista della Morea. Di nuovo Venezia si rivolse agli Stati europei per chiedere aiuto, e di nuovo ottenne le solite risposte nebulose, a parte l'offerta di una galea o due dal papa e dai cavalieri dell'Ordine di Malta.

Il piano elaborato dal visir Damat Alì prevedeva un'operazione combinata terrestre e navale; l'esercito calò dalla Tessaglia mentre la flotta si inoltrava nell'Egeo con rotta verso sud-ovest. Nel corso dell'estate del 1715 sia le forze terrestri sia quelle navali colsero tutta una serie di successi. Durante il viaggio la flotta aveva costretto alla resa Tinos, il cui comandante, Bernardo Balbi, fu condannato al carcere a vita, ed Egina, mentre l'esercito aveva conquistato Corinto dopo un assedio di cinque giorni. Seguirono Nauplia, Modone, Corone, Malvasia e l'isola di Citera. Frattanto i turchi di Creta – ormai il nome Candia non era più che un ricordo –, incoraggiati dai successi dei compatrioti, avevano attaccato e occupato gli ultimi avamposti veneziani di Suda e Spinalonga,[4] i cui abitanti non poterono far altro che arrendersi per aver salva la vita. Verso la fine del 1715 i turchi avevano già ripreso la Morea e annullato in pochi mesi l'effetto di tutte le grandi vittorie di Francesco Morosini. Padroni di Creta e della Morea, controllavano ancora una volta le porte dell'Adriatico; a Venezia non restava che un unico baluardo: Corfù. L'esercito che nei primi mesi del 1716 il gran visir inviò contro Corfù consisteva in trentamila uomini di fanteria e in circa tremila cavalli. Le valutazioni sulla forza dei veneziani non concordano; senza dubbio erano numericamente inferiori. Ma negli assedi il confronto delle pure forze numeriche è meno importante che in campo aperto; ciò che conta di più è il livello delle tecniche di attacco e di difesa. E in questo settore Venezia faceva affidamento sulla scienza e l'abilità di uno dei più intelligenti soldati del tempo, il maresciallo Johann Matthias von der Schulenburg. Costui aveva combattuto agli ordini del duca di Marlborough a Oudenaarde e Malplaquet e dopo la conclusione del conflitto a pace sopravvenuta era entrato al servizio della Repubblica. Durante gran parte dell'inverno aveva migliorato le fortificazioni di Corfù e,

[4] Le isole di Grabusa erano state abbandonate da Venezia nel 1692.

benché non avesse potuto impedire ai turchi di sbarcare l'esercito, aveva però preparato per loro un sistema difensivo molto più efficiente di quelli che essi avevano fino ad allora conosciuto.

L'assedio continuò per tutta l'estate. Ai primi di agosto però giunsero delle notizie che certamente furono incoraggianti per i veneziani e demoralizzanti per i turchi: Venezia aveva concluso un'alleanza con l'Impero, che era entrato in guerra. Il quasi leggendario principe Eugenio di Savoia era di nuovo in marcia. Aveva sbaragliato l'esercito turco proprio a Carlowitz, dove diciotto anni prima i turchi avevano firmato quel trattato che ora avevano così vergognosamente infranto, e poco dopo aveva ottenuto una vittoria ancora più schiacciante a Petervaradino, dove i turchi avevano perso ventimila uomini e lasciato duecento cannoni agli imperiali, le cui perdite furono di appena tremila uomini.

Questa imprevista creazione di un nuovo fronte suggerì probabilmente al comandante turco l'idea che se non avesse preso Corfù subito forse non l'avrebbe presa mai più. Nella notte del 18 agosto ordinò l'assalto generale, con l'accompagnamento, secondo l'usanza, del fracasso assordante dei tamburi, delle trombe, del fuoco dei cannoni e dei fucili, di orrendi e laceranti gridi di guerra; guerra psicologica di un genere primitivo ma non per questo inefficace. Schulenburg e il provveditore generale Antonio Loredan accorsero immediatamente ai propri posti e chiamarono a raccolta tutta la popolazione civile in grado di dare un qualsiasi aiuto, comprese donne e bambini, vecchi e malandati, preti e frati. Dopo sei ore la lotta era ancora disperata e né gli attaccanti né i difensori erano riusciti a conseguire un vantaggio apprezzabile; il conte di Schulenburg decise allora di puntare tutto su un attacco di sorpresa. Alla testa di ottocento picchieri sgusciò fuori da una postierla e piombò alle spalle di un reparto nemico. Il successo fu immediato e decisivo. I turchi si dettero alla fuga lasciando sul campo armi e munizioni, mentre i loro compagni impegnati ad attaccare altri punti delle mura, incerti e confusi, conclusero che l'assalto era fallito e iniziarono anch'essi la ritirata, sebbene più ordinatamente. La notte successiva, quasi a consolidare la vittoria veneziana, scoppiò un temporale di tale violenza che nello spazio di poche ore il campo turco fu ridotto a una palude, le trincee trasformate in canali, le tende fatte a pezzi oppure, rotti i tiranti, sollevate e portate via dalla furia del vento. Nella rada molte navi turche, strappati gli ormeggi, finirono l'una contro l'altra fracassandosi.

All'alba, quando i danni del temporale furono visibili in tutta la loro estensione, veramente pochi tra gli ex assedianti erano disposti a restare ancora in quell'isola dove regnavano dèi ostili; infatti, dopo qualche giorno i turchi levarono il campo e Corfù fu salva. Schulenburg fu ricompensato con una spada ornata di pietre preziose, una pensione vitalizia di 5.000 ducati e con l'onore di una statua eretta, ancora vivente, nella vecchia fortezza;[5] dopo di allora i turchi non tentarono

[5] Durante l'occupazione francese dell'isola fu trasferita nella sua attuale sede nell'Esplanade. Un altro, più modesto, monumento, opera di Giovanni Maria Morlaiter, si trova in Arsenale.

mai più di ampliare il proprio Impero a spese dell'Europa cristiana.

A Corfù non era stato semplicemente tolto un assedio; i veneziani avevano ottenuto una vera e propria vittoria, il cui effetto sul morale della città fu enorme. Quell'inverno gli arsenalotti lavorarono giorno e notte e a primavera una nuova flotta di ventisette navi salpò da Zante verso i Dardanelli agli ordini di un giovane brillante ammiraglio, Lodovico Flangini. Il 12 giugno 1717 avvenne l'incontro con la flotta turca. La battaglia durò parecchi giorni e finì con una splendida vittoria dei veneziani, rattristata soltanto dalla morte del Flangini che, ferito mortalmente, aveva voluto essere portato sul cassero per osservare le ultime fasi dello scontro. Un mese dopo, al largo di Matapan, la flotta turca fu ancora battuta e posta in fuga, questa volta per opera di Andrea Pisani che, tornato a nord, fece in tempo a riconquistare Prevesa e Vonitsa prima dell'inverno. In Dalmazia un Mocenigo, Alvise, stava riportando altre vittorie, mentre il principe Eugenio aveva finalmente ripreso l'importante piazzaforte di Belgrado e i turchi erano in ritirata su tutti i fronti.

Se la guerra fosse continuata per un'altra stagione, forse i veneziani sarebbero riusciti a occupare ancora una volta la Morea, anche se è lecito chiedersi se ciò, a lunga scadenza, sarebbe tornato davvero a loro vantaggio. Ma come era prevedibile i turchi chiesero la pace e, a quel punto, Venezia constatò che la conclusione dell'alleanza con l'Austria era stata un pessimo affare. L'Impero, al quale erano sorte nuove difficoltà dalla Spagna, era ansioso di giungere rapidamente a un accordo e prestò poca attenzione alle rivendicazioni territoriali di Venezia sostenendo la tesi, completamente falsa, che la vittoria di Corfù e le successive dei veneziani erano il diretto risultato del trionfo del principe Eugenio a Petervaradino. Così, quando le parti si incontrarono nel maggio del 1718 a Passarowitz, insieme con i rappresentanti di Inghilterra e Olanda in veste di mediatori, l'inviato veneziano Carlo Ruzzini, malgrado la precedente esperienza diplomatica di Carlowitz e Utrecht, dovette presto accorgersi di essere isolato. Per sei ore perorò la causa di Venezia, chiedendo la restituzione di Suda, Spinalonga, Tinos, Citera e della Morea o, al posto della Morea, l'estensione in Albania del territorio veneziano verso sud fino a Scutari e Dulcigno (Ulcinj), un covo di pirati che la Repubblica intendeva eliminare. Fu anche sfortunato perché il suo discorso coincise con l'arrivo della notizia che diciottomila spagnoli erano sbarcati in Sardegna, allora austriaca. Venezia dovette accontentarsi di Citera, Butrinto, Prevesa e Vonitsa, oltre ad alcune fortezze di confine in Dalmazia, dove però era obbligata a permettere ai turchi libere comunicazioni con Ragusa. Era una magra ricompensa per i sacrifici dei quattro anni di guerra, per l'eroismo di Schulenburg, di Flangini e di tanti altri.

Le frontiere di quello che era l'impero veneziano furono stabilite per l'ultima volta a Passarowitz. Non ci sarebbero più stati acquisti, perdite o scambi. È pertanto il momento buono per indicarle. A parte la città storica, i centri abitati e le isole della laguna, l'impero comprendeva sulla terraferma le città e i relativi territori annessi di Bergamo, Brescia, Cremona, Verona, Vicenza, il Polesine con Rovigo, la Marca di Treviso con Feltre, Belluno e il Cadore. Intorno al golfo adriatico abbracciava il Friuli, poi l'Istria e la Dalmazia con le sue isole, l'Albania settentrionale con Cattaro (Kotor), Butrinto, Parga, Prevesa e Vonitsa; poi le Isole Ioniche con Corfù, Paxo e Antipaxo, Santa Maura, Cefalonia, Itaca, Zante e le Strofadi; e infine, a sud della Morea, l'isola di Citera. Questo era tutto.

Il trattato fu firmato il 21 luglio 1718. Esattamente due mesi dopo, durante un altro terrificante temporale estivo, un fulmine cadde sulla polveriera della vecchia fortezza di Corfù. Lo scoppio fece a sua volta esplodere altri tre più piccoli depositi di munizioni e l'intera cittadella fu praticamente distrutta. In particolare, il palazzo del governatore fu ridotto in macerie e nel suo crollo rimasero uccisi il capitano generale e vari membri del suo stato maggiore. In una frazione di secondo la natura aveva fatto più danni delle forze terrestri e navali turche in molti mesi: la futilità della recente guerra fu più che mai sottolineata. Eppure, in mezzo a tutti i lamenti che si levarono a Venezia, si poteva ancora percepire la leggera e pacata voce dell'ottimista: cosa sarebbe accaduto se il fulmine sulla polveriera fosse caduto durante l'altro temporale, quello di due anni prima? Forse, malgrado tutte le apparenze, l'Onnipotente era ancora dalla parte di Venezia.

Inoltre, fra non molto, l'ottimista sarà affiancato da un altro tipo umano: il realista, convinto che l'era della grandezza imperiale era ormai finita e che le conquiste di Francesco Morosini avevano procurato a Venezia nient'altro che guai e che la Repubblica stava meglio senza. Il trattato di Passarowitz, insoddisfacente quanto si voleva, aveva risolto le pendenze con i turchi e proclamato un'eterna amicizia con l'Austria asburgica, l'altra potenza che avrebbe potuto costituire per Venezia una seria minaccia. Il risultato era la pace, una pace destinata a durare gran parte del secolo, sino a quando l'arrivo di Napoleone avrebbe segnato la fine della Repubblica.

Capitolo XXVI

Il XVIII secolo
(1718-1789)

As for Venice and her people, merely born to bloom and drop,
Here on earth they bore their fruitage, mirth and folly were the crop:
What of soul was left, I wonder, when the kissing had to stop?*

ROBERT BROWNING, *A Toccata of Galuppi's*, in *Men and Women*, 1855.

«*Ici finit l'histoire de Venise*», scrisse il conte Pierre Daru quando arrivò a questo punto della sua monumentale opera, finita nel 1821; e malgrado i tre grossi volumi che avrebbe poi ancora scritto, non era molto lontano dal vero:

Si è ridotta a una esistenza passiva. Non ha più guerre da affrontare, trattati di pace da concludere o desideri da esprimere. Semplice spettatrice di eventi, nella sua decisione di non prenderne parte, pretende di non aver interesse ad essi [...].

* «Quanto a Venezia e alla sua gente, nate solo per splendere e sfiorire, / proprio qui sulla terra esse diedero il loro frutto, riso e follia furono la loro messe: / che cosa rimase dell'anima, mi chiedo quando l'amore venne meno?».

Isolata in mezzo alle altre nazioni, imperturbabile nella sua indifferenza, cieca ai propri interessi, insensibile agli insulti, essa sacrifica tutto all'unico obiettivo di non recare offesa ad altri Stati e di conservare la pace.

Daru, vecchio compagno d'armi di Napoleone, che si era distinto nella ritirata da Mosca prima di divenire una colonna dell'Académie Française, fa pochi sforzi per nascondere il proprio disgusto di fronte a una politica così pavida. Oggigiorno si è inclini a un giudizio diverso; e i lettori di questo libro, che troveranno non meno di settant'anni trattati in un unico capitolo, senza dubbio se ne rallegreranno. Eppure, c'è sempre della malinconia nel tramonto di un'epoca di grandezza, e per quanto incantevoli possiamo trovare i quadri dei vedutisti veneti e le descrizioni della Venezia del Settecento, è impossibile chiudere gli occhi sul fatto che una città che era stata l'incontrastata signora del Mediterraneo, per tacere di «un quarto e la metà di un quarto dell'Impero bizantino», non era più in grado di controllare gli accessi alla laguna; o che un popolo famoso attraverso i secoli per essere il più abile sul mare, per avere i più sagaci e i più coraggiosi mercanti-avventurieri, si era ora ridotto a essere conosciuto soprattutto per l'astuzia dei suoi intriganti, dei suoi giocatori e dei suoi mezzani.

La storia politica della Serenissima Repubblica di Venezia dopo la pace di Passarowitz può pertanto essere trattata in poche pagine. I dogi vengono e vanno;

ma gli aspetti importanti dei loro dogadi non sono tanto nelle cose che fecero ma piuttosto in quelle che riuscirono a non fare, le guerre che evitarono, le alleanze che sfuggirono, le responsabilità che ignorarono. Lo storico è così costretto, per pura autodifesa, a modificare il proprio metodo: deve abbandonare, almeno in parte, il procedimento rigorosamente cronologico e privilegiare un tipo di narrazione alquanto più episodica, tentare cioè di analizzare il declino politico e morale di Venezia esaminandone i sintomi invece di registrare la progressione cronologica degli avvenimenti. Gli sarà anche facile, rispetto ai capitoli precedenti, limitare la propria attenzione agli affari interni perché per la Venezia del XVIII secolo, proprio come per la Svizzera di tutti i tempi, gli affari esteri sembrano esistere appena. D'altra parte, può permettersi di vagabondare un poco più a lungo in settori estranei a quello rigorosamente politico; e nel farlo si trova sotto gli occhi un fenomeno curioso e inaspettato, il fatto cioè che per la maggior parte di quel secolo, così generalmente bollato per Venezia come secolo di demoralizzazione e di decadenza, essa godette invece di un'insolita prosperità commerciale e di una rilevante crescita economica.

Lo storico allora si ferma di colpo. Forse, dopo tutto, è stato troppo affrettato nel suo giudizio. È davvero molto importante essere una grande potenza europea o anche la capitale di un impero? La ricerca del piacere, che crea gran parte di ciò che è bello e non fa male a nessuno, è realmente più biasimevole della lotta per la ricchezza, per la terra o per la gloria militare, che uccide migliaia di uomini e devasta e distrugge tutto? Ottant'anni di pace sono da soli un risultato non modesto per un buon governo e un'accorta diplomazia. Inoltre fu un periodo durante il quale il cittadino medio non aveva l'aria di essere meno felice o meno soddisfatto rispetto al passato; durante il quale, anche se l'economia non era invariabilmente in crescita, non c'erano costose guerre da sostenere; le arti fiorivano – in particolare la pittura, dopo aver toccato il punto più basso nel Seicento, era tornata a esaltare l'antico amore veneziano per la luce e il colore – e una città di circa 160.000 abitanti poteva vantare non meno di sette teatri d'opera, oltre agli altri teatri dove la commedia dell'arte stava lentamente cedendo il posto alla commedia moderna di Carlo Goldoni. Per tutto il secolo, ogni anno, centinaia, forse migliaia, delle persone più colte e più civili d'Europa, uomini e donne, continuarono ad affluire in quella città; non è possibile che s'ingannassero tutte.

Giovedì 3 maggio 1722, festa dell'Ascensione, il doge Giovanni II Corner mentre stava salendo a bordo del *Bucintoro* per lo «Sposalizio del Mare» inciampò e il corno gli scivolò dalla testa. Le persone del seguito non dettero peso al lieve incidente; egli, invece, ne fu molto angustiato; era, disse, un segno del cielo. Il 12 agosto morì e fu sepolto nella cappella di famiglia ai Tolentini (San Nicolò da Tolentino); il 24 dello stesso mese fu eletto un altro Alvise Mocenigo, il terzo con questo nome investito della suprema dignità.[1] Si era distinto sia come soldato in Dalmazia sia come diplomatico; in questa veste aveva trascorso due anni in quelle lunghe, intricate discussioni sui sottilissimi problemi di interpretazione che occupavano gran parte dei lavori per ogni trattato di pace con i turchi. All'elezione, fece uno stupendo regalo alla città: i due leoni di porfido che danno il nome alla Piazzetta dei Leoncini, immediatamente a nord della basilica marciana e che da oltre duecentocinquant'anni sono il grande divertimento dei bambini di Venezia.

Ormai Venezia aveva acquistato quell'aspetto che ci è divenuto familiare attraverso i quadri dei grandi vedutisti veneti (Antonio Canal detto Canaletto, Francesco Guardi, suo nipote Bernardo Bellotto e gli altri della loro scuola) e degli altri maestri quali Pietro Longhi e Tiepolo. Era il tempo del *Grand Tour*, il tempo, appunto, in cui potremmo dire che fu inventato il turismo, quando i giovani dell'aristocrazia non soltanto inglese ma di tutta l'Europa prima o poi comparivano nella più bella e magica delle città. Era inoltre il tempo del carnevale, a Venezia ancora il più lungo e il più sfrenato d'Europa, dove l'uso della maschera poteva an-

[1] I lettori potranno ricavare un po' di *Schadenfreude*, gioia maligna, dall'apprendere che il doge Alvise II Mocenigo era il più giovane di nove fratelli, tutti battezzati con il nome di Alvise. Fino all'elezione egli era pertanto noto come Alvise IX. Suo nipote, doge Alvise III Mocenigo, era il quarto dei sei figli di uno dei fratelli maggiori Alvise IV e, poiché anche questi sei figli si chiamavano tutti Alvise, anch'egli in precedenza veniva denominato Alvise IV. Dobbiamo essere grati ai genealogisti veneziani, che non si lasciavano prendere facilmente dal panico.

che offrire un comodo anonimato. Il Consiglio dei Dieci, gli Inquisitori di Stato e la polizia segreta non erano più temuti come un secolo prima. Per dare un esempio, nel 1718 gli Inquisitori disponevano di un organico di appena tre persone, cinquant'anni dopo di una sola. Intanto il gioco d'azzardo era il più bellamente organizzato e le poste le più alte; le cortigiane erano le più belle e le più eleganti, buone per tutti i gusti e in grado di soddisfare anche i clienti più esigenti. Per i visitatori con interessi culturali c'erano libri, quadri e sculture da comprare, chiese e palazzi da ammirare e c'erano i concerti e l'opera per i quali Venezia era famosa in tutto il mondo civile.

Con gli inizi del XVIII secolo il centro della vita musicale veneziana si era spostato da San Marco, dove Giovanni Gabrieli e Claudio Monteverdi erano stati organisti cent'anni prima, ai quattro ospizi femminili, e cioè la Pietà, gli Incurabili, i Mendicanti e l'Ospedaletto. Nel primo, dal 1703 fino a poco prima della morte, nel 1741, il maestro di cappella era Antonio Vivaldi.[2] Nel secondo, orchestra e coro erano diretti da Baldassarre Galuppi, immortalato da Robert Browning, anche se la sua musica è ora quasi completamente dimenticata.[3]

[2] Fiorentissimo sotto la Repubblica, l'ospizio di Santa Maria della Pietà, istituto degli esposti, era così pieno di ragazze-madri che all'estremo della parete meridionale della chiesa fu posta una lapide con un'iscrizione che minacciava orrendi castighi per quei genitori che abbandonavano le proprie figlie alla pubblica carità. La lapide è ancora sul posto; accanto è stata murata una targa a ricordo del «prete rosso», Antonio Vivaldi.

[3] Scrisse oltre cento opere e circa trenta sonate per clavicembalo, ma, per quanto ne sappiamo, nessuna toccata.

Ma non tutti i più valenti musicisti veneziani di quel tempo erano professionisti a tempo pieno. Tommaso Albinoni era un ricco mercante di carta; Benedetto Marcello era avvocato, membro della Quarantia ed era stato anche provveditore a Pola.

In tutti i settori delle arti, eccetto la musica, il collezionista più importante e l'intenditore più esperto era un inglese, Joseph Smith. Si era stabilito a Venezia verso il 1700 e vi rimase, uno dei più ragguardevoli residenti stranieri, fino alla morte, all'età di ottantotto anni, nel 1770. Negli ultimi trent'anni abitò nel palazzo sull'angolo del Canal Grande con il rio dei Santi Apostoli, che aveva fatto modificare e ricostruire dall'architetto Antonio Visentini;[4] il palazzo divenne rapidamente una galleria di tesori, traboccante di quadri e sculture, collezioni di monete e medaglie, disegni e cammei, libri e stampe. Oltre agli acquisti per le sue collezioni personali, Joseph Smith favoriva alcuni artisti che prediligeva (Antonio Canaletto, i fratelli Marco e Sebastiano Ricci, Francesco Zuccarelli e quella superba ritrattista a pastello che fu Rosalba Carriera) agendo da intermediario presso i loro ammiratori della nobiltà inglese. Fra quei pittori, quello di gran lunga più importante era il Canaletto, che Smith conobbe attraverso Visentini probabilmente agli inizi del secondo decennio del secolo. Ogni visitatore inglese sufficientemente ricco ambiva a procurarsi almeno un quadro della città a ricordo di una non comune esperienza e nessun altro pit-

[4] Più conosciuto come palazzo Mangilli-Valmarana. Visentini era stato l'incisore del Canaletto.

tore sarebbe stato capace come il Canaletto di dargli ciò che voleva; dal canto suo Smith divenne ben presto indispensabile sia all'artista sia ai suoi clienti. È soprattutto merito suo se molte delle opere migliori del maestro sono in Inghilterra e se i dieci anni trascorsi a Londra dal Canaletto dettero frutti tanto apprezzabili. Nessuna meraviglia quindi se, quando anche il Canaletto si accostò all'incisione, dedicò a «Giuseppe Smith» l'unica collezione di stampe pubblicata.

Gli inglesi sono debitori verso il console Smith – fu nominato console inglese in Venezia nel 1744 – di molte altre cose ancora oltre il Canaletto. Nel 1762 vendette tutte le sue collezioni a Giorgio III per 20.000 sterline, «il più spettacoloso acquisto fatto da un collezionista reale inglese», scrive sir Oliver Millar, «da quando l'agente di Carlo I aveva fatto il colpo a Mantova nel terzo decennio del Seicento».[5] Tre anni dopo il re comprò tutta la biblioteca di Smith in blocco per 10.000 ducati: costituì il nucleo della King's Library nel British Museum. Ma neppure quelle vendite segnarono la fine dell'attività di Smith come collezionista, perché riprese immediatamente ad ammassare altri tesori e dopo la sua morte nel 1770 la vendita della sua nuova biblioteca occupò da sola tredici giorni.

[5] Oliver Millar, *Italian Drawings and Paintings in the Queen's Collection*, Waterlow & Sons Ltd, London 1965. Si allude alla «svendita» operata nel 1627 dal duca Vincenzo II Gonzaga di quasi tutta la propria collezione. Quanto era rimasto, compresi i *Trionfi* di Mantegna, fu venduto l'anno seguente dal suo successore Carlo I di Gonzaga-Nevers.

Al doge Alvise III Mocenigo – viene talvolta chiamato Sebastiano, un altro dei suoi nomi, per distinguerlo dai suoi innumerevoli omonimi – seguì nel 1732 il settantottenne Carlo Ruzzini, un veterano della diplomazia, che morendo tre anni dopo lasciò la suprema carica ad Alvise Pisani, un membro di quella che era allora la più ricca famiglia di Venezia, proprietaria non soltanto dell'immenso e sontuoso palazzo Pisani, ora il conservatorio musicale intitolato a Benedetto Marcello, a Santo Stefano, ma anche dell'ancora più grandiosa villa Pisani a Strà, sul Brenta. Il nuovo doge, fratello di quell'Andrea Pisani che si era distinto a Prevesa e altrove nell'ultima fase della guerra turca, era stato ambasciatore alla corte della regina Anna dove aveva impressionato tutta Londra con lo splendore del suo seguito; quando fu eletto doge, il 17 gennaio 1735, insieme con i familiari finanziò, malgrado la stagione, tre giorni di festeggiamenti di una dimensione che fu generalmente giudicata senza precedenti, perfino a Venezia. Gli arsenalotti, che per tradizione trasportavano il doge nel giro intorno alla Piazza, ebbero l'ordine di procedere molto lentamente, per concedere più tempo alle elargizioni; durante le tre notti successive tutta la Piazza fu illuminata all'inglese; e la terza notte, grosse candele di cera su ogni colonna delle due Procuratie rivelavano enormi stemmi della famiglia Pisani, mentre sulle due estremità della Piazza la facciata della basilica marciana e la chiesa di San Geminiano[6] erano illuminate da migliaia di torce fiammeggianti.

[6] Purtroppo demolita da Napoleone; al suo posto fu costruita nel 1810 la cosiddetta Ala Napoleonica dell'ex palazzo reale.

Eppure, per quanto abbagliante fosse tutto quello sfarzo esteriore, Alvise Pisani si preoccupò, come prima di lui i suoi due immediati predecessori, di mantenere per la Repubblica sulla scena internazionale l'immagine più modesta possibile. Il loro compito era tutt'altro che facile: l'Europa continuava a essere un campo di battaglia. Nella sola Italia, l'estinzione in breve tempo di due famiglie principesche, i Farnese a Parma e i Medici in Toscana, aveva provocato una nuova ostilità tra la Spagna e l'Austria, e la tensione era stata ulteriormente accresciuta dalla pretesa del suocero di Luigi XV, Stanislào Leszczyński, alla successione sul trono di Polonia. Nel 1733 gran parte del continente era di nuovo in guerra; nel 1735 fu conclusa una pace precaria che sarà poi infranta circa sei anni dopo allorché Maria Teresa salirà sul trono d'Austria alla morte del padre Carlo VI.

Il fatto che Venezia riuscisse a mantenersi neutrale in mezzo a questi sconvolgimenti, resistendo con successo alle potenti pressioni, diplomatiche, economiche e perfino militari, tendenti a farla schierare per l'una o l'altra parte, fu un'impresa straordinaria: in tutto altrettanto notevole quanto molte altre più gloriose del passato, delle quali era giustamente orgogliosa. Intorno a lei, il caleidoscopio italiano continuava a mutare rapidamente come sempre; ma, al centro del vortice, sembrava appena consapevole di tutta quella agitazione.

Inevitabilmente, doveva in certe occasioni pagare pesanti scotti; gli eserciti in guerra sono normalmente poco rispettosi dei confini, specialmente quando sanno che quei confini non sono adeguatamente difesi; così la Repubblica dovette subire vari sconfinamenti e le corrispondenti devastazioni di campagne e paesi che avevano la sventura di trovarsi sulla direzione di marcia di qualche esercito. Nella città però continuava a regnare supremo il piacere; e sarebbe occorso molto più di una guerra europea per arrestare quel costante flusso di visitatori che era ormai divenuto la sua linfa vitale.

Questa persistente neutralità ebbe un'altra seria conseguenza: indusse Venezia a trascurare la propria flotta da guerra. Forse sarebbe più esatto dire che lo stato della sua flotta da guerra era almeno una concausa della sua neutralità, perché l'apparizione nell'Adriatico, durante la guerra di successione spagnola, di navi di nazioni nordiche l'aveva messa a faccia a faccia con un fatto che aveva per molto tempo e con scarso successo tentato di ignorare. La sua industria cantieristica, un tempo la prima nel mondo, era ormai inesorabilmente superata.

Già nella prima metà del XV secolo aveva abbandonato, per la flotta mercantile, la vecchia galea a remi. Il nuovo vascello «rotondo» (cioè di fianchi più larghi), di costruzione estera e a propulsione velica, aveva un costo di esercizio più basso perché da un lato la sua capacità era molto maggiore, dall'altro non aveva bisogno dei rematori, in quei giorni sempre «uomini liberi» che a loro volta dovevano avere cibo, acqua e regolari turni di riposo a terra; era anche più facilmente difendibile perché, avendo il peso meno importanza che nella propulsione a remi, poteva essere armato di pesanti cannoni. Però, diversamente dai paesi nordici e atlantici, Venezia continuò a considerare la galea come l'unità fondamentale della sua marina da guerra, e limitò l'attività dei propri cantieri esclusivamente ai vecchi modelli. Questa decisione era confortata da ottime ragioni: le galee erano più manovrabili, specialmente nelle acque poco profonde dell'Adriatico; poiché non erano alla mercé del vento, si potevano calcolare più esattamente la velocità e i tempi dei viaggi; quanto alla loro scarsa autonomia, non aveva molta importanza in un tempo in cui la Repubblica possedeva un gran numero di basi di rifornimento sparse nel Mediterraneo orientale. D'altra parte il vascello rotondo era infinitamente più costoso, nella costruzione e nell'armamento, soprattutto per Venezia che soffriva di una cronica carenza di legname il quale, oltre che per le navi, serviva anche per le fonderie di cannoni come combustibile. L'artiglieria di bordo, pensava Venezia, era comunque meno efficiente nelle acque strette del Mediterraneo; imprecisa il più delle volte, non poteva confrontarsi nel rendimento con le batterie a terra. Se la disponibilità di artiglieria era forzatamente limitata, si doveva dare la precedenza alle batterie costiere.

Fortunatamente per Venezia, anche i turchi avevano idee molto simili; e fino a quando non ebbe nessun altro serio nemico da combattere sul mare, Venezia si sentì assai poco stimolata a rivoluzionare l'Arsenale, a gettar via il vecchio macchinario, le vecchie attrezzature così come le tradizionali tecniche di fabbricazione per imbarcarsi in nuovi e costosissimi programmi, colmi di difficoltà e di problemi, sui quali non aveva idee chiare né la certezza della soluzione. Ciò spiega come ancora nel 1571 una grande battaglia come quella di Lepanto fosse combattuta tra galee mosse a remi, il che sarebbe stato inconcepibile, anche in quel tempo, in acque nordiche. Infatti, quelle navi, e la tattica di combattimento che comportavano, erano più vicine a quelle della battaglia di Salamina, avvenuta duemila anni prima, di quanto non lo fossero a quelle di Drake e della Invincibile Armata di diciassette anni dopo.

Frattanto però i maestri d'ascia inglesi, francesi, olandesi e spagnoli avevano perfezionato i propri modelli e sviluppato nuovi galeoni, che con la velatura e il sartiame modificati erano in grado di procedere stringendo molto il vento e i cui pesanti cannoni – ora piazzati ben sotto la coperta – ne aumentavano la stabilità anziché il contrario. Egualmente idonei per l'impiego militare e quello mercantile, questi erano i vascelli che avevano dominato nel Mediterraneo a partire dagli inizi del XVII secolo, accaparrandosi una parte sempre più rilevante dei trasporti marittimi da Venezia. Fu così che l'antiquato mercantile della Repubblica, lento e molto più vulnerabile, divenne l'obiettivo preferito dei pirati di Barberia e, costretto a navigare con scorta e a pagare enormi premi di assicurazione, cessò di essere competitivo per i costi eccessivi che comportava.

A partire dal 1650 Venezia aveva cercato di riguadagnare il terreno perduto. Dapprima si era orientata verso l'acquisto o il noleggio di navi inglesi o olandesi;

nelle ultime fasi della guerra per Candia aveva incluso nella flotta numerosi galeoni benché, come le galeazze che erano state tanto efficaci a Lepanto, fossero stati impiegati quasi come piattaforme galleggianti per l'artiglieria; infatti venivano rimorchiati da una o più galee fino alla posizione prescelta, dalla quale scaricavano poi le loro bordate. Soltanto nel 1667 Venezia cominciò a costruire nell'Arsenale propri vascelli di linea; tuttavia ancora nel 1695, quando un capitano generale chiese che gli venisse assegnato come ammiraglia uno dei nuovi galeoni, la proposta fu respinta. Il fatto era che, sebbene verso la fine del secolo Venezia avesse messo insieme una modesta flotta di navi da guerra relativamente moderne di propria costruzione, nutriva ancora verso questo tipo di unità una certa diffidenza. Perfino durante le vittoriose azioni di Lodovico Flangini e di Andrea Pisani nel 1717 le galee a remi costituivano almeno la metà dell'intera flotta.

E a quel punto Venezia era già costretta ad ammettere un'altra amara verità: aveva perso la signoria dell'Adriatico; una perdita emblematicamente sanzionata nel 1702 quando l'attività dei francesi intorno ai confini della laguna aveva causato la rinuncia al festeggiamento dello «Sposalizio del Mare» nel giorno dell'Ascensione. Da allora in poi navi da guerra inglesi, francesi, olandesi, austriache e perfino russe avevano preso a circolare liberamente per tutto il golfo, l'Adriatico, ignorando le continue proteste di Venezia, che si erano però progressivamente diradate nel corso dell'inevitabile processo di accettazione della realtà. Nel campo della navigazione mercantile la sua posizione era ancora più umiliante. Nel Medioevo tutti i mercantili stranieri che entravano nell'Adriatico erano obbligati a portare i loro carichi a Venezia, dove venivano trasbordati se necessario. In seguito questa regola era stata mitigata nel senso che le pattuglie veneziane imponevano dazi a tutti i carichi diretti ad altri porti nonché l'osservanza di varie norme concernenti le tariffe, le quarantene e, soprattutto, il monopolio della Repubblica sul sale. Ora invece i mercantili stranieri, più veloci e meglio equipaggiati delle pattuglie, potevano ignorare i loro tentativi di controllo e facevano vela tranquillamente verso l'imperiale Trieste, la pontificia Ancona o qualsiasi altro porto meta dei loro affari.

Soltanto nel 1736, durante il dogado di Alvise Pisani, si decise finalmente di adottare dei provvedimenti per migliorare la situazione della marina mercantile. La disposizione governativa in vigore sino ad allora che i mercantili veneziani navigassero nel Mediterraneo orientale in convogli per proteggersi reciprocamente contro i pirati di Barberia si era rivelata un fallimento. Gli armatori dovevano attendere mesi prima che il convoglio si fosse formato; quando poi prendeva il mare, la sua velocità doveva essere quella della nave più lenta e infine, all'arrivo, l'improvvisa abbondanza di merci aveva un effetto disastroso sui prezzi. Da allora in poi ogni nave di lunghezza superiore ai ventuno metri, con equipaggio di quaranta o più uomini e almeno ventiquattro cannoni a bordo, poteva navigare senza scorta. Il provvedimento ebbe un discreto successo e provocò un immediato incremento dell'attività cantieristica nell'Arsenale in seguito a un'accresciuta domanda di navi con quelle caratteristiche. Si verificò una notevole espansione del traffico marittimo con l'Oriente e, specialmente durante le guerre europee, quando Venezia poteva offrire il vantaggio di una bandiera neutrale, anche con l'Occidente; ma i pirati di Barberia, pure molto attenti al miglioramento delle proprie costruzioni navali, rimasero un costante pericolo per altri venti anni, fino a quando cioè la Repubblica sacrificò ulteriormente il suo orgoglio e si decise a pagare il prezzo che chiedevano. Ma neppure con quel passo, come vedremo, il problema fu completamente risolto; la Repubblica riuscì comunque negli ultimi trent'anni di vita a raddoppiare quasi il tonnellaggio della marina mercantile; nel 1794 non meno di trecentonove navi mercantili erano iscritte nel registro dello Stato.

Contemporaneamente all'incremento delle costruzioni navali si verificò un vistoso aumento del commercio di transito. Nei primi anni del secolo questo era entrato in una crisi acuta, specialmente dopo che nel 1719 l'imperatore aveva dichiarato Trieste porto libero e il papa aveva seguito il suo esempio per Ancona tredici anni dopo. Ma con le riforme del 1736 Venezia aveva abbandonato anche la sua vecchia politica protezionistica, cosicché Rialto era rapidamente tornato a essere come nel passato una meta abituale dei commercianti stranieri. Certamente, i carichi delle navi erano assai meno esotici di una volta. Il commercio delle spezie era già passato agli olandesi intorno al 1600 con la fondazione della Compagnia delle Indie Orientali; ora Venezia trattava principalmente prodotti domestici o locali delle zone intorno all'Adriatico, come vino, olio d'oliva, zolfo, sale, uva passa e sultanina delle Isole Ioniche. Ma il denaro circolava egualmente; nel 1782 fu necessario allungare la Riva dalle Prigioni verso oriente per creare più spazio per lo scarico delle merci;[7] e, stando al più autorevole studioso moderno della storia economica di Venezia, «sembra probabile che nel 1783 [...] il tonnellaggio che transitava per il porto di Venezia fosse maggiore di quello che era mai stato nei mille anni di storia della città».[8]

Il 17 giugno 1741, pochi mesi dopo lo scoppio della guerra di successione austriaca, il doge Alvise Pisani, mentre il medico gli stava curando un'infezione alla gamba, ebbe un collasso e morì quasi subito. Gli succedette Pietro Grimani, un uomo di vasta cultura e, sia detto incidentalmente, l'unico doge che fu anche membro della Royal Society; nel 1712, mentre era a Londra in veste di ambasciatore, la sua ammissione era stata proposta dal presidente della società, sir Isaac Newton.[9] Come quello dei tre predecessori, anche il suo dogado trascorse in pace e senza eventi politici rilevanti –

[7] Una striscia di marmo bianco nella pavimentazione segna il vecchio limite.

[8] Frederic C. Lane, *Venice. A Maritime Republic*, The John Hopkins University Press, Baltimore 1973; trad. it. di F. Salvatorelli, *Storia di Venezia*, Einaudi, Torino 1978, p. 488.

[9] Era versato in astronomia; il suo biografo ci informa che il suo discorso alla Royal Society fu «applauditissimo».

il che vale molto più di quanto si potrebbe dire sul conto degli altri governanti del suo tempo. Fu però contrassegnato dalla sparizione di un'istituzione che era entrata nella storia di Venezia ancora prima dello stesso dogado: il Patriarcato di Aquileia.

Quantunque da vari secoli il patriarca di Aquileia non fosse più per Venezia quella bestia nera che era stato un tempo, certe difficoltà permanevano per il fatto che la parte friulana della diocesi era tagliata più o meno in due dalla frontiera con l'Austria. Molto tempo addietro era stato convenuto che da allora in poi i patriarchi sarebbero stati nominati alternativamente dai due Stati, ma Venezia fin dall'inizio aveva ignorato l'accordo; il patriarca veneziano nominava un coadiutore che automaticamente gli succedeva; con questo sistema il Patriarcato passava senza scosse e senza interruzioni da un veneziano all'altro malgrado le occasionali proteste dell'Austria. Contro questa prassi Maria Teresa si appellò a papa Benedetto XIV, che a sua volta propose di abolire il vecchio accordo e di dividere il Patriarcato in due parti: il patriarca avrebbe avuto autorità soltanto sul territorio all'interno dei confini della Repubblica e avrebbe trasportato la propria sede a Udine; l'altra parte, dipendente dall'Austria, sarebbe stata posta sotto la giurisdizione di un vicario apostolico. Si trattava di un compromesso abbastanza ragionevole ma Venezia, che non voleva accettare la perdita della giurisdizione ecclesiastica di cui fruiva su territorio austriaco, sollevò vivaci obiezioni. Il papa replicò bonariamente che aveva fatto il possibile per soddisfare le due parti;

se la soluzione che aveva raccomandato non piaceva, trovassero loro stesse quella giusta.

Per un certo tempo la divergenza minacciò di incrinare seriamente i rapporti tra l'Austria e la Repubblica, che alla fine concordarono di ricorrere alla mediazione della corte di Torino; e fu Carlo Emanuele III re di Sardegna[10] a risolvere il problema: il Patriarcato doveva essere soppresso e sostituito con due arcivescovadi, uno veneziano e l'altro austriaco, con sede rispettivamente a Udine e Gorizia. Venezia si rese conto che avrebbe fatto meglio ad accettare la proposta del papa, ma ormai era troppo tardi. Dovette piegarsi all'inevitabile e il Patriarcato di Aquileia dopo dodici secoli passò alla storia, essendo stato per Venezia un problema fino all'ultimo momento.

Il papa si era dimostrato ragionevolmente accomodante sulla questione di Aquileia; lo fu assai meno nel 1754 quando Francesco Loredan, eletto al dogado dopo Pietro Grimani, appose il proprio sigillo su di un editto che, con parole molto dure, condannava la facilità e la frequenza con cui cittadini veneziani «per ignoranza, senza discernimento e fors'anche per malizia» rivolgevano suppliche a Roma per ottenere indulgenze, dispense speciali e privilegi, con pregiudizio degli interessi dello Stato. In futuro, continuava l'editto, quei privilegi sarebbero stati considerati privi di valore e nulli, a meno che non fossero stati ottenuti con le modalità prescritte e confermati ufficialmente dal governo

[10] I Savoia erano re di Sardegna dal 1720.

della Repubblica. A papa Benedetto il tono dell'editto risultò inaccettabile esattamente come il contenuto. Inviò al doge un messaggio indignato di protesta e si rifiutò di ascoltare i tentativi, del resto assai blandi, del Senato e dell'ambasciatore veneziano a Roma di placare la sua irritazione. Poiché i rapporti tra Venezia e la curia pontificia stavano divenendo assai tesi, Maria Teresa e Luigi XV intervennero in favore del papa, ed è difficile dire come sarebbe finita la disputa se Benedetto non fosse morto nel 1758, per lasciare il trono proprio a un cardinale veneziano, Carlo Rezzonico, che assunse il nome di Clemente XIII.

Con l'ascesa del quinto cittadino della Repubblica al trono di Pietro[11] la tensione si dissolse nel nulla come per magia. Venezia festeggiò l'elezione col suo solito fasto e inviò ben otto ambasciatori a presentare ufficialmente le congratulazioni della Repubblica al nuovo pontefice, il quale dal canto suo scrisse subito di proprio pugno una lettera che scongiurava la Serenissima «nell'esercizio della propria sovrana autorità» di ritirare quell'editto offensivo; aggiungeva che gli sarebbe stato fatto un grave torto da chiunque avesse pensato che il papa potesse richiedere alla propria madrepatria un atto che fosse meno che onorevole. Termini così conciliantí offrirono al Senato un'ottima opportunità per cedere senza perdere la faccia e il sigillo sulla nuova amicizia fu posto definitivamente nel 1759 quando papa

[11] I quattro precedenti erano stati Gregorio XII (Angelo Correr) eletto nel 1406, Eugenio IV (Gabriele Condulmer) nel 1431, Paolo II (Pietro Barba) nel 1464 e Alessandro VIII (Pietro Vito Ottoboni) nel 1689.

Clemente XIII inviò al doge Loredan il più prezioso segno del suo speciale favore, la Rosa d'Oro.

Se però il papa pensava con quel corrusco premio di stimolare la Repubblica a battere in futuro i sentieri della virtuosa obbedienza l'attendeva una delusione. Nel 1767 una speciale commissione riferì che il reddito totale della Chiesa nel territorio della Repubblica ammontava, esclusi i contributi occasionali, a oltre otto milioni e mezzo di ducati. Inoltre, soltanto negli ultimi dieci anni, la Chiesa aveva beneficiato di lasciti per quasi due milioni e mezzo. Il governo non ebbe esitazioni: il 10 settembre di quello stesso anno decretò la soppressione di centoventisette monasteri e conventi e la vendita delle loro proprietà a beneficio dello Stato. Così, con un colpo solo, le casse del tesoro furono arricchite di circa tre milioni di ducati e la popolazione monastica ridotta da 5.798 a 3.270 unità in 179 conventi.

A questo punto sarebbe bello poter aggiungere che la Rosa fu restituita a Roma; ma gesti simili non rientrano nella prassi dei governi e la Serenissima, purtroppo, non faceva eccezione.

La popolazione di Venezia, seguendo l'esempio dei governanti, stava vivendo il periodo più empio della sua storia. Certamente la Repubblica non aveva mai rivelato i sintomi di quel fervore spirituale, per non parlare di fanatismo, emerso, prima o poi, negli altri Stati d'Italia e fuori. Unica fra tutte le nazioni dell'Europa cattolica, non aveva mai bruciato un eretico. Abbiamo già visto come, perfino nei due secoli precedenti quando gran parte dell'Europa era dilaniata dalle lotte di religione, soltanto Venezia aveva mantenuto un comportamento moderato di ispirazione umanistica e rinascimentale, che a un certo punto, e cioè nell'epoca della Controriforma, poté sembrare fuori posto e anche fuori moda. Aveva concesso alla comunità greca ortodossa di avere una propria chiesa (San Giorgio dei Greci, 1561), agli ebrei le loro sinagoghe nel Ghetto, ai musulmani la loro moschea nel Fondaco dei Turchi. Nel 1717 gli armeni avevano fondato un proprio monastero nell'isola di San Lazzaro. In questo modo Venezia aveva acquisito un'ampia reputazione di tolleranza, che a sua volta ne aveva fatto il centro del pensiero liberale e illuminato nonché, attraverso le sue case editrici, della sua diffusione nel mondo; questo concorso di circostanze aveva anche conferito all'Università di Padova (a Venezia non c'era) un prestigio che non aveva l'eguale in Europa.

Ora la ruota aveva compiuto un giro completo. Le guerre di religione erano finite: almeno in quel campo la civiltà occidentale aveva recuperato il buonsenso e molti di quei valori che avevano fino ad allora ispirato la vita della Repubblica furono entusiasticamente fatti propri dall'Età della Ragione. Ma a quel punto Venezia era già andata oltre. Se esaminiamo l'elenco dei dogi che governarono nei cento anni dal 1675 al 1775, non ci può sfuggire un fatto straordinario: su un totale di quattordici, soltanto quattro avevano avuto moglie.[12] E c'è un altro fatto, ancora più straordinario: se

[12] Silvestro Valier, Giovanni II Corner, Alvise Pisani e Alvise IV Mocenigo.

estendiamo la nostra attenzione dai dogi all'intera aristocrazia veneziana nel suo complesso notiamo lo stesso fenomeno. Ma non c'era niente di nuovo in questa strana tendenza al celibato. È stato calcolato che già nel XVI secolo il cinquantuno per cento dei nobili veneziani rinunciava a sposarsi; nel XVII secolo questo dato sale al sessanta per cento; nel XVIII al sessantasei per cento.[13] La filosofia che stava alla base di questo comportamento è chiara: la famiglia doveva continuare e doveva continuare ricca. Un figlio, spesso il più giovane, doveva sposarsi e generare un numero di eredi legittimi maschi sufficiente a soddisfare la prima esigenza; gli altri figli dovevano restare scapoli, o almeno senza prole, in modo che, evitando la dispersione del patrimonio, veniva soddisfatta la seconda esigenza. Questo diffuso celibato coatto può senz'altro spiegare l'esistenza a Venezia di un elevato numero di cortigiane di rango – in contrasto con l'esercito di comuni prostitute che costituisce un attributo tipico di qualsiasi fiorente porto di mare – ancora molto tempo prima che la città avesse acquistato la fama di capitale europea del piacere. Esso spiega certamente il discreto numero di orfanotrofi; come spiega pure i numerosi conventi, perché erano le giovani donne dell'aristocrazia che risultavano più duramente colpite da questa situazione. A quei due terzi delle ragazze nobili che non riuscivano a trovare marito – il numero era in effetti alquanto più alto poiché gli

[13] Ernst Rodenwald, *Untersuchungen über die Biologie des venezianischen Adels*, 1957, citato da William H. McNeill, *Venice, the Hinge of Europe, 1081-1797*, Midway Reprint, Chicago 1974.

aristocratici caduti in miseria sceglievano spesso una moglie tra la borghesia ricca – non restava altra possibilità che prendere il velo. Non stupisce che molti di questi conventi avessero una reputazione di licenziosità appena superata da quella delle case da gioco e dei *ridotti*; tuttavia viene meno frequentemente ricordato che essi, esattamente come gli orfanotrofi, erano spesso anche centri della vita musicale cittadina.

Per una ragazza della nobiltà che aveva la fortuna di trovare un marito la vita diveniva una cosa sicuramente piacevole. Entro breve tempo si procurava un cicisbeo – tipica progenie veneziana, un cavalier servente ma con più di un tratto del gigolò – dal quale diveniva praticamente inseparabile, mentre l'anziano e affaccendato marito avrebbe fatto relativamente poche apparizioni al suo fianco. Il cicisbeo poteva essere il suo amante e poteva non esserlo; era in ottima situazione per esserlo, se la donna lo desiderava, ma ciò non costituiva affatto una regola. Offriva invece immancabilmente il vantaggio, dal punto di vista della donna, della disponibilità; c'era scarsità di mariti, ma con tanti giovani celibi fra cui scegliere, i cicisbei abbondavano. Le cose a Venezia non finivano sempre a letto. È vero che Casanova nelle sue memorie dà questa impressione; ma Casanova era uno spaccone incorreggibile. Inoltre egli vantava una non dissimile quantità di successi anche a Vienna, Parigi e Londra.

Ma non mancavano neppure i mariti, e le mogli, che si rendevano disponibili. Uno degli aspetti della vita veneziana che più colpiva i visitatori era la frequenza con la quale i matrimoni venivano annullati e l'evidente semplicità dell'operazione. L'incaricato d'affari francese riferiva con tono scandalizzato al proprio governo nel 1782 che al patriarca capitava di avere talvolta sotto i propri occhi quasi un migliaio di domande di annullamento; e quando in quello stesso anno il governo decise di porre un freno rigoroso alla pratica, fu il Consiglio dei Dieci a entrare in azione, non la gerarchia ecclesiastica, che si limitò a protestare per l'intrusione in un settore di sua competenza.

La limitazione dei matrimoni e la consuetudine degli annullamenti con conseguente divisione del patrimonio familiare ebbero due dannose conseguenze. I piani accuratamente studiati per la continuazione del casato ogni tanto andavano storti e parecchie antiche e illustri famiglie si estinsero. La seconda conseguenza, assai più grave, fu il sempre crescente numero di nobili ridotti in miseria. Questo fenomeno era stato già avvertito nel secolo precedente; gli aristocratici senza mezzi, che abitavano prevalentemente nella parrocchia di San Barnaba o nelle sue vicinanze, erano chiamati dal popolo *barnabotti*. Come membri della nobiltà veneziana erano obbligati a portare abiti di seta e avevano diritto al seggio nel Maggior Consiglio; molti però erano troppo poveri o troppo privi di istruzione per occupare un posto anche di infimo ordine nella burocrazia e, non potendo per il loro rango dedicarsi a un'attività artigianale o gestire un negozio, erano attratti frequentemente in operazioni poco pulite come i maneggi illeciti nelle elezioni per cariche secondarie o la vendita di voti. Altri rinunciavano semplicemente alla lotta e tiravano avanti con il sussidio dei poveri. Per dar loro un aiuto, il governo adottò dei provvedimenti speciali, tra i quali la concessione di un'abitazione gratuita, però alla condizione che restassero celibi e non generassero altri barnabotti, inutili e che la società non desiderava. Frattanto, anche molte famiglie relativamente ricche cominciavano ad avvertire con disagio il peso dell'obbligo di un appariscente tenore di vita, un tenore rigorosamente imposto a tutti gli aspiranti a elevati uffici pubblici. Per tutto il Settecento (e anche per gran parte del Seicento) la Repubblica fu così in pratica amministrata da un gruppo di appena quarantadue famiglie, dalle quali provenivano tutti i detentori dei posti chiave del governo.

Fu con lo scopo preciso di instillare nuova linfa vitale in quella assottigliata nobiltà che i seggi nel Maggior Consiglio furono offerti in vendita a borghesi preventivamente selezionati, e dotati di adeguato patrimonio, anche in momenti in cui la Repubblica non aveva estremo bisogno di fondi per finanziare le guerre turche. Nel 1718 erano centoventisette i veneziani che avevano comprato per sé e per i propri discendenti l'ingresso nel patriziato, pagando ciascuno il prezzo di 100.000 ducati; ma, benché due terzi di costoro fossero commercianti, è significativo il fatto che tutti avevano abbandonato immediatamente la propria attività. Il commercio, malgrado la parte che aveva avuto nella storia della Repubblica, non era più considerato un'occupazione adatta a un gentiluomo. Ora, come i suoi pari in Europa, il nuovo nobile avrebbe ricavato la rendita che gli occorreva dalle tenute agricole che possedeva sulla terraferma, dove sarebbe andato almeno due volte l'anno in villeggiatura traslocando praticamente tutta la famiglia compresi i domestici, gli arredi, i libri e perfino i quadri, nella villa palladiana o barocca, per «sfuggire il caldo dell'estate e la noia del primo autunno», fino a quando la riapertura del Maggior Consiglio e la nuova stagione sociale lo avrebbero richiamato a Venezia. Era molto meglio, così si sentenziava nel loro ambiente, lasciare le operazioni commerciali ai forestieri: agli ebrei, ai greci e ai dalmati che erano adatti per questo genere di cose e perfino le gradivano.

Era forse inevitabile che in un periodo di pace tanto prolungato i veneziani con una coscienza politica più spiccata rivolgessero la propria attenzione alla costituzione della Repubblica e che non trovassero sempre soddisfacente tutto quello che vedevano. Sulla struttura fondamentale della Repubblica pochi, almeno tra la classe che la governava, esprimevano delle lagnanze. Aveva resistito, con minime modifiche, per oltre mille anni, un vero primato fra tutte le nazioni dell'Europa, forse del mondo intero; e un confronto della condizione di Venezia con il resto del continente, impegolato nella guerra dei Sette Anni meno di un decennio dopo che il trattato di Aix-la-Chapelle aveva posto fine a quella di successione austriaca, non suggerì la necessità di modifiche sostanziali. Ma c'era un elemento nella macchina governativa che non aveva mai incontrato il favore generale: il Consiglio dei Dieci – con la sua ancor più sinistra emanazione costituita dai Tre Inquisitori di Stato –, la cui vera ragion d'essere, la possibilità cioè di agire rapidamente e in segreto senza l'obbligo di consultarsi con altri organi dello Stato, appariva sempre più ripugnante alle menti liberali del XVIII secolo.

Abbiamo visto come nel secolo precedente alcuni riformatori avessero tentato, senza successo, di restringere i poteri del Consiglio. Ora, dopo centoquarant'anni, né i Dieci né i Tre erano più guardati come gli orchi che sembravano nei giorni cupi e violenti della cospirazione spagnola o del caso Arundel; tra gli strati inferiori della popolazione, ai quali raramente davano motivo di apprensione, godevano perfino di un certo favore. Erano però ancora odiati da un folto gruppo di quei nobili, e specialmente dai barnabotti, che, sebbene membri del Maggior Consiglio, non erano abbastanza ricchi o influenti per essere eletti in organismi più importanti e che, per il loro malcontento, erano sottoposti a una continua sorveglianza.

L'attacco sferrato nel 1761 dall'insoddisfatto e amareggiato Avogador de Comun Angelo Querini, che fu poi rinnovato a intervalli regolari per tutto il decennio a partire dal 1770, ebbe uno svolgimento così misteriosamente simile a quello di Renier Zen, compreso il risultato completamente negativo, che non è il caso di tracciarne qui la storia. Va detto però che gli animi si scaldarono; durante i dibattiti entrambi i partiti sostennero le proprie tesi con interventi appassionati e spesso eccessivi; e quando nel 1762, dopo Francesco Loredan, salì al dogado il più aperto sostenitore dei Dieci e degli Inquisitori, furono molti i veneziani che guardarono al nuovo doge con profonda apprensione.

Marco Foscarini infatti non era assolutamente un radicale. Era uno studioso e un uomo di lettere, probabilmente insieme con Andrea Dandolo il più erudito di tutti i dogi di Venezia. Era autore di un'opera in versi, *Il Corallo*, scritta per promuovere la rinascita dell'industria veneziana del corallo, e di una *Letteratura veneziana*, che è un imponente lavoro di storia letteraria. Di quest'opera fu pubblicato soltanto il primo volume; il secondo era ancora incompleto quando Marco Foscarini morì nel marzo del 1763 all'età di soli sessantasette anni, dopo un dogado di appena dieci mesi. Fu sepolto nella cappella di famiglia in San Stae.

Il suo successore fu un altro Alvise Mocenigo, il quarto eletto con questo nome alla suprema magistratura. Anche lui uomo di discreta ma certamente non cospicua cultura, iniziò il dogado con la conclusione di quattro trattati che nel passato la Repubblica si sarebbe vergognata perfino di prendere in esame. Tutti avevano lo stesso scopo: porre fine ai continui attacchi dei pirati di Barberia al naviglio veneziano mediante il regolare pagamento di una «protezione». Entro sei mesi dall'elezione fu raggiunto l'accordo con i governanti di Algeri e di Tunisi; un'analoga convenzione seguì con Tripoli nel 1764 e con il Marocco nel 1765. Venezia si impegnava per versamenti annuali di complessivamente 60.000 ducati in cambio del diritto di navigare senza molestie in quei mari di cui una volta era stata incontrastata signora. Era senza dubbio un'umiliazione; ma Venezia sentì forse più amaramente la propria vergogna qualche anno dopo, quando fu evidente che stava pagando per niente. I vari sovrani interessati o non avevano la possibilità di tenere sotto controllo i rispettivi capitani corsari, oppure chiudevano un occhio sulle loro operazioni. Atti di pirateria, sebbene un poco meno frequenti, continuavano a costituire un problema che non poteva essere ignorato; e Venezia ebbe la fortuna di poter disporre in quegli ultimi anni della sua vita come Repubblica indipendente di un ammiraglio della vecchia scuola capace di fare uso di quel tanto di potenza che ancora le restava.

Sin dal tempo della prima giovinezza Angelo Emo si era dedicato a un unico ideale: la totale trasformazione della marina veneziana sui modelli anglo-francesi. Non aveva conseguito un successo completo, ma la sua abilità di capitano e l'estesa conoscenza delle moderne tecniche della marineria, qualità in quell'epoca ormai rare tra la nobiltà veneziana, gli avevano conferito una particolare distinzione tra i colleghi, tanto che nel 1768, quando il governo finalmente si decise a intervenire attivamente contro i pirati, egli costituì una scelta ovvia per il comando delle operazioni, benché non fosse ancora quarantenne. Negli anni immediatamente successivi compì numerose incursioni contro le basi dei pirati sulla costa settentrionale dell'Africa; fra il 1784 e il 1786, con un gruppetto di navi, che Venezia chiamava flotta ma che in tempi passati sarebbero state sì e no una squadra, condusse una piccola e intermittente guerra navale contro il bey di Tunisi, costringendolo, dopo tre campagne di bombardamenti, a sottomettersi. Sebbene durante queste azioni belliche non avesse avuto luogo nemmeno una vera battaglia campale né una vittoria di vaste proporzioni, quest'ultimo dei grandi comandanti veneziani riuscì egualmente a rendere il Mediterraneo più sicuro per il naviglio europeo rispetto al recente passato, testimoniando contemporaneamente al mondo che il leone di San Marco, anche se vecchio e indebolito, era ancora in grado, occasionalmente, di far sentire la propria presenza.

Il 22 luglio 1769 il giovane imperatore Giuseppe II[14] arrivò a Venezia. Viaggiava in incognito e non prese alloggio in uno dei grandi palazzi che la Repubblica gli avrebbe messo volentieri a disposizione, ma al *Leon Bianco* ai Santi Apostoli, forse il migliore tra quella ventina di alberghi e locande allora esistenti a Venezia e adatte ad accogliere i più ricchi visitatori stranieri.[15] Questa significativa scelta non impedì al governo della Repubblica l'elaborazione di un vasto e articolato programma di festeggiamenti e divertimenti in suo onore; ma l'imperatore, quando gli mostrarono l'idea di riprodurre il giardino delle Esperidi su chiatte disposte sul tratto di mare di quasi trecento metri tra l'imboccatura del canale della Giudecca e l'isola di San Giorgio Maggiore,

[14] In Austria regnava allora Maria Teresa. Giuseppe, suo figlio ed erede, aveva avuto la corona del Sacro Romano Impero nel 1765 alla morte del padre.

[15] Uno dei più vecchi edifici sul Canal Grande, poi tornato al precedente nome di Ca' da Mosto.

con fiori, alberi di cristallo multicolore e un lago artificiale rifornito di pesci, dove l'illustre ospite e il suo seguito avrebbero trascorso una lieta sosta prima di passare al banchetto allestito sull'isola di San Giorgio, fece valere con fermezza il proprio punto di vista.

A ogni conoscitore della storia della società veneziana e forse a ogni lettore di questo libro quel progetto, molto più elaborato di quanto possa apparire dalla nostra breve descrizione, non dovrebbe provocare alcuna sorpresa. Ancor più notevole appare a questo punto la reazione che provocò tra i veneziani. Forse, se l'idea fosse stata realizzata, la sua magnificenza avrebbe anche potuto disarmare l'opposizione; ma non lo fu, e le voci sulle centinaia, forse migliaia, di ducati già spesi inutilmente per la preparazione scatenarono un'ondata di risentimento specialmente tra i barnabotti e tra i molti giovani intellettuali, all'interno e fuori della nobiltà, sui quali cominciava ad agire l'influenza delle nuove idee rivoluzionarie che filtravano gradualmente dalla Francia. Come era possibile, si chiedevano, che si spendessero simili somme per frivolezze senza senso, per il diletto di stranieri che invece non le apprezzavano neppure, in un momento in cui la Repubblica era notoriamente assillata dai debiti? Come era possibile, già che siamo in questa materia, che dopo oltre mezzo secolo di pace avesse ancora debiti? Era giusto che il gruppo di coloro che avevano accesso ai posti di comando a Venezia divenisse sempre più ristretto, che i membri del Maggior Consiglio fossero calati a meno di un migliaio tanto che in certe sedute sorgevano difficoltà per raggiungere il numero legale? Che le più alte cariche dello Stato dovessero essere ormai appannaggio esclusivo di poche famiglie immensamente ricche? Che molti membri di queste famiglie, maschi e femmine, perdessero il tempo giorno e notte nei ridotti, mascherati e impomatati, mentre altri, questi senza maschera, sedevano ai tavoli da gioco con gli abiti cremisi delle loro cariche, tenendo tranquillamente il banco e dando le carte?

Nei primi anni del decennio successivo questa diffusa insoddisfazione prese a esprimersi sempre più apertamente e trovò il più efficace portavoce in Giorgio Pisani, un giovane barnabotto particolarmente esasperato, che dette nuovamente vita all'antica campagna contro il Consiglio dei Dieci e contro gli Inquisitori di Stato, divenendo presto il capo della corrente riformatrice. Però, soltanto nel 1774 questa corrente conseguì il primo successo importante; il 27 novembre di quell'anno il Maggior Consiglio approvò una legge in base alla quale «la Repubblica ad aggetta di conservare la pietà, la buona disciplina ed i moderati costumi che tanto influiscono sul benessere della società, come altresì di frenare il corso di ogni principal vizio, che tutti gli ordini sociali corrompe e dissolve» ordinava che «il Casinò del Ridotto a San Moisè[16] ove il gioco tiene sua sede, fosse per sempre chiuso e ad un qualche pubblico uso destinato;

[16] Si tratta del ridotto originario della città, che esiste tuttora al n. 1362 della calle del Ridotto fino alla calle Vallaresso (n. 1332). Ogni giorno migliaia di visitatori vi passano accanto mentre si dirigono alla fermata del vaporetto di San Marco o allo Harry's Bar.

fosse rigorasamente proibito ogni giuoco di azzardo sì in Venezia che nelle Provincie, incaricando gl'inquisitori della debita vigilanza».

Pare che la nuova legge fosse accolta con molta soddisfazione dalla gente del popolo, che corse per le strade diffondendo la notizia; ma la passione dei veneziani per il gioco d'azzardo era più forte del loro rispetto per la legge e, sebbene il ridotto di San Moisè restasse chiuso, continuarono a funzionare molte altre più discrete case dove, nello spazio di poche settimane, i tavoli tornarono a essere affollati come sempre.

Due mesi dopo, nel gennaio del 1775, fu rinnovata la proposta di offrire in vendita i seggi del Maggior Consiglio, questa volta a quaranta famiglie della terraferma, a condizione che potessero dimostrare la loro appartenenza alla nobiltà locale da almeno quattro generazioni e disponessero di una rendita minima annua di 10.000 ducati. La proposta, aspramente avversata da una folta opposizione, fu approvata con una maggioranza molto esigua; una grossa delusione attendeva però i suoi sostenitori. Cento anni prima un numero di famiglie tre volte superiore aveva stimato 100.000 ducati un prezzo modesto per ottenere un posto nel patriziato; ora, tra le quaranta invitate soltanto dieci furono disposte ad accettare, e anche fra queste molte mostrarono una marcata mancanza di entusiasmo.

Quando il doge Mocenigo morì il 31 dicembre 1778 il morale dei veneziani era a un livello paurosamente basso; né fu apprezzabilmente sollevato dall'elezione nel gennaio successivo di Paolo Renier. Il nuovo doge era il classico tipo dell'erudito; traduttore di Omero, Pindaro e Platone in veneziano, era stato senatore e savio, ambasciatore a Vienna e bailo a Costantinopoli. Ma aveva fama di essere un faccendiere incline a usare procedimenti disonesti; anche se non era vero, si mormorava in giro che avesse comprato il dogado corrompendo trecento membri del Maggior Consiglio. Il popolo non aveva in lui nessuna fiducia. Aveva sempre avuto una vera e propria idiosincrasia per la folla: essendo il suo discorso inaugurale in San Marco scarsamente udibile, le immancabili grida dei presenti che lo invitavano ad alzare la voce lo impaurirono a tal punto che, uscito dalla basilica marciana, durò fatica a salire sul «pozzetto» per il solito giro intorno alla Piazza e avvertendo crescere l'ostilità intorno a lui chiese varie volte alle persone del seguito se la sua vita non fosse per caso in pericolo. La cosa più simpatica che sappiamo di lui è che, in seconde nozze, aveva sposato una funambola greca conosciuta a Costantinopoli; ma anche questo matrimonio non era stato sufficiente a procurargli l'affetto del popolo. La moglie greca fu respinta come un'avventuriera dalla società veneziana e durante tutto il dogado di Paolo Renier le funzioni di dogaressa furono svolte dalla nipote.

Quali che fossero le sue lacune, risulta che il doge Renier lavorò attivamente e coscienziosamente per arrestare il declino della Repubblica, anche se era chiaro che Venezia diveniva progressivamente sempre meno governabile. L'anno dopo la sua ascesa alla massima magistratura Giorgio Pisani fu eletto procuratore di San Marco; fu una grande vittoria dei barnabotti e dei radicali il cui campione si collocava allo stesso livello del più potente personaggio del partito reazionario: Andrea Tron. Da un decennio e più Tron – *il Paron*, come era generalmente chiamato a Venezia – dominava la scena politica veneziana, esercitando un potere reale superiore a quello dello stesso doge, non tanto per le cariche che aveva ricoperto quanto per l'autentica forza della sua personalità. Figlio di uno dei pochi veri industriali di Venezia (il padre Nicolò aveva avviato vicino a Vicenza una filanda che rendeva alti utili) era un rumoroso propugnatore degli antichi valori repubblicani e non si stancava di invitare continuamente la nobiltà ad abbandonare le tenute agricole per tornare ai vecchi traffici commerciali, guardandosi bene tuttavia dal dare l'esempio per primo. Non faceva un segreto del suo disprezzo per tutti quei forestieri o «uomini nuovi» ai quali era stato permesso di appropriarsi dell'economia della Repubblica; e detestava particolarmente gli ebrei, contro i quali nel 1777 era riuscito a far emanare antistoriche leggi che proibivano l'impiego di cristiani alle loro dipendenze, l'esercizio di attività manifatturiere e il possesso di beni immobili, riducendo così una prospera e utile comunità al livello di mercanti di stracci.

Fu opinione generale che Andrea Tron avesse finalmente trovato in Giorgio Pisani e nel suo collega non meno impetuoso, Carlo Contarini, i rivali capaci di tenergli testa. Un giorno dopo l'altro i due tuonavano contro il governo, la sua criminale direzione degli affari di Stato, la sua irresponsabile politica economica, la sua corruzione. Furono ascoltati e in breve tempo poterono contare su una maggioranza nel Maggior Consiglio. Invano il doge Renier faceva appelli all'unità, sottolineando che la Repubblica non avrebbe più potuto difendersi da un'eventuale aggressione e che senza la solidarietà interna era perduta. «I principi d'Europa ci osservano attentamente in questa nostra presente agitazione e pensano al modo migliore per volgerla al loro miglior vantaggio». Ma Pisani e Contarini non avevano alcuna intenzione di moderare il loro linguaggio verso una classe politica che disprezzavano.

Sarebbe stato meglio per loro se l'avessero fatto; con una campagna più calma e più misurata avrebbero potuto conseguire almeno alcuni dei loro scopi. Così come andarono le cose, la costante attività di agitatori, i discorsi in pubblico e gli incontri segreti costrinsero le autorità ad agire contro di loro. Nella notte del 31 maggio Giorgio Pisani fu arrestato nella sua casa a San Moisè; passerà i successivi dieci anni in una prigione sulla terraferma. Contarini fu inviato nella fortezza di Cattaro, dove morì poco dopo. Il Consiglio dei Dieci e gli Inquisitori avevano vinto ancora una volta, come sempre. Ma i lunghi, traumatici dibattiti nel Maggior Consiglio, durante i quali sembrava che Venezia, come mai nel passato, dilaniasse con le proprie mani la sua stessa anima, non furono dimenticati; il rancore dei barnabotti continuò a crescere; e nei diciassette anni di vita che restavano alla Repubblica, certe parole di Paolo Renier tornavano ogni tanto come un sinistro presagio negli orecchi dei suoi più consapevoli compatrioti:

> Se c'è Stato che abbia bisogno di concordia siamo noi, che non abbiamo forze né terrestri, né marittime, né alleanze, che viviamo a sorte, per accidente e viviamo nella sola idea della prudenza del governo della Repubblica Veneta. Questa è la nostra forza.

Era vero, anche se, come il doge aveva ammesso in precedenza, la reputazione di Venezia aveva perso gran parte del suo potere nelle cancellerie d'Europa. Benché la Serenissima declinasse rapidamente, il suo corpo diplomatico era ancora vigile e pronto, tanto che Renier sapeva perfettamente che l'Austria aveva intrapreso discussioni con altri governi per tracciare le linee di un futuro nel quale non c'era più posto per Venezia. Eppure, malgrado tutte le sue tribolazioni, riusciva egualmente a presentare al mondo una facciata solida e perfino senza incrinature, a proiettare l'immagine di una società frivola e fragile, raffinata e prodiga, ma invisibilmente sostenuta da un'infrastruttura monolitica, composta di uomini severi ed esperti, la cui saggezza era infinita e il cui tocco sicuro. E non si può dire che illudesse soltanto gli spensierati cacciatori di piaceri. Nel gennaio del 1782 arrivarono il principe ereditario di Russia, il futuro zar Paolo I, e la moglie, che viaggiavano sotto il romantico nome di conte e contessa del Nord. Furono organizzati in loro onore i soliti, sfarzosi festeggiamenti, nel corso dei quali un'enorme colomba al lieve contatto della mano della contessa prese a circolare nella Piazza spargendo un centinaio di torce e alla fine andò a posarsi su una riproduzione dell'arco di Tito a Roma alta quasi venticinque metri; ma si racconta che ciò che impressionò realmente il granduca fu l'ordine e la disciplina della folla, per la quale non era necessario il controllo dei soldati essendo sufficiente quello di cinque assistenti dei Dieci guidati dal loro capitan-grande in uniforme rossa. «*Voilà*», esclamò, «*l'effet du sage gouvernement de la République. Ce peuple est une famille*». Non avrebbe potuto dire niente che fosse più gradito ai suoi anfitrioni.[17]

Il granduca non era un uomo intelligente – quando ereditò il trono era completamente pazzo e fu assassinato nel 1801 – ma anche visitatori molto più acuti di lui non percepivano nella città alcuna divisione o sintomi di disagio. In ogni caso non li avrebbero riscontrati tra il popolo. La classe lavoratrice veneziana era, nel complesso, soddisfatta del proprio destino. Assicurata una modesta quantità di cibo e una grande abbondanza di spettacoli, non aveva niente su cui brontolare. Le imposte erano lievi o inesistenti. Essendo nato e cresciuto fuori della *élite* che governava la Repubblica, capitava raramente all'uomo del popolo di avere am-

[17] Per altri aspetti, la coppia imperiale ebbe probabilmente meno successo. «Pagarono soltanto la metà del conto per l'alloggio, non lasciarono mance al banchetto offerto in loro onore all'Arsenale e non dettero nessun contributo per l'orfanotrofio femminile, contrariamente all'usanza», P. Longworth, *The Rise and Fall of Venice*, Constable, London 1974.

bizioni politiche. Non procurava noie ai Dieci o ai Tre; al contrario li giudicava utili e anche necessari elementi dello Stato e li acclamava vigorosamente tutte le volte che scoprivano una cospirazione o agivano contro qualche barnabotto insoddisfatto. I Dieci a loro volta non davano al popolo il minimo disturbo, anzi gli concedevano una libertà molto più ampia che ai nobili, dei quali sorvegliavano ogni movimento e che non potevano lasciare la città, meno che mai la Repubblica, senza un permesso speciale. Così, l'uomo del popolo non spese lacrime sulla sorte del Pisani o del Contarini: avevano parlato soltanto per la loro classe di scontenti e inquieti; non erano, e mai avevano preteso di essere, uomini del popolo: quanto più presto erano stati messi al sicuro e quanto più a lungo ci sarebbero rimasti, tanto meglio.

Gli ultimi sette anni del dogado di Paolo Renier trascorsero senza eventi di rilievo. Nel maggio del 1782 intrattenne papa Pio VI, di passaggio per Vienna, la prima visita a Venezia di un papa regnante dopo il celebre incontro tra papa Alessandro e Federico Barbarossa nel 1177; nell'anno successivo il doge e il Senato rifiutarono, per ragioni non del tutto chiare, le proposte di John Adams, Benjamin Franklin e Thomas Jefferson circa un trattato di commercio e amicizia con la giovane nazione degli Stati Uniti d'America. Frattanto con l'avanzare dell'età la venalità del doge era cresciuta a dismisura e molti veneziani lo detestavano. Il suo più grandioso monumento (per il quale però non ha alcun merito) sono innegabilmente i *murazzi*, la gigantesca diga di macigni irregolari, larga quattordici metri alla base, che si estende per circa quattro chilometri lungo il litorale dell'isola di Pellestrina. Questo poderoso baluardo, la cui costruzione era iniziata nel 1744 e terminata trentotto anni dopo, conserva ancora tutta la sua imponenza, anche se purtroppo perde progressivamente ogni utilità, e testimonia il fatto che perfino il mare, per tanto tempo il rifugio di Venezia, cominciava a volgersi contro di essa. Eppure, tra coloro che presenziarono all'inaugurazione molti probabilmente riflettevano con malinconia sul fatto che Venezia doveva ormai affrontare altri e più insidiosi pericoli, sia interni che esterni, contro i quali non poteva costruire una barriera. Tutto quello che poteva fare era di mantenere il mistero intorno a sé; e fu in quest'ordine di idee che Paolo Renier, morendo senza un lamento nel febbraio del 1789, fece senza saperlo il suo ultimo sacrificio per il bene della Repubblica.

Invece di essere onorato, secondo la tradizione, con solenni esequie di Stato, fu sepolto nella chiesa dei Tolentini segretamente, e di notte, per non interrompere il carnevale.

Capitolo XXVII
La caduta
(1789-1797)

> La raison du plus fort est toujours la meilleure;
> Nous l'allons montrer tout à l'heure.*
>
> JEAN DE LA FONTAINE, *Le Loup et l'Agneau*

Quando Lodovico Manin, centodiciottesimo e ultimo doge di Venezia, fu eletto con ventotto voti contro tredici il 9 maggio 1789, nessuno sulla laguna sapeva ancora che soltanto quattro giorni prima l'assemblea francese degli Stati Generali si era riunita a Versailles dando inizio a quella catena di eventi che condusse il paese alla rivoluzione. Ma anche se la notizia fosse stata già nota a Rialto, è improbabile che i veneziani vi avrebbero prestato molta attenzione. Da oltre settant'anni vivevano in una torre di avorio, nel saldo convincimento che la loro ormai tradizionale politica di neutralità li avrebbe protetti da ogni male e che la loro decisione di vivere in pace sarebbe stata universalmente rispettata. Il loro errore, il più tragico di tutta la loro storia, fu di restare aggrappati a questo

* «La ragione del più forte è sempre quella che prevale; / siam qui per dimostrarlo».

convincimento anche dopo che avrebbero dovuto capire che non aveva più fondamento; e di questo calamitoso indugiare nell'inganno di se stessi, una buona dose di responsabilità deve essere attribuita a Lodovico Manin.

La sua elezione era stata per molti aspetti sorprendente. In primo luogo, diversamente da tutti gli altri dogi degli ultimi secoli, non apparteneva alla vecchia aristocrazia veneziana. I Manin erano una potente famiglia del Friuli che aveva comprato l'iscrizione nel Libro d'Oro per 100.000 ducati nel 1651, soltanto settantaquattro anni prima della nascita di Lodovico; molti nobili lo consideravano pertanto un *parvenu*; durante i festeggiamenti per l'elezione, il procuratore Pietro Gradenigo, uno dei candidati battuti, fu udito mormorare: «*Con un doxe furlan, la Republica xe morta!*». Esattamente otto anni dopo molti ricorderanno queste parole.

Il Manin aveva alle spalle una carriera pubblica illustre, ma non eccezionale; si ricordava di lui soprattutto l'efficienza dimostrata quale podestà di Verona in occasione della catastrofica alluvione del 1757. In netto contrasto con il suo predecessore, era onesto; anche nei giorni peggiori la sua integrità non fu mai posta in dubbio. Ma negli anni in cui fu chiamato alla guida della Repubblica altre qualità sarebbero state più importanti perfino dell'onestà: forza, intuizione, coraggio, volontà salda, vale a dire le qualità del capo. Lodovico Manin possedeva probabilmente appena una traccia di queste doti; anzi, ripercorrendo le ultime penose vicende della morente Repubblica, si è tentati di chiederci se non erano scomparse del tutto da Venezia. Soltanto un uomo, Francesco Pesaro, vide il pericolo sin dall'inizio e si sforzò in ogni modo di costringere gli altri a vedere cosa c'era dietro l'angolo; ma non ci riuscì e quando venne la fine anche lui dette prova di avere piedi di argilla.

In Francia, il Terzo Stato che il 17 giugno si proclamò Assemblea Nazionale, sottolineò il proprio pacifismo sin dall'inizio; però l'atteggiamento delle monarchie europee fece subito capire che pace non doveva essere. La filosofia della rivoluzione era una cosa inebriante e si era già diffusa in tutta l'Europa occidentale; se non si arrestava il contagio, altri troni avrebbero vacillato come quello francese e il millenario fondamento politico dell'intero continente sarebbe stato in pericolo. Nel giugno 1790 l'ambasciatore veneziano a Torino informava il Senato che un'organizzazione segreta francese aveva inviato agenti in tutta la penisola con lo scopo di seminare propaganda rivoluzionaria; e tre mesi dopo un lungo dispaccio di Antonio Cappello, ambasciatore a Parigi, confermava che l'informazione da Torino non era affatto una voce allarmistica: facevano parte dell'organizzazione alcune delle più eminenti personalità dell'Assemblea, uomini come Mirabeau, Lafayette e l'abate Sieyès.

Ora Venezia era una Repubblica, ma non aveva mai preteso di essere radicale o egualitaria. Anzi tutto il suo ordinamento era spiccatamente elitario; e anche se in tempi recenti era stata occasionalmente permessa qualche trasfusione di sangue nuovo, la conquista di un posto tra la nobiltà era per il comune cittadino molto più difficile a Venezia che non in Inghilterra e perfino nella stessa Francia, due nazioni dove l'aristocrazia era sempre aperta a coloro che per censo, talento o altre qualità si guadagnavano il favore del re. Tra quelle famiglie che detenevano il potere a Venezia, le dottrine delle rivoluzioni erano ripugnanti esattamente come tra i più reazionari aristocratici feudali dell'Austria, dell'Inghilterra o della Prussia. Per concludere, le monarchie europee non vedevano alcuna ragione perché la Serenissima non dovesse essere un alleato entusiastico, anche se modesto, nella lotta contro l'avanzata dell'ateismo e del caos.

La loro illusione durò poco. Non che la Repubblica sottovalutasse i pericoli della sovversione. Giorgio Pisani e Carlo Contarini erano al sicuro ma molti tra i barnabotti e i cittadini della borghesia proclamavano più o meno apertamente la loro simpatia per la causa radicale. I Dieci e i Tre tirarono ulteriormente le briglie; la censura divenne più rigorosa, le riunioni pubbliche di carattere politico furono proibite, tutti gli stranieri e molti veneziani furono posti sotto sorveglianza. Ma quando nel novembre 1791 Vittorio Amedeo III re di Sardegna suggerì a Venezia di unirsi a una lega dei principi italiani intesa a resistere alla minaccia giacobina, rispose che la minaccia era stata enormemente esagerata, che non riteneva necessarie misure di quel tipo ma che, se un giorno lo fossero state, era perfettamente in grado di provvedere da sola.

Sei mesi dopo c'era la guerra; aveva cominciato l'Austria seguita poco dopo dalla Prussia e dalla Sardegna. Poi, il 10 agosto 1792 a Parigi la folla invade le Tuileries, massacra la Guardia Svizzera, cerca e insegue la famiglia reale – che si rifugia all'ultimo momento nell'edificio dell'Assemblea Nazionale – e trova perfino il modo di far passare all'ambasciatore veneziano Alvise Pisani alcuni minuti estremamente spiacevoli. Ecco quello che scrisse a un amico lo stesso Pisani:

Mai più in vita mia credo che si possa vedere un così terribile spettacolo d'orrore, di sangue e di spavento. Nella giornata delli 10 corrente sull'ora del mezzogiorno il popolo furente affrontò il castello reale armata mano, approntandovi il cannone. Si sono sentiti moltissimi spari di cannone, che lo hanno mezzo distrutto ed atterrato!

Si gridava tumultuariamente: «Vogliamo il Re, dov'è il Re?». Non lo hanno ritrovato perché tutta la famiglia reale, avvertita un'ora prima, erasi rifugiata nella casa dell'Assemblea vicina. Si fece grandissima strage degli ussari e delle guardie che custodivano il castello, e si calcola il numero delli morti fra l'una e l'altra parte a tre mila e più persone. La confusione e lo spavento non mi lasciano dipingere quel quadro capace di atterrire qualunque delli spiriti più forti. Vi dirò che dalle finestre del mio palazzo oltre il rimbombo delle grosse artiglierie, che facevano tremare la mia casa, si vedeva scorrere a rivi il sangue. Considerate la mia presente situazione.

Ricoveratisi alquanti ussari feriti nel mio palazzo, vengono essi inseguiti da centinaia di persone. Io faccio chiudere le porte perché non si affolli la gente, ed ecco che si affolla la truppa armata alla porta di strada che grida: «Signor Ambasciatore, avete in casa vostra ricoverato il Re; lo vogliamo. Da allora, inspirato da coraggio sopra naturale nella mia fisica situazione, facendo prima volare nell'appartamento superiore li spaventati miei figli, in compagnia del mio abate e di alcuni altri, scendo le scale, apro io stesso la porta, mi presento a quella indemoniata ciurmaglia, e con voce di verità giuro che in casa mia non v'erano altri ricoverati che alquanti feriti. «Venite pure, venite, amici», grido, «ad assicurarvi di quanto vi dico».

Iddio Signore mi ha in quel momento protetto. Mi prestarono fede, nessuno pose passo dentro la mia abitazione, anzi tutti giravano le spalle continuando a gridare: «Vogliamo il Re».

Alla voce sparsasi che l'Assemblea abbia con suo decreto levata al Re la podestà esecutiva, pare che il tumulto siasi alquanto sedato, ma per quanto tempo? Si temono più terribili e lagrimevoli avvenimenti: tutto è in pericolo.

Dal mio dispaccio avete il più minuto dettaglio di questa giornata. Considerate la mia presente situazione e di tutta la mia spaventata famiglia.

L'emozione era stata effettivamente molto forte per lui. Lasciato al segretario l'incarico di far funzionare l'ambasciata, fuggì con la famiglia a Londra dove rimase tre anni.

Nel settembre del 1792 il re di Spagna fece un altro tentativo con la Repubblica. Questa volta la proposta era di costituire con lui e il re di Napoli una lega neutrale difensiva alla quale sperava che avrebbero poi aderito tutti gli altri Stati italiani. Ma anche questa volta il rifiuto fu immediato. Il Collegio dette la risposta senza nemmeno interpellare il Senato. Fece rilevare che Venezia si era dichiarata formalmente neutrale; come avrebbe potuto pertanto entrare in un'alleanza, sia pure espressamente intesa al mantenimento della sua neutralità? Un assunto molto esile, ma gli uomini che avevano il potere sembravano vincolati a una vecchia e incrollabile decisione. Anche quando, quattro mesi dopo, Luigi XVI morì sulla ghigliottina non vollero intendere ragioni. A Venezia, come in ogni altra capitale europea, Parigi compresa, la gente fu scossa e atterrita dalla notizia; ma la proposta di rompere i rapporti diplomatici con la Francia, date le circostanze una reazione abbastanza tenue, fu respinta dal Senato e Alvise Pisani, nel suo sicuro rifugio londinese, continuò a fruire del titolo e del rango nonché dello stipendio. Frattanto il rappresentante francese a Venezia era stato autorizzato a esporre nel suo palazzo la bandiera repubblicana. Nel febbraio del 1793 le monarchie fecero l'ultimo tentativo: Gran Bretagna, Austria, Prussia, Olanda, Spagna e Sardegna avevano formato una coalizione per proteggere l'Europa dagli atei e dai regicidi. Voleva Venezia partecipare a questa sacra missione? Venezia non voleva.

La neutralità è, o può essere, una politica assolutamente rispettabile; ma, come Francesco Pesaro cercava di far capire, deve basarsi sulla forza. Le guerre tra la Francia e l'Austria erano state invariabilmente combattute sul suolo italiano; ormai era vicino il tempo in cui Lombardia e Veneto sarebbero tornate a essere un campo di battaglia. Quando questo momento verrà, Venezia, per quanto pacifici siano i suoi propositi, deve mostrarsi decisa e preparata a combattere. Se non lo sarà, quali speranze potrà avere di conservare l'integrità territoriale? Nelle condizioni in cui si trovava, era in pericolo la sua stessa esistenza come Stato indipendente.

Un dibattito dopo l'altro, Pesaro ragionava in questo modo; ma invano. Gli argomenti degli avversari erano gracili; difficilmente avrebbero potuto essere qualcosa di diverso. La neutralità armata del tipo da lui propugnata avrebbe imposto un'estesa riorganizzazione, quasi una ricostruzione, sia dell'esercito sia della marina, che sarebbe stata possibile soltanto con un enorme e inconcepibile prelievo fiscale sulla ricchezza privata. L'esercito rivoluzionario aveva già respinto l'invasione prussiana a Valmy e inflitto una schiacciante sconfitta agli austriaci a Jemappes; Pesaro pretendeva seriamente che Venezia si misurasse contro una simile forza d'urto? Circa l'idea di un esercito veneziano sulla frontiera occidentale, a cosa mai sarebbe potuto servire se non a provocare inutilmente i francesi e a indurli ad attaccare?

Può darsi che questi argomenti fossero sostenuti con sincera convinzione, ma erano comunque estranei alle cause effettive dell'inerzia della Repubblica. La realtà era che Venezia languiva in una profonda crisi morale e di costumi. Era passato tanto tempo da quando era stata costretta ad affrontare un serio impegno militare che aveva perso quella volontà che rende possibile l'accettazione di simili impegni. La pace, i piaceri, il lusso, l'atmosfera da «dolce vita» avevano distrutto il suo spirito. Era vecchia e stanca ed era inoltre guasta. Anche il suo tanto decantato ordinamento costituzionale era sul punto di sgretolarsi: i voti venivano comprati e venduti, l'oligarchia al potere proveniva da un gruppo sempre più ristretto; il Senato era ridotto a poco più di un organismo decorativo. In quest'ultimo decennio della sua esistenza da Stato indipendente, quasi tutte le sue decisioni politiche sembravano studiate per affrettare la fine. Covava forse un segreto desiderio di morte? Se era così, sarebbe stata accontentata e più presto di quanto potesse immaginare.

Per quasi due anni dopo l'esecuzione di re Luigi, i rapporti tra la Francia e Venezia si mantennero corretti, in certi momenti quasi cordiali. Le ricorrenti professioni di neutralità non potevano nascondere il fatto che l'oligarchia veneziana era filo-austriaca e monarchica in fondo al cuore; il nuovo ambasciatore francese Lallement sapeva perfettamente che ogni suo movimento era sorvegliato e riferito agli Inquisitori; del resto non aveva motivo per credere che gli altri ambasciatori presso la Repubblica fossero trattati diversamente e se non poteva sperare di conquistare l'amicizia della classe al governo era almeno riuscito a meritarsi un certo rispetto. La Francia in quel momento non aveva amici in Europa; uno Stato neutrale, in posizione geografica strategicamente importante, era degno di essere corteggiato.

Verso la fine di novembre del 1795 un esercito francese batté gli austriaci per la prima volta sul suolo italiano, e precisamente a Loano sulla riviera ligure. Quasi immediatamente l'atteggiamento francese verso Venezia si irrigidì e il primo segno fu una perentoria richiesta di espellere dal territorio della Republica il conte di Provenza, fratello del re defunto. Si era stabilito a Verona l'anno prima e dopo la morte del giovane delfino in luglio aveva diramato un proclama, firmato Luigi XVIII, con il quale avanzava formale pretesa al trono di Francia. Negli ultimi quattro mesi aveva fatto di Verona il centro dell'attività degli *émigrés*, i nobili emigrati francesi.

Ora, Venezia come Stato neutrale aveva il diritto di offrire asilo politico a chi voleva e la Repubblica francese non produsse mai una prova concreta che il conte di Provenza da Verona stesse effettivamente complottando contro di essa. L'imperatore frattanto, sebbene si fosse rifiutato di accettare il pretendente in suolo austriaco, faceva pesanti pressioni su Venezia perché gli permettesse di restare a Verona. Ma alla fine le insistenze francesi divennero così minacciose che la Signoria non osò resistere più a lungo; il 31 marzo 1796 Luigi fu educatamente invitato a partire, il che fece poco dopo, chiedendo formalmente, per un comprensibile risentimento, che il nome dei Borboni fosse cancellato dal Libro d'Oro. L'incidente non era forse di primaria importanza ma si prestava perfettamente a suffragare la tesi di Francesco Pesaro. Se Venezia fosse stata forte avrebbe potuto tranquillamente ignorare le minacce francesi o, in alternativa, espellere Luigi e i suoi seguaci sfidando l'Austria; in entrambi i casi avrebbe conservato l'amicizia di una delle due parti. Nella sua debolezza, aveva esitato ed era riuscita soltanto a irritarle entrambe.

Intanto era nata con i francesi una divergenza più seria. Si lamentarono, questa volta con piena ragione, perché Venezia aveva concesso a un esercito austriaco di attraversare il proprio territorio nella marcia dal Tirolo a Mantova. Venezia replicò debolmente che l'Impero era stato autorizzato espressamente a servirsi della strada che passava per Goito da un vecchio trattato che non poteva essere abrogato. Può darsi che essa stessa fosse convinta, almeno fino a un certo punto, di quanto affermava dal momento che gli austriaci avevano sicuramente percorso avanti e indietro la strada di Goito senza alcun intralcio da quando avevano avuto Mantova nel 1708; però, malgrado le ripetute richieste dei francesi, Venezia non fu mai in grado di esibire una copia del trattato. Per i francesi pertanto, il permesso concesso agli austriaci costituiva un'evidente violazione della sua proclamata neutralità, un punto che Napoleone Bonaparte avrebbe tenuto in debita considerazione qualche mese dopo.

Bonaparte aveva allora ventisei anni. Appena ventiquattrenne si era distinto nell'assedio di Tolone, dopo il quale il suo comandante, il generale Dugommier, aveva subito scritto al ministero della Guerra a Parigi: «*Récompensez, avancez ce jeune homme; car, si l'on était ingrat envers lui, il s'avancerait tout seul*». Il consiglio era stato accettato. L'anno seguente, avendo salvato la Convenzione praticamente da solo dall'insurrezione monarchica del 13 vendemmiaio, era stato nominato vicecomandante dell'esercito territoriale; e cinque mesi dopo, nel marzo 1796, quando il Direttorio decise di intraprendere in Italia una nuova campagna contro l'Austria, il magro e solenne giovane còrso bilingue parve il comandante adatto a dirigerla. Nessuno tuttavia, eccetto forse lo stesso Bonaparte, avrebbe potuto prevedere l'entità e la rapidità dei suoi successi. Montenotte, Millesimo, Dego, Ceva, Mondovì: quasi ogni giorno portava la notizia di una nuova vittoria. Prima della fine di aprile la Sardegna, alleata dell'Austria, fu costretta a firmare una pace separata, con la quale cedeva alla Francia Nizza e la Savoia. L'8 maggio i francesi attraversarono il Po e due giorni dopo forzarono il ponte sull'Adda a Lodi. Il 15 Bonaparte entrò in Milano.

Tutta la Lombardia era ora nelle sue mani, esclusa soltanto Mantova, che però poteva aspettare. La strada fino al confine austriaco era libera. Per dire il vero, passava attraverso il territorio della neutrale Repubblica di Venezia, ma questo era inevitabile. La cosa non preoccupava certamente gli austriaci, che non si limitavano più a servirsi soltanto della strada di Goito: pochi giorni prima il generale Kerpen, in piena fuga con i resti dell'esercito, aveva chiesto il permesso di passare per Crema, permesso che, essendo la fortezza indifendibile perché in condizioni rovinose, il podestà veneziano non ebbe la possibilità di rifiutare.

Venuto a conoscenza di questa nuova prova delle simpatie imperiali di Venezia, Bonaparte cavalcò personalmente fino a Crema per chiedere spiegazioni al podestà Gian Battista Contarini. Il colloquio che si svolse tra i due non ha una particolare importanza; ci interessa principalmente perché il relativo rapporto di Contarini al Senato contiene le prime impressioni di un veneziano su Bonaparte. Contarini fu colpito dalla sua evidente fragilità fisica e dal fatto che non faceva alcuno sforzo per nascondere la stanchezza. Non aveva davanti a sé un giovane e arrogante conquistatore, che camminava avanti e indietro per la stanza con passi concitati, rimproverando Venezia per la sua doppiezza e minacciando durissimi castighi, ma semplicemente un giovanotto esausto, abbandonatosi in una poltrona con gli occhi chiusi.

> [...] O per naturale taciturnità, o per volontaria dimostrazione di mal umore, o fors'anco per stanchezza delle sofferte fatiche, stette serio e pensieroso, e destramente interrogato s'egli era stanco, mi rispose che lo era di molto.

Durante la conversazione non espresse mai sentimenti amichevoli verso Venezia; ma quando il suo unico accompagnatore, il generale Saliceti, un altro còrso, si lanciò in un violento atto di accusa contro la Repubblica egli non vi prese parte e, anzi, sorrise varie volte in segno di approvazione alle animate ritorsioni con le quali – se si deve prestar fede al resoconto del Contarini – l'indignato podestà rendeva pan per focaccia. Quando prese personalmente la parola per protestare, si espresse con un linguaggio moderato, quasi cortese; sembrava più interessato a conoscere con esattezza la strada presa dagli austriaci, quasi contento di constatare che era effettivamente l'unica strada che consentiva loro di evitare la cattura da parte delle forze francesi.

Il successivo rapporto di un veneziano su Bonaparte, redatto dal podestà di Brescia Alvise Mocenigo il 16 maggio, lo descrive di un umore tempestoso. Gli austriaci in ritirata avevano occupato la fortezza di Peschiera sul lago di Garda; le autorità veneziane, a parte alcune proteste espresse in termini molto gentili, non avevano fatto niente per impedirlo e Bonaparte voleva sapere perché. Contarini avrebbe potuto replicare che i francesi, essendo anche loro venuti a Brescia senza aver chiesto il permesso a nessuno e senza aver incontrato opposizione, non erano nella posizione giusta per recriminare; ma, visto l'atteggiamento del generale, probabilmente ritenne sconsigliabile questo argomento. Comunque, riferì al Senato di essere riuscito a placarlo e che al momento del commiato aveva addirittura dichiarato la propria amicizia per Venezia; ma il rapporto aggiungeva:

> Sente al più alto grado le passioni dell'orgoglio, risoluto nelle sue determinazioni [...] ogni evento, anche innocente, nel quale creda di rilevare qualche opposizione alle sue intenzioni, lo fa passare in un baleno alla ferocia e alle minacce [...].

Ciò che il povero podestà non sapeva era che in simili occasioni l'ira di Napoleone Bonaparte era generalmente una semplice simulazione, così come erano in gran parte vane le sue minacce. I suoi piani funzionavano meravigliosamente. Un'ultima battaglia, combattuta il 5 agosto a Castiglione e nella quale gli austriaci persero duemila uomini e tutta l'artiglieria, costituì un appropriato ultimo atto a una delle più straordinarie campagne della storia militare moderna; dopo di essa Peschiera fu frettolosamente evacuata e la resa di Mantova, l'ultimo bastione dell'Impero in Italia, divenne una semplice questione di tempo. Il vero scopo di Bonaparte, nei suoi contatti con i rappresentanti di Venezia in quel periodo, non era di procacciarsi l'aiuto della Repubblica e nemmeno di ottenere un comportamento più rigorosamente neutrale; conosceva la sua impotenza, la sua incapacità sia di aiutarlo sia di ostacolarlo seriamente. Mirava piuttosto a spaventarla, a metterla dalla parte del torto, voleva che si sentisse in colpa e incapace di far fronte agli eventi, intendeva logorare il suo orgoglio, la sua sicurezza e il rispetto di sé in modo da ridurre la sua capacità morale di resistenza allo stesso livello di quella materiale. Contemporaneamente, protestando per le colpe di Venezia, creava una giustificazione per le proprie. Il successo di questa tattica appare evidente soprattutto dai suoi contatti con Nicolò Foscarini.

Ai primi di maggio del 1796 il Collegio, stimolato dalle crescenti simpatie del Senato per la politica del riarmo sostenuta tenacemente da Francesco Pesaro, aveva proposto un compromesso con la nomina di un provveditore generale in terraferma con quartier generale a Verona. Era un incarico che normalmente comportava poteri quasi dittatoriali; in quella circostanza però il provveditore ricevette le istruzioni: «accertare lo stato dell'opinione pubblica, mantenere l'ordine e dare ai sudditi di Venezia quella tranquillità e quella sicurezza alle quali sono abituati, accorrendo prontamente ovunque sia richiesta la sua presenza, mantenendo il Senato costantemente informato degli sviluppi della situazione ed eseguendo i suoi ordini». Se Nicolò Foscarini, che quale Savio di Settimana[1] aveva diretto in Senato l'elaborazione del testo della risoluzione, avesse saputo che sarebbe stato scelto per l'incarico, probabilmente avrebbe ottenuto una redazione in termini alquanto diversi; ma benché fosse ampiamente responsabile per quelle istruzioni, è impossibile non provare per lui una certa pena. Come poteva tranquillizzare una popolazione che sentiva l'avvicinarsi di un esercito apparentemente irresistibile, comandato da un genio militare, quando tutte le forze terrestri veneziane consistevano forse di cinquemila uomini, sparsi nella regione in piccole guarnigioni, male armati, male equipaggiati e senza artiglieria e munizioni? Come poteva eseguire gli ordini del Senato se il Senato non glieli inviava e rispondeva alle sue insistenti richieste, quando rispondeva, con generalizzazioni deliberatamente ambigue ed evasive? Ragionevolmente, in queste condizioni era costretto ad agire di propria iniziativa; ma l'iniziativa, ahimè, non era il suo forte.

[1] I sei Savii Grandi assumevano la presidenza in rotazione per una settimana alla volta. Il Savio di Settimana equivaleva pertanto, grosso modo, al primo ministro per una settimana.

Sin dall'inizio il comportamento di Foscarini, e del suo governo, verso Bonaparte sembrò studiato appositamente per irritarlo. Il 31 maggio, appena pochi giorni dopo la nomina, inviò il suo aiutante di campo al quartier generale francese di Valeggio per esprimere al generale i complimenti per i successi conseguiti ma, contemporaneamente, presentargli anche una nota di tutti i danni fatti dall'esercito della Rivoluzione Francese in territorio veneziano. Questa volta, reale o simulata che fosse, la collera di Bonaparte fu terribile. Cosa erano questi miserabili calcoli in confronto con il danno che Venezia aveva fatto alla causa francese? Non aveva dato via libera ai suoi nemici e non aveva perfino concesso loro la fortezza di Peschiera? Ora si sarebbe vendicato per la Francia: prima di tutto avrebbe marciato su Verona e l'avrebbe rasa al suolo, poi avrebbe trattato Venezia come meritava. Quando finalmente la tempesta si fu calmata, l'impaurito aiutante di campo fu congedato con l'intimazione per il provveditore a presentarsi quella sera stessa a Peschiera, per giustificare la propria condotta e quella del suo governo.

Foscarini fu atterrito dalla prospettiva di quel colloquio e non cercò di nasconderlo. Prima di partire scrisse al Senato una lettera che suonava come un addio e nella quale implorava la benedizione di Dio su ciò che egli definiva «il mio *olocausto* per il bene del mio paese»; nel rapporto successivo all'incontro trapela un sentimento di riconoscenza per esserne uscito vivo. Bonaparte, constatate le sue condizioni, ne trasse pieno vantaggio. Il Direttorio, tuonò, gli aveva dato facoltà di distruggere Verona ed egli vi avrebbe inviato il generale Massena quella sera stessa con truppe e artiglieria sufficienti per un lavoro fatto bene. Si riservava poi di dichiarare guerra a tutti i principi italiani al primo segno di simpatia per gli austriaci; frattanto, aveva già scritto a Parigi per avere l'autorizzazione a marciare contro Venezia. Terminò precisando che Foscarini in quel momento si trovava in territorio francese perché Peschiera era stata perfidamente passata da Venezia all'Austria, alla quale egli l'aveva strappata e che pertanto si teneva per diritto di conquista. Per la stessa ragione aveva anche deciso l'annessione di tutti i centri fortificati lungo l'Adige già veneziani.

Lo sfortunato provveditore poté soltanto implorare misericordia. Bonaparte restò impassibile per un certo tempo e alla fine accettò di risparmiare Verona a condizione che a Massena e alla sua armata fosse garantito libero accesso alla città e che tutti e tre i ponti sull'Adige passassero sotto il suo incondizionato controllo. Venezia doveva inoltre fornire dei viveri e anche certi materiali militari, tutto a credito. Quando Foscarini ebbe finalmente il permesso di ritirarsi aveva dato ai francesi tutto ciò che desideravano senza la necessità di sparare un colpo o di pagare un centesimo. A lui pareva di aver pagato un prezzo modesto per salvare Verona dalle fiamme.

Così sarebbe stato se Bonaparte avesse avuto la benché minima intenzione di raderla davvero al suolo. La verità era che non l'aveva mai neppure sognato e che mai aveva dato un ordine del genere a Massena. Una settimana dopo scriveva al Direttorio:

> Ho deliberatamente provocato questa lite nel caso che voi desideriate cavar fuori da Venezia cinque o sei milioni [...]. Se avete intenzioni più risolute penso che sia in nostro interesse continuare la *brouillerie*; solo, fatemi sapere cosa desiderate e noi aspetteremo il momento favorevole, che io sfrutterò in conformità alle circostanze [...].
>
> La verità sull'affare Peschiera è che Beaulieu [il comandante austriaco] usò un vero e proprio inganno; richiese il passaggio per cinquanta uomini, poi prese la città.

In altre parole, la Repubblica, fino a poco tempo prima celebre nel mondo per l'astuzia della sua diplomazia, era rimasta vittima non di un doppio inganno ma di due singoli inganni, uno dietro l'altro; il primo degli austriaci, il secondo dei francesi. Impotente, indecisa e spaventata, aveva dato prova di essere anche credulona.

A Venezia il Senato continuava nelle sue incertezze. Aveva finalmente trovato un modo elegante per reagire alle pressioni di Francesco Pesaro e dei suoi sostenitori; invece di tentare di ridurli al silenzio, era meglio proporre una qualche soluzione di compromesso che li facesse sperare e poi, ritirando il finanziamento o erigendo una barriera di ostacoli burocratici, renderla inoperanti e farla delicatamente dimenticare. Era stata questa politica a portare alla nomina del provveditore, un provvedimento che aveva presentato anche il vantaggio di creare un capro espiatorio per il caso che la situazione di terraferma avesse continuato a peggiorare. Certamente, Nicolò Foscarini aveva preso sul serio il suo compito; le incessanti richieste di istruzioni rivelavano una forte riluttanza ad assumersi responsabilità, anche minime. Ma non era un problema difficile: le richieste venivano ignorate, le lettere restavano senza risposta.

Ai primi di giugno – ancora una volta al solo scopo, così sembra, di placare il Pesaro – il Senato ordinò alla flotta di rientrare da Corfù, poi revocò l'ordine qualche giorno più tardi. Dopo, nominò un provveditore «alle lagune» nella persona del settantaseienne Jacopo Nani, che malgrado l'età avanzata era ancora un ufficiale abile e coscienzioso; quarant'anni prima aveva elaborato un piano per la difesa di Venezia. Si mise immediatamente all'opera, insieme con Tommaso Condulmer, un suo collaboratore altrettanto efficiente. Ma il suo rapporto sullo stato della marina risultò così scoraggiante (soltanto quattro galee e sette galeotte, tutte senescenti, parzialmente pronte a entrare in servizio) che fu deciso di archiviarlo. Non furono concessi altri fondi e quando il Nani morì nell'aprile successivo non fu sostituito. Un titubante tentativo di rinforzare l'esercito fu egualmente abortito. L'invito al principe Guglielmo di Nassau di assumerne il comando provocò una vivace protesta dell'Austria e fu subito ritirato; quasi contemporaneamente Napoleone fece rilevare che, non avendo Venezia disposto il riarmo quando l'Austria aveva invaso il suo territorio, se l'avesse fatto ora che c'erano i francesi egli l'avrebbe considerato un atto ostile. A questo punto la Signoria decise che era meglio lasciare le cose come stavano anche nell'esercito, come nella marina. Problemi di riarmo o di mobilitazione non furono mai più discussi in assemblee pubbliche.

In realtà, avrebbe servito a poco, ormai. Bisognava provvedervi molto tempo prima. Cinque, o anche soltanto tre anni prima una risoluta azione di riarmo accompagnata da una stretta alleanza difensiva con l'Austria poteva salvare la situazione; ora non più. Nell'estate del 1796 alla Repubblica restava un'unica via di uscita: unire il proprio destino a quello dei francesi, sperare di sopravvivere lasciandosi portare dalla tempesta. Contro ogni previsione, questa possibilità le fu offerta, ma la respinse.

Non sappiamo da quanto tempo Bonaparte stesse seriamente studiando il progetto di un'alleanza con Venezia. È senz'altro possibile che l'avesse in mente fin dall'inizio ma che avesse deliberatamente atteso il momento in cui le sue proposte avessero più probabilità di essere accolte. D'altra parte, non è molto facile capire quali vantaggi potesse scorgere nel corteggiare l'amicizia di uno Stato che sapeva ormai in sua balia, nel contrarre con esso impegni e responsabilità che potevano condizionare la propria libertà d'azione dopo la vittoria ormai certa. Eppure il corteggiamento ci fu, e anche assiduo; in meno di due mesi e mezzo Venezia ricevette tre separate offerte di alleanza: la prima il 21 agosto a Brescia da Bonaparte personalmente, la seconda il 19 settembre dall'ambasciatore francese Lallement, e la terza, la più formale di tutte, avanzata da Jean-

François Rewbell, membro del Direttorio a Cinque e responsabile per gli Affari Esteri, attraverso l'inviato veneziano a Parigi Angelo Querini. Le discussioni in Senato continuarono fino al mese di marzo dell'anno successivo ma la decisione, deliberata quasi all'unanimità, fu sempre la stessa. No.

Perché Venezia rifiutò quelle offerte? Una causa, forse non l'unica, fu quasi certamente la ripugnanza che l'immagine della Francia rivoluzionaria ispirava a coloro che detenevano il potere. In altri strati della società, sia a Venezia sia nella terraferma, i principi radicali potevano anche avere avuto una rapida diffusione, ma per quel ristretto gruppo di ricche famiglie che da tempo esplicitava il governo della Serenissima la Francia era una nazione di anarchici e di regicidi; non avrebbero mai potuto pensare a un trattato di alleanza e di amicizia con una simile nazione, non più di quanto re Giorgio V d'Inghilterra, ci sia consentito il paragone, avrebbe potuto pensare a un analogo trattato con la Russia sovietica negli anni Venti. Forse la loro avversione li rese ciechi e non seppero scorgere né interpretare la realtà sotto i loro occhi; forse erano consapevoli dei pericoli che implicava la ripulsa delle aperture di Napoleone, ma non intendevano ciò nonostante cedere su una questione di principio. Se è vera quest'ultima ipotesi, il loro coraggio, anche se fuorviato, deve essere riconosciuto. Ma esiste anche un'altra spiegazione, più probabile e purtroppo meno edificante. E cioè che anche in quel momento, con la marea napoleonica che minacciava di sommergerli, il pensiero di una guerra li atterriva talmente che qualsiasi altra prospettiva, perfino lo stesso annientamento, era preferibile. Se poi Venezia avesse realmente conservato l'indipendenza accettando l'offerta di Bonaparte è una questione sulla quale si potrebbe discutere all'infinito; non si può infatti escludere che Napoleone l'avrebbe comunque sacrificata, una volta raggiunti i propri scopi. Ma una cosa è sicura. Rifiutandola, non soltanto lo convinse dell'ostilità che nutriva per tutto ciò che egli rappresentava, ma soprattutto inflisse una pericolosa ferita al suo orgoglio. Fu una decisione suicida: nel momento in cui venne presa fu firmata la sua condanna a morte.

Mantova cadde il 2 febbraio 1797 e con essa l'ultimo avamposto della potenza austriaca in Italia. Sei settimane dopo Bonaparte portò il suo esercito oltre il Brennero in territorio imperiale. Lasciò in Italia soltanto le forze che stimò sufficienti per mantenere l'ordine nelle città che aveva già occupato: modeste guarnigioni a Bergamo e Brescia, dove era in rapporti amichevoli con i locali podestà veneziani (e dove esistevano forti correnti radicali), ma una forza considerevole a Verona. In questa città non poteva correre rischi perché oltre a essere la più grande e la più importante della terraferma veneziana controllava anche la via del Brennero, che era prudente mantenere a disposizione per il caso di un possibile ritorno in Italia.

Sfortunatamente Verona era anche la città dove i sentimenti antifrancesi erano più forti. La numerosa guarnigione aveva da tempo cessato di pagare in contanti i propri acquisti e costringeva i commercianti locali a fornire le merci contro ricevute e altri pezzi di carta che non sarebbero stati mai riscattati. Inoltre il generale comandante Antoine Balland agiva come un governatore militare; non mostrava alcun riguardo per la popolazione e dava ordini a Giuseppe Giovanelli, provveditore recentemente nominato da Venezia, e al vice podestà Alvise Contarini come se fossero stati due sergenti delle sue truppe. Tuttavia, i veronesi avrebbero probabilmente sopportato in silenzio le proprie tribolazioni se alla metà di marzo non fosse accaduto un fatto del tutto inaspettato: Bergamo e Brescia insorsero contro Venezia.

Noi sappiamo ora che queste ribellioni erano state orchestrate da un piccolo gruppo di ufficiali francesi senza informarne Bonaparte. Dato il clima politico delle due città, dove l'influenza radicale e anticlericale dei massoni era particolarmente forte, l'operazione non era stata difficile; problema molto più spinoso era invece estendere la ribellione alle valli circostanti le cui popolazioni, indifferenti alle ideologie politiche, restavano risolutamente fedeli a Venezia. Queste genti calarono dai monti armate di falci e forconi e a Salò, sul lago di Garda, travolsero i ribelli e restaurarono l'autorità di Venezia, facendo circa trecento prigionieri, tra i quali duecento polacchi dell'esercito di Napoleone e alcuni soldati francesi. Da quel momento nacque una guerriglia di proporzioni limitate tra le popolazioni delle valli e i rivoluzionari della pianura.

Nonostante i prigionieri di Salò, i francesi inizialmente non avevano preso parte scopertamente in queste sollevazioni per le quali declinavano ogni responsabilità. Però accadde che lo stesso gruppo di agitatori tentò di provocare un'analoga ribellione in una terza città, questa volta senza successo. Questa città era Crema. Ricorsero allora a una vergognosa astuzia, molto simile a quella adottata dagli austriaci a Peschiera. Il 27 marzo un piccolo distaccamento di truppe francesi chiese il permesso di entrare nella città affermando al podestà che erano semplicemente di passaggio e che al mattino successivo avrebbero proseguito per la loro strada. Sia pure a malincuore il permesso fu accordato; ma il giorno dopo, invece di mantenere la promessa, aprirono le porte a due altri reparti e poi sequestrarono il podestà e i suoi ufficiali. Crema fu dichiarata libera e i francesi, insieme con un gruppo di ribelli che si era unito a loro, si dettero alla solita danza intorno all'Albero della Libertà eretto nella piazza principale, mentre la popolazione osservava stupita.

Quando la notizia di queste defezioni giunse a Venezia provocò un'agitazione molto simile al panico. Tutta la terraferma a ovest del Mincio era praticamente perduta; la nuova frontiera segnata da questo fiume doveva essere difesa a ogni costo e poiché l'esercito regolare era ovviamente inadeguato, l'unica alternativa era la costituzione di milizie formate con leve tra le genti delle campagne. La Repubblica informò di questa sua intenzione il generale Balland sottolineando che la misura aveva un carattere puramente difensivo, che non era diretta contro i francesi bensì a reprimere le ribellioni all'interno dello Stato e che a ogni volontario sarebbero state date istruzioni molto chiare in questo senso. Poi iniziò il reclutamento. La forza raggiunta da questa milizia è incerta ma sembra che fosse limitata soltanto dalla quantità di armi disponibili. Probabilmente non fu inferiore ai diecimila uomini, ma può essere stata anche superiore.

Sembra però che nessuno avesse previsto che quei poveri contadini, una volta in possesso di armi, potessero mostrarsi poco propensi a obbedire agli ordini. Non avevano alcuna animosità contro i ribelli di Bergamo e Brescia, i quali fra l'altro non tentarono mai di attraversare il Mincio e neppure di avvicinarvisi; avevano invece infiniti conti in sospeso con i francesi, le cui spedizioni per gli approvvigionamenti li avevano alleggeriti dei raccolti, del bestiame e spesso anche delle mogli e delle figlie. Così, bande di giovani colmi di rancore ed esultanti per il possesso di un fucile si moltiplicarono nelle strade di Verona e delle città vicine e il grido di «Viva San Marco!» cominciò a essere sempre più frequentemente alternato con quello più sinistro di «Abbasso i francesi!». Dopo poco, alle parole seguirono i fatti. Un paio di soldati francesi in ozio all'angolo di una strada furono uccisi a fucilate, un intero plotone incaricato di requisire viveri in campagna circondato e sterminato senza pietà. Le rappresaglie di Balland furono immediate e durissime ma non ebbero effetto. Ai primi di aprile, la possibilità di una convivenza civile tra francesi e italiani era definitivamente compromessa.

Bonaparte, sulla via per Vienna, fu dettagliatamente informato sul deterioramento della situazione e il 9 aprile decise di inviare al doge un ultimatum, della cui consegna incaricò il proprio aiutante di campo, il generale Junot. Questi arrivò a Venezia la sera del 14 aprile, Venerdì Santo, e chiese subito udienza al doge per il mattino successivo. La risposta fu educata ma ferma. L'udienza era impossibile. Il Sabato Santo e la successiva domenica di Pasqua erano per antica tradizione riservati agli obblighi religiosi e non agli affari di governo. Il doge però e tutto il Collegio sarebbero stati lieti di ricevere il generale al mattino del lunedì.

Junot non era disposto a tollerare una risposta del genere. Non aveva interesse alle funzioni religiose e lo disse. Aveva invece l'ordine di vedere il doge entro ventiquattr'ore e intendeva obbedire. Se non veniva ricevuto entro questo termine, sarebbe subito ripartito e Venezia ne avrebbe pagato le conseguenze. Aggiunse che non sarebbero state piacevoli.

Così il Collegio dovette accordare l'udienza per il sabato mattina, il che significò di per sé una menomazione della sua dignità. Ignorando la poltrona indicatagli, quella normalmente riservata agli ambasciatori, alla destra del doge, Junot rimase in piedi; poi, senza alcun preliminare, estrasse da una tasca la missiva di Napoleone e cominciò a leggere. Si tratta di una lettera memorabile – si ha l'impressione di udire la voce del giovane generale mentre la dettava – e vale la pena di riportarne il testo integrale:

Judenberg, 20 germinale, anno V

Tutta la terraferma della Serenissima Repubblica di Venezia è in armi; in ogni parte i villici sollevati ed armati gridano morte ai francesi; molte centinaia dell'esercito italico già sono stati uccisi; invano voi disapprovate le turbe raccolte per vostro ordine. Credete voi che nel momento in cui mi trovo nel cuore della Germania io non possa far rispettare il primo popolo dell'universo?

Credete voi che le legioni d'Italia sopporteranno pazientemente le stragi che voi eccitate? Il sangue de' miei compagni sarà vendicato; a sì nobile ufficio sentirà moltiplicarsi a mille doppi il coraggio ogni battaglione, ogni soldato francese. Con empia perfidia corrispose il Senato di Venezia ai generosi modi usati con lui. Il mio aiutante che vi reca la presente è portatore di pace o di guerra. Se voi subito non dissolvete le masse, se non arrestate e date in mia mano gli autori degli omicidii, la guerra è dichiarata.

Non è già il Turco sulle frontiere vostre, nessun nemico vi minaccia; di animo deliberato voi avete inventato pretesti per giustificare le masse armate contro il mio esercito, ma ventiquattr'ore di tempo e non saran più; non siamo più ai tempi di Carlo VIII.

Se contro il chiaro intendimento del governo francese, voi mi sforzate alla guerra, non pensate per questo che, ad esempio degli assassini che voi avete armati, i soldati francesi siano per devastar la campagna del popolo innocente e sfortunato della terraferma. Io lo proteggerò, ed egli benedirà un giorno fino i delitti che avranno obbligato l'esercito francese a liberarlo dal vostro tirannico dominio.

BONAPARTE[2]

[2] Lettera di Bonaparte letta dal Junot al Senato della Repubblica. Trad. it. di S. Romanin, *Storia documentata della Repubblica di Venezia*, cit.

Finita la lettura, in un glaciale e atterrito silenzio Junot gettò la lettera sul tavolo che aveva dinanzi, si girò sui tacchi e con passi risoluti uscì dal Palazzo Ducale e salì sulla barca che lo attendeva per condurlo alla legazione francese.

Quella riunione del Collegio non fu l'unica a impedire la presenza ufficiale del governo della Repubblica ai riti religiosi di quell'ultimo, angoscioso Sabato Santo della sua esistenza. Quella stessa sera si riunirono i senatori che approvarono con centocinquantasei voti favorevoli e quarantadue contrari l'invio di una lettera con espressioni di scuse. Qui assicuravano che le attività dei contadini altro non erano che spontanee espressioni di fedeltà allo Stato, il cui unico obiettivo era il contenimento dei ribelli oltre il Mincio; gli occasionali, sfortunati incidenti erano dovuti alla confusione del momento e non potevano per nessuna ragione essere attribuiti a colpa del governo, che aveva sempre insistito sulla necessità della moderazione. Sarebbe stato fatto ogni sforzo per arrestare i colpevoli di violenze contro i francesi e consegnarli alla giustizia. Come ulteriore e non richiesta prova della sua buona fede, la Repubblica stava disponendo il rilascio dei prigionieri catturati a Salò. La lettera fu affidata a due emissari speciali, Francesco Donà e Lunardo (Leonardo) Giustinian, che partirono immediatamente.

Ma i due avevano appena lasciato la laguna quando giunsero dalla terraferma notizie che provocarono uno sgomento ancora maggiore. Tutta Verona si era sollevata, spontaneamente, contro i francesi. Durante la Settimana Santa erano misteriosamente apparsi sui muri della città dei manifesti che invitavano la popolazione a una ribellione in massa; strappati da veneziani e francesi, erano ricomparsi quasi subito. I preti, sempre in prima linea nell'agitazione controrivoluzionaria, avevano approfittato delle occasioni offerte dalle festività per infiammare gli animi contro gli invasori; inoltre, come accadeva tutti gli anni in quei giorni, erano affluite nella città genti delle campagne che nel pomeriggio del lunedì di Pasqua, 17 aprile, dopo i doveri religiosi, gironzolavano rumorosamente e un po' instabili sulle gambe per le strade con una discreta voglia di venire alle mani. In queste condizioni e data la situazione esplosiva dell'intera città, isolati casi di violenza accesero presto la miccia di una sommossa generale. Prima del calar della notte circa quattrocento francesi erano stati fatti prigionieri e gli altri avevano cercato rifugio in tre edifici fortificati: il Castelvecchio, il Castel San Pietro e la cittadella di San Felice, dove gli toccò resistere in pratica a un vero e proprio assedio. Soltanto il 20 aprile furono liberati da altre truppe francesi. Ma dovettero trascorrere ancora tre giorni prima che l'ordine fosse completamente ristabilito in tutta la città.

La rappresaglia di Napoleone per quella rivolta che ebbe poi il nome di Pasque Veronesi fu molto dura. Fu preteso un indennizzo di 120.000 ducati. La città fu sistematicamente spogliata dei suoi quadri, delle sculture, di tutte le opere d'arte. Furono prelevati oggetti d'argento dalle chiese, il Monte di Pietà fu saccheggiato proprio senza pietà. Verona doveva consegnare gratuitamente quarantamila paia di calzature per l'esercito e altri capi di vestiario in analoga quantità. Furono requisiti praticamente tutti i cavalli. Otto capi della rivolta, tra i quali il frate cappuccino Luigi di Colloredo, furono giustiziati da un plotone di esecuzione.

È inevitabile chiedersi quale parte aveva avuto Venezia in tutto questo. Molto piccola, dal momento che i suoi due più alti funzionari, Giovanelli e Contarini, appena possibile avevano abbandonato la città travestiti da contadini. Il giorno dopo erano stati persuasi a tornare, ma poi erano nuovamente scomparsi quasi subito. Frattanto, il conte veronese Francesco Emili era corso a Venezia a implorare, sia pure in quella fase ormai avanzata, l'aiuto della Serenissima all'insurrezione. La richiesta, è appena il caso di dirlo, fu respinta recisamente. Venezia – quante volte doveva ripeterlo? – era neutrale e tale intendeva restare.

Per Napoleone Bonaparte, che si trovava in Austria, la situazione nel Veneto era causa di notevole ansietà ancora prima delle Pasque Veronesi. Non si era mai illuso sull'estensione dei sentimenti antifrancesi in quella regione e ora sapeva che quanto più a lungo fosse durata la guerra tanto più pericolosamente sarebbe aumentata quell'ostilità. Nel frattempo aveva avuto notizia di simili insurrezioni in vaste zone del Tirolo. Le forze che aveva lasciato dietro di sé erano per il momento senz'altro in grado di controllare la situazione e di mantenere libere le vie di comunicazione, di rifornimento e, se necessario, di ritirata; ma niente autorizzava a pensare che avrebbero potuto farlo indefinitamente.

Tutto questo era già abbastanza preoccupante; ma egli riceveva quotidianamente da un altro settore informazioni che lo disturbavano ancora di più; la sua armata era un braccio della manovra a tenaglia contro l'Austria, l'altro era costituito dall'armata del Reno, al comando del giovane e brillante Lazare Hoche, il suo rivale più accreditato, che stava avanzando verso oriente attraverso la Germania a una velocità micidiale e che minacciava di raggiungere Vienna prima di lui. Si trattava di un'eventualità che non voleva neppure contemplare. Lui, e nessun altro, doveva essere il conquistatore dell'Impero asburgico; tutta la sua futura carriera dipendeva da questo. Non poteva permettere che Hoche gli rubasse il trionfo.

Per queste due ragioni Bonaparte decise che la Francia doveva immediatamente concludere la pace con l'Austria. Già il 31 di marzo aveva scritto al comandante supremo austriaco, l'arciduca Carlo, una delle lettere più ipocrite della sua vita, asserendo che si doveva porre fine alla guerra per motivi umanitari;[3] Carlo aveva risposto positivamente e una settimana dopo era stato concluso un armistizio ed erano iniziati i negoziati per la pace.

[3] «*Avons-nous assez tué de monde et commis assez de maux à la triste humanité [...]. Si l'ouverture que j'ai l'honneur de vous faire peut sauver la vie à un seul homme, je m'estimerai plus fier de la couronne civique que je me trouveras avoir méritée, que de la triste gloire qui peut revenir des succès militaires [...]*». (Abbiamo ucciso abbastanza persone e fatto abbastanza danno a questa povera umanità [...]. Se la proposta che ho l'onore di farvi può salvar la vita anche di un sol uomo, io mi riterrò più fiero della corona civica che mi ritroverei ad aver guadagnato che non della trista gloria che può derivare dai successi militari [...]).

Il 18 aprile 1797, nel castello di Eckenwald, appena fuori di Leoben, fu firmato un trattato provvisorio che sanzionava la pace tra Napoleone Bonaparte che agiva in nome del Direttorio (sebbene in realtà non si fosse disturbato a consultarlo) e l'Austria. Le condizioni, i cui dettagli furono tenuti segreti fino alla definitiva conferma di sei mesi dopo a Campoformio, stabilivano che l'Austria rinunciava a ogni pretesa sul Belgio e la Lombardia, ricevendo in cambio l'Istria, la Dalmazia e tutta la terraferma veneziana compresa tra l'Oglio, il Po e l'Adriatico. Venezia doveva essere compensata, molto inadeguatamente, con le province ex pontificie della Romagna, di Ferrara e di Bologna.

È appena il caso di dire che Bonaparte non aveva alcun diritto di disporre in quel modo del territorio di uno Stato neutrale. Probabilmente ai suoi occhi Venezia non lo era più. Non poteva accettare le sue continue proteste di buona volontà quando ogni sua azione tradiva in modo appariscente le sue simpatie per l'Austria. Le aveva offerto ripetutamente la propria amicizia proponendole un'alleanza, ma aveva sempre rifiutato. Chi non era con lui era contro di lui e non aveva più diritto alla sua considerazione. D'altra parte, la diplomazia internazionale non era indulgente con le appropriazioni arbitrarie a danno di paesi neutrali e per quanto ambigua potesse essere la sua neutralità, Venezia non ne era ancora uscita; se pertanto, durante il corso degli eventi la Repubblica fosse stata spinta ad atteggiamenti più ostili o perfino aggressivi, tanto meglio.

A questo punto ci saremmo aspettati che la Repubblica – consapevole come era delle possibili conseguenze della pace franco-austriaca e che tremava di fronte alla prospettiva della collera di Napoleone per le Pasque Veronesi – avrebbe fatto il possibile per evitare ulteriori complicazioni. Invece, appena due giorni dopo la firma dell'accordo di Leoben Venezia commise un atto di suprema follia, tale da apparire quasi incredibile perfino nel contesto di quella miserabile saga di grossolana inettitudine che era stata la sua azione politica. Quell'atto la consegnò direttamente nelle mani di Napoleone.

Il mattino del 20 aprile, tre piccole navi francesi comparvero al largo del porto del Lido. Quella in testa aveva il nome provocatorio di *Libérateur d'Italie*, era al comando del cittadino guardiamarina Jean-Baptiste Laugier, aveva a bordo quattro cannoni e complessivamente cinquantadue uomini, tra i quali venti volontari italiani reclutati ad Ancona. Erano in servizio di pattuglia, con il compito principale di proteggere il naviglio francese nell'Adriatico e disturbare quello austriaco. Laugier e gli altri due comandanti ovviamente erano all'oscuro dell'armistizio concluso due giorni prima; tanto meno, con ogni probabilità, potevano essere al corrente che il 17 aprile il Consiglio dei Dieci aveva diramato un decreto che chiudeva il porto di Venezia a tutte le navi da guerra straniere. Inoltre, niente autorizzava a pensare che le intenzioni dei tre comandanti fossero aggressive.

Ma il comandante del forte di Sant'Andrea Domenico Pizzamano non intendeva correre rischi. Quando la *Libérateur* entrò nel canale fece sparare due colpi di avvertimento davanti alla prua. Le altre due navi virarono immediatamente di bordo e non si videro più; Laugier invece continuò a procedere fino a quando fu intercettato e fermato da due lance della fortezza. Cosa accadde poi non è chiaro; le testimonianze dei francesi contrastano con quelle dei veneziani. A un certo punto comunque la *Libérateur*, in panne ma trascinata da una forte corrente di marea, cozzò contro una galeotta veneziana; immediatamente l'equipaggio della galeotta e quelli delle due lance salirono a bordo della nave francese e nel frattempo Pizzamano aveva riaperto il fuoco e continuato il bombardamento, benché Laugier segnalasse ripetutamente di arrendersi. Quando finalmente il fuoco cessò Laugier e quattro uomini del suo equipaggio erano morti e altri otto feriti; tra i veneziani i feriti erano cinque, uno dei quali, un pescatore di Chioggia che la *Libérateur* aveva preso a bordo come pilota, morì poco dopo. Gli altri francesi furono messi ai ferri e la loro mal ridotta imbarcazione rimorchiata all'Arsenale.

Il ministro francese Lallement consegnò immediatamente un'energica protesta. Sostenne che la *Libérateur* era inseguita da due vascelli austriaci e che, anche a causa del maltempo, intendeva semplicemente cercare rifugio in un porto neutrale, come era suo pieno diritto. Quando un ufficiale veneziano era salito a bordo e gli aveva intimato di ritirarsi non poteva far altro che obbedire ma, prima ancora che ne avesse il tempo, le batterie della fortezza e quelle delle navi vicine avevano aperto il fuoco. Al centro del tiro incrociato, aveva ordinato ai propri uomini di ritirarsi sotto coperta ed era rimasto solo sul ponte, gridando al megafono che si arrendeva; gli altri francesi erano stati feriti dopo, allorché gli equipaggi della galeotta e delle scialuppe erano saliti a bordo, colpendo immediatamente chi accennava la minima resistenza. Lallement chiedeva pertanto l'arresto del Pizzamano, la cui versione dell'accaduto definì una sequela di menzogne, e degli altri responsabili, la loro consegna a Bonaparte per la relativa punizione, la restituzione di quanto era stato confiscato e l'immediato ritorno ad Ancona dei sopravvissuti.

I veneziani avrebbero dovuto riconoscere di essere nel torto. Non potevano credere seriamente che un'isolata e piccola imbarcazione francese intendesse attaccare la città o che, in quest'improbabile ipotesi, fosse comunque in grado di fare molti danni. Il comportamento di Laugier poteva essere stato alquanto altezzoso, ma non giustificava la chiara azione di forza del Pizzamano. L'unico modo intelligente per minimizzare le conseguenze di quel disastroso incidente doveva essere l'immediata presentazione di scuse ai francesi, l'offerta di ragionevoli riparazioni, che sarebbero costate molto poco, e l'avvio di un'inchiesta che nessuno vietava di trascinare fino al ritorno in patria dei francesi e alla totale dimenticanza di tutto l'affare. Invece, il 22 aprile, il Senato deliberò un ordine del giorno che ringraziava il Pizzamano, si congratulava per il suo coraggio e il suo patriottismo e assegnava un mese supplementare di paga agli equipaggi delle due lance e a tutti gli altri veneziani implicati nella vicenda. Se Venezia intendeva convincere Napoleone della propria ostilità, ammesso che ce ne fosse bisogno, non poteva sfruttare meglio l'incidente.

Fra tutti i malaccorti personaggi che ebbero un ruolo in quest'ultimo atto del dramma veneziano, pochi hanno diritto alla nostra simpatia più di Francesco Donà e Lunardo Giustinian, i due inviati che dovevano consegnare a Bonaparte la risposta alla sua lettera e cercare di placare la sua collera. La stessa fatica fisica dell'impresa dovette essere estenuante; in tutta la sua vita Napoleone è stato celebre per la velocità dei movimenti; e per due veneziani di mezza età quello sfibrante inseguimento di giorno e di notte, l'interminabile sobbalzare sulle peggiori strade di montagna dell'Europa, interrotto soltanto occasionalmente da qualche ora di riposo in una maleodorante osteria infestata da parassiti, furono certamente un incubo. Tanto meno i loro animi potevano rasserenarsi alla prospettiva dei tempestosi incontri che li attendevano. E non era tutto: ovunque si fermavano per riposarsi o chiedere informazioni, ascoltavano le stesse notizie. La Francia aveva concluso la pace con l'Austria e Venezia ne veniva sacrificata sull'altare.

L'inseguimento durò oltre una settimana; il 25 aprile a Graz i due esausti ambasciatori si fermarono finalmente davanti al campo francese. Bonaparte li ricevette subito, abbastanza cortesemente, e ascoltò in silenzio le loro dichiarazioni di amicizia e buona volontà.

Improvvisamente la sua espressione cambiò: «I prigionieri sono stati liberati?».

Giustinian aveva incominciato a rispondere che tutti i francesi, i polacchi e anche alcuni bresciani erano già stati posti in libertà quando Napoleone lo interruppe con rabbia.

«No, no. Io insisto sul rilascio di *tutti* i prigionieri, di tutti coloro che sono stati arrestati per le loro opinioni politiche fino dal mio arrivo in Italia... Se no, dovrò venire io stesso a spalancare le porte delle vostre prigioni, perché io non tollererò le vostre Inquisizioni, la vostra medievale barbarie. Ogni uomo deve essere libero di esprimere le proprie opinioni... E cosa dire di tutti i miei uomini assassinati da voi veneziani? I miei soldati chiedono vendetta; non posso rifiutarla... Gli assassini devono essere puniti, ogni governo incapace di tenere a freno i propri sudditi è un governo imbecille e non ha diritto di sopravvivere».

I due inviati di Venezia si sforzarono di placare la crescente furia di Bonaparte. Assicurarono che i colpevoli di violenze contro i francesi erano già nelle mani della giustizia. Se egli era a conoscenza di altri crimini tuttora impuniti, doveva soltanto dirlo e su ogni caso sarebbe stata aperta immediatamente un'inchiesta. Ma a quel punto Bonaparte non ascoltava più. Camminando concitatamente avanti e indietro nella stanza, mentre la rapidità e il volume del suo eloquio in un italiano con forte accento còrso crescevano a ogni passo, si lanciò in un'infuocata polemica contro Venezia, il suo governo e il suo popolo, accusando tutti di perfidia, di ipocrisia, di incompetenza, di ingiustizia e, la colpa più grave ai suoi occhi, di inimicizia verso di lui e la Francia, per finire con quelle parole che poco dopo sarebbero echeggiate nel cuore di ogni veneziano: «Non voglio avere più Inquisizione, più Senato. Io sarò un Attila per lo Stato Veneto».

Ormai i due inviati, dal cui dettagliato rapporto, che si trova negli archivi di Venezia, è stato ricavato questo resoconto, non desideravano altro che svignarsela; ma Bonaparte non aveva ancora finito con loro. Calmatosi alquanto, volle che restassero a pranzo con lui, un pranzo che essi nel rapporto definirono *incomodissimo*, con tutto il diritto di essere creduti. Li sottopose infatti a un interrogatorio, talvolta provocante, talvolta apertamente ostile, sul Consiglio dei Dieci, sugli Inquisitori di Stato, sulle prigioni, le torture, il Canal Orfano (dove nel Medioevo la Repubblica si sbarazzava segretamente degli indesiderabili) e, come si legge nel rapporto già citato, su «altre invenzioni di autori francesi volte a screditare e diffamare il nostro governo, dal quale, noi protestammo, era "universalmente acclamato e riconosciuto di quel Tribunale, difesa, non mai terrore dei buoni e amato per ciò spontaneamente dal popolo"». Finito il pranzo, i due poveretti dovettero sorbirsi un'altra tirata e poi furono finalmente congedati.

Il giorno successivo partirono per Venezia, ma furono intercettati da un corriere con un dispaccio della Signoria. Difficilmente avrebbero potuto attendersi qualcosa di più spiacevole. Il messaggio cominciava con un dettagliato e in una certa misura tendenzioso resoconto dell'incidente della *Libérateur* e terminava con l'ordine di chiedere immediatamente un altro colloquio a Bonaparte per esporgli quella versione. Ancora scossi dall'esperienza del giorno precedente, i due inviati possono essere perdonati se interpretarono le istruzioni del dispaccio alquanto liberamente e decisero di iniziare il discorso con Napoleone per lettera. Due ore dopo ricevettero la risposta:

Signori,
ho letto con indignazione la vostra lettera concernente l'assassinio di Laugier, evento che – senza eguali negli annali delle nazioni del nostro tempo – voi avete reso ancor più odioso con l'ordito di menzogne mediante il quale il vostro governo ha tentato di giustificarsi.

Non posso stare ad ascoltarvi, signori, dal momento che voi e il vostro Senato siete lordi di sangue francese. Ascolterò le vostre giustificazioni solo quando avrete consegnato nelle mie mani il comandante che ha dato l'ordine di far fuoco, il responsabile del forte e gli Inquisitori responsabili dell'ordine interno a Venezia. Nel frattempo, mi farete la cortesia di evacuare nel più breve tempo possibile la terraferma italiana.

Comunque, signori, se il messaggio che avete testé ricevuto riguarda il caso Laugier, vi concedo di venire al mio cospetto.

BONAPARTE

Tremando, i due inviati si presentarono nuovamente al generale e furono sopraffatti da un altro torrente di invettive. Bonaparte tuonava che, come aveva già portato la libertà ad altri popoli oppressi, avrebbe ora pensato a spezzare le catene del popolo di Venezia. Il governo, lo sapeva perfettamente, era ormai nelle mani di un piccolo gruppo di nobili; il Consiglio degli Ottocento (*sic*) non era stato convocato nelle ultime tre settimane (Donà e Giustinian erano sinceramente stupiti della sua ignoranza, o errata informazione, sulle cose di Venezia). Se la Repubblica voleva evitare la distruzione, quei pochi uomini che stavano usando il potere per seminare l'ostilità contro la Francia dovevano essere proscritti immediatamente. Nella loro disperazione, i due inviati veneziani commisero l'imprudenza di accennare discretamente alla possibilità di offrire «un altro genere di soddisfazione» con l'unico risultato di provocare un altro scoppio di collera. Tutte le ricchezze del Perù, tuonò Napoleone, non l'avrebbero trattenuto dal vendicare i suoi uomini.

I due veneziani compresero che non c'era più niente da dire. Con un residuo brandello di dignità, tristi e amareggiati, si congedarono.

Quando il rapporto di Donà e Giustinian sul loro primo colloquio con Bonaparte giunse a Venezia, il doge Manin e la Signoria sapevano già che la Repubblica era condannata. La guerra era imminente; ulteriori negoziati impossibili; la terraferma era perduta e l'unica speranza di salvare almeno la città dalla distruzione stava nella capitolazione alle condizioni imposte dal conquistatore. Queste erano terribili: nientemeno che l'abdicazione dell'intera oligarchia, l'abbandono di una Costituzione in vita da più di mille anni e la sua sostituzione con un regime democratico. Una rivoluzione di fatto; ma attuata dall'alto, da quegli stessi che ne erano le vittime principali: il suicidio dello Stato.

Ma con quali modalità doveva compiersi questo suicidio? Non poteva seguire l'iter costituzionale, attraverso il Senato, dove una simile proposta avrebbe incontrato una violenta opposizione; inoltre, i dibattiti si sarebbero trascinati a lungo e assai prima della loro conclusione i francesi sarebbero entrati nella laguna. In ogni caso, a cosa serviva discutere se la decisione era già stabilita e inevitabile, e che senso aveva osservare la costituzione proprio nel procedimento per abolirla? Il Senato si riunì il 29 aprile per affari di ordinaria amministrazione. Terminati i lavori, si disciolse come era suo costume. Non si riunì mai più.

Il giorno successivo, verso sera, il doge convocò un'assemblea speciale. Erano presenti, oltre il doge naturalmente, i suoi sei consiglieri, i tre capi della Quarantia, tutti i Savii, compresi i tre Savii del Consiglio dimissionari, i tre Capi del Consiglio dei Dieci e i tre Avogadori de Comun. Benché si trattasse di un corpo del tutto incostituzionale, i suoi quarantadue membri rappresentavano tutti i principali organismi del governo; la sua autorità morale era pertanto considerevole. Accantonate le uniformi delle rispettive cariche, tutti i convenuti erano vestiti di nero. La Consulta Nera, come fu chiamata, fu l'unico organismo che esercitò il potere decisionale negli ultimi giorni della Repubblica.

Il Maggior Consiglio però esisteva ancora, i suoi 1.169 membri costituivano ancora la fonte dell'autorità politica nella Repubblica e non potevano esser messi da parte come il Senato. La prima decisione della Consulta Nera fu pertanto la convocazione per il mattino successivo di una sessione straordinaria del Maggior Consiglio, nella quale il doge avrebbe esposto personalmente i particolari dell'ultimatum di Napoleone e dei provvedimenti da approvare. La Consulta stava ancora discutendo quando arrivò un messaggio di Tommaso Condulmer, che si trovava con la sua capitana al largo di Fusina, con la notizia che i primi soldati francesi erano già arrivati sulle sponde della laguna e che lavoravano al piazzamento dell'artiglieria pesante su posizioni idonee per il tiro sulla città. La notizia produsse l'effetto di un fulmine. Nella generale costernazione, alcuni furono presi dal panico, altri scoppiarono a piangere. Francesco Pesaro, che era stato uno dei più coraggiosi ed energici sostenitori della linea dura contro i francesi, dichiarò apertamente la propria intenzione di riparare in Svizzera. Anche il comportamento del doge non fu edificante: misurava la sala a grandi passi torcendosi le mani e ripetendo quelle parole che non sarebbero state più dimenticate: «*Sta note no semo sicuri gnanca int'el nostro leto*». Ma la notte trascorse abbastanza tranquilla e il mattino successivo, 1° maggio, il Maggior Consiglio si riunì nel Palazzo Ducale, protetto da una forte formazione di arsenalotti e di truppe dalmate. Il doge Manin, il volto mortalmente pallido e con le lacrime che colavano sulle guance,[4] prese

[4] «Squallido in viso, e grondante di lacrime». Questa la descrizione dell'abate Tentori, che può essere o non essere stato un testimone, ma che ci ha lasciato l'unico resoconto attendibile sull'attività della Consulta Nera e su molto altro ancora di quanto avvenne in quel caotico periodo.

posto sul podio e avvertì subito l'assemblea che le condizioni fisiche e l'emozione avrebbero potuto impedirgli di portare a termine perfino la breve allocuzione che aveva preparato. Poi descrisse la situazione della Repubblica e propose l'invio di istruzioni al Donà e al Giustinian affinché informassero Bonaparte che tutti i prigionieri politici sarebbero stati immediatamente liberati e tutti coloro che avevano usato le armi contro i francesi puniti. Ai due inviati veniva anche data facoltà di discutere e chiarire i cambiamenti costituzionali pretesi dal generale.

Il doge non poteva sapere che nel momento in cui il Maggior Consiglio approvava la proposta, con 598 voti favorevoli, sette contrari e quattordici astensioni, i due inviati erano già in viaggio per Venezia; e neppure che in quello stesso giorno Bonaparte stava emanando un proclama con l'elenco di quindici diverse prove dell'ostilità di Venezia (molte delle quali erano travisamenti della verità) e con la formale dichiarazione di guerra alla Repubblica. Contemporaneamente aveva dato istruzioni a Lallement di abbandonare immediatamente la città, lasciandovi come incaricato d'affari il segretario Villetard, un individuo sinistro e dedito all'intrigo. Ai comandanti militari in Italia aveva ordinato di trattare i veneziani come nemici e di abbattere o comunque eliminare il leone di San Marco in tutta la terraferma.

Da quel momento il collasso fu rapido. Il 9 maggio Villetard presentò un ultimatum che chiariva in modo particolareggiato le condizioni imposte da Bonaparte. Erano le seguenti:

Il conte d'Antraigues, il sedicente ambasciatore di Luigi XVIII ma mai riconosciuto come tale da Venezia, doveva essere arrestato e liberato soltanto dopo il sequestro di tutti i suoi documenti e la loro trasmissione al Direttorio a Parigi.

I pozzi e i piombi – rispettivamente le prigioni al pianterreno, circa al livello dell'acqua, e quelle immediatamente sotto il tetto del Palazzo Ducale – dovevano essere aperti a un'ispezione del popolo, dopo il rilascio degli ultimi tre prigionieri politici dai piombi.[5]

I casi di tutti gli altri prigionieri dovevano essere riesaminati e la pena di morte abolita.

I reparti di truppe dalmate dovevano essere sciolti e gli uomini congedati.

Il servizio d'ordine e di polizia della città doveva essere affidato a pattuglie sotto la diretta autorità di un comitato appositamente costituito e presieduto dal generale Salimbeni, l'ex comandante supremo veneziano delle truppe di terraferma, e da altri di riconosciuti sentimenti democratici.

Doveva essere eretto sulla Piazza un Albero della Libertà.

La città sarebbe stata amministrata da una Municipalità provvisoria di ventiquattro veneziani, cui si sarebbero aggiunti in seguito i delegati delle città della terraferma, dell'Istria, della Dalmazia e del Levante.

Un proclama avrebbe annunciato l'istituzione del regime democratico e invitato il popolo a eleggere i propri rappresentanti.

[5] Cfr. però p. 671.

Vigeva l'obbligo di bruciare le insegne del precedente governo ai piedi dell'Albero della Libertà, di promulgare un'amnistia generale per tutti i reati politici e di decretare la libertà di stampa, con la clausola condizionale «che non dovevano aver luogo discussioni sul passato, sia sulle persone sia sul governo».

In San Marco dovevano essere officiate funzioni di ringraziamento.

A Venezia sarebbero entrati tremila soldati francesi che avrebbero preso in consegna l'Arsenale, il forte di Sant'Andrea, Chioggia e gli altri punti strategici che il generale francese avrebbe indicato.

La protezione del Palazzo Ducale, della Zecca e di altri importanti edifici pubblici doveva essere affidata alla Guardia Civica.

La Veneta Marina, cioè la flotta veneziana (così com'era), doveva essere richiamata nella laguna e posta sotto il comando congiunto dei francesi e della Municipalità, della quale lo stesso Manin e il leader democratico Andrea Spada sarebbero stati presidenti.

Tutti gli ambasciatori veneziani all'estero dovevano essere sostituiti con elementi democratici.

Il credito della Zecca e della banca nazionale doveva essere garantito dallo Stato.

Per l'approvazione di queste condizioni – ma ormai nessuna voce influente invocava più la resistenza e neppure la discussione – il Maggior Consiglio fu convocato per il venerdì 12 maggio. Già al levar del sole il popolo di Venezia aveva incominciato ad affluire in Piazza e in Piazzetta, esattamente come era già accaduto infinite volte nella storia della città. In passato però la gente si radunava per festeggiare o, in rare occasioni, per esprimere la propria contrarietà o preoccupazione. Mai si era raccolta in quella Piazza per paura. Ora, tutti sapevano che era giunta la fine, ma nessuno aveva un'idea chiara della forma che questa avrebbe preso. L'atmosfera era insolita per Venezia; un'atmosfera di incertezza, di smarrimento e di indefinibile apprensione. Tra i lavoratori molti erano convinti, in contrasto con i ceti più elevati, che la Repubblica, condannata o no, avrebbe potuto e dovuto combattere per la propria sopravvivenza; una collera mista a vergogna agitava i loro cuori e non facevano niente per nasconderlo. Gruppi di questi rudi lealisti percorrevano le calli al grido di «Viva San Marco!» e lanciando ingiurie ai patrizi che incontravano. Forse anche per questo motivo il Maggior Consiglio risultò di sessantatré membri inferiore al numero legale di seicento presenti. Si deve anche aggiungere però che molti nobili avevano già abbandonato la città per timore delle truppe francesi; in parte si erano ritirati nelle loro tenute sulla terraferma.

Ma il tempo in cui si badava a sottigliezze come il numero legale era passato. Il doge dichiarò aperta la seduta, espose le condizioni di Bonaparte e propose una mozione in base alla quale, «per il supremo obiettivo di proteggere la religione, la vita e le proprietà di tutti gli amatissimi abitanti», l'oligarchia rimetteva tutti i poteri a un governo provvisorio democratico. Quando ebbe terminato, uno dei consiglieri salì sul podio per aprire il dibattito; anche se la conclusione era scontata, l'assemblea aveva il diritto di esprimere la propria opinione. Aveva appena incominciato a parlare quando si udì una scarica di fucileria proveniente dalle immediate adiacenze del Palazzo.

Si creò subito una grande confusione. Per i terrorizzati consiglieri quella scarica poteva significare un'unica cosa: era iniziata quella sollevazione popolare che temevano da tanto tempo. Alcuni si vedevano fatti a pezzi dalla folla all'uscita del Palazzo Ducale, altri pensavano ai giorni che avrebbero trascorso nei pozzi o nei piombi da poco evacuati, mentre in Piazza veniva installata la ghigliottina. Tutti si preoccupavano di come fuggire dal Palazzo Ducale in tempo, magari con un travestimento. In pochi minuti fu accertato il vero motivo della sparatoria: alcuni soldati delle truppe dalmate, i fedeli Schiavoni, che dovevano lasciare Venezia per ordine di Bonaparte, avevano scaricato in aria i moschetti in segno di saluto alla città. Ma il panico si era già diffuso nell'assemblea, le assicurazioni non avevano effetto. Al grido di «Voto! Voto!», il dibattito fu bruscamente interrotto e i resti del corpo legislativo della Repubblica di Venezia si accalcarono alle urne per compiere con una fretta disperata l'ultimo dovere verso quello Stato che avevano avuto la pretesa di governare. Al conteggio finale risultarono cinquecentododici voti favorevoli alla mozione, venti contrari e cinque astensioni. Ma pochi si trattennero per conoscere l'esito. Gettate le uniformi, troppo riconoscibili, stavano già sgusciando dalle porte laterali del Palazzo Ducale, allorchè il doge, in un'aula quasi deserta, dichiarò che la mozione era approvata. La Repubblica di Venezia non esisteva più.

Il doge Manin non cercò di fuggire. Quasi unico tra i nobili, aveva mantenuto la calma in mezzo al tumulto, una calma frutto forse di fatalismo o di disperazione ma che comunque salvò la sua dignità nel momento in cui l'ultima fragile struttura della Repubblica crollava intorno a lui. Nell'improvviso silenzio che si era formato, raccolse lentamente le sue carte e si ritirò nell'appartamento privato. Toltosi il corno dogale, sciolse con cura i nastri del camauro di lino bianco che portava sotto di esso, la *cufieta*, e la porse al suo domestico Bernardo Trevisan con queste parole che meglio di molte altre sembrano essere il simbolo della caduta di Venezia: «*Tolè, questa no la dopero più*».[6]

[6] Questa sorta di camauro, la storica *cufieta* del doge Manin, detta anche *rensa* (dalla tela finissima di Reims donde proveniva), è ora conservata insieme con altri cimeli di Stato nella «Sala delle vesti» presso il Museo Correr a Venezia.

Epilogo

Il 4 giugno era la domenica di Pentecoste, un giorno che in tempi passati i veneziani erano soliti solennizzare con tutta la pompa che si addiceva a una delle maggiori feste della Chiesa. Ma in quell'anno, il 1797, era tutto diverso. Scossi e storditi nel vedere la loro città occupata da truppe straniere per la prima volta nei mille anni della sua storia, i veneziani non avevano assolutamente quella serenità che sarebbe stata necessaria per gioire delle loro feste. Ciò nonostante, il generale Louis Baraguey d'Hilliers, il comandante francese, aveva deciso che qualche forma di celebrazione era comunque opportuna, se non altro per sollevare il morale della popolazione. Ne aveva discusso con i dirigenti della Municipalità provvisoria alla quale, sotto il suo attento sguardo, era stato affidato il potere politico della nuova Repubblica Democratica; era stato così elaborato il programma di una festa nazionale, prima grande manifestazione pubblica nel corso della quale i cittadini avrebbero avuto l'opportunità di festeggiare la nuova democrazia e i risonanti principi rivoluzionari che la ispiravano.

Coloro che, spinti più da curiosità che da entusiasmo, si avviarono verso Piazza San Marco il mattino di quella domenica conoscevano già bene l'Albero della Libertà che si ergeva un po' incongruamente nel suo centro: quell'alto palo di legno con in cima il simbolico berretto frigio rosso che aveva una rassomiglianza più che discreta con il corno dogale. Costoro trovarono in Piazza anche tre grandi tribune installate lungo i lati settentrionale, meridionale e occidentale. Quella occidentale, riservata ai sessanta membri della Municipalità, recava la scritta: «la Libertà si custodisce con l'obbedienza alla Legge». Le altre due, destinate l'una ai francesi l'altra alle restanti autorità italiane, proclamavano rispettivamente che «la nascente Libertà è protetta dalla forza delle armi» e che «la Libertà conduce alla Pace universale». La Piazzetta era stata addobbata con uno striscione in onore di Bonaparte steso tra le due colonne del Molo, una delle quali era drappeggiata in nero in memoria dei valorosi francesi morti vittime dell'aristocrazia veneziana; il nome di Jean-Baptiste Laugier era il primo della lista.

Dopo che Baraguey d'Hilliers e la Municipalità ebbero preso posto, le bande cominciarono a suonare – ce n'erano quattro, disposte a intervalli intorno alla Piazza, composte complessivamente di oltre trecento elementi – e cominciò la sfilata. Veniva in testa un gruppo di soldati italiani, seguito da due bambini con torce accese e uno striscione con la scritta: «Crescete, speranza della Patria». Dietro loro marciava una coppia di fidanzati (*Fecondità democratica*) e infine un'anziana coppia barcollante sotto il peso di attrezzi agricoli, con una scritta che «si riferiva alla loro età avanzata nel momento in cui era giunta la Libertà».

Finita la sfilata, dopo una breve cerimonia nella basilica marciana, il presidente della Municipalità si avvicinò all'Albero della Libertà e procedette all'atto più drammatico dell'intera giornata: la simbolica distruzione con il fuoco di un corno e altre insegne della dignità dogale (tutto cortesemente fornito dallo stesso Lodovico Manin) nonché di una copia del Libro d'Oro. Poi, il presidente e i municipalisti insieme con il generale e i più alti ufficiali del suo Stato maggiore aprirono le danze intorno all'Albero della Libertà, mentre i cannoni sparavano a salve, le campane della chiesa squillavano e le bande suonavano la *Carmagnola*. I festeggiamenti furono conclusi da uno spettacolo di gala al teatro La Fenice, la cui costruzione era terminata meno di cinque anni prima.

Fino a questo livello si era abbassata Venezia in meno di un mese dalla fine della Serenissima Repubblica; il livello di quelle insipide allegorie e di quei vacui, altisonanti, slogan tanto cari ai governi totalitari: una degradazione tale che i suoi cittadini, molti dei quali avevano gridato «Viva San Marco!» sotto le finestre del Maggior Consiglio quando si era riunito per l'ultima volta, ora avevano applaudito mentre il loro passato glorioso veniva simbolicamente consegnato alle fiamme. Non molto tempo dopo un certo Giacomo Gallina, capo della corporazione degli scalpellini, firmò un contratto per l'eliminazione di tutti i leoni alati dalla città, come avevano già fatto i francesi con spietato ardore ovunque nella terraferma. Dobbiamo essergli grati perché si dimostrò meno coscienzioso: benché avesse intascato il prezzo pattuito di 982 ducati, i leoni colpiti furono relativamente pochi.[1] Ma il fatto che una simile azione fosse stata soltanto predisposta è un indizio significativo della condizione delle menti sia dei francesi sia dei veneziani in quell'angosciosa estate.

Esiste una legge, o almeno sembra che esista, in base alla quale il grado di libertà democratica di cui fruisce effettivamente una nazione varia con un rapporto inversamente proporzionale alla veemenza e al volume della voce con cui detta libertà viene proclamata. Il cosiddetto governo «democratico» che detenne il potere a Venezia nei successivi otto mesi non era, malgrado la rumorosa fanfara, niente del genere. I sessanta membri della Municipalità non possedevano neppure l'ombra di un mandato popolare. Erano stati nominati sotto il controllo dell'incaricato d'affari francese Villetard; il popolo di Venezia non era stato consultato prima né chiamato poi a ratificarne la nomina. Durante la breve vita del governo non ci furono elezioni; veramente, dopo il 17 ottobre, quando con il trattato di Campoformio il tradimento di Bonaparte consegnò all'Austria Venezia con l'Istria e la Dalmazia, avrebbe avuto poco senso indire elezioni.

Gli austriaci presero possesso formale di Venezia il 18 gennaio 1798. Ma in quell'occasione non la tennero per molto; nel 1805, dopo Austerlitz, Napoleone,

[1] La perdita più grave fu costituita dalla scultura, al centro della Porta della Carta, che rappresentava il doge Francesco Foscari in ginocchio davanti al leone.

con il trattato di Presburgo, se la riprese e la incorporò nel suo nuovo Regno Italico. Ma soltanto dieci anni dopo il congresso di Vienna l'assegnò di nuovo, insieme col Veneto e con la Lombardia, all'Impero asburgico; e austriaca rimase – a parte quei diciassette eroici e disperati mesi del 1848-1849 allorché i veneziani, sotto la guida di Daniele Manin e di Nicolò Tommaseo, insorsero in armi contro i loro padroni e proclamarono nuovamente la Repubblica di San Marco indipendente – fino al 1866, quando l'esercito imperiale fu distrutto dai prussiani a Sadowa. Allora, e soltanto allora, Venezia poté finalmente prendere posto nell'Italia risorgimentale, la cui unità era in quell'epoca quasi completata.

Ma lo scopo di questa nostra fatica era di raccontare la storia della Serenissima Repubblica; questa, ormai, è stata scritta tutta. Sarebbe stato bello tracciare una fine diversa ma i fatti della Storia, per echeggiare il lamento espresso nella prima pagina di questo volume, raramente si svolgono come lo storico avrebbe desiderato; tuttavia, scorrendo la cronaca dell'agonia della Repubblica, si è portati a riflettere che gli eventi avrebbero potuto avere un corso differente. Se, per esempio, fosse emersa la forte personalità di un capo dello stampo di Enrico Dandolo, o di Francesco Foscari, o di Leonardo Donà, capace di stimolare le energie di Venezia e di concentrarle in una ferma resistenza all'arroganza di Bonaparte; se Venezia fosse stata capace nell'estate del 1796 di mettere in campo un esercito, adeguatamente equipaggiato, anche di soli venticinquemila uomini, risoluti a combattere e comandati da un generale competente, insieme con l'Austria e con il probabile aiuto dei re di Napoli e di Sardegna, avrebbe potuto quasi certamente salvare la situazione e cacciare i francesi fuori dell'Italia.

Purtroppo, non accadde niente di tutto questo. Eppure, anche così com'erano andate le cose, non era obbligatorio che la fine fosse tanto poco edificante come fu. I veneziani avrebbero potuto mostrare quando cominciò l'agonia della Repubblica un bagliore di quel coraggio e di quella volontà che li avevano sorretti tanto spesso nella difesa delle loro colonie contro i turchi, o che i loro nipoti avrebbero dimostrato contro gli austriaci mezzo secolo dopo. Non parliamo di un'eroica resistenza come quella sulle mura di Costantinopoli nel 1453 ma di una semplice scintilla dell'antico ardimento veneziano, sufficiente per far passare la Serenissima alla storia con una parvenza di onore. Ma anche quella scintilla mancò. La reale tragedia di Venezia non fu la sua morte, fu il modo in cui morì.

Una cosa sola può essere detta a favore di Lodovico Manin e degli altri malinconici personaggi che governarono con lui Venezia durante la sua caduta. Con la loro arrendevolezza salvarono almeno la città. Se l'artiglieria francese fosse stata costretta ad aprire il fuoco dalla sponda della terraferma, se le navi da guerra francesi avessero ritenuto necessario entrare nella laguna e bombardare Venezia dal mare, non osiamo immaginare quali sarebbero state le conseguenze. Ma molto andò lo stesso perduto. Con il più inconsistente dei pretesti,[2] Bonaparte dette ordine a dei commissari appositamente delegati di appropriarsi di quadri, statue, manoscritti e in genere di ogni altra opera d'arte su cui potevano mettere le mani. Furono asportati, perfino i quattro cavalli di bronzo di San Marco, che finirono con l'adornare a Parigi l'Arc du Carrousel nei giardini delle Tuileries. Come sappiamo, i cavalli furono poi restituiti alla basilica marciana, ma gran parte del bottino del conquistatore, comprese due opere del Veronese, le stupende *Nozze di Cana* prelevate dal refettorio di San Giorgio Maggiore e il pannello centrale del soffitto della Sala del Consiglio dei Dieci nel Palazzo Ducale, sono ancora al Louvre, destinate probabilmente a rimanervi. Noi possiamo soltanto rallegrarci del fatto, del resto abbastanza sorprendente, che Bonaparte non mise mai piede a Venezia. Se lo avesse fatto, è difficile dire quanto più sistematica sarebbe stata la razzia e più lacerante la cicatrice.

Che si accetti o no l'ipotesi che la Repubblica avrebbe potuto, con il coraggio, la risoluzione e l'intelligente guida politica, evitare la fine, resta il fatto comunque straordinario che abbia potuto durare tanto a lungo. Nessuna accusa le può essere mossa per i tre più terribili colpi che dovette subire nel corso della sua storia: l'apertura della rotta del Capo per le Indie nel 1499, l'inesorabile espansione della potenza turca nei due secoli successivi alla caduta di Costantinopoli nel 1453

[2] Le condizioni previste dall'inane «trattato di Milano», che fu firmato il 16 maggio dai delegati veneziani in nome di una Repubblica che aveva cessato di esistere quattro giorni prima e che non fu mai ratificato dal Direttorio.

e l'attacco lanciato contro di essa da praticamente l'intera Europa unitasi nella Lega di Cambrai; eppure, ciascuno di questi colpi sarebbe stato sufficiente da solo per provocare la sua rovina. L'essere sopravvissuta a tutti e tre non fu impresa da poco.

A partire dall'inizio del XVI secolo però il ruzzolone, la sua *dégringolade*, rivela un'accelerazione sempre crescente; veniva di tanto in tanto frenata da qualche risonante vittoria o successo di altro tipo ma si trattava di trionfi che, una volta sopiti gli entusiasmi, si rivelavano immancabilmente illusori e quegli eventi che erano stati salutati come punti di svolta positivi nel destino di Venezia risultavano invece delle pietre miliari sulla strada della sua crisi. La tanto decantata vittoria sui turchi a Lepanto nel 1571 non le procurò beneficio alcuno; le conquiste peloponnesiache di Francesco Morosini nel 1685 durarono appena trent'anni e le manifestazioni di giubilo con cui i veneziani salutarono le operazioni di Angelo Emo contro i pirati di Barberia negli anni Settanta e Ottanta del XVIII secolo dimostrano soltanto il loro angoscioso bisogno di sperare e quanto modeste fossero divenute le loro ambizioni.

In quel periodo un altro fatto era divenuto evidente. Sebbene la vita culturale continuasse a fiorire, sebbene l'economia avesse i suoi alti e bassi, il corpo politico era mortalmente ammalato. Quella miracolosa costituzione, custode della Repubblica, rimasta incontestata fonte di diritto ininterrottamente per un periodo che non ha l'eguale in nessun altro Stato d'Europa, appariva logorata, scomparse le antiche doti di flessibilità e di elasticità. L'influenza, per esempio, esercitata in Venezia da Andrea Tron, che praticamente per un'intera generazione operò da dittatore, in virtù non di qualche speciale investitura ma soltanto del suo carattere e della sua personalità, sarebbe stata impensabile in tempi passati, poiché costituiva il tradimento di uno dei principi fondamentali della Repubblica, quello cioè che in un singolo individuo non doveva mai essere concentrato troppo potere. Dopo la morte di Tron, Paolo Renier e i suoi amici cercarono di governare attraverso raggruppamenti semiufficiali o vere e proprie cricche, i cui membri potevano di tanto in tanto avere posizioni di responsabilità nel Collegio o in altri organismi, ma il cui potere non diminuiva apprezzabilmente quando non erano più in carica. Questo sistema non significò necessariamente un governo debole, né produsse danni immediati; con una mano salda sul timone, poteva perfino essere adatto per decisioni più rapide e per azioni più risolute nei momenti di crisi. Ma accadendo che gli uomini del sistema fossero delle mediocrità, minò inesorabilmente la struttura costituzionale dello Stato, che rese impotente a resistere a un urto insieme ideologico e militare, quello cioè posto in atto dalla filosofia della Rivoluzione Francese da un lato e da Napoleone Bonaparte dall'altro. Così, Napoleone, con tutta la tempesta che portò con sé, non può essere ritenuto l'unico responsabile della caduta di Venezia; fu colui che le inflisse il colpo di grazia, ma la Serenissima era già condannata. Esausta, demoralizzata, incapace di adeguarsi ai mutamenti del mondo: molto semplicemente aveva perso la volontà di vivere.

La sua morte non fu pianta da nessuno, eccetto i veneziani e certamente non da tutti. Morì senza un solo amico in Europa e nemmeno nel resto dell'Italia. I curiosi l'ammiravano per la sua bellezza, i gaudenti vi accorrevano per i piaceri che offriva, ma pochi o forse nessuno l'amava per quello che era. Non c'era niente di strano in questo e niente di nuovo. Non aveva mai suscitato molte simpatie nel mondo che la circondava. Nei giorni della grandezza la sua impopolarità era parzialmente imputabile all'invidia; invidia per la sua ricchezza, per il suo splendore e per la sua magnifica posizione geografica che la proteggeva da invasioni e attacchi; ma non stava tutto qui. Specialmente gli altri italiani avevano la tendenza a giudicarla arrogante ed egoista. I suoi mercanti, sebbene non fossero in genere disonesti, erano spietati negli affari. I suoi diplomatici erano soavemente cortesi ma c'era in loro anche qualcosa di sinistro. Il suo popolo mancava nel complesso di calore e di passione. Sembrava non preoccuparsi molto del fatto di essere o no benvoluto. Era insomma freddo e distante.

Questa, almeno, era la sua reputazione; e non era del tutto ingiustificata. Invece, ciò che di Venezia era oggetto di un giudizio veramente errato, e continua esserlo ancora oggi, era il suo sistema di governo. Per oltre un millennio si è guardato alla Serenissima come a uno Stato di polizia, a un'oligarchia tirannica che faceva arrestare senza accuse, imprigionare senza processo e condannare senza appello, che non permetteva ai cittadini nessuna ingerenza politica, nessuna libertà di parola o di azione. Che si tratti di pregiudizi sarà senz'altro chiaro da tempo ai lettori di questo libro. La Repubblica era effettivamente un'oligarchia, ma questa aveva una base notevolmente ampia, con un Maggior Consiglio che superava frequentemente i duemila membri; all'interno di questo circolo, i principi democratici erano osservati con un rispetto quasi esagerato; fino agli ultimi decenni, con più rispetto che in qualsiasi altro paese del mondo occidentale, dove in ogni caso nessuno avrebbe mai sognato il suffragio universale. Lungi dall'essere dei tiranni, i dogi disponevano di un potere reale inferiore a quello di qualsiasi altro sovrano in Europa; e anche il resto del governo poteva esercitare il potere di cui era investito soltanto attraverso organismi collettivi le cui rigorose norme elettorali e la composizione continuamente mutevole vanificavano le più tenaci ambizioni.

Fu questo sistema di responsabilità collettive, più che le sopraffazioni da esso effettivamente operate, a conferire a Venezia la fama di uno Stato di polizia. Gli organismi collettivi, particolarmente quelli la cui composizione non resta mai la stessa per più di un mese o due, sono destinati ad apparire senza volto a chi li guarda dall'esterno, il che a sua volta li avvolge di una falsa aria di mistero e segretezza. Non si intende negare che i Dieci e i Tre si servissero di spie e di informatori, esattamente come tutti i servizi di sicurezza hanno sempre fatto; ma questi corpi devono essere giudicati non tanto per i loro metodi (purché non implichino la violenza o la minaccia della violenza) quanto per il fine che si propongono. A Venezia gli arresti venivano eseguiti normalmente dopo esaurienti inchieste e le condanne erano raramente dure, eccetto quelle per i reati di cospirazione contro lo Stato. Erano inoltre molto poche. Napoleone Bonaparte non era l'unico a immaginare le carceri di Venezia brulicanti di prigionieri politici il cui unico crimine era stato l'amore della libertà. Dovette stupirsi nell'apprendere, alla caduta della Repubblica, che in tutto il suo territorio non c'era un solo detenuto condannato per le opinioni politiche.[3]

E così quanto più si studia la storia della società veneziana tanto più inevitabile diviene la conclusione: in base a qualsiasi parametro politico, il paragone con le altre nazioni della cristianità le è favorevole. In nessun luogo la gente era più felice, in nessun luogo era più libera dalla paura. I veneziani erano veramente un popolo fortunato: non avevano diritti politici, ma non furono mai oppressi. Il popolo poteva occasionalmente lamentarsi del proprio governo, ma non insorse mai contro di esso; pochi i tentativi di ribellione e tutti ispirati da nobili insoddisfatti, mai nati fra il popolo. Era un popolo di lavoratori tenaci, con una proporzione insolitamente alta di artisti e artigiani; conosceva meglio di qualsiasi altro popolo al mondo l'arte di divertirsi

[3] Giorgio Pisani era stato rilasciato dalla fortezza di Brescia tempo prima. Quando i francesi entrarono nei piombi, li trovarono vuoti; nei pozzi c'erano tre carcerati, tutti assassini. La terza prigione di Venezia, che il popolo chiamava «i Quattro», ospitava ventiquattro criminali di vario genere.

con stile e nella magnificenza; e viveva la propria vita in una città ancora più bella, sebbene la cosa sembri difficilmente possibile, di quella che noi conosciamo oggi. Amava quella città appassionatamente e per mille anni fu fedele alla Repubblica che l'aveva eretta, arricchita e difesa. E quando venne la fine, accompagnata dalla disperazione e dalla umiliazione, quando il corno e il Libro d'Oro furono gettati tra le fiamme, allora, e soltanto allora, quella fedeltà vacillò. Ma non per molto. Ai nostri giorni, dopo più di duecento anni, la Serenissima è ricordata con orgoglio in ogni angolo della città, dove, dipinto su legno o su tela, scolpito nel marmo o nella pietra, plasmato in stucco o fuso in bronzo, il grande leone alato di San Marco indica maestosamente la parola di Dio: «*Pax tibi, Marce, evangelista meus*».

I dogi dal 1400 alla caduta della Repubblica

Michele Steno	1400-1413
Tommaso Mocenigo	1414-1423
Francesco Foscari	1423-1457
Pasquale Malipiero	1457-1462
Cristoforo Moro	1462-1471
Nicolò Tron	1471-1473
Nicolò Marcello	1473-1474
Pietro Mocenigo	1474-1476
Andrea Vendramin	1476-1478
Giovanni Mocenigo	1478-1485
Marco Barbarigo	1485-1486
Agostino Barbarigo	1486-1501
Leonardo Loredan	1501-1521
Antonio Grimani	1521-1523
Andrea Gritti	1523-1538
Pietro Lando	1539-1545
Francesco Donà	1545-1553
Marcantonio Trevisan	1553-1554
Francesco Venier	1554-1556
Lorenzo Priuli	1556-1559
Girolamo Priuli	1559-1567
Pietro Loredan	1567-1570

Alvise Mocenigo I	1570-1577
Sebastiano Venier	1577-1578
Nicolò da Ponte	1578-1585
Pasquale Cicogna	1585-1595
Marino Grimani	1595-1605
Leonardo Donà	1606-1612
Marcantonio Memmo	1612-1615
Giovanni Bembo	1615-1618
Nicolò Donà	1618
Antonio Priuli	1618-1623
Francesco Contarini	1623-1624
Giovanni Corner I	1625-1629
Nicolò Contarini	1630-1631
Francesco Erizzo	1631-1646
Francesco Molin	1646-1655
Carlo Contarini	1655-1656
Francesco Corner	1656
Bertuccio Valier	1656-1658
Giovanni Pesaro	1658-1659
Domenico Contarini II	1659-1675
Nicolò Sagredo	1675-1676
Alvise Contarini	1676-1684
Marcantonio Giustinian	1684-1688
Francesco Morosini	1688-1694
Silvestro Valier	1694-1700
Alvise Mocenigo II	1700-1709
Giovanni Corner II	1709-1722
Alvise Mocenigo III	1722-1732
Carlo Ruzzini	1732-1735
Alvise Pisani	1735-1741

Pietro Grimani	1741-1752
Francesco Loredan	1752-1762
Marco Foscarini	1762-1763
Alvise Mocenigo IV	1763-1778
Paolo Renier	1779-1789
Lodovico Manin	1789-1797

Bibliografia

I. FONTI

Le abbreviazioni usate in questa bibliografia sono poste al termine di ogni voce tra parentesi.

a) *Raccolte*

Albèri, E., *Relazioni degli Ambasciatori Veneti al Senato*, 15 voll., Società Editrice Fiorentina, Firenze 1846-1859. (Solo il XVI secolo).

Archivio di Stato di Venezia, voll. vari, varie date. (A.S.V.)

Archivio Storico Italiano, 1ª serie, Firenze, varie date. (A.S.I.)

Barozzi, N. - Berchet, G., *Relazioni degli Stati Europei lette al Senato dagli Ambasciatori Veneti nel secolo decimosettimo*, 5ª serie, Venezia, varie date.

Corpus Scriptorum Byzantinae, Bonn 1828-1897. (C.S.H.B.)

Graevius, J.C., *Thesaurus Antiquitatum et Historiarum Italiae, ect.*, 10 voll. in 45 fol., Leiden 1704-1725. (G.T.A.)

Migne, J.P., *Patrologia Latina*, 221 voll., Paris 1844-1855. (M.P.L.)

Moscati, R., *Relazioni degli Ambasciatori Veneti al Senato*, Milano 1943. (Solo le relazioni dalla Francia nel XVIII secolo).

Muratori, L.A., *Rerum Italicarum Scriptores*, 25 voll., Forni Editore, Milano 1723-1751. (M.R.I.S.)

Segarizzi, A., *Relazioni degli Ambasciatori Veneti al Senato*, Laterza, Bari 1912. (Relazioni dagli altri Stati italiani, solo i secoli XVI-XVIII).

Tentori, B.M., *Raccolta cronologico-ragionata di documenti inediti della Rivoluzione e caduta della Repubblica di Venezia*, Firenze 1800.

b) *Singole*

Barbaro, N., *Giornale dell'assedio di Costantinopoli*, a cura di Enrico Cornet, Tendler & Co., Wien 1856.

Brosses, C., *Lettres sur l'Italie*, 2 voll., P. Didier Èditeur, Paris 1885.

Coryate, T., *Coryat's Crudities, 1611*, 3 voll., W. Cater, London 1776.

Da Soldo, C., *Cronaca*, in M.R.I.S., vol. XXI, 111.

De Commynes, P., *Mémoires*, 8 voll., Paris 1524-1528; ed. a cura di de Mandrot B., A. Picard et fils, Paris 1901-1903.

Fabri, F., *Il libro dei viaggi di fra' Felice Fabri*, trad. ingl. a cura di Aubrey Stewart, *The Book of the Wanderings of Brother Felix Fabri*, Palestine Pilgrim's Texts Society, London 1892-1893.

Franza, G., *Chronicon*, a cura di Immanuel Bekker, in C.S.H.B., Bonn 1838.

Giustinian, A., *Dispacci*, a cura di Pasquale Villari, Le Monnier, Firenze 1876.

Guicciardini, F., *Historia d'Italia*, a cura di Alessandro Gherardi, *Storia d'Italia di F.G.*, 4 voll., Sansoni, Firenze 1919.

Malipiero, D., *Annali Veneti, 1457-1500*, a cura di Tommaso A. Gar e Agostino Sagredo, in A.S.I., vol. VII, G.P. Viesseux, Firenze 1843.

Manin, L., *Memorie del dogado di Lodovico Manin*, Ongania Editore, Venezia 1886.

Moryson, F., *An Itinerary: Containing His Ten Yeeres Travell Through the Twelve Dominions of Germany, Bohmerland, Switzerland, Netherland, Denmark, Poland, Italy, Turky, France, England, Scotlan, and Ireland*, J. MacLehose and sons, Glasgow 1907.

Pius II, *Memoirs of a Renaissance Pope*, a cura di Leona C. Gabel, trad. ingl. di Florence A. Gragg, Allen & Unwin, London 1958.

Priuli, G., *Diarii*, a. cura di Roberto Cessi, in *Rerum Italicarum Scriptores*, vol. XXIV, parte III, S. Lapi, Bologna 1933-1937.

Sansovino, F., *Delle Cose Notabili della Città di Venezia, libri II, nuovamente riformati accresciuti et abbelliti con l'aggiunta della Dichiarazione delle Istorie che sono state dipinte nelle Sale dello Scrutinio et del Gran Consiglio del Palagio Ducale, fatta da Girolamo Bardi Fiorentino*, Venezia 1587.

Id., *Venetia città nobilissima et singolare descritta in XIII libri*, Vcnczia 1581.

Sanudo, M. (il Giovane), *Diarii*, 58 voll., Venezia 1879-1902. (Dal gennaio 1496 al settembre del 1533).

Id., *Itinerario per la terrafirma nell'anno 1483*, in «Arch. veneto», XXII, 1881; 2ª red. a cura di Rawdon Brown, Tipografia del Seminario, Padova 1847.

Id., *La spedizione di Carlo VIII in Italia*, a cura di Rinaldo Fulin, Tipografia del commercio di M. Visentini, Venezia 1883.

Id., *Vite dei Dogi*, in M.R.I.S., vol. XXII, par. 4.

Sarpi, P. (pseud. Pietro Soave Polano), *Historia del Concilio di Trento*, a cura di Marco Antonio De Dominis, Ap. G. Billio Regio stampatore, London 1619; si veda anche *Advice Given to the Republick of Venice*, trad. ingl. di William Aglionby, R. Bentley, London 1693.

Id., *Opere*, Ap. R. Meietti, Venezia 1677.

Tafur, P., *Travels and Adventures, 1435-39*, a cura di Malcolm Letts, George Routledge & sons, London 1926.

II. OPERE MODERNE

Alazard, J., *La Venise de la Renaissance*, Hachette, Paris 1956.

Arslan, E., *Venezia gotica*, Electa, Milano 1986.

Baschet, A., *Histoire de la chancellerie secrète*, Henri Plon Imprimetur-Èditeur, Paris 1870.

Id., *Les archives de Venise*, Hermann fr. Münster, Venezia 1857.

Id., *La diplomatie Vénicienne: les princes de l'Europe au XVI siècle, d'après les rapports des ambassadeurs vénitiens*, Henri Plon Imprimetur-Èditeur, Paris 1862.

Battistella, A., *Il conte di Carmagnola: studio storico con documenti inediti*, Stabilimento tip. e lit. dell'Annuario generale d'Italia, Genova 1889.

Id., *La Repubblica di Venezia nei suoi undici secoli di Storia*, Tipografia Carlo Ferrari, Venezia 1921.

Berengo, M., *La società veneta alla fine del Settecento. Ricerche storiche*, Sansoni, Firenze 1956.

Berlan, F., *I Due Foscari*, Compagnia G. Favale & Co., Torino 1852.

Bragadin, M.A., *Repubbliche Italiane sul mare*, Garzanti, Milano 1951.

Braudel, F., *La Méditerranée et le monde méditerranéen à l'époque de Philippe* II, A. Colin, Paris 1949.

Brown, H., *Studies in the History of Venice*, 2 voll., J. Murray, London 1907.

Id., *Venice: An Historical Sketch of the Republic*, Rivington, Percival & Co., London 1893.

Brown, R., *L'archivio di Venezia con riguardo speciale alla storia inglese*, G. Antonelli e L. Basadonna Editori, Venezia e Torino 1865.

Cambridge Medieval History, vol. V, capitoli su Venezia a cura di Roberto Cessi.

Cambridge Modern History, voll. I e II.

Carile, A., *La cronachistica veneziana (secoli XIII-XVI) di fronte alla spartizione della Romania nel 1204*, L. Olschki, Firenze 1969.

Cecchetti, B., *La Repubblica di Venezia e la Corte di Roma nei rapporti della religione*, 2 voll., P. Naratovich, Venezia 1874.

Cessi, R., *Storia della Repubblica di Venezia*, 2 voll., 2ª ediz., G. Principato, Milano 1968.

Id., *Venezia Ducale*, 2 voll., A. Draghi, Padova 1928.

Chambers, D.S., *The Imperial Age of Venice: 1380-1580*, Harcourt Brace Jovanovich, London 1971.

Cozzi, G., *Il doge Nicolò Contarini. Ricerche sul patriziato veneto agli inizi del Seicento*, Istituto per la collaborazione culturale, Venezia 1958.

Id., *La Repubblica di Venezia, la casa d'Austria e gli Uscocchi*, Laterza, Bari 1965.

Crawford, F.M., *Gleanings in Venetian History*, 2 voll., Macmillan and Co., London 1905.

Creighton, M., *History of the Papacy during the Period of the Reformation*, 5 voll., Longmans, Green & Co., London 1882-1894.

Daru, P., *Histoire de la République de Venise*, 9 voll., Firmin Didot Frère Èditeurs, Paris 1821.

Davis, J.C., *The Decline of the Venetian Nobility as a Ruling Class*, Johns Hopkins Press, Baltimore 1962.

Demus, O., *The Church of S. Marco in Venice: History, Architecture, Sculpture*, vol. 6, Dumbarton Oaks Studies, Washington 1960.

Diehl, C., *Venise: une république patricienne*, E. Flammarion Éditeur, Paris 1915.

Filiasi, G., *Memorie storiche dei Veneti*, 11 voll., Ap. Modesto Fenzo, Venezia 1796.

Id., *Ricerche storico critiche sull'opportunità della Laguna Veneta, nel commercio, sull'arti e sulla marina*, Ap. Gio. Antonio Curti, Venezia 1803.

Fondazione Giorgio Cini (a cura della), *Storia della civiltà veneziana*, 10 voll., Firenze 1955-1966.

Fuller, J.F.C., *The Decisive Battles of the Western World and their Influence upon History*, Eyre and Spottiswoode, London 1954.

Gachard, M., *Relations des Ambassadeurs Vénitiens sur Charles-Quint et Philippe* II, Muquardt, Bruxelles 1856.

Geanakoplos, D.J., *Byzantine East and Latin West*, Blackwell, Oxford 1966.

Id., *Greek Scholars in Venice*, Harvard University Press, Cambridge 1962.

Gallicciolli, G.B., *Delle Memorie Venete antiche profane ed ecclesiastiche. Libri tre*, 7 voll., Ap. Domenico Fracasso, Venezia 1795.

Gfrörer, A.F., *Byzantinische Geschichten*, a cura di Johann Baptist Weiss, 3 voll., Verlag der Vereins-Buchdruckerei, Graz 1872-1877.

Hale, J.R. (a cura di), *Renaissance Venice*, Faber & Faber, London 1973.

Hazlitt, W.C., *History of the Origin and Rise of the Venetian Republic*, 2 voll., A. and C. Black, London 1900.

Hill, G., *History of Cyprus*, 4 voll., Harry Luke, Cambridge 1952.

Hodgkin, T., *Italy and her Invaders*, 2 voll., Clarendon Press, Oxford 1880.

Hopp, K., *Geschichte Griechenlands vom Beginn des Mittelalters bis auf unsere Zeit*, Brockhaus, Leipzig 1867-1868.

Kretschmayr, H., *Geschichte von Venedig*, Gotha 1905-1920; Stuttgart 1934.

Lamanskij, V.I., *Secrets d'etat de Venise: documents, extraits, notices et études servant à éclaircir les rapports de la Seigneurie avec les Grecs, les Slaves et la Porte Ottomane à la fin du XVe et au XVI siècle*, Imprimerie de l'Académie impériale des sciences, St. Petersburg 1884.

Lane, F.C., *Recent Studies on the Economie History of Venice*, in «Journal of Economic History», XXIII, Cambridge University Press, Cambridge 1963.

Id., *Venetian Ships and Shipbuilders of the Renaissance*, Johns Hopkins Press, Baltimore 1934.

Id., *Venice, a Maritime Republic*, Johns Hopkins University Press, Baltimore 1973; trad. it. di Franco Salvatorelli, *Storia di Venezia*, Einaudi, Torino 1978.

Id., *Venice and History*, Baltimore 1966; trad. it. di Franco Salvatorelli, *Storia di Venezia*, Einaudi, Torino 1979.

Lauritzen, P.L., *Venice: A Thousand Years of Culture and Civilization*, Weidenfeld & Nicolson, London 1978.

Lauritzen, P.L. - Zielcke A., *The Palaces of Venice*, Phaidon Press Ltd, London 1978.

Longworth, P., *The Rise and Fall of Venice*, Constable, London 1974.

Id., *The Senj Uskoks Reconsidered*, in «Slavonic and East European Review», vol. 57, n. 3, Modern Humanities Research Association for the School of Slavonic and East European Studies, London 1979.

Lopez, R.S. - Raymond, I.W., *Medieval Trade in the Mediterranean World*, Oxford University Press, New York-London 1955.

Luzzato, G., *Storia economica di Venezia dall'XI al XVI secolo*, Centro internazionale delle arti e del costume, Venezia 1961.

Macchi, M., *Storia del Consiglio dei Dieci*, E. Lattuada & Co. editori, Torino 1848.

Malagola, C., *Il Lido di Venezia attraverso la storia*, Venezia 1909.

Malamani, V., *Il Settecento a Venezia*, 2 voll., L. Roux, Torino-Roma 1891.

Maranini, G., *La Costituzione di Venezia*, 2 voll., La Nuova Italia Editrice, Venezia 1927-1931.

Marin, C.A., *Storia civile e politica del commercio de' veneziani*, 8 voll., Selbstverl, Venezia 1796-1808.

McClellan, G.B., *Venice and Bonaparte*, Princeton University Press, Princeton 1931.

McNeill, W.H., *Venice, the Hinge of Europe, 1081-1797*, Midway Reprint, Chicago 1974.

Millar, O., *Italian Drawings and Paintings in the Queen's Collection*, Waterlow & Sons Ltd, London 1965.

Miller, W., *Essays on the Latin Orient*, Cambridge University Press, Cambridge 1921.

Id., *The Latins in the Levant, a history of Frankish Greece (1204-1566)*, Murray, London 1908.

Molmenti, P., *I banditi della Repubblica Veneta*, Bemporad, Firenze 1898.

Id., *La storia di Venezia nella Vita Privata dalle origini alla caduta della Repubblica*, 3 voll., 6ª ediz., Istituto Italiano d'Arti Grafiche, Bergamo 1922-1925.

Morris, J., *The Venetian Empire. A Sea Voyage*, Faber & Faber, London 1980.

Muir, D., *A History of Milan under the Visconti*, Methuen & Co. Ltd, London 1924.

Musatti, E., *Storia di Venezia*, 2 voll., Eugenio Editore, Milano 1936.

Mutinelli, F., *Annali urbani di Venezia, dall'anno 810 al 12 maggio 1797*, G.B. Merlo, Venezia 1841.

Nystazapoulou-Pelekidis, M., *Venise et la Mer Noir du* XI *au* XV *siècle*, in «Thesaurismata», bollettino dell'Istituto Ellenico di Studi Bizantini e Post-Bizantini, Venezia 1970.

Okey, T., *Venice and its History*, Library of Alexandria, London 1930.

Oliphant, M., *The Makers of Venice*, Macmillan and Co., London 1893.

Perocco, G. – Salvadori, A., *Civiltà di Venezia*, 3 voll., La stamperia di Venezia, Venezia 1973-1976.

Pirri, P., *L'interdetto di Venezia del 1606 e i Gesuiti*, Roma 1959.

Pullan, B., *A History of Early Renaissance Italy: from Mid-thirteenth to the Mid-fifteenth Century*, Allen Lane, London 1973.

Id., *Crisis and Change in the Venetian Economy in the 16th and 17th Centuries*, Methuen, London 1968.

Id., *Rich and Poor in Renaissance Venice: The Social Institutions of a Catholic State, to 1620*, Harvard University Press, London 1971.

Quadri, A., *Compendio di Storia della Repubblica di Venezia diviso in otto epoche. Dall'origine di Venezia, nell'anno 421, sino alla caduta della Repubblica, nell'anno 1797*, Tipografia Armena di S. Lazzaro, Venezia 1846.

Ragg, L.M., *Crises in Venetian History*, Methuen & Co. Ltd, London 1928.
Ranke, L. von, *Zur Venetianischen Geschichte*, Duncker und Humblot, Leipzig 1878.
Romanin, S., *Gli Inquisitori di Stato*, P. Naratovich, Venezia 1858.
Id., *Storia documentata della Repubblica di Venezia*, 10 voll., P. Naratovich, Venezia 1855.
Roth, C., *History of the Jews in Venice*, Jewish Publication Society of America, Philadelphia 1930.
Rowdon, M., *The Fall of Venice*, Littlehampton Book Services Ltd, London 1970.
Rubin De Cervin Albrizzi, G.B., *Bateaux et batellerie de Venise*, Edita Lausanne, Paris 1978.
Runciman, S., *The Fall of Constantinople 1453*, Cambridge University Press, Cambridge 1965.
Ruskin, J., *The Stones of Venice*, 3 voll., Smith, Elder and Co., London 1851-1858; trad. it. a cura di Augusta Guidetti, *Le pietre di Venezia*, U.T.E.T., Torino 1932.
Id., *St. Mark's Rest*, George Allen, London 1877.
Sella, D., *Commerci e industrie a Venezia nel* XVII *secolo*, L. Olschki, Venezia-Roma 1961.
Seneca, P., *Il doge Leonardo Donà, la sua vita e la sua preparazione politica prima del dogado*, Antenore, Padova 1959.
Sottas, J., *Les Messageries Maritimes de Venise au* XIV *et* XV *siècles*, Société d'éditions géographiques, maritimes et colonials, Paris 1938.
Tamaro, A., *La Vénétie Julienne et la Dalmatie. Histoire de la nation italienne sur ses frontières orientales*, 3 voll., Imprimerie du Sénat, Roma 1918-1919.

Tassini, G., *Curiosità veneziane. Ovvero origini delle denominazioni stradali di Venezia,* rist. anast., 8ª ediz., Filippi editore, Venezia 1970.

Tenenti, A., *Venezia e i corsari. 1580-1615,* Laterza, Bari 1961; trad. ingl. di Janet and Brian Pullan, *Piracy and Decline of Venice, 1580-1615*, Longmans, London 1967.

Thayer, W.R., *A Short History of Venice*, The Macmillan Company, New York-London 1905.

Thiriet, F., *Histoire de Venise*, Presses Universitaires de France, Paris 1952.

Id., *La Romanié vénitienne au Moyen Age: le développement et l'exploitation du domaine colonial vénitien,* XII-XV *Siècles*, in «Ecoles Françaises d'Athènes et de Rome», 193, E. de Boccard, Paris 1959.

Id., *Régestes des délibérations du Sénat de Venise concernant la Romanie, 1329-1463*, 3 voll., Mouton & Co., Paris 1958.

Tiepolo, G.D., *Discorsi sulla Storia Veneta*, Fratelli Mattiuzzi, Udine 1828.

Wiel, A., *Venice*, T. Fisher Unwin, London 1894.

Yriarte, C., *La vie d'un Patricien de Venise au seizième siècle*, E. Plon, Paris 1874.

III. GUIDE ARTISTICHE E VARIE

Blue Guide, *Venice*, London 1980 (cfr. anche Guide Bleu, *Venise*, Hachette, Paris, v.d.).

Grundy, M., *Venice, an Anthology Guide*, Lund Humphries, London 1976.

Honour, H., *The Companion Guide in Venice*, Collins, London 1965.

Links, J.G., *Venice for Pleasure*, London 1966.

Lorenzetti, G., *Venezia e il suo estuario*, Bestetti e Tumminelli, Venezia 1926.

McCarthy, M., *Venice Observed*, London 1956.

Morris, J., *Venice*, Faber and Faber, London 1960.

Pignatti, T., *Venezia*, De Agostini, Novara 1968; trad. ingl. di Judith Landry, *Venice*, Thames and Hudson, London 1971.

Shaw-Kennedy, R., *Art and Architecture in Venice. The Venice in Peril Guide*, Sidgwick and Jackson, London 1972.

Ringraziamenti

Alcuni anni fa, nel primo volume di questa storia, espressi i miei ringraziamenti, sinceri e cordiali, ai molti amici inglesi e veneziani che tanto mi avevano aiutato e incoraggiato. Ora che, con il completamento del secondo volume, la mia fatica è finita, la mia gratitudine verso di loro è raddoppiata; e ancora una volta è per me un piacere ricordare quanto devo a Mollie Philipps per il suo arduo lavoro sulla bibliografia; a Joe Links – che conosce Venezia molto meglio di quanto io potrò mai – per la sua preziosa consulenza; a Peter Lauritzen, tanto enciclopedico nel rispondere alle mie innumerevoli domande quanto pronto a intraprendere, all'occorrenza, occasionali indagini sul posto; alla mia segretaria Jean Curtis e a Euphan Scott per tutte le ore, i giorni e le settimane di paziente scrittura a macchina; a Douglas Matthews per un impeccabile indice dei nomi; e a mia moglie Anne per aver creato la copertina dell'edizione in lingua inglese.

Ma ci sono nuovi nomi da aggiungere alla lista: a Marilyn Perry, a Philip Longworth e a John Belila la mia riconoscenza non deve apparire minore se viene espressa qui per la prima volta. Infine, come sempre, devo ringraziare il personale della London Library, senza il quale questo libro non sarebbe mai stato scritto, anzi *non avrebbe potuto mai* essere scritto.

Indice dei nomi

Mappe

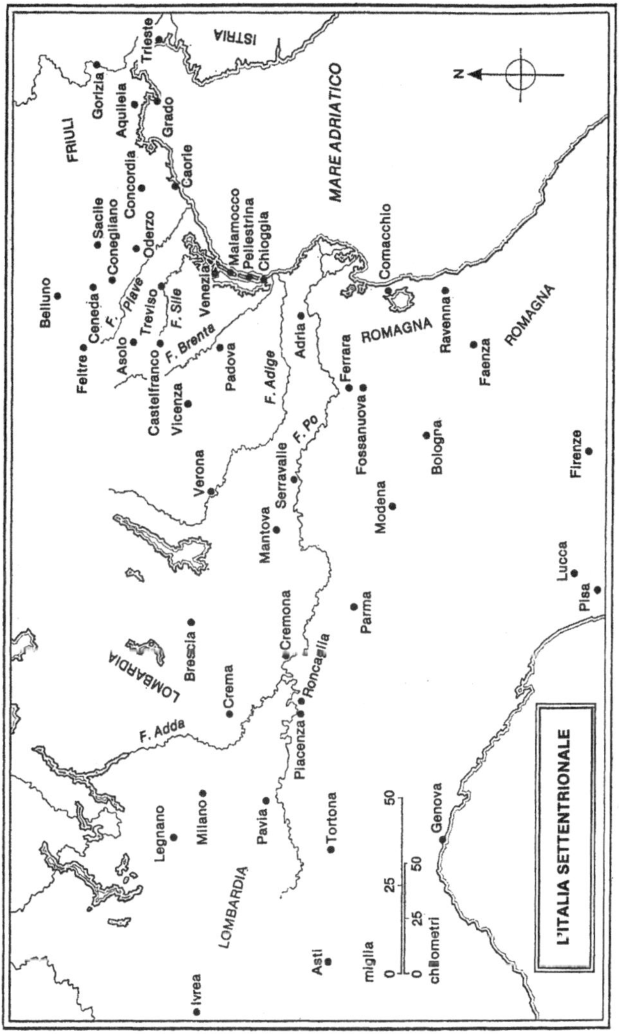
L'ITALIA SETTENTRIONALE
MARE ADRIATICO
ISTRIA
N
FRIULI
Gorizia
Trieste
Aquileia
Grado
Concordia
Caorle
Sacile
Conegliano
Oderzo
Malamocco
Pellestrina
Chioggia
Venezia
Belluno
Ceneda
F. Piave
Treviso
F. Sile
Feltre
Asolo
Castelfranco
F. Brenta
Padova
Vicenza
F. Adige
Adria
Comacchio
ROMAGNA
Ravenna
ROMAGNA
Faenza
Ferrara
Fossanuova
Bologna
Firenze
F. Po
Serravalle
Verona
Mantova
Modena
Lucca
Pisa
Parma
Cremona
Brescia
LOMBARDIA
Roncaglia
Crema
F. Adda
Piacenza
Milano
Legnano
Pavia
Tortona
Genova
LOMBARDIA
Asti
Ivrea
miglia
0
25
50
chilometri
0
25
50

IL MEDITERRANEO CENTRALE E ORIENTALE
Vienna
F. Danubio
Belgrado
Nish
Rascia
Sofia
LOMBARDIA
FRIULI
F. Piave
F. Sile
VENEZIA
Gorizia
Grado
Trieste
Monza
Milano
Verona
Mantova
F. Po
Piacenza
Ferrara
Genova
Modena
LIGURIA
Comacchio
Chioggia
Parenzo
Veglia
Arbe
Pola
Ossero
Zara
DALMAZIA
Sebenico
Traù
Spalato
Lesina
Lissa
Curzola
Lagosta
Cattaro
Scutari
Durazzo
Salonicco
Kastoria
Ravenna
Faenza
Firenze
Lucca
Pisa
Siena
Fano
Ancona
Fermo
MARE
ADRIATICO
CORSICA
Civita Castellana
Civitavecchia
Roma
Anagni
Termoli
Manfredonia
Anzio
Gaeta
Terracina
Benevento
Bari
Brindisi
Napoli
Salerno
Amalfi
PUGLIA
Alghero
SARDEGNA
Taranto
Gallipoli
Otranto
EPIRO
Corfù
Nicopoli
MAR TIRRENO
Crotone
CALABRIA
Cefalonia
Palermo
Messina
Rotta della quarta crociata
SICILIA
Catania
Siracusa
PELOPONNESO (MOREA)
Modone
Sapienza
Corone
Cairuan
Tripoli

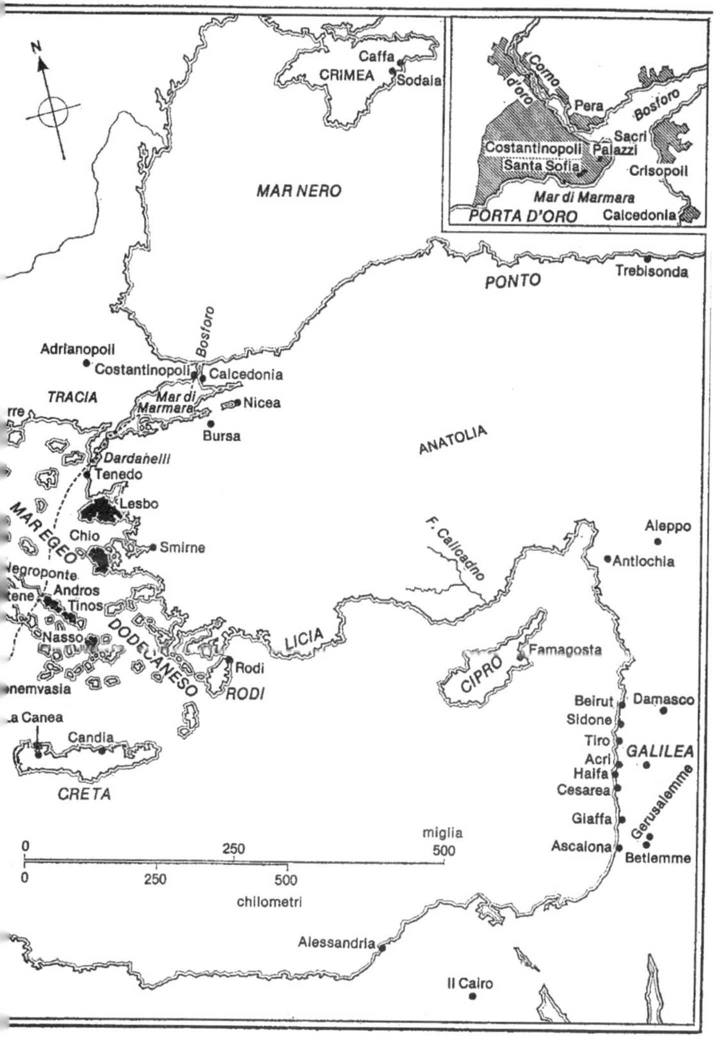

N
Caffa
CRIMEA
Sodaia
MAR NERO
Corno d'oro
Pera
Bosforo
Sacri Palazzi
Costantinopoli
Santa Sofia
Crisopoli
Mar di Marmara
PORTA D'ORO
Calcedonia
Trebisonda
PONTO
Bosforo
Adrianopoli
Costantinopoli
Calcedonia
TRACIA
Mar di Marmara
Nicea
Bursa
ANATOLIA
Dardanelli
Tenedo
Lesbo
MAR EGEO
Chio
Smirne
F. Calicadno
Aleppo
Antiochia
Negroponte
Andros
Tinos
Nasso
DODECANESO
LICIA
Famagosta
CIPRO
Rodi
RODI
Beirut
Damasco
Sidone
Tiro
GALILEA
Acri
Haifa
Cesarea
Gerusalemme
Giaffa
Ascalona
Betlemme
La Canea
Candia
CRETA
miglia
0
250
500
0
250
500
chilometri
Alessandria
Il Cairo

Indice

Storia di Venezia. Dal 1400 alla caduta della Repubblica

Questo volume è stato stampato
su carta Arena Ivory Smooth
delle Cartiere Fedrigoni
nel mese di novembre 2025

Stampa: Officine Grafiche soc. coop., Palermo

Legatura: LE.I.MA. s.r.l., Palermo

La memoria

Ultimi volumi pubblicati

1101 Andrea Camilleri. Il metodo Catalanotti
1102 Giampaolo Simi. Come una famiglia
1103 P. T. Barnum. Battaglie e trionfi. Quarant'anni di ricordi
1104 Colin Dexter. La morte mi è vicina
1105 Marco Malvaldi. A bocce ferme
1106 Enrico Deaglio. La zia Irene e l'anarchico Tresca
1107 Len Deighton. SS-GB. I nazisti occupano Londra
1108 Maksim Gor'kij. Lenin, un uomo
1109 Ben Pastor. La notte delle stelle cadenti
1110 Antonio Manzini. Fate il vostro gioco
1111 Andrea Camilleri. Gli arancini di Montalbano
1112 Francesco Recami. Il diario segreto del cuore
1113 Salvatore Silvano Nigro. La funesta docilità
1114 Dominique Manotti. Vite bruciate
1115 Anthony Trollope. Phineas Finn
1116 Martin Suter. Il talento del cuoco
1117 John Julius Norwich. Breve storia della Sicilia
1118 Gaetano Savatteri. Il delitto di Kolymbetra
1119 Roberto Alajmo. Repertorio dei pazzi della città di Palermo
1120 Andrea Camilleri, Gian Mauro Costa, Alicia Giménez-Bartlett, Marco Malvaldi, Dominique Manotti, Santo Piazzese, Francesco Recami, Gaetano Savatteri. Una giornata in giallo
1121 Giosuè Calaciura. Il tram di Natale
1122 Antonio Manzini. Rien ne va plus
1123 Uwe Timm. Un mondo migliore

1124 Franco Lorenzoni. I bambini ci guardano. Una esperienza educativa controvento
1125 Alicia Giménez-Bartlett. Exit
1126 Claudio Coletta. Prima della neve
1127 Alejo Carpentier. Guerra del tempo
1128 Lodovico Festa. La confusione morale
1129 Jenny Erpenbeck. Di passaggio
1130 Alessandro Robecchi. I tempi nuovi
1131 Jane Gardam. Figlio dell'Impero Britannico
1132 Andrea Molesini. Dove un'ombra sconsolata mi cerca
1133 Yokomizo Seishi. Il detective Kindaichi
1134 Ildegarda di Bingen. Cause e cure delle infermità
1135 Graham Greene. Il console onorario
1136 Marco Malvaldi, Glay Ghammouri. Vento in scatola
1137 Andrea Camilleri. Il cuoco dell'Alcyon
1138 Nicola Fantini, Laura Pariani. Arrivederci, signor Čajkovskij
1139 Francesco Recami. L'atroce delitto di via Lurcini. Commedia nera n. 3
1140 Gian Mauro Costa, Marco Malvaldi, Santo Piazzese, Francesco Recami, Alessandro Robecchi, Gaetano Savatteri, Giampaolo Simi, Fabio Stassi. Cinquanta in blu. Otto racconti gialli
1141 Colin Dexter. Il giorno del rimorso
1142 Maurizio de Giovanni. Dodici rose a Settembre
1143 Ben Pastor. La canzone del cavaliere
1144 Tom Stoppard. Rosencrantz e Guildenstern sono morti
1145 Franco Cardini. Lawrence d'Arabia. La vanità e la passione di un eroico perdente
1146 Giampaolo Simi. I giorni del giudizio
1147 Katharina Adler. Ida
1148 Francesco Recami. La verità su Amedeo Consonni
1149 Graham Greene. Il treno per Istanbul
1150 Roberto Alajmo, Maria Attanasio, Giosuè Calaciura, Davide Camarrone, Giorgio Fontana, Alicia Giménez-Bartlett, Antonio Manzini, Andrea Molesini, Uwe Timm. Cinquanta in blu. Storie
1151 Adriano Sofri. Il martire fascista. Una storia equivoca e terribile
1152 Alan Bradley. Il gatto striato miagola tre volte. Un romanzo di Flavia de Luce
1153 Anthony Trollope. Natale a Thompson Hall e altri racconti

1154 Furio Scarpelli. Amori nel fragore della metropoli
1155 Antonio Manzini. Ah l'amore l'amore
1156 Alejo Carpentier. L'arpa e l'ombra
1157 Katharine Burdekin. La notte della svastica
1158 Gian Mauro Costa. Mercato nero
1159 Maria Attanasio. Lo splendore del niente e altre storie
1160 Alessandro Robecchi. I cerchi nell'acqua
1161 Jenny Erpenbeck. Storia della bambina che volle fermare il tempo
1162 Pietro Leveratto. Il silenzio alla fine
1163 Yokomizo Seishi. La locanda del Gatto nero
1164 Gianni Di Gregorio. Lontano lontano
1165 Dominique Manotti. Il bicchiere della staffa
1166 Simona Tanzini. Conosci l'estate?
1167 Graham Greene. Il fattore umano
1168 Marco Malvaldi. Il borghese Pellegrino
1169 John Mortimer. Rumpole per la difesa
1170 Andrea Camilleri. Riccardino
1171 Anthony Trollope. I diamanti Eustace
1172 Fabio Stassi. Uccido chi voglio
1173 Stanisław Lem. L'Invincibile
1174 Francesco Recami. La cassa refrigerata. Commedia nera n. 4
1175 Uwe Timm. La scoperta della currywurst
1176 Szczepan Twardoch. Il re di Varsavia
1177 Antonio Manzini. Gli ultimi giorni di quiete
1178 Alan Bradley. Un posto intimo e bello
1179 Gaetano Savatteri. Il lusso della giovinezza
1180 Graham Greene. Una pistola in vendita
1181 John Julius Norwich. Il Mare di Mezzo. Una storia del Mediterraneo
1182 Simona Baldelli. Fiaba di Natale. Il sorprendente viaggio dell'Uomo dell'aria
1183 Alicia Giménez-Bartlett. Autobiografia di Petra Delicado
1184 George Orwell. Millenovecentottantaquattro
1185 Omer Meir Wellber. Storia vera e non vera di Chaim Birkner
1186 Yasmina Khadra. L'affronto
1187 Giampaolo Simi. Rosa elettrica
1188 Concetto Marchesi. Perché sono comunista
1189 Tom Stoppard. L'invenzione dell'amore

1190 Gaetano Savatteri. Quattro indagini a Màkari
1191 Alessandro Robecchi. Flora
1192 Andrea Albertini. Una famiglia straordinaria
1193 Jane Gardam. L'uomo col cappello di legno
1194 Eugenio Baroncelli. Libro di furti. 301 vite rubate alla mia
1195 Alessandro Barbero. Alabama
1196 Sergio Valzania. Napoleone
1197 Roberto Alajmo. Io non ci volevo venire
1198 Andrea Molesini. Il rogo della Repubblica
1199 Margaret Doody. Aristotele e la Montagna d'Oro
1200
1201 Andrea Camilleri. La Pensione Eva
1202 Antonio Manzini. Vecchie conoscenze
1203 Lu Xun. Grida
1204 William Lindsay Gresham. Nightmare Alley
1205 Colin Dexter. Il più grande mistero di Morse e altre storie
1206 Stanisław Lem. Ritorno dall'universo
1207 Marco Malvaldi. Bolle di sapone
1208 Andrej Longo. Solo la pioggia
1209 Andrej Longo. Chi ha ucciso Sarah?
1210 Yasmina Khadra. Le rondini di Kabul
1211 Ben Pastor. La Sinagoga degli zingari
1212 Andrea Camilleri. La prima indagine di Montalbano
1213 Davide Camarrone. Zen al quadrato
1214 Antonio Castronuovo. Dizionario del bibliomane
1215 Karel Čapek. L'anno del giardiniere
1216 Graham Greene. Il terzo uomo
1217 John Julius Norwich. I normanni nel Sud. 1016-1130
1218 Alicia Giménez-Bartlett, Andrej Longo, Marco Malvaldi, Antonio Manzini, Santo Piazzese, Francesco Recami, Alessandro Robecchi, Gaetano Savatteri, Giampaolo Simi, Fabio Stassi, Simona Tanzini. Una settimana in giallo
1219 Stephen Crane. Il segno rosso del coraggio
1220 Yokomizo Seishi. Fragranze di morte
1221 Antonio Manzini. Le ossa parlano
1222 Hans von Trotha. Le ultime ore di Ludwig Pollak
1223 Antonia Spaliviero. La compagna Natalia
1224 Gaetano Savatteri. I colpevoli sono matti. Quattro indagini a Màkari

1225 Lu Xun. Esitazione
1226 Marta Sanz. Piccole donne rosse
1227 Susan Glaspell. Una giuria di sole donne
1228 Alessandro Robecchi. Una piccola questione di cuore
1229 Marco Consentino, Domenico Dodaro. Madame Vitti
1230 Roberto Alajmo. La strategia dell'opossum
1231 Alessandro Barbero. Poeta al comando
1232 Giorgio Fontana. Il Mago di Riga
1233 Marzia Sabella. Lo sputo
1234 Giosuè Calaciura. Malacarne
1235 Giampaolo Simi. Senza dirci addio
1236 Graham Greene. In viaggio con la zia
1237 Daria Galateria. Il bestiario di Proust
1238 Francesco Recami. I killer non vanno in pensione
1239 Andrea Camilleri. La coscienza di Montalbano
1240 Roberto Alajmo, Andrej Longo, Marco Malvaldi, Antonio Manzini, Francesco Recami, Alessandro Robecchi, Gaetano Savatteri, Fabio Stassi. Una notte in giallo
1241 Dominique Manotti. Marsiglia '73
1242 Claudio Coletta. In tua assenza
1243 Andrej Longo. Mille giorni che non vieni
1244 Alan Bradley. Le trecce d'oro dei defunti
1245 Emilienne Malfatto. Il lamento del Tigri
1246 Antonio Manzini. La mala erba
1247 Nicola Schicchi. Via Polara n. 5
1248 Roberto Alajmo. Notizia del disastro
1249 Jenny Erpenbeck. Il libro delle parole
1250 Marco Malvaldi, Samantha Bruzzone. Chi si ferma è perduto
1251 John Julius Norwich. Il regno nel sole. 1130-1194
1252 Andrea Camilleri. La guerra privata di Samuele e altre storie di Vigàta
1253 Ben Pastor. La Venere di Salò
1254 Graham Greene. Un Mondo tutto mio. Diario dei sogni
1255 L'isola nuova. Trent'anni di scritture di Sicilia
1256 Anthony Trollope. Il ritorno di Phineas Finn
1257 Alicia Giménez-Bartlett. La presidente
1258 Sergio Atzeni. Passavamo sulla terra leggeri
1259 Uwe Timm. Come mio fratello
1260 Dario Ferrari. La ricreazione è finita

1295 Graham Greene. Fine di una storia
1296 Alessandro Robecchi. Pesci piccoli
1297 Lu Xun. Antiche storie riscritte
1298 Chiara Valerio. Chi dice e chi tace
1299 Giorgio Fontana. Kafka. Un mondo di verità
1300
1301 Andrea Camilleri. Un sabato, con gli amici
1302 Victoria Kielland. I miei uomini
1303 Emilienne Malfatto. Il colonnello non dorme
1304 Alicia Giménez-Bartlett. La donna che fugge
1305 Gioacchino Lanza Tomasi. Lampedusa e la Spagna
1306 Maria Orsini Natale. Francesca e Nunziata
1307 Samir Machado de Machado. Il crimine del buon nazista
1308 Yokomizo Seishi. Il detective Kindaichi e la maledizione degli Inugami
1309 Dolores Hitchens. La gatta ha dato l'allarme
1310 Maria Judite de Carvalho. Tanta gente, Mariana
1311 Marco Malvaldi, Samantha Bruzzone. La regina dei sentieri
1312 P.G. Wodehouse. Alla buon'ora, Jeeves!
1313 Graham Greene. L'americano tranquillo
1314 Gaetano Savatteri. La Magna Via
1315 Alberto Stabile. Il giardino e la cenere. Israele e Palestina nel racconto di un albergo leggendario
1316 Fabio Stassi. Bebelplatz. La notte dei libri bruciati
1317 Giorgio Manganelli. Il vescovo e il ciarlatano
1318 Antonio Manzini. Il passato è un morto senza cadavere
1319 Simon Mason. Un omicidio a novembre
1320 Ludwig Hohl. La salita
1321 Alessandro Barbero. Romanzo russo
1322 Tommaso Pincio. Panorama
1323 John Julius Norwich. Storia di Venezia. Dalle origini al 1400
1324 Anthony Trollope. I figli del duca
1325 Andrea Camilleri. Vi scriverò ancora
1326 Claude Lévi-Strauss. Babbo Natale giustiziato
1327 Alicia Giménez-Bartlett, Andrej Longo, Marco Malvaldi e Samantha Bruzzone, Luca Mercadante, Francesco Recami, Gaetano Savatteri, Simona Tanzini. Animali in giallo
1328 Luca Mercadante. La fame del Cigno

1329 Uwe Timm. Tutti i miei fantasmi
1330 Alicia Giménez-Bartlett. Una poco di buono. Sei indagini di Petra Delicado
1331 P.G. Wodehouse. Grazie, Jeeves
1332 Laure Murat. Proust, romanzo familiare
1333 Andrej Longo. Dieci
1334 Andrej Longo. Undici. Non dimenticare
1335 Alberto Méndez. I girasoli ciechi
1336 Daria Galateria. Atlante degli artisti in affari
1337 Alessandro Robecchi. Il tallone da killer
1338 Serena Vitale. Cartella clinica
1339 Eugenio Baroncelli. Il cielo più pietoso è quello vuoto. Quindici voci di un'improbabile autobiografia
1340 Simon Mason. Il caso Poppy Clarke
1341 Giampaolo Simi. Tra lei e me
1342 Chiara Valerio. La fila alle poste
1343 Roberto Alajmo. È stato il figlio
1344 Angelo Carotenuto. La grammatica del bianco. Un'estate a Wimbledon
1345 Marco Malvaldi. Piomba libera tutti
1346 Furio Scarpelli. Cuore di mafioso
1347 Amanda Cross. In ultima analisi
1348 Graham Greene. Missione confidenziale
1349 Dolores Hitchens. La gatta ci ha messo lo zampino
1350 Francesco Recami. Il mostro del Casoretto. Sei storie della casa di ringhiera
1351 Serena Cappellozza. Il valore delle cose
1352 Ignazio Buttitta. Io faccio il poeta
1353 Antonio Castronuovo. Dizionario del grafomane
1354 Roberto Alajmo, Marco Carapezza. Avventure postume di personaggi illustri
1355 Antonio Manzini. Sotto mentite spoglie
1356 P.G. Wodehouse. Il codice dei Wooster
1357 Celia Fremlin. La lunga ombra
1358 Piero Dorfles. Le parole del mare. Letteratura e navigazione